W0069669

SV

Luc Boltanski
Soziologie der Abtreibung

Zur Lage des fötalen Lebens

Aus dem Französischen von
Marianne Schneider

Suhrkamp

Titel der Originalausgabe:
La condition fœtale. Une sociologie de l'engendrement et de l'avortement
© Éditions Gallimard 2004

Dieses Buch erscheint mit Unterstützung des Programms Kultur 2000
der Europäischen Union

Kultur 2000

Bibliografische Information der Deutschen Nationalbibliothek
Die Deutsche Nationalbibliothek verzeichnet diese Publikation
in der Deutschen Nationalbibliografie:
detaillierte bibliografische Informationen sind im
Internet über *http://dnb.d-nb.de* abrufbar

Erste Auflage 2007
© der deutschen Ausgabe Suhrkamp Verlag
Frankfurt am Main 2007
Alle Rechte vorbehalten, insbesondere das der Übersetzung,
des öffentlichen Vortrags sowie der Übertragung
durch Rundfunk und Fernsehen, auch einzelner Teile.
Kein Teil des Werkes darf in irgendeiner Form
(durch Fotografie, Mikrofilm oder andere Verfahren)
ohne schriftliche Genehmigung des Verlages reproduziert
oder unter Verwendung elektronischer Systeme
verarbeitet, vervielfältigt oder verbreitet werden.
Satz und Druck: Memminger MedienCentrum AG
Printed in Germany
Erste Auflage 2007
ISBN 978-3-518-58475-0

1 2 3 4 5 6 − 12 11 10 09 08 07

Inhalt

Für Jeanne

»… daß der Abendstern der Morgenstern ist«

Gottlob Frege, *Über Sinn und Bedeutung*

Einleitung

Der Platz der Abtreibung unter den Veränderungen,
von denen die Sphäre des Lebens betroffen wurde

Innerhalb der wichtigsten Veränderungen, die das letzte Drittel
des 20. Jahrhunderts geprägt haben, nehmen – neben einem
neuen »Geist des Kapitalismus« – eine entscheidende Rolle jene
Verschiebungen ein, die sich in der gemeinhin als Lebensberei-
che bezeichneten Sphäre vollzogen haben und insbesondere die
Bedingungen der Fortpflanzung, der Schwangerschaft und der
Geburt betreffen. Diese Veränderungen berühren einerseits die
veränderte Stellung der Frau in der Gesellschaft, die Vorstellung
der Familie, die Beziehung zwischen den Geschlechtern, die Formen des sexuellen und emotionalen Lebens – also die hauptsächlichen Dimensionen des Privatlebens im allgemeinen –, andererseits berühren sie aber auch unser Verhältnis zu den aufgrund der
neuen technologischen Entwicklungen eröffneten Möglichkeiten, das von bewundernder Faszination bis zu beunruhigtem
Vorbehalt reicht. Diese neuen Möglichkeiten wurden unverzüglich sehr breit diskutiert, da man nicht zu Unrecht fürchtete, sie
würden die Auffassung, die wir von unserer Zugehörigkeit zur
Menschheit haben, in eine andere Richtung zu lenken beginnen,
indem sie Dimensionen der Anthropologie in Frage stellen, die
in den westlichen Gesellschaften vorherrschen und bis dahin für
selbstverständlich gehalten wurden. Halten wir aber fest, daß
diese Analysen, ob sie nun auf diese Veränderungen einen billi-
genden oder, was zumeist der Fall war, einen kritischen Blick
warfen, sich besonders auf die spektakulärsten Neuerungen konzentrierten, das heißt vor allem auf jene, welche mit der Entwicklung der künstlichen Befruchtung verbunden sind, und damit auf
relativ seltene (wie den Einsatz von Leihmüttern) oder noch
nicht existierende Praktiken (wie das Klonen eines Menschen).
So entstand binnen weniger Jahre eine Unmenge an Literatur zu

Forschungsbereichen, die bis heute noch nicht in die Wirklichkeit umgesetzt wurden.[1]

Da eine Analyse dieser »proteischen« Thematik mitsamt ihren verschiedenen Aspekten unsere Möglichkeiten bei weitem überstiegen hätte, erschien es uns richtig, einen indirekten Weg einzuschlagen und ein begrenztes Ereignis als Untersuchungsgegenstand auszuwählen – allerdings eines, das unserer Ansicht nach eine zentrale Rolle für die gegenwärtigen Entwicklungen spielt. Es handelt sich um die Legalisierung der Abtreibung, die in den wichtigsten westlichen Ländern zwischen der Mitte der 60er- und der Mitte der 70er-Jahre eingeführt wurde, das heißt genau in jenem Augenblick, in dem die bereits benannten grundlegenden Veränderungen entweder auftraten oder allmählich eine solche Bedeutung erlangten, daß es unmöglich wurde, sie zu ignorieren. Daß die Legalisierung der Abtreibung bei diesen Veränderungen eine Rolle spielte, läßt sich kaum bestreiten, ob nun diese mit der Frauenbewegung zusammenhängen oder aber das Privatleben in Gestalt der Familie, der Gefühle oder des Sex betreffen. Aber man kann auch durchaus annehmen, daß die Entwicklung der Biotechnologien und insbesondere der künstlichen Befruchtung auf beträchtliche Schwierigkeiten gestoßen wäre, wenn das Hindernis, das durch das Verbot der Abtreibung im Hinblick auf die Erforschung des intrauterinen Lebens und des Embryos bestand, nicht aus dem Weg geräumt worden wäre.

Ein zweiter Grund ermutigte uns, dieses Thema anzugehen, und das ist die Tatsache, daß es sich um einen komplexen Gegenstand handelt. Im Mittelpunkt der Auseinandersetzungen, die oft überaus heftig und kontrovers geführt wurden und die immer wieder erneut aufzuflammen imstande sind, steht die Frage der Abtreibung: Sie ist in exemplarischer Weise ein schlechter Gegenstand für einen Soziologen, da es unmöglich erscheint, ihn mit der erforderlichen Distanz anzugehen. Dies zeigt sich etwa darin, daß – was Frankreich anbetrifft – Publikationen zu diesem Thema über einen Zeitraum von zwanzig Jahren beinahe gänzlich fehlen, abgesehen von der hervorragenden Sondernummer der *Revue française de sociologie* von 1982, die dem Thema der Abtreibung gewidmet ist,[2] und einigen Werken aus den letzten Jahren. In den Vereinigten Staaten gab es hingegen recht zahlreiche Publikationen über Abtreibung. Wenn man auch in dieser ausufernden Literatur viele Arbeiten von großer Redlichkeit und von wirklich wissenschaftlichem Wert finden kann, die insbesondere von Anthropologen, die sich mit der Gegenwart beschäftigen, verfaßt wurden, handelt es sich trotzdem in den meisten Fällen um dezidiert politische Texte oder Artikel, deren Ziel es ist, die Position für die Abtreibung zu verstärken (*pro-choice*) bzw. zumindest in akademischen Kreisen seltenen Fällen die entgegengesetzte Position (*pro-life*). Diese beiden Arten, zu der Frage Stellung zu nehmen, indem man ihr ausweicht oder es wie in einer Arena mit ihr aufnimmt, um dafür oder dagegen zu kämpfen, sind im übrigen signifikant für die unterschiedliche Art und Weise, in der in Frankreich und in den Vereinigten Staaten die Frage der Abtreibung gestellt wurde: als ein zu vermeidendes Tabu, dessen Bruch jeder als eine grobe Unvorsichtigkeit empfand, im ersten und als ein zentraler Konflikt, der manchmal in die Nähe eines Bürgerkriegs rückte, im zweiten Fall.

Unsere Absicht ist es, im folgenden die Abtreibung so zu behandeln, als wäre sie ein soziologischer Gegenstand unter anderen und wie die anderen. Das heißt, daß wir uns auf die berühmte »axiologische Neutralität« berufen, die sich als Prinzip so leicht behaupten, aber in Wirklichkeit so schwer anwenden läßt, die aber zugleich eines jener Axiome ist, die die Konstitution der Soziologie als akademische Disziplin erst ermöglichten. Wenn der Gegenstand bereits über eine feste Forschungsposition verfügen würde, so hätte man dies ohne größere Probleme umgehen können; da er bisher aber nur in der Rhetorik des Konflikts eine intellektuelle Existenz gefunden hat, ist diese Neutralität absolut unerläßlich. Um das Thema mit den Methoden und in der Sprache der Soziologie zu erfassen, ist es daher absolut notwendig, sich von den mit den Problemen verbundenen praktischen Dringlichkeiten zu distanzieren, so als wäre es möglich, sie von außen und gewissermaßen auf unverantwortliche Weise zu betrachten. Das bedeutet auch, daß man sich entscheidet, darauf zu verzichten, Fragen zu stellen und diese Fragen auch sich zu stellen, die der handelnde Mensch nicht umgehen kann, entsprechend einer Arbeitsteilung, die Max Weber ein für allemal in seinen berühmten Vorträgen »Politik als Beruf« (1917) und »Wissenschaft als Beruf« (1919) klar formuliert hat. Die Distanz, die hinter der Idee der axiologischen Neutralität steht, wird im folgenden durch die Arbeit an einer Modellierung mit ihren spezifischen Anforderungen und Zwängen übernommen, die von verschiedenen, in der sozialen Welt hinterlassenen Aussagen und Spuren ausgeht. Die Modellierung hat das Ziel, diese zu organisieren, indem sie ihren Zusammenhang und ihre »Robustheit« auf die Probe stellt, etwa so, wie die sogenannten Wissenschaften »der Natur« den Bereich und das Verständnis dessen, was wir »Natur« nennen – etwa wenn wir uns in ihr bewegen –, verlassen, um sich mit der Analyse von Proben zu befassen, die entnommen, genau etikettiert und in den eigens ausgestatteten Raum des Labors gebracht werden.[3] Das heißt, daß wir an keiner Stelle dieses Buches äußern werden, was man sich normalerweise als Leser von einem Buch über Abtreibung erwartet (wie im übrigen auch bei den meisten Fragen, die im Mittelpunkt noch virulenter Konflikte stehen): eine Meinung. Mit einer Ausnahme, nämlich den geäußerten Meinungen zum Thema Abtreibung, die natürlich genau zu jenen Gegebenheiten gehören, deren Logik wir zu erschließen versuchen. Da uns die siebziger Jahre als eine Zeit vertraut sind, in der es unmöglich war, einen sozialen Gegenstand – wie etwa die sozialen Klassen – zu behandeln, ohne daß man aufgefordert wurde, seine eigene Haltung zu bekennen (»aus welcher Ecke redest du?«), wissen wir genau, daß eine axiologische Neutralität Gefahr läuft, Verdacht oder Ablehnung zu erregen. Aber wir werden uns trotzdem nicht von ihr entfernen.

Zwei theoretische Ziele

Die relativ distanzierte Haltung zu den unmittelbar politischen Komponenten unseres Gegenstands wurde dadurch erleichtert, daß unsere Entscheidung, über die Abtreibung zu arbeiten, gleichermaßen von theoretischen Erwägungen wie von der Aufmerksamkeit gegenüber der gegenwärtigen sozialen Welt bestimmt wurde, die man sich zu Recht von einem Soziologen erwartet. Auf der Ebene der soziologischen Theorie hat unsere Untersuchung zwei Ziele. Beiden gemeinsam ist das Anliegen, Fragen wieder zu bearbeiten, die wir willentlich beiseite geschoben hatten, als wir uns vor mehr als zwanzig Jahren von den Fragestellungen distanzierten, die von 1960 bis 1970 in den Sozialwissenschaften dominierten. In Absetzung von ihnen versuchten wir besonders mit dem für sie zentralen Gegensatz zu brechen, das heißt mit jenem zwischen einer unbewußten Wirklichkeit und einem mißbrauchten Bewußtsein, zwischen dem, was zur Struktur gehört, und dem, was in den Bereich des Phänomens fällt, und vor allem zwischen den wirklichen, aber verborgenen, von Interessen beherrschten Beweggründen und den oft altruistischen, doch illusorischen Gründen, auf die die Akteure ihre Handlung zu gründen vorgeben. Damals hatten wir die Absicht, ein Forschungsprogramm auf dem Gebiet der Moralsoziologie wieder aufzunehmen – das im Mittelpunkt von Durkheims Anstrengungen gestanden hatte, aber vom strukturalistischen Positivismus der 1960er Jahre, der sich auf eine enge Auffassung des Marxismus und der Psychoanalyse stützte, verworfen worden war. Wenn es stimmt, daß die Moralsoziologie nicht notwendigerweise voraussetzt, daß man alle moralischen Referenzen der Akteure für bare Münze nimmt, so verlangt sie doch wenigstens, daß man sie ernst genug nimmt, um sich damit befassen zu können, auf welche Weise die Akteure selbst die Diskrepanz zwischen den normativen Vorschriften und der Wirklichkeit behandeln, ob sie die Welt, so wie sie ist, kritisieren, oder aber, im Gegenteil, mit einer Rechtfertigung auf die Kritik antworten.

Das Bemühen, ein Programm zu entwickeln, das auf die kritischen Operationen und die Rechtfertigung zielt, oder auch, wenn man so will, die kritische Soziologie durch eine *Soziologie der Kritik* zu ersetzen, führte uns dazu, eine Frage beiseite zu lassen, welche die allgemeine Soziologie jedoch nicht ignorieren darf. Es ist die des Unterschieds zwischen den Komponenten der sozialen Welt, die zu einem gewissen Zeitpunkt im Rampenlicht stehen, und denen, die, ohne unbekannt zu sein, trotzdem unbeachtet bleiben, als bestünde eine Art stillschweigende Abmachung, vor ihnen *die Augen zu schließen*. Es ist nun gewiß klar geworden, daß – kurz gesagt – unser erstes theoretisches Ziel in diesem Werk es ist, die Frage der sozialen Unaufrichtigkeit wieder und mit neuem Einsatz aufzunehmen, ohne den Weg über eine Problematik des Unbewußten im engeren Sinn zu gehen: die Frage der Trennung zwischen dem, was man auf offizielle Weise weiß, und dem, was man offiziös weiß, oder dem sozusagen stillschweigenden Wissen. Wir sind schon seit langer Zeit mit dieser Frage vertraut, die im Mittelpunkt der anthropologischen Arbeit von Pierre Bourdieu steht (in seinen Vorlesungen erinnerte er, sich auf Marcel Mauss beziehend, gern daran, daß »die Gesellschaften immer wieder mit demselben Falschgeld zahlen und heimzahlen«), denn wir haben unter seiner Leitung gelernt, wie man Soziologie treibt. Besagte Frage ist nicht ganz abwesend in unserem in Zusammenarbeit mit Laurent Thévenot[4] entstandenen Werk über Kritik und Rechtfertigung, wo sie in der Form des Gegensatzes erscheint, der im Mittelpunkt des Modells steht, das wir gemeinsam über den gewöhnlichen Sinn der Gerechtigkeit entwickelt haben, und zwar der Gegensatz zwischen den Momenten, wo man *die Augen aufmacht*, und denen, wo man *die Augen schließt*. Wir glauben jedoch, daß wir dieser Frage kein hinreichendes Interesse zugestanden haben, weder in unserer Lehrtätigkeit noch in unseren späteren Arbeiten. Bei der Lektüre dieses Buches wird man sehen, wie die Abtreibung als Möglichkeit und als Praktik ein ausgezeichnetes Terrain darstellt, um zu analysieren, wie sozial wichtige Dinge auf verschiedene Weisen gewußt und berichtet werden können, als Forderungen oder als Folgen, im Modus einer ethischen oder politischen Allgemeingültigkeit oder dem der Anekdote. Mitunter werden die dargestellten Tatsachen so behandelt, als stünden sie isoliert, und man vermeidet es, um keine Folgerungen daraus ziehen zu müssen, sie in eine Reihe zu stellen, in der man sie mit anderen Tatsachen desselben Typs vergleichen müßte.

Unsere Aufmerksamkeit auf die Prozeduren der Vermeidung führte uns dazu, eine Frage in den Mittelpunkt dieses Buchs zu rücken – eine klassische Frage auf dem Gebiet der Sozialwissenschaften, deren Bedeutung wir aber in unseren vorangegangenen Werken, die der Beziehung zwischen Rechtfertigung und Handlung gewidmet waren, nicht ganz ermessen hatten –, nämlich die des *Widerspruchs* und der sozialen Dispositive, die darauf abzielen, ihn zu mildern oder zu umgehen. Wie man am Ende dieser Arbeit besser erkennen wird, verbinden wir die Frage des Widerspruchs mit derjenigen der Normativität und versuchen – auf natürlich nicht erschöpfende Weise –, verschiedene Behandlungsformeln des Widerspruchs zu beschreiben. Wir werden uns insbesondere damit befassen, diejenigen Lösungen, die darin bestehen, zwischen den Situationen und den verschiedenen zeitlichen Sequenzen verschiedene Typen normativer Forderungen zu verteilen, die von den Personen in gleicher Weise mit einer universellen Gültigkeit bedacht werden, obwohl sie untereinander nicht kompatibel sind (das ist zum großen Teil der Weg, den wir in *De la justification* erforscht haben), von denjenigen zu unterscheiden, die vom Gegenstand dieser Arbeit besonders hervorgehoben werden, der darin besteht, verschiedene Konsequenzen der Handlung in einer Logik des geringeren Übels zu hierarchisieren.

Unser zweites – vom ersten nicht ganz unabhängiges – theoretisches Ziel ist der Versuch, drei verschiedene Ansätze konvergieren zu lassen, die mit intellektuellen Traditionen verknüpft sind, die einander oft kaum verstehen. Der erste Ansatz läßt sich als *grammatikalisch* bezeichnen. Er untersucht die einem Corpus entnommenen Fakten und versucht, sie auf eine Weise zu organisieren, daß sich ein Modell ergibt, in dem sie aufgrund ihrer Beziehung untereinander angeordnet werden können, einer Logik zufolge, die sie auf einsichtige und restlose Weise integrieren kann, etwa in der Art, wie es die Linguistik anstellt, um in der Phonologie zutreffende Züge und in der Syntax generative Schemata aufzustellen, deren Organisation ein Kompetenzmodell[5] definiert. Ein solcher Ansatz, der von außen auf seinen Gegenstand blickt oder der, wenn man so will, einen objektivistischen Charakter hat, setzt nicht voraus, daß man nach dem Verhältnis zu den Phänomenen fragt, also nach dem, wie die Personen die Welt erleben, wenn sie zu den Tatsachen in Beziehung treten, deren organisierte Darstellung das Modell bietet. So werden wir versuchen, etwas zu entwerfen, das man eine Grammatik der Zeugung nennen könnte (Kapitel II), indem wir genauer auf gewisse Zwänge eingehen werden, die auf der Herstellung neuer Menschen lasten, damit sie ohne allzu große Schwierigkeiten neben den anderen Menschen Platz nehmen können, die schon da sind, und, zumindest in mehreren Gesellschaften, im übrigen auch neben den Toten, solange sie in der Erinnerung gegenwärtig bleiben. Die Frage der Abtreibung, von deren Eigenschaften wir im ersten Kapitel diejenigen vorstellen werden, die uns für die Soziologie als die zutreffendsten und die größte Neugier erweckenden (vor allem die weitverbreitete Kenntnis dieser Praktik, zumindest als Möglichkeit) erscheinen, wird uns als Schlüssel dienen, um die Komponenten einer Grammatik der Zeugung herauszuarbeiten, die von der Abtreibung gewissermaßen aufgedeckt werden, indem sie deren *widersprüchliche* Dimensionen hervortreten läßt, auf deren Überwindung die sozialen Dispositive bei der Zeugung menschlicher Wesen (vor allem die Dispositive der Verwandtschaft) abzielen.

Der zweite Ansatz, den wir in dieser Arbeit zu entwickeln versuchten, besteht nun darin, wieder von der *Erfahrung* der Personen auszugehen, denn wir beschreiben, wie sie es erleben und — unserem Schwerpunkt entsprechend — wie sie es *in ihrem Fleisch* erleben, wenn sie den in das Modell integrierten Komponenten und Bestimmungen der Handlung begegnen. Aber anstatt die Distanz zwischen den Erkenntnissen hervorzuheben, die durch die »grammatikalische« Methode und die Annäherung über die Erfahrung gemacht werden konnten, wie es auf dem Weg des strukturellen Typs oft geschieht, versuchten wir hingegen zu zeigen, wie die beiden Ansätze konvergieren konnten und wie es weiterhin möglich war, in der in einer anderen Sprache beschriebenen Erfahrung diejenigen Komponenten wiederzufinden, deren Stichhaltigkeit der Weg über die Grammatik gezeigt hatte.

In einem radikalen Wechsel des theoretischen Registers stützen wir uns dann auf einen begrifflichen Bereich, der sich in der phänomenologischen Tradition entwickelt hat, und verfolgen dabei das Ziel, die sehr heftigen Spannungen zwischen den in die Richtung der Beschreibung der dem Verhalten innewohnenden Absichten einerseits und den grammatikalischen Ansätzen andererseits zu überwinden (oder zumindest zu umgehen). Diese wurden von seiten der Phänomenologie nicht selten wegen ihres Ehrgeizes kritisiert, das Soziale auf ein durch Regeln berechenbares Universum[6] zu reduzieren. So gewunden und von Fallstricken begleitet dieser Weg auch sein mag, er ist vielleicht der einzige, der es zuläßt, den Begriff der *Praktik* zu präzisieren, und zwar im Zusammenhang mit den Kompetenzmodellen, die von einer außenstehenden Position erstellt wurden, und den Berichten, welche die Personen von ihrem Leben liefern, wenn sie es – um mit Paul Ricœur[7] zu sprechen – »in eine ›story‹ verwandeln« und sich nach den Absichten und Gründen fragen, nach denen sie gehandelt haben. So kommt es, daß der Begriff des *Fleisches*, der im ersten Teil auf streng strukturelle Weise eingesetzt wird, da seine Bestimmungen – um die Unterscheidung zwischen der Zeugung durch das Fleisch und der Zeugung durch das Wort zu begründen – einzig als Gegensatz zum Begriff des *Wortes* erfolgen, in Kapitel VII wiederaufgenommen und mit einer anderen Orientierung bearbeitet wird. In diesem Kapitel geht es nun darum, von der Erfahrung des Fleisches im Lauf der Schwangerschaft als Dimension der Beziehung zum eigenen Körper Rechenschaft abzulegen.

Der dritte Ansatz schließlich ist historischen Charakters (oder vielleicht wäre es besser, *historial* zu sagen, wenn der Terminus nicht metaphysisch zu stark konnotiert wäre). Er besteht darin zu berücksichtigen, wie die Zwänge, von denen man annehmen kann, daß sie eine anthropologische (und daher gewissermaßen ahistorische) Dimension haben, in die Zeitlichkeit versetzt verschiedene Zustände der Wirklichkeit erzeugt haben, die, obwohl sie zumindest teilweise nebeneinander existieren können, eine bessere Einsicht gewähren, wenn man sie in ihrer chronologischen Folge beschreibt. Wir werden zu zeigen versuchen, wie diese Zwänge (die in den ersten zwei Kapiteln beschrieben werden) sich auf verschiedene Weise äußerten und infolgedessen auf verschiedene Weise die Handlungen der Personen belasteten, die ihnen in verschiedenen historischen Zusammenhängen – der Terminus ist in einem sehr weiten Sinn zu verstehen – unterworfen waren (das ist der Gegenstand der vier folgenden Kapitel). Hierauf werden die Faktoren angeführt, die in vielen Fällen als exogen behandelt werden können, da sie – um in den Begriffen der Wirtschaft zu sprechen – als Externalitäten hinsichtlich der Beziehung auftreten, welche die Personen mit den grammatikalischen Komponenten des im ersten Teil vorgestellten Zeugungsmodells haben können, ohne letztere radikal zu ändern.

Wie nun allen klar sein wird, hat uns diese Untersuchung, ohne daß wir es bei ihrem Beginn hätten voraussehen können, auf verschiedene Territorien und in verschiedene Bereiche der Sozialwissenschaften geführt, in denen wir beileibe nicht bewandert sind. Aber genau das bildete für uns einen der hauptsächlichen Anziehungspunkte. Die Generation, der wir angehören, wagt vielleicht noch als letzte einen »Dilettantismus« – oder man duldet ihn bei ihr noch mit einer gewissen Nachsicht –, der immerhin zu zahlreichen, heute als »Klassiker« betrachteten Werken aus dem Bereich der Sozialwissenschaften führte und den die Professionalisierung, die unsere Disziplinen wahrscheinlich zu Un-

recht nach dem Vorbild der sogenannten »harten« Wissenschaften durchgemacht haben, auf immer verschwinden zu lassen
droht. Trotz der Ratschläge, die uns in den hier berührten Disziplinen herausragende Kollegen reichlich gaben, sind wir uns des
höchst unvollkommenen Charakters unseres Unterfangens bewußt, dessen tadellose Ausführung, wie man so sagt, »ein ganzes
Leben« verlangt hätte.

Fragen des Vokabulars

Einige nähere Erklärungen zum Vokabular: Wir haben es vorgezogen, meistens den Terminus Abtreibung zu verwenden, anstatt
den Neologismus freiwilliger Schwangerschaftsabbruch, den es
seit dem Gesetz (Veil) von 1975 gibt und der uns historisch und
sozial zu stark geprägt schien, um zu dem allgemeinen Phänomen zu passen, mit dem wir uns befassen wollten.[8] Ein Problem
derselben Art kam zum Vorschein, als es sich darum handelte,
das Wesen zu bezeichnen, das nach einem Geschlechtsverkehr
ins Fleisch kommt. Der gegenwärtige Gebrauch sieht mehrere
Termini vor, die sich auf das Entwicklungsstadium der Schwangerschaft beziehen: Präembryo, Embryo, nicht lebensfähiger Fötus, lebensfähiger Fötus usw. Aber abgesehen davon, daß die
Grenzen zwischen den Wesen, die diese Termini bezeichnen sollen, weit davon entfernt sind, fest bestimmt zu sein, wenn sie
nicht sogar umstritten sind, schien es uns, daß die Bereitstellung
einer Terminologie zu unserem Gegenstand gehörte, so daß wir
sie, da es unsere Aufgabe war, deren Logik zu beschreiben, nicht
naiv übernehmen konnten. Wir haben uns so für die Lösung entschieden, auf konventionelle Weise nur den Terminus Fötus zu
verwenden, um das in Frage kommende Wesen zu bezeichnen.
Da wir zunächst die symbolischen Dimensionen hervorheben
wollten, welche den Eintritt des neuen Wesens in die Welt der
Menschen oder dessen Verhinderung begleiten, schlossen wir
aus unserem Wortschatz all jene Termini aus, die einen medizini-

schen, biologischen oder demographischen Ursprung oder aber ähnliche Konnotationen hatten, wie etwa »Reproduktion« oder »Gebärmutter« (den wir mit dem Terminus *Fleisch* ersetzten, der phänomenologischer Herkunft ist). Im übrigen haben wir uns, um zu bezeichnen, was in einer Frau vor sich geht, wenn sie »schwanger« wird, für den Terminus *Zeugung* entschieden und zum Beispiel nicht für »Empfängnis«.

Schließlich verwenden wir den Terminus *Konstruktivismus*, um die Methode der hier verwendeten Modellierung zu bezeichnen, und den Begriff *Konstruktionismus*, um von den Ansätzen zu sprechen, welche die »soziale Konstruktion der Realität« genannt werden.[*]

Vorspann

Es wäre unmöglich gewesen, diese Untersuchung durchzuführen ohne die Unterstützung zahlreicher Personen und ohne Teamarbeit.

Die Umfragen und Beobachtungen in Krankenhäusern besorgte in diesem Sinn Marie-Noël Godet, Ingenieurin beim CNRS; achtzehn Monate lang begab sie sich mehrmals wöchentlich in eines der wichtigsten »Centres d'Orthogénie« (»Zentren für Familienplanung«) der Region Paris und auch in die gynäkologische Abteilung eines Krankenhauses in einer mittelgroßen Stadt der Region Nord; sie konnte Daten über etwa hundert Fälle zusammentragen, indem sie sowohl den Gesprächen vor der Abtreibung als auch der ärztlichen Beratung beiwohnte, zu der die Frauen allein, manchmal auch mit ihrem Partner kamen. Selbstverständlich durfte sie nichts auf Tonband aufnehmen, konnte aber aus dem Gedächtnis das Wesentliche der Gespräche noch

---

[*] [Luc Boltanski konzentriert sich in seinem Buch vor allem auf die Situation in Frankreich und auch den Vereinigten Staaten. Eine ausführliche Darstellung der rechtlichen Situation in Deutschland findet sich in einer Broschüre des Bundesministeriums für Familie, Senioren, Frauen und Jugend mit dem Titel »Schwangerschaftsberatung« (vgl. www.bmfsj.de). A. d. Ü.]

am selben Tag niederschreiben, was die Ansammlung eines sehr reichhaltigen Materials ermöglichte. Marie-Noël Godet führte außerdem viele Gespräche mit Leuten, die entweder in öffentlichen Einrichtungen oder in gynäkologischen Privatpraxen arbeiten. Sie konnte etwa sechs internen Besprechungen beiwohnen, wo über Probleme diskutiert wurde, mit denen die Ärzte und Krankenschwestern täglich konfrontiert werden, und zweimal wurde sie in einen Operationstrakt eingelassen. Marie-Noël Godet führte außerdem eine Reihe von fünfzehn Gesprächen mit Persönlichkeiten – hauptsächlich Ärzten –, die eine bedeutende Rolle in den Bewegungen spielten, deren Aktion zur Legalisierung der Abtreibung führte; sie sammelte Unterlagen über verschiedene (insbesondere juristische und medizinische) Aspekte, die sich auf die Entwicklung der Abtreibung im Lauf der letzten dreißig Jahre beziehen. Mit ihrer Ausbildung als klinische Psychologin und ihrer psychoanalytischen Kompetenz spielte Marie-Noël Godet schließlich eine ziemlich aktive Rolle im Lauf unserer gesamten Untersuchung, vor allem, weil sie nicht müde wurde, darauf hinzuweisen, daß innerhalb der Gesamtheit der Komponenten, die in den Verlauf des sozialen Lebens eingreifen, manche mit den gewohnten Begriffen und Methoden der Soziologie nicht direkt erreichbar sind, und auch noch, wenn man so will, weil sie den relativ autonomen Charakter des psychischen Lebens immer wieder hervorhob, besonders was dessen affektive Dimensionen betrifft.

Abgesehen von den etwa hundert im Krankenhaus gesammelten Arztberichten wurden mit Personen, die eine Abtreibung erlebt hatten, vierzig ausführliche Gespräche (von einer bis zu zwei Stunden Dauer) unter vier Augen geführt. Mit Ausnahme eines einzigen Gesprächs handelte es sich immer um Frauen. Was wir bedauern, ist, daß wir wegen Mangels an Mitteln keine parallele Umfrage bei den Männern durchführen konnten. Einige dieser Gespräche führte Luc Boltanski, der unglücklicherweise bei diesem Unterfangen, wegen seiner Zugehörigkeit zum männlichen Geschlecht, stark behindert wurde. Zum größten Teil wurden diese Gespräche von Susana Bleil, Doktorandin am EHESS, und von Valérie Pihet, Assistentin am Centre de sociologie de l'innovation, geführt, die es verstanden, zu den Personen, mit denen sie zusammenkamen, ein Vertrauensverhältnis aufzubauen. Obwohl die Abtreibung schon seit dreißig Jahren gesetzlich erlaubt ist, bildet sie in einem Leben immer noch ein Ereignis, über das man nicht ohne weiteres sprechen kann. Damit die Gespräche unter guten Bedingungen stattfinden konnten, das heißt, uns die Kenntnisse vermitteln konnten, die uns fehlten, ohne für die, welche bereit waren, mit uns zu sprechen, eine harte Probe zu sein, haben wir uns für die Lösung entschieden, anfangs mit Leuten zu sprechen, die zum persönlichen Bekanntenkreis gehören, und sie dann zu bitten, uns Personen aus ihrem Bekanntenkreis vorzustellen (nach dem sogenannten »Schneeball«-Effekt). Ein Mangel dieser Methode ist selbstverständlich die Verengung des sozialen Feldes, in dem die Umfrage durchgeführt wird. So stießen wir zum großen Teil auf junge Frauen aus der Stadt, die entweder Studentinnen oder im Dienstleistungssektor tätig und zumeist konfessionslos waren. Als wir die von den ausführlichen Gesprächen gelieferten Informationen mit den in einem Krankenhaus gesammelten Daten verglichen, wo das Spektrum der sozialen Klassen, der geographischen Herkunft und der religiösen Zugehörigkeit viel breiter war, fanden wir jedoch keine sehr bedeutenden Unterschiede, was uns davon überzeugte, daß die in den Gesprächen gesammelten Daten verallgemeinert werden konnten.[9] Marie-Noël Godet war beteiligt an der Analyse der in den Krankenhäusern gesammelten Daten, Susana Bleil an der Analyse der in den Gesprächen gesammelten Daten.

Valérie Pihet führte außerdem zusammen mit Luc Boltanski eine ikonographische Untersuchung durch und sammelte Bilder aus dem Leben des Fötus, mit denen sie eine Installation für die Ausstellung *Iconoclash* verfertigte, die Bruno Latour im Frühjahr 2002 im Museum für Kunst und Medien in Karlsruhe veranstaltete.

Luc Boltanski besorgte den größten Teil der Dokumentationsarbeit, was ihn auf Wege, ohne Zweifel mitunter Irrwege, in die verschiedenen Bereiche der Sozialwissenschaften führte. Er regte die Teamarbeit im Rahmen der Groupe de sociologie politique et morale (EHESS-CNRS) an. Aber seine Hauptaufgabe bestand darin, den analytischen Rahmen zu konstruieren, in den die gesammelten Daten integriert werden sollten, und das vorliegende Werk zu schreiben. Er trägt also allein die Verantwortung für diesen Text, und die Fehler, die man gewiß darin finden wird, sind im wesentlichen ihm anzulasten.

Danksagung

Während der Vorbereitung und der Niederschrift dieses Werks genoß ich den Beistand und die Unterstützung zahlreicher Personen. Die Diskussionen mit Élisabeth Claverie, die beinahe täglich stattfanden, spielten eine sehr große Rolle bei der Festlegung des Gesamtplans. Dieses Buch ist auch ein wenig von ihr. Jean-Elie Boltanski half mir beachtlich bei der Aufstellung der Grammatik der Zeugung in Kapitel II, indem er seine Kompetenzen auf dem Gebiet der Formalen Linguistik auf den eigentümlichen Gegenstand anwandte, den ich ihm vorlegte. Viel lernte ich auch durch den Gedankenaustausch mit Christian Boltanski und Hans Ulrich Obrist über die verschiedenen Wege, die dazu führen, die Frage der Singularität[10] und die ihrer Verneinung zu stellen, im Sinne der Soziologie und der Anthropologie oder ausgehend von den bildenden Künsten und der Dichtung.

Die folgenden Seiten schulden mehr, als ich sagen kann, den Kommentaren von Cyril Lemieux über mehrere Entwürfe, die er die Freundlichkeit hatte unterwegs zu lesen, und den langen Diskussionen, die ich mit ihm im Lauf der ganzen Arbeit hatte, ebenso dem Gedankenaustausch mit Frédéric Keck (dem ich verdanke, daß ich mich wieder gewissen Werken von Claude Lévi-Strauss näherte, die ich früher einmal – schlecht – gelesen hatte) und mit Sébastien Laoureux, der mich an seinem Wissen im Bereich der Phänomenologie teilhaben ließ. Schließlich genoß ich in zahlreichen Punkten die Ratschläge meiner Freunde und Kollegen – insbesondere der Kollegen des EHESS –, denen ich meine Geschichte erzählte und die ich ohne Scheu mit meinen Fragen bestürmte, um mir Auskünfte und Hinweise bei ihnen zu holen. Ich nenne sie hier in einer losen Reihe: Catherine Alès, Jérôme Alexandre, André Burguière, Philippe Descola, Marie-Angèle Hermitte, Claude Imbert, Paul Jobin, Rose-Marie Lagrave, Hervé Le Bras, Nicolas Offenstadt, Joan Stavo-Debauge, Anne Christine Taylor, Isabelle Thireau. Sehr viel lernte ich auch von manchen Beiträgen im Rahmen meines Seminars am EHESS, vor allem von denen von Roser Cusso, Caroline Ibos, Catherine Rémy, Bénédicte Rousseau, Anne Paillet, Isabelle Baszanger, ebenso durch meine Anwesenheit im Seminar über das *Geheimnis* unter der Leitung von Cyril Lemieux, Dominique Linhardt, Emmanuel Didier, und in den Seminaren, die Paul Rabinow am EHESS und am ENS gehalten hat.

Die folgenden Seiten schulden auch denen viel, welche die Freundlichkeit hatten, das Manuskript »im Rohzustand« zu lesen – Damien de Blic, Sabine Chalvon, Ève Chiapello, Caroline Ibos, Bruno Latour –, sowie ihren Kritiken oder Kommentaren.

Entwürfe dieser Arbeit wurden auf Tagungen und in Seminaren vorgestellt. Ich danke vor allem Mario Perniola, der mich einlud, auf der von ihm organisierten Tagung »Natura, Coltura, Cultura« an der Universität Rom (Tor Vergata) im Februar 2002, von dieser meiner Arbeit zu sprechen (der Text meines Vortrags wurde in der Zeitschrift *Agalma* veröffentlicht); Bruno Latour, der mich einlud, in der École des mines in Paris zu sprechen, und der mir in der Ausstellung *Iconoclash*, die er 2002 im Karlsruher Museum für Kunst und Medien organisiert hatte, einen Platz gab; Claude Imbert, die mir gestattete, meine Arbeit im Juni 2003 bei der Tagung im Trinity College (Universität Cambridge) vorzustellen, zu der Anthropologen, Historiker, Soziologen und Philosophen zusammenkamen; Philippe Descola, der mir Gelegenheit gab, meine Arbeit einem Kreis von Anthropologen vorzustellen, indem er mich im Januar 2004 im Rahmen des von ihm geleiteten Seminars für allgemeine Anthropologie am Collège de France einlud, einen Vortrag zu halten.

Diese Arbeit erfreute sich der andauernden Unterstützung der Gruppe für politische und moralische Soziologie (EHESS-CNRS) und des Beistands von Jacques Revel, Präsident des EHESS. Sie hätte keine gebührende Ausführung gefunden ohne die freundschaftliche Aufmerksamkeit von Éric Vigne, der bei der Erneuerung der Sozialwissenschaften weit über die übliche Rolle eines Verlegers hinausgeht.

Schließlich möchten wir all denen danken, die unsere Forschungsarbeit erst möglich machten: sei es, indem sie uns in die Centres d'Orthogénie einließen, sei es, indem sie sich bereit erklärten, mit uns zu sprechen. Das vorliegende Buch hätte ohne ihre Großzügigkeit nicht entstehen können.

I
Die anthropologischen Dimensionen
der Abtreibung

Der komparatistische Ansatz von George Devereux

Sich auf Praktiken in ihrem allgemeinsten Sinn – das heißt in ihrer anthropologischen Dimension – zu beziehen, ist gegenwärtig in den Sozialwissenschaften verpönt, denn diese haben gewiß noch nie so stark, wie es heute der Fall ist, die Trennung zwischen *kultur*orientierten und *natur*orientierten Disziplinen anerkannt. Es falle voll und ganz in den Bereich der letzteren, die *Invariablen* zu verzeichnen, deren universaler Charakter auf ihre Verwurzelung in der Biologie (und insbesondere der biologischen Verankerung des Geistes) oder, was in etwa auf dasselbe hinausläuft, auf die Wirkungen zurückzuführen sei, mit denen gewisse, von den biologischen Eigenschaften der Menschen abhängige Zwänge (sich ernähren, sich fortpflanzen, sterben usw.) das Leben in Gesellschaft belasten. Den ersteren komme dagegen die Aufgabe zu, eine Bestandsaufnahme des *Übrigen* zu machen, das heißt der Unterschiede zwischen den Menschengruppen, die sich hauptsächlich aus deren Zugehörigkeit zu verschiedenen *Glaubens*systemen ergeben. Im Bereich der Natur sei überall alles gleich, in dem der Kultur sei überall alles anders, heißt es. Aber genau gegen diese Trennung, die der Positivismus so prägnant wiedergegeben hatte, haben sich seit mehr als einem Jahrhundert die allgemeine Soziologie und die Sozialanthropologie konstituiert, deren Projekt deshalb sofort als *komparatistisch* definiert wurde. Die allgemeine Soziologie und die Sozialanthropologie erblickten ihre Hauptaufgabe in einer Bestandsaufnahme der unterschiedlichen Modalitäten, in denen die Praktiken (zum Beispiel, im Fall der Durkheimschen Strömung, das Opfer, das Gebet, der Tausch, die Verwandtschaft, die klassifikatorischen Praktiken, der Schwur, das Verbrechen usw.) trotz einer gewissen erkennbaren Familienähnlichkeit in verschiedenen Gesellschaften verschieden vollzogen werden konnten. Dasselbe läßt sich für die Psychoanalyse beobachten, die es, zumindest nach ihrer Begegnung mit der Kulturanthropologie, unternommen hatte, ohne deshalb ihren grundlegenden Begriffen (dem Unbewußten, der Verdrängung usw.) untreu zu werden, beispielsweise zu untersuchen, wie verschiedene Organisationsarten der unbewußten Triebe verschiedenen Praktiken der Sozialisation entsprechen konnten, oder auch, wie die Berücksichtigung der jeder Kultur eigenen Spannungen es zuließ, Wege vorzuzeichnen, um von den kollektiven Mythen zu den individuellen Träumen zu gelangen und umgekehrt.

Was unseren Gegenstand betrifft, so war es der Sozialanthropologe und Psychoanalytiker George Devereux, der als erster der Praktik der Abtreibung eine systematische Studie widmete, wobei er sie in ihren allgemeinen Dimensionen und zugleich in den spezifischen Formen betrachtete, die sie in verschiedenen Gesellschaften annahm. Das Ziel, das sich George Devereux in seinem 1955 veröffentlichten Werk *A Study of Abortion in Primitive Society*[1] setzt, ist zunächst, wie er in der Einleitung erklärt, theoretischen oder eher »methodologischen« Ranges. Er beabsichtigt, vier Einzelziele zu erreichen: a) die Gültigkeit »des Axioms, nach dem die kulturelle Verschiedenheit die außerordentliche Plastizität und Vielfalt des menschlichen Verhaltens« beweist, empirisch zu stützen; b) empirisches Material zu liefern, um »das Theorem zu beweisen, daß die Analyse einer einzigen Institution in einer einzigen Gesellschaft die Grundlagen für universal gültige Schlußfolgerungen liefern kann« (Durkheim und Freud entsprechend) und umgekehrt, daß man »zu denselben Schlußfolgerungen gelangen kann, indem man die Variationen eines einzigen kulturellen Zugs oder einer einzigen Institution bei einer großen Zahl von Gesellschaften zum Gegenstand seiner Studien macht«, und zwar so, »daß tiefgreifende Forschungen und zugleich weit ausgedehnte Forschungen gerechtfertigt sind«; c) die Kompatibilität des anthropologischen und des psychoanalytischen Ansatzes zu beweisen, in dem Sinn, daß eine genaue Entsprechung zwischen dem kulturellen Verhalten und den Affekten[2] besteht. Nach George Devereux' Ansicht stellt die Abtreibung eine Praktik dar, die sich besonders gut für seine Beweisführung eignet, weil – und wir werden sehen, welche Bedeutung das für uns hat – »sie nirgends in einer Kultur eine zentrale Stellung einnimmt«, so daß sie, da sie kein Gegenstand genauer und ausführlicher »kultureller Vorschriften« ist, die Tür zu einer großen Vielfalt individueller Verhaltensweisen offen läßt; und schließlich d) das letzte Ziel des Werks: ein nahezu erschöpfendes Material über die Abtreibung zusammenzustellen, um zukünftiges Forschen zu erleichtern.

George Devereux hat tatsächlich ein Corpus zusammengetragen (und methodisch als Anhang in seinem Buch publiziert), das auf vierhundert »vorindustriellen Gesellschaften« beruht. Als Hauptquelle benutzte er die Human Relations Area Files der Universität Yale, wobei ihn Ralf Linton (der kurz vor seinem Tod im Fachbereich Anthropologie dieser Universität gelandet war) und besonders der Anthropologe George Peter Murdock anleiteten, der von 1938 an die Area Files zusammenstellte, mit dem Ziel eine »transkulturelle« und vergleichende Anthropologie zu entwickeln. George Devereux vervollständigte seine Dokumentation, indem er aus seinen persönlichen Archiven schöpfte und mündliche oder schriftliche Mitteilungen benutzte, die er von verschiedenen Kollegen bekam. Die Area Files sind eine unermeßliche Kartei, die aus der Sichtung der beinahe gesamten bekannten anthropologischen Literatur (als Buch oder als Artikel oder als unveröffentlichtes Manuskript publiziert) entstand, aber gleichfalls aus dem, was man eine wichtige voranthropologische Literatur von hinreichend zuverlässigem dokumentarischen Wert nennen kann (Berichte von Reisenden, Missionaren, Kolonialverwaltern usw.). Die Daten sind der Kartei in einem zweifachen Klassifikationssystem einverleibt und einerseits nach Kulturbereichen und Gesellschaften und andererseits nach Themen geordnet. Es gibt einen Bereich, der den Fragen der Schwangerschaft und der Abtreibung gewidmet ist, und einen Nebenzugang, der die Abtreibung als indexbildend verwendet.[3] Seit der Zeit, in der Devereux sein Corpus zusammengestellt hat, haben sich die Area Files weiter gefüllt. Ein Exemplar davon befindet sich im Labor der Sozialanthropologie des Collège de France auf drei verschiedenen Datenträgern (dem Alter der Karteikarten und den jeweiligen Computerübertragungen entsprechend): Papier, CD-ROM und als Abonnement im Internet, so daß man die im Werk von George Devereux enthaltenen Informationen vervollständigen (oder wenn man mißtrauisch ist, nachprüfen) kann,[4] indem man diese Kartei konsultiert.

Die in den Area Files enthaltenen Informationen eignen sich schlecht für eine systematische Behandlung – geschweige denn für eine statistische – vor allem deshalb, weil die Informationen durchaus heterogen und von ungleichem Wert sind, denn sie wurden zu verschiedenen Zeiten, in ziemlich unterschiedlichen Gesellschaften nach völlig unterschiedlichen Methoden von Personen gesammelt, die sowohl in ihren ethnographischen Kompetenzen wie in ihrer theoretischen Ausrichtung nichts gemeinsam haben. George Devereux macht uns darauf aufmerksam, daß zum Beispiel Bemerkungen über dieselbe Gesellschaft von verschiedenen Forschern manchmal nicht übereinstimmen. Man muß sich also damit abfinden, daß man aus der Konsultation dieser Kartei eher Vermutungen als faktische Sicherheiten gewinnen kann.

Ohne die theoretischen Voraussetzungen von George Devereux unbedingt zu teilen und ohne ihm in allen Ausführungen (die oft bemerkenswerte Intuitionen enthalten) seines reichhaltigen, aber im Aufbau ziemlich verwirrenden Buches zu folgen, kann man sich trotzdem auf darin enthaltene Beobachtungen und Bemerkungen stützen und ebenso auf die ergänzenden Umfrageergebnisse der Area Files, um in groben Zügen einen Rahmen zu erstellen, der imstande ist, manche hauptsächlichen Fragen aufzuzeigen, die der Soziologie von der Praktik der Abtreibung gestellt werden. Unsererseits möchten wir, wenigstens als Arbeitshypothese, vier Eigenschaften der Abtreibung hervorheben, die zwar von Devereux nicht ausdrücklich herausgestellt werden und die ihm auch nicht überaus wichtig sind, aber zu denen trotzdem zahlreiche, in seinem Material und manchmal auch in seinen Analysen enthaltene Angaben hinführen.

Eine Praktik, deren Möglichkeit überall bekannt ist

Eine erste Eigenschaft, die auch für Devereux eindeutig feststeht, ist der wahrscheinlich universale Charakter dieser Praktik.[5] Devereux sagt, daß im Fall von etwa 60% der Gesellschaften, die in den Area Files erfaßt sind, Informationen über die Abtreibung zu Verfügung stehen. Das bedeutet natürlich nicht, daß den restlichen 40% die Abtreibung unbekannt ist, sondern nur daß (da die Information in den Karteien durchaus heterogen ist) die Ethnographen diese Dimension des menschlichen Daseins in ihren Monographien nicht berücksichtigt oder daß ihre Informanten nicht davon gesprochen haben. Was universal erscheint, ist im übrigen weniger die *Praktik* der freiwilligen Abtreibung, je nach Gesellschaften und Zeiten ziemlich ungleich bezeugt (auch wenn sich unanfechtbare statistische Daten praktisch nie aufstellen lassen), als die Tatsache, daß man die *Möglichkeit* dieser Praktik kennt. Es gibt kein Beispiel einer Situation, in der der Informant – und *a fortiori* die Informantin –, über diesen Punkt befragt, nicht wüßte, worum es geht, oder sich wunderte, wenn man ihm oder ihr sagt, daß es so etwas geben kann. Die Möglichkeit, den Fötus vor der Geburt aus der Gebärmutter zu holen, in der Absicht, ihn zu vernichten, scheint also zu den Grundlagen des menschlichen Daseins in einer Gesellschaft zu gehören.

Die zu diesem Zweck verwendeten Mittel sind sehr zahlreich und heute ziemlich gut bekannt, nicht nur in den Fällen der Gesellschaften, mit denen sich die Ethnologie befaßt, sondern auch

für die antiken Gesellschaften, insbesondere im Fall des grie-
chisch-römischen Altertums, der mittelalterlichen[6] und der modernen westlichen Gesellschaften und jener Chinas und Japans.[7]
Die am weitesten verbreiteten Verfahrensweisen sind: die Verwendung von abtreibenden Arzneimitteln, gewöhnlich pflanzli-
cher Herkunft (mit emetischer, abführender, purgierender, ad-
stringierender usw. Wirkung), bekannt in allen Gesellschaften,
für die eine Information zur Verfügung steht; die Verwendung
mechanischer Mittel, sowohl innerer (wobei ein Stab in die Vagina eingeführt wird) als auch äußerer (Springen, Schlagen, den
Bauch zusammendrückende Gürtel, Anwendung von heißem
Wasser, Auflegen von heißer Asche oder heißen Steinen auf die
Bauchdecke usw.), oder eine Verbindung dieser verschiedenen
Verfahrensweisen, wie die Einführung von Arzneimitteln in die
Vagina und eine Manipulierung der Geschlechtsorgane. Diese
verschiedenen, chemischen oder mechanischen Verfahrensweisen müssen jeweils zu den örtlichen Theorien in Beziehung stehen, die mit der Fortpflanzung und der Schwangerschaft zu tun
haben, da auf diesen Theorien das Vertrauen auf die Wirksamkeit
der Mittel beruht. Auch magische Mittel werden eingesetzt (sich
unter einen bestimmten Baum setzen, eine gewisse Speise essen
oder trinken, ein Amulett tragen usw.). Die magischen Mittel, gewöhnlich deutlich von den mechanischen und chemischen Mitteln unterschieden, beruhen sehr oft auf der Übertretung einer
Regel oder eines Gesetzes (die eingenommene Speise ist verboten o. ä.). Devereux weist darauf hin, daß bei den Hopi-Indianern
ein Mittel vorkommen soll, das er als »psychosomatisch« bezeichnet: Der starke Wunsch abzutreiben soll schon als ausreichend betrachtet werden, um abtreibend zu wirken. Es scheint,
daß bei den meisten Gesellschaften, von denen Daten verfügbar
sind, die Mittel, um eine Abtreibung in Gang zu bringen, zum *allgemeinen Wissen* gehören, obwohl manche Personen (die normalerweise auch das Amt der Hebamme versehen) als wissender
oder geschickter betrachtet werden als die anderen. Viele Mittel,
die zur Abtreibung verwendet werden, sind in der Tat schwierig

anzuwenden und dafür bekannt, daß sie mehr oder weniger gefährlich sind. Sie machen Angst. Aber trotzdem greift man auf sie zurück, wenn eine Abtreibung unbedingt notwendig zu sein scheint.

Der Gegenstand einer allgemeinen Mißbilligung

Eine zweite Eigenschaft der Abtreibung besteht darin, daß sie im allgemeinen einen Gegenstand der *Mißbilligung*[8] darstellt. Sehr selten wird die Abtreibung prinzipiell akzeptiert, selbst von den Gesellschaften, die sie häufig praktizieren. Die Reaktionen reichen von schockierter Mißbilligung bis zur heftigsten Empörung diesem »schändlichen« oder »entsetzlichen« Treiben gegenüber, dessen Praktik man im übrigen sehr oft den Nachbarvölkern oder den Bewohnern der benachbarten Dörfer nachsagt, aber als hier »bei uns« unbekannt hinstellt. Diese Empörung scheint nicht nur vorgetäuscht zu sein, in der Absicht, den Erwartungen eines fremden Besuchers zu entsprechen, von dem man *a priori* annimmt, er sei gegen die Abtreibung eingestellt (wenn die Information zum Beispiel aus den Berichten von Reisenden oder den Erinnerungen von Missionaren stammt), sie wird aber auch in den professionellsten ethnographischen Berichten erwähnt. Es handelt sich ebensowenig um eine Haltung, die den Männern eigen ist, denn die Frauen äußern oft dasselbe »Entsetzen« vor diesem Akt, auch wenn uns nichts daran hindert, ihre Empörung als eine Verinnerlichung der männlichen Werte zu interpretieren. Die Abtreibung ist etwas, von dem man nicht oder nur mit Verlegenheit spricht und am häufigsten bemüht man sich darum, klar zu zeigen, daß man zwar weiß, daß es »so was« gibt, aber daß diese Praktik weder die eigenen Verwandten noch das Kollektiv, dem man angehört, betreffen kann.
Der Grad der Mißbilligung scheint nicht nur in den einzelnen Gesellschaften, sondern auch innerhalb einer Gesellschaft zu variieren, den Umständen einer Kasuistik entsprechend, die von

den Eigentümlichkeiten der betrachteten Kultur abhängt; zum Beispiel, sehr allgemein gesagt, wenn man den Verdacht eines Inzests, der Paarung mit einem Tier – bei den Navaho – hat, oder, besonders in den patrilinearen Gesellschaften, wenn man vermutet, daß die Mutter einen Bastard zur Welt bringen wird, und das vor allem – abgesehen von den Gesellschaften, welche die Vaterschaft mehrerer Männer zugleich[9] zulassen – wenn das Vorhandensein mehrerer potentieller Väter es unmöglich macht, den echten Vater zu bestimmen und zu einer Heirat mit der Schwangeren zu zwingen, oder auch, wie bei den Jivaro und im übrigen auch in zahlreichen anderen Gesellschaften, wenn man denkt, die Mutter sei von einem Dämon befruchtet worden und werde ein Ungeheuer[10] zur Welt bringen, usw. Die Bezugnahme auf mildernde Umstände, die auf den Merkmalen des Fötus beruht, der ja vor dem Auftreten der modernen bildgebenden Verfahren ein Unbekannter war, braucht im übrigen durchaus nicht wörtlich genommen zu werden, wie es der Fall wäre, wenn sie mit spezifischen, überprüften Beweisen zu tun hätte, sondern sie zeichnet eher die Umrisse eines Registers für die Argumentation ab, das jedesmal zur Verfügung steht, wenn man die Mißbilligung, der die Abtreibung ausgesetzt ist, mildern möchte. So hat auch das Argument, nach dem eine Frau abgetrieben hat, weil das Kind, das sie zur Welt gebracht hätte, illegitim gewesen wäre (das heißt in vielen traditionellen Gesellschaften weder einen Namen noch eine Verwandtschaft gehabt hätte[11]), immer etwas, das, wenn man so sagen kann, »auf der Hand liegt«, obwohl man in der Praxis oft auch auf andere Möglichkeiten zurückgreifen kann, wie einen Mann für das schwangere Mädchen zu finden, der bereit ist, die Vaterschaft für das Kind anzutreten, mit dem sie schwanger geht.

Die Toleranz der Abtreibung gegenüber

Eine dritte bedeutende Eigenschaft der Abtreibung läßt sich in der Tatsache erkennen, daß die Mißbilligung dieser Praktik zumeist mit einer großen *Toleranz* einhergeht, die ihr selbst diejenigen entgegenbringen, die sich bei ihrer Erwähnung empört zeigen. Obwohl man aus verschiedenen Bereichen zahlreiche Beispiele anführen kann, wo zwischen der geäußerten Norm oder in Gesellschaften mit schriftlich niedergelegtem Recht dem Gesetz und den pragmatischen Bedingungen seiner Befolgung Diskrepanzen bestehen, sieht es so aus, als wäre in unserem Fall die Kluft zwischen der Regel und ihrer Befolgung besonders offenbar und bei den meisten Gesellschaften, von denen Daten verfügbar sind, unter verschiedenen Formen anzutreffen. Sehr selten bemüht man sich ernstlich, die für eine Abtreibung Verantwortlichen zu identifizieren, zu verfolgen und zu bestrafen. Und wie wir in Kapitel III sehen werden, gilt das in gleicher Weise für die westlichen mittelalterlichen oder modernen Gesellschaften, die von den christlichen Kirchen beherrscht werden; die Kirchenväter hatten zwar die Abtreibung verurteilt, aber trotzdem konnten die Behörden, sagen wir, vor der zweiten Hälfte des 19. Jahrhunderts diesen Akt tadeln oder auf sein Verbot hinweisen, ohne daß dies konkret viel bewirkt hätte – es konnte weder polizeiliche Fahndungen zur Folge haben noch diese Praktiken verändern.[12] Die Tatsache, daß Personen, die eine Abtreibung vornehmen, und deren Helfer zumeist weder verfolgt noch bestraft werden, bedeutet jedoch nicht, daß es keinerlei Sanktionen gibt. Für zahlreiche Gesellschaften erwähnen die Informanten das Vorhandensein von Sanktionen, aber es handelt sich um immanente (wie die Sterilität) oder um verbreitete Sanktionen, welche die Verwandten oder sogar das Kollektiv in seiner Gesamtheit[13] treffen (zum Beispiel als Folge einer Rache, die der Geist des abgetriebenen Fötus nimmt), wie es oft geschieht, wenn transgressive Praktiken die Ordnung der Welt betreffen.

Stellt man die ethnographischen Daten zusammen, so ergibt sich noch ein merkwürdiger Zug, der mit dem Paar Empörung-Toleranz zusammenfällt. Wo die Abtreibung praktiziert wird, geschieht dies gewöhnlich im Geheimen oder zumindest im Verborgenen. Aber es handelt sich meist um ein Geheimnis, das »die Spatzen von den Dächern pfeifen«.

Dieser Erscheinungsfall muß unsere Aufmerksamkeit auf einen Gegensatz lenken, der für unser Thema eine bedeutende Rolle spielt und dessen Implikationen wir im III. Kapitel untersuchen werden: Es handelt sich um einen Gegensatz – den Pierre Bourdieu in seinem ethnologischen Werk, vor allem in den der Verwandtschaft gewidmeten Schriften, besonders eingehend analysiert hat – zwischen dem, was zum Bereich des *Offiziellen* gehört und das einen »öffentlichen, feierlichen, kollektiven« Charakter hat, und dem *Offiziösen*, das zu einer schändlichen, sogar illegalen Daseinsart[14] verurteilt ist. Dieser Gegensatz kann die Verteilung der verschiedenen Handlungsarten oder der verschiedenen Machtformen betreffen. In den Studien, die Pierre Bourdieu der Kabylischen Gesellschaft gewidmet hat, wird er in Beziehung gebracht zu dem Gegensatz zwischen Männern und Frauen, zwischen der männlichen Gesellschaft und der weiblichen Gesellschaft, wobei die ersteren die offizielle Macht über alles innehaben, was ausdrücklich öffentlich und kollektiv ist, über die Repräsentation der Verwandtschaft, deren eminent politischen Charakter in den traditionellen Gesellschaften Bourdieu besonders hervorhebt, und die letzteren eine Macht ausüben, die zwar wirklich ist (vor allem, so sagt Bourdieu, was die Ehe betrifft), aber im Verborgenen bleibt und »den Männern den äußeren Schein läßt«.

Die Unterscheidung – von zahlreichen Anthropologen, die sich mit den Formen der männlichen Herrschaft befaßt haben,[15] thematisiert – zwischen der Welt der Männer als offizieller Welt, der Welt des schriftlich festgelegten Rechts oder des Gewohnheitsrechts, der Religion, der Politik, der Öffentlichkeit, der Welt des Äußeren, und der Welt der Frauen[16] als verborgener, »privater«, offiziöser Welt, der Welt des Inneren, des Hauswesens, der Magie, der Hexerei, ist gewiß von ziemlich allgemeiner Art. Sie betrifft in erster Linie alles, was mit dem Bereich der Schwangerschaft und der Geburt zu tun hat, der in den meisten traditionellen Gesellschaften auf das eigentlich weibliche Geheimnis beschränkt bleibt und dessen Ort das Haus ist (das Innere im Gegensatz zum Äußeren, das dem Gegensatz zwischen Privatem und Öffentlichem entspricht) und im Inneren des Hauses der Raum, der den Frauen vorbehalten ist und zu dem in vielen Gesellschaften die Männer keinen Zutritt haben,[17] zum Beispiel bei den Achuar (Studien von Philippe Descola[18]), bei den Baruya (Studien von Maurice Godelier[19]). Dieser Raum des Hauses ist für die politische Logik der Polis,[20] das heißt die Sphäre der Gerechtigkeit, nicht erreichbar und im Grunde auch nicht für die »Gesellschaft« in der modernen Bedeutung des Worts.[21]

Es muß jedoch gesagt werden, daß der Unterschied zwischen dem Offiziellen und dem Offiziösen für unseren Gegenstand besonders relevant ist. In der Gesamtheit der mit dem weiblichen Pol verbundenen Praktiken gehört die Abtreibung sicher zu denjenigen, die vom öffentlichen Raum am weitesten entfernt gehalten, im Verborgenen und ausschließlich von Frauen ausgeführt werden. Dadurch erklärt sich auch, daß die sie betreffenden Informationen so lückenhaft und so schwer zu überprüfen sind, zumindest wenn man sie zum Beispiel mit den Informationen vergleicht, die wir über die Nomenklaturen der Verwandtschaft haben, die, da sie zum männlichen Wissen gehören, ohne weiteres von männlichen Informanten den Anthropologen desselben Geschlechts mitgeteilt wurden (bekanntlich mußte man die Feminisierung des Anthropologenberufs abwarten, die sich im Lauf der letzten dreißig Jahre vollzog, damit sich eine Anthropologie der Praktiken der Zeugung überhaupt entwickeln konnte). Nehmen wir den Unterschied zwischen der männlichen, offiziellen Macht und der weiblichen, offiziösen Macht, den Pierre Bourdieu besonders hervorhebt, wieder auf, so können wir zudem in Betracht ziehen, daß die Abtreibung das Paradigma der weiblichen Macht bildet (im Gegensatz zur Macht der Verwandtschaft und ihrer Repräsentation), und das besonders in den traditionellen Gesellschaften, in denen durch die Übereinstimmungen zwischen dem politischen Raum und dem häuslichen Bereich allen Praktiken, die mit der Zeugung zu tun haben, eine große Bedeutung beigemessen wird. Aber diese Macht bleibt, durch sich allein, illegitim und verborgen, ob sie nun ohne das Wissen der Männer und um ihnen einen Schaden zuzufügen (sich am Vater zu rächen, indem man seinen Sprößling umbringt) eingesetzt wird oder aber, im Gegenteil, – die beiden Arten von Beispielen stehen in den von Devereux aufgestellten Nomenklaturen der »Gründe« – mit deren Mitwisserschaft und deren vor allem sexuellem Interesse (damit sie sich nicht den Verboten unterwerfen müssen, welche die sexuellen Beziehungen während der Schwangerschaft und der Stillzeit betreffen).

Aber die Unterscheidung zwischen dem Offiziellen und Öffentlichen und dem Offiziösen und Verschwiegenen wird nicht nur in der Sphäre des Handelns angewandt. Sie kann auch auf verschiedene Arten des Wissens gerichtet sein, wie in dem von Malinowski angeführten, berühmten Beispiel des jungen Mannes von den Trobriand-Inseln, der mit seiner Kusine mütterlicherseits, der Tochter der Schwester seiner Mutter, gegen die Regeln der Exogamie verstoßen hatte. Die Tatsache war bekannt und wurde mißbilligt, blieb aber ohne Folgen, bis der Liebhaber des jungen Mädchens den Schuldigen öffentlich beschimpft, indem er ihn vor der gesamten Gemeinde des Inzests anklagt. Am nächsten Morgen klettert der junge Mann auf eine Kokospalme, stürzt sich vor der versammelten Gemeinde in die Tiefe und ist augenblicklich tot.[22] Es geht hier nicht um einen Unterschied in der Information (die Information ist dieselbe, ob sie nun offiziös oder offiziell bekannt ist), sondern wir haben mit dem Bereich der Anklage zu tun, folglich mit der Zuschreibung einer Verantwortung. Während die Fakten offiziös bekannt sein können, ohne Folgen nach sich zu ziehen, bis jemand auf eigene Gefahr eine öffentliche Anklage auf sich nimmt, sieht die Lage ganz anders aus, wenn eine öffentliche Anklage vorliegt; denn diese setzt einen Prozeß in Gang, der feststellen muß, ob die Anklage wahr oder falsch ist, so daß als letzte Folge Sanktionen über den Schuldigen verhängt werden und ebenso ggf. über denjenigen, der ihn zu Unrecht angeklagt hat. Wenn man sagt, die Abtreibung wird, obschon offiziell verurteilt, offiziös geduldet, bezieht man sich ebenso auf einen Vorgang dieser Art. Sie wird geduldet, nicht nur, weil sie in einem Zusammenhang, dem weiblichen Universum, stattfindet, das vom öffentlichen Raum aus undurchdringlich ist; nicht nur, weil man die nötigen Anstrengungen nicht unternimmt, um zu wissen, was los ist, sondern auch, weil man, obwohl man es genau weiß, auf irgendeine Weise so tun kann, als ob das, was man weiß, belanglos wäre, oder, wenn man so will, die Augen schließen und so tun kann, als wüßte man es nicht.

Das beinahe völlige Fehlen von Darstellungen

Wir möchten diese knappe Beschreibung der allgemeinen Züge der Abtreibung, die uns besonders stichhaltig erscheint, damit beenden, daß wir eine Problematik vorstellen und zugleich die Existenz einer vierten Eigenschaft aufzeigen, die – und das wird unseren Fall schwieriger machen – nicht oder nur schwerlich den Gegenstand einer präzisen und angemessenen Beweisführung bilden kann, auch wenn sie nach unserer Ansicht wahrscheinlich, wenn nicht sogar sicher ist. Wir stellen also die Hypothese auf, daß die Abtreibung, sehr allgemein gesagt, *fast nie dargestellt* wird (das meint wohl auch Devereux, wenn er behauptet, die Abtreibung »nimmt nirgends einen zentralen Platz in der Kultur ein«). Eine solche Eigenschaft ist schwer festzustellen, denn dazu müßte man sich einerseits auf die Bestandsaufnahme aller bekannten Darstellungen der Abtreibung stützen können und andererseits in der Lage sein, die Vorstellung, daß für die verschiedenen Arten der Praktiken ein irgendwie »normales« Niveau der Darstellung besteht, als Arbeitshypothese zu benutzen. Der Eindruck, daß hier ein Mangel an Darstellungen oder, allgemeiner gesagt, ein kollektiver Vorbehalt am Werk ist, die Abtreibung und den abgetriebenen Fötus auf ein symbolisches Register zu übertragen, läßt sich jedoch kaum ausschließen.

Weder die Abtreibung noch die abgetriebenen Föten scheinen häufig als Motiv ausgewählt oder auf Bildern dargestellt worden zu sein, weder in den primitiven oder traditionellen Gesellschaften, noch in der Antike, noch in der westlichen Malerei (es gibt jedoch in Japan Darstellungen eines Monsters, des *Kappa*, das an ein getötetes Neugeborenes und/oder an einen Fötus erinnert, und Figürchen, die *kokeshi*, die ein abgetriebenes Kind darstellen und denen manchmal Opfergaben dargebracht werden[23]). Die Abtreibung ist vielleicht etwas, das sich nur schwer *zeigen* läßt, doch könnte sie sich leichter *erzählen* lassen. Sie scheint jedoch (abgesehen von der jüngsten Zeit) auch in den Erzählungen abwesend zu sein oder nur verschleiert vorzukommen. Direkte Hinweise auf die Abtreibung in Mythen, Erzählungen oder literarischen Werken lassen sich schwerlich finden, zumindest vor den naturalistischen Romanen. Selbst in den letzteren findet man verhältnismäßig wenige Szenen, wo von einer Abtreibung die Rede ist (die im übrigen manchmal mit dem Kindsmord verwechselt wird); sie sind in kritischem Ton geschrieben, nachdem das Verbot der Abtreibung im 19. Jahrhundert und folglich die Aufnahme in das Gesetz dieser Praktik eine medizinische und juristische Sichtbarkeit verliehen hat: nach einer von den Hygienikern stammenden Thematik (die wir im III. Kapitel untersuchen werden) als »soziale Plage« in den unteren Volksschichten mit dem Alkoholismus und der Prostitution verbunden. Vor allem seit dreißig Jahren findet man direkte Darstellungen der Abtreibung in der Literatur und im Film. Trotzdem ist, sogar im zuletzt genannten Fall, die erzählerische oder bildliche Darstellung meistens von politischen oder moralischen Rechtfertigungen begleitet, die sie in den Rahmen einer Kritik der bestehenden Ordnung verweisen, und nur selten wird sie als solche gezeigt, als etwas Selbstverständliches. Die Abtreibung ist eine normale Praktik (in

Frankreich entfällt bis zu den jüngsten Entwicklungen der Empfängnisverhütung ohne Zweifel eine Abtreibung auf zwei Geburten und kommt es heute ungefähr zu einer Abtreibung bei drei oder vier Geburten – je nach den Jahren und der statistischen Zählmethode – vgl. Kapitel IV), wird aber nie als eine gewöhnliche Praktik behandelt.

Ebenso ist zu bemerken, daß die Abtreibung, abgesehen von medizinisch orientierten Texten, in philosophischen Werken selten erwähnt wird und insbesondere von der klassischen Philosophie vollkommen ignoriert wurde. Ihre Möglichkeit hatte anscheinend keinerlei Einfluß auf die Auffassungen, welche die abendländische Philosophie über die *conditio humana* entwickelte, im Unterschied beispielsweise zum Selbstmord (der seit dem Bestehen dieser Disziplin auch ein Lieblingsthema der Soziologie ist). In den normativen abendländischen Texten religiöser, juristischer oder medizinischer Provenienz – vor allem bei einigen Kirchenvätern (wovon wir im III. Kapitel einige Beispiele bringen werden) – gibt es zwar Hinweise auf die Abtreibung, aber sie sind verhältnismäßig selten, oft nur wenig entwickelt und wahrscheinlich engen Kreisen vorbehalten.

Schließlich scheint die Abtreibung nirgends mit irgendeiner Form von Ritual oder Symbolik verbunden zu sein. Die abgetriebenen Föten werden notdürftig begraben, verbrannt oder ertränkt, ohne daß ihre Vernichtung von spezifischen Gesten oder Worten begleitet wäre. Es scheint sich jedoch bei zahlreichen Gesellschaften (und vielleicht praktisch bei allen) der Glaube zu finden, daß sich die abgetriebenen Föten in Geister verwandeln und in einigen Fällen in besonders bösartige und gefährliche (vor allem bei den Hopi), vor denen man sich eigentlich schützen müßte, indem man bestimmte Gebete spricht.[24]

Die Tatsache, daß die Abtreibung in so großem Maß von der Sphäre der Darstellung ausgeschlossen blieb, kann mit zwei der Eigenschaften in Zusammenhang gebracht werden, die wir schon erwähnt haben, das heißt einerseits mit ihrer Zugehörigkeit zur offiziösen Welt der weiblichen Praktiken, und andererseits die Tatsache, daß es sich um eine Praktik handelt, die im allgemeinen ein Gegenstand der Mißbilligung ist und die man deshalb als (im offiziellen Sinn) Verstoß gegen die Regel betrachten kann. Diese Argumente erscheinen jedoch nicht ausreichend. Denn man kann Beispiele streng weiblicher Praktiken anführen, die zum Gegenstand zahlreicher Darstellungen geworden sind (wie etwa die homosexuellen Praktiken) und noch deutlicher transgressive Praktiken, die *gerade aus diesem Grund* in Mythen, Erzählungen, Bildern usw. sehr oft dargestellt wurden, wie etwa der Inzest, der Verwandtenmord und auch der Kindsmord, der nach dem schon zitierten Artikel von Muriel Jolivet an den Mauern der buddhistischen Klöster häufig abgebildet wurde, zwischen der Edo- und der Meidschizeit, in der die Praktik des Kindsmords in Japan[25] sehr verbreitet war.

Die so seltene Darstellung der Abtreibung ist ohne Zweifel mit dem allgemeineren Zusammenhang der Fakten verknüpft, daß der Fötus bis noch vor kurzem (darauf werden wir in Kapitel V zu sprechen kommen) im Bereich der gesellschaftlichen Beziehungen gar nicht vorkam, in dem nicht nur die lebenden Menschen, sondern je nach den einzelnen Fällen auch Tote, Tiere oder Pflanzen, übernatürliche Wesen, sogar Wesen, die erst noch kommen werden, usw. anwesend sind. Eine große Anzahl der sogenannten primitiven Gesellschaften hat freilich, auf sehr unterschiedlichem Niveau, Vorstellungen über die Empfängnis, die Schwangerschaft und die Zeugung[26] entwickelt. Man findet ebenso in den westlichen Gesellschaften seit der Antike im wesentlichen von Ärzten entwickelte Vorstellungen über die Zeugung und somit über den Fötus[27] (die ein Echo in der Naturphilosophie und in der Theologie haben). Aber diese Vorstellungen bleiben in relativ begrenzte Wissensbereiche verbannt und garantieren keine wirkliche Anwesenheit des Fötus in der Gesellschaft. Gesellschaftlich, für die gewöhnlichen Menschen und für die Institutionen, vorherrschend ist einerseits die schwangere Frau und andererseits der Säugling. Der Fötus wurde noch bis vor kurzem nicht als ein Wesen mit einer spezifischen Identität, das seinen eigenen Wert hat, anerkannt, was vor allem bezeugt wird durch die Seltenheit seiner Darstellung, durch den beschränkten Charakter des ihn betreffenden juristischen Corpus oder durch das fast gänzliche Fehlen von Ritualen, die seinen Übergang von der Welt der Lebenden in die der Toten bei einer spontanen Fehlgeburt oder, wie wir gerade gesehen haben, bei einer künstlich herbeigeführten Fehlgeburt begleiten würden. Wenn man von den Figürchen und den zur Anleitung der Ärzte und Hebammen bestimmten Abbildungen absieht, die vor allem von der zweiten Hälfte des 18. Jahrhunderts an[28] zunehmen, ist der Fötus allerdings seltsamerweise kaum gegenwärtig sowohl in der visuellen Darstellung (Seltenheit der religiösen Bilder, die Christus im Schoß Marias, also als Fötus,[29] abbilden) als auch in der Lyrik, der Literatur, den Mythen, dem Diskurs im allgemeinen. Trotz der Spezifizierungen, die im römischen Recht die schwierigen Probleme bei Erbschaften[30] regeln, ist der Fötus kaum präsent in der Rechtsprechung, in der Religion, praktisch abwesend von der Polis, der Politik und ganz im allgemeinen von den symbolischen Konstruktionen, die sich über die gesellschaftliche Ordnung legen und sie als solche konstituieren. Wenn er vor der Zeit aus der Gebärmutter austritt und nicht überlebt, bekommt er keinen Namen und wird nicht zum Gegenstand eines Bestattungsrituals. Nun ist aber die Tatsache, der Gegenstand eines Bestattungsritus zu sein, ein sehr wichtiger Hinweis darauf, daß man zur Gesellschaft der Menschen gehört (die Ur- und Frühhistoriker sehen in der Anwesenheit dieser Art von Ritualen ein Kriterium, dem sie eine entscheidende Rolle im Prozeß der Humanisierung[31] zuweisen). Man kann kaum sagen, daß der Fötus »stirbt«, da sich ja alles so abspielt, als müßte man geboren sein, lebend geboren sein, um sterben zu können. Diese Abwesenheit ist nicht weniger bemerkenswert in der Geschichte der abendländischen Philosophie, welche mit Ausnahme der griechischen Schriften, die sich auf die Natur als *physis*[32] und ihre Verlängerung in der Naturphilosophie beziehen, diesen Zustand der Menschenwesen so wenig in Betracht gezogen hat. Das gilt insbesondere für die klassische Philosophie, die sich unentwegt dem Horizont der Sterblichkeit zuwandte, um eine Ontologie, inbegriffen eine Politik,[33] der Menschheit zu konstruieren, und die, von seltenen Ausnahmen abgesehen, nicht nur den Fötus ignoriert, sondern allgemeiner gesehen sogar die Tatsache der Natalität,[34] wie Ricœur in dem Werk bemerkt, das er der Beziehung zwischen Gedächtnis und Geschichte[35] gewidmet hat.

Fragen, die der Soziologie von der Abtreibung gestellt werden

Die wenigen vorausgehenden Angaben, so bruchstückhaft sie auch sein mögen, weisen schon darauf hin, daß die Abtreibung auf Grund mehrerer Eigenschaften für eine Soziologie der Norm etwas besonders Verwickeltes und Problematisches darstellt. Wir wollen besonders zwei Fragen hervorheben, die wir in diesem Werk zu klären versuchen. Die erste betrifft die *Legitimität* der Abtreibung und ihren Platz in Beziehung auf den Gegensatz zwischen dem Verbotenen und dem Erlaubten. Die Abtreibung scheint tatsächlich in der Schwebe zu sein zwischen dem, was zur Sphäre des Transgressiven gehört, und dem, was zur Sphäre des Annehmbaren gehört, und dazu verurteilt, zwischen den beiden äußersten Positionen hin- und herzuschwanken. Im allgemeinen als *Prinzip* mißbilligt, ist sie deshalb in der *Praxis* doch häufig geduldet, wobei es aussieht, als wäre es schwierig, zugleich deren Legitimität anzuerkennen, wenn die Frage nach der Gültigkeit dieses Aktes ganz allgemein gestellt wird, aber als wäre es in gewissen Situationen immer möglich, sie zu verzeihen und vor allem, vor dieser Möglichkeit *die Augen zu schließen*, sie zu ignorieren.

Eine zweite Frage, die, so möchte man meinen, nicht ganz ohne Verbindung ist zu dem, was wir gerade angesprochen haben, hat mit dem allgemeinen Charakter der Abtreibung und ihrer Sichtbarkeit zu tun. Wahrscheinlich *universal bekannt* als Möglichkeit und ohne Zweifel in der Praxis sehr häufig vorkommend (obschon unterschiedlich je nach Gesellschaften und historischen Epochen), bleibt die Abtreibung trotzdem meistens *im Verborgenen*. Diese Verborgenheit erlaubt, daß diese Praktik ihre zweideutige Position beibehält, ohne daß dabei die Spannung zwischen dem Annehmbaren und dem Verbotenen zu stark würde. Man sieht sie zwar als Möglichkeit, vermeidet aber davon zu sprechen. Was die Praxis betrifft, wird sie zumeist verheimlicht, doch auf eine Art und Weise, die zwischen der wirklich geheimen Ausführung (insbesondere in der Zeit von etwa der Mitte des 19. bis zur zweiten Hälfte des 20. Jahrhunderts, in deren Verlauf in den westlichen Ländern die Abtreibung illegal war und strafrechtlich verfolgt wurde) und einer diskreten Ausführung, die denen, die nichts davon wissen wollen, erlaubt, so zu tun, als wäre nichts (wie es im Westen bis zum 19. Jahrhundert der Fall war). Und genau diese Diskretion erschwert das Studium der Abtreibung, nicht nur weil die anthropologischen und historischen Quellen, die sie betreffen, selten und lückenhaft sind, sondern auch, weil in der zeitgenössischen Gesellschaft, wo die Abtreibung doch gesetzlich erlaubt ist, die Personen, die sie am eigenen Leib erlebt haben, nur mit Vorbehalt darüber sprechen wollen, selbst mit einem »Soziologen«, der ihnen Anonymität garantiert. Aber vor allem, und das ist noch verwickelter, wird die Abtreibung selten *dargestellt*, dieses Merkmal stellt sie in Gegensatz sowohl zu den legitimen Praktiken, die oft abgebildet und erzählt werden, um in einem Geist der *Zelebration* als Vorbilder hingestellt zu werden, als auch zu den ganz offen illegitimen und transgressiven Praktiken (wie dem Inzest, dem Mord und dem Diebstahl usw.), die auch dargestellt werden, aber mit einem Geist der *Kritik*, um die Menschen von deren Ausführung abzuhalten,[36] oder – da die beiden sich vereinigen können – wegen ihres spektakulären Charakters in einer Logik, die sich der des »Sublimen« und der »Katharsis«[37] nähert.

Die Augen schließen und die Augen öffnen

Die Fragen, welche die zweideutige und unbeständige Position der Abtreibung hinsichtlich des Bereichs des Normativen und ihr Fehlen in der Sphäre der Darstellung aufwerfen, münden in allgemeinere Fragestellungen: Welche Rolle muß die Soziologie der Spannung zwischen dem Sichtbaren und dem Verschleierten, zwischen dem Geäußerten und dem Verschwiegenen, zwischen dem, dem man ohne weiteres ins Gesicht blickt, und dem, vor dem es leichter erscheint, die Augen zu schließen, zuerkennen und welchen Platz will sie Begriffen wie dem des »Wider-Treu-und-Glauben« (*mauvaise foi*), der »Illusion«, sogar dem des »Unbewußten« zuweisen? Bekanntlich sind diese Begriffe problematisch, weil ihre Anwendung häufig nahezulegen scheint, es bestehe eine unüberwindliche Asymmetrie zwischen einem ausgenützten sozialen Agens und einem Soziologen in der Position des allmächtigen Beobachters, der als einziger in der Lage ist, mit der Illusion zu brechen und die verborgenen Wirklichkeiten zu entschleiern. Die hauptsächlichen Fehler einer derartigen epistemologischen Position sind: sich einerseits auf die Suche nach einem generellen, dahinter steckenden Äquivalent zu begeben (wie es die »Interessen« oder die »Kräfteverhältnisse« sind), das imstande wäre, gleichzeitig das Verhalten der Akteure und ihre Blindheit zu erklären, und andererseits die Aufmerksamkeit des Forschers von der Kompetenz abzulenken, über die die Personen selbst verfügen, um Urteile zu bilden und Kritik anzubringen. Daraus folgt die umgekehrte methodologische Notwendigkeit, so nahe wie möglich an dem zu bleiben, was die Personen sagen und ihre Rechtfertigungen, ihre Kritik und, allgemeiner gesagt, die moralischen Forderungen, auf die sie sich beziehen,[38] ernstzunehmen.

Eine so radikale Voraussetzung jedoch, wie es die Unterscheidung eines ausgenützten Agens gegen einen erleuchteten Analytiker ist, vollzieht einen äußersten Schritt, der völlig unnötig ist. Die Existenz einer unbestimmten, unscharfen Entsprechung – oder, wenn man so will, einer Diskrepanz – zwischen dem, was man öffentlich betont und dem, wovor man die Augen schließt, tritt deutlich hervor, wenn man den Beschreibungen und den Berichten der Akteure folgt. Auch ihnen entgeht diese Diskrepanz im übrigen zumeist nicht, selbst wenn in ihnen das, was man lieber nicht sieht oder was man lieber nicht öffentlich betont, den Charakter eines Abfallprodukts annimmt. Genauer gesagt, solange die Darstellung dessen, was den Status eines öffentlichen Wissens hat, leicht eine systematische und allgemeine Form annehmen kann (vor allem, weil sie sich auf Daten stützen kann, die selbst in die Formen der Allgemeinheit gegossen sind, so wie die statistischen Daten), zeigt sich das, vor dem man besser die Augen nicht öffnet, nach der Art von etwas, das beiläufig, unerwartet, zweitrangig, durch die Situation bestimmt ist, das heißt nach Art einer Anekdote.

Auf welche Weise vollzieht sich die Verteilung der Behauptungen zwischen diesen beiden Arten von Wissen? Wir werden die These vorschlagen, nach der sie idealistisch, auf die moralischen Ideale hin gerichtet und zugleich höchst realistisch ist, das heißt abhängig vom Engagement für eine Handlung. Das, vor dem man *besser* die Augen verschließt, ist zunächst das, was man mißbilligt oder zumindest was man nicht für ein Gut hält, ohne jedoch in der Lage zu sein, es zu ändern, oder, um genauer zu sein, das, von dem man vorausahnt, daß die Bemühungen, es zu ändern, *eher alles schlechter als besser* machen würden. Die Diskrepanz zwischen dem Offiziellen und dem Offiziösen, zwischen dem, was gut ist, wenn man es sagt, und dem, das man besser verschweigt, wäre also weniger auf einen Unterschied in der Information (obwohl man dadurch, daß man gar nichts sehen will, am Ende wirklich das ignoriert, von dem man sich abwendet), im Wissen oder Gewissen zurückzuführen als vielmehr auf eine Idealisierung gewisser Formen des Guten und auf eine implizite Hierarchisierung verschiedener Arten von Übeln, was dazu führt, daß man sich für eine Logik des *kleineren Übels* entscheidet. Das gilt insbesondere für alle Situationen, hinter denen ein Gegensatz steckt, dessen Erklärung dahin führen würde, daß man entweder eine soziale Ordnung, an der man aus irgendeinem Grund (einschließlich der Gründe, die von den Wirkungen der Beherrschung abhängen) trotz ihrer als unvermeidlich betrachteten Fehler hängt, neu überdenken müßte, mit der Absicht, sie mehr oder weniger radikal zu verändern (was zumeist unmöglich erscheint oder schlimmer als das Übel, das man heilen will), oder daß man seiner eigenen Ohnmacht und der Ambivalenz seiner eigenen Wünsche ins Auge blickt.

Wenn so gesehen eine Asymmetrie zugunsten des Forschers besteht, dann wäre sie im wesentlichen – außer der Tatsache, daß er berufshalber über Hilfsmittel und vor allem wichtigere Informationen verfügt als jeder Akteur für sich allein genommen – auf die günstige Gelegenheit zurückzuführen, daß er sich auf den ihm vorbehaltenen Raum eines Labors stützen, also denken und handeln kann, als wäre es möglich, die Bezugnahme auf Werte auszuklammern – ohne sich groß darum zu kümmern, was gut oder böse ist – und als könnte er sich vom Aktionsfeld zurückziehen. Soweit also der Forscher, im vorliegenden Fall der »Soziologe«, dank seiner sehr besonderen beruflichen Position, die ohne Zweifel für die liberalen Gesellschaften in ihren zeitgenössischen Formen spezifisch ist, die Fiktion als legitim hinstellen kann, nach der er das Recht hätte, sich den praktischen Dringlichkeiten zu entziehen, das heißt auf eine Weise zu denken, die für jeden direkt in die Aktion verwickelten anderen Akteur mit Recht als unverantwortlich beurteilt würde, kann er absichtlich das Offizielle und das Offiziöse auf dieselbe Stufe stellen, sie vergleichen und auch Widersprüche zum Vorschein bringen, für die er keine Lösung zur Verfügung hat und die er manipuliert, als *ginge es ihn nichts an* – um einen Ausdruck von Jeanne Favret-Saada hinsichtlich der Hexerei[39] zu übernehmen. Außerdem muß noch bemerkt werden, daß ein solches Desengagement sicherlich nur in Zusammenhängen, für Epochen und für Probleme möglich ist, für die sich die Forderung, eine Lösung zu finden, auf nicht allzu dramatische oder dringliche Weise stellt oder keine zu heftigen Konflikte mit sich bringt und, allgemeiner ausgedrückt, für Situationen, in denen sich die Probleme nicht als absolut unüberwindbar zeigen. Man kann also auf die Fragen, welche die Spannung zwischen dem Offiziellen und dem Offiziösen oder die Erhellung der Widersprüche stellt, die Bemerkungen übertragen, die Ian Hacking hinsichtlich der dekonstruktivistischen Unternehmungen macht: Wenn ein Glaube zu verblassen beginnt oder sich die Möglichkeit abzeichnet, eine Praktik zu ändern, dann erscheinen in großer Zahl Forscher, die sich um ihre Dekonstruktion[40] bemühen.

Die Sozialwissenschaften und die Frage der Zeugung

Wir werden uns jetzt von folgendem Gedanken leiten lassen: die zwei Eigenschaften der Abtreibung, die wir gerade herausgearbeitet haben – sowohl ihre Zweideutigkeit dem Normativen gegenüber wie auch ihre Abwesenheit in der Sphäre der Darstellung –, müssen, um einsehbar zu werden, in Beziehung zu den allgemeineren Spannungen betrachtet werden, die mit der *Zeugung* zu tun haben, das heißt mit der Erschaffung neuer menschlicher Wesen, die in eine Welt kommen, die schon von dort Lebenden und von der Erinnerung an die Toten bevölkert ist. Unsere Hypothese ist, daß diese Spannungen, abgeschwächt bei den gewöhnlichen Modalitäten der Fortpflanzung, der Schwangerschaft und der Geburt, sich bei der Abtreibung mit einer besonderen Kraft und in Gestalt eines Widerspruchs zeigen, der hier in aller Deutlichkeit zum Vorschein kommt und deshalb schwerer zu ertragen ist.

In den nächsten Abschnitten lassen wir also vorläufig die Frage der Abtreibung beiseite, um uns mit der allgemeineren Frage der Zeugung zu befassen. Wir werden zunächst an verschiedene Arten erinnern, in denen die Sozialwissenschaften gewöhnlich diese Frage angehen, was uns dazu führen wird, eine häufig vernachlässigte oder unterschätzte Dimension der Zeugung in den Vordergrund zu stellen, nämlich den Anspruch, Wesen zu erzeugen, die singularisiert werden können. Daraufhin werden wir im folgenden Kapitel eine grammatikalische Annäherung an die Zeugung vorschlagen, mit dem Ziel, die Spannungen, die in ihr enthalten sind, als Modell herauszuarbeiten und zugleich besser zu begreifen, welche Dimensionen der Abtreibung die Soziologie interessieren.

Die Sozialwissenschaften haben unserer Meinung nach der Erschaffung menschlicher Wesen nicht die Aufmerksamkeit gewidmet, die sie verdient, und sind dabei dem Beispiel der Philosophie gefolgt. Diese Unterlassung kommt wahrscheinlich daher, daß die Philosophen, wie die Gründer der Sozialwissenschaften, bis in die jüngste Vergangenheit fast ausschließlich Männer waren. Aber im Fall der Sozialwissenschaften und insbesondere der Soziologie muß man ebenso berücksichtigen, welche Rolle zwei klassifikatorische Gegensätze bei der Konstituierung dieser Disziplinen spielten, deren Zutritt zum Status der »Wissenschaften« einem zweifachen Anspruch untergeordnet waren: dem der Autonomie (die pertinenten Kausalsysteme müssen intern sein – zum Beispiel muß man »das Soziale mit dem Sozialen erklären«) und dem der Allgemeingültigkeit (mit dem Ideal, Gesetze zu formulieren, die von den Umständen, in denen sie angewendet werden, losgelöst sind). Im Fall der Zeugung führten diese Gegensätze dazu, einerseits zu unterscheiden zwischen dem, was vom »Biologischen« abhängt, und dem, was vom »Sozialen« abhängt, und andererseits, den Gegensatz zwischen dem »Individuellen« und dem »Kollektiven« hervorzuheben.

Zwei Disziplinen teilten sich die Baustelle der »Erzeugung« oder eher, um den allgemein verwendeten Ausdruck wiederaufzunehmen, der »Fortpflanzung« der menschlichen Wesen: die Demographie, die zu den als wesentlich biologisch betrachteten Phänomenen greift, um mit mathematischen Methoden deren Wirkungen auf die Gesellschaft zu studieren, und die Soziologie, die sich darum bemüht, der Biologie gegenüber eine deutlichere Unabhängigkeit zu bewahren. Als Gegenstand ihrer Studien fragt sie danach, was die Gesellschaft mit den Neugeborenen anfängt, die ihr die Biologie liefert, und wie sie »sozialisiert« werden.

Die Demographie, deren Aufschwung an den der Statistik, der Wirtschaft und des öffentlichen Gesundheitswesens geknüpft ist, und allgemeiner daran, daß der Staat vom 18. Jahrhundert an sich der Probleme annimmt, welche die biologische Verwaltung der in einem Territorium enthaltenen Bevölkerung mit sich bringt, hat sich mit globalen Begriffen ausgerüstet, die für menschliche Kollektive ebensogut wie für Tiere passen, wie Fruchtbarkeit, Sterblichkeitsrate oder Bevölkerung.[41] Darum bemüht, einen Beitrag zu den Problemen der globalen Verwaltung und der Zukunftsforschung zu leisten, mit denen sich der Staat jetzt befassen sollte, ging die Demographie die Frage der Zeugung in Form einer Kontrolle an, mit dem Ziel eine optimale Bevölkerung zu erhalten, sowohl was die Quantität betrifft (demographischer Rückgang, Übervölkerung, Generationenwechsel usw.) als auch was die Qualität betrifft (Degeneration, Selektion, Erbmasse usw.).

Diesen Gesichtspunkt findet man in den wenigen Studien über die Abtreibung. In den zeitgenössischen Sozialwissenschaften sind es im wesentlichen die Demographen und insbesondere die Spezialisten der historischen Demographie, die sich für die Praktik der Abtreibung in den traditionellen Gesellschaften interessierten (am häufigsten im Anschluß an die Studien über die Empfängnisverhütung). Diese Untersuchungen, die quantitative Ergebnisse im Auge haben, sind wegen der oben schon angegebenen Gründe (Mangel an Quellen usw.) sehr schwierig und unsicher. In diesem Rahmen ging es im wesentlichen um die Frage der Kontrolle, bei den traditionellen Bevölkerungen vor dem 18. Jahrhundert um die Bevölkerungsmenge. Das Prinzip der Erklärung, mit dem man über die Abtreibung Aufschluß zu geben versucht, ist rein funktionalistisch. Die Abtreibung ist demnach eine der Praktiken (mit der Empfängnisverhütung, dem Hinausschieben des Heiratsalters usw.), mit deren Hilfe die Gesellschaften versuchten, den Umfang und einigen Studien zufolge auch die Qualität ihrer Bevölkerung zu kontrollieren.

Ohne diese funktionalistischen Erklärungen ganz zu verwerfen, möchten wir jedoch bemerken, daß sie nur Zweitrangiges über die Abtreibung ausfindig machen, ohne das Wesentliche zu berühren (um das Beispiel der Heirat noch einmal zu verwenden: die Tatsache, daß sich das Heiratsalter manipulieren läßt, um das Bevölkerungsvolumen zu regulieren, sagt nichts über die Institution der Heirat als solche aus). Andererseits muß man sagen, daß der Begriff der Bevölkerung im demographischen Sinn noch nicht alt und damit verbunden ist, daß vor allem vom 17. Jahrhundert an nach und nach medizinische und hygienische Überlegungen (was Foucault »biopolitisch« nennt) in die Bereiche von Verwaltung und Politik der westlichen Staaten aufgenommen wurden, so daß die Erklärung der Abtreibung als Willen, das globale Bevölkerungsvolumen einer Gesellschaft kontrollieren zu wollen, ein Anachronismus ist, zumindest wenn man von alten Gesellschaften oder von Gesellschaften spricht, mit denen sich die Anthropologie befaßt. Außerhalb des modernen Staates, der sich auf eine »wissenschaftliche« Legitimität stützt, gibt es keinen historischen Akteur, der zu einem solchen Überblick und Können fähig gewesen wäre, wie es das Projekt verlangt hätte, auf einer umfassenden, zugleich räumlichen und zeitlichen Ebene (die Regulierung des Bevölkerungsvolumens erfordert die Einführung von Maßnahmen, die sich über mehrere Jahrzehnte erstrekken) die Zahl und noch weniger die »Qualität« der derselben Behörde unterstehenden Menschen zu kontrollieren.

Die Soziologie dagegen, deren Lieblingsgegenstand die Sozialisation ist, interessierte sich vor allem für die Art, wie Gesellschaften oder Gruppen »fortgepflanzt« werden. Unter diesem Gesichtspunkt haben für sie die Kinder vor allem als Objekte einer Erziehung und insbesondere einer Schulbildung ihre Bedeutung. Damit billigte sie zumindest implizit die Trennung zwischen einer Herstellung des Kindes als fleischliches Wesen, mit dem sich zu befassen, im wesentlichen Aufgabe der biologischen und medizinischen Disziplinen ist, und einer Bildung des Kindes, insofern es nach seiner Geburt zum Gegenstand einer Übernahme durch das Soziale wird, das heißt als zukünftiges Mitglied einer Gruppe oder als zukünftiger Staatsbürger, den die Soziologie als solchen zu ihrem Studienobjekt machen kann. Diesen Gesichtspunkt, der von einer engen Auffassung der Trennung zwischen Natur und Kultur gespeist wird, sieht man zum Beispiel im Fall ziemlich neuer soziologischer Studien über die Interaktionen bei noch kleinen Kindern, die, da sie in der Fachdisziplin nicht die geeigneten Werkzeuge fanden, sich begriffliche Rahmen und Methoden bei der Tierethologie ausleihen.

Erst reichlich später, als die Sozialanthropologie, die Disziplin, welche die sogenannten »traditionellen« Gesellschaften studiert, in denen die Trennung zwischen öffentlichem Leben und Familienleben nicht so streng ist wie in den modernen Staatswesen, und insbesondere erst seit die Strömungen der kulturalistischen Anthropologie sich mit den von der Psychoanalyse kommenden Überlegungen kreuzten, hat sich die Soziologie für die Sozialisation der Kinder durch die frühe Erziehung in der Familie[42] interessiert. Aber auch in diesem letzten Fall dominierte eine Problematik der Sozialisation, welche die Fortpflanzung der schon bestehenden Gruppen berührte. Die Arbeit der Soziologie bestand darin, zu zeigen (wobei sie sich am Modell der sprachlichen Sozialisation inspirierte), wie sich die Gruppen dieses Materials, das als sozial amorph und polyvalent behandelt wird, des gerade geborenen Kindes bemächtigen, um ihm eine spezifische Form zu geben, die trotz des Bestehens individueller Variationen bei allen Mitgliedern derselben Gruppe anzutreffen ist, die als Zugehörige zur selben Kultur eine ähnliche »soziale Identität« haben. Was die Soziologie interessiert, ist also in erster Linie die Tatsache, daß die Menschen zu Kategorien (ethnischen, sozialen usw.) gehören und Gegenstand von Operationen sind, die sie an Klassen binden, ob sie nun deren Aktion passiv hinnehmen oder, indem sie ihre Reflexivität ins Werk setzen, die Klassifizierungen zu manipulieren versuchen, die sie selbst betreffen oder diejenigen, zu denen sie in bestimmte Beziehungen treten (was Pierre Bourdieu die »Klassifizierungskämpfe« nennt).

Jeder dieser beiden Ansatzpunkte – der eher demographische oder der eher soziologische – hat seinen eigenen Relevanzbereich. Die Anzahl der Menschen oder ihre Qualität (die heute nicht mehr biologisch betrachtet wird, sondern nach der Eignung oder der durch eine Ausbildung erworbenen Zuständigkeit – als »menschliches Kapital«) sind gewiß wichtige Variablen, wenn es darum geht, den Einsatz der Staaten bei einem Krieg oder bei einer wirtschaftlichen Konkurrenz zu erwägen. Die Tatsache, daß die zur Menschheit gehörigen Wesen Gegenstand einer Erziehung werden können, die ihnen eine spezifische Form verleiht, und die untrennbar damit verbundene Tatsache, daß sie so »sozialisiert« der Gegenstand von Klassifizierungen sind, ebenso wie die Existenz der Klassen, die immer weiterbestehen, trotz des vom Weggang oder Tod bedingten Wechsels der sie ausmachenden Individuen – da Neuankömmlinge die Plätze in den Gruppen oder Institutionen einnehmen, die von ihren Vorgängern leer gelassen wurden –, das alles sind ohne Zweifel durchaus grundlegende Phänomene, die im Innersten der Soziologie ihren Platz haben.

Die in einer Gesellschaft lebenden Menschen sind nämlich nach der Art von Einheit einzuordnen, die man Kategorien oder Klassen nennt. Ein nicht klassifizierbarer Mensch ist ein asoziales Wesen. Die Klassen beruhen auf einem Prinzip der Äquivalenz (die explizit oder stillschweigend sein kann), das die Aussage erlaubt: Unter dieser oder jener Beziehung entspricht dieses oder jenes Individuum jenem anderen. Sie beruhen daher auf einer Metaphysik mit zwei Ebenen, deren eine die empirischen Exemplare umfaßt und deren andere das oder die Kriterien betrifft, unter denen sie miteinander verglichen werden. Ob sie sich nun auf Eigenschaften stützen oder auf die Kombination von Eigenschaften (oder ob sie sich um archetypische Anziehungspunkte polarisieren wie beim Modell von E. Rosch[43]), die Klassen definieren Plätze, die gleichzeitig oder nacheinander von verschiedenen Individuen eingenommen werden können. Diese Klassen sind also verhältnismäßig unabhängig von den Individuen, aus denen sie sich zusammensetzen. Verhältnismäßig heißt, daß sie zwar nicht mit den Individuen verschmelzen (wenn das der Fall wäre, könnten die Individuen ihnen nicht angehören), aber daß sie nicht lange existieren können, wenn die Plätze nicht von Mitgliedern besetzt sind, so daß das sie definierende Ordnungsprinzip auf irgendeine Weise veranschaulicht ist. Eine Klasse oder eine Kategorie, von der man kein lebendes Beispiel liefern könnte, würde schnell außer Gebrauch kommen. Die Personen sind also sozial konstituiert durch ihre Zugehörigkeit zu Klassen, die durch die Exemplifizierung und die Repräsentation von seiten dieser Personen fortgesetzt werden. Die Existenz schließlich dieser Kategorien oder Klassen ist um so gefestigter, wenn sie eine institutionelle Dimension, einen objektiven Charakter haben (unabhängig von der Anerkennung, die man ihnen zollt), der durch ihre Verwurzelung in Dingen, in Zeichen, in Codes, im Recht usw. konkretisiert ist. Was auf die Dauer von einer Generation auf die andere trotz der Sterblichkeit der Individuen bleibt, das sind genau die Klassen, die sich »fortpflanzen« können (oder nicht), je nachdem ob neue Individuen kommen (oder nicht) und die Plätze einnehmen, die sie (die Klassen) bereithalten.

Die soziale Herstellung der Singularitäten

Aber diese beiden Blickwinkel – die Menschen als Glieder einer Gattung behandelt und die Menschen als Zugehörige zu Gruppen und als Objekte von Klassifizierungen betrachtet – sind nicht ausreichend. Es gibt noch einen Gesichtspunkt, den die beiden genannten außer acht lassen und der darin besteht, die Menschen in ihrem Sein als Einzelwesen, ihrer Singularität, ins Auge zu fassen. Der Bezug auf die Singularität hat bei den Sozialwissenschaften einen schlechten Ruf, weil er häufig, und oft auf naive Weise, gegen die Sozialwissenschaften verwendet wurde, genau gesagt, um ihre Stichhaltigkeit anzufechten und ihren »unmenschlichen« Charakter zu denunzieren, was sich selbstverständlich nur so auswirken konnte, daß sich die Feindseligkeit der Soziologen diesem Thema gegenüber verstärkte, das sie als von irrationalistischen und spiritualistischen oder immer noch elitären und »bürgerlichen« Vorurteilen[44] befleckt betrachteten.

Damit ließen sich die Sozialwissenschaften und insbesondere die Soziologie einen Prozeß entgehen, der sie jedoch in erster Linie hätte interessieren sollen, nicht weil er den Prinzipien widerspricht, auf denen diese Disziplinen beruhen, sondern im Gegenteil, weil er die Gelegenheit hätte sein können, diese Prinzipien zu vertiefen.[45] Die Tatsache, singularisiert zu sein, ist in Wirklichkeit ein sehr allgemeines Merkmal, vielleicht das allgemeinste überhaupt für die in einer Gesellschaft lebenden Menschen. In welchem gesellschaftlichen Kontext sich die Menschen auch befinden, sie haben alle ohne Ausnahme einen (oder mehrere) Namen, der nicht ihr eigener (ihre eigenen) ist. Es gibt keine Gesellschaften, wo diejenigen, die nacheinander denselben Platz (zum Beispiel in einer sozialen Hierarchie) innehaben, nicht als sie selbst identifiziert, voneinander unterschieden und oft auch miteinander verglichen werden. Der Vergleich setzt selbstverständlich voraus, daß es eine Abmachung über Gleichwertigkeit gibt, ohne die keine Taxonomie existieren könnte. Um Menschen auf der Basis von Gleichwertigkeit in einer gewissen Hinsicht miteinander vergleichen zu können, ist es nötig, daß diese Wesen unanfechtbar identifiziert werden, in welcher Hinsicht auch immer man sie auch ins Auge faßt oder, um eine Formulierung aus *De la justification* aufzunehmen, was für eine Welt es auch sein mag, in der sie Gegenstand einer Qualifikation oder eines Urteils werden.

Die in einer Gesellschaft lebenden Menschen fallen notwendigerweise unter verschiedene Taxonomien, und sie müssen auch ebenso notwendigerweise als einzelne oder singuläre Individuen zu identifizieren sein. Sie werden damit hinsichtlich eines Ganzen qualifiziert, dessen einziges Glied sie bilden. Es genügt also nicht, daß sie Exemplare einer Gattung (der Menschen) oder Angehörige verschiedener Kategorien sind, von denen sie jedesmal erfaßt werden, indem eine ihrer Eigenschaften berücksichtigt wird (ein Onkel sein, der oder jener Untergruppe oder in unserer Gesellschaft der oder jener Berufsgruppe oder der oder jener sozialen Klasse angehören usw.), um einen Platz in der Gesellschaft ihresgleichen einzunehmen. Jeder von ihnen muß auch ein singuläres Wesen darstellen, das heißt ein einmaliges Wesen, so daß sich kein anderer an seine Stelle setzen und beanspruchen kann, absolut *derselbe* zu sein. Ein Individuum kann als Zugehöriger zu einer Klasse selbstverständlich ein anderes Individuum derselben Klasse in einer Funktion, einer Rolle oder an einem Platz ersetzen, die den dieser Klasse Angehörenden offenstehen. Aber es wird als selbstverständlich betrachtet werden, daß es nicht derselbe ist und daß dieser Unterschied unüberwindlich ist (und man wird zumeist auch finden, daß er die eine oder andere Rolle, die er innehat, mehr oder weniger gut spielen kann, und daß er sie auf jeden Fall nicht spielen kann, ohne ihr seinen Stempel aufzudrücken). In diesem Sinn kann man sagen – und zwar im positiven Register und nicht im ethischen –, daß jedes Individuum als solches unersetzbar ist, auch wenn vielfache soziale Prozesse das Fortbestehen der Institutionen und der Klassen sichern, indem sie verschiedenen singulären Wesen gestatten, gleichzeitig oder nacheinander einen oder zwei Plätze einzunehmen, die als identisch oder ähnlich definiert werden.

Die Identifizierung der Menschen als singuläre Wesen ist ein Phänomen, dessen universaler Charakter in hohem Maß von den Sozialwissenschaften[46] ignoriert wurde, weil die Singularisation mit einem anderen Prozeß verwechselt wurde, der in den modernen westlichen Gesellschaften besonders hoch entwickelt ist, nämlich die Individuation. Der Grad, in dem die Menschen in erster Linie als Individuen betrachtet werden, das heißt als autonome Inhaber subjektiver Rechte, oder im Gegenteil als Angehörige von Kollektiven, deren Rechte, Pflichten und Geschick sie teilen, ist allerdings je nach Gesellschaft sehr unterschiedlich.

Aber selbst in den als »holistisch« betrachteten Gesellschaften gibt es kein menschliches Wesen, von dem man sagen könnte, daß es voll und ganz der Welt angehört, welche die seine ist (anstatt zum Beispiel dort nur als »Ding« gegenwärtig zu sein) und dessen singuläres Sein nicht ausdrücklich oder stillschweigend anerkannt wäre. Man kann also ohne größere Kühnheit behaupten, daß es keine Gesellschaft gibt, in der die Menschen nicht Gegenstand eines Singularisationsprozesses werden, wodurch sie einen oder mehrere Namen bekommen, die sie als eigenes Wesen bezeichnen und ihnen einen einmaligen Platz in einem geordneten Ganzen geben (am häufigsten in einem System einer Verwandtschaft).

Nun ist diese Singularisation der menschlichen Wesen kein Prozeß, der außerhalb des Sozialen oder gegen das Soziale geschehen würde (wie man oft mit einem kritischen Seitenblick auf die Sozialwissenschaften die Singularität als Eigenschaft des »authentischen« Subjekts, das sich dem Druck des Sozialen widersetzen kann, dem »Konformismus« gegenüberstellt, wie er typisch ist für einen, der sich passiv dem schon existierenden Sozialen unterworfen hat). Die Singularisation ist aber im Gegenteil eine Operation, die sich im Schmelztiegel des sozialen Lebens vollzieht. Da es sich um die Frage der Identität handelt, darf sich die Soziologie nicht darauf beschränken, den Entwicklungsprozeß der »sozialen Identität« zu beschreiben, wenn man darunter die durchaus wirklichen Modalitäten versteht, nach denen verschiedene Individuen eine wesentliche Gemeinsamkeit darin erblikken, daß sie dieselbe Lebensweise teilen und zur selben Gruppe oder zur selben Klasse gehören, deren taxonomische Züge Symbolen einverleibt sind, mit denen sie sich »identifizieren« können. Sie muß auch die Frage der *persönlichen Identität* angehen und sich mit den Prozessen befassen, durch die jeder Mensch als eigenes Wesen identifiziert wird, so daß es nicht möglich ist, ihn auf die Dauer mit einem anderen zu verwechseln.

Indem man den Akt der Zeugung, der verantwortlich dafür ist, daß neue Lebewesen auf die soziale Welt kommen, zum Gegenstand nimmt, kann man nach unserer Meinung einen Weg zu den Prozessen der Singularisation finden. Aber das setzt voraus, daß man auf die Vorstellung verzichtet, nach der die Arbeit der Soziologie mit dem Studium der Sozialisation und der frühen Erziehung beginnt, als wären die Neugeborenen sozial amorphe Wesen, die der Gesellschaft von der Biologie geliefert werden, damit sie sich ihrer bemächtigt und sie sozialisiert.[47] Denn es geschieht, wie wir meinen, im Lauf eines kontinuierlichen Prozesses, der von der Empfängnis bis zur Integration in eine soziale Gruppe geht, wobei Schwangerschaft und Geburt zwei Etappen bilden, und die Schwangerschaft (von der Soziologie bis in die jüngste Zeit verhältnismäßig wenig beachtet) dabei eine besonders wichtige Etappe ausmacht, durch die die Singularisation der menschlichen Wesen in Gang kommt, die dann in den verschiedenen Momenten der Sozialisation weitergeführt wird.

Um Elemente zu finden, mit deren Hilfe wir in diese Richtung gehen können, müssen wir uns an eine andere Disziplin wenden, das heißt an die Sozialanthropologie. Die Anthropologen haben nämlich einerseits dem Akt der Zeugung und den Auffassungen der Zeugung, die sich in den Gesellschaften entwickelt haben, die von unserer differieren, mehr Aufmerksamkeit geschenkt; andererseits haben sie die Arten der Sozialisation der Kinder mit größerer Sorgfalt beschrieben (diese zwei Entwicklungen wurden durch die Begegnung zwischen der Anthropologie und den Gender Studies angeregt, die es erlaubten, den typisch männlichen Standpunkt zu überwinden, der im Kind ein virtuelles Glied der politischen Gesellschaft sah[48]), und sie beachteten letztlich auch am meisten von allen die sozialen Prozesse der Singularisation. Wie in der Soziologie, so wurde auch in der Anthropologie die Frage der Singularisation nicht frontal angegangen. Sie bahnte sich ihren Weg durch die Vermittlung von zwei anderen, zutiefst miteinander verknüpften Fragen, die in der Geschichte dieser Disziplin eine wichtige Rolle gespielt haben: die Frage der Verwandtschaft und die der Eigennamen, deren Zuweisung je nach Gesellschaft von variablen Regeln bestimmt wird. Durch diese zwei Arten von Problemen entstand die Berücksichtigung der Singularisation indirekt aus dem Interesse für die Prozesse der Klassifizierung.

Hinsichtlich der Frage der Abtreibung besteht das Interesse für unseren Gegenstand von seiten der Literatur der Sozialanthropologie (die sich, wie wir gesehen haben, nicht oft mit diesem Thema befaßt hat, zumindest auf theoretischer Ebene) nicht nur darin, die quantitative Frage der Bevölkerung und ihrer Kontrolle hervorzuheben, sondern auch die Probleme, die mit dem weiten Bereich des Symbolischen und insbesondere mit der Verwandtschaft als einem System symbolischer Beziehungen zusammenhängen. Diese Verschiebung ist wesentlich, um den Abstand zu schaffen zwischen der Problematik der Fortpflanzung der Menschheit und einer Problematik, in deren Mittelpunkt die Frage der Erzeugung neuer menschlicher Wesen und deren Eingliederung in die schon vor ihnen existierenden Kollektive steht.

Wir werden nun an zwei Beispielen zeigen, wie die Anthropologie durch eine Untersuchung der verwandtschaftlichen Beziehungen und der Beziehung zwischen klassifikatorischen Termini und Eigennamen die Frage der Singularität angeht.

Singularität und Verwandtschaft

Der große Bereich der Verwandtschaft stellt die Vereinigung von zwei Komplexen von Tatsachen dar, die zu einer analytischen Unterscheidung dienen können. Der erste handelt von der Fortpflanzung der Menschen und in der Folge davon der menschlichen Gesellschaften. Der zweite betrifft die Systeme, die Elemente und die Beziehungen der Verwandtschaft. Die Frage, die von der Beziehung zwischen Fortpflanzung und Verwandtschaft gestellt wird, ist ganz allgemein mit dem Problem der Artikulierung des »Biologischen« und des »Sozialen« verknüpft. Das heißt, die Gattung Mensch ist genau wie die anderen Gattungen des Lebenden den biologischen Zwängen des Geborenwerdens und des Sterbens unterworfen, so daß sie sich fortpflanzen muß, damit ihr Sein fortdauert; doch wie muß diese Funktion der Fortpflanzung zusammengesetzt sein, damit sich genau die kollektiven Formen entwickeln, die mit spezifischen Formen der Koordinierung verbunden sind, die man »Gesellschaften« nennt? Gewöhnlich lautet die Antwort auf diese Frage, daß es die Zwänge der Verwandtschaft sind, die, indem sie sich über die Zwänge der Fortpflanzung legen, die Unterordnung des »Biologischen« unter das »Soziale« sichern. In dieser Logik ist die Sexualität, von der die Fortpflanzung abhängt, in die Verwandtschaft eingefügt und steht unter deren Zwang, wodurch ein biologisches Phänomen in einen sozialen Prozeß umgewandelt wird.

Die als Systeme organisierten Zwänge der Verwandtschaft sind im allgemeinen auf zwei Achsen angeordnet: auf der Achse der Abstammung und der Nachkommenschaft und auf der Achse der Allianzen.[49] Die Achse der Abstammung »ist diejenige, welche definiert und speichert, woher das Individuum kommt«. Sie verbindet ein besonderes Individuum mit einer mehr oder weniger beachtlichen Anzahl von Vorfahren.[50] Die Achse der Allianzen »gibt an, mit wem sich das Individuum vereinigen darf« oder, wenn es sich um ein präskriptives System handelt, mit wem sich das Individuum vereinigen muß.

Seit dem Erscheinen der *Elementaren Strukturen der Verwandtschaft* von Claude Lévi-Strauss wurde die Frage der Abstammung zum großen Teil der der Allianz untergeordnet. Die Forderung einer Allianz außerhalb der Familie, die als eine biologische Einheit aufgefaßt wird (Ablehnung des Inzests), ist verknüpft mit der Notwendigkeit des Tauschs, der Gaben, der gegenseitigen Abhängigkeit, des Verkehrs. Was hier auf dem Spiel steht, ist der Zusammenhalt der mehr oder weniger ausgedehnten menschlichen Kollektive, die gerade wegen ihrer relativen Differenzierung (die in die Verwandtschaftsstrukturen eingeschrieben ist) und ihrer gegenseitigen Abhängigkeit miteinander verknüpft sind, und zwar so gut, daß an die Stelle der Beziehungen heftiger Konkurrenz, in einem Krieg zwischen Einheiten kleinen Formats (der zu einem Krieg aller gegen alle regredieren kann), friedlichere Beziehungen treten, bei denen sich Konkurrenz und Zusammenarbeit[51] vereinen. Demnach besteht das Hauptmerkmal des »Sozialen« in der Notwendigkeit einer Allianz, das heißt der Bildung von Kollektiven besonderer Art, deren Zusammenhalt durch das Mittel des Tauschs zwischen differenzierten, aber voneinander abhängigen Segmenten (wodurch sie sich deutlich von Tierkollektiven unterscheiden) garantiert wird.

Die – in den staatlichen Gesellschaften im Mittelpunkt der politischen Philosophie stehende – Frage nach der immerwährenden Dauer der menschlichen Kollektive, wenngleich sie aus sterblichen Individuen bestehen, würde unter diesem Gesichtspunkt ebenfalls von der Logik der Allianz übernommen. Da jedes Segment des Kollektivs immer in jedem Moment der Zeit einem anderen etwas schuldig ist und also beim »nächsten Zug«, wenn man so sagen kann, auf eine Rückgabe wartet, erstreckt sich die Art von Zusammenhalt, den die Verwandtschaft bewirkt, fern davon ein Augenblickseffekt zu sein, in der Dauer der Zeit und bildet einen kontinuierlichen, sich selbst unterhaltenden Prozeß. In diesem Sinn absorbiert die Logik der Allianz die der Abstammung. Infolgedessen wird das Problem für die Anthropologie im wesentlichen das des Übergangs des Biologischen ins Soziale, auf dem Weg über die Fortpflanzung und die Allianz. Ein biologisches Substrat, das den Arten der Lebewesen, den Säugetieren, den Primaten gemeinsam ist, fügt sich im Fall der Menschen in ein System der Allianz ein und aus diesem Zusammenspiel entsteht das »Soziale«.

Auf diesem äußerst allgemeinen Niveau beschrieben, scheint die Studie über die Verwandtschaft mit nichts zu brechen, weder mit der Prämisse einer deutlichen Trennung zwischen dem, was einerseits zur »biologischen Fortpflanzung« und andererseits zur »sozialen Fortpflanzung« gehört, noch mit einem klassifikatorisch orientierten Ansatz. Aber wir werden sogleich feststellen, daß die Verwandtschaft auf zwei Arten beschrieben werden kann: eine Beschreibung in der Logik eines Systems, wenn man die Begriffe der Verwandtschaft einer taxonomischen Analyse unterzieht, und eine Analyse, die mit Betonung der verwandtschaftlichen Beziehungen sie in der Form von Diagrammen beschreibt, deren Ursprung (ego) immer ein singuläres Individuum ist. Die Fragen, die sich aus der Gegenüberstellung der beiden Beschreibungsarten ergeben, bahnen den Weg dafür, die Singularisation der Menschen als Problem zu formulieren.

Indem sich Maurice Godelier auf die Prämissen stützt, die wir gerade ziemlich schematisch nachgezeichnet haben – Verbot des Inzests und Forderungen der Allianz –, konstruiert er in *Meurtre du père, sacrifice de la sexualité*[52] (einem Werk, das er im Dialog mit dem Psychoanalytiker Jacques Hassoun schrieb) einen Text, der darauf abzielt, die Entstehung des sozialen Lebens mit dem Singularisationsprozeß der Menschen[53] zu verbinden. Godelier bringt den Individuationsprozeß in Verbindung mit der Institution der Verwandtschaft, die er – und darin folgt er Lévi-Strauss – mit dem Verzicht verknüpft, eine Frau aus dem engen Kreis der Familie zu nehmen, und infolgedessen mit dem »Opfer« einer Ausdrucksform der Sexualität, die im Lauf der Entwicklung von den Primaten zum Menschen auftritt. Diese von gewissen biologischen Zwängen freigemachte Sexualität, die auf den Primaten (insbesondere des weiblichen oestrus) lasten, ist »polymorph« und »polytrop«. Sie »funktioniert« mit der »Phantasie« und kann sich auf jedes beliebige Wesen richten.[54] Das »Verlangen« ist hier »zum Teil oder vollständig vom Prozeß der Fortpflanzung der Gattung losgelöst« (S. 29). Eine solche gebieterische Sexualität, die ihre Verwirklichung auf die Stärke gründet und »in sich selbst keinen sozialen Sinn hat«, ist ein permanenter Faktor der Gewalttätigkeit, Uneinigkeit und Unordnung (Maurice Godelier gelangt hier über einen anderen Weg zu der von Freud erzählten Ursprungsgeschichte). Die »Arbeit der Zähmung« dieser Sexualität (Godelier spricht noch von »Beugung der Sexualität«) entwickelt sich im Schoß der Familie im Lauf der frühen Erziehung der

Kinder, die dazu gezwungen sind, darauf zu verzichten, sich sexuell auf die im Familienkreis Anwesenden (Vater, Mutter, Bruder, Schwester, ob sie nun dem anderen oder demselben Geschlecht angehören, aber auch die Haustiere) zu orientieren und so dazu angeregt werden, in der Außenwelt nach Objekten zur Befriedigung ihrer sexuellen Gelüste zu suchen (S. 34).

Die »verwandtschaftlichen Beziehungen« entfalten sich dann »wie ein Netz von Beziehungen zwischen den Individuen beiderlei Geschlechts oder Gruppen von Individuen«, was voraussetzt, daß »die Beziehungen der Individuen zu den Individuen, von denen sie abstammen, gleich identifiziert und anerkannt worden sind, und daß die Beziehungen zwischen diesen Beziehungen ebenso begriffen werden«. Schließlich »hat das Ganze der anerkannten Beziehungen als Mittelpunkt immer ein abstraktes Ego, ein Individuum, das nur durch sein Geschlecht charakterisiert wird, das heißt als Mann oder Frau definiert ist, und das sich in allen Fällen als Ziel und als Ausgangspunkt einer gewissen Anzahl von Beziehungen mit den anderen darstellt« (S. 36 f.).

Godelier entwickelt die Idee einer notwendigen Verknüpfung der Forderung, sich die sexuellen Objekte außerhalb des Familienkreises zu suchen – die der Ursprung der Verwandtschaft ist –, mit dem Prozeß der Singularisation der Individuen. Er sagt nämlich, wenn »das Verbot, bei sich zu Hause einen Partner zu suchen […] Generation um Generation befolgt wird, dann sind das Individuum und die Gesellschaft praktisch verpflichtet, zu identifizieren und zu erinnern, was ›selbst‹ ist und was mit ›selbst‹ identisch und was es nicht ist, die Erinnerung an die Männer und Frauen zu bewahren, von denen jeder abstammt, wobei er auch die Individuen und Gruppen zu identifizieren hat, mit denen man sich nun verbinden kann und muß« (S. 36). In einer sozialen Welt wie der der Schimpansen (von der man nach den verfügbaren ethologischen Daten denken kann, sagt Godelier, daß sie derjenigen ähnlich ist, welche die »primitive Menschheit« erlebte, S. 24), die in Banden eingeteilt ist, und bei der es keine Trennung von Sex und Arbeit und keine verbotenen Geschlechtsbeziehungen gibt, hätte die Mühe der Identifizierung der einzelnen keinen Grund weiter entwickelt zu werden, als es notwendig ist, um eine vorübergehende Anhänglichkeit zwischen einem Männchen und einem Weibchen sowie einem Weibchen und seinen Jungen aufrechtzuerhalten.

Godelier insistiert schließlich auf einem Prozeß, der die Einrichtung verwandtschaftlicher Beziehungen und die Singularisation der Individuen begleitet und der die partielle Trennung zwischen dem, was er die »Sexualität als Verlangen« nennt, und der Sexualität als Garantie für die Fortpflanzung der Gattung ist (S. 29). Bei der Einsetzung der Verwandtschaft und der Singularisation der Individuen, die sie begleitet, geht es nicht um die »biologische Fortpflanzung des Menschen«, die ebensogut von einer nicht »gezähmten« Sexualität bewerkstelligt werden könnte, sondern um »die Fortpflanzung der Ordnung, die bis zu einem gewissen Punkt in den menschlichen Gesellschaften herrschen muß, damit es eine Gesellschaft gibt« (S. 33). Heute ist die Fortpflanzung der Individuen, aus denen sich die Gesellschaft zusammensetzt, gewissermaßen von der Sexualität abgekoppelt. Der Geschlechtsverkehr ist natürlich, um neue Wesen zu schaffen, aber diesen Wesen wird nur ein Wert – im sprachlichen Sinn des Wortes eher als im wirtschaftlichen, weil dieser Wert in erster Linie ein Wert der Unterscheidung ist – beigemessen, sofern ihre Herkunft identifiziert werden kann und sie ihnen, wenn sie als gültig beurteilt wird, die Möglichkeit gibt, in einem Knoten von Beziehungen einen singulären, identifizierbaren Platz einzunehmen. Das heißt dann, daß von dem weiten Ganzen der ins Auge zu fassenden, nicht verbotenen Geschlechtsbeziehungen (und in vielen Gesellschaften wirklich vollzogenen, aber am Rande der Verwandtschaftsbeziehungen, zum Beispiel im Alter der Adoleszenz) können nur gewisse ausgewählt werden, um, nicht die Fortpflanzung der Gattung, die hier nicht auf dem Spiel steht, zu garantieren, sondern das, was man, um den Unterschied zur biologischen Fortpflanzung zu markieren, die *Regeneration der Gesellschaft* nennen könnte, das heißt die Zeugung von Wesen, die als eigene identifiziert werden und einen singulären Platz einnehmen können.

Halten wir fest, daß die Abkoppelung der Sexualität von der Zeugung (eine Folge dessen, was Godelier die Beugung der Sexualität nennt), wenn sie in den zeitgenössischen Gesellschaften einerseits durch die Entwicklung der Techniken der Empfängnisverhütung (Sexualität ohne Zeugung) und andererseits durch die Techniken der künstlichen Befruchtung (Zeugung ohne Sexualität) eine besonders deutliche Form annimmt, trotzdem weit davon entfernt ist, eine radikale Neuheit zu bilden, wenngleich dies manchmal behauptet wird. Man kann sogar denken, daß es sich um einen Horizont handelt, zu dem mit mehr oder weniger Erfolg die meisten Gesellschaften tendieren. George Devereux entwickelt in seiner Studie über die Abtreibung ein Thema, das dem gerade der Arbeit Godeliers entliehenen ziemlich nahesteht, aber gewissermaßen aus der Sicht der Akteure betrachtet wird. Ausgehend vor allem von seinen Arbeiten über die Mohave-Indianer (aber auch mit Hilfe von Beispielen aus anderen Gesellschaften) widmet George Devereux mehrere Seiten[55] der Spannung zwischen dem, was er als zwei radikal verschiedene Verwendungen der Sexualität beschreibt. Die erste, die in keiner Weise auf die Zeugung ausgerichtet ist, zieht die Sexualität nicht nur auf die Seite der Lust im streng sexuellen Sinn, sondern ganz allgemein auf die des Spaßes, des Kunststücks, des Übertriebenen, des »*fun*«, der Erregung usw., in Gesellschaften, wo – wie Devereux auf komische Weise sagt – in Ermangelung »von Theater, Konzert, Kino, Fernsehen und der Discotour am Samstagabend« die Sexualität die einzige Medizin gegen die Langeweile darstellt. Die Sphäre Sexualität-*fun* ist ebenso in den Gesellschaften, wo die Zwänge des kollektiven Lebens ziemlich beengend sind, fast die einzige Sphäre »privaten und individuellen Lebens«. Der zweite Gebrauch der Sexualität, der dagegen nach seiner Meinung gewissermaßen der Zeugung unterworfen ist, vollzieht sich im Rahmen der legitimen Beziehungen, die von der Verwandtschaft eingerichtet wurden; denn die Verwandtschaft ist in den traditionellen Gesellschaften der Mittelpunkt der politischen Beziehungen (die sich den Beziehungen der Allianz und der Abstammung beugen) in einem öffentlichen Rahmen. Er ist daher verknüpft mit dem Ernsthaften, mit der Verantwortung, der Mühe, den kollektiven Zwängen und der Frustration (mit vor allem häufigen sexuellen Verboten in der Schwangerschaft und der Stillzeit). Wenn auch eine solche Gegenüberstellung häufig eine jugendliche Sexualität und eine erwachsene Sexualität unterscheidet, deckt sie sich jedoch nicht vollständig mit den Altersstufen, sondern erweist sich in allen Lebensaltern als ein Spannungsfeld verhältnismäßig antagonistischer Alternativen, mit denen man sich gütlich einigen muß. Aufgrund einer Fatalität, die dem Schicksal des Menschengeschlechts innewohnt, ist die Sexualität, diese vergnügliche Sache, die einem nie zuviel wird, zugleich das geworden, auf das sich die Entwicklung des sozialen Lebens und infolgedessen des eigentlich menschlichen Lebens stützt. Als Folge davon ergibt sich eine ziemlich heikle Lage zwischen dem Zufälligen und dem Etablierten, dem Spiel und dem Ritual, dem Kurzlebigen und dem Dauerhaften, dem Individuellen und dem Kollektiven, zwischen dem, was im alltäglichen Leben *am unheiligsten* ist und dem, was *am heiligsten* ist.

Klassifizierende Termini und Eigennamen

Ebenso von der Beschäftigung mit den Klassifizierungen ausgehend und, genauer gesagt davon, daß die Eigennamen, mittels derer die Menschen identifiziert werden, die klassifizierende Logik, der im allgemeinen die symbolischen sozialen Formen gehorchen, herauszufordern scheinen, ersetzte Claude Lévi-Strauss erst kürzlich den klassischen Gegensatz zwischen dem, was zur Ordnung des Allgemeinen gehört (für den einzig möglichen Gegenstand einer Wissenschaft gehalten) und dem, was eigentlich singulär ist (der Kunst oder der Literatur überlassen) durch eine Analyse des ständigen Übergangs zwischen diesen beiden Arten, sich mit den in einer Gesellschaft lebenden Menschen zu befassen.

In *Das wilde Denken*[56] diskutiert Lévi-Strauss mit dem Linguisten A. H. Gardiner (der seinerseits eine Vorstellung von Bertrand Russell wieder aufnimmt, nach der der Eigenname ein Etikett ist, das ein besonderes Objekt bezeichnet und so den Klassennamen, die Prädikate sind, entgegengestellt werden könnte) und versucht zu zeigen, daß man immer in beiden Richtungen vom Klassennamen (der eine unbestimmte Anzahl von Exemplaren umfaßt) zum Eigennamen gehen kann. Die Grundsätze der Klassifizierungen können zum Preis verschiedener Verwandlungen in Gang gesetzt werden, entweder um in die Richtung einer Universalisierung oder aber in die einer Partikularisation zu gehen, die sich bis zu den Eigennamen verlängert. Er schließt daraus, daß man der Bezeichnung, die bei der Logik der Klassifizierungen am Werk ist, nicht eine andere Operation, nämlich die Benennung, das Kennzeichen für die Logik der Eigennamen, entgegensetzen kann, durch welche die Wesen »benannt seien, weil sie nicht bezeichnet werden können« (S. 201). Er beweist im Gegenteil, daß die klassifizierende Logik bis zur Individuation verlängert werden kann, so daß es immer möglich ist, Operationen in Gang zu bringen, die es zulassen, vom Eigennamen zum Clan zu gelangen, oder im Gegenteil den umgekehrten Weg vom Clan zum Eigennamen (»daß man mit der Hilfe von Umwandlungen von dem Horizont der Individuation zu dem der allgemeinsten Kategorien überwechseln kann«, S. 203).

Es gibt also Übergänge zwischen den Indikatoren der Klasse und den Zeichen für die Identifizierung des Singulären vorausgesetzt, man versteht letztere als Art und Weise, »einen Typ der Art oder Abart« oder eine »Art« zu bezeichnen, das heißt »eine Synthese von Vorstellungen und Verhaltensweisen, die ebenso exklusiv und unersetzbar ist wie jene, die von einer Blumenart hervorgebracht wird«, wobei jedoch die menschliche Variante nur in einem »mono-individuellen« Zustand existiert (was, so fügt Lévi-Strauss hinzu, »in der Natur wahrscheinlich nicht vorkommt…«[57]), so daß diese Variante verschwindet, wenn »eine Persönlichkeit stirbt«. Der Eigenname kann also als Klassenname betrachtet werden, wobei die Klasse nur aus einem einzigen Exemplar besteht, ohne daß sich dadurch die Logik ändern müßte. Er erfaßt die menschlichen Wesen in der Hinsicht, daß jedes von ihnen dem »Typ einer Abart, der nur ein einziges Specimen umfaßt« angehört, das heißt, daß jedes von ihnen dazu »veranlaßt wird, eine Persönlichkeit zu entwickeln«, die ihm eine »Unersetzlichkeit« verleiht (auch wenn andere diesen oder jenen Platz einnehmen können, den es selbst eingenommen hat).[58] So geht man lückenlos von einer klassifizierenden Logik, die sich auf Klassen mit ersetzbaren Gliedern bezieht, die eine numerische Identität haben, wenn sie auch zweitrangig ist (sie kann im Fall der Vögel durch eine auf einen Ring geschriebene Zahl markiert werden) zu einer Logik der Eigennamen über, welche die Singularität jedes Wesens und dessen Unersetzbarkeit hervorhebt, wobei sie es behandelt, als wäre es eine Art. Denn wenn auch die Individuen innerhalb einer Art ersetzbar sind, so kann eine Art keineswegs durch eine andere ersetzt werden (man wird nicht sagen, daß die Art der Grasmücken ausgestorben ist und nun durch die Art der Amseln ersetzt wird).

Weit davon entfernt die Klassifizierung, die die Eigenart des Sozialen ist, der Singularisation, die sie angeblich nicht zu fassen bekommt, entgegenzustellen, trachtet diese Analyse also im Gegenteil danach, zu zeigen, daß der Prozeß der Singularisation eine der möglichen Operationen bildet, die sich dem klassifizierenden Denken bieten. Oder genauer gesagt, weil das Erscheinen der Neugeborenen, die man benennen muß, für das Klassifizierungssystem ein Problem darstellt und es bedroht, denn der Name, den man ihnen zuweist und der sie singularisiert, also zu Einzelwesen macht, »bringt immer ein bedeutungstragendes Element mit sich, das in einem System der Klassifizierungen zu anderen Elementen in eine differentielle Beziehung treten kann«.[59]

Aufstieg ins Allgemeine und Aufstieg ins Singuläre

Die zwei gerade angeführten Beispiele legen nahe, daß die Betrachtung der Menschen unter dem Gesichtspunkt ihrer Singularität den »Sozialwissenschaften« nicht weniger fremd ist und auch nicht weniger »wissenschaftlich« als ihre Betrachtung als Angehörige des Menschengeschlechts (eine Versuchung der Demographie) oder unter dem Gesichtspunkt ihrer Klassenzugehörigkeit (dem gewöhnlichen Gesichtspunkt der Soziologie). Die Soziologie ließ, gewiß von ihrer Bemühung diktiert, sich den positiven Wissenschaften zu nähern und sich von der Philosophie zu entfernen, den (sie mit begründenden) Irrtum zu, das Kennzeichen des Sozialen im Anschluß an die aus ersetzbaren Gliedern bestehenden Klassen zu sehen, wenn sie sich nicht, vom Reduktionismus der Biologie beeinflußt, als bevorzugten Gegenstand die Zugehörigkeit zur Menschheit als Gattung wählte, wodurch sie die Prozesse der Singularisation als außerhalb des Sozialen befindlich ausschloß, so als ob die Existenz der Individuen als singuläre Wesen (im übrigen oft nur mit Widerwillen zugestanden, wenn nicht einfach als »idealistische« oder »spiritualistische« Illusion angefochten) nicht in ihren Bereich gehören würde.[60]

Das soziale Leben gibt der *conditio humana* die Gestalt eines ständigen Pendelns zwischen Generalisierung und Singularisation: Die Zugehörigkeit von Wesen zur Menschheit ist anerkannt; sie sind in Äquivalenzklassen zusammengefaßt, expliziten oder impliziten Zügen folgend, die zwischen ihnen derartige Ähnlichkeiten aufzuzeigen vermögen, daß sie unter einem gewissen Gesichtspunkt betrachtet als relativ austauschbar angesehen werden können; aber sie werden durch dieselbe Operation auch singularisiert, so daß jedes von ihnen durch kein anderes ersetzt werden kann. Die Eigennamen beziehen sich auf den »starren« Charakter der Identität (um den Terminus wieder aufzunehmen, den Saul A. Kripke verwendet, wenn er von »starren Bezeichnungsausdrücken«[61] spricht), über die die Menschen verfügen und die ihnen durch ihre Zuweisung zu verschiedenen Klassen und bei ihrer Bewegung durch verschiedene Welten (in dem Sinn vor allem, wie wir diesen Ausdruck in *De la justification* verwenden) folgen. Man kann im übrigen denken, daß ohne die Existenz solch starrer Identifikationsformen die Zuweisung zu Klassen und die Bewegung durch die Welten sich sehr schnell als unhaltbar erweisen würden, da die verschiedenen Dimensionen der sozialen Existenz weder artikuliert noch koordiniert werden könnten oder auch weil wir – dieses Thema werden wir später wieder aufnehmen – dasselbe Individuum in einer Privatperson mit einem menschlichen Körper nicht wiederzuerkennen vermöchten, wenn es sukzessive in verschiedenen Welten auftritt – (so ähnlich wie wir, wenn wir jemanden zufällig treffen, ihn zwar erkennen, aber nicht fähig sind, ihn zu identifizieren – zu »wissen, wer das ist« –, weil es sich um eine Person handelt, der wir gewöhnlich in einem bestimmten Kontext, beim Einkaufen, begegnen, und wir sie jetzt plötzlich in einem ganz anderen Kontext, wie z. B. in einem Konzert mit der dritten Symphonie von Mahler, antreffen).

Nebenbei gesagt, um die Operationen zu beschreiben, mit deren Hilfe wir in beide Richtungen gehen können, vom Allgemeinsten zum Singulärsten und vom Singulärsten zum Allgemeinsten, vermeiden wir besser die Metapher des Vertikalen, obwohl sie sich für einen Interpreten, der an die Logik des westlichen Rechts gewöhnt ist, wie von selbst einstellt, wenn von einem »Aufstieg ins Allgemeine« die Rede ist, mit dem Blick auf eine Singularität, die in einem beinahe räumlichen Bezug niedriger (oder darunter liegend) wäre. Diese Metapher nämlich bringt einen auf die Vorstellung, die in der westlichen politischen Philosophie üblich ist und in großem Maß von der Soziologie wieder aufgenommen wurde (wir haben sie selbst oft gebraucht), die einzelnen seien gewissermaßen »Basiselemente«, »Ziegelsteine«, die man zusammensetzen muß, um vom »Individuellen« zum »Sozialen« »überzugehen«, indem man »Kollektive« aufbaut, die als Einheiten eines allgemeineren Niveaus und genauer gesagt als Äquivalenzklassen zu verstehen sind und es möglich machen, die Einzelelemente zusammenzurücken und ihnen einen Zusammenhang zu geben. Diese Metapher, die im Bau des modernen Staates begründet ist, setzt also voraus, daß die Basiselemente, die »Ziegelsteine«, das heißt die einzelnen, weniger »sozial« und zumindest implizit dem biologischen Zustand der Menschheit, sogar des Tieres, näher als die allgemeinen Einheiten, die »Kollektive« seien, in deren Schoß sie eingeschlossen sind. Nun ist aber die Singularität jedes menschlichen Wesens, individuell genommen, nicht weniger eine Schöpfung der Gesellschaft als die Äquivalenzklassen, in deren Schoß diese einzelnen oder Singulären integriert sein können. Es ist also ebenso richtig, aber von einem anderen Standpunkt aus, vom »Aufstieg ins Singuläre« zu sprechen wie vom »Aufstieg ins Allgemeine«.[62]

Jetzt werden wir den Entwurf eines Zeugungsmodells vorstellen, in dessen Mittelpunkt die Frage steht, ob die Menschen von ihrer Erschaffung an nicht nur zu Klassen gehören, sondern auch mit einer Singularität versehen sind. Um dieses Modell zu beschreiben, werden wir nach der grammatikalischen Weise verfahren, das heißt, wir werden die Frage nach den Zwängen stellen, die auf der Handlung lasten, neue menschliche Wesen hervorzubringen, die in der sozialen Welt einen Platz einnehmen sollen. Anstatt die Abtreibung zu behandeln, als wäre sie ein Problem für sich, unabhängig von den allgemeinsten Bedingungen der Zeugung, oder auch, als wäre Abtreiben einfach das Gegenteil von Zeugen (was unter einem gewissen Gesichtspunkt ja ebenso unleugbar ist), werden wir zu zeigen versuchen, daß die Frage der Abtreibung gewissermaßen der Frage der Zeugung einverleibt ist, aber auf eine andere Weise, je nach dem, ob man sie als Möglichkeit oder als Praktik betrachtet.

Dabei werden wir in zwei Phasen argumentieren. Zuerst werden wir zu zeigen versuchen, daß die Berücksichtigung der *Möglichkeit*, sich der Wesen zu *entledigen*, die durch einen Geschlechtsverkehr entstehen, eine Bedingung bei der Hervorbringung neuer menschlicher Wesen ist, die, nachdem sie ins Fleisch gekommen sind, auf symbolische Weise, das heißt durch das Wort neu angenommen und gewissermaßen adoptiert werden müssen, um zu Singulären zu werden. Daraus folgt dann, daß im Fall der Menschenwesen die Zeugung in ihrer affirmativen, das heißt wertschaffenden Dimension die Möglichkeit ihrer Negation einschließt, das heißt vor allem die Möglichkeit der Abtreibung. In einer zweiten Phase werden wir dann die Vorstellung entwickeln, daß aus den Gründen, die sich aus dem vorhergehenden Zwang ergeben (und nicht aus exogenen Gründen), die Vernichtung der gezeugten Föten, das heißt die Abtreibung, diesmal nicht als Möglichkeit, sondern als *Vollendung einer Tat* einen problematischen Akt darstellt, der tendenziell transgressiv ist und schwer, wenn nicht sogar unmöglich zu legitimieren ist.

Wenn unsere Argumentation stringent ist, folgt daraus, daß die Grammatik der Zeugung, in ihrem minimalsten Ausdruck verstanden, auf zwei Zwängen beruht, die einander widersprechen und daher potentiell in eine Spannung zueinander treten. Das äußerst problematische Wesen der Abtreibung als Vollendung einer Tat würde dann unter anderem von seiner Macht abhängen, diesen Widerspruch ans Licht zu bringen, der aber so lange wie möglich im verborgenen bleiben soll. Damit es so sein kann, muß die Abtreibung als vollendete Tat vertuscht werden. Das bedeutet konkret, die Abtreibung muß entweder vermieden oder so diskret wie möglich im verborgenen vollzogen werden oder, wenn sie aus irgendeinem Grund sichtbar wird, muß sie als unvorhergesehen, als von Umständen abhängig und nicht als ein den Vorschriften entsprechender Vorgang betrachtet werden können.

Wir werden dann die Spezifikationen (und die entsprechenden sozialen Dispositive) untersuchen, die eingeführt werden müssen, damit die Spannung zwischen den zwei zuvor herausgearbeiteten Zwängen gemildert wird, damit die Abtreibung als vollendete Tat und sogar als Möglichkeit so wenige Spuren wie möglich in dem semantischen Feld hinterläßt, in dem sich die Zeugung befindet.

Diese Argumentationslinie wird es, so hoffen wir, gestatten, die diffizilen Eigenschaften der Abtreibung zu klären, die wir herausgearbeitet haben: einerseits das Schwanken zwischen Mißbilligung und Duldung und andererseits ihre relative Abwesenheit von der Welt der Darstellung.

II
Die zwei Zwänge bei der Zeugung

Menschen machen: eine Reihe von Klauseln
und Bedingungen

Um ein Modell der Zeugung zu entwerfen und deren hauptsächliche Zwänge herauszuarbeiten, werden wir einen Weg einschlagen, den man, John Rawls paraphrasierend, als *konstruktivistisch*[1]
bezeichnen kann. Wir werden uns zunächst fragen, welche minimale Reihe von Bedingungen zu erfüllen ist, um menschliche
Wesen zu machen.

Die erste Forderung lautet, Wesen zu machen, die als zur Gattung Mensch gehörig betrachtet werden können. Noch bis vor
kurzem setzte diese Operation notwendigerweise einen Geschlechtsverkehr zwischen einer Frau und einem Mann voraus
(obgleich die Rolle anderer Kräfte, insbesondere die von Geistern oft berücksichtigt wurde). Gewisse im Bauch einer Frau gezeugte Wesen können allerdings die Natur eines Monsters auf-
weisen, zum Beispiel, wenn derjenige, der die gewöhnlich dem
Mann übertragene Rolle gespielt hat, ein böser Geist war, der in
den Leib der Frau eingedrungen ist. In einem solchen Fall ist die
Zugehörigkeit des gezeugten Wesens zur Gattung Mensch problematisch, und das sieht man häufig an äußeren Zeichen. Die
Zugehörigkeit zur Gattung Mensch ist ja tatsächlich von tangibler Art, was man sieht, was man berührt, was, allgemeiner gesagt, auf der Hand liegt.[2] Ein neugeborenes Monster mit einem
Hundekopf wird man schwerlich voll und ganz zur Gattung
Mensch zählen.

Eine zweite Forderung besteht darin, Wesen zu machen, die sich
in Klassen einordnen lassen, das heißt, sich unter dem Gesichtspunkt betrachten lassen, der sie zu Äquivalenten gewisser der
Gattung Mensch zugehöriger Wesen macht und zugleich von anderen Wesen unterscheidet, deren Zugehörigkeit zur Gattung

Mensch ebenso tangibel und unbestritten ist. Die Berücksichtigung des Unterschieds zwischen den Geschlechtern, die ebenso tangibler Natur ist, und die Zuschreibung der Wesen zu dem einen oder dem anderen Geschlecht bildet die einfachste und ohne Zweifel auch primitivste Operation der Klassifizierung.

Eine dritte Forderung besteht darin, Wesen zu zeugen, die sich singularisieren lassen. Diese Forderung als solche kann weder durch die sexuelle Zeugung (von der die Zugehörigkeit zur Gattung Mensch abhängt) noch durch die Berücksichtigung des sexuellen Unterschieds (als Archetyp der Klassifizierung) erfüllt werden. Doch diese letzte Forderung ist durchaus nötig, um einen Unterschied aufzustellen, durch den die Menschenwesen als solche ausgewiesen werden.

Die Konstitution des Unterschieds

An welcher Grenze entlang bewegt sich dieser Unterschied? Die Sozialanthropologie hat uns gelehrt, daß es unvorsichtig ist, ihn zwischen der Welt der in einer Gesellschaft lebenden Menschen und dem Rest der Natur und der Übernatur, der von je nachdem erfundenen oder wirklichen Wesen wie Tieren, Pflanzen, Felsen, Flüssen, Geistern usw. bevölkert ist, verlaufen zu lassen. Diese Unterscheidung leitet sich nämlich sehr stark von der Art her, wie die westlichen Gesellschaften den Schnitt zwischen Gesellschaft und Natur, zwischen der Menschenwelt und den natürlichen oder übernatürlichen Universen begreifen.[3] Doch die anthropologische Literatur bietet zahlreiche Beispiele von Gesellschaften, in denen diese Unterscheidungen nicht gemacht werden oder nicht dort verlaufen, wo wir sie anzutreffen gewohnt sind. Das ist im Fall der Achuar zu beobachten, mit denen sich Philippe Descola beschäftigt hat. Ihnen ist »die Vorstellung, daß die Natur das Feld der Phänomene ist, die sich unabhängig vom Menschen äußern, offenbar vollkommen fremd«. Für sie besteht zwischen den verschiedenen Wesen, aus denen sich die Welt zusammensetzt, »ein weites Kontinuum postulierter Konsubstantialität«, in dem es trotzdem »innere Grenzen« gibt, die aber ihrerseits abgegrenzt sind von der Möglichkeit oder Unmöglichkeit, »eine Beziehung zu ihnen aufzubauen, die in einem Austausch von Botschaften besteht«.[4]

Ebensowenig befriedigend ist es, die Beziehung der vollkommen menschlichen Wesen zu den anderen Wesen in Gestalt einer Staffelung zu verstehen, die von denen, die weniger Mensch sind, zu denen ginge, die mehr Mensch sind, wobei die Grenzen überschritten werden, die wir der Menschheit als Gattung zuerkennen. Solche Auffassungen sind ziemlich häufig und die Glieder zahlreicher Gesellschaften betrachten sich selbst als wirklichere Menschen als die Glieder anderer ihnen bekannter Gesellschaften. Aber innerhalb derselben Gesellschaft, sogar wenn sie stark hierarchisiert ist, neigen die Glieder gewöhnlich dazu, sich so etwas wie eine gemeinsame Eigenschaft als Menschen zuzuerkennen. Das häufige Bestehen sehr ungleicher Behandlungen, die den Gliedern derselben Gesellschaft zugemutet werden, hängt nicht notwendigerweise (obwohl es manchmal der Fall sein kann) von der Einrichtung verschiedener Klassen ab, die sich in ihrer Hierarchie nach dem Zugehörigkeitsgrad zur Gattung Mensch richten, wie zum Beispiel Untermenschen, Menschen und Übermenschen.

Aber wenn er nicht zwischen dem Reich der Menschen und dem Reich der Natur, nicht zwischen den hierarchisierten Menschenklassen (zwischen denen, die mehr Mensch oder weniger Mensch sind) verläuft, wo verläuft dann der Unterschied, der den Menschen ausmacht? Wir sagen, er zieht sich durch das Innere jedes einzelnen Menschen.[5] Jeder Mensch läßt sich unter zwei Gesichtspunkten betrachten: insofern er Mensch ist *durch das Fleisch*, das heißt aus dem Schoß einer Frau hervorgekommen, der durch Geschlechtsverkehr von einem Mann (oder in manchen Gesellschaften von mehreren Männern) befruchtet wurde, und insofern er Mensch ist *durch das Wort*. Es gibt keine Gesellschaft, in der die neuen Menschenwesen nicht nur passiv empfangen, sondern auch aktiv bestätigt werden in ihrer Zugehörigkeit zur Gesellschaft der Menschen, die sie durch Gesten und Riten aufnehmen, die ebenso Zeichen dafür sind, daß ihr Menschsein *anerkannt* wird, und die ihre Einfügung in das Kollektiv, das heißt in ein Ganzes symbolischer Beziehungen, begleiten. Im Schoß dieser Kollektive sind sie zugleich mit einer Vielfalt von Klassen verbunden (je nach der Beziehung, unter der man sie ins Auge faßt) und singularisiert.

Im übrigen ist die Singularisation gewissermaßen das, was die Vielfalt der Zugehörigkeitsklassen oder, wenn man so will, der Welten gestattet. Ohne diese Singularisation wäre es nämlich nicht möglich zu erkennen, daß es dasselbe Menschenwesen ist, das hier als Mann, dort als Krieger, dort als Angehöriger dieser oder jener Familie usw. agiert. Jedesmal, wenn das betreffende Wesen in einem anderen Kontext oder in einer anderen Welt agiert oder wenn es mit anderen unter einer gewissen Hinsicht verglichen wird, würde es, wäre es nicht singularisiert, als ein absolut anderes betrachtet. Nichts würde sein Verweilen zwischen den Welten und vor allem nicht in der Zeit gewährleisten. Man würde sich wundern, daß dieses Wesen nicht an einem Festmahl teilnimmt, ohne zu erkennen, daß es nicht kommen kann, weil es ein paar Stunden vorher in einigen Metern Entfernung umgebracht wurde, in einer anderen Situation, wo es in einer anderen Hinsicht aufgetreten war.

Wenn Fleisch und Wort getrennt sind: Menschen durch das Fleisch, aber nicht durch das Wort

Wir haben gesagt, daß der Unterschied zwischen der Tatsache, ob man ein Mensch durch das Fleisch oder ein Mensch durch das Wort ist, durch jeden einzelnen Menschen hindurchgeht. Aber bei den Menschen, die durch das Wort eingesetzt wurden, ist dieser Unterschied in den meisten Situationen verwischt. Um die

Bedeutung davon zu verstehen, müssen wir bei Fällen verweilen, in denen die beiden normalerweise miteinander verschmolzenen Arten, zur Menschheit zu gehören, getrennt sind. Wir werden einige Beispiele dazu anführen.

Das erste, was einem in den Sinn kommt, ist das Beispiel des Kindsmordes, durch Vernichtung oder durch Aussetzung, von dessen Häufigkeit bei einer großen Anzahl von Gesellschaften man weiß.[6] Das allgemeine (archetypische) Schema ist folgendes: Die Geburt erfolgt an einem abseits gelegenen Ort, der von den Orten des öffentlichen kollektiven Lebens abgeschnitten ist. Die Gebärende ist von Frauen umgeben, die ihr nahestehen, die Männer werden weggeschickt. Die Vernichtung findet sofort statt, nachdem das Neugeborene den Mutterleib verlassen hat, häufig wird es erstickt.[7] Kein Ritual des Übergangs vom Leben zum Tod begleitet die Tat. Man läßt den Körper einfach verschwinden. Da die Beseitigung außerhalb des öffentlichen Lebens durchgeführt wurde, braucht sie nicht gerechtfertigt zu werden. Man tut, als wäre das Kind nicht geboren und als hätte somit die Vernichtung nicht stattgefunden. Das umgebrachte Neugeborene hinterläßt keinerlei Spur in der kollektiven Erinnerung. Es ist nur Fleisch.

Eine solche Vernichtung ist dagegen innerhalb des Zulässigen nicht mehr möglich, wenn das Neugeborene durch ein Ritual, eine symbolische Geste in seinem Menschsein bestätigt wurde: je nach den Gesellschaften, wenn es in Gegenwart anderer an die Brust gelegt wurde,[8] öffentlich vorgestellt wurde (bei einigen Eskimo-Gesellschaften[9]); wenn es vom Vater in den Arm genommen wurde (im alten Rom[10] und bei den Germanen), wenn ihm ein Name gegeben wurde[11] usw. Alle diese symbolischen Gesten des Anerkennens markieren den Eintritt des Kindes in die menschliche Gesellschaft, das heißt in erster Linie in die Verwandtschaft und in zweiter in das Staatswesen, wo es in den Genuß einer Behandlung kommt, die der seiner männlichen Blutsverwandten ähnlich ist, allgemeiner gesagt, der der anderen Kinder in seiner Verwandtschaft, das heißt, es kommt in ein Universum, das von den Normen der Gerechtigkeit regiert wird, auch wenn der Bezug auf das Gerechte meistens in eine andere Richtung geht, je nach dem, ob er das Innere des Hauswesens oder das Äußere der öffentlichen Welt meint.

Obwohl im modernen Abendland der Kindsmord strafrechtlich verfolgt wird, bleibt eine Spur aus dieser Zeit des Verborgenseins, die in zahlreichen Gesellschaften dem Eintritt des Neugeborenen in die soziale Welt vorausgeht, sogar in der juristischen Definition dieses Verbrechens und in der Rechtsprechung der Gerichte im 19. Jahrhundert. Die Definition dieses Verbrechens wird, so vermerkt Annick Tillier, im Artikel 300 des Strafgesetzbuchs von 1810 behandelt: »Als Kindsmord wird die Ermordung eines neugeborenen Kindes bezeichnet.« Der Hinweis auf »Ermordung« setzt voraus, daß die Tat vorsätzlich begangen wird und daß das Kind lebendig geboren ist. Was den Zustand »neugeboren« betrifft, sofern er nicht vom Gesetz definiert wird, wird die Gerichtspraxis es so sehen, daß dieser Terminus für den Zeitraum gilt, der zwischen der Geburt und der Anmeldung der Geburt des Kindes beim Standesbeamten liegt; die Anmeldung muß nach dem Artikel 55 des Bürgerlichen Gesetzbuchs innerhalb von drei Tagen abgegeben werden. Nach dieser Zeitspanne wird die Tat im allgemeinen als Verbrechen des Mordes bezeichnet und nicht mehr als Infantizid (was oft mit einer größeren Strenge der Geschworenen einhergeht). »Es liegt also Kindsmord vor« – nach einem Entscheid des Kassationsgerichtshofs vom 24. Dezember 1835 –, »solange das Leben des Kindes noch nicht in die Garantie der Gemeinschaft aufgenommen ist, und das Verbrechen die Spuren seiner Geburt auslöschen kann«.[12]

Als zweites Beispiel drängt sich das der Sklaverei auf. Zwischen den Dispositiven, in deren Rahmen die Sklaverei möglich ist, und denen, die den Kindsmord zulassen, besteht im übrigen eine enge Verbindung, und der Sklave ist mit dem Neugeborenen vergleichbar, das von der Verwandtschaft ferngehalten wird und daher schutzlos ist. Es handelt sich dabei nicht nur um eine Metapher. Im alten Rom wurden die ausgesetzten Säuglinge, menschliche Wesen ohne Verwandtschaft, das heißt zur Welt gebracht, ohne daß für sie ein Platz vorher eingerichtet worden wäre, der Mutter weggenommen, kaum daß sie den Mutterleib verlassen hatten. Wenn sie für eine bestimmte Zeit am Leben blieben, wurden sie oft von Sklavenhändlern abgeholt, die sie aufzogen, um sie später zu verkaufen.[13] Wie die bemerkenswerten Arbeiten von Jean Bazin über das Königreich Ségou[14] und von Claude Meillassoux über die Sklaverei im vorkolonialistischen Afrika gezeigt haben, werden die Sklaven meistens durch Raub oder bei einer Razzia eingefangen. Kinder werden in so weite Ferne wie möglich entführt[15] und mit Vorliebe in sehr zartem Alter (damit sie die Erinnerung an ihre frühere Identität verlieren). Die Entführung entreißt sie der Verwandtengruppe, in der sie jemand mit einem Namen und einem bestimmten Platz waren. Sie werden dann mit Ausdrücken bezeichnet, die dem nahekommen, was wir unter »Gassenkindern«[16] oder »Findelkindern« verstehen, um hervorzuheben, daß sie nicht mehr in der Lage sind, einen eigenen singulären Platz in einem Kontext (hier der Verwandtschaft) einzunehmen, dessen Kennzeichen ist, daß er für sie einen eigenen Namen vorsieht, der sie bezeichnet. Wenn die Razzien nicht ausreichen, die Nachfrage zu decken, kommt es vor, daß man noch nicht verheiratete junge Leute in eine Lage bringt, in der sie einander sexuell nahekommen, und die Produkte dieser Zeugungen, die in keine Verwandtschaft eingefügt sind, werden dann als zum Verkauf bestimmte Sklaven aufgezogen.[17]

Noch einen Hinweis auf die Art und Weise, wie die Sklaven dadurch, daß man sie ihrer Verwandtschaft entrissen hatte, nicht mehr zur Menschheit gehörten, bringt die Tatsache, daß sie nach ihrem Tod nicht Gegenstand eines Beisetzungsrituals wurden, »sondern wortwörtlich ausgestoßen wurden wie Kot, nach einer kweni-Metapher, wie Unterprodukte der Gesellschaft, sozialer und kultureller Unrat«.[18] Sie durften auch nicht heiraten. »Wenn der Herr die Vereinigung duldete oder befahl, war die allgemeine Regel, daß es sich nicht um eine ›Heirat‹ im eigentlichen

Sinn handelte [...]. Diese Verbindung konnte in jedem Augenblick wieder aufgelöst werden. Bei den Anyi gehörte zu der Verbindung von zwei Sklaven keinerlei Zeremonie, ›denn die sind wie Hennen und Gockel, die einander wärmen‹, sagen die Herren«.[19] Spuren dieses Status, der fast dem einer Sache gleichkommt, finden wir im christlichen Abendland im Fall der unehelichen Kinder, welche die niedrigsten Arbeiten verrichten müssen und oft für sexuelle Dienste verwendet werden, die von legitim in die Ordnung der Verwandtschaft aufgenommenen Wesen kaum verlangt werden können. So gab man in den Bergen von Margeride noch im 18. und 19. Jahrhundert solchen Kindern, obwohl sie getauft waren, den Namen eines Dings wie Stuhl oder Fenster.[20]

Wie Florence Dupont und Thierry Eloi[21] gezeigt haben, berufen sich die Kategorien, die im alten Rom die sexuelle Praxis bestimmten, weniger auf den Unterschied zwischen Männern und Frauen oder zwischen hetero- und homosexuell als auf den Unterschied zwischen den Körpern von freien Menschen und den Sklavenkörpern. Zwischen einem freien Mann und einer freien Frau, die von freien Verwandten abstammen, ist jedes sexuelle Verhältnis außerhalb der Ehe verboten und der Geschlechtsverkehr unter Eheleuten ist den Normen der »Schicklichkeit« unterworfen. Ebenso werden die homosexuellen Beziehungen unter freien Männern verhindert und verurteilt. Doch mit einem Sklaven oder einer Sklavin oder einem/einer Freigelassenen ist dagegen für einen freien Mann und für eine freie Frau alles erlaubt.[22]

Was hier zur Diskussion steht, ist gewiß nicht die Zugehörigkeit der Sklaven zur Menschheit. Unter dem Gesichtspunkt des *Tangiblen*,[23] dessen, was man sieht, hört, empfindet, unterscheidet sie nichts von den anderen Menschen. Es sind ja im übrigen gerade ihre Fähigkeiten als Menschen, die für die Lust oder, unter anderen Umständen, für die Arbeit ausgenutzt wurden. Ebenso war es möglich und sogar notwendig, sie bestimmten Klassen zuzuweisen, und wenn auch nur deshalb, um ihre Spezialisierung in einer bestimmten Tätigkeit zu kennzeichnen. Aber sie waren Menschen nur durch das Fleisch, nicht durch das Wort.[24] Ihre Singularität wurde nur als zufällige Eigenschaft berücksichtigt (oder indexmäßig, könnte man sagen), erkennbar in manchen Augenblicken und in manchen Situationen, in anderen verweigert, wenn es darauf ankam, sie zu ersetzen, zu kaufen oder zu verkaufen.

Ein drittes Beispiel – bei dem jedoch im Unterschied zu den beiden vorhergehenden die Reduzierung auf das Fleisch nicht definitiv, sondern nur vorübergehend ist – liefert uns Victor Turner in seinen Arbeiten über die Übergangsriten und insbesondere durch seine Beschreibung des Rituals, das die Einsetzung des Häuptlings (*Kanongesha*) bei den Ndembu in Zambia kennzeichnet. Im Verlauf dieses Rituals wird der zukünftige Häuptling von dem einzigartigen Platz entfernt, den er vorher innehatte, und reduziert auf den Zustand eines Menschen, der nur durch das Fleisch Mensch ist, auf den Zustand von irgend etwas oder, wenn man es so lieber will, von weniger als nichts, bevor er durch die Macht des heiligen Wortes als Häuptling eingesetzt wird. Er trägt einen Lendenschurz aus Lumpen, ist verbunden mit einer rituellen Gattin (die oft eine Sklavin ist), die genauso gekleidet ist wie er, wodurch der Unterschied zwischen den Geschlechtern aufgehoben werden soll. Beide werden behandelt, als wären sie gebrechlich. Der Häuptlingsanwärter muß sich mit einem Ausdruck der Scham krümmen und sich, ohne zu murren, die Beschimpfungen gefallen lassen, auf die er nicht antworten darf, als hätte es ihm die Sprache verschlagen. Der Neophyt, sagt Turner, wird behandelt wie eine »tabula rasa«, wie »ein unbeschriebenes Blatt«. So muß man denen, die den Platz des großen Menschen einnehmen werden, zeigen, »daß sie für sich genommen Ton oder Staub, also bloße Materie sind und ihre Form allein durch die Gesellschaft erhalten«.[25]

Wenn Fleisch und Wort getrennt sind: Menschen durch das Wort, aber nicht durch das Fleisch

In den drei Beispielen von Dissoziation, die wir gerade angeführt haben, verfügen Wesen, die dem Fleisch nach Menschen sind, nicht über das Wort, das ihnen eine Existenz als Einzelwesen verleihen würde. Sie sind zwar »Menschen« im Sinn des Tangiblen, aber dieses Menschsein wird nicht bestätigt. Kann man umgekehrt Beispiele von Dissoziation finden, in denen Wesen zwar Menschen durch das Wort sind, ohne aber über eine ebensolche fleischliche Identität zu verfügen? In diesem Fall könnte ein und dasselbe Wesen, ein Mensch dem Wort nach, von verschiedenen und untereinander austauschbaren fleischlichen Identitäten eingenommen werden. Diese Hypothese setzt eine Verschiebung der Aufmerksamkeit voraus, die von den tangiblen Zügen, wie es etwa die Gesichtszüge sind, zu den Spuren der Identität geht, die mit äußeren Trägern verbunden sind wie etwa Unterschriften, Siegel, Titel usw., imstande, in mehreren Corpora niedergelegt zu sein und Gegenstand des Wiedererkennens von seiten anderer zu werden, das heißt immer in der einen oder anderen Form eines juristischen Zusammenhangs. Es ist in diesem Fall absolut notwendig, sich auf so etwas wie ein Recht zu beziehen, das u. a. die Funktion hat, die menschlichen Wesen (und über ihre Verbindung mit den Menschen [auch] andere Wesen, ob es sich nun um sogenannte »natürliche« Wesen oder Artefakte handelt) vor der Labilität der Umstände zu bewahren, so daß ihnen eine konstante und entschiedene Identität zuteil wird, die es gestattet, ihnen in einer unbestimmten Vielfalt verschiedener Situationen zu folgen. Ohne auf den juristischen Rahmen zurückzugreifen und ohne eine »juristische Fiktion« einzusetzen, in dem Sinn, den Yan Thomas diesem Terminus[26] gibt, ist es unmöglich, einem Wesen, das als einzigartig behandelt wird, einen Leib zu geben, indem man sich nur auf das Wort beruft, obwohl man es dennoch in den tangiblen Zügen eines fleischlichen Wesens, in dem die es betreffenden Bezüge zusammenlaufen könnten, nicht erkennen kann.

Eine solche Dissoziation thematisierte Kantorowicz in seinem dem »doppelten Körper des Königs« gewidmeten Werk, wo unterschieden wird zwischen einem fleischlichen und folglich sterblichen Leib und einem politischen – idealistisch angehauchten – oder eher mystischen Leib, der in der Lage ist, sich unwandelbar zu erhalten, unabhängig von den Wesen, in denen er Fleisch wird, und die folglich in dieser Hinsicht als austauschbare behandelt werden. Erst vor kurzem aufgetretene Affären (insbesondere die Affäre Perruche, auf die wir in Kapitel V zurückkommen werden), die durch das Zusammentreffen der Entwicklung medizinischer Technologien für die Schwangerschaft und den Wechsel in der juristischen Betreuung der Abtreibung verursacht wurden, haben einige Juristen dazu geführt, wieder eine solche Dissoziation vorzunehmen. Marcela Iacub schlägt so in einem kürzlich erschienenen Werk vor, die »Geburt« von den »Umständen der Geburt« zu trennen, das heißt die Eigenschaft, ein Mensch zu sein, nur dem Kind, das geboren werden soll, zuzuweisen, dem Wesen also, das durch das Verlangen der Eltern gezeugt wurde und dessen Bleiben unumstößlich ist, wie viele Föten auch erzeugt oder vernichtet werden mußten, damit es zur Welt kam. Sie beabsichtigt damit, das Prinzip der »Austauschbarkeit der biologischen *Körper* bezüglich der juristischen *Person*« auszuweiten und die Vernichtung der Föten, die das Risiko einer Behinderung mit sich bringen, im Namen des Kindes, das geboren werden soll, zu rechtfertigen, wobei dieses Kind als das einzige Wesen betrachtet wird, dem in dieser Hinsicht Rechte zustehen. In dieser Richtung weiterdenkend, betrachtet Iacub es als durchaus legitim, für die Behinderten ein »Recht auf Schadenersatz einzuführen, das sie für den Schaden entschädigt, den man ihnen zugefügt hat, indem man sie daran hinderte, anders zur Welt zu kommen«. In diesem Fall ist nämlich das Kind, das geboren werden soll, der Kläger, sagt sie gerechterweise, weil der schadhafte Fötus, aus dem es hervorgegangen ist, vor der nicht wieder gutzumachenden Situation der Geburt nicht durch einen besseren Fötus ersetzt wurde. An diesem Beispiel läßt sich eine Suche – idealistischen Geistes – erkennen, die darauf abzielt, durch die Macht des juristischen Wortes das »Kind, das geboren werden soll« als einzige wirklich menschliche Wesenheit zu konstituieren: in Verbindung mit subjektiven Rechten und losgelöst von fleischlichen Wesen, in denen sie enthalten sein kann oder nicht, und die als austauschbare Träger[27] behandelt werden.

Auf dem Weg zu einem ersten Zwang bei der Zeugung

Wir bezeichnen ein Menschenwesen als vollständig (im Gegensatz zu den Beispielen von Dissoziation, die wir gerade untersucht haben), wenn es aus einer Zeugung durch das Fleisch und zugleich einer Zeugung durch das Wort hervorgegangen ist. Wir sprechen in diesem Fall von einer *Bestätigung* durch das Wort, die dem Menschsein durch das Fleisch zuteil wird. Diese Auffassung setzt voraus, daß man sich auf zwei verschiedene Bewegungen bezieht. Die erste ist, daß man unterscheiden kann zwischen dem, was vom Fleisch kommt, und dem, was vom Wort kommt. Wenn diese Unterscheidung nicht nachvollziehbar wäre, dann wäre sie nicht denkbar. Nun muß sie es aber sein, damit die Zeugung durch das Wort, in ihrem Gegensatz zur Zeugung durch das Fleisch, als Operator des Unterschieds auftreten kann. Die zweite Bewegung ist, daß sie in eine einzige Einheit zusammenfließen: Ein durch das Fleisch menschliches Wesen wird durch die Wirkung des Worts in seinem Menschsein bestätigt.
Von dieser Prämisse ausgehend, stellen wir einen ersten Zwang bei der Zeugung (Z 1) auf, der sich folgendermaßen formulieren läßt: *Es ist nötig, daß der Unterschied zwischen den durch das Fleisch gezeugten Wesen und den durch das Wort gezeugten Wesen gekennzeichnet wird.* Dieser Zwang fordert, daß ein Unterschied gemacht wird zwischen den Erzeugnissen des Geschlechtsverkehrs und den Wesen, die unter den Menschen einen Platz einnehmen werden. Als

Folge des Geschlechtsverkehrs werden die Frauen schwanger. Die a priori sehr zahlreichen Wesen, die durch den Geschlechtsverkehr erzeugt werden können, bilden ein virtuelles Ganzes: die Gesamtheit (a) der Menschen, die es *dem Fleisch nach* sein werden. Eine zweite Operation verlangt, daß unter den Wesen, die die Gesamtheit (a) bilden, diejenigen herausgehoben werden, die eine Gesamtheit (b) bilden, dazu bestimmt, unter den Menschen einen Platz einzunehmen, in eine Welt symbolischer Beziehungen eingeführt werden: Sie werden Menschen sein *durch das Wort*. Die Operation des Heraushebens verleiht letzteren einen (im Sinn der Linguistik) distinktiven *Wert*: die (b) werden definiert durch den Unterschied, der sie den (a) entgegenstellt.

Der Prozeß, durch den die im Fleisch gezeugten Wesen durch das Wort bestätigt werden, erfolgt nicht erst nach der Geburt, wie man durch das Beispiel des Kindsmords verleitet glauben könnte, das wir verwendet haben, um diese Unterscheidung verständlich zu machen. Er durchläuft die Zeugung ganz von einem Ende zum anderen. In diesem Sinn entsteht eine Spannung zwischen der Zeugung und der Sexualität, die doch deren Vektor ist. Da es darum geht, menschliche Wesen zu machen, ist die Sexualität zugleich unerläßlich und ungenügend. Unter dem hier ins Auge gefaßten Gesichtspunkt ist es die relative Unbestimmtheit der Sexualität hinsichtlich der Bedingungen, die erfüllt werden müssen, um Menschen zu machen, durch die die Zeugung problematisch wird. Und umgekehrt wird die Sexualität zu einem Problem, weil sie das Instrument der Zeugung ist. Die Zeugung könnte, vollständig von der Sexualität abgekoppelt, beinahe ganz von der symbolischen Funktion übernommen werden, wie es zum Beispiel der Fall ist bei der Bestimmung von Wesen, welche diese oder jene Aufgabe übernehmen sollen. Vollkommen von der Zeugung abgekoppelt, könnte die Sexualität eine im wesentlichen ludische Praktik sein, allerdings von Normen geregelt, wie alle menschlichen Praktiken, aber gewiß nicht einer so genauen und so schwierig auszuübenden Kontrolle unterworfen, wie die menschliche Sexualität in allen uns bekannten Gesellschaften.

Tangibles Menschsein und (durch das Wort) singularisiertes Menschsein

Was verleiht dem Menschsein durch das Fleisch die Bestätigung durch das Wort? Sie ändert kaum oder gar nicht die Kennzeichen, die denen von einer Frau und einem Mann geborenen Wesen die Eigenschaft verleiht, vom Standpunkt des Tangiblen aus Menschen zu sein, sei es, daß sie diese direkt über das Fleisch bekommen haben (einen Körper, der der Körper eines menschlichen Wesens ist – und nicht der eines menschenähnlichen Wesens, wie die Science-Fiction sagt – Hände, Füße, ein Gesicht usw. besitzen), sei es, daß sie diese durch die frühe Sozialisation oder Erziehung empfangen haben (aufrechte Haltung, Singen, Sprechen usw.), was in sich nicht die Bestätigung durch das Wort voraussetzt: Man kann die Sklaven erziehen und ihnen das Leierspiel beibringen; man kann den Häftlingen in einem Konzentrationslager ihr Menschsein absprechen, aber sie dazu zwingen, Beethoven-Sonaten zu spielen usw. (obwohl, falls dieser Unterricht zu weit getrieben wurde, die Tatsache, daß das Menschsein dieser Wesen, die solch kunstvolle Kompetenzen besitzen, nicht voll anerkannt wurde, Gefahr läuft, etwas Seltsames und offenkundig Skandalöses[28] anzunehmen). Die Bestätigung durch das Wort ist auch nicht unerläßlich dafür, daß sich ein Prozeß vollzieht, der im allgemeinen den Zutritt eines beliebigen Wesens in ein Kollektiv begleitet und der seine Bindung an eine Klasse und allgemeiner gesagt seine Eingliederung in ein kategoriales System darstellt, wodurch es möglich wird, es mit Symbolen zu manipulieren (insbesondere eine Zählung durchzuführen). Dagegen verleiht allein die Bestätigung durch das Wort den Wesen eine Eigenschaft, die für ihre Anerkennung als Menschen wesentlich ist, nämlich ihre Einzigartigkeit oder Singularität.

Dasselbe kann man sagen, indem man auf die Kategorien des Ersetzbaren und des Unersetzbaren zurückgreift. Als durch das Fleisch Gezeugte und als Klassenzugehörige sind die menschlichen Wesen ersetzbar. Eine der problematischen Besonderheiten des Geschlechtsverkehrs als Zeugungsart ist seine extreme Üppigkeit, seine Fähigkeit, menschliche Wesen in großer Anzahl und am laufenden Band zu produzieren. Durch den Geschlechtsverkehr werden die vernichteten Wesen schnell ersetzt (in dem Sinn wie die Demographen, wir haben es gesehen, von der »Ablösung der Generationen« sprechen). Was die Klassen mit *n* Exemplaren betrifft, liegt es in ihrer Logik, die Wesen austauschbar zu machen, ersetzbar zumindest in der Hinsicht, in der sie diese als gleichwertig behandeln. Und auf dieselbe Weise kann ein gestorbener Sklave durch den Kauf eines anderen Sklaven ersetzt werden, auch wenn es sich um ein vertrautes Wesen handelte, das man unter Umständen liebgewonnen hatte (dasselbe gilt für die Schoßtiere). Dagegen wird man immer metaphorisch und mit einem Anflug von Verachtung oder Kritik sagen, ein verstorbener Ehemann oder ein verstorbenes Kind sei von der Ehefrau oder der Mutter »ersetzt« worden. Die Sekretäre der Académie française sind nur insofern ersetzbar, als sie eine Funktion innehaben. Da es sich um in ihrem Menschsein bestätigte Wesen handelt, wird jeder als einmalig betrachtet und weder mit der Position, die er innehat, vollkommen identifiziert (man kann zum Beispiel den besonderen »Stil« kommentieren, mit dem er »seine Rolle gespielt« hat), noch völlig verdeckt von der Persönlichkeit seines Nachfolgers.

Das heißt auch, daß weder der Geschlechtsverkehr noch die Zuweisung zu einer Kategorie ausreichen, um einen Menschen auszumachen. Wie vollzieht man also die Schenkung dieses dritten Elements, das notwendig ist, damit unsere Bedingungen und Klauseln und was wir die Singularität genannt haben, erfüllt werden? Wir werden uns nun mit dem Argument befassen, daß die Singularität immer übertragen werden muß und daß dies nur durch ein Wesen geschehen kann, dessen eigene Singularität anerkannt ist. Es verhält sich damit, was die Singularität betrifft, etwa so, wie mit der Autorität, die im Unterschied zur Macht, indem sie auf die Tatsache der Anwendung einer Kraft verweist, sich auf die Kraft bezieht, welche die Anwendung der Kraft legitimiert. Die letztere nun erwirbt man nur durch Übertragung. Sie kann weder aus sich selbst entstehen, noch gekauft werden, noch durch Gewalt erobert werden. Sie innezuhaben, verweist also immer auf einen vorhergehenden Inhaber, von dem sie der, der sie jetzt innehat, bekommen hat und die er seinerseits weitergeben[29] kann. Man kann auch sagen – indem man sich eine Formel aus der Semantik ausleiht –, daß die Autorität immer die Position einer Äußerung hat, die von einem vorhergehenden Sprecher formuliert wurde, dessen Diskurs der Sprechende wiedergibt.

Was die Singularität angeht, so kann man die Tatsache, daß ihr Vorhandensein nur das Ergebnis einer Übertragung seitens eines Wesens sein kann, dem sie selbst übertragen wurde, bis zum Fall der Gegenstände hin verfolgen, insbesondere der standardisiert produzierten Gegenstände, die von einem hohen Niveau der Gleichheit gekennzeichnet sind, aber trotzdem eine schwache Form der Einzigartigkeit dadurch erreichen können, daß sie das Eigentum einzigartiger Personen sind. Mein Füller (ein Sheaffer, das sehr häufige Modell »White Point«) erwirbt, da in meinem Besitz, einen Anschein von Einzigartigkeit, den er nicht für sich geltend machen konnte, als er neben Tausenden von Exemplaren desselben Modells, die ihm aufs Haar glichen, auf dem Fließband einer Produktionskette befördert wurde, und den er wieder verlieren kann, wenn er verlorengeht und sich im anonymen Mischmasch von Fundgegenständen befindet oder auch wenn er nach einigen Wechselfällen auf dem Flohmarkt von Saint-Ouen[30] landet. Durch ihre Anbindung an den Menschen erhalten die Gegenstände ihre Einzigartigkeit und manche von ihnen sogar ihren Wert, wie man im Grenzfall der Reliquien oder dem der Zyklen von Geschenken sieht, wo Güter im Umlauf sind, an denen die Spur der Spender haften bleibt.[31]

Das zukünftige Kind wird durch das Wort bestätigt:
von der Mutter adoptiert

Die Menschen müssen, um Singularität zu erwerben, diese von einem Wesen empfangen, das selbst eine unleugbare Singularität besitzt. Man kann diesen Prozeß beschreiben, indem man die Metapher der Adoption verwendet. Da die Gegenwart des im Fleisch auszutragenden Wesens anfangs nur der Mutter bekannt ist und einige Monate lang allen anderen unbekannt bleiben kann, werden wir zumindest im jetzigen Stadium unserer Untersuchung in Betracht ziehen, daß diese Adoption Sache der Mutter ist, wenn sie in das einwilligt, was während der Schwangerschaft mit ihr geschieht.[32] Indem die Mutter das Wesen adoptiert, mit dem sie schwanger geht, bestätigt sie das Menschsein durch das Wort für das Menschsein durch das Fleisch des auszutragenden Wesens. Wenn diese Bestätigung auch nicht Gegenstand einer expliziten und öffentlichen Verbalisierung ist, so kann sie doch mit dem Akt des Wortes verglichen werden, so wie ihn als erster J. L. Austin[33] beschrieben hat. Wenn man sie unter dem Gesichtspunkt betrachtet, daß sie dem Akt des Wortes sehr nahekommt, dann hat sie gewiß gemeinsame Züge mit dem Versprechen, da das Versprechen jenseits seines genaugenommen unausgesprochenen Charakters (der in dem Fall, der uns beschäftigt, nicht offenkundig sein oder irgendwie dem Register der inneren Sprache anvertraut bleiben kann), wie die Pragmatik sagt, *perlokutorischer* Art ist, was nicht zweitrangig, sondern konstitutiv ist: denn das Versprechen ist direkt auf die Handlung orientiert und seine Bedeutung ist die Absicht, einen Zustand der Welt dauerhaft zu verändern. Von dieser Absicht losgelöst, würde es jeglichen Sinn verlieren.[34]

Zugleich bringt diese Bestätigung den Singularisationsprozeß in Gang. Während die Produkte des Geschlechtsverkehrs, die im Fleisch bestehen, sich als ersetzbar zeigen – wie die Häufigkeit der Fehlgeburten bezeugt, auf die glücklich zu Ende geführte Schwangerschaften folgen –, werden die von der Anerkennung der Mutter bestätigten Wesen in einen Singularisationsprozeß aufgenommen. Indem man einen von Paul Ricœur verwendeten Ausdruck benutzt, kann man sagen, daß die Betonung diesmal auf der »Selbstheit« der in Frage kommenden Wesen liegt.[35] Sie sind auf eine Herkunft bezogen, auf einen Ort hin orientiert, werden von einem Namen erwartet usw. Die von der Mutter gegebene Bestätigung des Menschseins für das Wesen, das in ihr wächst, nimmt in diesem Sinn die Aufnahme des zukünftigen Kindes in eine singuläre Position in der Gesellschaft vorweg und bereitet sie vor, ob diese Position nun, wie es in zahlreichen Gesellschaften der Fall ist, im Hinblick auf die Verwandtschaftsbeziehungen oder in einem anderen Rahmen vorgesehen ist.

Indem wir auf der Zustimmung der Mutter zu dem beharren, was ihr durch die Sexualität widerfährt, haben wir nicht a priori das Interesse der Mutter und insbesondere nicht ihr Interesse an der Unabhängigkeit im Auge, und auch nicht, wie man modernistisch sagen würde, ihr Recht zu »wählen«, ob sie Mutter werden will oder nicht, indem wir aus der Achtung vor diesem Recht eine Bedingung für die Achtung vor ihrem Menschsein machen. Obwohl die beiden Dinge gewiß miteinander verbunden sind,[36] soll hier die Betonung auf den Bedingungen liegen, die erforderlich sind, um neue Menschen zu machen, und nicht auf denen, die die Achtung vor der Unabhängigkeit der eine politische Gesellschaft bildenden Individuen erfordert – in dem Sinn, den der Ausdruck seit dem 18. Jahrhundert hat. Eine dieser Bedingungen, und gewiß die wichtigste, ist nun, daß das im Fleisch gezeugte Wesen, das als singuläres Glied eines Kollektivs einen Platz unter den Menschen einnehmen soll, im Lauf des Zeugungsprozesses durch das Wort bestätigt werden muß. Die Adoption durch die Mutter, die mit ihm schwanger geht, gibt ihm diese Bestätigung.

Wie vollzieht sich die von der Mutter
gegebene Bestätigung?

Was unterscheidet im Lauf der Schwangerschaft die Wesen, die durch das Fleisch wachsen (a), von denen, die durch das Wort bestätigt sind (b)? Nichts. Jedenfalls nichts auf der Ebene des Tangiblen oder, um noch einmal mit Paul Ricœur zu sprechen, auf der Ebene des »Dasselbe-Seins«. Vergessen wir nicht, daß der Fötus ein völlig Unbekannter ist (oder, besser, war, bevor die modernen Techniken seiner Sichtbarmachung auftraten, deren Auswirkungen wir später untersuchen werden). Seine Eigenschaften sind unbekannt und das gilt sowohl für das, was die Wesen durch das Fleisch betrifft, wie auch für die durch das Wort bestätigten. Es ist also schwer, Gründe anzugeben, warum manche durch das Fleisch existierenden Wesen bestätigt werden sollten und andere nicht, denn diese Gründe müßten sich auf Eigenschaften stützen, welche die ersteren haben und die letzteren nicht.

Fügen wir hinzu, daß die Bestätigung sich nicht nur auf keine tangible Eigenschaft stützen kann, sondern daß sie, um sich wirksam zu zeigen, *unter dem Schleier des Unwissens* vollzogen werden *muß*. Wenn nämlich die Entnahme der Bestätigten (b) ausgeführt würde, indem man die vorher identifizierten Eigenschaften berücksichtigte, die verschiedene Klassen von (a) unterschieden – wie es der Fall wäre, wenn es (a) und (a') gäbe, und die (a') würden bestätigt, aber die (a) nicht – dann würde die Bestätigung nur einen vorhergehenden Unterschied verdoppeln, existierend nach der Art eines Gegebenen, das er sich zu erkennen begnügte, und im Hinblick darauf wäre er unwesentlich (was, wie wir sehen werden, im Fall einer Selektion eugenischen Typs geschieht). In diesem Fall würde die Bestätigung durch sich allein keinen unterscheidenden Wert schaffen. Sie würde nur verschiedene, hierarchisierte Zustände des Menschseins konstituieren, indem sie vorher getroffenen Einteilungen folgt. So käme man zu einem Fall, den wir ausgeschlossen haben, nämlich zu einer Differenzierung zwischen verschiedenen Kategorien von Wesen, die mehr oder weniger Mensch und von ungleichem Wert sind.

Daß die (a) ersetzbar und die (b) singularisiert sind

Welche hauptsächliche Auswirkung hat die Bestätigung durch die Mutter auf die im Fleisch gezeugten Wesen? Sie besteht in der Tatsache, austauschbare Wesen durch singularisierte (und in dieser Eigenschaft nicht austauschbare) zu ersetzen. Während die Föten, die im Fleisch wachsen, als ersetzbar betrachtet werden können, und daher als untereinander austauschbar, solange sie nicht durch das Wort bestätigt wurden, werden die oder, in diesem Fall besser, wird *der* »adoptierte« Fötus als ein absolut singuläres Wesen behandelt werden, für das man zum Beispiel schon vor seiner Geburt einen Vornamen aussucht. Daraus ergibt sich, daß auch ihr Verlust oder ihre Vernichtung als Ereignisse von ungleichem Maß beurteilt werden: ein »Unfall« oder eine »Notwendigkeit« im ersten Fall; ein schwer zu »ersetzender Verlust« im zweiten.

Aber was will man, genauer ausgedrückt, sagen, wenn man erklärt, die Wesen durch das Fleisch, welche die nicht bestätigten Föten sind, seien »austauschbar«? Um den Gebrauch dieses Terminus zu klären, muß man einerseits die Dimension der Zeit oder der Serie einführen und andererseits einen Gesichtspunkt einnehmen, welcher der der Zeugenden, das heißt der Mutter ist.

Wenn man nämlich sagt, der nicht bestätigte Fötus sei »austauschbar«, setzt man den Bezug auf eine Reihe fleischlicher Zeugungen von Wesen voraus, die durch das Wort bestätigt werden können oder auch nicht. Man übernimmt somit den Standpunkt einer Person, die sagt: »Ich verfüge (in der Zeit t_1) über einen Fötus durch das Fleisch, den ich durch das Wort bestätigen kann oder auch nicht. Wenn ich ihn vernichte, habe ich die Sicherheit, später (in der Zeit t_2) wieder über einen Fötus durch das

Fleisch zu verfügen, den ich durch das Wort bestätigen kann. Alles in allem werde ich wohl ein Wesen durch das Fleisch zeugen, das ich durch das Wort umwandeln werde, aber mit Verspätung im Hinblick auf heute.«

Mehrere implizite Postulate stützen diese Position.

Das erste ist der Glaube an die »verschwenderische Fülle des menschlichen Lebens« – um es mit einer Wendung von Georges Bataille[37] zu sagen –, das heißt, genauer gesagt, wenn man sich auf den dieser Hypothese entsprechenden Standpunkt der Mütter stellt, das Vertrauen in die eigene Fruchtbarkeit: »Ich werde immer einen Fötus durch das Fleisch zu meiner Verfügung haben.«

Das zweite ist das Vertrauen auf die Dauerhaftigkeit der Fähigkeit, durch das Wort ein Wesen durch Fleisch zu bestätigen: »Ich werde imstande sein, das Wesen durch das Fleisch, über das ich später verfügen werde, auch durch das Wort zu bestätigen.«

Das dritte ist die Möglichkeit, die durch das Fleisch existierenden Föten in einer Äquivalenzklasse zu vereinen. Insofern sie nämlich einer Äquivalenzklasse zugeordnet werden können, ist es möglich, sie als austauschbare zu behandeln, das heißt als untereinander ersetzbar. Sie sind die Art von Wesen, die eine Frau (oft) in sich hat, wenn sie mit einem Mann Geschlechtsverkehr hatte (eine Bedingung, die in vielen Gesellschaften als ungenügend beurteilt wird und der zum Beispiel ein Verkehr mit den Geistern hinzuzufügen ist). Wenn man sagt, sie sind austauschbar, heißt es nicht, daß sie keine numerische Identität innerhalb dieser Klasse haben. Man kann selbstverständlich wissen, daß der in der Zeit t1 gezeugte Fötus im numerischen Sinn nicht derselbe ist wie der in der Zeit t2 gezeugte Fötus. Aber auf der sehr allgemeinen Ebene der Modellbildung, auf der wir uns im Moment befinden, hat das keine große Bedeutung. Denken wir daran, daß diese Wesen Unbekannte sind (wenigstens noch bis vor kurzem waren). Man kann nichts über ihre qualitative Identität sagen; sie haben keinerlei tangibles Merkmal (wie etwa verschiedenfarbige Augen oder Haare); sie sind untereinander, und wenn man von der

Frage des Vaters absieht, die wir später behandeln werden, voneinander nicht zu unterscheiden, abgesehen von dem zeitlichen Unterschied: ein erster wurde in der Zeit t1 gezeugt, ein zweiter wird (oder wurde) in der Zeit t2 gezeugt werden usw. In welcher Hinsicht kann man sie schließlich als gleichwertig betrachten? In jener, auf die es hier in erster Linie ankommt, das heißt insofern sie, die einen wie die anderen, gleichermaßen geeignet sind, von der Bestätigung durch das Wort in singuläre Wesen verwandelt zu werden.

Im Unterschied zu den Föten durch das Fleisch verlieren die durch das Wort bestätigten das Merkmal der Austauschbarkeit. Wenn ein Neugeborenes oder sogar ein Fötus, wenn auch, je nach dem Fall, auf einer anderen Stufe, schon Gegenstand einer Adoption geworden ist, die ihn in einen Prozeß der Singularisation verwickelt hat, stirbt bzw. nicht ausgetragen wird, und die Mutter wieder schwanger wird und den Fötus, den sie in sich hat, aufs neue bestätigt, wird dieses neue Wesen als ein anderes behandelt werden als sein Vorgänger. Zum Beispiel wird man einen neuen Vornamen für es aussuchen und nicht den des ersten verwenden.

Die Operation der Bestätigung hat also nicht nur die Wirkung, daß sie einen Unterscheidungswert (im Sinn der Linguistik) konstituiert. Sie kennzeichnet ebenso den Gegensatz zwischen Wesen, deren innerer, sehr ungleicher Wert auf verschiedene Weise eingeschätzt wird. Die ersteren – die Föten dem Fleisch nach – haben in sich selbst keinen Wert (der offenkundigste Ausdruck der Abwesenheit eines Wertes ist ihre Vernichtung), aber trotzdem können sie eventuell Gegenstand einer Bestätigung werden, die ohne ihre vorherige Existenz keinen Gegenstand hätte, auf den sie angewendet werden könnte. Die letzteren – die durch das Wort bestätigten Föten – erwerben einen Wert, den man »unendlich« nennen kann, nicht im Sinn des höchsten Werts einer Hierarchie, sondern in dem Sinn, daß er nicht berechenbar ist: als singuläre begriffen, sind sie gewissermaßen den Operationen der Gleichwertigmachung entzogen.

Wie soll man die Adoption durch die Mutter verstehen:
die Möglichkeit der Abtreibung

Damit die Adoption durch die Mutter ihre ganze Kraft hat, muß man bedenken, daß diese Adoption auch nicht vollzogen werden könnte. Oder, daß die Mutter ihre Zustimmung nicht geben und somit das zukünftige Kind nicht bestätigen könnte. Mit anderen Worten, die Unterscheidung zwischen den fleischlichen, durch den Geschlechtsverkehr produzierten Wesen und den Wesen, deren Menschsein durch das Wort bestätigt wurde, hätte keinen Sinn, wenn die Trennung dieser beiden Wesenheiten nicht möglich wäre oder aber nur in Gestalt jener bizarren Gedankenexperimente, die manche analytische Philosophen anstellen (wenn sie sich beispielsweise vorstellen, mein Körper ist auf der Erde, aber mein Gehirn ist auf dem Mond). Folglich muß es also, damit diese Unterscheidung auf symbolische Weise bewerkstelligt werden kann, eine mögliche Welt geben, in der ihr eine Trennung entspricht, durch die die Körperlichkeit aufs Spiel gesetzt wird.

Bei dieser Etappe der Modellbildung tritt die Abtreibung in einer formalen Dimension als Möglichkeit auf (die, wie wir gesehen haben, sehr wahrscheinlich universal bekannt ist), durch die die Nicht-Bestätigung dessen, was sich im Fleisch eingenistet hat, an die ganz konkrete Möglichkeit geknüpft werden kann, die Schwangerschaft abzubrechen, den Fötus auszustoßen und zu vernichten, und das sogar, wenn diese Möglichkeit nur selten, oder so gut wie nie, in die Praxis umgesetzt wurde. Wenn nämlich alle durch eine sexuelle Annäherung gezeugten Wesen – unter welchen Umständen auch immer – notwendigerweise ausgetragen, geboren würden und einem schicksalhaften Prozeß zufolge in der Gesellschaft ihren Platz einnähmen, dann hätte die mütterliche Zustimmung den Charakter einer Notwendigkeit, der ihr als solcher widersprechen würde. Zugleich wären die so gezeugten Wesen nicht von dem radikalen Unterschied ihrer Zugehörigkeit zur Menschheit durch das Fleisch und ihrer Zugehörigkeit zur Menschheit durch das Wort gezeichnet. Sie wären daher bar dieser tiefen Dualität, die ihr Menschsein konstituiert (diese Dualität, die sich an der Stelle der Modellbildung zeigt, an der wir uns jetzt befinden, kann und muß ohne Zweifel auf gewisse Weise – wie wir im nächsten Kapitel sehen werden – durch einige Übereinkünfte in den empirischen Dispositiven abgemildert und vertuscht werden, damit neue menschliche Wesen in das Kollektiv der Lebenden und der Toten eingetragen werden können).

Man kann einwerfen, daß selbst wenn die Möglichkeit der Abtreibung unbekannt wäre, diese Trennung durch den Kindsmord verwirklicht werden könnte. In diesem Fall würde die Auswahl der Wesen, auf die es ankommt und die einen singulären Platz einnehmen sollen, nach der Geburt getroffen. Diese Möglichkeit wird nicht gänzlich ausgeschlossen, und es scheint, als ob in einigen sogenannten »primitiven« oder »archaischen« Gesellschaften, in denen der Kindsmord häufig vorkommt, eine Art kognitives Kontinuum zwischen Abtreibung und Kindsmord bestehe, da die beiden Praktiken nicht deutlich voneinander unterschieden werden. So wurde im vormodernen Japan derselbe Terminus *mabiki*, der die Selektion der jungen Setzlinge vor allem auf den Reisfeldern bezeichnet, auch dann verwendet, wenn man die abgetriebenen Föten wie die bei der Geburt getöteten Säuglinge den Göttern »zurückschickte«.[38] Immerhin ist im Fall des Kindsmords das vernichtete Wesen nicht mehr wie bei der Abtreibung ein vollkommen Unbekannter. Die Tatsache, daß es auf der Ebene des Tangiblen wenigstens mit einem Teil der Merkmale erscheint, welche die eines menschlichen Wesens sind, macht seine Ausstoßung aus dem vollen Menschsein schwieriger und tendiert daher dazu, innerhalb derselben Gruppe eine hierarchisierte Pluralität von Menschsein einzurichten, die zu der Art von Situationen führt, der wir begegnet sind, als wir den Fall der Sklaverei untersucht haben. Man sieht es deutlich an der Tatsache, daß bei der Entscheidung, ein Kind nach seiner Geburt zu töten, meistens gewisse tangible Eigenschaften berücksichtigt werden, zum Beispiel, wenn man es als anormal betrachtet (was in vielen

Kulturen dem Eingriff böser Geister zugeschrieben wird, die an die Stelle des Vaters getreten sind) oder auch, ebenso in mehreren Kulturen (bei den Inuit, aber vor allem in Indien und in China), wenn das Neugeborene weiblichen Geschlechts[39] ist.

Auf dem Weg zur Definition eines zweiten Zwangs

Aus diesen unseren Bemerkungen sollte nicht geschlossen werden, daß wir in der Abtreibung oder sogar im Kindsmord die Grundlage sehen, auf der notwendigerweise das Menschsein der menschlichen Wesen beruht, was einer ziemlich finsteren Sicht der Zeugung (und ohne Zweifel darüber hinaus der menschlichen Lebenslage) gleichkäme, die vollkommen mit Bezug auf ihre Negativität definiert würde. Einerseits ist es vor allem, wie wir schon betont haben, die Möglichkeit der Abtreibung, auf die es hier ankommt, nicht ihre Praktik. Und wir werden später sehen, daß manche sozialen Dispositive die Zeugung dergestalt einrahmen, daß sich der Unterschied zwischen dem Menschsein durch das Fleisch und dem Menschsein durch das Wort verwischt und daß vor allem all das zurückgewiesen wird, was diese Unterscheidung einer Trennung im körperlichen Bereich annähern könnte.

Andererseits müssen wir uns jetzt mit einer größeren Schwierigkeit befassen. Der Gedankengang, dem wir bis jetzt gefolgt sind, hat als Angelpunkt den Gegensatz zwischen Menschsein durch das Fleisch und Menschsein durch das Wort. Er orientiert also seine Aufmerksamkeit in Richtung einer dualistischen Auffassung des Menschseins. Wenn es nun wahr ist, daß eine solche dualistische Auffassung eine privilegierte Verbindung zu all dem unterhält, was es erlaubt, eine materielle Trennung zwischen den bestätigten Wesen und den nicht-bestätigten zu vollziehen, dann müßte die Abtreibung, zumindest als Möglichkeit, einen herausragenden Platz unter den Dispositiven einnehmen, welche die Spezifität der menschlichen Gesellschaften kennzeichnen. Man müßte ohne allzu große Schwierigkeiten Beispiele für solche Dispositive finden können, über die die Frauen eine Kontrolle ausüben. Den Männern gegenüber, die sich immer als Vergewaltiger entpuppen können (und nichts steht dem entgegen, wenn man sich mit einer biologischen Sicht der Zeugung zufriedengibt, die Gattung durch Vergewaltigung fortzupflanzen), hätten die Frauen so eine Art Souveränität über die Erschaffung neuer menschlicher Wesen, die sich in die Folge der Geschlechter einreihen. Die Kontrolle, welche die Männer über den Tausch und infolgedessen über die politischen Beziehungen zwischen Gruppen (das heißt in den Gesellschaften, wo die Verwandtschaftsstrukturen über die Allianz dominieren) ausüben, hätte so ihr Gegengewicht in der Kontrolle, welche die Frauen *in letzter Instanz* über das »Aufdieweltkommen« der menschlichen Wesen ausüben würden.

Aber wenn derartige Dispositive, die eine so bedeutende Rolle spielen, wirklich existierten, dann würde man nicht verstehen, warum sie aus der symbolischen Funktion ausgeschlossen bleiben. Wenn die Abtreibung unter diesen Dispositiven eine privilegierte Stelle einnähme, dann wäre der Bezug auf sie ohne Zweifel beinahe institutionalisiert[40] oder zumindest ritualisiert, und es gäbe auf keinen Fall einen so bemerkenswerten Mangel an Darstellungen der Abtreibung, der aber, wie wir gesehen haben, einen der bezeichnendsten und irritierendsten Züge darstellt, die mit dieser Praktik zusammenhängen.

Unsere erste Hypothese, die auf die Existenz eines Zwanges hinweist, einen Unterschied zwischen Menschen durch das Fleisch und Menschen durch das Wort (Z_1) zu machen, ist also ungenügend. Wir werden nun zu zeigen versuchen, daß es möglich ist, ausgehend von den Hypothesen, die wir bis jetzt entwickelt haben, und folglich, ohne den Rahmen der Analyse zu wechseln, den Entwurf unserer Grammatik zu vollenden, indem wir einen zweiten Zwang (Z_2) beschreiben.

Daß (Z2) die Näherung zwischen den Wesen vollzieht, die von (Z1) unterschieden werden

Der zweite Zwang, den wir jetzt einführen wollen und von dem wir denken, daß er genauso wie der erste (Z1) für das allgemeine Verständnis der Zeugung konstitutiv ist – obwohl er dem letzteren widerspricht –, hebt besonders hervor, daß es unmöglich ist, die Wesen durch das Fleisch von denen durch das Wort bestätigten Wesen zu unterscheiden, und daß es infolgedessen nicht zu rechtfertigen ist, die beiden Arten von Wesen absolut verschieden zu behandeln, da nach (Z1) die ersteren, die keinen eigenen Wert haben, vernichtet werden können, während die zweiten, die einen unendlichen Wert besitzen, sorgfältig erhalten werden müssen.

Man kann (Z2) durch diese lapidare Formel ausdrücken: *Die Wesen durch das Fleisch können nicht von den Wesen durch das Wort unterschieden werden, da man den ersten nicht eine Behandlung zumuten kann, die man den zweiten nie zumuten würde.* Es handelt sich also, wenn man eine hier nicht ganz passende Sprache anwenden will, nämlich die der Gerechtigkeitstheorien, um einen Zwang zur Nicht-Diskriminierung.

Aber zuerst: Was bedeutet die Behauptung, daß die nur durch das Fleisch existierenden Wesen (a) sich nicht von den durch das Wort bestätigten Wesen (b) unterscheiden lassen?

Unser Argument wird sein, daß diese Aussage eine Folge der Art und Weise ist, auf die in (Z1) der Unterschied zwischen den einen und den anderen konstruiert ist. Wir werden also manche Punkte dieser Konstruktion der Klärung halber wieder aufnehmen (Z2).

Erstens: Die Wesen durch das Wort werden aus einem vor ihnen existierenden Ganzen, nämlich dem der Wesen durch das Fleisch, entnommen. Die durch das Wort bestätigten Menschen sind ja zunächst notwendigerweise Menschen durch das Fleisch (auch wenn nicht alle durch Fleisch existierenden Menschen bestätigt werden). Nur Wesen, die schon Menschen durch das

Fleisch waren, können durch das Wort bestätigt und in das Menschsein eingeführt werden, indem sie einen singulären Platz zugewiesen bekommen. Das Werk der Bestätigung läßt sich nicht mit Erfolg durchführen, wenn man es beispielsweise bei einem Welpen, einem Baum, einem Tisch, einem Computer usw. anwendet (freilich lassen sich Beispiele finden, die einer solchen Bestätigung ähneln, aber man kann zeigen, daß die Bestätigung durch das Wort in einem solchen Fall auf metaphorische Weise funktioniert: Diese ungleichen Wesen werden bestätigt, indem man so tut, *als ob* es sich um Menschen durch das Fleisch handeln würde – so ähnlich wie es die Kinder machen, wenn sie so tun, als wäre ihr Teddybär ein echtes Baby –, und der Glaube, auf dem dieses *So-tun-als-ob* beruht, ist äußerst zerbrechlich). Daraus ergibt sich, daß das *Kennzeichen* – um einen Terminus aus der Linguistik zu entleihen –, welches die Wesen durch das Wort als einzigartige, mit einem unendlichen Wert versehene qualifiziert, nicht jeder beliebigen Art von Wesen aufgeprägt werden kann, sondern nur den Wesen, die schon durch das Fleisch Menschen sind, so daß es eigentlich etwas Besonderes geben muß, was die einen an die anderen knüpfen kann.

Zweitens hängt es von der Art und Weise ab, wie man die Auswahl der Wesen treffen muß, deren Menschsein durch das Wort in dem größeren Ganzen der Menschen durch das Fleisch bestätigt werden wird. Wir haben gesehen, daß diese Auswahl, damit der Unterschied zwischen den Wesen durch das Fleisch und den Wesen durch das Wort ein reiner Unterschied, konstitutiv für das volle Menschsein der zweiten ist, *unter einem Schleier des Unwissens* getroffen werden muß (was mit der Tatsache zusammenfällt, daß der Fötus ein vollkommen Unbekannter ist, oder bis vor kurzem war), das heißt, ohne Eigenschaften zu berücksichtigen, welche die durch das Fleisch existierenden erwählten Wesen schon vorher hatten und welche die durch das Fleisch existierenden ausgestoßenen Wesen nicht haben sollen. Wir haben bereits gesehen, wenn die Auswahl eine vorhergehende Aufteilung zwischen den (a) und den (a') verfolgt und gutheißt – wie es bei der eugenischen Selektion der Fall ist –, wäre der Unterschied, der durch die Auswahl getroffen wird, akzidentell. Er würde nur einen vorhergehenden Unterschied bekräftigen (für die Modernen einen Unterschied in der »Natur« oder nach einer »archaischen« Denkweise einen Unterschied, der aus der Einmischung anderer »Geister« in das Fleisch stammen würde, aber das zählt in unserem Zusammenhang nicht), so daß das Gelingen der Operation, das einen reinen Unterschied zustandebringen soll – das heißt einen Unterschied, der sein Prinzip in sich selbst findet –, nicht gesichert wäre.

Man kann in einer anderen Sprache sagen, daß die Institution des Unterschieds streng *arbiträr* werden muß, um den Zwängen, die wir aufgestellt haben, zu genügen, das heißt – der Terminus in seinem etymologischen Sinn verstanden – indem nur die von einem *arbiter* angekurbelte Bewegung berücksichtigt wird, der durch diese Geste seine eigene Singularität auf einen anderen überträgt (die Wesen durch das Fleisch sind nicht selbst die Ausführenden ihrer Umwandlung in Wesen durch das Wort). Aber daraus folgt, daß die Erwählung, die gewisse durch das Fleisch existierende Wesen genießen, genauso anderen hätte zugedacht werden können (da diese Wahl »arbiträr« ist), so daß jedes beliebige Wesen durch das Fleisch genauso wie ein anderes durch das Wort in seinem Menschsein bestätigt werden könnte. Das würde für alle passen. Oder auch, jeder beliebige durch das Fleisch existierende und durch das Wort bestätigte Mensch könnte durch einen anderen Menschen durch das Fleisch ersetzt werden, wenn der zum Gegenstand derselben Behandlung würde. Unter diesem Gesichtspunkt können also die Menschen durch das Fleisch und die Menschen durch das Wort in dem betrachtet werden, was sie wesentlich gemeinsam haben, oder auch in dieselbe Äquivalenzklasse aufgenommen werden.

Der Widerspruch zwischen (Z1) und (Z2)
und die Frage der Reversibilität

Der zweite Zwang, den wir gerade gesondert betrachtet haben, hat die Eigenheit, eine nicht mehr dualistische, sondern monistische Auffassung des Menschseins hervorzuheben, was ihn in Widerspruch zum ersten Zwang bringt, dessen Eigenschaften wir bis hierher untersucht haben. Die beiden Zwänge bilden ein System und stehen zueinander in einer dialogischen Beziehung, in dem Sinn, daß der zweite dem ersten widerspricht, der gewissermaßen selbst das ihm so zugeschobene Dementi vorwegnimmt. Sie haben trotzdem ein Verhältnis zueinander, das nicht nur aus Widerspruch und Konflikt besteht, sondern aus Inkompatibilität und der Unvereinbarkeit von Positionen, zwischen denen kein Kompromiß möglich ist.

Diese letzte Behauptung läßt sich jedoch hinterfragen, ja sogar anfechten. Was tut denn jeder der beiden Zwänge anderes, als dieselben Wesen in verschiedener Hinsicht zu erfassen oder in verschiedene Welten zu versetzen? Mit anderen Worten: Kann man das hier aufgetretene Problem nicht derselben Art von Behandlung unterziehen, die wir bei einer früheren Arbeit angewendet haben, um ein Modell für den Sinn der Gerechtigkeit zu erarbeiten, wobei wir folgende Erwägungen anstellten: Dieselben Personen konnten auf legitime Weise Gegenstand verschiedener Urteile in einer Pluralität von Welten werden, die sich um verschiedene Äquivalenzprinzipien für Menschen und Dinge konstituiert haben und jeweils mit verschiedenen Situationen verknüpft sind, wie im Fall eines Firmenmanagers, der sich im Lauf eines Tages durch mehrere Welten bewegt: die Welt der Industrie (im Entwicklungsbüro), die Geschäftswelt (im Gespräch mit den Kunden), die Welt des Staatsbürgers (wenn er an einem Treffen mit der Gewerkschaft teilnimmt), die Welt der Familie (wenn er zu Hause mit den Seinen zu Abend ißt), die Welt der Erleuchtung (wenn er sich abends in einem Konzert seinen Emotionen überläßt). In jeder dieser Welten wird er mit verschiedenen Bewährungsproben konfrontiert, die ihn jedesmal in einer besonderen Hinsicht berühren. Und die Urteile, die in jeder dieser Welten gefällt werden, stehen auf eine gewisse Weise miteinander in Konflikt, denn genau die Eigenschaften, die in einer Welt, wo sie geschätzt werden, ihre Größe zeigen, haben in einer anderen Welt, wo ihr Vorhandensein ein Zeichen von Mittelmäßigkeit darstellt, keinerlei Wert.[41]

Zwei Probleme hindern uns daran, diesen Weg einzuschlagen. Das erste betrifft die Frage, die im übrigen in dem gerade in groben Zügen gezeichneten Rahmen nicht gründlich untersucht wird, nämlich ob man weiß, was man meint, wenn man in Betracht zieht, daß sich Personen durch verschiedene Welten bewegen können. Denn entweder folgt man bis zum Ende der Logik der möglichen Welten und muß dann bedenken, daß es sich nicht um *dieselben* Personen handelt, was gewissermaßen die Frage der Kompatibilität zwischen den Welten erübrigt und sogar die ihres Verhältnisses zueinander und ebenso als logische Folge die Frage der Gerechtigkeit, die zu stellen die Arbeit die Aufgabe hatte; oder man bedenkt, daß es sich wirklich um *dieselben* Personen handelt, aber in anderen Qualifikationen oder in anderen Zuständen. Auf jeden Fall muß man sich fragen, auf welche Art und Weise sich diese minimale, aber für den Zusammenhalt des Modells absolut notwendige Selbstheit ergibt. Und genau der Untersuchung dieser Frage ist die Analyse gewidmet, die wir hier anstellen, indem wir versuchen den Begriff *eines allgemein Menschlichen* zu problematisieren, der im Rahmen der »Ökonomien der Größe« (»Économies de la grandeur«) als Axiom aufgestellt ist.

Das zweite, unmittelbar mit dem ersten verknüpfte Problem betrifft die Reversibilität der Zustände. Wenn man sagt, es sind *dieselben* Personen (in dem minimalen Sinn, der im Rahmen der Analyse der »Ökonomien der Größe« enthalten ist, wo sie durch ihre Verbindung mit einem konstanten Körper und einem ihre »Identität« kennzeichnenden, festen Bezeichnungausdruck, definiert werden), die sich durch die verschiedenen Welten bewegen und die dort Gegenstand voneinander abweichender Urteile sind, so setzt das voraus, daß die Zustände – so erbärmlich sie sein mögen –, unter denen die Personen in jeder dieser Welten geschätzt werden, umkehrbar sind, und daß die Behandlungen, die den Personen in einer Welt widerfahren, niemals so erniedrigend sind, daß sie endgültig die Möglichkeit verlieren würden, in einer alternativen Welt zur Größe Zutritt zu haben.[42] Aber in dem Fall, mit dem wir uns hier befassen, haben wir es mit einer Irreversibilität von weitaus radikalerer Natur zu tun. Die Festlegung eines Unterschieds zwischen den Wesen durch das Fleisch und den Wesen durch das Wort setzt voraus, daß *manche* durch das Fleisch bestehenden Wesen vernichtet werden. Im Fall der letzteren handelt es sich also nicht um einen einfachen Wechsel des Zustands oder der Qualifikation, denn, wenn sie unter einer gewissen Qualifikation erfaßt werden, können sie sogar die minimale körperliche Unversehrtheit verlieren, die sie brauchen würden, um in einen Zustand höherer Größe zu gelangen. Einer der hervorstechendsten Züge der Abtreibung, der beständig in den Aussagen der Personen wiederkehrt, die mit dieser Praktik zu tun haben – ob es sich nun um Ärzte, beratende Psychologen oder die Frauen selbst handelt –, ist eben ihre *Irreversibilität*.

Die Abtreibung befindet sich daher genau am Knotenpunkt des Widerspruchs zwischen den zwei Zwängen, die wir darzulegen versucht haben. Zwischen den zwei Zwängen eingeklemmt, begründet als Möglichkeit hinsichtlich des ersten, und doch arbiträr und daher unbegründet, sogar transgressiv hinsichtlich des zweiten, kann sie weder entschieden verhindert noch wirklich legitimiert werden. Und das ist ebenfalls der Grund, weshalb, unserer Meinung nach, die Abtreibung dazu tendiert, sich der Darstellung, zumindest im wortwörtlichen Ausdruck, zu entziehen, und ohne Zweifel, allgemeiner formuliert, daß sie Gegenstand einer Vermeidung ist: Man vermeidet, sie durchzuführen, und wenn (aus Gründen, die wir später untersuchen werden) dieser Akt trotzdem als unvermeidlich erscheint, sie öffentlich preiszugeben, ihre Darstellung zu gewährleisten, sogar an sie zu denken.

Es würde sich also um einen besonderen Fall von Abneigung gegen den Widerspruch handeln, der in den Systemen der Darstellung und in jedem Glauben zu Hause ist, und der einen starken Antrieb bei der Ausarbeitung und Verwandlung der symbolischen Formen und vor allem der Klassifizierungsarten bildet. Alles geschieht dann, als hätten die üblichen Taxonomien den Auftrag, die Wesen so weit wie möglich voneinander entfernt zu halten, deren Annäherung zueinander unweigerlich dazu führen würde, den widersprüchlichen Charakter der Behandlungen zu enthüllen, deren Gegenstand sie sind, und infolgedessen der Normen, auf die man sich berufen kann, um diese Behandlungen zu rechtfertigen. Das ist eine Definition der Ideologie.

Der Unterschied zwischen (Z1) und (Z2): zwei Standpunkte über das, was »austauschbar« bedeutet

Obwohl beide Zwänge sich auf eine ähnliche Axiomatik stützen, besteht ein tiefer Unterschied zwischen dem ersten (Z1) und dem zweiten (Z2), wobei es sich, so kann man zunächst annäherungsweise sagen, um einen Unterschied des Standpunkts handelt. Das sieht man besonders beim Gebrauch, den man in beiden Fällen von dem Ausdruck »austauschbar« machen kann (dessen Bedeutung, insofern sie mit der Singularität verknüpft ist, im Mittelpunkt unserer Untersuchung steht).

Als wir uns mit dem ersten Zwang befaßten, haben wir gesehen, daß die Wesen durch das Fleisch als *austauschbar* oder als durcheinander *ersetzbar* betrachtet werden können, im Sinn von »wenn ich dieses Wesen durch das Fleisch jetzt nicht adoptiere, so werde ich doch später über ein anderes Wesen durch das Fleisch verfügen, das ich dann singularisieren kann, indem ich es durch das Wort bestätige«. Man kann diese Sicherheit mit der eines Künstlers vergleichen, der seiner Schaffenskraft hinreichend vertraut, um denken zu können, daß er sie immer wieder für einen neuen Schöpfungsakt einsetzen kann (»wenn die Skulptur, die ich gerade gemacht habe, zerstört wird; wenn die Tonerde, noch nicht vom Feuer gehärtet, vom Dreifuß herunterfällt und die Form, die ich ihr gegeben habe, verliert, kann ich sie auflesen und sie noch einmal kneten, um dieselbe Form noch einmal zu schaffen, oder ich kann sie auf jeden Fall für ein neues Werk verwenden«).

Aber beim Darlegen des zweiten Zwangs haben wir den Ausdruck »ersetzbar« verwendet, um die Gültigkeit der Operation in Frage zu stellen, die darin besteht, gewisse Wesen durch das Fleisch zum Schaden der anderen auszuwählen, um sie durch das Wort zu bestätigen und um die Tatsache anzufechten, daß die ausgewählten Wesen und die, die es nicht sind, Gegenstand so radikal ungleicher Behandlungen werden können, wo sie doch in der Hinsicht, mit der wir uns hier befassen, ununterscheidbar sind, in dem Sinn, daß jedes abgelehnte Wesen durch jedes beliebige ausgewählte ersetzt werden könnte, ohne daß sich dadurch die Operation der Wahl irgendwie verändern würde.

Diese Aporie löst sich auf, wenn man sieht, daß der erste Zwang den Standpunkt eines »ich«, das heißt den Standpunkt der erschaffenden Mutter einnimmt und sich nach dem Phänomen entfaltet (oder, wenn man will, nach einem »subjektiven« Standpunkt), während der zweite Zwang den Standpunkt eines Beobachters einnimmt, der das Problem von außen betrachtet (den Standpunkt eines »er« oder »man«), das heißt einen streng grammatikalischen (oder wenn man will »objektiven«) Standpunkt. Tatsächlich können die Föten vom Standpunkt der Zeugenden, der Adoptierenden und der Bestätigenden aus als »austauschbar« (wenn sie abgelehnt werden) betrachtet werden, da sie andere machen können, oder im Gegenteil als absolut einzigartig behandelte Wesen, die mit einem unendlichen Wert ausgestattet sind, wenn sie sie adoptiert haben.

Umgekehrt kann erst seit dem Auftreten eines externen Beobachters (eines »unparteiischen Zuschauers« nach dem Ausdruck von Adam Smith[43]) die Frage der Ähnlichkeit zwischen den Wesen durch das Fleisch und den Wesen durch das Wort gestellt werden und infolgedessen die Frage der Ungleichheit der Behandlungen, die sie erfahren. Der zweite Zwang zeigt daher im Vergleich zum ersten die Eigenschaften, die ihn den Zwängen der Rechtfertigung nähern.

Dieser Unterschied im Standpunkt bestätigt auch den dialogischen Charakter des Verhältnisses zwischen den beiden Zwängen. Auf den ersten Zwang, der die Position der Zeugenden ausdrückt, die ihre eigene Singularität auf ein neues Wesen überträgt, antwortet der zweite, der den Blick eines externen Beobachters auf die Frage der Zeugung richtet; diese Position kann von einer beliebigen Person eingenommen werden, das heißt von einer anderen Frau, aber genauso von einem Mann, wenn ihm auch die Möglichkeit, schwanger zu werden, nicht gegeben ist. Aber wie in dem Modell, das Adam Smith zur Beschreibung der Logik der »moralischen Gefühle« erarbeitet hat, wo der »unparteiische Zuschauer« interiorisiert ist, so daß er selbst der Zuschauer seiner selbst und seines Verhaltens ist, kann diese zweite Position gleichermaßen von der schwangeren Frau eingenommen werden, wenn sie das Feld ihrer Reflexivität ausdehnt, um sich dessen gewahr zu werden, was mit ihr geschieht. Und in der Synthese, die sie zustandebringt, das heißt im Gespräch mit sich selbst kann die Spannung zwischen den beiden Zwängen ihren Höhepunkt erreichen. Wenn wir den Entwurf der bis jetzt entwickelten grammatikalischen Analyse in die Richtung einer pragmatischen Annäherung an das Phänomen weiterführen werden, wobei wir uns auf Interviews mit Frauen stützen, die sich direkt mit dem Problem der Abtreibung befassen mußten, werden wir sehen, daß genau dieses Schwanken, oft von kurzer Dauer, zwischen den sehr widersprüchlichen Standpunkten eines »ich« und eines »er« das Gespräch bestimmt, das diese Personen mit sich selbst führen.

Und ebenso kann ein nicht direkt betroffenes Individuum (zum Beispiel ein Mann) einen Zugang zu den beiden Standpunkten haben und sie einander so nähern, daß das Verhältnis zwischen den beiden inkompatiblen Positionen, in deren Richtung die

Handlung geht, ebenso eine Krise erlebt. Denn wenn in diesem Fall der Standpunkt, auf dem der zweite Zwang (Z2) – der eines »er« – beruht, direkter zugänglich ist, ist es für diesen äußeren Gesprächspartner trotzdem möglich, sich dem ersten Standpunkt (Z1) – dem eines »ich« – zu nähern, und zwar gewissermaßen durch die »Imagination« (wie auch hier wieder Adam Smith sagt, um das Verhältnis zwischen dem Nicht-Leidenden, dem Zuschauer, und dem Leidenden, zu spezifizieren), geschieht es häufig durch die Verwendung einer Metapher, wie wir es auch gemacht haben (worin wir einer alten Tradition der Philosophie folgten), indem wir die Zeugung mit dem Schöpfungsakt eines Künstlers oder Handwerkers verglichen.

Daraus geht hervor: Wenn nach einer erweiterten grammatikalischen Annäherung, die in einem System den Standpunkt des »ich« und den Standpunkt des »er« einschließt, die Spannung zwischen den zwei von uns herausgeschälten Standpunkten sich genau in dem enthüllt, was sie an Unüberwindlichem in sich hat, das heißt in ihrer tragischen Dimension, dann bleibt noch zu verstehen, wie die Möglichkeit, mit einem solchen Widerspruch zu leben, der nicht durch einen Kompromiß gelöst werden kann, durchzuführen ist. Das werden wir überprüfen, indem wir unsererseits die Standpunkte wechseln, das heißt von einem historischen oder gesellschaftlichen »Makro«- zu einem »Mikro«- Standpunkt (in Kapitel VII), in dessen Mittelpunkt das phänomenologische Verhältnis zur Zeugung und zur Abtreibung und die Pragmatik des Handelns steht.

III
Übereinkünfte

Übereinkünfte, welche die Spannung zwischen
den zwei Zwängen abschwächen

Man wird einwenden, daß die Geburt unter gewöhnlichen Bedingungen bei weitem nicht so tragisch aussieht, wie es die Spannung zwischen den zwei Zwängen aufzeigt, die wir in den Mittelpunkt unseres Modellentwurfs gestellt haben. Die Mütter fragen sich nicht bei jeder Schwangerschaft, ob sie das Wesen, das sie in ihrem Schoß haben, bestätigen oder ablehnen wollen. Die Abtreibung steht nicht konstant am Horizont der Zeugung.

Ist daraus zu folgern, daß wir auf dem falschen Weg sind? Wir möchten im Gegenteil sagen, die Tatsache, daß wir die beiden einander widersprechenden Zwänge in die Mitte unseres Modells stellen, hat zumindest den Vorteil, die Untersuchung in die Richtung von Übereinkünften oder Dispositiven zu lenken, welche die Spannung zwischen den zwei Zwängen abschwächen oder mildern kann, da sie sich ja nicht aus der Welt schaffen läßt. Die Übereinkünfte können dabei deutlich hervortreten und problematisiert werden. Sie werden aus dem Bereich des Banalen herausgeholt, wo ihnen sozusagen die Würze fehlt, da sie als etwas Selbstverständliches hingenommen werden – und das gilt sowohl, wenn man einräumt, daß sie in der Natur der Dinge liegen oder mit der Moral zu tun haben, nach der Art derjenigen, die von ihnen Gebrauch machen, als auch, wenn man die Kultur oder die Konvention anführt, um von ihnen zu berichten, nach der Art derjenigen, die sie von außen betrachten. Aber das ist noch nicht alles, indem wir mit dieser schon im vorigen Kapitel verwendeten Art des Modellentwurfs (konstruktivistischen Typs) fortfahren, können wir in demselben Rahmen Übereinkünfte miteinander vergleichen, deren Nähe und deren Unterschiede unbemerkt bleiben, solange jede von ihnen als ein *Hapax* behandelt wird oder, was fast auf dasselbe hinauskommt, als zu einer bestimmten historischen Phase oder zu einer Kultur gehörig.

Worin bestehen diese Übereinkünfte? Uns in diesem Stadium der Analyse für eine sehr allgemeine Formulierung entscheidend, die wir später genauer darlegen werden, sagen wir, sie organisieren die Relation zwischen Sexualität und Zeugung. Sie überschneiden sich daher zum großen Teil mit den Zwängen der Allianz, welche die Anthropologie für die Verwandtschaft herausgearbeitet hat. Aber wir werden sie unter einem anderen Blickwinkel ins Auge fassen, der ihre Ausweitung auf Gesellschaften erlaubt, in denen – wie es in der unseren der Fall ist – die Verwandtschaft keine maßgebliche Rolle mehr spielt. Während die Zwänge der Allianz in Hinsicht auf die Notwendigkeit der Exogamie betrachtet werden und auf das Verbot des Inzests bezogen sind, werden die Übereinkünfte, die wir im Sinn haben, unter einem Gesichtspunkt betrachtet, der sie in eine andere Richtung lenkt. Sie tragen dazu bei, daß *die Alternative, die durch das Fleisch gezeugten Wesen durch das Wort zu bestätigen oder nicht zu bestätigen, ersetzt wird durch die Alternative, sie entweder nicht zu zeugen oder unter Bedingungen zu zeugen, die den so geschaffenen Wesen den Zugang zur Singularität sichern* (oft materialisiert durch die Möglichkeit, ihnen einen Platz in einem Bezugsrahmen zu schaffen, der die Verwandtschaft oder auch die Gesellschaft sein kann). Diese Bedingungen definieren die *Legitimität* der Niederkunft. Wenn diese Bedingungen eingehalten werden, gilt jedes durch das Fleisch gezeugte Wesen als durch das Wort bestätigt – in seinem Menschsein bestätigt und singularisiert –, ohne daß diese Bestätigung über die Vermittlung einer intentionalen Orientierung geschieht, sei es während der Schwangerschaft (durch die Alternative der Abtreibung), sei es sofort nach der Geburt (durch die Alternative des Kindsmords oder der Aussetzung). Die Empfängnis gilt als Bestätigung, und alles verläuft, als wäre das so empfangene Wesen in gewisser Hinsicht *im voraus bestätigt*. Was die Wesen betrifft, die nicht Gegenstand einer solchen Bestätigung im voraus werden können, so nimmt man einfach an, sie seien nicht gezeugt worden und existieren folglich nicht.

Der Unterschied zwischen der Zeugung durch das Fleisch und der Bestätigung durch das Wort ist damit nicht abgeschafft, aber er bekommt den Charakter von etwas Abstraktem, denn es existiert oder eher es gilt kein wirkliches Wesen als existierend, bei dem die beiden Arten der Zeugung nicht vereinigt wären. Da die Selektion vor die Schwangerschaft verlegt ist, scheint mit einem Schlag die Spannung zwischen den zwei von uns identifizierten Zwängen abgeschafft. Was die Abtreibung angeht, so entfernt sie sich vom Horizont. Nichts würde im übrigen verbieten, in einer allerdings funktionalistischen oder strukturalistisch-funktionalistischen (also heute verpönten) Optik zu denken, daß zumindest eine der Rollen, die diese Übereinkünfte zu spielen gerufen sind, darin besteht, die verwirrende Frage der Abtreibung zu entkräften, insofern sie – wie wir im vorhergehenden Kapitel gesehen haben – zugleich notwendig ist, um den menschlichen Unterschied zu denken, aber auch wegen der willkürlichen Grausamkeit, mit der sie vorgeht, nicht zu rechtfertigen ist.

Die Übereinkünfte, die wir nun untersuchen werden, haben eine gemeinsame Orientierung: Sie schaffen den Unterschied zwischen der Zeugung durch das Fleisch und der Zeugung durch das Wort nicht ab (der dem oben entwickelten ersten Zwang entspricht), aber sie tendieren dazu, ihn zu verwischen und dadurch zumindest offiziell die Spannungen mit dem zweiten Zwang (dem Zwang der Nicht-Diskriminierung) zu eliminieren oder einzuschränken. Um dieses Ergebnis zu erreichen, müssen alle Wesen, die ins Fleisch kommen, durch das Wort schon bestätigt oder bestätigbar sein, was darauf hinausläuft, die Sexualität von der Zeugung zu trennen und/oder die Sexualität mehr oder weniger streng zu kontrollieren, und vor allem die Sexualität der Frauen, deren Rolle bei der Zeugung nicht verheimlicht werden kann. Die Sexualität als punktueller und an eine Situation gebundener Akt darf keine Wesen zeugen, die nicht durch das Wort in die Zeit eingesetzt werden können.

Die Berücksichtigung dieser Übereinkünfte bringt es mit sich, daß unser Modell komplizierter wird und wir es unter verschiedenen Gesichtspunkten abändern müssen, die wir jetzt untersuchen werden.

Die Macht der Mutter ist einer äußeren Autorität untergeordnet

Ein erster Gesichtspunkt betrifft die Rolle der Mutter, indem sie das Wesen, das sich nach einem Geschlechtsverkehr in ihrem Fleisch eingenistet hat, durch das Wort bestätigt.

Wir werden daran festhalten, daß es die Mutter ist, die dem Kind in ihrem Leib die Singularität überträgt – insofern es sich um eine Eigenschaft handelt, die nur über den Transfer eines schon als singulär geltenden Wesens[1] erworben werden kann. In diesem Sinn kann man sagen, daß die Singularität den Rang einer Schenkung hat. Und die Mutter ist, insofern sie die Beziehung der intimsten Nähe zu diesem in ihrem Schoß wachsenden Anwärter auf das Menschsein hat, der glaubwürdigste Kandidat, um diesen Transfer der Singularität zu vollziehen.

Ebenso werden wir daran festhalten, daß der Mutter in letzter Instanz die Macht der Bestätigung zukommt, weil sie die einzige ist, die sie verweigern, das heißt, das Wesen in ihrem Leib nicht adoptieren kann, und das auf die radikalste Weise, indem sie es abtreibt. Und diese Macht kann ihr nie vollkommen entzogen werden,[2] wie der universale Charakter der Abtreibung zeigt.

Der Gesichtspunkt, den wir jetzt einführen werden, betrifft die nötige Autorität zur Ausübung dieser Macht. Gewisse Akte scheinen eine Macht zu äußern, die imstande ist, ohne spezifische Erlaubnis ausgeübt zu werden, ausgehend von der Tatsache, ein lebendes Wesen zu sein – zum Beispiel sich ernähren – oder von der Tatsache, ein menschliches Wesen zu sein – zum Beispiel sprechen. Selbst wenn im Fall der menschlichen Wesen in einer Gesellschaft sich die Frage der Autorität stellt, sobald die Frage auftaucht, zu wissen – um dieselben Beispiele beizubehalten –, wer was essen darf oder wer was sagen darf, bleibt es doch so, daß bei einer großen Zahl von Umständen die vollzogenen Akte eine Macht äußern, ohne daß ausdrücklich die Frage nach der nötigen Autorität zu ihrem Vollzug gestellt wird (wenn ich etwa beim Gehen den Zweig zur Seite schiebe, der mich am Weitergehen hindert).

Es kann vorkommen, daß Akte, die keine spezifische Erlaubnis erfordern, gerechtfertigt werden müssen (im übrigen eigentlich nur, wenn sie unglückliche Folgen hatten, und man daraus schließt, daß ihr Urheber gegen eine Regel verstoßen hat), aber in diesem Fall kann die Rechtfertigung bei dem Verhältnis zwischen der durch den Akt enthüllten Macht und den Umständen, unter denen dieser ausgeführt wurde, stehenbleiben (wenn die Tatsache, einen Zweig, der den Weg versperrte, beiseitezuschieben, eine Kokosnuß aus dem Gleichgewicht gebracht hat, die dem hinter mir Gehenden auf den Kopf gefallen ist).

Andere Akte dagegen erfordern nicht einfach, daß man die Macht hat, sie auszuführen. Sie können unter welchen Umständen auch immer nur ausgeführt werden, wenn der Ausführende eine Erlaubnis zum Handeln hat. Der Besitz dieser Autorität bestimmt dann die *Legitimität* der Ausübung der Macht zu handeln. Diese Autorität liegt im Unterschied zur Macht nicht beim Handelnden. Das hauptsächliche Merkmal der Autorität ist genau, daß sie sich immer auf etwas Äußeres stützen muß. Wer die Autorität besitzt, ist nur ihr Verwahrer. Die Autorität ist so das Ergebnis einer von einem anderen gemachten Schenkung, der selbst auch nur der Verwahrer ist, dabei einer Kette von Erlaubnissen folgend, die nicht selten zu einem fiktionalen Wesen führt – einem Urahn, einem Kollektiv, einer Gottheit usw. Dieser Charakter definiert die Institution als fiktionale Quelle der Autorität und im weiteren Sinn als die Gesamtheit derer, die einen Teil dieser Autorität bekommen haben und sie weitergeben können. In einem solchen Darstellungsfall kann die Rechtfertigung der Handlung nicht bei der Überprüfung des Verhältnisses zwischen der Macht zu handeln und den Umständen stehenbleiben. Sie muß auch auf die Autorität Bezug nehmen, deren Verwahrer der Handelnde in ihren Augen oder in den Augen Dritter ist (oder nicht ist).

Alles spielt sich ab, als ginge es hier um das Zeugungsvermögen. Während die Zeugung durch das Fleisch zuerst den Vollzug einer Macht äußert, deren Verwahrerinnen die Frauen als lebende Wesen sind, ist die Bestätigung durch das Wort mit einer Autorität verbunden. Dem kann nicht anders sein, angesichts der Rolle, die die Autorität bei der Aufstellung des menschlichen Unterschieds spielt, dessen Struktur, wie wir gesehen haben, selbst institutioneller Art ist. Daraus folgt, daß kein menschliches Wesen aus sich allein heraus die nötige Autorität besitzen kann, ein neues menschliches Wesen zu schaffen und in der Welt unterzubringen. Diese Autorität bekommt es von einem anderen, auf den es sich zum Handeln berufen muß. Aber dieser andere ist seinerseits nur der Verwahrer einer Autorität, die wiederum auf ein Wesen Bezug nimmt, das kein gewöhnliches menschliches Wesen ist.

Die Übereinkünfte bezüglich der Zeugung, die es erlauben, die Spannung zwischen den zwei im vorangegangenen Kapitel untersuchten Zwängen zu verwischen, bestehen darin, *die Operation der Bestätigung dergestalt zu verschieben, daß sie vor die Mutter gerät (die trotzdem als einzige die Macht dazu hat), aber so nahe wie möglich zu der Instanz rückt, die der Ursprung der Autorität ist.* Die Notwendigkeit, sich beim Erteilen der Autorität auf eine Institution zu stützen, ist zumindest teilweise verknüpft mit der Spannung zwischen dem, was zu den notwendig wechselnden Umständen gehört, und dem, was auf dauerhafte Weise festgelegt sein muß. Die Institution ist genau das, von dem man annimmt, daß es dauerhaft vor den chaotischen oder zufälligen Veränderungen, die sich aus dem Wechsel der Umstände ergeben, gefeit ist.

Diese zeitlichen Unterschiede spielen im Fall der Zeugung eine wichtige Rolle. Während die Zeugung durch das Fleisch das Ergebnis eines punktuellen sexuellen, mit bestimmten Umständen verknüpften Aktes (und vor allem einer Vergewaltigung) sein kann, wird das durch das Wort gezeugte Wesen dauerhaft in seinem Menschsein bestätigt: zumindest für die Zeit seines Lebens auf der Erde und in Gesellschaften, wo der religiöse Glaube fest verankert ist, auch für das Jenseits. Daraus folgt, daß in der Vermittlung durch die Mutter (die immer die Macht hat, diese zu verweigern) hier auch die Autorität eines Anderen zum Vorschein kommt. Dieses Andere bestätigt die Macht der von der Mutter erteilten Bestätigung und bietet gewissermaßen eine Garantie für die Dauerhaftigkeit der Bestätigung durch das Wort, insofern sie andere Personen einsetzt, die ausdrücklich oder stillschweigend versprechen, das Menschsein und die Singularität des neugeschaffenen Wesens (ein für allemal) dauerhaft anzuerkennen.

Die Operation, die wir zu verstehen versuchen, besteht also darin, mittels einer Kette von Vermittlungen anderen die nötige Autorität zu übertragen, um in das Fleisch gekommene Wesen durch das Wort zu bestätigen. Man kann finden, daß die Mutter gewissermaßen dadurch ihrer Macht oder der Autorität entledigt ist, die ihre Ausübung zulässig macht. In diesem Darstellungsfall nämlich erneuert die von der Mutter erteilte Bestätigung nur einen bereits erteilten Akt der Bestätigung, indem sie ihn aktualisiert, und die Mutter ihm gewissermaßen zustimmt. Diese Zustimmung ist obligatorisch, da die einzigen als möglich anerkannten Optionen sind, entweder nicht zu zeugen oder zu adoptieren, was in das Fleisch kommt. In diesem Sinn und von einem »modernen« Standpunkt aus, der die Mutter durch ihr Recht auf »Unabhängigkeit« als »individuelle Person« definiert, kann man sagen, daß die Übereinkünfte, die wir in groben Zügen beschreiben werden, immer darauf hinauslaufen, der Mutter die Autorität zu entziehen, die sie brauchen würde, um im Licht der Öffentlichkeit ihre Macht der Bestätigung auszuüben. Aber von einem anderen Gesichtspunkt aus kann man auch finden, daß durch diese Dispositive der Mutter die Last abgenommen wird, auf eigene Faust ihre Macht der Selektion auszuüben. Wie dem auch sei, sie bekommt die Autorität eines Anderen, um zu zeugen (und wir werden später sehen, sobald die Abtreibung der Gegenstand einer Rechtfertigung wird, was ohne Zweifel selten der Fall war, bevor sie bestraft wurde und seitdem sie nicht mehr strafbar ist, wird diese Rechtfertigung immer vollzogen, indem die Referenz auf eine Andersheit angeführt wird).

Die Frage der Anderen

Wer ist der Andere, oder wer sind die Anderen, die ihre Autorität auf die Macht zu zeugen ausüben? Wenn man den Eingriff eines konkreten Individuums, das mit einer eigenen Macht ausgerüstet ist, ins Auge faßt, denkt man selbstverständlich vor allem in den patrilinearen oder tendenziell partriarchalischen Gesellschaften an die Väter, das heißt an den Vater der Mutter und an den, der als der Vater des Kindes angenommen wird. Die Übertragung der mütterlichen Autorität auf einen anderen wäre dann nichts anderes als ein Euphemismus, um die Herrschaft der Männer zu bezeichnen. Doch auch in diesem Fall (nicht alle Gesellschaften sind patrilinear und nicht einmal hauptsächlich auf die Verwandtschaft gegründet) berufen sich die Väter selbst auf eine Andersheit höheren Ranges und institutioneller Art wie zum Beispiel auf das Geschlecht. In zahlreichen Gesellschaften herrscht im übrigen der Glaube vor, nach dem andere Wesen, die keine Menschen sind, eingreifen, wenn ein neues Wesen im Leib einer Frau entsteht, (und dieser Glaube ist auch in unserer Gesellschaft gegenwärtig, wenn auch heute nur am Rande). Wir werden also in Betracht ziehen, daß die Bezugnahme auf Wesen, die keine gewöhnlichen Menschen sind, eine Konstante bei der legitimen Zeugung in den menschlichen Gesellschaften ist. Und damit verbunden, daß die Unmöglichkeit, diese Bezugnahme in einer anerkannten Form zu fixieren (die anvisierten Andersheiten und die Art, die Bezugnahme zu gestalten, sind veränderlich, wie wir nun gleich sehen werden), ein guter Grund ist, um nicht zu zeugen.

Das Offizielle und das Offiziöse

Auf den vorangegangenen Seiten haben wir an die alles in allem banale Idee erinnert, daß eines der hauptsächlichen Probleme, mit dem die menschlichen Gesellschaften konfrontiert werden, an die Koppelung von zwei Tätigkeiten – der Sexualität und der Zeugung – gebunden ist, von denen aber jede ihrer eigenen Logik gehorcht (vielleicht die eine als Gegenspielerin der anderen, zumindest in mancher Hinsicht). Die ins Auge gefaßten Übereinkünfte sollen, wie gesagt, dazu beitragen, das Verhältnis zwischen Sexualität und Zeugung so zu regeln, daß das Erscheinen menschlicher Wesen im Fleisch vermieden wird, die keine Aussicht haben, durch das Wort bestätigt zu werden (so daß der Widerspruch zwischen den zwei Zwängen bei der Zeugung zurücktritt). Die Lösung besteht selbstverständlich in einer Kontrolle der Sexualität. Aber diese Lösung ist nicht ausreichend, denn eine strenge und gelungene Kontrolle der Sexualität ist ein Ziel, das noch nie eine Gesellschaft erreicht hat (obwohl in dieser Hinsicht beachtliche Unterschiede zwischen den verschiedenen Gesellschaften bestehen) und das gewiß unerreichbar ist. Daraus folgt, daß die Übereinkünfte, die wir im Sinn haben, auch praktische Maximen enthalten müssen, die Art und Weise betreffend, wie das Scheitern der Kontrolle der Sexualität verdaut und wie das, was daraus entstanden ist, vertuscht werden soll.

Aus diesem Grund liegt in der Struktur dieser Übereinkünfte eine Kluft zwischen dem Öffentlichen und dem Versteckten; zwischen dem, was am hellen Tag erscheinen kann und dem, vor dem man die Augen schließt; oder, um die von Pierre Bourdieu erarbeiteten Kategorien zu verwenden, zwischen dem, was offizieller Natur, und dem, was offiziöser Natur ist. Es ist sogar wahrscheinlich, daß diese Kluft, deren Anwendungsbereich offenbar weiter ist, ihren Grund in den Schwierigkeiten der Koppelung zwischen Sexualität und Zeugung findet, da der Begriff der Legitimität selbst, dem wir einen vor allem politischen Sinn zu geben pflegen, ohne Zweifel seine Wurzel in der Frage der Geburt findet, die unter akzeptablen Bedingungen vor sich geht, im Gegensatz zur Zeugung, die nicht unter Kontrolle ist. Das Interesse dieser Gegensätze ist es, daß sie keine verschiedenen Ereignisse bezeichnen, nicht einmal Asymmetrien in der Information, sondern dieselben Ereignisse oder dieselben Informationen, die aber auf andere Weise betrachtet werden. Was offiziös ist, kann ja allen bekannt sein, und die Tatsache, daß ein Ereignis offiziell oder öffentlich wird, ist nicht unbedingt mit einer ausführlicheren Information verbunden, aber vor dem, was offiziös bekannt ist, kann man die Augen schließen, während man es vor dem offiziell Bekannten nicht kann. Der Gegensatz zwischen die Augen schließen und die Augen aufmachen hat etwas zu tun mit der Anklage, dem Urteil und der Sanktion, die sich gegen eine sträfliche Handlung richten. Wenn man vor etwas die Augen schließt, können ruhig »Gerüchte« im Umlauf sein. Aber kein Akteur erhebt öffentlich Anklage, die, da sie persönlich vor anderen erhoben würde, als notwendiges Ziel die Freisprechung oder die Bestrafung dessen oder derer hätte, die als schuldig angezeigt wurden. Wenn es eine Bestrafung gibt, ist sie nicht ausdrücklich, sondern vage und wirkt sich auf den Ruf aus.

Da die Arten von Ordnungen, zu denen die Übereinkünfte hinsichtlich der Zeugung tendieren, niemals wirklich erreicht werden können, sind diese Übereinkünfte sowohl durch das Wesen und die Wichtigkeit des Scheiterns, zu dem sie verurteilt sind, als auch durch die Art und Weise gekennzeichnet, wie dieses Scheitern vertuscht wird. »Heuchelei« und »Wider-Treu-und-Glauben« (*mauvaise foi*) gehören zu ihren strukturellen Eigenschaften.

Moralische Kategorien wie die der »Heuchelei« und des »Wider-Treu-und-Glauben« zu verwenden, wie wir es jetzt gemacht haben, zielt nicht darauf ab, wieder ein Urteil oder noch schlimmer eine Anschuldigung in die Beschreibung einzuschmuggeln. Aber diese Kategorien sind die einzigen, die wir zur Verfügung haben, um das Hin-und-Her zwischen der Position oder dem Moment zu beschreiben, in dem die Akteure

»die Augen schließen«, und dem, in dem ihnen die »Augen aufgehen«. Im normalen Leben wird nämlich immer jedes dieser
beiden Systeme im Stil eines Vorwurfs oder der moralischen
Entrüstung neu beschrieben, da es, wenn es dingfest gemacht
wird, nicht mehr selbstverständlich als eine Art »Natur« betrachtet wird, sondern nach der Möglichkeit eines alternativen
Systems, wobei man sich wenigstens in den meisten Fällen
selbst auf die imaginäre und verschwommene Evokation einer
alternativen Lösung der Probleme stützt, die auftreten, wenn
einem »die Augen aufgehen«. Unsere Analyse hat sich also
nicht von einer alles überragenden Position aus entfaltet, sondern von einer Position, die dem unbeständigen Moment des
Übergangs zwischen zwei Systemen entspricht. Man könnte
auch sagen, daß wir die hier geschilderten Probleme vom Platz
eines Akteurs aus ins Auge fassen, der strukturell gesehen an
der Grenze zwischen Offiziell und Offiziös steht und der deshalb eher als ein Akteur, der der offiziellen Welt angehört (zum
Beispiel ein Mann, der eine öffentliche Verantwortung hat)
oder als ein Akteur, der in das Offiziöse verbannt ist (zum Beispiel eine Frau in einer traditionellen Gesellschaft) dazu imstande ist, zwischen den Standpunkten hin und her zu gleiten,
die mit jeder dieser beiden Beziehungen zur sozialen Welt verknüpft sind. Im übrigen ist diese strukturelle Position ohne
Zweifel, sehr allgemein ausgedrückt, die einzige, von der aus
eine Soziologie überhaupt möglich ist.

Dieses Scheitern kommt zum Vorschein bei Wesen, die ins
Fleisch, und, sollten sie nicht vor ihrer Geburt vernichtet worden
sein, auf die Welt kommen, nachdem sie unter Umständen empfangen wurden, bei denen die Ausübung der Sexualität ihre
Bestätigung im voraus durch das Wort nicht gestattete. Ein Zeu-
gungssystem ist daher auch durch die Art von praktischen Lösungen gekennzeichnet, die es zur Bewältigung solcher Situationen vorsieht. Diese Lösungen gehen von der Vernichtung der
Wesen, sei es vor oder nach der Geburt, oder ihrer Aussetzung

(die oft eine indirekte Form der Vernichtung ist) zu ihrer Verbannung in eine subalterne Position, wo ihre Chancen, am Leben zu bleiben, geringer sind als die der anerkannten Kinder, aber manchmal auch bis zu ihrer Adoption, wobei man so tut, als wären sie unter Umständen gezeugt worden, die sich zufriedenstellend nennen lassen.

Alles geschieht, als wäre dieses Scheitern bis zu einem gewissen Punkt *erträglich* (unter der Bedingung, daß man vor den mißtönenden Seiten der Wirklichkeit die Augen schließt), so daß vielleicht die Existenz der Wesen, die außerhalb der Voraus-Bestätigung durch das Wort garantierenden Rahmen empfangen wurden, so wenig wie möglich sichtbar werden kann. Aber wenn das Scheitern zunimmt und ein gewisses, als erträglich beurteiltes Niveau überschreitet (das variiert nach der Art der Übereinkünfte und nach den historischen Situationen, in denen diese getroffen werden), scheint es, daß der Widerspruch zwischen den zwei von uns identifizierten Zwängen nicht mehr stillschweigend hingenommen werden kann, worauf die getroffenen Übereinkünfte aufs neue in Frage gestellt werden.

Ohne eine erschöpfende Behandlung oder eine historische Genauigkeit zu beanspruchen, werden wir jetzt, immer noch mit einer konstruktivistischen Vorgehensweise einige Beispiele solcher Übereinkünfte geben, die wir auf die pure Angabe oder auf den Idealtyp reduzieren (mehrere typische Übereinkünfte können durch Kompromisse verknüpft in einer besonderen historischen Lage zusammenfallen). Wir werden uns auf solche Arten von Übereinkünften beschränken, von denen sich Spuren in den modernen westlichen Gesellschaften finden lassen (wobei wir folglich eine sehr große Anzahl anderer Arten beiseitelassen, die man durch die Inspiration an der anthropologischen Literatur konstruieren könnte). Wir werden zuerst drei Arten von Übereinkünften betrachten, deren Modell sich festlegen läßt, indem man sich auf die klassischen Arbeiten stützt, welche die Geschichte der Fruchtbarkeit, der Familie und der Kindheit im Ancien Régime oder die Geschichte der Fortpflanzungspolitik im 19. und im 20. Jahrhundert behandeln, dann werden wir (im IV. Kapitel) ausgehend von unseren Interviews über die Abtreibung den Entwurf einer neuen Übereinkunft vorlegen, die sich seit etwa dreißig Jahren einzubürgern scheint.

Um die einzelnen Übereinkünfte voneinander zu unterscheiden, werden wir einerseits hervorheben, wie das typische Verhältnis zwischen Sexualität und Zeugung zusammengefügt ist, und andererseits, wie die außerhalb der Personen liegende Instanz beschaffen ist, deren Autorität angeführt wird, damit das zukünftige Kind als im voraus bestätigt betrachtet wird, das heißt a) die Gottheit; b) die Verwandtschaft, das Geschlecht oder das »Haus«; c) der industrielle Nationalstaat; d) das Projekt.[3]

Die spirituelle Übereinkunft mit dem Schöpfer

Eine mögliche Übereinkunft besteht darin, die Rolle Gottes als des Schöpfers bei der Zeugung von Wesen im Fleisch hervorzuheben und zu bedenken, daß jedes Wesen, das ins Fleisch kommt, in seinem Menschsein schon *im voraus* als Kind Gottes *bestätigt* ist, nach dessen Bild und Gleichnis es gemacht und so zum Heil berufen ist. Dieser Glaube leugnet die Rolle der Sexualität bei der Zeugung nicht, aber er berücksichtigt die Tatsache, daß ein Geschlechtsverkehr einer mechanischen und schicksalhaften Notwendigkeit[4] gemäß nicht immer zur Zeugung führt. Wenn er dazu führt, dann hat also letzten Endes auch Gott diese Äußerung gewollt, und auch wenn die Menschen die Freiheit haben, Geschlechtsverkehr zu haben oder nicht, durch den der Samen Adams weitergegeben wird und ohne den die Zeugung neuer menschlicher Wesen unmöglich wäre, so *kennt* Gott doch seit aller Ewigkeit alle, die ins Fleisch kommen werden, auch wenn er sie vor ihrer Empfängnis nicht *erschaffen* hat.

Diese Art der Bestätigung im voraus ist verbunden mit einer Aufwertung der Zeugung im Vergleich zur Sexualität, die ihr dienen muß. Die Sexualität ist nur dann voll gerechtfertigt, insofern sie, den Samen Adams weitergebend, ein mit Adam ein für allemal erschaffenes Menschsein verwirklicht und in die Zeit trägt. Was die Zeugung selbst betrifft, so hat sie spirituellen und beinahe sakramentalen Charakter.

Die Spiritualisierung der Zeugung wird durch die Taufe als geistige Zeugung und somit als neue Geburt wiederholt und zum Ausdruck gebracht, da das Taufwasser »symmetrisch genau das Umgekehrte des Blutes ist, das bei der fleischlichen Zeugung am Werk ist«, und also »das geistige Äquivalent des mütterlichen Schoßes«.[5] Die Taufe zeugt jedes menschliche Wesen (noch einmal), indem sie »die soziale Anerkennung der fleischlichen Abstammung durch die Zuweisung eines Namens und den Eintritt in die Welt, das heißt in die Gesellschaft« mit der Abstammung von Gott verbindet. Daraus folgt, daß in der Taufe »die Sexualität, die gewöhnliche fleischliche Zeugung zugunsten der Aktion des Gotteswortes, des Heiligen Geistes und der *caritas* verdrängt« werden.

Wenn man die Verwandtschaft mit Gott im Gegensatz zur Verwandtschaft mit den Menschen und die Spiritualität der fleischlichen Zeugung hervorhebt (wiederholt und zum Ausdruck gebracht durch die geistige Zeugung in der Taufe), ergibt sich daraus als Folge ein Rahmen, in dem alles Fleisch, da es schon im voraus von Gott bestätigt wurde, den gleichen Wert hat – den, auf dem der gleichmachende Gedanke des *allgemein Menschlichen* beruht. Diese Art der Bestätigung im voraus geht also Hand in Hand mit einer monistischen Sicht des Menschseins (im Gegensatz zu einer dualistischen Auffassung).

Alle Wesen, die ins Fleisch kommen, sind gleichwertig, insofern sie alle prinzipiell gerettet werden können (denn der Erlöser hat den gesamten Samen Adams zusammengefaßt, den der Wesen, die vor seiner Ankunft geboren und gestorben sind, indem er in die Hölle hinabstieg, und den aller Menschen, die nach seinem irdischen Aufenthalt kommen werden). Diese grundlegende, auf der Ebene der Brüderlichkeit gedachte Gleichheit kommt zum Ausdruck in der universalen Berufung der Taufe (während die

Beschneidung die Frauen ausschließt) oder auch durch die jedem Menschen verliehene Möglichkeit, im Fall äußerster Dringlichkeit, egal ob er Geistlicher, Laie, Christ oder Nichtchrist ist, die Taufe gültig zu spenden, weil er »ein Geschöpf Gottes und als Taufender dessen Abbild ist«.

In ihrem offiziellen Grundsatz (aber nicht in dem, was sie offiziös zuläßt) läßt die Art von Übereinkunft, die auf den Bezug zu einem Schöpfer gegründet ist, keinen Spielraum für etwas anderes und schließt folglich jede Vorstellung der Selektion unter der Gesamtheit der ins Fleisch gekommenen Wesen aus. Aus diesem Grund lehnt Anita Guerreau-Jalabert die Gültigkeit des Vergleichs ab, den einige Anthropologen vorschlugen: zwischen der Taufe und dem in einer beachtlichen Anzahl von Gesellschaften bezeugten Gegensatz zwischen »biologischer Geburt, verbunden mit der Rolle der Frau und der Mutter«, und »Geburt/soziale Anerkennung, inszeniert von einer männlichen oder männlichen und weiblichen Gruppe«. Nun ist in dem Zeitraum zwischen dem Augenblick der Geburt und dem der öffentlichen Anerkennung des Kindes der Kindsmord möglich, oder wie im alten Rom die Aussetzung des Neugeborenen, bevor der *pater familias* »in seiner Eigenschaft als Staatsbürger« »das Kind hochhebt, das er als seinen Sohn anerkennt, um in einem häuslichen Ritus, der auch einen sozialen Wert hat, die Fortpflanzung der Polis zu versichern«. Alles, was im voraus bestätigt und der Erlösung versprochen ins Fleisch kommt, entgeht der Allmacht einer weltlichen Autorität, welche auch immer es sein mag.[6]

Aus denselben Gründen hat diese Art von Übereinkunft, in der die Sexualität der Zeugung dienen muß und in der die geistige Zeugung den Vorrang hat, wie Jean-Louis Flandrin[7] bemerkt, die Tendenz, die Legitimität der zeitlichen Machtinstanzen über die Nachkommenschaft einzuschränken, ob es sich nun um den Staat, die Verwandtschaft oder die Eltern selber handelt. Eine Auswahl der durch das Wort zu bestätigenden Wesen aus der Gesamtheit der im Fleisch gezeugten kann bei dieser Art von Übereinkunft weder dadurch legitimiert werden, daß man sich auf die

Autorität des Staates (wie es im Altertum denkbar war und erneut im Abendland des 19. und 20. Jahrhunderts), noch auf die der Verwandtschaft (wie es bei den Übereinkünften innerhalb der Familie möglich ist, die wir später behandeln werden), noch auf den Wunsch stützt, den die Eltern einander geäußert haben (wie es der Fall bei den zeitgenössischen Übereinkünften ist, die auf einem Projekt beruhen). Hinsichtlich der Staatsgewalt wird als Gegenmodell die »Ermordung der unschuldigen Kinder« vorgeschoben. Die Ansprüche der Verwandtschaft werden zum Beispiel (bis ins 16. Jahrhundert) durch die Aufforderung eingeschränkt, die Bastarde, die außerehelichen Kinder, im Hause zu behalten und dort großzuziehen. Der Macht der Selektion, welche die Zeugenden innehaben, wird vor allem die Höherbewertung der Sorge für die ausgesetzten Kinder entgegengestellt.[8]

Wir haben gesagt, daß eine solche Art von Übereinkunft, die sich auf eine monistische Auffassung des Menschseins gründet und die Selektion ablehnt, für nichts anderes Spielraum läßt. Alles, was kommt, ist tauglich für eine Adoption, da es von einer universalen Instanz im voraus bestätigt ist. Das gilt vor allem für die Abtreibung, die in der griechischen und römischen Gesellschaft (nicht aber, wie es scheint, in der altjüdischen Gesellschaft[9]) weit verbreitet war, von den Kirchenvätern jedoch einstimmig, aber beiläufig verurteilt wird, aus demselben Grund wie andere Praktiken (die Zirkusspiele), die vom christlichen (und jüdischen) Standpunkt aus als typisch für die heidnische Barbarei erachtet wurden, ohne daß eine solche Verurteilung, die als selbstverständlich behandelt wird, sich auf ausgeklügelte Rechtfertigungen stützen würde.[10] Dahingegen entwickelte sich aus rein theologischen Gründen eine Reflexion über das Dasein des Fötus, da die Möglichkeit eines fleischgewordenen und aus dem Leib einer Frau hervorgekommenen Gottes einer ungläubigen und kritischen Umgebung gegenüber verteidigt werden mußte.[11]

Diese komplexe Reflexion, die hier unmöglich in ein paar Sätzen zusammengefaßt werden kann, beinhaltet eine Debatte über die Beseelung des Fötus. Diese Debatte konzentriert sich im wesentlichen auf die Frage, zu welchem *Zeitpunkt* die Beseelung eintritt. Wohlgemerkt wird diese Frage aus theologischen Gründen bevorzugt behandelt, die vor allem mit dem Problem der Übertragung der Erbsünde zusammenhängen, aber mit dem Gegenstand unserer Studie, der Abtreibung, nichts zu tun haben. Als sich dann eine Debatte über die Abtreibung entwickelt, das heißt im wesentlichen im 19. und insbesondere im 20. Jahrhundert, und die Christen versuchen, sich auf die Kirchenväter berufend, Argumente zu schmieden, da rückt an die erste Stelle die Frage nach dem Zeitpunkt der Beseelung (wenngleich andere Formen der Problematisierung möglich gewesen wären), aber in den modernen Sprachgebrauch übertragen in der Form: »In welchem Augenblick wird der Embryo eine Person?«, das heißt in eine Frage, die – wie wir gleich sehen werden – dazu angetan ist, besonders zweideutige und widersprüchliche Antworten zu liefern (wenn sie nicht sogar jeglichen Sinns entbehren), in Anbetracht der Vielfalt der Bedeutungen, die der Terminus »Person« heute annehmen kann.

Wir dürfen jedoch die gelehrten Debatten nicht vollkommen beiseite lassen, in denen es darum geht, zu welchem Zeitpunkt und durch welche Vermittlung die Beseelung eintritt, denn sie scheinen mit der gewöhnlichen Erfahrung der Zeugung übereingekommen zu sein, noch bevor die Dispositive eingerichtet waren, die ihre technologische Eingliederung gestatten, um die Möglichkeit einer nicht genau bestimmbaren, unscharfen Latenzzeit zwischen dem Augenblick des sexuellen Aktes und dem Moment zu belassen, in dem sich der Fötus durch Bewegungen bemerkbar macht, die nur für die Mutter spürbar sind,* kurz bevor durch die Rundung des Bauchs die Gegenwart dieses Wesens für einen außenstehenden Beobachter sichtbar wird und sich die Schwangerschaft vom Subjektiven ins Objektive verschiebt.

In der (hier schematisch zusammengefaßten) Debatte über die

---

* Dieser Augenblick heißt auf französisch »animation«, auf deutsch aufgespalten in »Beseelung« und »Bewegung«, und in der angelsächsischen Literatur »quickening« (A. d. Ü.).

Beseelung treten drei Möglichkeiten auf:[12] die einer (ewigen) Seele, die schon vor dem Körper existiert; die einer zur selben Zeit wie der Körper erschaffenen (oder eingehauchten) Seele; oder einer nach ihm erschaffenen. Die erste Möglichkeit, neuplatonischer und gnostischer Inspiration und radikal dualistisch, sieht ewige Seelen vor, die sich durch ihre materielle Inkorporation entfremden (das ist die Lösung der gnostischen Nachfolger des Origenes). Die zweite Möglichkeit (die von der stoischen Vorstellung des Lebenshauchs kommt und gegen die Gnostik und ihre Abscheu vor den Körpern verwendet wird) akzeptiert die Existenz einer Seele, die unmittelbar aus dem körperlichen Substrat ersteht, denn sie wird auf dieselbe Weise wie der Körper seit Adam durch die Vermittlung des Samens weitergegeben (insbesondere nach Tertullian). Die Seele wird also – wie der Körper – von den Verwandten übertragen und nicht von Gott geschaffen (Traducianismus). Diese Position wird von den kreatianistischen Strömungen (die sich auf den heiligen Hieronymus berufen) kritisiert, für die jede Seele direkt von Gott geschaffen wird[13] (was ab dem 5. Jahrhundert die offizielle These der westlichen Kirche sein wird). Aber die Entscheidung für den Kreatianismus läßt die Frage des Zeitpunkts der Beseelung offen (die für den Traducianismus mit der Empfängnis verbunden ist). Die dritte Möglichkeit – die einer Beseelung nach der Bildung des Körpers – beruft sich zugleich auf Aristoteles und die Bibel. Sie ist der Ansicht, daß der Fötus, sobald er Gestalt angenommen hat, eine Seele empfängt (genau wie in der Genesis zuerst der Körper Adams geformt und ihm danach eine Seele eingehaucht wird). Eine Entsprechung wird hergestellt zwischen dem Zeitraum, der zwischen der Formung von Adams Körper und dem Einhauchen der Seele verstreicht, und dem Zeitraum, welche die Empfängnis von der Beseelung trennt, die nach der Bildung eines organisierten Körpers im Mutterleib erfolgt. Das ist die Position, die Thomas von Aquin vertritt, wobei er einen Unterschied macht zwischen einer vegetativen Seele, die mit der Empfängnis verbunden ist, sich dann in eine tierische Seele verwandelt, bis schließlich nach vierzig bis fünfundvierzig Tagen, wenn der Körper organisiert ist, die von Gott gegebene vernünftige Seele an die Stelle der beiden vorhergehenden tritt. (Umgekehrt wird sich im östlichen Christentum die Vorstellung eines sofortigen Zusammenlebens von Leib und Seele durchsetzen.)

In Staaten, in denen es keine »Schwangerschaftstests« und keine »medizinische Betreuung« gibt, in denen die Härte des Alltagslebens mit einem Ethos einhergeht, das die Aufmerksamkeit für den eigenen Körper ablehnt, und Geburten häufig sind, aber aus allen möglichen Gründen (vor allem wegen des langen Stillens) auch die Amenorrhöe, in denen die Fehlgeburten zahlreich sind (und im übrigen schwer festzustellen, wenn sie in einem frühen Stadium vorkommen) usw., wie soll man da wissen, *wann* ein Wesen in das Fleisch gekommen ist, wenn es nicht selbst seine Anwesenheit durch Bewegungen oder durch die Form kundtut, die es durch sein Wachsen dem Bauch gibt?

So gibt es ganz allgemein im Abendland einen Glauben, der in der weiblichen Kultur noch lange fortbestand, selbst nachdem ihn die Ärzte Anfang des 19. Jahrhunderts[14] aufgegeben hatten, und der den Zeitpunkt, an dem die Mutter die ersten Bewegungen des Fötus in ihrem Schoß verspürt, als eine Schwelle versteht, von der an sie sich als wirklich *schwanger* betrachten und ihren Zustand öffentlich bekannt machen kann.[15] Dieser Zeitpunkt fällt im übrigen beinahe mit demjenigen zusammen, an dem die Schwangerschaft durch die Leibesfülle sichtbar wird. Gleichzeitig konnten die wenigen Monate, zwischen Ausbleiben der Menstruation und den ersten Bewegungen des Fötus, deshalb als eine nicht genau definierte Zeit behandelt werden, deren Interpretation verhältnismäßig offen war, so daß es erst angebracht schien, von Abtreibung zu sprechen,[16] wenn man nach der ersten Kindsbewegung einen Eingriff unternahm. Die betroffene Frau konnte, wenn sie selbst oder ihre Angehörigen auf die Geburt eines Kindes hoffte, für sich denken, daß sie schwanger war, ohne ihren Zustand bekanntzumachen, vor allem aus Furcht, eine Fehlgeburt könnte die in sie gesetzten Hoffnungen enttäuschen, oder im Gegenteil annehmen, das Ausbleiben der Menstruation wäre nicht als Zeichen einer Schwangerschaft, sondern als Symptom des Versagens ihrer Fruchtbarkeit zu interpretieren.

Aber es gab noch eine ziemlich verbreitete Alternative, die von einem ambivalenten Verhältnis der Frau zu ihrem Zustand gekennzeichnet war oder auch von der Verschiebung der Spannung zwischen Autorität und Macht, zwischen Offiziell und Offiziös ins Innere der Betroffenen. Sie konnte »offiziös« fürchten, schwanger zu sein, aber »offiziell« in bezug auf sich selbst, und ohne diese Spannung nach außen kundzutun, so handeln, als ob das Ausbleiben der Monatsregel eine pathologische Ursache hätte, die man mit den geeigneten Mitteln bekämpfen mußte. Nach Angus McLaren gab es im 17. und 18. Jahrhundert in England zahlreiche Rezepte, die als mehr oder weniger medizinisch galten, aber zumeist vom weiblichen Volkswissen herkamen und die dazu dienten, »die Monatsregel wiederkommen zu lassen«, »die Amenorrhöe zu bekämpfen« oder »das Blut zu stärken«, also im Prinzip, das Fortpflanzungsvermögen zu stimulieren, die aber aus Substanzen mit abtreibender Wirkung bestanden.[17]

Die Anthropologin Nancy Scheper-Hughes, die erst kürzlich in einer Favela im Nordosten Brasiliens eine langfristige Untersuchung über das Verhältnis der Mütter zur Geburt und zum Tod ihrer Kinder durchführte, erzählt, daß die Nonnen, die das Ambulatorium für die Bewohner der Favela verwalteten, die Gewohnheit hatten, den jungen Mädchen, bei denen die Menstruation ausgeblieben war, ein Mittel »zur Stärkung des Bluts« und zur Wiederherstellung der Menstruation zu verabreichen: In Wirklichkeit handelte es sich um ein starkes Abtreibungsmittel aus dem Arzneibuch der Indios. Aber den jungen Mädchen war wohl die tatsächliche Wirkung dieser Arznei nicht ganz unbekannt, denn sie erwiderten manchmal auf die Fragen der Forscherin, man könne dieses Mittel nehmen, wenn die Verspätung der Regel noch nicht länger dauerte als zwei Monate, es später einzunehmen, hielten sie aber für nicht »recht«.[18]

Um auf der Ebene der Ambivalenz die Forderungen zu umgehen, die daher rühren, daß das ins Fleisch gekommene Wesen vom Schöpfer im voraus bestätigt wird, gibt es noch eine Möglichkeit, die aber eher mit dem Kindsmord verwandt ist und ihren Grund in der Vergeistigung der Zeugung und der Bedeutung der Taufe als zweite Geburt hat. Von der Bedeutung dieser zweiten Geburt zeugt, daß im frühen Mittelalter die Tötung eines ungetauften Kindes als eine weitaus schlimmere Straftat gewertet wurde als die eines getauften.[19] Während nämlich das Schicksal des ersteren im Jenseits zumindest problematisch ist (Hölle? Limbus?[20]), geht das zweite dank seiner wiedererworbenen Unschuld in die himmlische Seligkeit ein. Davon zeugt auch noch die Bedeutung des als Wunder geltenden »Aufschubs« (der vor der Taufe gestorbene Säugling wird wieder lebendig für die paar Augenblicke, die für seine Taufe notwendig sind[21]). Aber da man wußte, daß der Tod einen Säugling, wenn er einmal getauft war, als unschuldiges Wesen zu den Engeln brachte, wo es ihm besser ging als bei den Menschen, konnte man sich ihm gegenüber eine gewisse Nachlässigkeit genehmigen, die imstande war, sein Verschwinden nach sich zu ziehen, besonders wenn man fand, daß keine besondere Lust auf das Leben erkennbar wurde. Der Tod eines Kleinkindes war im übrigen bis zum Ende des 19. Jahrhunderts ein so häufiges Phänomen, daß man gewissermaßen davon dispensiert war, nach den Gründen zu suchen.

Jean-Claude Schmitt liefert in seiner Studie über die *Wechselbälger* und über das von der offiziellen Kirche bekämpfte Ritual, dem sie unterzogen wurden,[22] noch ein Beispiel für ein Dispositiv, das ebenso die Möglichkeit eines ambivalenten Verhältnisses zur Zeugung enthält und es möglich macht – ohne daß man den Rahmen der Übereinkunft mit dem Schöpfer verläßt –, die ungelegenen Neugeborenen in diesem Fall vorzugsweise vor der Taufe umzubringen. Wechselbälger sind dem Anschein nach Kinder von menschlichen Eltern, aber man glaubt, sie seien in den ersten Stunden oder Tagen nach ihrer Geburt von Geistern (einer »Fee«, von »Zwergen« oder »Waldgeistern«), die sie rauben und »ihr eigenes Kind unterschieben«, ausgetauscht worden.

Diese Operation hat die besten Chancen in dem Zeitraum, in dem das Neugeborene noch keinen Namen hat und noch nicht getauft ist (wenn es also durch das Fleisch existiert, aber noch nicht ganz durch das Wort bestätigt ist). Die Wechselbälger sehen aus wie Menschenkinder, aber an gewissen Zeichen kann man ihre Zugehörigkeit zur Geisterwelt ablesen (der Säugling wird krank, er hat immer Hunger und trotzdem ißt er nicht usw.). Es gab ein Ritual, das dazu diente, das Wechselbalg wieder durch das Kind auszutauschen, das entführt worden war. Das Ritual enthielt Teile, die für das Leben des Säuglings sehr gefährlich waren, so daß es als ein verkappter Kindsmord ausgelegt werden könnte, dem kranke oder schwächliche Kinder unterzogen wurden. »Aber«, so fügt Jean-Claude Schmitt hinzu, »man muß auch bedenken, was der Glaube an die Wechselbälger bedeutete: Die Kinder, die starben, *waren nicht* die Kinder der Mütter, sondern die der Teufel. Der Ritus hatte die Funktion der Selektion oder im vollen Sinn des Wortes des Wiedererkennens der wahren Kinder: der Wiedergeburt, der Identifikation und der Annahme. Für die Mütter handelte es sich nicht um einen ritualisierten Kindsmord, da die Kinder, die starben, keine kleinen Menschen waren, sondern um einen Ritus, der das Ziel hatte, ihre wirklichen Kinder zu identifizieren und zu retten. [...] Die dreifache Funktion, aber auch die Grenzen und die Widersprüche des Glaubens an die Wechselbälger läßt sich hier gut erkennen: Er war zunächst ein Mittel zur Erklärung von Krankheit und Anormalität; gleichzeitig erlaubte er, deren soziale Wirklichkeit und Last aus der Welt zu schaffen, nicht indem man die Krankheit heilte, sondern indem man die Identität des kleinen Kranken wechselte; nachdem er ein Kind des Teufels geworden war, konnte er ohne Furcht aus der menschlichen Gesellschaft getilgt werden; schließlich [...] ermöglichte es dieser Glaube auch den Müttern, sich den Tod ihres Kindes nicht zum Vorwurf zu machen. [...] [Der Ritus] wurde gewiß von den Müttern als Ritus der Rettung ihrer Kinder erlebt, während er in Wirklichkeit darauf hinauslief, die schwächsten von ihnen zu töten.«[23]

Nancy Scheper-Hughes bringt in ihrem schon zitierten Werk über den Tod der Kinder in einer Favela im Nordosten Brasiliens auch Beispiele von Müttern, die glauben, ihr schwächlicher und appetitloser Säugling äußere durch sein Verhalten, daß er nicht auf der Erde bleiben möchte, sondern lieber zu den Engeln gehen will. Sie erzählt zu diesem Thema eine verblüffende Geschichte. Bei ihrem ersten Aufenthalt in der Favela entschließt sie sich bei einem Fall dieser Art die dem Anthropologen gewohnte neutrale Haltung aufzugeben und sich um eines dieser dem Tod nahen Kinder zu kümmern und es in das Ambulatorium zu bringen. Als sie fünfzehn Jahre später zu einem zweiten Aufenthalt in dasselbe »Territorium« kommt, findet sie das Kind wieder, das jetzt ein aktiver, verantwortungsbewußter Junge geworden ist, die Stütze und der Lieblingssohn seiner verwitweten Mutter (im Lauf dieses zweiten Aufenthalts wird der Junge bei einer Rauferei ums Leben kommen).[24]

Eine familienweltliche Übereinkunft mit der Verwandtschaft

Die Art von Übereinkunft, die wir jetzt – zumindest ebenso schematisch wie im vorhergehenden Fall – beschreiben wollen und die in einer großen Anzahl von Gesellschaften in beachtlichen Varianten vorkommt, läßt sich für Westeuropa besonders vom 17. Jahrhundert an in stilisierter Form darstellen, indem man sie durch den Gegensatz zwischen *Legitimität* und *Illegitimität* artikuliert. Bei einer Übereinkunft dieser Art ist die Instanz, von der das Kind im voraus bestätigt werden muß, die Verwandtschaft. Das ins Fleisch gekommene Wesen ist bestätigt und als eigenes identifiziert, wenn man erwarten kann, daß es einen singulären Platz in einem Verwandtschaftsnetz findet, dessen Verbindungslinien sich ausgehend von seiner Person ziehen lassen, ebenso wie von jedem anderen Menschen aus, der zu derselben Einheit gehört. So ist es in eine Abstammungsreihe eingefügt, im modernen Europa hauptsächlich kognatischer Art, hat Geschwister, Onkel, Tanten, Vettern, und wird einen Namen tragen, der gleichzeitig das Geschlecht zum Ausdruck bringt, mit dem es verbunden ist, und den besonderen Platz, den es darin einnimmt. Das Verwandtschaftsnetz ist strukturiert durch die Allianz, die eine beständige und öffentlich anerkannte Verbindung zwischen einem Mann und einer Frau festlegt; die beiden wohnen gewöhnlich am selben Ort, verwalten gemeinsam ein Vermögen und zeugen durch Geschlechtsverkehr *legitime* Kinder, die in die Verwandtschaft eingefügt werden, einen Namen tragen werden und (in verschiedenem Grad je nach den Dispositiven der Nachfolge) Anspruch auf eine Erbschaft geltend machen können. Die legitime Mutter verfügt nicht über die notwendige Autorität, um das Wesen, das in ihr Fleisch gekommen ist, zu bestätigen und zu adoptieren. Sie hat allerdings immer noch die Macht, das Wesen verschwinden zu lassen, sowohl auf eigene Faust als auch im Einverständnis mit dem legitimen Vater oder auf dessen Anregung hin, aber auf eigene Gefahr – eine zugleich physische und symbolische Gefahr – und ohne etwas anderes als Mißbilligung und Verruf erwarten zu können, wenn die Sache öffentlich bekannt wird.

Eine Übereinkunft dieser Art geht Hand in Hand mit einer besonderen Organisationsform des Verhältnisses zwischen Sexualität und Zeugung, die hier wenigstens zum Teil voneinander getrennt sind, auf einer Konvention beruhend, die Männern und Frauen in dieser Hinsicht verschiedene und asymmetrische Positionen zuweist. Sie läßt sich auf folgende Weise schematisch darstellen.

Die Männer können ledig oder verheiratet sein (die Proportion zwischen Ledigen und Verheirateten hängt größtenteils von den Regeln der Weitergabe des Vermögens ab; so ist in den Gesellschaften, wo das »Haus« zählt, die Rolle der Ledigen bedeutender als in denen, welche die Teilung des Vermögens unter den leiblichen Geschwistern vorsehen). In beiden Fällen ist ein Geschlechtsverkehr vorgesehen, der entweder mit der legitimen

Gattin stattfinden kann (mit der sie legitime Kinder zeugen werden) oder mit einer anderen Frau. Die Tatsache, Geschlechtsverkehr innerhalb der legitimen Verbindung oder außerhalb davon zu haben, ist an sich kein Kriterium, um verschiedene Kategorien von Männern zu unterscheiden.

Die Frauen dagegen werden in verschiedene Gruppen eingeteilt, je nach den Modalitäten, in denen sie Geschlechtsverkehr haben (oder nicht haben). Entweder sie sind nicht durch eine legitime Allianz einem Mann angetraut, haben keinen Geschlechtsverkehr (oder es wird erwartet, daß sie keinen haben) und zeugen nicht: Das ist der Fall der ledigen Frauen, der *alten Jungfern*, die häufig in subalterner Stellung im Haus eines leiblichen Bruders leben. Oder sie sind durch eine legitime Allianz einem Mann angetraut, und man erwartet von diesen *ehrbaren Frauen*, daß sie legitime Kinder zeugen (wobei die Sexualität, deren Vermittlung notwendig ist, um dieses Ziel zu erreichen, zumeist totgeschwiegen wird). Oder sie sind nicht durch eine legitime Allianz einem Mann angetraut und haben ein sexuelles Leben, dann gehören sie zur Kategorie der *gefallenen Mädchen*.

Die zuletzt genannte Kategorie, die es in der diesem Typ eigenen normativen Logik eigentlich nicht geben dürfte, ist aber in Wirklichkeit notwendig, damit die Männer, zum großen Teil ledig, sei es vorübergehend, unter der Auswirkung der Normen, die das Heiratsalter hinausschieben, sei es für immer wegen der Dispositive, die sie von der Weitergabe des Vermögens ausschließt[25] (aber das betrifft in großem Maß auch verheiratete Männer, denen die legitime Verbindung nicht zur sexuellen Befriedigung ausreicht) ein sexuelles Leben haben können, dessen Verlangen für ununterdrückbar gehalten wird und auf das sie, so wird zumindest stillschweigend befunden, ein Recht haben. Die Existenz der gefallenen Mädchen (die, wenn ihre sexuelle Tätigkeit organisiert und anerkannt ist, *öffentliche oder käufliche Mädchen* genannt werden) ist also zugleich offiziell Gegenstand einer prinzipiellen Mißbilligung und offiziös de facto einer Duldung, wovon, abgesehen von vielfachen anderen Beispielen, das Vorhandensein städtisch geschützter Bordelle in jeder nicht ganz unbedeutenden Stadt zeugt. (Die von Claude Grimmer unter die Lupe genommene Stadt Aurillac zählte im 18. Jahrhundert zwölf Bordelle, das heißt eines für je fünfhundert männliche Bewohner.[26] Man weiß auch, daß die Städte im Rhône- und Saônetal im 15. Jahrhundert alle ein »öffentliches Haus«[27] hatten, »ein städtisches Bordell, zu dem häufig noch die Schwitzbäder und eine Menge andere Orte der Prostitution kamen«.[28]) Die gefallenen Mädchen werden insofern geduldet, als der Dienst, den sie leisten, für nützlich gehalten wird, damit die sexuelle Tätigkeit der Junggesellen sich nicht als Ziel die ehrbaren Frauen aussucht, das heißt, damit die Bedingungen für die legitime Zeugung geschützt bleiben. Soziale Dispositive erlauben deren Produktion in großer Anzahl. Abgesehen vom Elend, das mangels anderer Reserven dazu zwingt, um überleben zu können, auf das einzige Gut zurückzugreifen, das man nur mit dem Leben selbst verliert, nämlich den Körper, gibt es auch noch Methoden, die es erlauben, »schutzlose« Mädchen (das heißt zumeist entweder ohne Verwandtschaft oder in den Gesellschaften, wo nur der Erstgeborene das Vermögen übernimmt, jüngere Schwestern ohne Mitgift[29]) in die Kategorie der öffentlichen Mädchen absinken zu lassen. Das ist der Fall der kollektiven und öffentlichen Vergewaltigungen, die an (der »Schlüpfrigkeit« bezichtigten) Opfern verübt wurden und »wahrscheinlich« die Funktion hatten, so sagt Jean-Louis Flandrin, »sie in die Kategorie der ›käuflichen und allen gehörenden‹ Mädchen[30] absinken zu lassen«.

Die auf der eben skizzierten Konvention beruhende Übereinkunft, die selbstverständlich in einer Vielzahl von Varianten je nach Epochen und Territorien vorkommt, beinhaltet eine zu ihrem Fortbestehen absolut nötige Klausel, die von innen betrachtet (von dem, der die Augen schließt) als ein *Ideal* beschrieben werden kann und von außen (von dem, der die Augen aufmacht) als eine *Fiktion*.[31] Als *Fiktion* verstehen wir hier eine Bezugnahme auf einen Stand der Dinge, bei dem man offiziell so tun kann, als verstehe er sich von selbst oder zumindest als bilde er ein erreichbares Ideal, während offiziös jeder weiß oder aus Erfahrung wissen kann, daß dem nicht so ist. Trotzdem wird die Fiktion aufrechterhalten, weil sie notwendig ist, denn jedem ist mehr oder weniger deutlich bewußt, wenn diese Fiktion als solche enthüllt würde, dann würde die gesellschaftliche Ordnung zusammenbrechen, und zwar, ohne daß man einen Schimmer davon hätte, wie man sie verändern oder verbessern könnte. So erhält die kollektive Angst vor einem derartigen Zusammenbruch die Fiktion aufrecht.

Schematisch dargestellt ist die Fiktion in unserem Fall folgende. Sie will, daß der Geschlechtsakt unter legitimen Bedingungen vollzogen wird, daß er legitime Sprößlinge hervorbringt (deshalb wird er vollzogen), und wenn er unter illegitimen Umständen zustandekommt, zum Beispiel wenn er einen Junggesellen und ein gefallenes Mädchen vereint, nimmt man an, daß nicht gezeugt wird. Es läßt sich in diesem Fall von einer sozialen Konstruktion sprechen. Zwei Arten von Geschlechtsakt werden unterschieden, von denen jeder spezifische Eigenschaften hat, der legitime, bei dem gezeugt wird, und der illegitime, bei dem nicht gezeugt wird. Dieser Fiktion (oder unter dem anderen Gesichtspunkt diesem Ideal) entspricht der bis ins 19. Jahrhundert hinein geltende Gemeinplatz, daß der Sexualakt um so häufiger zu Zeugung führt, je seltener er vollzogen wird, was erklärt, daß »die öffentlichen Frauen höchst selten zeugen«.[32] Die abendländische Romanliteratur vom 18. bis zum 20. Jahrhundert bietet ebenso ein verblüffendes Beispiel dieser Fiktion, denn in den Werken, deren Gegenstand der Familienroman ist, haben Geschlechtsbeziehungen unfehlbar Geburten zur Folge (sei es, daß sie als verhängnisvoll oder als glücklich empfunden werden), während in den anderen, in denen es hauptsächlich um Liebesverhältnisse oder erotische Beziehungen geht, die Geschlechtsbeziehungen keine Zeugung mit sich bringen.

Doch der Sexualakt, der sich über die ihm zugemuteten Konstruktionen hinwegsetzt, zeugt hartnäckig weiter, ohne Rücksicht auf die sozialen Bedingungen, innerhalb derer er vollzogen wird, zumindest bis zur Entwicklung der Verhütungsmethoden und deren langsamer Verbreitung: des *coitus interruptus*[33] – von der Mitte des 18. Jahrhunderts an – und vor allem der mechanischen und der chemischen Verhütungsmittel (des Pessars oder der Spirale und der Pille) – Mitte des 20. Jahrhunderts. Selbst wenn man annehmen kann, daß die professionellen Prostituierten – wenn man so sagen kann –, diejenigen, denen man in der erotischen Literatur begegnet, empfängnisverhütende Verfahren anwenden konnten (wie säuregetränkte Tampons),[34] so war das gewiß nicht bei der Mehrzahl der »gefallenen Mädchen« so, die ohne Zweifel den Schwangerschaften noch mehr ausgeliefert waren als die »ehrbaren Frauen«, weil ihre Partner bei ihnen nicht Gefahr liefen, die Konsequenzen einer Geburt tragen zu müssen.

Eine familienweltliche Übereinkunft ist daher an eine Reihe von asymmetrischen Dispositiven geknüpft, die darauf abzielen, entweder eine diskrete Tilgung – während der Schwangerschaft oder sofort nach der Geburt[35] – der ins Fleisch gekommenen Wesen zu erlauben, deren Bestätigung wegen ihrer Illegitimität[36] problematisch ist, oder wenn sie zur Welt kommen und eine Zeitlang bleiben, sie in eine marginale und schlechtere Lage zu verbannen (die sich auf verschiedenen Stufen der Lage der »Niemandskinder« nähert, die der Verwandtschaft entrissen und als Diener verwendet werden, wie wir es für die Gesellschaften mit Sklaverei oben beschrieben haben), manchmal aber auch, sie wieder in die Legitimität aufzunehmen, indem man sie anerkennt oder adoptiert.[37] Die Dispositive, die es erlauben, die unerwünschten, ins Fleisch gekommenen Wesen totzuschweigen, ohne daß die Bedingungen für ihre Bestätigung sicher gewesen wären, und so zu tun, als hätten sie nie existiert, oder ihnen zumindest nur eine niedrigere Stufe der Existenz zuzugestehen, stützen sich auf die Einteilung der menschlichen Wesen in ungleich bewertete Klassen, deren Überleben oder Würde deshalb nicht als gleichermaßen bedeutend betrachtet werden.

So ist die Abtreibung ziemlich gegenwärtig und gewissermaßen im Rahmen einer familienweltlichen Übereinkunft erforderlich, wo sie einen Ersatz für den nicht so leicht zu verheimlichenden Kindsmord bildet.[38] Diese Verheimlichung stützt sich auf eine deutliche Trennung zwischen der weiblichen und der männlichen Welt. Die Abtreibung gehört zu den Praktiken der weiblichen Kultur, die insgeheim ausgeführt werden, jenseits des öffentlichen Raumes und allgemeiner gesagt jenseits des Universums der offiziellen Beziehungen, in dem eine im wesentlichen von den Männern verwaltete Autorität herrscht (Richter, Priester, Ärzte, Verwaltungs- oder Polizeibeamte). Dadurch konnten die männlichen Inhaber der Autorität die Augen vor dieser Praktik schließen, das heißt, sie in Wirklichkeit dulden. Angus McLaren bemerkt, daß sich in den britischen Justizarchiven beinahe keine Spur von Abtreibungen findet, weder bei den kirchlichen Gerichten, die diesen Verstoß bis zum 17. Jahrhundert verfolgten, noch im 18. Jahrhundert von einer Untersuchung über die »Select Trials« von Old Bailey ausgehend, die immerhin reich an »moralischen« Verbrechen wie Vergewaltigungen, Sodomie, Kindsmord und Bigamie sind.[39] Die wenigen Spuren, die sich von Abtreibungen erhalten haben, bedeuten aber nicht, daß sie nicht bekannt oder eine Ausnahme waren. Um nur den Fall der oft sehr jungen Mädchen zu nehmen, die in den städtischen Bordellen arbeiteten, so weist Claude Grimmer nach, daß sie beinahe jedes Jahr einmal schwanger wurden, sich die Puffmütter aber um die Abtreibungen kümmerten.[40] Trotzdem wurde die Abtreibung nie oder sehr selten als ein Problem betrachtet, da sie ja nicht öffentlich war, und gewiß nicht als ein »politisches« oder »soziales Problem« (obwohl sie prinzipiell von den Zivilbehörden als ein Verbrechen betrachtet wurde) in dem Sinn, den diese Termini Anfang des 19. Jahrhunderts annahmen.

Es gibt im Rahmen einer solchen Übereinkunft noch andere Möglichkeiten, um die Wesen durch das Fleisch, deren Bestätigung problematisch ist, nach der Geburt loszuwerden. Außer dem Kindsmord, der in den modernen westlichen Gesellschaften eine extreme Lösung ist, weil er strafrechtlich verfolgt wird, bestehen diese Möglichkeiten darin, sie auszusetzen, einer Amme zu geben oder sie in einem niedrigeren Status im Hauswesen zu behalten und ihnen somit die legitime Fortpflanzung zu verweigern. Nach John Boswell nimmt die Bedeutung der Aussetzung in der 2. Hälfte des 18. Jahrhunderts zu (was sich auch an der Steigerung der Geburtenrate ablesen läßt), denn von drei oder vier Kindern wird eines in den wichtigeren französischen, italienischen und spanischen Städten ausgesetzt, die Quote kann bis auf 43 % der Geburten steigen, wie es in Florenz der Fall war. Und diese Zahlen, präzisiert John Boswell, betreffen nur die »bekannten« und »gemeldeten« Aussetzungen. Da nun manche der ausgesetzten Kinder weder gemeldet noch getauft waren, blieb ihr Verschwinden unbemerkt.[41] Die Sterblichkeit der »Findlinge« ist ziemlich hoch (bis zu 90 %),[42] weitaus höher als die der bei ihren Eltern aufwachsenden Kinder. Ähnliches läßt sich auch für Fälle aufzeigen, wo die Kinder zu Ammen gegeben wurden; in den Städten verdoppelte sich dadurch die Kindersterblichkeit in den Familien.[43]

Daß eine beachtliche Anzahl von Männern von der legitimen Fortpflanzung ausgeschlossen und auf der Suche nach Frauen war, und von Frauen, die illegitim geboren und mehr oder weniger von ihrer Verwandtschaft verlassen waren (wie zum Beispiel im Fall der jüngeren Schwestern) und zu denen der sexuelle Zugang frei war, hatte die Geburt zahlreicher Bastarde zur Folge; diese hatten, als in der modernen Zeit die Toleranz dem Konkubinat gegenüber aufhörte, kein Anrecht auf einen singulären Platz in der Verwandtschaft; sie hatten keine Verwandten, das heißt sie waren ohne Schutz und ohne Obdach, so daß sie eine Gruppe von Menschen bildeten, die für alles taugten und hervorragend austauschbar waren. Wenn sie überlebten, konnten sie ihrerseits Bastarde zur Welt bringen, wodurch sie eine Einheit menschlicher Wesen durch das Fleisch hervorbrachten, die zahlreich, kaum zu identifizieren, bedürftig und dazu gezwungen waren, ihre Arbeitskraft oder ihre Sexualität in den Dienst anderer zu stellen.

Diese fast unerschöpfliche Quelle menschlicher Wesen durch das Fleisch hatte zwar alle tangiblen Eigenschaften, die mit der

Zugehörigkeit zur Menschheit verknüpft sind – die Sprache, einen geschickten und zu einer Lehre geeigneten Körper, Emotionen usw. – aber kein Recht, in der Welt zu verweilen, wo kein anerkannter Platz für sie vorgesehen war. So bildeten sie eine große Ressource an Arbeitskräften, die im Falle ihres Todes leicht zu ersetzen war, etwa für die Marine, die Armee, für Tagelöhner, die Prostitution oder die Dienerschaft (ganz zu schweigen von der nicht berechenbaren Anzahl obdachloser Landstreicher). Unter ihnen wird man zunächst mit dem Aufschwung des Kapitalismus die Arbeiter für die Manufakturen anheuern, der erst zum Skandal werden wird, als die »große Umwandlung«, die durch die hemmungslose Ausbreitung der Warenlogik die seßhaften Kleinbauern – wie es in England war – ruinieren, sie von ihrer Verwandtschaft loslösen und von ihrem Boden losreißen wird, wodurch sie in eine Lage absinken, die der der Wesen ohne Status vergleichbar ist.[44]

So beginnt in Frankreich und in England die Rate der illegitimen Geburten um die Mitte des 18. Jahrhundert beachtlich anzusteigen und erreicht ihren Höhepunkt zwischen dem Anfang und der Mitte des 19. Jahrhunderts (obwohl in dieser Zeit auch das Heiratsalter sinkt[45]). Die ansteigende Zahl der illegitimen Geburten (wie auch die schwieriger zu schätzende der Abtreibungen und Kindsmorde) geht Hand in Hand mit der Verstädterung, der Verelendung und dem Zusammenbruch jeder Form von Kontrolle der Sexualität, die von den familienweltlichen Übereinkünften abhing.[46] Besonders hoch ist sie unter den Dienern, entweder weil Mädchen von ihren Brotherren ins Haus geholt und in einem asymmetrischen sexuellen Verhältnis geschwängert werden, oder, was noch häufiger ist, wegen der sexuellen Verhältnisse unter den Dienern, denen die sozialen Bedingungen nicht gestatten, den Dienerstand aufzugeben, um zu heiraten und einen eigenen Hausstand zu gründen.[47] In dem Sinn einer Gruppe von Menschen, die unter einem Dach leben, gehören die Diener zwar zur »Familie«, haben aber einen untergeordneten Status, der sowohl die Ausbeutung ihrer Arbeitskraft wie ihre sexuelle Ausbeutung erlaubt; und in der Gesellschaft des Ancien Régime gab es eine Unmenge solcher Diener. Peter Laslett hat ausgerechnet, daß ungefähr 40% der Kinder in ihrer Jugend Diener wurden.[48] Mit einem bemerkenswerten Wirklichkeitssinn machten also die Romanciers des 18. und der ersten Hälfte des 19. Jahrhunderts den Bastard zu einer Hauptgestalt der sozial engagierten Literatur.

Wie aus den vorangehenden Bemerkungen hervorgeht, verdrängt eine familienweltliche Übereinkunft die Spannung zwischen den zwei Zwängen, die wir im 2. Kapitel identifiziert haben, einerseits um den Preis einer Fiktion (den Gegensatz zwischen der legitimen Sexualität, die Wesen zeugen muß, von denen man annimmt, daß sie schon vor ihrer Empfängnis bestätigt sind, und der illegitimen Sexualität, die nicht zeugen darf und für nicht zeugungsfähig gehalten wird), andererseits indem die Tilgung der Wesen, die unter nicht annehmbaren Bedingungen ins Fleisch gekommen sind, verheimlicht und gleichzeitig als zufällig und unausweichlich – das heißt »natürlich« und fast »normal« – hingestellt wird, was eine beachtliche Entwicklung des Wider-Treu-und-Glauben, der Heuchelei und eine Zunahme der Spannung zwischen der Wirklichkeit des Status und der Forderung des allgemein Menschlichen mit sich bringt.

Damit eine Übereinkunft dieser Art bestehen bleiben kann, müssen allem Anschein nach Fiktion und Wider-Treu-und-Glauben durch konvergierende Bemühungen angenähert werden, dergestalt daß alle, selbst wenn jeder den Verdacht hat, daß die Wirklichkeit nicht das ist, was sie zu sein vorgibt, und außerdem den Verdacht hat, daß auch die anderen diesen Verdacht haben, zusammenarbeiten können, damit dieses *stillschweigende* Wissen (das heißt das nicht mitgeteilte, außer durch das Gemunkel des Gerüchts, das durch das Aussparen der Anklage und das Aussparen des Beweises entsteht) nicht *explizit* wird. Alles geschieht dann, als würden die Akteure den Glauben teilen, nach dem eine solche Verwandlung des Offiziösen ins Offizielle zur Folge hätte, daß die Welt, in der sie leben und in bezug auf die ihre Tätigkeit (die hier nichts anderes ist als die Herstellung von Menschen) überhaupt ihren Sinn[49] hat, sinnlos würde.

Aber das Fortbestehen dieser Blendung hat nicht nur mit einem »Glauben« zu tun. Es setzt auch die notwendigen sachbezogenen Bedingungen voraus, damit die Verstöße als Ausnahmen betrachtet und, genauer gesagt, als der Prüfung durch eine immanente Gerechtigkeit unterworfene Ausnahmen, das heißt sie müssen auf eine Ordnung bezogen werden, in der sie als solche qualifiziert werden können. Zum Beispiel, was unseren Gegenstand betrifft, die Wesen, die unter Umständen gezeugt werden, die ihre Singularisation an einem Platz nicht erlauben, dürfen nicht zu zahlreich sein; ihre Vernichtung – vor oder nach der Geburt – oder ihre Aussetzung soll nicht allzu sichtbar werden; die kognitiven Werkzeuge und die Instrumente für die Aufstellung von Kategorien, die notwendig sind, um die auseinanderliegenden Fälle zusammenzuführen und in einer Reihe aufzustellen, müssen fehlen; die Fälle der Transgression dürfen nicht den Charakter eines »Skandals« haben – das heißt, wie Jean-Louis Flandrin klug feststellt, sie kommen nicht »aus den höheren Gesellschaftsschichten«, was sie zugleich sichtbar macht und unbestraft läßt;[50] die Möglichkeit, sich den Forderungen der Legitimität zu entziehen, darf nicht nur von den Männern, sondern auch von den Frauen, was im Fall der Zeugung viel größere Folgen haben kann, nicht beansprucht werden usw.

Eine sozial nützliche Übereinkunft
mit dem Industriestaat

Die Übereinkunft, die wir jetzt skizzenhaft darstellen werden, ist in der Geschichte nie wirklich in die Tat umgesetzt worden, zumindest nicht in ihrer Totalität und in großem Umfang. Auf der theoretischen Ebene dagegen ist sie Gegenstand bis zum Äußersten getriebener Entwicklungen geworden und war ebenso die Ursache einer großen Anzahl von Maßnahmen, die von den westlichen Staaten im 19. und im 20. Jahrhundert getroffen wurden. Trotz ihres relativen Scheiterns (aber dasselbe könnte man von der Übereinkunft mit dem Schöpfer in ihrer christlichen Form sagen) scheint sie uns doch eine so wichtige Rolle gespielt und auf hinreichend viele Projekte, Ideen und konkrete Maßnahmen eingewirkt zu haben, daß es der Mühe wert ist, uns ein wenig bei ihr aufzuhalten.

Bei dieser Art von Übereinkunft ist die Instanz, von der das zukünftige Kind im voraus bestätigt wird, weder der Schöpfer noch die Verwandtschaft, sondern der Nationalstaat. Das ins Fleisch kommende Wesen wird bestätigt und als Eigenwesen identifiziert, wenn man erwarten kann, daß es in der nationalen Gesellschaft einen Platz einnehmen und dort eine für das Kollektiv nützliche Rolle übernehmen kann. Da diese Art von Übereinkunft dem sozialen Nutzen eine große Bedeutung beimißt, stellt sie mehr, als es die beiden anderen Übereinkünfte taten, die wir untersucht haben, die Idee des persönlichen Verdienstes in den Vordergrund und gibt auf weniger euphemistische Weise die Notwendigkeit einer Selektion auf der Basis des Verdienstes zu. Aber da weder die Föten noch die Neugeborenen wirklich in der Lage sind zu zeigen, wozu sie fähig sind, wenn sie einmal ins Leben geworfen werden, muß sich die Art von Übereinkunft, mit der wir uns jetzt befassen werden, auf spezifische Wissenszweige und Wissenschaften (vorrangig die Medizin, doch auch die Geisteswissenschaften und die politischen Wissenschaften – Demographie, Statistik, Ökonomie und Soziologie) berufen, die Vorhersagen über die zukünftige Nützlichkeit der ins Fleisch gekommenen Wesen machen können. Sie muß sich ebenso auf eine Gruppe von Spezialisten, nämlich die Ärzte stützen, die imstande sind, zwischen den privaten Orten, an denen die Zeugung stattfindet, und dem staatlichen Raum, der das öffentliche Wohl verwaltet, hin und her zu pendeln, und fähig, wissenschaftlich die Wesen auszuwählen, auf die es ankommt, sowohl in Form allgemeiner Vorschriften als auch in Form von Entscheidungen, die zu einzelnen Fällen getroffen werden müssen.

Wenn man von gewissen Formen des sogenannten »utopischen« Sozialismus absieht, wurde das Ideal einer Kontrolle der Zeugungen durch den Staat praktisch nie so weit getrieben, daß man die Abschaffung der Familie oder ihren Ersatz durch Fortpflanzungs- und Erziehungsinstitute kollektiver Art propagiert hätte, was ganz allgemein als nicht realisierbare Maßnahme betrachtet wurde. Aber die Familie hatte sich von der Verwandtschaft losgelöst und auf den Status einer Basiszelle für die Zeugung und die frühe Erziehung der Kinder reduziert. Somit stellte sich die Frage der Verknüpfung: auf der einen Seite die Familie, der Ort, wo der Anspruch auf einen »privaten« Raum aufrechterhalten werden mußte (das heißt in erster Linie eines Raums, wo der Staat nicht direkt eingreift), ein Ort, wo auf legitime Weise »privaten« Interessen nachgegangen und wo Entscheidungen getroffen werden konnten, die nur auf dem individuellen freien Willen beruhten, auf der anderen Seite die Gesellschaft als Instanz des kollektiven Interesses, des allgemeinen Wohls, das heißt hinsichtlich der Frage der Zeugung menschlicher Wesen, des allgemeinen Wohls der *Bevölkerung*, die im Nationalstaat in ihrer Gesamtheit enthalten ist. Die Ärzte (genau wie die Notare im Fall der wirtschaftlichen Interessen und des Verkehrs der materiellen Güter) waren mit der Hilfe der Sozialhelferinnen, sobald sich die Strukturen des Wohlfahrtsstaates entwickeln sollten, praktisch die einzigen, die, um mit Durkheim zu sprechen, dieses Zwischenglied zwischen dem für das (vor allem biologische) Wohlergehen der Bevölkerung verantwortlichen Staat und den Familien, also zwischen dem Öffentlichen und dem Privaten bilden konnten. Wegen ihrer Funktionen hatten sie das Recht, den privaten Raum zu betreten und innerhalb dieses Raums die Intimität der Körper kennenzulernen, was sie zu den Verwahrern der »Familiengeheimnisse« machte. Aber andererseits verlieh ihnen ihre Kompetenz und ihre Autorität eine herausragende soziale Rolle, die sie zu den natürlichen Ratgebern der regierenden Instanzen auf allen Gebieten machte, die mit der

Hygiene, der Gesundheit, der Sterblichkeit, der Fortpflanzung zu tun hatten, das heißt bei einer beachtlichen Anzahl politischer Entscheidungen. Diese Mittlerstellung zwischen dem weitesten öffentlichen Raum, nämlich dem der Gesetze, und der zutiefst privaten Sphäre der Familie und des Körpers war möglich geworden, weil man aufs neue auf dem »ärztlichen Geheimnis« beharrte, das heißt in der Praxis auf einer Forderung der Anonymität, der Entsingularisierung und Verallgemeinerung durch Übergang von den Einzelfällen, die ihnen bekannt waren, zu den Äußerungen, die sie entweder in wissenschaftlichen Publikationen oder in ihrer Eigenschaft als Ratgeber für allgemeine Maßnahmen darüber machten.

Was die Organisation der Beziehung zwischen Sexualität und Zeugung betrifft, so hat diese Art von Übereinkunft die Sexualität vor allem in ihrer nützlichen Dimension im Auge, das heißt hinsichtlich der Quantität und der Qualität der Wesen, die sie zeugen kann. Sie erweist sich jedoch als stark normativ, denn von den Bedingungen, die für die Zeugung als normal befunden werden, sind Akte und Personen ausgeschlossen, die eine negative Wirkung auf die Qualität der Bevölkerung haben können.
Ende des 18. und im 19. Jahrhundert entwickelt sich im Kreis einer modernistischen und progressiven Elite die neue Idee, daß nämlich die Verwaltung der Bevölkerung (ein Begriff,[51] der zugleich mit dem der Gesellschaft[52] damals einen neuen Sinn annahm) ein Gegenstand ist, der das öffentliche Wohl, also den Staat[53] angeht. Die Autorität, welche die Voraus-Bestätigung der zukünftigen Kinder versichert (und infolgedessen auch, zumindest implizit, deren Selektion) braucht als Bezug nicht mehr die Verwandtschaft zu haben, sondern den Nationalstaat. Die Ersetzung einer von der Verwandtschaft gelenkten Ordnung, die zugleich als archaisch und ungerecht beurteilt wurde, durch eine von der Gesellschaft gelenkte bildet eines der Hauptprobleme, mit dem sich die Neuerer des 19. Jahrhunderts auseinandersetzen müssen. Eine Logik der Gesellschaft beruht auf der Nivellie-

rung der von der Verwandtschaft bestimmten Plätze, wenigstens in ihrer Eigenschaft als ontologische Indikatoren. Die Wesen werden dann durch den Bezug auf den Platz definiert, den sie in der Gesellschaft werden einnehmen können. Da dieser Platz nicht mehr im voraus durch die Verwandtschaft definiert ist, zeigt sich der Weg der Menschen in Richtung auf die Plätze, die sie innehaben werden, der Form nach als ein offener. Die Plätze in der Gesellschaft sind ebenso von ungleichem Wert, aber die Tatsache, einen Platz – und wäre es der am wenigsten geschätzte – in der Gesellschaft innezuhaben, versteht sich nicht von selbst. Diese Art von Repräsentation setzt also eine Trennung zwischen den Menschen – von ungleichem Wert – und den gleich hierarchisierten Plätzen mit der Funktion ihres relativen Werts, obwohl kein einziger Platz ohne Wert ist – denn das Staatsbürgertum ist als solches schon ein Wert –, so daß die Verwirklichung einer gerechten Ordnung auf einer möglichst feinen Regulierung der Verbindung zwischen dem Wert der Menschen und dem Wert der Plätze beruht. Der mehr oder weniger gerechte Charakter der sozialen Ordnung definiert sich dann zugleich im Hinblick auf die Einzelschicksale – und unter diesem Gesichtspunkt ist er meritokratisch in dem Sinn, daß es die Gesellschaft den Besten schuldig ist, ihnen die besten Plätze zu geben – und im Hinblick auf die Gesellschaft als kollektives Gut: Die Gesellschaft ist die bestmögliche, auch für die am wenigsten Begabten, welche die am wenigsten geschätzten Plätze einnehmen, während die Besten die besten Plätze einnehmen und so die leitenden Funktionen ausüben.

Diese ideologische Verschiebung von der Verwandtschaft zur Gesellschaft hat mehrere Folgen. Eine erste Folge ist, daß sich die Kluft zwischen den Qualitäten der Personen und den materiellen Gütern vergrößert. Die materiellen Güter werden weiterhin großenteils nach der Logik der Verwandtschaft weitergegeben, aber die Qualitäten der Personen gehen eigentlich nicht mehr denselben Weg.[54] Gleichzeitig können die ungeheuren Vorteile, die aus einem ererbten Eigentum entstehen, immer häufiger als illegitim angezeigt werden, insbesondere, wenn sich die Eigentümer als ihren Gütern nicht gewachsen zeigen. Eine zweite, für unseren Gegenstand sehr wichtige Folge ist, daß die Frage der Selektion der Menschen eine der Hauptfragen wird, mit der sich der Staat befassen muß. Diese Frage erscheint von selbst in zwei verschiedenen Bereichen: in demjenigen der Zeugung und in jenem der Erziehung. In beiden Bereichen stellt sich die Frage, wie man die Aktion zwei verschiedener Instanzen miteinander verbinden soll: auf der einen Seite die Instanz der Familie und auf der anderen eine Instanz unter der Kontrolle des Staates oder eine, die für eine Verbindung mit dem Staat geeignet ist, die Schule im Fall der Erziehung und die medizinische Instanz im Fall der Zeugung.[55]

Diese Optik setzt zweierlei voraus: einerseits eine deutliche Trennung der *Verwandtschaft*, die jetzt als allgemeine soziale Ordnung entwertet ist, von der *Familie*, die ihren Wert hat, nun aber als Zelle der Fortpflanzung und der Aufzucht menschlicher Wesen, andererseits eine Verschiebung der Trennung zwischen »öffentlich« und »privat«, zwischen dem, was zu den Haushalten gehört (der »bürgerlichen Gesellschaft«), und was zum »Staat« gehört. Es geht um die Aufstellung neuer Grenzen zwischen den Bereichen, deren Verwaltung der Autorität der Familien unterstellt ist, und denen, die Gegenstand eines öffentlichen Eingreifens werden können. Diese Grenze ist umkämpft. Das geschieht im wirtschaftlichen Bereich, das heißt in demjenigen der Produktion der materiellen Güter, aber es geschieht vielleicht noch mehr in dem der Herstellung menschlicher Wesen, die in der Gesellschaft Platz finden sollen. Davon zeugen zugleich die Debatten über die Erziehung (wo liegen die Grenzen für das Eingreifen des Staates in der Erziehung im Verhältnis zur Familie?) und jene über die Zeugung (wo liegen die Grenzen, die mit Hilfe einer adäquaten Gesetzgebung von seiten der Medizin den sexuellen Gelüsten und den Zeugungswünschen der einzelnen Individuen auferlegt werden müssen?).

Die Politik der Zeugung hat als Ziel die Bevölkerung, die im Rahmen des Nationalstaats (der »Gesellschaft«) enthalten ist. Dieses Ziel ist ein doppeltes: es bezieht sich auf die Quantität und die Qualität der Bevölkerung. Quantität und Qualität können beide Ziel einer statistischen Maßnahme werden, durch welche die Anstrengungen des Staates kontrolliert und gelenkt werden können. Die Volkszählungen messen die Quantität. Was die Qualität betrifft, so läßt sie sich indirekt durch Indikatoren messen, die entweder in den Bereich der geistigen und der körperlichen Gesundheit (Epidemiologie) gehören, oder in den der Kriminologie. Die Theorien der Degeneration[56] gestatten es, Übergänge zwischen diesen beiden Reihen von Indikatoren[57] festzulegen. Je nach den Zeiten und je nach den Staaten kann entweder die Quantität oder die Qualität betont werden.[58] Aber zumeist sind die beiden Ziele miteinander verbunden, vor allem aus Furcht, das Volumen der Sektoren der Bevölkerung anwachsen zu sehen, in denen die Menschen für von weniger guter Qualität gehalten werden (die »gefährlichen« Klassen als von den »arbeitenden« Klassen abgewichene Untereinheit[59]), und die Sektoren sich vermindern zu sehen, in denen die menschliche Qualität als besser beurteilt wird. Als in der zweiten Hälfte des 19. Jahrhunderts, das heißt mit Galton, die Eugenik im eigentlichen Sinn des Wortes auftritt und sich verbreitet, stellt diese Problematik eine neue Frage in den Vordergrund, die nicht statistisch zu beweisen ist, und zwar die der biologischen Fortpflanzungsbedingungen, die für die Selektion von »Genies«, das heißt außergewöhnlichen Menschen, die einen sehr hohen Beitrag zum öffentlichen Wohl leisten und ohne die die Gesellschaft verloren wäre.

Um eine Bevölkerung von guter Qualität in ausreichender Menge zu erhalten, müssen die Politik der Erziehung und die Politik der Zeugung miteinander verbunden werden. Ihre relative Wichtigkeit, ihre Grenzen und ihre Artikulationsweisen sind Gegenstand intensiver Debatten, die sich an den wissenschaftlichen Disput über die relative Wichtigkeit des Angeborenen und des Erworbenen anlehnen. Wozu soll man Zeit und Geld ausgeben, um zu versuchen, Menschen zu erziehen, die schon ihrer Herkunft nach von schlechter Konstitution sind – das heißt nach diesem Denken zugleich in ihrer biologischen, intellektuellen und moralischen Existenz – und daher unfähig, auch nur zu einem geringen Teil etwas zum kollektiven Glück beizutragen? Zwischen Zeugung und Erziehung wird sich im letzten Viertel des 19. Jahrhunderts das weite Arbeitsfeld der *Säuglings- und Kleinkinderpflege* plazieren, die sich ein Gebiet anzueignen beabsichtigt, das von der Zeugung (in welchem körperlichen und geistigen Zustand sich die zukünftigen Eltern beim Sexualakt befinden sollen, damit das gezeugte Wesen von guter Qualität ist) über die Hygiene während der Schwangerschaft und der Entbindung bis zur Aufzucht der Säuglinge reicht.[60]

Dieses Feld ist selbst mit zwei anderen Projekten verbunden. Das erste wird als von entscheidender Wichtigkeit, aber als schwierig von der Bevölkerung anzunehmen erachtet, die zum großen Teil immer noch den Verwandtschaftsbeziehungen große Bedeutung beimißt, und zielt darauf ab, bei der Selektion der zukünftigen Eltern auf dem Weg das Eingreifen des Staates vermittels der Ärzte zu erlauben, um zu verhindern, daß schlechte, das heißt mit erblichen Mängeln belastete Eltern Kinder von schlechter Qualität produzieren. Außerdem würden solche Väter, da sie selbst mit Fehlern behaftet und für jede nützliche Arbeit ungeeignet wären, sich auch als ungeeignet erweisen, ihre Sprößlinge zu erziehen, so daß die Last und die Kosten für deren Aufzucht vom Kollektiv getragen werden müßten.[61] Da diese erblich belasteten Wesen nun in den sogenannten »niederen« Klassen (wohin sie die natürliche Selektion verbannt hat) ausfindig gemacht werden, knüpft das Projekt, sie von der Zeugung auszuschließen, an die zuerst Ende des 18. Jahrhunderts von Malthus vorgebrachte Idee an, die Armen, die ihre Sprößlinge nicht ernähren können, zu kontrollieren, damit sie sich nicht ohne weiteres fortpflanzen können.

Das Ziel, welches darin besteht, daß nur Kinder gezeugt werden, deren Voraus-Bestätigung durch einen von der Wissenschaft erleuchteten Staat für gute Qualität bürgt, ist nicht leicht zu erreichen. Die Sterilisierung der Ungeeigneten wird, abgesehen davon, daß sie auf Widerstände stößt, in großem Ausmaß technisch erst in der ersten Hälfte des 20. Jahrhunderts möglich.[62] Man plant also, die Möglichkeit der Verehelichung[63] (auch das nicht leicht und wirksam zu verwirklichen) und die Sexualität außerhalb der Ehe zu kontrollieren, die sich, da sie von keinem Amt registriert wird, der Staatsgewalt entzieht und die Zeugung unqualifizierbarer Wesen begünstigt. Das Ziel ist also auch in diesem Fall eine Zeugung ohne Spielraum, das heißt ohne die Wesen im Fleisch, die zu bestätigen kein Wort gekommen ist.

Die Abtreibung unter den Augen des Staates

Das zweite Projekt, wenigstens dem Anschein nach leichter zu verwirklichen, hat die Erziehung oder, um genauer zu sein, die Zähmung der Mädchen zum Ziel. Es geht darum, sie auf ihre Rolle als Mutter und Erzieherin (sehr oft ergänzt, vor allem, wenn sie den Klassen des niedrigen Volks angehören, vom zivilisierenden Faktor ihres Gatten) vorzubereiten, aber auch darum, sie vor sich selbst zu schützen, indem man körperlichen Praktiken ein Ende bereitet, die ihr Leben und ihre Gesundheit gefährden und ebenso ihre Fortpflanzungsfähigkeit beeinträchtigen und die sie auf eigene Faust oder mit Hilfe von Scharlatanen ausführen. Dieses Projekt wird von einem Kampf gegen die Vorurteile und die »volkstümlichen« Praktiken auf dem Gebiet der Fortpflanzung und der Aufzucht der Säuglinge begleitet. Die Initiatoren sind die Ärzte, die, wenigstens was die Aufzucht der Säuglinge betrifft, sehr oft von der Schule abgelöst werden. Die Vorstellung, daß es dem Staat zukommt, eine biologische Politik der Bevölkerung zu betreiben und über deren Quantität und Qualität zu wachen, setzt aber voraus, daß den Müttern ihre Macht über die Zeugung entzogen wird, ihr Wissen in Mißkredit gerät und ihre Praktiken kontrolliert werden. Dieses Projekt kommt den korporativen Interessen der Ärzte entgegen, die in einem Prozeß der Professionalisierung begriffen, gegen die Scharlatane kämpfen, um sich von ihnen zu unterscheiden, aber auch ganz allgemein gegen den Anspruch der Nicht-Ärzte, ein medizinisches Wissen zu besitzen und den Körper betreffende Praktiken zu entwickeln. Im Lauf des ganzen 19. Jahrhunderts führen sie ihre schon in der zweiten Hälfte des 18. Jahrhundert begonnene Offensive gegen die Hebammen und die »Matronen« (der Unterschied ist nicht immer ganz deutlich) weiter, deren Zuständigkeit für Schwangerschaft und Geburt allgemein anerkannt ist.[64] Die Hebammen werden auch angeklagt, Abtreibungen vorzunehmen, deren Folgen oft tödlich sind.

In diesem Rahmen wird die Abtreibung zu einem *sozialen Problem*, das politische Maßnahmen verlangt. Die Praktik, die in England und Frankreich zwar schon Anfang des 19. Jahrhunderts zur Straftat erklärt wird, aber erst nach und nach wirksam und vor allem gegen die »Scharlatane«[65] gerichtet ist, tritt als Maßnahme der sozialen Hygiene und des öffentlichen Gesundheitswesens im Kampf gegen eine »Plage« auf, die oft wie eine Epidemie beschrieben wird (ebenso wie die Tuberkulose, der Alkoholismus und die Syphilis) und deren Schäden als unaufhörlich anwachsend betrachtet werden, wenn man nichts unternimmt, um ihr ein Ende zu machen.[66] (Man wird noch bis zur Mitte des 20. Jahrhunderts[67] in epidemologischen Termini von der Abtreibung sprechen). Durch die ständige Invokation dieser Plage im Lauf des 19. und in der ersten Hälfte des 20. Jahrhunderts läßt die Forderung eines verstärkten Kampfes gegen die Abtreibungen nie nach, deren Überhandnehmen trotz der Bestrafung einer zu »laxen« polizeilichen und gerichtlichen Handhabe zur Last gelegt wird.[68]

Die Historiker stimmen in der Annahme überein, daß die Praktik der Abtreibung wahrscheinlich in der ersten Hälfte des 19. Jahrhunderts mit der Verstädterung und der Verelendung zunahm, die mit einer Schwächung der Kontrollen der Sexualität von seiten der Eltern einhergingen.[69] Aber es ist ebenso wahrscheinlich, daß die Abtreibungen, da sie nun häufiger in der Stadt vorkommen, auch besser sichtbar werden, weil die Frauen, die die verheerenden Folgen dieser Praktik erleiden, häufig im Krankenhaus enden. Die Abtreibung ist auch deshalb sichtbarer, weil sie häufiger von Spezialisten praktiziert wird, von denen eine beachtliche Anzahl Ärzte sind. Wie es scheint, entwickeln sich diese Experten der Abtreibung von der Mitte des 19. Jahrhunderts an (im Lauf des Jahrzehnts 1840-1850), wie es Leslie Reagan[70] für die Vereinigten Staaten und Agnès Fink[71] und Annick Tillier[72] für Frankreich aufzeigen. Die Spezialisten setzen kaum verhüllte Anzeigen in die Zeitungen. Was den Ausdruck »Engelmacherin« betrifft, so erscheint er in Frankreich, nach Annick Tillier, gegen 1880.

Die Ärzte spielen in diesem »Kampf« eine Hauptrolle, und zwar zugleich als Verantwortliche für die Durchführung der biologischen Politik, aus den gerade dargelegten korporativen Gründen und schließlich auch aus Gründen, die mit der Entwicklung des ärztlichen Wissens zusammenhängen: Sie sehen in den ersten Bewegungen (*quickening*) des Fötus nicht mehr wie im 19. Jahrhundert eine »wissenschaftlich« belangvolle Schwelle in dessen Entwicklung, und in Anbetracht der Tatsache, daß die Bedeutung, die diesem Zeitpunkt der Schwangerschaft beigemessen wird, auf einem Volksglauben beruht, machen sie sich daran, alle Arten von Praktiken, die vor diesem Stadium mit der Ausrede »das Blut wieder kommen zu lassen«,[73] durchgeführt werden, als latente Abtreibungen auszulegen.

Aber die Abtreibung zu einer Straftat zu machen, ist nicht nur eine Maßnahme der sozialen Hygiene. Sie gehört auch in den Rahmen einer Zeugungspolitik, die den Fötus unter staatliche Kontrolle stellt. Wenn nun der Staat, mit der Unterstützung der medizinischen und der politischen Wissenschaften, und nicht in erster Linie der Schöpfer oder die Verwandtschaft, die Autorität hat, das zukünftige Kind in seinem Menschsein im voraus zu bestätigen, dann ist er verpflichtet, sich der Macht zu widersetzen, die gewöhnliche Frauen ohne jegliche Legitimierung innehaben, nicht nur ihrer eigenen zukünftigen Fruchtbarkeit durch eine Abtreibung zu schaden,[74] sondern auch eine blinde Auswahl zu treffen unter den ins Fleisch gekommenen Wesen, die sie durch die Abtreibung verschwinden läßt (vielleicht von ihrer Erbmasse her außergewöhnliche Wesen), und solchen, die, sobald sie auf der Welt sind, der Gesellschaft gegenüber unterhaltsberechtigt sind (allzuoft Nichtsnutze).

In diese Richtung geht auch die Tatsache, daß die fortschrittlichen Ärzte weniger darauf abzielen, die Abtreibung ganz allgemein zu verbieten, als vielmehr deren Praxis durch Nicht-Ärzte zu untersagen, um den Ärzten die Möglichkeit vorzubehalten, sie unter der Kontrolle der Institution des Gesundheitswesens zu praktizieren (was praktisch bedeutet, daß sie mit einem Kollegen darüber gesprochen haben). Ihnen steht es zu, die (von Land zu Land unterschiedliche[75]) Grenze zwischen der »kriminellen Abtreibung« – der von den Nicht-Ärzten praktizierten – und der »therapeutischen Abtreibung« – der von den Ärzten praktizierten – zu ziehen, was A. McLaren zu der Bemerkung veranlaßt, »den Ärzten sei die bemerkenswerte schwierige Tatsache gelungen, ein Tabu zu schaffen, das nur sie selbst verletzen können«.[76]

In England bestand der Unterschied zwischen diesen zwei Arten der Abtreibung vor allem in der Ausführung: Kennzeichnend für die therapeutische Abtreibung war, daß sich die Entscheidung auf eine medizinische Rechtfertigung stützen konnte, welche das Risiko für die Mutter berücksichtigte, und vor allem daß diese Entscheidung einen öffentlichen oder zumindest kollegialen Charakter hatte; mit anderen Worten, daß sie von mehreren Ärzten getroffen wurde, wodurch der die Abtreibung ausführende Arzt gedeckt war. A. McLaren schreibt, er habe kein Beispiel dafür gefunden, daß ein »Arzt, der mit seinen Kollegen übereinstimmte, wegen einer Abtreibung strafrechtlich verfolgt wurde«.[77]

In der Praxis konnten die Bedingungen für die Ausführung, die weit davon entfernt waren, streng kodifiziert zu sein, so unterschiedliche Interpretationen zulassen, daß sie die Möglichkeit zu einer Kasuistik eröffneten. So zitiert J. Keown den Fall von Ärzten aus dem ersten Drittel des 20. Jahrhunderts, die eine therapeutische Abtreibung nicht wegen der Risiken für die körperliche, sondern die geistige Gesundheit der Mutter[78] rechtfertigten. Leslie Reagan zeigt ebenso, wie die Frauen oft mit Erfolg (zum Beispiel beunruhigende Symptome zeigend oder simulierend) ihre Ärzte antreiben konnten, sich zu einer »therapeutischen Abtreibung« zu entschließen, die medizinisch notwendig und folglich »gesetzlich erlaubt«[79] war.

Das Bestehen einer deutlichen Grenze zwischen krimineller und therapeutischer Abtreibung eröffnete eine neue wichtige Möglichkeit, nämlich die der eugenischen Abtreibung. Wenn diese Möglichkeit auch erst mit der Entwicklung einer prädiktiven Medizin in großem Umfang wirksam sein sollte, so daß der Fötus kein perfekter Unbekannter mehr sein würde, so wird sie trotzdem lange vor dieser Zeit herangezogen werden, um Paarungen zwischen erblich belasteten Eltern im Nachhinein ungeschehen zu machen.[80] Diese Art von Abtreibung wird auch als zu den Pflichten des Staates gehörig betrachtet. Sie wird erst ab dem ersten Drittel des 20. Jahrhunderts ernsthaft ins Auge gefaßt, aus zugleich technischen wie politischen Gründen. Vor der Entwicklung einigermaßen sicherer aseptischer Methoden kann man technisch gesehen eine medizinische Abtreibung nur in den dringendsten Fällen vornehmen, aber in großem Ausmaß läßt sich diese Technik nicht preisen. In den südlichen europäischen Ländern mit überwiegend katholischer Bevölkerung begünstigte der Kampf der Staatsgewalt, der den Frauen die Macht über die Zeugung und vor allem über die Abtreibung entziehen wollte, eine Allianz zwischen der traditionellen Elite, die an Übereinkünften mit Bezug auf den Schöpfer und die Verwandtschaft hängt, aber sich dem Darwinismus und den brutalen Formen der Eugenik stark widersetzt,[81] auf der einen Seite und der fortschrittlichen, modernen Elite auf der anderen, nach deren Wunsch der Staat die Fortpflanzung der Bürger übernehmen soll, um den Fortschritt des Menschengeschlechts zu fördern. Die eugenische Verwendung der Abtreibung[82] wird also erst sehr spät, und vor allem in den angelsächsischen Ländern und in Deutschland, ins Auge gefaßt. Diese Verwendung wird in Frankreich mit Interesse verfolgt, wie das Werk von Jean Sutter, ein spätes Beispiel, bezeugt, das 1950 vom Institut national d'études démographiques publiziert wurde und in dem ein Kapitel den »Legalen eugenischen und sozial begründeten Abtreibungen« gewidmet ist, das von den Erfahrungen in Schweden, Dänemark, in der Schweiz, in Japan und in der Sowjetunion[83] handelt.

Das Offizielle und das Offiziöse im Fall einer Übereinkunft mit dem Staat

Wie die anderen beiden Übereinkünfte, die wir schon beschrieben haben, so strebt auch die Übereinkunft, die sich auf eine Voraus-Bestätigung durch den Staat stützt, nach einer Zeugung, die keinen Spielraum läßt. Eine peinlich genaue Ordnung der Sexualität (nicht als individuelle oder private Praktik betrachtet, sondern als etwas, das den Staat betrifft) muß als Ergebnis die Bildung von zwei Gruppen haben: auf der einen Seite Individuen, die sich nicht sexuell betätigen (oder, da sie sterilisiert sind, sich sexuell betätigen, ohne zu zeugen), und auf der anderen Seite ausgewählte Individuen, aus deren Paarungen Kinder von guter Qualität hervorgehen, denen ein Platz in der Gesellschaft sicher ist.[84] Diese Übereinkunft kann um so legitimer als offiziell bezeichnet werden, da sie, von der Politik des Staates aufgestellt, auf dem Gesetz und auf einer die Verstöße bestrafenden Ordnung beruht. Dieser Geist führt zu Maßnahmen wie das ärztliche Ehetauglichkeitszeugnis oder die Bestrafung der Abtreibung, wenn sie außerhalb des staatlichen Gesundheitswesens praktiziert wird.

In offiziöser Hinsicht beinhaltet diese Übereinkunft zwei sehr unterschiedliche Arten von Problemen, die man im ersten Fall als Ausnahmen und im zweiten als Mißerfolge oder Scheitern erkennen kann. Die Ausnahmen betreffen jene Abtreibungen und Kindsmorde, die insgeheim im Gesundheitswesen zu dulden sind, denn was in den Bereich der *Natur* gehört, kann nie Gegenstand einer vollkommen rigorosen Voraussicht werden, so daß verdienstlose Föten sogar bei biologisch »gesunden« Paaren vorkommen können. Doch geraten Abtreibung und Kindsmord in diesem Fall nicht in eine Spannung mit dem ersten der beiden Zwänge, die wir im vorangehenden Kapitel herausgearbeitet haben, denn sie werden nicht unter dem Schleier der Unwissenheit, sondern mit Sachkenntnis durchgeführt. Diese Praktiken, die nach der Meinung der Eugeniker nur durch das Vorhandensein hartnäckiger Vorurteile nicht zu offiziellen Institutionen werden können, gehören also zu den Instrumenten der Selektion und der Vorausbestätigung durch den Staat.

Anders sieht es bei den Mißerfolgen aus, denen diese Art von Übereinkünften begegnet. Sie entstehen aus der Schwierigkeit, die Sexualität – eine private Tätigkeit – mit der Hilfe eines staatlichen Apparats in Gesellschaften zu kontrollieren, in denen das Projekt der Rationalisierung der Zeugungsbedingungen selbst da, wo es ernst genommen wurde, keine praktischen Folgen zeitigte, weil seine Absichten kaum interiorisiert wurden. Man findet zwar in den Romanen gegen Ende des 19. Jahrhunderts Beispiele von Männern, die nicht heiraten wollen, aus Angst, ihren Sprößlingen erbliche Belastungen zu übertragen, aber der Roman erzählt nicht, ob sie sich auch mit den käuflichen Mädchen jeder sexuellen Tätigkeit enthielten. Zudem läßt sich denken, daß solche »Elitewesen« in Wirklichkeit ziemlich selten vorkamen.

Ebenso war die Tatsache, daß die Abtreibung zur Straftat erklärt wurde, zwar eine wichtige Maßnahme bei der Einführung einer Zeugungspolitik, aber was sie selbst betrifft, ein absoluter Mißerfolg. Obwohl die Zahl der heimlichen Abtreibungen, die bis zu dem Zeitpunkt der Aufhebung der Strafbarkeit dieser Praktik jährlich in Frankreich praktiziert wurden, nicht genau in Erfahrung zu bringen ist, schätzt man,[85] daß sie zwischen 1930 und

1950 mehrere Hunderttausend betrug (von 400 000 bis 600 000 dürfte eine zutreffende Spanne sein, aber bei einem Treffen mit einer der Gründerinnen des *Planning familial* – der Familienplanung – war von Zahlen bis zu 800 000 die Rede). Es ist wahrscheinlich, daß die Zahl in der Vergangenheit nie so hoch gewesen war, als der Staat noch nicht den Anspruch erhob, die Art und Weise zu regeln, wie die Individuen, die unter seinem Schutz standen, ihre Kinder zeugten (oder nicht). Die Abtreibung, die früher verborgen oder vergessen wurde und jetzt im Rampenlicht der Justiz stand, sollte aufs neue und für immer verschwinden. Je mehr man indessen die Notwendigkeit betonte, diese Plage ausrotten zu müssen, um so mehr florierte sie. Die Bestrafung hatte keine andere Wirkung, als daß sie eine Brutalisierung dieser Praktik mit sich brachte, die immer gefährlicher und immer gewalttätiger wurde, da sie, während die Anstrengungen für die Befolgung des Gesetzes zunahmen, heimlich unter oft unmenschlichen Umständen von professionellen Abtreibern durchgeführt wurde. Die Bestrafung, zunächst als Maßnahme der öffentlichen Gesundheit gerechtfertigt, die das Leben und die Gesundheit der Frauen schützen sollte, hatte als Hauptwirkung, daß sich die Zahl der an den Folgen einer Abtreibung gestorbenen oder verletzten Frauen vermehrte.

Der Widerstand gegen die Maßnahmen zur Kontrolle der Fortpflanzung zeigte sich nicht nur durch die häufige Zuflucht zur heimlichen Abtreibung. In den Fällen, in denen die Frauen, die abgetrieben hatten, vor Gericht gestellt wurden, äußerte er sich auch durch eine sehr große Nachsicht der Geschworenen ihnen gegenüber. Aus diesem Grund wurden im übrigen durch die Gesetze von 1920 (Behandlung der Anstiftung zur Abtreibung als Vergehen) und von 1923 (Behandlung der Abtreibung als Vergehen), die mit dem Ziel, die demographischen Verluste durch den 1. Weltkrieg auszugleichen, die Strafe zu verstärken trachteten, die Prozesse wegen Abtreibung von den Schwurgerichten in die Strafkammer der Landgerichte verlegt, wo das Delikt nur noch von der Zuständigkeit eines einzigen Richters abhing.[86] Jedenfalls machten in jener ganzen Zeit die Fälle von Abtreibung, die zu einer Bestrafung führten, nur einen geringen Teil der wirklich praktizierten Abtreibungen aus: »In den ersten vier Jahrzehnten des 20. Jahrhunderts schwankt die Anzahl der verurteilten Frauen zwischen einigen Dutzend und einigen Tausend.«[87] Das Dekret vom Juli 1939, das zur Familiengesetzgebung der Regierung von Vichy gehört, erhöht die Strafen, die für die Abtreibung vorgesehen sind, und »der Abtreiber wird strenger bestraft als die Abtreibende«.[88] Von 1940-43 stieg die Anzahl der Verurteilungen, von 1225 im Jahr 1940 auf 4055 im Jahr 1943. Wie bedeutend diese Zahlen auch sein mögen, »sie sind lächerlich im Vergleich zur Anzahl der wirklich praktizierten Abtreibungen«.[89] Immer noch bedeutend im Frankreich der Nachkriegszeit bleibt die Zahl der Verurteilungen bei Fällen der Abtreibung (die ebenso die Abtreiber wie die abtreibenden Frauen oder »Komplizen« betreffen): 1948 sind es 3845. Die Zahl sinkt 1959, also zehn Jahre später, auf 434 bei einer geschätzten Anzahl von Abtreibungen im selben Zeitraum von 400 000 pro Jahr (niedrigste Schätzung), das heißt dieselbe Zahl wie die Hälfte der Geburten.[90]

Es ist nicht leicht, die Abtreibung zu bestrafen, beinahe aus denselben Gründen, weshalb sie sich den Untersuchungen der Historiker und der Anthropologen entzieht. Wie Anne-Marie Dourlen-Rollier, eine Anwältin, die sich gegen die Bestrafung der Abtreibung einsetzt und die zwei Umfragen über die »heimliche Abtreibung« durchführte, noch in den sechziger Jahren bemerkt, handelt es sich »um eines der seltenen Verbrechen, das keine Klage des Opfers nach sich zieht« (S. 70), das heißt der Frau, die eine Abtreibung erlitten hat, gegen den oder die, die sie vollzogen haben. Selten angezeigt, im allgemeinen von einem nahen Angehörigen, aber ebenso oft auf anonyme Weise, hinterläßt die Abtreibung kaum Spuren, kein *corpus delicti*, keine Beweise, auf die sich das Eingreifen des Staatsanwaltes stützen könnte, was deshalb auch schwierig in Gang zu setzen ist, außer man würde bedeutende Mittel dafür einsetzen (was aber nie der Fall war). Die

Chance, sie zu identifizieren, besteht tatsächlich nur dann, wenn sie den Tod der Frau verursacht, die sie erlitten hat.[91]

Hier lassen sich einige Bemerkungen anbringen. Die erste ist, daß die Kluft zwischen den offiziellen Forderungen und den offiziösen Praktiken wohl nie so offensichtlich ist wie im Fall der Übereinkunft, die sich auf den Staat stützt. Die Bestrafung, durch die die Abtreibung aus der Heimlichkeit des Hauswesens hervorgeholt wird, um in den öffentlichen Raum gestellt und zugleich wieder in die Illegalität verbannt zu werden, geht Hand in Hand mit einer Verstärkung ihres Charakters als zugleich heimliche und faktisch geduldete Praktik.

Man kann nicht verstehen, wie eine Heuchelei von solchen Ausmaßen sich länger als ein Jahrhundert halten konnte, ohne allzu großen Protest hervorzurufen, zumindest von seiten der breiten Öffentlichkeit, wenn man noch dazu bedenkt, welche Stärke während dieser Zeit der Nationalstaat insbesondere in Frankreich in seiner progressiven und republikanischen Form gewinnt. Einerseits war die Ausrottung der Abtreibung nur ein Element einer viel größeren Rationalisierung der Gesellschaft, die der Staat plante, und in dieser Hinsicht bildete sie für einen in die Zukunft gewandten Staat eine niemals abgeschlossene Aufgabe. Andererseits ging es nicht in erster Linie darum, daß die Abtreibung verschwinden sollte, sondern darum, daß der Staat mit Nachdruck äußerte, das Gebiet der Zeugung, das heißt der Bereich der Herstellung menschlicher Wesen unter seine Autorität zu bringen (wie es außerdem auch von seiner Autorität abhing, die Bürger auf den Schlachtfeldern in Massen in den Tod zu schicken). Diesen Primat des Staatswillens, sich der Zeugungspraktiken durch die hinsichtlich der Abtreibung getroffenen Maßnahmen zu bemächtigen, der sich in der zweiten Hälfte des 19. und in der ersten Hälfte des 20. Jahrhunderts äußerte, sieht man noch deutlicher im Fall der kommunistischen Staaten, wo, wie in Sowjetrußland und später in Rumänien, die Abtreibung nach den demographischen Bedürfnissen, die der Staat zu planen gedachte, zuerst nicht mehr als Straftat betrachtet, aber dann aufs neue bestraft wurde. Ganz zu schweigen von den faschistischen Staaten, in denen ein harter Kampf gegen die von gewöhnlichen Frauen praktizierte Abtreibung Hand in Hand ging mit der Aufforderung zur eugenischen Abtreibung und Sterilisierung, die von den Ärzten durchgeführt wurden.

IV
Das elterliche Projekt

Eine neue Art von Übereinkunft?

Keine der Übereinkünfte, die wir im vorangegangenen Kapitel beschrieben haben, ist heute vollkommen aufgegeben: Man findet immer noch Frauen, die denken, der Schöpfer habe etwas mit ihrer Schwangerschaft zu tun (und die aus Angst, unfruchtbar zu sein, eine Wallfahrt machen, weil sie hoffen, dadurch schwanger zu werden[1]), oder Paare, denen es nicht widerstrebt, daß ihr Geschlechtsverkehr von ihren Angehörigen mit der Zeugung von Kindern verbunden wird, die sich dann in einen verwandtschaftlichen Rahmen einfügen werden (was bei Hochzeiten in einem etwas »traditionellen« Stil durch das Werfen von Reiskörnern bezeugt wird, das an ein Fruchtbarkeitsritual erinnert, aber auch durch die Anspielungen und Scherze der Eltern, Brüder, Schwestern, Vettern, Kusinen, Ehrenjungfern und Brautführer usw., die sich auf die Fruchtbarkeit der Neuvermählten beziehen); aber auch der Staat hat sich nicht ganz aus dem Bereich der Zeugung zurückgezogen, wenn auch der Plan, die Qualität und die Quantität der Bevölkerung rational zu verwalten, in weiten Teilen aufgegeben wurde. Die Abtreibung ist nun nicht mehr strafbar und faktisch so gut wie legalisiert, aber unter der Bedingung, daß die Praktik in den Rahmen der staatlichen Regeln eingefügt und unter der Aufsicht des Staates vollzogen wird. Sie ist nicht privat geworden. Die Möglichkeit, unter ärztlicher Aufsicht für die Fortpflanzung ungeeignete Personen sterilisieren zu lassen, wurde kürzlich wieder in die Gesetzgebung aufgenommen.[2] Der Staat treibt immer noch eine Politik, welche die Geburtenziffer mittels verschiedener Vorteile (Elternurlaube, Kindergeld usw.) begünstigen soll.

Auf dem Gebiet der Erschaffung menschlicher Wesen sind jedoch die letzten dreißig Jahre von bedeutenden Veränderungen gekennzeichnet. Unter diesen Veränderungen nimmt die Legalisierung der Abtreibung einen zentralen Platz ein. Im Gegensatz zu dem, was sich im Rahmen der oben besprochenen Übereinkünfte zutrug, scheint die Möglichkeit der Abtreibung nicht länger aus dem Politischen und dem Rechtlichen ausgeschlossen (wie in den Übereinkünften mit dem Schöpfer und mit der Verwandtschaft), noch in das Recht zwar eingeführt zu sein, um dann aber untersagt und prinzipiell bestraft zu werden, zumindest, wenn der Akt außerhalb der medizinischen Institution vollzogen wird (wie in der Übereinkunft mit dem Industriestaat), sondern im Gegenteil zum Gegenstand einer offiziellen Anerkennung zu werden.

Alles geht also vor sich, als ob heute die Autorität der Frauen, unter den Wesen, die in der Folge eines Geschlechtsverkehrs in ihr Fleisch kommen, diejenigen auszuwählen, die sie adoptieren werden, indem sie sie durch das Wort bestätigen, voll und ganz anerkannt wäre (wenn auch in einem Kompromiß mit der Autorität des Staates). Widerspricht diese Anerkennung nicht der Hypothese, die wir im II. Kapitel dargelegt haben, daß zwischen den beiden Zeugungszwängen eine Spannung besteht (da ja der erste die Möglichkeit dieser Auswahl erfordert und der zweite sie ausschließt)? In diesem Fall wäre das Defizit an Darstellung, das wir als einen strukturellen Zug der Abtreibung erkannt haben, nur das Ergebnis eines historisch lokalisierten kulturellen Verbots oder mit der heute üblichen Formel gesagt, eines Tabus gewesen, das die von der Modernität freigelassenen Kräfte der Emanzipation endlich hatten überwinden können.[3]

Ebenso wären die Dispositive der Voraus-Bestätigung mit ihrer Beziehung auf die Autorität über-individueller Instanzen, die sich im Mittelpunkt der vorher dargelegten Übereinkünfte befinden, nur Tricks gewesen, die Frauen ihrer Macht über die Zeugung zu berauben (und damit verbunden ihnen den Zugang zu einer sexuellen Tätigkeit ohne Zwang zu verwehren). Die Legalisierung der Abtreibung in der *modernen* Welt wäre dann eine Äußerung unter anderen im Sinne der individuellen Unabhängigkeit und, genauer gesagt in diesem Fall, der Unabhängigkeit der Frauen, die bis jetzt von den institutionellen Mächten gefesselt war, die ihrerseits von den machthabenden Gruppen (dem Klerus, der herrschenden Klasse, den Männern usw.) mit Beschlag belegt waren. Die Frage der Abtreibung wäre dann nur die ihres Verbots gewesen. Mit der Aufhebung des Verbots wären die Hauptprobleme, die diese Praktik aufzuwerfen schien, verschwunden.

Wir denken, daß dem nicht so ist. Wir werden im Gegenteil zu zeigen versuchen, daß die jüngsten Veränderungen die Umrisse einer neuen *Übereinkunft* zeichnen, die um spezifische Überzeugungen und Dispositive angeordnet, trotz alledem die Struktur der oben von uns untersuchten Übereinkünfte beibehält. Folgende Ideen werden uns leiten: erstens, daß diese Übereinkunft, wie die vorhergehenden, eine spezifische Organisation der Beziehung zwischen Sexualität und Zeugung vorsieht; zweitens, daß man auch in diesem Rahmen dem Bezug auf eine Instanz der Vorausbestätigung des zukünftigen Kindes folgen kann; schließlich, daß sich eine Spannung zwischen einer offiziellen Form und offiziösen Praktiken entdecken läßt.

Wir werden in diesem Kapitel versuchen, diese Übereinkunft, in deren Mittelpunkt der Begriff *elterliches Projekt* steht, darzulegen, wobei wir uns vor allem auf die Argumente stützen, welche die von uns befragten Frauen verwenden, um die Tatsache ihrer Abtreibung zu rechtfertigen.

Das projektgebundene Kind

Auch diese Übereinkunft trennt, wie die vorhergehenden, die Sexualität von der Zeugung. Aber im Unterschied zu den drei anderen ist ihr die Sexualität wichtiger als die Zeugung: Sich um eine geglückte Sexualität zu bemühen, ist ein legitimer Anspruch; Zeugen ist eine Möglichkeit, die man zur Verfügung haben muß, wenn man will. Die Trennung zwischen Sexualität und Zeugung ist gesichert, auf der technologischen Ebene durch den Fortschritt der empfängnisverhütenden Mittel (und daneben durch die Techniken der künstlichen Befruchtung[4]) und auf der rechtlichen Ebene durch die Garantie, daß diese Mittel, welche es auch sein mögen, Gegenstand eines freien Zugangs für alle ohne jegliche Diskriminierung sein können, indem sie nichts weiter erfordern als die Genehmigung eines medizinischen Experten – eines Arztes, einer Krankenschwester oder eines Apothekers – (und nicht, wie seit kurzem für Minderjährige verlangt, die einer Autoritätsperson wie eines Verwandten, Vormunds, eines in der Hierarchie Höherstehenden usw.), und schließlich von finanziellen Möglichkeiten unabhängig sind (in manchen Ländern mit der Möglichkeit einer Rückzahlung durch die staatliche Krankenversicherung).

Die legalisierte Abtreibung ist in dieses Dispositiv eingeschlossen, unter der Bedingung, daß sie innerhalb einer Frist vollzogen wird, die je nach Land variiert (zwölf Wochen nach der letzten Regelblutung in Frankreich, vor der Revision des Gesetzes »Veil«, zweiundzwanzig Wochen danach in Holland, in England und in Spanien, unter gewissen Bedingungen), und daß sie unter medizinischer Aufsicht im Rahmen einer vom Staat beglaubigten Organisation praktiziert wird. Die Abtreibung ist vorrangig dazu bestimmt, das »Versagen der Empfängnisverhütung« wettzumachen. Sie sichert somit, daß das Dispositiv der Trennung zwischen Sexualität und Zeugung Bestand hat, das jetzt vor allem Frauen betrifft (im Gegensatz zu dem, was geschah, als der *Coitus interruptus* das hauptsächliche Mittel der Verhütung war). Die Verantwortung liegt jetzt bei den Frauen, sie haben die Aufgabe, die Pille zu nehmen, sich eine Spirale oder ein Pessar einsetzen zu lassen, aber auch in vielen Fällen zu prüfen, ob der Partner ein Präservativ, das einzige männliche Mittel zur Empfängnisverhütung, bei sich hat, es korrekt und im richtigen Moment plaziert.

Da die verfügbaren modernen, empfängnisverhütenden Mittel gut wirken, müßte die Abtreibung bei dieser Übereinkunft eine

Nebenrolle spielen: die eines Geländers, das man selten braucht. Es war im übrigen die Optik eines Zurückgehens dieser Praktik durch die Entwicklung der Empfängnisverhütung, auf die sich die Frauenbewegung[5] stützte, als sie (z. B. im Rahmen der Familienplanung) verlangte, die Bestrafung der Abtreibung müsse abgeschafft werden.[6] Um einen Geschlechtsverkehr ohne Zeugung zu garantieren, erhält die Notwendigkeit, auf die Zuverlässigkeit der angewendeten empfängnisverhütenden Mittel zu achten, den Charakter einer Pflicht. Diejenigen der von uns befragten Frauen, die sagten, sie hätten sich »schuldbewußt« oder »schuldig« gefühlt, als sie sich für eine Abtreibung entschieden, führten dieses Schuldgefühl oft darauf zurück, daß sie einen ungeschützten Geschlechtsverkehr gehabt hatten (und nicht auf die Abtreibung selbst, die oft, wie wir in der Folge sehen werden, intensive Gefühlsregungen mit sich bringt, die aber von dem Ausdruck »Schuldgefühl« in dem Sinn, in dem er auf feststehende Normen der Gesellschaft und der Beziehungen Bezug nimmt, nicht gedeckt werden).

Jeanine[7] spricht von ihrer Abtreibung, bei der sie zwanzig Jahre alt und Studentin war. Eine Abtreibung, die für sie »echt kein Problem war«, nur daß sie »physisch krank« war. Aber sie ist sich selber böse, weil sie vergessen hatte, die Pille zu nehmen: »Zuerst war ich bei einer Psychologin, die war sehr, sehr cool und hat mich ein wenig ausgefragt, was es eigentlich war, in welchem Kontext sozusagen es dazu gekommen war; dann habe ich erklärt, daß ich nicht in den Menschen verliebt bin, daß für mich dieser Embryo kein menschliches Wesen ist und daß ich gerade ein wenig enttäuscht bin über meine Haltung und daß ich finde, ich bin blöd im 20. Jahrhundert ... also daß ich eben mit der Pille Mist gebaut habe, weil ich finde, es ist doch wirklich nicht viel verlangt, jeden Tag die Pille zu nehmen, das ist das einzige, was mich nervt, aber sonst, abgesehen davon glaube ich, daß eine Abtreibung psychologisch für mich kein Problem ist.« Ebenso erklärt eine junge Frau mit 19 Jahren, Studentin, im Verlauf eines Gesprächs: »Ich habe fünf Jahre die Pille genommen [...], und ich wollte gerade wieder damit anfangen, da habe ich gemerkt, daß ich schwanger bin... Es gibt keine Entschuldigung, wir sind gut informiert« (Paris, Krankenhaus). Hören wir noch Leila, 26 Jahre, die von ihren zwei Abtreibungen spricht: »Die Frage, die ich mir immer wieder stelle, ist, warum bin ich zweimal unter praktisch denselben Umständen schwanger geworden, exakt genauso. Ich fühle mich schuldig, mache mir Vorwürfe, weil das erste Mal kann ich mein Pech, den Zufall usw. dafür verantwortlich machen, aber das zweite Mal glaube ich, war ich vielleicht mir nicht bewußt darüber im klaren, was ich machte, aber ich glaube im Grund, ja, hätte ich es sehr gut voraussehen können, ganz leicht [...]. Also ich glaube, es war mir doch bewußt, was auf mich zukam.«

Wie vollzieht sich im Rahmen dieser Übereinkunft die Bestätigung des zukünftigen Kindes? Die Antwort, die einem sofort in den Sinn kommt, ist die, daß diese Operation im Unterschied zu den drei von uns untersuchten Arten von Übereinkunft, wo der Fötus durch den Bezug auf eine äußere, überindividuelle Instanz – Schöpfer, Verwandtschaft oder Staat – im voraus bestätigt wird, in dem Fall, der uns jetzt beschäftigt, direkt der Mutter zukommt. Die Legalisierung der Abtreibung hätte somit die Wirkung gezeitigt, daß den Müttern nicht nur die Macht wiedergegeben wird, das Wesen in ihrem Fleisch zu bestätigen oder nicht, die sie nie wirklich verloren hatten, sondern auch die Autorität, auf die sich diese Macht stützen kann. Dann würde also das Modell, das wir im 2. Kapitel vorgestellt und das wir ungerechtfertigt verallgemeinert hätten, endlich in dieser letzten Art von Übereinkunft seine Gültigkeit finden.

Dieser Wiedergewinn der Autorität wäre offensichtlich, wenn die Frauen, die abtreiben, die Verantwortung, das in ihrem Fleisch wachsende Wesen zur Welt kommen zu lassen oder zu eliminieren, voll übernehmen würden. So ist es aber ganz und gar nicht.

Das heißt nicht, daß sie nicht selbst am Ende die Entscheidung treffen, doch sie geben zu verstehen, sie hätten es widerwillig getan. Sie entwickeln dabei Argumente, die ihre Entscheidung rechtfertigen, weil der biologische Vater sich weigert, die Vaterschaft des zukünftigen Kindes zu übernehmen, oder weil sie selbst ihn als für diese Aufgabe ungeeignet erachten, so daß sie ihn nicht einmal über ihre Schwangerschaft informiert haben (oder auch in gewissen Fällen, weil sie sich der Identität des Vaters nicht sicher sind). Die Abtreibung wird dann dargestellt, als würde sie letzten Endes im Interesse dessen durchgeführt, der, wenn er geboren wäre, unter diesen Bedingungen weder eine normale Entwicklung erleben noch glücklich hätte werden können.

Das Versagen des Vaters ist bei den Gesprächen ein häufig wiederkehrendes Thema. Aline, 27 Jahre, Sprechstundenhilfe, erklärt: »Ich habe grade mal gesagt, ich hätte eine Verspätung meiner Tage, und er sagte, ich würde ihn mit dem Rücken an die Wand stellen; und er ging weg, ohne von sich hören zu lassen; wir waren seit sechs Jahren zusammen, und manchmal hatten wir sogar vom Heiraten geredet.« Dieselbe Äußerung von einer jungen Frau von 38 Jahren, Asylbewerberin: »Er verlangt von mir, es nicht zu behalten, und das, das ist ganz gegen meinen Willen.« Eine 30jährige, Leiterin einer Verkaufsabteilung, ein Kind, hat einen zweiten Schwangerschaftsabbruch vor sich und beklagt sich über die »Männer«: »Wissen Sie, heute fehlt den meisten Männern die Reife, er zahlt, aber eine Sicherheit gibt er dir nicht.« Eine junge 29jährige Frau will ihrem Kind nicht das Übel zumuten, »keinen Vater« zu haben: »Das ist ein Bild, das ich mir von einem Kind mache, das heißt, daß es einen Vater und eine Mutter hat; das Schlimmste, was man einem Kind antun kann, ist ein unbekannter Vater, das meine ich« (Krankenhaus, Paris).

Um welchen Vater handelt es sich? Gewiß nicht um den Vater vom Standpunkt der Verwandtschaft in ihren traditionellen Formen aus als einer, der geeignet ist, dem Kind innerhalb der Institution einer Ehe eine legitime Abstammung zu sichern. Und ebensowenig beziehen sich die Rechtfertigungen dieser Frauen auf die Schande, die das uneheliche Kind noch bis vor kurzem in einer auf die Verwandtschaft gestützten Übereinkunft unweigerlich bedeutete. Unsere Hypothese ist, daß der Vater, auf den sich diese Argumente beziehen, obwohl er nicht die Verwandtschaft als überindividuelle Instanz darstellt, trotzdem nicht in seiner empirischen Individualität betrachtet wird. Er ist das, wodurch eine andere Form von etwas Äußerem, nämlich das *Projekt* bezeichnet wird.

Das Projekt bezeichnet hier das Einverständnis, das einen Mann und eine Frau verbindet, die die Absicht haben, ein Kind zu bekommen. Das heißt deswegen noch lange nicht, daß ihre Verbindung »das ganze Leben« dauern soll, auch nicht mit der Aussicht, eine unbestimmte, vermutlich hohe Zahl von Gütern oder Praktiken zusammenzulegen, wie beim alten Modell der Heirat.[8] Mehrere von den Frauen, mit denen wir gesprochen haben, sagen immer wieder, daß sie nicht erwarten, mit dem Mann, der der Vater ihres Kindes sein wird, ein Paar zu bilden, das »auf immer« zusammenbleibt. Die Bemerkung wird mit betonter Selbstverständlichkeit (»ist ja wohl klar«) gemacht, wie um zu zeigen, man kenne die Norm und gehe mit ihr. Diese Norm ist die der Zeugung als Projekt, die, um herauszuragen, sich deutlich unterscheiden muß von derjenigen, welche die Heirat in ihrer traditionellen Definition beherrschte. Das Projekt, ein Kind zu bekommen, setzt nicht notgedrungen eine Heirat voraus, nicht einmal eine Wohngemeinschaft und gewiß keine totale Teilung der Tätigkeiten. Es handelt sich um ein spezifisches Projekt, das die Partner in Hinsicht auf ein genaues Ziel bewußt in Angriff nehmen. Aber diese Entscheidung wird als unerläßlich erachtet, damit das ins Fleisch gekommene Wesen sich dort nicht irgendwie »durch Zufall« befindet und damit es sich so entwickeln kann, daß sein

Menschsein zu einer vollständigen Entfaltung gelangt. Alles geht tatsächlich so vor sich, als ob in dieser Logik dem Wesen, wenn die Bezugnahme auf das Projekt, unter dessen Führung seine Zeugung stand, verlorenginge, für immer etwas *Zufälliges* anhaftete, was ein Hindernis für seine Singularisation wäre. Oder auch umgekehrt, als ob die Tatsache, aus einem Projekt hervorgegangen zu sein, das heißt aus einem ganz bestimmten Engagement seiner Eltern, die Bedingung dafür wäre, daß zum Wohl des neu geschaffenen Wesens der Transfer einer Singularität vollzogen wird, die imstande ist, ihm einen Charakter der *Notwendigkeit* zu verleihen und es ganz in eine Welt einzufügen, in der seine Ankunft die Umrisse eines Platzes zeichnen wird, den nur es allein besetzen wird.

Leila ist 26 und dabei, ihr Studium abzuschließen. Sie hat zwei Abtreibungen hinter sich, die erste war vor drei Jahren und die zweite einen Monat vor unserem Gespräch. Sie unterstreicht die Ähnlichkeit zwischen den beiden Geschichten – jedesmal eine Episode mit jemand, der nicht der Richtige war – und beschreibt die Art von Beziehungen, die sich von der »traditionellen Heirat« unterscheiden und die sich heute zwischen einem Mann und einer Frau ergeben müssen, damit das Projekt eines Kindes möglich wird: »Die Entscheidung habe ich – beide Male – sofort getroffen … ich wurde zweimal fast unter denselben Umständen schwanger: Ich war jedesmal mit einem Mann zusammen, den ich schon mochte, aber es waren ziemlich lockere Beziehungen, es waren junge Männer ohne jede Lust, sich für irgendwas zu engagieren, also … Ich würde sagen, jedesmal mit einem, der ziemlich unentschlossen in allem war, der nie irgendeine Entscheidung traf, der nicht genau wußte, was er machte. Im ersten Fall war es einer, mit dem ich ein wenig zusammengewesen war, ungefähr zwei Monate, im Jahr zuvor. Ein Jahr später haben wir uns wiedergesehen und eine Nacht zusammen verbracht. Und das zweite Mal kannte ich den Mann seit einem Monat. Es war also in Beziehungen, die nicht auf Dauer angelegt waren.« Dann spricht Leila von den Umständen, unter denen sie ein Kind bekommen könnte: »Ich weiß nicht, ob besonders die Lust, ein Kind zu haben, mich so weit bringen würde, eins zu bekommen. Ich habe den Eindruck, manchmal habe ich Lust auf ein Kind, aber es ist fast eine Laune, es ist wie wenn man Lust hat auf ein neues Auto oder ein neues Kleidungsstück. Aber ich glaube trotz allem, wenn ich wirklich jemanden kennenlerne, mit dem ich eine Zukunft plane, dann hätte ich vielleicht genau so eine Lust. Ich möchte mir kein Kind für mich allein machen. Es fällt mir schwer zu verstehen, wenn ich Frauen sehe, die sich dafür entscheiden, ihre Kinder allein zu erziehen; und gewiß auch mit der Möglichkeit, daß es in einem bestimmten Moment auch die Verhütung gegeben hätte.« Leila, deren Eltern geschieden sind, unterscheidet die »Familie« aus der Zeit ihrer Eltern von den neuen »Paarbeziehungen«: »In der Zeit meiner Eltern gab es ein Familienbewußtsein, und in einem bestimmten Moment, als sie sich scheiden ließen, platzte die Familie. Meine Generation macht keinen Unterschied mehr zwischen der Beziehung des Paars und der Beziehung Eltern-Kinder, als wären es zwei genau voneinander getrennte Achsen [...]. Um ein Kind zu machen, muß man sich vielleicht sagen, man hat eine Zeitdauer vor sich, aber ich glaube auch, man kann zusammenbleiben und zusammen Kinder zeugen, und man kann sich eines Tages trennen. Ich habe trotzdem die Vorstellung, daß das auf einmal aufhören kann und daß das nicht unbedingt ein Problem ist, wenn es aufhört, solange man tatsächlich die Sache im Griff behält. Man behält im Griff, daß man eine Zeit zusammen verbracht hat, daß man zusammen Kinder wollte, daß man sie gezeugt und großgezogen hat und daß jeder von uns imstande ist, seine Stellung als Elternteil ihnen gegenüber zu behalten; aber wenn wir uns einmal trennen wollen und jeder will sein Leben als Frau und als Mann auf seine Weise leben, dann kann er es machen. Nicht unbedingt, aber möglich ist es.« Leila unterstreicht schließlich, was unbedingt nötig ist, damit der Plan eines Kindes Gestalt annimmt: »Ein Minimum an Bewunderung für die Person, die du vor dir hast, mußt du spüren, um wirklich Lust auf ein Kind zu bekommen. Ich denke nicht besonders an die Frage, daß man es in sich trägt, sondern an das Kind später. Einem Kind ist es schon klar, wenn man seinen Vater nicht bewundert und ihn also nicht liebt. Man muß ihm sagen können, es ist auf der Welt, weil man seinen Vater bewunderte und weil das beide wollten.«

Juliette, Lehrerin, 27 Jahre, hat gerade abgetrieben, nach einer Nacht mit »einem Mann, der nicht der Richtige ist« und wünscht sich sehnlichst ein Kind; so erklärt sie die Bedingungen, unter denen es möglich wäre (weder eine vorübergehende Beziehung noch eine Verpflichtung fürs Leben): »Für mich gehört das notgedrungen zusammen, mit einem Mann zusammensein und mit einem Kind. Ich möchte nicht ganz allein ein Kind haben, ich möchte jemand lieben und dann hat man ein Kind zusammen. Ganz einfach eine Familie gründen, meine ich, auch wenn das nur Worte sind. Was ich überhaupt nicht möchte, ist heiraten oder so was. Und ich sage mir auf keinen Fall, der Mann, mit dem ich ein Kind habe, mit dem bleibe ich mein ganzes Leben zusammen, weil meine Eltern sich getrennt haben. Also in dieser Hinsicht sage ich mir: Man zeugt ein Kind in einer Zeit, später trennt man sich. Man weiß nicht, wie lange man zusammenbleibt. Aber sagen wir, ich möchte, daß es jemand ist, den ich liebe, und daß wir es zusammen aufziehen, wenigstens daß wir's versuchen.« Sophie, die zwei Abtreibungen hinter sich hat und sich ein Kind von dem Mann wünscht, mit dem sie jetzt zusammen ist, sagt dasselbe: »Ich weiß, daß nicht alle Lebensläufe Geschichten von Paaren sind, die das ganze Leben zusammenbleiben. Ich weiß, daß Paul und ich, was auch kommen mag, wir werden immer o. k. sein. Wenn wir ein Kind bekommen, wird es ein Mensch, der wirklich einen Vater und eine Mutter hat.«

Man darf also in Betracht ziehen, daß das Projekt eines Kindes oder, wie es heute in den juristischen Texten heißt, in denen das Geschick des Fötus festgehalten ist, das *elterliche Projekt*,[9] die überindividuelle Instanz für die Vorausbestätigung des zukünftigen Kindes bildet, und das sogar, wenn es in der Bindung, die in anderer Hinsicht die beiden Elternteile vereint, zu einem Bruch kommen soll, bevor das Kind des Projekts das Erwachsenenalter erreicht hat. Obwohl diese Instanz das Ergebnis der gegenseitigen Verpflichtung ist, die zwei Individuen zu einem gemeinsamen Lebens- und Handlungsplan eingegangen sind, nimmt sie trotzdem nach dem Modell eines Vertrags einen überindividuellen Charakter an, in dem Sinn, daß die, die sich verpflichtet haben, nicht mehr frei sind, sich je nach den Umständen wieder loszulösen. Das Projekt wird so zu etwas, das sich außerhalb der Personen befindet, und erhält vor allem eine ihm eigene zeitliche Dimension. Dieses Außerhalbsein wird im Fall des elterlichen Projekts dadurch verstärkt, daß das Ziel des Projekts nicht nur die Schöpfung eines neuen Gegenstandes (wie ein Buch oder, um ein klassisches Beispiel des Projektmanagements zu nehmen, ein Auto[10]), sondern eine neue Person, die, ohne daß sie es selbst unabhängig beschlossen hätte, sich als Empfänger in dem Projekt befindet, das sie zur Welt kommen ließ.

Die projektbasierte Polis

Um die Züge dieser Art von Zeugung menschlicher Wesen, die man eine *projektgebundene Empfängnis* nennen kann, zu präzisieren, muß man kurz an den allgemeineren Rahmen erinnern, von dem her sie definiert wird, nämlich den der *projektbasierten Polis*, den wir in einem früheren Werk[11] entwickelt haben. Die Beschreibung der neuen Pertinenzsphäre, die wir dort entworfen haben, stützte sich vor allem auf Gegebenheiten, die zur wirtschaftlichen Tätigkeit, der Welt der Arbeit und des Unternehmens unter den Bedingungen des neuen Geistes des Kapitalismus gehören. Aber wir hatten zu bedenken gegeben,[12] daß sie sicher viel weiter reicht und daß es möglich sein müßte, gleichermaßen ihr Auftauchen in der Sphäre der intimen, freundschaftlichen, familiären, sentimentalen und sexuellen Beziehungen zu beobachten (wobei die zuletzt genannte immer schwerer von der Sphäre der Berufsbeziehungen zu trennen ist, was einer Auslöschung oder zumindest einer neuen Einteilung der Trennung zwischen Privat und Öffentlich entsprechen würde).

Die projektbasierte Polis (der Terminus ist nach »projektbasiertes Management«[13] gebildet) sieht Ordnungsinseln vor (in der Welt der Arbeit um Dispositive der Gerechtigkeit angeordnet), die imstande sind, eine Welt, deren Selbstdarstellung auf der Metapher des *Netzes* beruht, zu legitimieren und ihr trotzdem Grenzen zu setzen. Da die *Mobilität* – die Einführung zahlreicher, verschiedener, aber oft kurzlebiger *Konnexionen* – und die *Aktivität* – verstanden als Vervielfältigung der Verbindungen und das Engagement in immer wieder neuen Unternehmen, egal mit welcher Finalität – die wichtigsten Werte darstellen, ist ein solches Unternehmen unaufhörlich vom Opportunismus und von der Fragmentierung bedroht. Diese Drohung belastet nicht nur den organisatorischen Rahmen, sondern auch die Personen, deren aus heterogenen Sequenzen zusammengesetzter Lebensablauf und seine subjektiven Bestandteile sich schwer in eine kohärente Form zusammenfügen lassen.

In einer solchen Netzwelt – die sich als *konnexionistisch* bezeichnen läßt – werden die Individuen durch die Verbindungen definiert, die sie mit anderen verknüpfen, so daß sie von zwei in verschiedene Richtungen gehenden Sorgen heimgesucht werden. Die erste ist die, es nicht so weit zu bringen, Verbindungen zu schaffen oder die schon geschaffenen Verbindungen wieder zu verlieren und keine neuen zu finden, nach und nach weggedrängt, an den Rand geschoben zu werden (das heißt in der Welt der Arbeit ein »Ausgeschlossener« zu werden). Was die zweite Sorge betrifft, so kommt sie durch die Angst zum Vorschein, sich in der Vielfalt der Aktivitäten zu verlieren; durch die Sorge, zu sehen, wie sich die Einheit eines persönlichen Lebens zerstreut (davon zeugt die neueste Entwicklung der sogenannten Neurose »der vielfachen Persönlichkeiten«) und deswegen in gewisser Weise für die anderen und für sich selbst nicht mehr als fester Bezugspunkt zu existieren, der imstande ist, den (wirklichen oder imaginären) Metamorphosen Widerstand zu leisten, die den Wechsel der Verbindungen und der Partnerschaften begleiten. Der oft beängstigende Anspruch »man selbst zu sein«,[14] der neue moralische Imperativ, der einem heute von Kind an eingebläut wird, erhält so einen widersprüchlichen, starke Spannungen schaffenden Charakter. Die Selbstverwirklichung verlangt ja tatsächlich den Einsatz in vorübergehenden und verschiedenen Aktivitäten und Projekten, deren Vielfältigkeit und anarchische Häufung unaufhörlich drohen, dem Selbst seine Standhaftigkeit zu entziehen. Von daher rührt zumindest teilweise die zunehmende Hochschätzung des »Schöpferischen«, die Sorge, »eine Spur« zu hinterlassen, so etwas wie ein »Werk«, wodurch sich der enge Kreis der Künstler zu einer immer höheren Anzahl von Leuten ausweitet, als wollte man in äußeren Objekten das Prinzip der Identität und des Fortbestehens niederlegen, das nicht mehr in einem selbst eingeschlossen sein kann.

Was wir als eine neue Polis – die projektbasierte Polis – beschrieben haben, das in *De la justification* entwickelte Gerüst der *Größenordnung* übernehmend, paßt zu einer konnexionistischen Welt, deren Werte, Mobilität, Aktivität und Labilität, sie einschließt, wobei sie ihr aber trotzdem die Forderungen der Gegenseitigkeit und der Verläßlichkeit in einem begrenzten Rahmen und für eine gewisse vorher festgelegte Dauer auferlegt, so daß ein bestimmtes Projekt zu Ende geführt werden kann, ohne daß die Teilnehmenden, weil sie sich übervorteilt fühlen oder aus Opportunismus, das Projekt verlassen oder im Disput untergehen lassen. Dieselben Dispositive sind geeignet, den Personen ein Minimum an Identität zu sichern, das ihnen zumindest im Rahmen eines bestimmten Projekts die Kräfte verschafft, der Zerstückelung zu widerstehen.

Die persönlichen Beziehungen in einer
konnexionistischen Welt

Die Gefühl und Sex betreffenden Wege zahlreicher Frauen, die
wir interviewt haben oder denen wir im Krankenhaus begegnet
sind (es handelt sich zum größten Teil um Frauen zwischen
zwanzig und vierzig, aus städtischer Umgebung, Studentinnen
oder vor allem Berufe im Dienstleistungsbereich – Angestellte,
Tätigkeit auf dem Kommunikationssektor, künstlerische Tätigkeiten usw. –, gekennzeichnet durch eine gewisse Prekarietät),
bestätigen die in *Der neue Geist des Kapitalismus* aufgestellte Hypothese, daß die konnexionistische Welt sich über die Arbeitswelt
hinaus erstreckt und immer weiter hineinreicht in die Sphäre der
intimen Beziehungen und daß die Prekarietät der beruflichen
Lage der des Privatlebens entspricht. Diese Wege bestehen, sehr
allgemein gesagt, aus einer Folge von Verhältnissen mit »Kum-
peln«. Die Beziehungen nehmen unterschiedliche Formen an,
unter denen sich nicht leicht ein vorherrschendes Modell ausfindig machen läßt. Sie setzen im allgemeinen voraus, daß man zusammenwohnt (aber nicht unbedingt), und können von sehr
unterschiedlicher Dauer sein, die von einigen Monaten bis zu einigen Jahren reicht. In diesen Folgen kann eine Eheschließung einen Stillstand markieren oder, wie es oft in den von uns untersuchten Fällen vorkommt, einen Übergang, da nach der Scheidung
eine neue Beziehung eingegangen wird, die ihrerseits wieder von
unterschiedlicher Dauer ist. Schließlich können diejenigen, die
diese Beziehungen eingehen, selbst schon verheiratet sein (aber
nicht mehr oder nur hin und wieder mit ihrem Ehegatten zusammenleben) und Kinder aus einer vorhergehenden Beziehung haben oder nicht, die in manchen Fällen bei ihnen leben, in anderen
bei ihrem früheren Partner. Die berufliche Instabilität oder die
Forderung beruflicher Mobilität und die geographische Mobilität, von der sie oft begleitet werden, bilden starke Faktoren für
Bindungen und Lösung der Bindungen, wäre es auch nur insofern, als der »Kumpel« oft jemand ist, mit dem zusammen man

arbeitet. Daraus folgt, daß die Pluralität und die Prekarietät der beruflichen Tätigkeiten tendenziell die Zerbrechlichkeit der Gefühlsbeziehungen begünstigen, die, nicht institutionalisiert und durch gemeinsame Bindungen an etwas (einen Immobilienbesitz, eine Verwandtschaft usw.) nur schwach motiviert, der Ferne nicht gut standhalten, ob sie nun räumlich ist oder sich auf eine andere Dimension der Existenz bezieht.

Diese Beschreibung ist, wie Max Weber sagen würde, »idealtypischen« Charakters. Ihr Anliegen ist es, in stilisierter Form aufkommende Modalitäten des Liebes- und Sexuallebens zu präsentieren, um zu systematisieren oder hervorzuheben, was uns für eine Epoche im Vergleich mit den ihr vorangehenden spezifisch erscheint, wobei wir mehr auf die Veränderungen achten als auf die Konstanten. Doch erheben wir nicht den Anspruch, daß dieses aufkommende Modell allgemeingültig ist, noch daß es vielleicht gegenwärtig dominiert. Immerhin bezeugt der Großteil der statistischen Indikatoren eine Veränderung, die sich in die Richtung einer Verschiebung des sogenannten »traditionellen« Liebes- und Sexuallebens auf eine »durch einen Vertrag festgelegte« Organisation hin bewegt, die nach komplexen Modalitäten durch einen Wechsel von Junggesellentum, Ehelosigkeit, Zusammenleben, Heirat, Scheidung usw. gekennzeichnet ist.[15]

Bekanntlich sank in Frankreich zwischen 1972 und 1994 die Anzahl der Eheschließungen von 416 000 auf 254 000 pro Jahr, während die der Scheidungen zwischen 1975 und 1995 von 61 300 auf 121 300 anstieg (die Quote der Eheschließungen belief sich 1980 auf 6,2 ‰ gegen 4,9 ‰ von 1997 und die Quote der Ehescheidungen 1980 auf 22,5 % gegen 38,3 % im Jahr 1996). Im selben Zeitraum entwickelten sich die »freien Verbindungen«. Ein Drittel (31,9 %) der jungen Paare, bei denen der Mann unter 35 Jahren alt ist, sind 1990 nicht verheiratet, 1968 waren es nur 2,6 %. Die Alleinlebenden schließlich werden immer zahlreicher: 1968 waren es 3 Millionen, 1990 6 Millionen. Diese Entwicklung ging einher mit dem Ansteigen des

Heiratsalters, des Durchschnittsalters bei der ersten Entbindung und einem Sinken der Fruchtbarkeit (von 2,47 Kindern pro Frau im Jahr 1970 auf 1,7 im Jahr 1990 – 1,9 Kinder pro Frau 1980 auf 1,7 1997). Gleichermaßen bekannt ist, daß die außerehelichen Geburten von 8,5 % im Jahr 1975 auf 39 % im Jahr 1996 gestiegen sind. Ebenso zugenommen haben die Familien mit nur einem Elternteil (13,2 % 1990, der alleinerziehende Elternteil war beinahe bei der Hälfte der Fälle geschieden) und die neu zusammengesetzten Familien, zu denen ein Paar und mindestens ein Kind aus einer früheren Verbindung gehören (660 000 neu zusammengesetzte Familien 1990).[16] Alle Indikatoren zeigen, daß »das Leben als Paar weniger häufig« und »weniger stabil ist«.[17] Man sieht auch, daß die nicht verheiratet zusammenlebenden Paare sich häufiger trennen als die Ehepaare, 58 % Verbindungen des ersten Typs, die 1980 begonnen hatten, dauerten weniger als zehn Jahre, 12 % dagegen der Fälle, bei denen das gemeinsame Leben mit einer Heirat begonnen hatte. Hingegen nahm die Unsicherheit bei den Verbindungen des ersten Typs tendenziell zu: »11 % Verbindungen dieses Typs, die 1970 eingegangen wurden, 23 % der Verbindungen, die 1980 begannen, und 34 % der 1990 begonnenen Verbindungen dauerten weniger (bzw. werden weniger dauern) als zehn Jahre.«[18]

Aber indem wir in groben Zügen dieses Bild zeichnen, wollen wir keineswegs sagen, daß von den 220 000 Schwangerschaftsabbrüchen, die in Frankreich Mitte der neunziger Jahre[19] vollzogen wurden, fast keiner oder nur sehr wenige in einer festen, dauerhaften Verbindung oder im Rahmen einer »herkömmlichen« Ehe vorkamen. Im übrigen kamen wir sowohl bei unseren Einzelgesprächen wie auch im Krankenhaus in Kontakt mit Frauen, die abtreiben mußten, während sie sich in einer Lage dieser Art befanden. Mehrere Indizien lassen jedoch vermuten, daß die seit den achtziger Jahren beinahe gleichbleibende Quote der Schwangerschaftsabbrüche trotz der wachsenden Verbreitung wirksamer Verhütungsmittel mit der Zunahme komplexer Entwicklungen im Gefühls- und Sexualleben zusammenhängt. Man sieht dabei, daß unter den Personen, die einen Schwangerschaftsabbruch vollzogen, der Teil der verheirateten Frauen zwischen den siebziger Jahren und der ersten Hälfte der neunziger beinahe um die Hälfte zurückgeht, ohne daß diese Veränderung auf einen Anstieg der Schwangerschaftsabbrüche bei den jungen Mädchen (unter zwanzig) zurückzuführen wäre, da die Aufteilung unter die verschiedenen Altersstufen in diesem Zeitabschnitt beinahe gleichgeblieben ist – die meisten bei den Frauen zwischen 20 und 30 Jahren. Man kann ebenfalls annehmen, daß die Zunahme der Frauen im Lauf der neunziger Jahre, die mehrere Abtreibungen vornahmen (höher als 20 %, das heißt beinahe zweimal soviel wie in den achtziger Jahren), gewiß etwas zu tun hat mit den abgehackten Lebensbahnen, die zu einer langen Reihe von Bindungen und Enttäuschungen führen.

Die geschätzte Zahl der Abtreibungen blieb im Lauf der letzten zwanzig Jahre über 200 000, von 262 000 1980 bis 220 000 1996, das heißt 32,7 Abtreibungen pro 100 Lebendgeburten 1980 und 30,0 auf 100 1996 (dem letzten Jahr, für das es veröffentlichte, ziemlich vollständige, vom INED aufgestellte Statistiken gibt). Wenn die Gesamtquote der Abtreibungen leicht gesunken ist, so steigt die Anzahl der Frauen, die mehr als zwei (erklärte) Abtreibungen auf sich genommen haben, regelmäßig an (von 3 % im Jahr 1980 auf 9 % 1990, auf 11 % 1997). Die Quote der Abtreibungen beläuft sich bei tausend Frauen auf 179,9 mit 19 Jahren, erreicht den Höhepunkt zwischen 20 und 24 Jahren (193,2), geht dann zurück (170,3 zwischen 25 und 29 Jahren). Bei jungen Mädchen unter 18 ist sie niedrig (34,6), ebenso bei Frauen über 40 (47,9 zwischen 40 und 44 Jahren). Daß die Zahl der Abtreibungen verhältnismäßig hoch bleibt, kann, so scheint es, nicht in erster Linie dem Fehlen von Verhütung bei den ersten Beziehungen und ebensowenig dem Anliegen, die Geburten im fortgeschrittenen Alter einzu-

schränken,[20] zugeschrieben werden. Die 1996 erfaßten Abtreibungen sind bei 74% der Fälle erste Abtreibungen und geschehen bei 38% der Fälle nach wenigstens einer lebenden
Geburt. 26% der Frauen, die in jenem Jahr abtrieben, waren
verheiratet und lebten mit ihrem Partner, während 58% nicht
verheiratet waren (24% davon lebten mit einem Partner), der
Rest (9%) gliedert sich in Geschiedene, Witwen und Getrennte (bei 7% der Fälle ist die familiäre Lage der Frauen unbekannt). Der Anteil der verheirateten, nicht getrennten
Frauen, die sich einer Abtreibung unterzogen, ging regelmäßig
zurück: 1976 waren es 55%, 1984 45%, 1989 36%, 1993 30%
und 1997 25%.

Wie dieses schematische Bild zeigt, führt der dringliche Anspruch auf ein sexuelles, sprich normales Leben nicht zu »Zü-
gellosigkeit« oder »rastlosem Wechsel«, sondern zur Suche nach
einer festen, relativ dauerhaften Bindung. Wie im Fall des Berufslebens, aber ohne Zweifel noch viel intensiver, ist hier die Angst
vor der Einsamkeit – definiert als der Ausschluß aus jeglicher
Bindung – vorherrschend. Aus diesem Grund bildet der Übergang von einer Beziehung zu einer anderen eine ebenso beängstigende (aber selbstverständlich unter anderer Hinsicht auch erre-
gende) und ebenso zentrale Bewährungsprobe wie im Rahmen
des Berufslebens der Übergang von einem Projekt zu einem anderen. Mit dem erschwerenden Unterschied, daß das Vergehen
der Zeit, das im Berufsleben in den besten Fällen mit einem Zu-
wachs an Kompetenz verbunden ist und somit einen positiven
Wert haben kann, im Rahmen des Gefühlslebens eher als eine
Drohung empfunden wird: Das Altern geht tatsächlich Hand in
Hand mit der wachsenden Möglichkeit, sich an den Rand des
Netzes gedrängt zu sehen, das den Zutritt zu sozialer Verbind-
lichkeit mit anderen gewährt, und im Fall kinderloser Frauen mit
Kinderwunsch mit einer Verringerung der Chancen auf die Er-
füllung dieses Wunsches.

Das elterliche Projekt im Rahmen
der projektbasierten Polis

Sich in das einzulassen, was wir das elterliche Projekt genannt haben, ist heute im Hinblick auf die Zwänge der konnexionistischen Welt zu verstehen. In diesem Zusammenhang ist die Tatsache, ein Kind zur Welt zu bringen, nicht mehr durch den Anspruch der Weiterführung eines Geschlechts oder Hauses und die Weitergabe eines Vermögens zu rechtfertigen, wie es in einer Welt der Fall ist, in der die Dispositive der familienweltlichen Polis tief verwurzelt sind und sich auf die Verwandtschaft stützen. Es kann auch nicht mehr – wie im Rahmen eines Kompromisses zwischen der bürgerweltlichen Polis und der Industriepolis – durch eine Schuld gerechtfertigt werden, die der Staatsbürger dem Nationalstaat gegenüber haben soll, auch nicht durch die leistungsorientierte Hoffnung eines über mehrere Generationen gestaffelten Aufstiegs (die Eltern nehmen Opfer auf sich, damit die Kinder eine höhere Bildungsstufe oder ein höheres soziales Niveau erreichen), der das Vorhandensein sozialer strukturierter und beinahe institutionalisierter Bahnen voraussetzt.[21] An die Stelle dieser zwei Arten von Rechtfertigung (in großem Maß die Grundlage für den Begriff der »Strategie der Fortpflanzung«, der darauf ausgerichtet war, die Herstellung menschlicher Wesen in eine Soziologie zu integrieren, in deren Mittelpunkt eine Logik des Nutzens stand) tritt nun in der konnexionistischen Welt die Suche nach der Bindung an ein Projekt, das widerstandsfähiger, von längerer Dauer und nicht so leicht aufzulösen ist, wie diejenigen – die Gefühle oder den Beruf betreffenden –, an denen man zuvor hatte teilhaben können. Das Projekt eines Kindes entpuppt sich so als ein Bollwerk gegen die Fragmentierung und bildet einen der möglichen Wege auf der Suche nach einem »authentischeren« Leben. In diesem Rahmen ist Authentizität nicht mehr zu verstehen wie in den alten Existenzphilosophien als die Bewegung, mit der ein unabhängiges Bewußtsein sich aus dem zähen Fluß der Zwänge befreit, die sich gewissermaßen von außen her aufdrängen (also in Absetzung von der Meinung der anderen, der »Norm«, dem Geschwätz, der hergebrachten Wohlanständigkeit usw.), sondern im Gegenteil als die Tatsache, sich an eine Notwendigkeit zu binden, die sich nunmehr einem aufdrängt und die man nicht mehr imstande ist, wegen anderen Zweckmäßigkeiten und kurzfristigen Projekten wieder abzuschütteln.[22] Alles geschieht, als ob in einer Welt, in der die Unabhängigkeit und die Wahl so sehr betont werden, die Bindung an einen Zustand, der – ideell – so dauerhaft wie das Leben selbst und mit unabweisbaren Notwendigkeiten verbunden ist, die Zuflucht eines »authentischen« Lebens bilden würde, weil er den Menschen von der Verpflichtung entbindet, sich in jedem Augenblick für etwas entscheiden zu müssen.

Trotzdem muß diese Notwendigkeit, um ihre Gültigkeit zu haben, geeignet sein, der Vielfalt der opportunistischen Entscheidungen ein Hindernis entgegenzusetzen, das heißt sie muß aus der Bindung an ein Projekt hervorgehen; sie muß somit zugleich als gewollt und als bewußt ertragen auftreten, wodurch ein Kompromiß zwischen dieser neuen Definition der Authentizität und den ihr vorangegangenen entsteht. Die »unbegründete«, nicht »berechnete« Entscheidung für ein Ereignis oder eine Veränderung mit »unberechenbaren« Dimensionen steht so gegen die gewöhnlichen, vorübergehenden, kurzlebigen, dem Nutzen zugewandten Entscheidungen, die sogar, wenn sie sich nicht unmittelbar in Geld umsetzen, selbst wenn sie sich um Beziehungen zu anderen und nicht um Dinge drehen, so nahe an dem bleiben, was in unseren Gesellschaften die Entscheidung par excellence darstellt, nämlich die konsumorientierte Entscheidung, und daß sie immer Gefahr laufen, mit dieser verschmolzen und dann als unpersönlich, berechnet, standardisiert, unecht, das heißt als unauthentisch angezeigt zu werden.

Die offiziösen Aspekte der projektgebundenen Zeugung

Die Übereinkunft, die wir eben in großen Linien beschrieben haben, ist aus demselben Grund wie die, die wir im vorangehenden Kapitel dargelegt haben, aber mit größerer Sicherheit als ein Verfahren zu betrachten, bei dem die Rechnung aufgeht. Die Organisation der Beziehung zwischen Sexualität und Zeugung ermöglicht grundsätzlich eine wirksame Trennung, die auf wirksamen Techniken der Verhütung beruht. Diese Trennung öffnet, wenigstens ihrem Grundsatz nach, den Zugang zu einer Sexualität ohne Zwang. Verbunden mit dem Vorhandensein einer Instanz der Voraus-Bestätigung, die auf das elterliche Projekt gegründet ist, müßte sie als Ergebnis haben, daß nur die für eine Bestätigung vorgesehenen Wesen im Fleisch entstehen.

Mehr als zwanzig Jahre nach der Legalisierung durch das Gesetz (Neuwirth) von 1967 ist die Empfängnisverhütung in Frankreich zu einer allgemein verbreiteten Praxis geworden. Sie besteht hauptsächlich in der Verwendung der Pille, die Sterilisation ist in Frankreich nicht sehr verbreitet (nur 5-6% der Paare im Zeugungsalter sind sterilisiert), im Gegensatz zu anderen Ländern (z. B. Brasilien oder Kanada). Mehr als zwei Drittel der Frauen zwischen 20 und 49 Jahren (69%) verwenden die eine oder andere Verhütungsmethode (das restliche Drittel besteht aus sterilen, partnerlosen, schwangeren oder schwanger werden wollenden Frauen). Nur 3% der Frauen scheinen unter keine dieser Kategorien zu fallen. Die Pille ist mit 36% bei weitem die am häufigsten verwendete Verhütungsmethode. Der höchste Prozentsatz liegt bei den jungen Frauen von 20 bis 24, mit dem Alter geht der Prozentsatz regelmäßig zurück. Die Spirale steht auf dem zweiten Platz mit 16% Benutzerinnen. Die Tendenz nach dem Alter ist hier ganz anders, das Maximum liegt zwischen 35 und 44 Jahren. Die anderen Methoden nehmen einen sehr beschränkten Platz ein (das Präservativ 5 %, die Abstinenz 4 %, der Coitus interruptus, die traditionelle Methode bis in die sechziger Jahre, wird nur von 2 % der Paare angegeben). Von hundert Frauen zwischen 20 und 49, die eine Verhütung vornehmen, benutzen 56 die Pille, 25 die Spirale und 19 andere Methoden. Um die 30 haben 90 % der Frauen schon einmal oder mehrmals in ihrem Leben die Pille genommen. Durchschnittlich bedient sich ihrer jede Benutzerin etwa zehn Jahre lang. Bei ungefähr der Hälfte folgt dann die Spirale. Ihre Benutzungsquote übersteigt die der Pille kurz vor 40. Die durchschnittliche Benutzungsdauer der Spirale sind annähernd 15 Jahre, was also den Durchschnitt der Verhütung durch die Pille übersteigt. Das Präservativ, dessen Anwendung mit der Aidsepidemie gestiegen ist, wird häufig mit einer zweiten Verhütungsmethode verbunden.[23]

Es sei hinzugefügt, daß in bezug auf die Empfängnisverhütung die Unterschiede zwischen den sozialen Kategorien nicht besonders ausgeprägt sind. Heute läßt sich in der Anwendungsquote der Pille beinahe kein Unterschied mehr ausmachen, was die gesellschaftlich-berufliche Kategorie, das Niveau des Schulabschlusses, den Wohnort oder sogar »die Bedeutung, die man der Religion beimißt« betrifft (aber die Spirale wird im Arbeiter- und Bauernmilieu, von Frauen mit niedrigem Schulabschluß oder von denen, die sagen, »die Religion ist wichtig«, weniger angewendet).[24]

Wenn man die Prozentsätze der Benutzerinnen der Pille und der Spirale zusammenzählt, stellt man fest, daß Frankreich gewiß zu den Ländern der Welt gehört, wo die ärztlich betreute Empfängnisverhütung am meisten verbreitet ist.

Bei diesem Typ von Übereinkunft besteht kein Grund mehr für den Kindsmord, die Aussetzung, die Übergabe an eine Amme, die Nachlässigkeit den Neugeborenen gegenüber. All das ist im übrigen auch selten geworden und wäre wahrscheinlich auch schwieriger zu verbergen, da die eventuellen Zeugen immer weniger bereit sind, die Augen vor diesen Untaten zu schließen, und sie erregen, wenn sie herauskommen, gewiß stärkere Empörung und Abscheu, als dies bei den anderen Typen von Übereinkunft der Fall war. Dementsprechend ist das Kind von Geburt an und durch die Entwicklung der pränatalen Medizin sogar, wenn es noch im Mutterleib ist, Gegenstand einer Beachtung, die, auch wenn die schwache Bindung an das Kind in der traditionellen Gesellschaft heute angezweifelt wird,[25] wahrscheinlich in der Vergangenheit nie ein derartiges Niveau erreicht hat. Eine Vielzahl von Büchern, Dokumentarfilmen, Zeitungsartikeln, die der Popularisierung der jüngsten Beiträge der Psychologie gewidmet sind – haben sie nicht alle die Vorstellung verbreitet, daß »nicht mehr der geringste Zweifel daran bestehen kann, daß das Baby eine Person ist«?[26] Das Kind bildet also im Rahmen dieser Übereinkunft den höchsten Wert ohne Preis und ohne Äquivalent (höher sogar als der Wert des Kunstwerks, dessen heute beinahe heiliger Charakter doch oft bemerkt wurde), neben dem sich kein anderer Gegenstand befindet, unter den seine Unterordnung oder für den seine Aufopferung annehmbar erschiene.[27]

Trotzdem gibt es im Rahmen dieser Übereinkunft eine Praktik, die Abtreibung, deren Stellung zwischen dem Offiziellen und dem Offiziösen nicht eindeutig ist. Die Abtreibung gehört zwar zu den offiziellen Dimensionen dieser Übereinkunft, da sie im Rahmen des öffentlichen Gesundheitswesens legalisiert und organisiert ist. Wir werden aber trotzdem die Vorstellung entwickeln, nach der die Abtreibung am Rande ihrer offiziellen Anerkennung die gesamte Last dessen trägt, was im Rahmen dieser Übereinkunft vom Mißlingen, vom nicht Darstellbaren, vom Offiziösen abhängt, so daß ihre Struktur eine formale Ähnlichkeit mit den Übereinkünften hätte, die wir schon beschrieben haben. Die Abtreibung trägt den offiziösen Teil der Zeugung als Projekt zumindest auf die zwei verschiedenen Arten, die wir nacheinander untersuchen werden.

Erstens kommt es ihr zu, das Mißlingen dieser Übereinkunft wettzumachen, das heißt die ins Fleisch gekommenen Wesen, die in Ermangelung eines Projekts nicht durch das Wort bestätigt werden können, verschwinden zu lassen. Aber wir werden zum zweiten auch zeigen, daß diese Aufgabe, weit davon entfernt, am hellen Tag ausgeführt zu werden, im dunkeln belassen wird. Einerseits ist die Abtreibung eine Operation, die an spezialisierte Orte verbannt und mit Diskretion ausgeführt wird und über die die betroffenen Frauen nur mit einer beschränkten Zahl nahestehender Menschen (im allgemeinen mit einer oder zwei Personen)[28] sprechen. Um das zu bezeugen, würden allein die Schwierigkeiten ausreichen, auf die der Soziologe stößt, wenn er mit Frauen über dieses Thema sprechen will. Andererseits konnte die Operation, wenn sie selbst legalisiert wurde und infolgedessen im Recht repräsentiert ist, nur normal werden um den Preis einer ontologischen Manipulation des Fötus, als würde dadurch vertuscht, was die Abtreibung hat verschwinden lassen (darauf werden wir im nächsten Kapitel näher eingehen). Die Abtreibung fügt sich in den normalen Lauf der Dinge nur unter der Bedingung ein, daß sie die Abtreibung von nichts ist. Die Abtreibung, die in den von uns oben besprochenen Übereinkünften mehr oder weniger verborgen war, ist sichtbar geworden. Aber dann ist es der Fötus, der verschwinden muß.

Vom »Mißlingen der Empfängnisverhütung« zu den Schwachstellen der Zeugung

Die wichtigste Rolle, die der Abtreibung bei dieser Übereinkunft zugestanden wird, ist, das Dispositiv zu schließen, indem sie dem *Mißlingen* der Empfängnisverhütung abhilft. Die Abtreibung findet in dieser Übereinkunft einen Platz, insoweit die Verhütung, der die Funktion zukommt, die Sexualität von der Zeugung zu trennen und somit zu bewirken, daß nur die Wesen ins Fleisch kommen, die geeignet sind, auch die Bestätigung eines Projekts zu empfangen, auf Techniken beruht, die bei aller Sicherheit die Möglichkeit einer Schwachstelle nicht gänzlich ausschließen. Bei diesem Typ von Übereinkunft wird also die Abtreibung in Richtung der Verhütung gezogen, der sie im Idealfall beinahe zum Verwechseln ähnlich sein müßte, aber die ihr auch die Nebenrolle des letzten Auswegs überträgt.

Die Frage nach der Zahl der praktizierten Abtreibungen und ihren Gründen ist in diesem Zusammenhang bedeutend für die Akteure, die eine Autorität im biopolitischen Bereich haben, denn sie müssen sich fragen, ob die Abtreibung wirklich die Rolle spielt, die man ihr zugewiesen hat. Obwohl niemand sagen kann, in welcher Höhe sich eine »normale« Abtreibungsquote ansiedeln müßte, noch was genau die korrektesten »Ursachen« dafür sein sollten, wurden, wie es scheint, die Schätzungen von den demographischen oder medizinischen Institutionen des Staates im Verhältnis zu einer impliziten Norm gemacht, hinsichtlich des mehr oder weniger zufriedenstellenden Charakters der Sozialpolitik, die man im Bereich der menschlichen Fortpflanzung getrieben hat. Doch »die Wünsche des Gesetzgebers, daß sich die moderne Empfängnisverhütung als einzige Technik für die Geburtenregelung durchsetzt, sind nicht in Erfüllung gegangen«.[29] Der Jahresdurchschnitt der Abtreibungen soll von 1976[30] bis 1980 stabil gewesen sein, dann von 1981 bis 1988 leicht abgenommen, und sich von da an auf der Zahl von 220000 pro Jahr gehalten haben, mit anderen Worten bei 15 Frauen von 1000. Wir haben gesehen, daß die Mehrzahl der Frauen im fortpflanzungsfähigen Alter Verhütungsmittel verwendet und daß der Prozentsatz der Frauen, die erklären, kein Kind zu wollen, und die kein Verhütungsmittel verwenden, sehr gering ist (2,6 %). Doch trotz der Zuverlässigkeit der am meisten verwendeten Verhütungstechniken (Pille und Spirale), bleibt die Anzahl der Schwangerschaften, die bei den demographischen Umfragen als »nicht vorhergesehen« erklärt werden, relativ hoch. Bei »100 nicht vorhergesehenen Schwangerschaften« soll nach den Aussagen der Befragten ein Drittel auf ein »Mißlingen der Verhütung«[31] zurückzuführen sein. Die Kategorie »Mißlingen der Verhütung«, in der von den befragten Personen berichtete Ereignisse sehr unterschiedlicher Natur zusammenkommen, hat etwas Unscharfes, indem nämlich die Zahl der »mißlungenen« Fälle gewiß überschätzt wird, zumindest wenn man damit das mechanische Mißlingen bezeichnen will (die für die Abtreibung zuständigen Ärzte, die wir befragt haben, neigen dazu, die Zahl zu verringern und in Betracht zu ziehen, daß eine sehr geringe Zahl der »unvorhergesehenen Schwangerschaften« tatsächlich einem »Mißlingen der Verhütung« im technischen Sinn des Wortes zuzuschreiben ist, dessen Paradigma, wie aus zahlreichen von uns in einem Krankenhaus schriftlich niedergelegten Gesprächen hervorgeht, das geplatzte Präservativ ist). Hypothetisch kann man sich nach den Umständen fragen, unter denen die anderen zwei Drittel der »unvorhergesehenen Schwangerschaften« erklärt wurden.[32]

Die zu einer Abtreibung führenden Umstände, wie sie sich aus unseren Gesprächen in den Krankenhäusern rekonstruieren lassen, bestätigen die Ergebnisse der großen Umfrage, die von Nathalie Bajos, Michelle Ferrand und der Gruppe GINÉ im Rahmen des INSERM durchgeführt wurde, vor allem, wenn sie bemerken: »in Frankreich muß die Abtreibung kein Fehlen der Verhütungspraktik wettmachen«.[33] Wenn man von den Abtreibungsfällen nach dem ersten Sexualverkehr absieht, der bei 12 % der Mädchen ohne Verhütung[34] vollzogen wird und deretwegen die Quote leicht angestiegen zu sein scheint (von 6 ‰ auf 7 ‰ bei 15- bis 18jährigen zwischen 1990 und 1997), obzwar sie immer noch zu den niedrigsten in ganz Europa[35] zählt, scheint eine beachtliche Zahl von Abtreibungen auf das zu folgen, was man – um es schnell zu sagen – eher ein *Mißlingen der Zeugung* nennen kann als ein »Mißlingen der Verhütung« im mechanischen Sinn.

Es scheint sich hier vor allem um zwei Dimensionen zu handeln. Die erste ist das nur schwer in binären Gegensätzen zu fassende Wesen der subjektiven Gemütszustände, welche die Schwangerschaft von ihrem Beginn bis zur Entscheidung für die Abtreibung begleiten. Von den Frauen, die sich in dieser Lage befinden, läßt sich weder klar sagen, ob sie wirklich »alles getan« haben, um kein Kind zu erwarten (ob sie sich so geschützt haben, daß das nicht vorkommen konnte), noch ob sie mit Entschiedenheit (indem sie mit jeglicher Verhütung aussetzten) schwanger werden wollten. Diese Situationen also sind gekennzeichnet von einer »Ambivalenz«, und die Schwangerschaft wie auch die Abtreibung können jeweils als »mißlungener Akt« oder als »Übergang zum Akt«[36] erscheinen. Durch das Schwangerwerden ist der Akt der Verhütung, obwohl prinzipiell gewollt, »mißlungen«. Aber durch die Abtreibung wird seinerseits der Akt rückgängig gemacht, der darin bestand, die Verhütung auf die leichte Schulter zu nehmen, als wollte man sich die Möglichkeit einer Schwangerschaft offen lassen, die, wenn sie sich wirklich einstellt, abgebrochen wird. Man kann sich, wie Annie Bachelot es macht, nach dem Wesen des »Wunsches« fragen, der hier zum Ausdruck kommt, und zwischen dem »Wunsch, schwanger zu werden« und dem »Wunsch nach einem Kind«[37] unterscheiden. Der erste tritt besonders bei Frauen auf, die seit vielen Jahren durch eine wirksame Verhütung geschützt sind (zum Beispiel bei einer Frau von 25, die seit dem Alter von 15 die Pille nimmt), und ist eine Äußerung der Angst, nicht mehr fruchtbar zu sein. Schwanger zu werden, wäre dann ein Mittel, sich zu vergewissern, indem man sich seine Zeugungsfähigkeit beweist. Aber zwischen diesem »Wunsch« und den Umständen, die nicht dafür taugen, das ins Fleisch gekommene Wesen in das »Projekt eines Kindes«[38] aufzunehmen, würde eine Spannung entstehen. Diese Umstände können mit anderen Plänen verbunden sein, denen das Kommen eines Kindes zuwiderliefe, wie etwa weiterzustudieren oder sich für ein berufliches Projekt zu engagieren, das eine große Disponibilität erfordert (auf diese Spannung werden wir zurückkommen, wenn wir die Erfahrung der Abtreibung behandeln).

Eine junge Frau, ungefähr 25, erklärt so im Lauf eines Gesprächs: »Ich habe die Pille abgesetzt, die ich seit sieben Jahren nahm, und ich hatte notgedrungen Angst, steril zu sein, also war es, weil ich ein Kind haben wollte. Im Grund wünschte ich mir ein Kind, aber dann sah ich, daß ich noch nicht so weit war. Ich hatte nicht gedacht, daß es sofort klappen würde, und ich finde es nicht gut, daß man sofort schwanger wird, wenn man gerade die Pille abgesetzt hat.« Eine 19jährige Studentin erklärt ebenso: »Ich hatte meine Tage nur von 11 bis 13. Ich hatte nicht das Gefühl, daß ich fruchtbar bin, und ich freute mich, obwohl ich wußte, daß ich es nicht behalten würde.« Ihr Freund fügt hinzu: »Ja, sie wollte ihre Tage kriegen, ohne das Kommando der Pille« (Krankenhaus, Paris).

Die zweite Dimension, die sehr häufig beim Mißlingen der Zeugung aufzutreten scheint, betrifft das elterliche Projekt selbst, das nach unserem Vorschlag im Rahmen dieser Übereinkunft die Instanz der Voraus-Bestätigung des zukünftigen Kindes bildet. Indem wir das berücksichtigen, können wir im übrigen auch einen klärenden Blick auf die eben besprochenen »mißlungenen Akte« werfen. Was in der Reihe der Akte, die zur Abtreibung führen, »mißlungen« ist, ist zunächst die Möglichkeit, daß das ins Fleisch gekommene Wesen mit Bezug auf ein elterliches Projekt bestätigt wird. Diese Möglichkeit wird manchmal von Anfang an, mitunter nachdem man von der Schwangerschaft weiß, ausgeschlossen und bleibt manchmal aber noch eine Weile in der Schwebe.

Damit sich die Logik des *Projekts* entwickeln kann, in dem Sinn, den wir diesem Terminus in dem Bau der *projektbasierten Polis* gegeben haben, muß dem Projekt die Möglichkeit gegeben werden, das Ergebnis einer *Begegnung* zu sein und infolgedessen, daß seine Entstehung mehrere Individuen einbezieht, in Hinsicht auf die es seine herausragende Stellung einnimmt, die wiederum ihr überindividuelles Wesen bedeutet, denn jeder von den in dieses Dispositiv Einbezogenen, das seinerseits ohne den Willen jedes einzelnen nicht zustande gekommen wäre, spürt doch dessen Zwang, als würde es sich ihm von außen aufzwingen. Im Fall des elterlichen Projekts, aus dem die überindividuellen Wesen (wie der Schöpfer oder der Staat) ausgeschlossen sind, und in dem auch die Beziehung auf die Verwandtschaft als Einheit beinahe aufgegeben ist, da sie sich auf die zwei die »Familie« bildenden

Personen beschränkt, betrifft diese Einbeziehung in erster Linie nur die beiden Eltern.

Der mißlungene Akt, der als Ausweg die Abtreibung hat, ist also der im Rahmen dieser Übereinkunft der am meisten gezeigte, ob man ihn nun auf eine Zeugung (durch das Fleisch) bezieht, aus dem die Logik eines Projekts von Anfang an ausgeschlossen bleibt (und der als *Unfall* verbucht, den zufälligen Umständen in die Schuhe geschoben und häufig mit einem mechanischen Versagen der Verhütungsmittel verbunden wird, somit nicht dem Willen unterworfen), oder ob man ihn zwar mit einem Projekt verbindet, aber indem man einen Unterschied macht zwischen einem jetzigen, nicht realisierbaren Projekt und einem *aufgeschobenen* Projekt, das ihm in der Zukunft Gewicht geben wird (was eine Übereinstimmung über die Vertagung des Engagements voraussetzt), oder ob man schließlich, und das ist der häufigste Fall, ein gescheitertes Projekt – sozusagen einen *Abortus* – dafür verantwortlich macht, weil es nicht zum Zusammentreffen der Absichten kommen konnte, was nötig wäre, um das Projekt mit einer zugleich unabhängigen und dauerhaften Substanz zu versehen.

Unter verschiedenen Modalitäten wird im Lauf eines Beratungsgesprächs zumeist das Fehlen eines elterlichen Projekts (oft unter dem Zeichen der Vorläufigkeit und Unsicherheit stehend: »Wir sind kein festes Paar.«) vorgebracht, um zu erklären, daß die Schwangerschaft nicht weitergeführt werden kann, nicht nur wegen materieller Faktoren, sondern auch aus inneren Gründen, als könnte das unter diesen Umständen gezeugte Kind nicht seine Vollständigkeit erreichen: »Ich habe seit 8 Monaten einen Freund, es ist keine aufgebaute, sichere Beziehung. Wir möchten gern ein Kind zusammen, aber nicht jetzt. Wir entschließen uns für das am wenigsten Schlimme, ich sage nicht das Beste, weil wir sehr gern ein Kind möchten. Wir wissen nicht, was wir sagen sollen, weil wir kein beständiges Paar sind« (34 Jahre, Sozialarbeiterin). »Ich habe schon eine Tochter mit 2½ und er eine kleine Tochter mit 7 Jahren, und wir haben wirklich keine Lust auf noch ein Kind, wir kennen uns erst seit 4 Monaten« (30 Jahre, Angestellte für Öffentlichkeitsarbeit). »Wir kennen uns erst seit einem Jahr und wir sind nicht so weit, unsere Lage ist zu unsicher« (ein junges Paar, beide Schauspieler). »Ich kenne meinen Partner erst seit kurzem, und mir fehlen die Voraussetzungen, um es zu behalten; meine Beziehung ist zu neu, und ich habe vor 4 Monaten eine Beziehung zu einem Mann abgebrochen, mit dem ich 6 Jahre zusammen war«. »Ich möchte gern Kinder, aber zuerst muß man sich gut verstehen. Ich werde kein Kind nur zu meinem eigenen Vergnügen in die Welt setzen« (Stewardeß, 28 Jahre). »Der Vater, mit dem das gemacht wurde, ist kein fester Freund, kein Wunschfreund, es war überhaupt keine Liebe dabei. Es ist schwer für mich, weil ich keinerlei Lust habe, diesen Schwangerschaftsabbruch zu machen, aber die Lage ist so, daß es gar nicht anders geht, es ist sehr hart für mich« (Studentin). »Ich habe noch nie ein Kind gewollt; das wird erst dann sein, wenn alles dafür paßt; jetzt ist es ein Fehler, das Präservativ vergessen, nein, lange kennen wir uns noch nicht; wir sind auch nicht richtig verliebt, eher Freunde« (Studentin). »Für mich ist es ein Mittel, um keinen Kontakt mehr zu haben, denn jedesmal, wenn ich das Kind ansehe, würde ich an ihn denken. Er sagt, ich soll niemandem sagen, daß er der Vater ist [...]. Er bittet mich, es nicht zu behalten [...]. Ich verstehe, daß er wirtschaftliche Probleme hat. Aber er war nicht ehrlich, nicht offen mit mir. Offen gesagt, er widert mich an. Wenn ich akzeptiere, es wegzumachen, dann weil ich keine Verbindung mehr zu ihm haben will« (38 Jahre, Asylbewerberin; Provinzkrankenhaus). »Als mein Sohn 18 war, erwartete ich wieder ein Kind, aber mein Mann wollte keins, und er sagte: ›Wenn du es behältst, laß ich dich sitzen‹« (Krankenschwester, 35 Jahre). »Er sagte zu mir: ›Das ist nicht mein Problem, mach, was du willst, ich werde es auf keinen Fall anerkennen‹ [...] Wir verstanden uns gut, für mich hätte es für das ganze

Leben sein können« (27 Jahre, arbeitslos). »Ich lebe noch bei meinen Eltern, und sie sind nicht auf dem laufenden. Und dann, die Magersucht, die Depressionen, die vielen Tabletten, die ich schlucke, es ist, als hätte das Baby das alles mitgekriegt; ich warte lieber noch« (Kassiererin, 20 Jahre; Krankenhaus Paris).

Für das Mißlingen des Projekts kann sowohl die Weigerung des Erzeugers als auch der Frau, sich zu engagieren, verantwortlich gemacht werden. Aber wenn die Weigerung, sich zu engagieren, wie wir sehen werden, von der Frau kommt, wird sie fast immer (zumindest im Rahmen unserer Gespräche, die nur mit Frauen geführt wurden), etwa dadurch gerechtfertigt, daß materielle Schwierigkeiten angeführt werden (Fehlen von Arbeit und Einkünften) oder auch dadurch, daß durch eine Geburt andere Pläne zum Mißlingen verurteilt wären (Studium, berufliche Pläne usw.), aber vor allem dadurch, daß der Erzeuger aus verschiedenen Gründen, aber insbesondere wegen seines »unreifen« Charakters als jemand angesehen wird, der die Bedingungen für die Vaterschaft nicht erfüllt. Ganz allgemein gesagt, bezieht sich die Rechtfertigung in diesen verschiedenen Darstellungsfällen letzten Endes auf das Unglück dessen, der geboren wäre, wenn die Abtreibung nicht seine Entwicklung unterbrochen hätte, ein Unglück, vor dem ihn genau die Abtreibung bewahrt hat. Diejenige, die nicht Mutter geworden ist, macht also ihr Widerstreben geltend, ein Kind »ohne Vater« auf die Welt zu bringen, was als Ausdruck der Bindung an einen Glauben zu verstehen ist, nach dem ein Kind außerhalb der Logik eines Projekts nicht voll begreiflich ist (es wäre, um den Ausdruck von Cyril Lemieux zu verwenden, ein »grammatikalischer Fehler«[39]). In ziemlich seltenen Fällen wird jedoch diese Möglichkeit geltend gemacht. Die befragte Person äußert es, indem sie davon spricht »ein Kind *für sich selbst* zu bekommen«. Aber diese Eventualität wird dann als die letzte Chance gegenüber den Ausfluchtmanövern der Männer hingestellt, die nicht fähig sind, sich für das Projekt eines Kindes zu engagieren, und beinahe aus Protest und in Form einer Transgression gefordert.

Anna ist 65 Jahre alt. Sie ist Studienrätin für Sprachen, jetzt in Rente. Mit 29 Jahren hat sie unter schwierigen Umständen in einer Zeit abgetrieben, als die Abtreibung noch ein illegaler, gefährlicher Akt war. Sie gehört zu der Generation, die um die Abtreibung gekämpft hat, und sie hat aktiv an dieser Bewegung teilgenommen. Sie hat also zugleich eine Zeit erlebt, in der die Übereinkunft mit der Verwandtschaft noch zu stark gegenwärtig war, als daß vor allem aus Gründen der Wohlanständigkeit die Möglichkeit, allein ein Kind aufzuziehen, gestattet gewesen wäre; und eine Zeit, nämlich die, welche auf die sexuelle Befreiung der siebziger Jahre folgte, in der diese Möglichkeit als zum normalen Lauf der Dinge gehörig betrachtet wurde; und die jetzige Zeit, wo mit der neuen, auf dem elterlichen Projekt basierenden Übereinkunft, diese Möglichkeit in ziemlich weiten Kreisen wieder verworfen wird. Anna hat nie ein Kind bekommen und leidet darunter. Sie bereut es sehr, daß sie das Kind, das sie in ihrer Jugend erwartete, nicht behalten hat, um es allein zu erziehen (der Erzeuger, im übrigen verheiratet, wollte nicht zur Vaterschaft stehen). Sie sieht es heute so: »Damals war das [die Abtreibung] das einzig Mögliche. Zehn Jahre später, glaube ich... Ich habe zwei Freundinnen, die wollten beide mit vierzig ein Kind, und sie wollten es allein. Ich war ziemlich dagegen. Ich war überzeugt, daß es unmöglich ist, willentlich ein Kind allein aufzuziehen, aber da sehe ich in den beiden Fällen, daß ich mich getäuscht habe [...]. Es ist ein wirklich geglücktes Abenteuer und eine gelungene Mutterschaft. Zehn Jahre später hätte ich ein Kind unter den Bedingungen vielleicht behalten. Aber damals war ich nicht imstande, einem Kind zu sagen, daß ich es ohne Vater bekommen hatte, zwar mit einem biologischen Vater, aber ohne einen sozialen Vater.«
Ihr Kind zu behalten und es allein großzuziehen, war dann auch

die Entscheidung einer Frau, der ich im Krankenhaus im Rahmen des Beratungsgesprächs begegnete, an dem Tag, als sie zur Abtreibung gekommen war: »Ich habe entdeckt, daß ich schwanger bin, da packte mich eine Panik, es war ein Schock. […] Ich ließ mir hier einen Termin geben, denn ich wollte es nicht behalten, und dann ließ ich ein wenig Zeit verstreichen, und ich änderte meine Meinung, aber es lag mir daran, doch hierherzukommen. Ich werde eine ledige Mutter sein, und das ist eine große Verantwortung« (39 Jahre, Biologin; Krankenhaus Paris).

Die zufällige Schwangerschaft ohne jedes Projekt

Bei unseren Gesprächen waren die Schwangerschaften, zu denen es unter zufälligen, »akzidentellen« Umständen in der Folge einer sexuellen Beziehung »ohne Zukunft« gekommen war und auf die eine Abtreibung folgte, in der frühen Jugend erlebt worden. Wenn sie von Frauen berichtet werden, die später noch weitere Abtreibungen erlebt haben, wird diese erste als weniger »schwierig« oder »hart« beschrieben als die später folgende oder folgenden. Der Grund dafür scheint zu sein, daß in solchen Fällen die Schwangerschaft eingetreten ist, ohne daß es zum Entwurf eines Projekts hätte kommen können. Keinerlei Erwartung, nicht einmal eine stillschweigende, wurde investiert, nicht einmal als Möglichkeit, mit dem Erzeuger ein Kind zu planen. Der Junge, meistens mehr oder weniger im gleichen Alter, ist beinahe ein Unbekannter. Die Möglichkeit, das Kind zu behalten, wird nicht »wirklich« betrachtet (wenn auch, wie wir im VII. Kapitel sehen werden, die Schwangerschaft emotiv sehr beunruhigend sein kann), und die Abtreibung scheint ohne Diskussion geboten zu sein. Manchmal begleitet der Junge das Mädchen zu dieser Bewährungsprobe, manchmal verzieht er sich. In beiden Fällen kommt er in der Erzählung des Mädchens kaum vor, als würde er nicht zählen, er selbst als ein Nicht-Erwachsener, fast als »Kind« eingestuft, mit dem zu rechnen absurd wäre.

Auf die Frage: »Warum ist Ihr Freund nicht mitgekommen?« antwortet eine junge Frau, 24, Biologin, beim Beratungsgespräch: »Das interessiert ihn nicht; das wird ein Kind ohne Vater sein«; eine andere, Studentin, erklärt unter denselben Umständen: »Er hat nichts zu sagen [...]. In einem bestimmten Augenblick wollte ich es behalten, und er hat mich zum Schwangerschaftsabbruch getrieben, und das hat mich genervt.« Auf die Frage: »Werden Sie ihm davon erzählen?«, antwortete eine junge Frau, 27, Journalistin: »Nein, überhaupt nichts, ich sehe nicht ein, warum; ich habe nicht das Bedürfnis, das geht nur mich etwas an. [...] Für ihn ändert sich gar nichts, er wird morgen früh aufwachen, und es wird sich nichts für ihn ändern« (Krankenhaus Paris).

Die Betonung liegt dabei gern auf dem Gegensatz zwischen den »Erwachsenen« und diesen Noch-nicht-Erwachsenen, die es mit einem »Problem« aufnehmen müssen, das ihre Möglichkeiten übersteigt. Die Unterstützung eines »Erwachsenen« wird gesucht. Die Schwangerschaft wird einer jugendlichen »Dummheit«, einem »Zwischenfall«, einem »Problem« gleichgesetzt, das die »Erwachsenen« auf sich nehmen, die es euch »vom Hals schaffen«. Wenn das junge Mädchen zu seiner Mutter ein Vertrauensverhältnis (oder ein untergeordnetes Verhältnis) hat und es wagt, mit ihr darüber zu sprechen (oder sich verpflichtet fühlt, es zu tun), dann sorgt letztere für die Abtreibung, unternimmt die nötigen Schritte und begleitet ihre Tochter ins Krankenhaus, wenn sie nicht sogar selbst auf eigene Faust und oft sogar auf »autoritäre Weise« die Entscheidung trifft, die zur Abtreibung führt.[40] Das Bestehen eines solchen »Einverständnisses« (das den Vater ausschließen kann und trotzdem oft einen Zwangscharakter beinhaltet) setzt bei Mutter und Tochter voraus, daß sie die Normen einer Zeugung als Projekt gutheißen. Oft enthüllt die Mutter bei dieser Gelegenheit ihrer Tochter, daß sie selbst früher einmal abgetrieben hat.[41] Die Situation ist selbstverständlich anders und schwieriger, wenn die Mutter sich in einer anderen kulturellen Umgebung befindet als die Tochter (vor allem in den Fällen von jungen Mädchen, die aus dem Maghreb oder aus den Ländern südlich der Sahara kommen).[42]

Chloé ist 22 Jahre alt. Sie ist Studentin und hat zweimal abgetrieben, das erste Mal mit 15, das zweite Mal mit 20. Sie erzählt von ihrer ersten Abtreibung: »Ich war 15 und wurde schwanger, als ich das erste Mal mit meinem Freund richtigen Sex hatte. Aber das war nicht schwierig, weil meine Mutter für alles gesorgt hat. Ich habe es ihr gesagt, und sie hat alles getan, was zu tun war. Sie hat mich zu ihrer Gynäkologin ins Krankenhaus gebracht, die sie gut kannte, und ich habe überhaupt nicht nachgedacht, und das war wirklich keine schwierige Probe für mich, weil ich 15 war, und da stellt der Gynäkologe keine echten Fragen. Er sagt nicht: »Hast du's dir gut überlegt?« usw. Es gab einfach keine andere Alternative. [...] Außerdem bekam ich eine Vollnarkose. – Also man kommt nach Hause und geht aus. Ich habe es nicht als ein Baby empfunden. Und außerdem war ich zu jung.« (Später, als sie 18 ist, erzählt ihr ihre Mutter, daß sie selbst einmal abgetrieben hat.)

Daß sich die Mutter am Ursprung des »Problems« als hauptsächlicher Partner der Bewährungsprobe an die Stelle des Jungen setzt, verhindert die Möglichkeit – und selbst eine stillschweigende – eines Engagements in diese Schwangerschaft. Man kann nicht schwanger sein im Körper einer anderen, aus dem man selbst herausgekommen ist. Das sieht man gut bei den Fällen, wo die Mutter vorschlägt, sie würde das Kind aufziehen oder sich zumindest aktiv an dessen Erziehung beteiligen, das heißt die Stelle des abwesenden Vaters übernehmen, was eine Reaktion der Ablehnung bewirkt. Eine solche Situation wäre ja tatsächlich nichts anderes als die Wiedereinsetzung der Verwandtschaft in ihre Rolle als Instanz für die Voraus-Bestätigung, indem die Mutter des schwangeren jungen Mädchens in die Stellung des hauptsächlichen Vertreters der Filiation eingesetzt wird, oder nach der

Logik des elterlichen Projekts käme es zu einem transgressiven Projekt, dessen hauptsächliche Partner nicht ein Mann und eine Frau wären, bis dahin einander fremd, aber dann durch eine *Begegnung* verbunden, sondern eine Mutter und ihre Tochter, die erstere in einer Machtposition in bezug auf das zukünftige Kind, indem sie den Platz des potentiellen Vaters usurpiert (und durch ihr Verhalten das Modell der männlichen Herrschaft parodiert) und die zweite als Beherrschte, die an die traditionellsten Modalitäten der Weiblichkeit erinnert, was heute als die neue Form einer beinahe inzestuösen Beziehung[43] interpretiert wird.

Florence ist 26. Sie ist Tanzschülerin und arbeitet abends in einem Restaurant, um sich ihren Lebensunterhalt zu verdienen. Ihre erste Abtreibung hatte sie mit 20. Sie wird geschwängert von dem Jungen, mit dem sie seit zwei Jahren zusammen ist. Sie lebt damals bei ihrer Mutter. Der Junge ist Musiker und wohnt auch noch bei seinen Eltern. Florence stellt ihn als »nicht besonders reif« dar. Der Junge sagt zu Florence: »Es ist dein Herz, dein Körper, also liegt die Entscheidung bei dir.« Florence antwortet ihm: »Nein, es ist mein Körper, aber unser Kind, also müssen wir uns zusammen entscheiden.« »Also«, sagt Florence, »sagte ich mir: Wenn du so denkst, dann kann ich nicht; wenn du nicht auf meiner Seite bist, es zu behalten, wenn es nicht unser Kind ist, dann will ich es nicht, weil ich allein kein Kind will.« An dieser Stelle tritt die Mutter von Florence auf: »Du kannst das Kind bekommen, ich ändere alles hier im Haus, du kannst mit Pedro mein Schlafzimmer haben, ich lasse eine Mauer einreißen, so wird das Haus geräumiger, dann hast du deine Ecke und ich meine.« Florence antwortet ihr: »Mama, ich weiß, daß du mir helfen möchtest, aber dieses Kind, das gehört mir, und wenn du ein Kind willst, mußt du selbst eins bekommen.« »Meine Mutter war nie gegen mich, sie war immer auf meiner Seite, sie war meine beste Freundin, das kann ich sagen, aber diesmal … sie sagt: ›Florence, du gehst gegen deine eigene Natur‹, denn normalerweise hätte ich nie abgetrieben. Also sagte ich ihr: ›Mama, ich hab mich schon entschieden.‹ […] Ich sagte: ›Mein Traum ist, von hier wegzugehen, nach Paris, weil ich tanzen will‹; sie sagte: ›Du kannst es hier bei mir lassen‹; und ich: ›Ich will mein Kind nicht verlassen, es gehört mir.‹ Da war es klar, daß ich für mein Kind einen Vater, eine Familie wollte, ich wollte nicht einfach ein Kind, ich wußte, daß ich auf sie zählen konnte, aber so wollte ich es nicht, also habe ich mich für eine Abtreibung entschieden. Aber ich wollte es, das Kind […]. Ich hab noch einen Monat gewartet, mit dem Gefühl, schwanger zu sein, ich wollte es, ich bin verrückt auf Kinder, seitdem ich auf der Welt bin.«

Ein anders gelagerter Fall scheint von vornherein die Möglichkeit eines Projekts auszuschließen. Es handelt sich um die bei unseren Gesprächen im übrigen selten auftretende Situation, daß eine Schwangerschaft eintritt, während eine Frau gleichzeitig sexuelle Beziehungen zu mehreren Männern unterhält, so daß sie nicht sicher ist, was die Identität des Erzeugers betrifft. Obwohl solche Situationen nicht in der frühen Jugend aufzutreten scheinen, sondern später im Lauf des Gefühls- und Geschlechtslebens, am häufigsten in Zeiten des Übergangs zwischen zwei Gefühlsprojekten, so haben sie mit den gerade beschriebenen Situationen doch gemeinsam, daß es sich nicht um Wesen handelt, zwischen denen sich kein Projekt bilden kann. Im Gegensatz zu gewissen libertären Utopien, die in Richtung der Kritik an der »traditionellen Familie« gehen und kennzeichnend sind für die Übergangszeit zwischen der Übereinkunft mit der Verwandtschaft und der Übereinkunft mit dem Projekt, scheint es, daß das elterliche Projekt seiner eigenen Logik zufolge nur unter der Bedingung als gültig anerkannt werden kann, daß es eine Verbindung mit der Fortpflanzung im biologischen Sinn aufrechterhält und infolgedessen nur zwei Personen einbezieht. In den Fällen, wo zwei Erzeuger konkurrierende Ansprüche geltend machen können, kann das Projekt eines Kindes also nur entstehen, wenn einer von ihnen zurücktritt, wodurch er dem anderen erlaubt, die

»biologische Vaterschaft« anzutreten (auch wenn er nicht derjenige ist, der dann wirklich für die Aufzucht des zukünftigen Kindes sorgen wird). Das sieht man beispielsweise gut bei den Paaren, wo die Unfruchtbarkeit des Mannes dazu führt, daß man auf einen Samengeber zurückgreift, dessen Identität nicht enthüllt wird und der, sobald er seine Spende geleistet hat, auf jeden Anspruch auf das zukünftige Kind verzichtet.

Florence macht einige Jahre nach der Episode, von der wir gerade berichtet haben, eine zweite Abtreibung, weil sie nicht wußte, wer der Vater ihres Kindes gewesen wäre, wenn es zur Welt gekommen wäre. Einige Zeit nach der ersten Abtreibung begegnet sie einem etwas älteren Mann, einem Photographen, der verheiratet, aber von seiner Frau getrennt ist und sich nur zeitweise in Paris aufhält, mit dem sie eine »echt starke Geschichte« erlebt. Er sagt, er möchte ein Kind mit ihr. Dann verschlechtert sich ihre Beziehung, ihr Freund verläßt Paris und sie bleibt allein zurück. Da begegnet sie in dem Restaurant, wo sie abends arbeitet, »einem verheirateten Mann, dessen Kind in einer Woche zur Welt kommen sollte, er faßte seine Frau seit sieben Monaten nicht mehr an und mein Freund faßte mich seit sieben Monaten nicht mehr an«. Nachdem sie sich geweigert hatte, mit ihm ins Bett zu gehen, stimmt sie schließlich doch zu und sieht ihn zweimal in zwei Wochen. Unterdessen kommt ihr Freund zurück. »Wir verlieben uns wieder. Wir lieben uns wieder, ohne Präservativ, zweimal, wir haben zwei Tage miteinander verbracht, und am dritten Tag, da streiten wir, aber gewaltig, schlimm, schrecklich, es geht mir wieder dreckig, und er hatte tatsächlich etwas Merkwürdiges an sich. Die ganze Zeit, die sich Gilles mit mir streitet, ruft mich der andere, der Verheiratete, an, ich weiß nicht, ob er etwas merkte oder ob er nur so anrief, aber genau nachdem Gilles mir so wehgetan hatte, ließ ich ihn kommen, und wir lieben uns, das war drei Tage später, mit einem Präservativ, das zerrissen ist. Am nächsten Tag nahm ich die Pille danach.« »Aber«, sagt Florence, »es hat mich doch erwischt, also bin ich jetzt in dieser Lage: Ist dieses Kind von meinem verheirateten Geliebten, oder ist es von meinem Freund Gilles? Ich habe also immer noch diesen Zweifel. Deshalb ist es so schrecklich, weil ich nicht weiß, wer es ist.« Die »Pille danach« hat sich als unwirksam entpuppt. Florence zögerte, dann hat sie abgetrieben, weil sie nicht wußte, »wem es gehörte«. Jetzt ist sie wieder allein.

Joëlle ist heute 40 Jahre alt, von Beruf Krankenschwester, mit 20 befand sie sich in einer ähnlichen Lage. Sie beschloß sofort abzutreiben: »Ich stellte mir nicht einmal die Frage, ob ich es behalten wollte, weil, na ja, wegen der Umstände, wie ich in dem Moment dazu gekommen war. Ich hatte zwei Männer gehabt, ich wußte nicht, welcher es war. Mit keinem von beiden war es etwas Ernstliches. Einmal mit jedem von beiden, ich meine, es war nicht innerhalb einer Beziehung. Also mußte ich mir nicht die Frage stellen: Will es der andere oder nicht? Den einen habe ich nie wieder gesehen, den anderen schon, aber es war ein Unfall, und strenggenommen hatte ich ihn selbst bewirkt, der Typ hatte nämlich getrunken, und es war ihm nicht ganz klar, was er machte. [...] Ich meine, das war wirklich keine Beziehung, überhaupt nicht. Mit beiden dauerte es einen Abend, aber weil nur ein paar Tage dazwischen waren, konnte ich wirklich nicht wissen, und man kann sich doch nicht vorstellen, daß man ein Kind hat, und nicht einmal weiß, wer der Vater ist. [...] Und in diesem Fall wäre es ohne Vater gewesen, denn mit keinem von beiden hatte ich etwas geplant, keiner von beiden war geeignet, der Vater zu sein und noch dazu, man kann doch nicht zu seinem Kind sagen: Ich weiß nicht, wer...«

Die Abtreibung als Instrument eines
vertagten Projekts

Ein zweiter Darstellungsfall betrifft die halbwüchsigen Paare, die schon auf Dauer eingestellt sind und denken, sie werden »zusammenbleiben« (was in verschiedenen Gesprächen tatsächlich geschehen war). Wenn hier eine Schwangerschaft eintritt, wird sie ebenso als »zufällig« behandelt. Die »Entscheidung« abzutreiben wird allem Anschein nach ohne Probleme und in »gegenseitigem Einvernehmen« getroffen. Die Schwangerschaft kann jedoch in diesem Fall die Gelegenheit sein, sich das »Projekt eines Kindes« vorzunehmen, aber dieses Projekt nimmt nicht die Form eines Konflikts an. Es verträgt sich mit der Abtreibung, weil das »Projekt eines Kindes« in die Zukunft verschoben wird. Was sich im Leib der Frau entwickelt, wird als *ersetzbar* behandelt. Das Wesen, das man diesmal abtreibt, wird später durch ein wirkliches Kind »ersetzt« werden, das auf die Welt kommen wird (was nicht ausschließt – wie wir in Kapitel VII sehen werden –, daß der Fötus, den die Abtreibung beseitigt hat, eine dauerhafte und manchmal beunruhigende oder phantomatische Spur im Fortpflanzungsgedächtnis hinterlassen kann). Wenn sich diese Möglichkeit verwirklicht, spricht die Person, die uns erzählt, manchmal von dem Kind, das einige Jahre später tatsächlich gezeugt wurde, auf eine Weise, welche beinahe die Vorstellung einer Reinkarnation erweckt. Als wäre das Wesen, das sie abgetrieben hat, mit Verspätung in dem Kind, das sie behalten hat, zur Welt gekommen. In Fällen dieser Art leistet das Paar der Bewährungsprobe der Abtreibung Widerstand. Die Frau spricht mit niemandem von ihrer Schwangerschaft, außer mit ihrem »Freund«, so daß niemand in der Lage ist, sie an das kurze Dasein des abgetriebenen Wesens zu erinnern. Es ist tatsächlich nötig, daß seine Gegenwart minimal war, damit es dem Kind, das an seine Stelle treten wird, einverleibt werden kann.

Violaine ist 42, Marktfrau. Sie hat zwei Kinder von 15 und 16 Jahren und lebt (»in wilder Ehe«, sagt sie) mit dem Mann, der der Vater ihrer Kinder ist und den sie kennenlernte, als sie beide noch Halbwüchsige waren. Dieser Mann, der einige Jahre älter ist als sie, war schon ihr Lebensgefährte, als sie mit 17 plötzlich schwanger war (»ich habe mit 16 mit der Pille angefangen, aber ich war wohl ein wenig schlampig«) und sich schließlich entscheidet abzutreiben. Ihr Lebensgefährte leistete damals seinen Militärdienst ab und »ließ ihr die freie Wahl«. Bei der Erzählung ihrer Geschichte betont Violaine die Notwendigkeit, in einer Lage wie ihrer damaligen zu »überlegen« und »vernünftig« und »verantwortungsbewußt« zu handeln. »Ich mußte trotz allem schnell nachdenken und wirklich genau wissen, was ich da machte, denn das konnte später psychologische Auswirkungen haben. Ich mußte meine Entscheidung wirklich akzeptieren, die eine oder die andere, denn mehr als zwei hatte ich nicht. Ich habe überlegt, 17 war ich damals. Ich sagte mir: Mädchen ... 17 Jahre und ein Baby im Arm, du weißt nicht genau, ob du bei dem Mann bleiben wirst, mit dem du jetzt zusammen bist, du kannst also auf einmal allein dastehen mit dem Kind, die Schule, damit ist es dann auch aus, ich meine, mein Leben ... Es war einfach zu früh für mich; in meinem Kopf war es zu früh, das war nicht der richtige Moment. Vor allem ist es eine Verantwortung, schon in dem Alter wußte ich, wie das Leben so ist, und die Verantwortung für ein Kind. Es auf die Welt bringen ist nicht alles, dann muß man es großziehen, so viele Jahre. Ich versetzte mich in die Zukunft. Auf jeden Fall war ich verpflichtet nachzudenken. Endlich habe ich dann meine Entscheidung getroffen und ich fragte mich ... ›Wie wirst du reagieren?‹ und versuchte es positiv zu sehen und sagte: Es geht einfach nicht und das ist alles.« Der Anfang der Schwangerschaft und die Abtreibung selbst gingen gut vorüber, ohne offenbar viele Spuren in Violaines Erinnerung zu hinterlassen: »Es ist wie eine Blutung, ja so. Ich war ein klein wenig erschöpft, habe mich aber schnell wieder erholt, weil ich akzeptiert hatte, es zu machen. Es war meine Entscheidung, und es stimmt, wenn man wirklich so weit ist ... Hinterher habe ich mich gezwungen, mir im Kopf immer wieder zu sagen: Es war eine gute Entscheidung, eine gute Entscheidung, bestimmt.« Unmittelbar danach spricht Violaine von der Geburt ihrer Kinder. »Ich war noch nicht so weit. Und mein erstes Kind habe ich dann ja mit 26 bekommen. Ich habe hinterher gewartet ... Da war es genauso, ich hatte auch nachgedacht. Es ist nicht einfach so gekommen. Ich sagte mir: Gut, jetzt bin ich 26, ich weiß, nach 30 wird es mit dem Kinderkriegen schwieriger, physisch für eine Frau, ich bin sowieso klein und zierlich, also ist es nicht leicht. Ich habe noch weiter nachgedacht: Willst du eigentlich Kinder oder willst du lieber keine? Ich habe meine Kinder nicht einfach so bekommen, ich meine, daß man so auf einmal die Sache laufen läßt, daß man sagt: Wir werden ein Kind haben, wenn eins kommt. Das ist eine Verantwortung immerhin, so ein Kind. Man muß für es sorgen, das erzieht sich nicht von selbst, das braucht viel Zeit, das heißt also, für sich selbst hat man dann weniger, weil man das Kind über alles stellt, prinzipiell, ja prinzipiell ... Bei mir steht es an erster Stelle, vor allem am Anfang seines Lebens, das alles, das brauchen sie, aber sogar jetzt noch. Also, ich habe mein erstes bekommen, meine Tochter, und dann ist wirklich alles sehr gut gegangen, eine sehr gute Entbindung, keine Probleme, keine Kontraktionen, kein Platzen der Fruchtwasserblase, das kam erst, als ich schon auf dem Tisch lag ... Meinen zweiten bekam ich dann gleich hinterher, sie sind ein Jahr auseinander; beim zweiten auch, es ist alles genauso gutgegangen. Wenn ich nicht diese Arbeit gehabt hätte – ich hatte nämlich eine harte Arbeit, sechs Tage die Woche, viele Stunden Arbeit jeden Tag, körperliche Arbeit noch dazu, ich arbeitete immer auf den Märkten, sehr harte körperliche Arbeit – aber wenn ich diese Arbeit nicht gehabt hätte, dann hätte ich drei oder vier Kinder hintereinander bekommen. Nur um eine Familie zu haben, für die Kinder, viele zu sein, für sie, ja ... Aber es stimmt, es ist schon vorgekommen, daß ich an den Schwangerschaftsabbruch gedacht habe, den ich mit 17 machte, ich sage mir, jetzt wäre er 25.« Violaine hat über diese Abtreibung nur mit ihrem »Freund« und einer Freundin gesprochen. Mit ihrer Mutter hat sie nicht davon geredet. Sie wollte nicht, daß man später wieder mit ihr darüber sprechen würde: »Denn später kann es frustrierend sein. Wenn ich's meiner Mutter sagen würde, könnte sie sagen: ›Warum hast du mir nichts gesagt?‹ Das bringt mir nichts Gutes. Getan ist getan. Man kann nicht wieder darauf zurückkommen, um sich dann nur schlecht zu fühlen. Nein, nein, ich hab's gut verdaut. Sogar sehr gut.«

Das zum Mißlingen verurteilte Projekt

Die häufigsten Fälle von Abtreibung, die in unseren Daten vorkommen, sind nicht am Anfang des Liebeslebens und des Sexualverkehrs, sondern wenn sich diese schon entfaltet haben, sagen wir zwischen 20 und 25 und zwischen 35 und 40 Jahren. Die Frau, die dann abtreibt, hat mehrere mehr oder weniger dauerhafte Verbindungen hinter sich (aus denen mitunter auch ein Kind oder sogar mehrere bei ihr geblieben sind). Zu dem Zeitpunkt, zu dem sie schwanger wird, hat sie oft schon seit einiger Zeit (von einigen Monaten bis zu mehreren Jahren) eine neue »Beziehung«, das heißt ein neues Gefühlsprojekt, dessen Dauer noch in der Schwebe ist, und das sogar, wenn man auch zusammenwohnt (was durchaus nicht immer der Fall ist), so daß die Frage, ob die Beziehung in Zukunft weitergeht oder abbricht, behandelt wird, als würde sie ganz und gar nicht von einer vertraglichen Verpflichtung, sondern davon abhängen, ob sich die alltäglichen Interaktionen mehr oder weniger befriedigend gestalten.

Das heißt, daß in diesen Fällen die Situation der Abtreibungen radikal anders ist als bei denjenigen, die in dem von uns Übereinkunft mit der Verwandtschaft genannten Rahmen, die häufigsten waren. Bei der Übereinkunft mit der Verwandtschaft, wo der Gegensatz zwischen legitim und illegitim eine zentrale Rolle spielte und wo die ziemlich unzuverlässige Empfängnisverhütung im wesentlichen auf dem guten Willen der Männer (und ihrer sexuellen Kompetenz) beruhte, waren die Abtreibungen wie die Satzzeichen im Leben der »festen«, »verheirateten« Paare »mit Kindern«, bei denen alle Schwangerschaften (offiziell) dem »Ehemann« zugeschrieben wurden. Sie wurden entweder in gemeinsamem Einverständnis von Mann und Frau beschlossen, oder, was gewiß häufiger war, von den »Ehemännern«, die es gewohnt waren, die Augen zu schließen, und denen im allgemeinen die weiblichen Dimensionen des Lebens fremd waren, den »Gattinnen« überlassen, die aufgefordert wurden, zu sehen, wie »sie zurechtkamen«. In den Daten, die wir gesammelt haben, sowohl in unseren Gesprächen als auch im Rahmen der Krankenhäuser, sind nicht nur die offiziell »verheirateten« Paare, sondern auch die sich als fest und dauerhaft präsentierenden Paare mit einem oder mehreren Kindern ziemlich selten. Alles sieht so aus, als würde in dem letzten Fall die Empfängnisverhütung tatsächlich eine präventive Rolle in bezug auf die Abtreibung spielen, wie es die ersten Fürsprecher für die Legalisierung der Abtreibung vorhergesehen und gewünscht hatten, für die diese Praktik durch die Verbreitung der Methoden und der Gewohnheiten der »Familienplanung« nach und nach an den Rand gedrängt werden sollte. Im Gegensatz zu den Situationen bei den auf Dauer eingestellten Paaren, die sich stillschweigend auf etwas geeinigt haben, das man eine »sexuelle Routine« nennen könnte, ist es möglich, daß die unmittelbar auf die erste Begegnung folgenden Zeiten eine Lockerung der empfängnisverhütenden Kontrollen mit sich bringen. Es sieht nämlich so aus, als ob in nicht wenigen Fällen eine Schwangerschaft, weder als Folge eines eigentlichen »Mißlingens der Verhütung« eintreten würde, noch weil sich die Frau ausdrücklich oder nicht, im Einvernehmen mit ihrem Partner oder nicht für ein Kind entschieden hat, und nicht einmal, weil sie »ohne es zu wollen« sich irgendwie vom Wunsch nach einem Kind hatte hinreißen lassen, sondern weil die Stimmung, die sich in der Liebesbeziehung einstellt, die Vertrautheit, die »Komplizität« zwischen den Partnern, das Wohlbefinden zur Lockerung der Kontrollen verführen, die bis dahin eine Schwangerschaft verhindert hatten (dem von Pierre Bourdieu und Alain Darbel einmal aufgestellten Modell, nach dem die »Fruchtbarkeit« das Ergebnis einer doppelten Verneinung sein soll: das heißt der Verzicht darauf, *nicht* – erste Verneinung – alles zu tun, was man tun muß, um *nicht* – zweite Verneinung – schwanger zu werden[44]).

Man sieht dies gut an der Geschichte von Paulette. Mit 28, nach dem Mißlingen einer Ehe (sie lebt in Scheidung), lebt Paulette, die Studentin ist und an einer Doktorarbeit schreibt, von »kleinen Jobs« und wohnt zusammen mit einer anderen Mieterin, da begegnet sie Georges. Drei Monate später ist sie schwanger: »Wir hingen wirklich sehr aneinander, wir waren die ganze Zeit zusammen. Ich hatte eigentlich nie in meinem Leben vorher Angst gehabt, schwanger zu werden, ich hatte immer sehr sehr gut aufgepaßt mit der Pille, mein Verhütungsmittel nahm ich immer gewissenhaft [...]. Und dann mit Georges die Präservative, ich wollte sie von Anfang an, aber nach und nach wollte er sie nicht mehr, er gewöhnte sich nicht daran, und ich wollte die Pille nicht nehmen, weil ich sie schon sehr lange immer genommen hatte, und in dem Moment mochte ich sie nicht nehmen [...]. Schließlich liebten wir uns manchmal ohne Präservativ, und deshalb gab es viele Auseinandersetzungen zwischen uns, weil er sich einfach nicht daran gewöhnte. Also versuchten wir's ein wenig mit den fruchtbaren Tagen, aber am Anfang hatten wir es nicht richtig berechnet. Und zweimal hat er sich vorher zurückgezogen.« Paulette, die »spürte, daß es nicht der richtige Zeitpunkt war« und die nicht »schwanger werden« wollte, bekommt ihre Tage nicht rechtzeitig: »Ich habe nicht mehr geschlafen und gleichzeitig, das ist verrückt, weil etwas in mir drin war; weil Georges und ich uns so gut verstanden in dem Moment. Und es ist komisch, weil er einen Monat vorher zu mir gesagt hat: ›Ich möchte ein Kind mit dir‹, und das hat mich enorm angerührt [...]. Also ließ ich vielleicht unbewußt alles laufen und war nicht mehr so streng mit der Verhütung [...]. Wenn du dich von den Gefühlen leiten läßt, sagst du: ›Ja, das ist nicht schlimm, du ziehst dir das Präservativ nur an den gefährlichen Tagen über und sonst ziehst du dich ein bißchen vorher zurück, und so geht's.‹ Aber ich hatte keine Lust auf ein Baby.« Als sie merkt, daß sie schwanger ist, diskutieren sie »nächtelang«, weil sie nicht wissen, ob sie es behalten sollen oder nicht. Paulette denkt, daß »eine Abtreibung ideal wäre«, aber sie hat nicht den Mut dazu. Georges überläßt ihr die Entscheidung (zuletzt entscheiden sie sich dafür, das Kind zu behalten, aber Paulette hat dann eine Fehlgeburt).

Aber das soll nicht heißen, daß die Paare, die in den Gefühl und Sex betreffenden Projekten neuer Art mit offener Dauer engagiert sind, weniger zur Voraussicht fähig wären, als würde diese Art von Beziehung besonders Menschen anziehen, die sich zugleich weniger fähig zeigten, feste Beziehungen zu schmieden und die Geburten zu »planen«, was den Grund in der Struktur ihrer Persönlichkeit hätte, und weil ihnen zum Beispiel ein rationales »Ethos« im Sinn von Max Weber fehlen würde. Freilich tritt die Schwangerschaft nicht »gewollt« ein, in dem Sinn, daß sie eine von beiden Partnern »gemeinsam« getroffene »Entscheidung« gewesen wäre. Aber sie tritt ein, als wäre nicht entschieden versucht worden, sie zu vermeiden, und was nachher geschieht, nimmt die Form einer *Bewährungsprobe* an, der das Paar unterzogen wird und die zumeist dessen Geschick bestimmt.
In den Gesprächen, die wir geführt haben und die nur den Standpunkt der Frauen über ihre Abtreibung(en) festhalten, wird in solchen Situationen zumeist das Versagen des Erzeugers angeführt, um die Abtreibung zu begründen. Das Fehlen des Vaters bildet die hauptsächliche Rechtfertigung dieser Tat. Mehrere verschieden geartete Fälle kommen vor.
Bei dem ersten Typ einer Situation wurde die ihre Geschichte erzählende Frau schwanger, als sie eine Beziehung hatte, die wenigstens rückblickend als nicht dauerhaft beschrieben wird. Ihr »Freund« von damals wird als unnachsichtig beschrieben. Er ist nicht geeignet, wegen seines Charakters (»unreif«, »unschlüssig«

usw.) oder auch aufgrund seiner Lebensumstände (z. B. er hat eine andere Beziehung, er ist älter, verheiratet und hat mit seiner Frau nicht wirklich gebrochen[45] usw.), sich für das Projekt eines Kindes zu engagieren. Ohne daß es ausdrücklich gesagt wird, hat man beim Anhören dieser Berichte das Gefühl, daß die Erzählende durch die Schwangerschaft gemerkt hat, daß die Beziehung, in der sie sich befunden hatte, ohne Zukunft war und daß sie sie so beenden konnte.[46] Die unter solchen Umständen schwanger gewordene Frau informiert entweder ihren »Freund« nicht oder benachrichtigt ihn, aber ohne ihm zu verstehen zu geben, daß sie auch nur einen einzigen Augenblick denken könnte, es sei für sie vorstellbar, daß er diese Vaterschaft antreten könnte, oder daß sie das für wünschenswert hielte, und sie informiert ihn also im selben Moment darüber, daß sie »nicht behalten« wird, was in ihr Fleisch gekommen ist. Aber zugleich wird die Erleichterung, die letzterer zeigt, als er erfährt, daß die Schwangerschaft so schnell wie möglich unterbrochen werden soll, als Bestätigung der ihn betreffenden Vorahnungen beschrieben, jedoch mit Bitterkeit, als hätte es auch anders sein können, was vermuten läßt, daß irgendwann von der uns erzählenden Person so etwas wie der Plan eines Kindes mit diesem Mann ins Auge gefaßt worden war.

Leila spricht von dem jungen Mann, mit dem sie zusammen war, als sie nach einer ersten Abtreibung drei Jahre vorher wieder schwanger wurde: »Ich habe gesehen, wie sich sein Verhalten änderte, von dem Moment an, als er erfuhr, daß ich schwanger war. Er hatte wirklich Angst bekommen. Er hatte eine echte Panik. Ich sah, daß er Schiß hatte. Das ist kein besonders ausgeglichener oder mutiger, motivierter Typ. […] Er erzählte mir einen Traum, den er gehabt hatte, nachdem ich es ihm gesagt hatte, er sah mich schwanger bis an die Zähne mit einem schwarzen Kleid und einer weißen Bluse darüber. Das ist lächerlich, weil ich nie so was anhabe. Und was übrigens sehr komisch ist, als ich es erfuhr, rief ich ihn an und weinte am

Telefon und sagte: ›Ich bin schwanger, kannst Du herkommen, daß wir darüber reden?‹ Später erzählte er mir, daß er auf der Fahrt eine echte Panik bekam, bei dem Gedanken, ich könnte sagen, daß ich das Kind behalten will, weil ich sonst nicht am Telefon geweint hätte, wenn ich kein Problem damit gehabt hätte. Dann hätte ich nicht so reagiert. Ich denke, ich hätte es ihm ganz anders gesagt, wenn ich ein Kind hätte behalten wollen. Und ich fand das total absurd, daß er nicht einmal verstand, was ich zu ihm sagte. Ich fühlte mich echt nicht gut. Er nervte mich jetzt total, noch dazu hatten wir vorher schon davon gesprochen, das heißt, bevor ich den Test machte, hatte ich zu ihm gesagt: ›Ich hab den Eindruck, ich bin schwanger, das geht mir auf den Geist, ich hab schon mal abgetrieben, ich will das alles nicht‹, usw., also war alles schon mal gesagt, und er stellt sich trotz allem immer noch vor. [...] Aber ich glaube, er hat es sehr schwer mit sich selbst, sich um sich selbst zu kümmern, sich vorzustellen, daß er sich um ein Kind kümmern muß, ihm unter Umständen etwas vermitteln muß, er weiß ja nicht mal, was er mit sich selber anfangen soll... Es gibt aber gemeinsame Punkte bei den zwei Typen [den zwei jungen Männern, mit denen sie zusammen war, als sie die zwei Abtreibungen machte], in ihrer Lebensweise, in ihrer Art, sich total der Verantwortung zu entziehen.«

Die Abtreibung erscheint weitaus problematischer, wenn die Dauer und die Intensität der Beziehung es zuließen, daß sich der Entwurf eines Projekts realisierte, und wäre es nur auf imaginäre Weise oder nach der Art eines Liebesspiels. Wenn die Frau und ihr »Freund« eine ziemlich lange Zeit »zusammengelebt« haben und einander nahegekommen sind, indem sie sich für andere Projekte (beruflicher oder sozialer Art) engagierten, entwickelt sich ein komplexerer Prozeß, der auf eine längere Dauer ausgerichtet ist, in deren Verlauf die ins Auge gefaßten Ziele sich zu nähern scheinen, aber auf einer imaginären Ebene, bevor sie sich angesichts der »Wirklichkeiten« voneinander entfernten. Im letzten Fall wird die Entscheidung, bis zu einer Abtreibung zu gehen, die bei unseren Gesprächen immer als vom Mann ausgehend dargestellt wurde (auch wenn die Frau, die mit uns spricht, sie ihrerseits trifft), als besonders schwer zu treffen, schmerzlich und »unauslöschlich« dargestellt.

Mit der Abtreibung beginnt der Niedergang des Paares, das dann auf einen Bruch zugeht.[47] Dieser Bruch wird in den meisten unserer Gespräche dargestellt als eine Folge davon, daß es nach der Abtreibung oder auch, nachdem sie beschlossen ist, der Frau nicht mehr möglich ist, zu demjenigen, der die Schwangerschaft verursacht hat, weiterhin sexuelle Beziehungen zu unterhalten. Oft werden für diese Unmöglichkeit »physische« Probleme (»Frigidität«, »Ekel«, Schmerzen beim Geschlechtsverkehr) verantwortlich gemacht.

Jeanine »ging« seit ungefähr sechs Monaten mit einem Typ, in den sie »überhaupt nicht verliebt war«, aber den sie »sehr gern mochte«, als sie »schwanger wird« und abzutreiben beschließt: »Als ich erfuhr, daß ich schwanger war, da war es eigentlich aus zwischen uns, daß ich wußte, ich bin von ihm schwanger, das stieß mich von ihm weg, ich hatte fast nicht mehr Lust, mit ihm zusammenzusein. Er war am Anfang sehr lieb, er wollte mit mir zur Familienplanung mitkommen, aber ich wollte nicht, also es war so eine Abstoßung, ich habe ihn wirklich abblitzen lassen. [...] Was meine Sexualität betrifft, in bezug auf ihn, da war ich blockiert. An dem Tag, als ich erfahren habe, daß ich schwanger war, da war es nicht wirklich aus, aber zwei, drei Tage später sagte ich zu ihm: Hören wir auf. Es ist lächerlich, jetzt sind wir sechs Monate zusammen, wir sind kein bißchen verliebt. Das ist doch beschissen. Wir haben sechs Monate unseren Spaß gehabt, wir werden doch nicht zehn Jahre so weitermachen, das ist ein bißchen lächerlich. Ich fand, daß wir zu zweit ein bißchen pathetisch wurden. Ich wollte ihn verlassen, aber ich sagte mir, wir werden sehen, wir werden sehen. Also einen Tag, bevor ich erfuhr, daß ich schwanger war, da haben wir zusammen geschlafen, und am nächsten Tag ist er da, ich mache also den Test und erfahre, ich bin schwanger, da war ich wirklich blockiert, also so was hab ich noch nie gehabt, bei keinem Typ. Der Sex also, damit war es aus. Er durfte mich nicht einmal mehr anfassen. Verstehst du, er faßte mich leicht an der Schulter und sagte: ›Na, wie geht's?‹ Ich nahm seine Hand weg und sagte: ›Sehr gut, aber faß mich nicht an, das bringt mich zur Verzweiflung.‹ Ich war, glaube ich, nicht besonders nett. Er rief mich trotzdem drei Wochen lang jeden Tag an, mindestens zweimal am Tag, ›wie geht's‹ usw. und ich ließ ihn jedesmal abblitzen.«

Liliane, 24 Jahre, Angestellte bei einem Filmverleih, hat nach ihrer zweiten Abtreibung mit 22 dieselben Probleme: »Nachher ist einem der Typ zuwider, dann will man ihn nicht mehr sehen, ich weiß nicht warum ... aber ich, der, mit dem ich jetzt zusammen bin, er meint es ernst, aber ich hab ihn satt, ich meine den Sex mit ihm, den will ich nicht mehr. Das ist rein sexuell. Das heißt, der Verkehr, das ist eine Qual; das tut so weh, es ist wirklich für mich so uninteressant, daß ich die Mädchen in meinem Alter nicht mehr verstehe, die nur das im Kopf haben, so absolut unbedeutend ist es für mich, total ohne Interesse, weil das tut mir so weh, also wirklich, aber es ist gut, wenn es ihnen nicht weh tut, dann, aber ich weiß von einer Freundin von mir, der ist dasselbe passiert, bei ihr ist es genauso, aber eine andere Freundin, der ist es auch passiert, aber die macht so weiter wie früher. Für mich ist es ein Schrecken, das tut mir weh, und außerdem ist es auch nicht mehr angenehm. Aber das Problem ist, daß die Typen, die verlangen das einfach. Aber das nervt mich, das ist echt Zwangsarbeit, aber er, er will es wieder. Wenn er nicht zum Zug gekommen ist, hat er schlechte Laune ... Also kann ich mich einen Monat lang so aufführen, aber dann wird er sagen: ›Sag mal, sollte man da nicht was tun?‹, weil ich jeden Abend eine Ausrede suche, weil mich das nervt, ich hab keine Lust.«

Alles geht vor sich, als hätte die Abtreibung irgendwie die Liebesbeziehung ausgelaugt, indem sie deren Ausgang berechenbar machte, das heißt, indem sie auf brutale Weise den Anteil Unsicherheit über die Zukunft reduzierte, die bisher mit ihr verbunden und auch notwendig für ihr Gedeihen war. Die Schwangerschaft und vor allem vielleicht die Ankündigung, die dem Erzeuger davon gemacht wird, die Feststellung seiner Angst und seiner Ausflüchte angesichts dieser Ankündigung bilden die Probe, durch die eine Unsicherheit über die Gültigkeit des Paars sich in Sicherheit verwandelt: die Sicherheit, daß der Mann, mit dem man zusammenlebt oder mit dem man schläft, nicht der Richtige ist, nicht das ist, was man geglaubt hatte, der Sache nicht gewachsen ist. Es besteht tatsächlich hinsichtlich ihrer Beziehung zur Zeit ein großer Unterschied zwischen Liebes- und Berufsprojekten. Im Fall der Berufsprojekte muß die Kenntnis der Tatsache, daß das Projekt zu einem bestimmten Zeitpunkt abgebrochen wird, nicht unbedingt die Begeisterung derer, die daran beteiligt sind, vermindern oder erschöpfen. Im Fall des Liebesprojekts hingegen macht die genaue Vorwegnahme von dessen Ende, dessen Vorherbestimmung es unmöglich, mit dem Projekt fortzufahren. Ohne Zweifel ist es der im Liebesprojekt enthaltene Anteil Unsicherheit, die, wenn man auch »im Grunde« weiß, es wird »eines Tages« zu Ende gehen, immer gegenwärtig bleibt, solange das Projekt nicht wirklich zu Ende ist, die ihm ein Wesen der »Echtheit« verleiht, im Vergleich zu den gewöhnlichen Berufsprojekten. Das Projekt eines Kindes erlaubt es, da es sich um ein äußerst langfristiges Projekt handelt, sogar wenn es nach der Art einer Phantasie gehandhabt wird, die Unsicherheit, die das Liebesprojekt braucht, um fortzubestehen, immerwährend zu erneuern. Das Auftreten einer Schwangerschaft und das durch die Abtreibung konkretisierte Protokoll, daß diese Schwangerschaft nicht mit dem Projekt eines Kindes verbunden werden kann, bereiten aus denselben Gründen dem Liebesprojekt häufig ein brutales Ende.

Christine, 24 Jahre, Studentin, hatte ein Jahr vor unserem Gespräch eine Abtreibung gemacht und spricht vom Abbruch ihrer Beziehung (sie lebte seit neun Monaten mit einem Studenten zusammen, der zwei Jahre jünger war als sie): »Er spürte auch, daß er noch nicht so weit war, und wir waren uns über uns selber nicht sicher, und wir hatten recht damit, und so ging es schief mit uns als Paar, einen Monat später gingen wir auseinander. Es gibt also trotzdem eine Auswirkung, die Abtreibung hatte ich letztes Jahr im Februar, und im April war es mit uns aus. Das hat die Grenzen unserer Beziehung an den Tag gebracht, glaube ich, es stellte die Frage nach einem Nachher, eine solche Frage hatten wir uns nie gestellt, und da wurde uns klar, daß wir anfingen zu denken, ob wir gemeinsame Werte haben oder nicht, langfristiger, weil… Und dabei kam eine andere Perspektive zum Vorschein, zwar hat er mich verlassen, aber im Grund bin ich einverstanden mit ihm. Es war uns klar geworden, daß wir keine gemeinsamen Perspektiven hatten, daß wir die Dinge nicht mit dem gleichen Blick sahen.«

Bei einer gewissen Zahl von Fällen hat man das Gefühl, die Schwangerschaft ist dazu da, diese Bewährungsprobe durchzuführen und dazu, daß sie gemacht wird und eine wachsende Unruhe in Hinsicht auf die Zukunft einer Liebesbeziehung aufhört, die keiner der beiden Partner auf entschiedene Weise und gewissermaßen ohne Emotion abzubrechen wagt.

Es ist der Mühe wert, ein wenig bei diesem Zeitpunkt zu verweilen, an dem das imaginäre Ziel eines Kindes mit der »Wirklichkeit« zusammenstößt. Zum Beispiel: Eine Frau, deren Periode sich verzögert, macht einen Test und stellt fest, daß sie schwanger ist. Sie ist glücklich. Sie sagt es ihrem »Freund«. Er ist ebenfalls glücklich. Sie verwirklichen ihre Liebe, indem sie sich ihre Entfaltung in der Welt in der Gestalt eines Kindes vorstellen. Sie stellen sich das Kind vor (wie es sein wird, was es von dem einen, was vom anderen haben wird usw.). Aber diese Verwirklichungen sind imaginär in dem Sinn, daß die Richtung, in die der Wunsch geht, nur eine Projektion der jetzigen Situation in die Zukunft ist (sie beide, ihr Schlafzimmer, die hereinbrechende Nacht, das Licht der Lampe, die Sinnlichkeit, die Konkretisierung ihrer Liebe usw.), verbunden mit einer besonderen Welt, der Welt der liebevollen Gefühle, losgelöst von anderen Situationen, die ebenso in die Zukunft projiziert werden können. Der Übergang zum »Realismus« besteht darin, in die Projektion Elemente aus diesen verschiedenen Welten einzuführen, um mittels Bewährungsproben, die ebenso imaginär sind, ihre Verträglichkeiten zu testen, damit sie dann in der Lage sind, eine Rangordnung der Präferenzen aufzustellen. Aber so imaginär diese Operation auch sein mag, sie ist trotzdem »realistisch«, denn sie berücksichtigt die Tatsache, daß die Geburt eines Kindes, wenn nichts dagegen unternommen wird, ein unabwendbarer Prozeß ist (wenn nicht eine Fehlgeburt dazwischenkommt, was aber eine zu unsichere Eventualität ist, um in eine Berechnung aufgenommen zu werden), der, sobald er einmal begonnen hat, einer biologischen Bestimmung gehorcht, das heißt einer autonomen, blinden Logik, die auf die anderen laufenden Projekte keine Rücksicht nimmt. Der Realismus besteht dann darin, sich das Kind als schon geboren mit seinen konkreten Attributen und allem, was zu ihm gehört (Weinen, Gestilltwerden, Schlaflosigkeit, Kinderkrankheiten, Kinderarztbesuche usw.) vorzustellen, in Situationen, wo es nichts zu suchen hat (Arbeitssitzungen, Abende mit Freunden, Reisen usw.) und deren Verlauf es wahrscheinlich beeinträchtigen würde.[48]

Man wird verstehen, daß das Mißlingen der Zeugung und die es sanktionierenden Abtreibungen nicht irgendwann im Lauf des sexuellen und affektiven Lebens der Personen eintreten, denen wir begegnet sind. Nur eine Minderheit der Frauen, die wir im Krankenhaus angetroffen oder mit denen wir gesprochen haben, befand sich seit langer Zeit in einer offensichtlich dauerhaften Paarbeziehung. Denn in einer solchen Situation ist eine Diskrepanz zwischen den imaginären Erwartungen des Mannes und denen der Frau sowie zwischen diesen imaginären Erwartungen und dem, was mit ihnen geschieht, sollten sie einmal von einer »Wirklichkeit«, selbst vorweggenommen von der Imagination, auf die Probe gestellt werden, ist also eine solche Diskrepanz, auch wenn sie immer noch möglich ist, doch verhältnismäßig wenig wahrscheinlich, denn ein hohes Niveau von gegenseitigem Kennen, von Interaktionen und Implikationen in dieselben Kontexte (vor allem sozio-ökonomische und berufliche) tendiert dazu, die Koordination der Erwartungen zu erleichtern, inbegriffen im übrigen durch die Beherrschung. Die Empfängnisverhütung bildet dann (abgesehen von ärztlichen Gegenanzeigen) ein wirksames Mittel, um dieses Mißlingen vorwegzunehmen und wettzumachen. Die Möglichkeit, daß ein Mißlingen der Zeugung eintritt, scheint dagegen viel häufiger zu sein, entweder am Anfang einer sexuellen und Liebesbeziehung oder in den unsicheren Zeiträumen zwischen dem Ende eines festen Liebesprojekts von einer gewissen Dauer und der – eventuellen, durchaus nicht immer gegebenen – Bindung an ein neues Projekt, das seinerseits eine gewisse Beständigkeit aufweist. In solchen Übergangszuständen kann die Lage der Frau und die ihres Partners sehr asymmetrisch sein (wenn der/die eine immer noch verheiratet, der/die andere schon geschieden oder »getrennt« ist; wenn der/die eine unterhaltsberechtigte Kinder hat und der/die andere nicht usw.), und die Kluft zwischen den Erwartungen des einen und des anderen und zwischen den Vorstellungen, die sich jeder von den Erwartungen des anderen macht, kann maximal sein. Und das um so mehr, da der »rein gefühlsmäßige« Charakter dieser Beziehungen, die kaum eine juristische Basis haben und von den anderen Lebenszusammenhängen relativ abgetrennt sind, dahin tendiert, das imaginäre Gewicht einer »Wirklichkeit« zu vermindern, wo nur wenige Dinge auf den Zwang der Situationen aufmerksam machen, in denen sich diese Paare befinden. Die Abtreibungen sind auch deshalb traurige Geschichten, weil sie unerfüllte Erwartungen, mehrmaliges Mißlingen, Trennungen ins Gedächtnis zurückrufen, was manchmal sogar (wie wir in Kapitel VII sehen werden) bis zu einer Erneuerung alter Leiden reicht, die sich nicht nur auf die Lebensgeschichte der betroffenen Frau beziehen, sondern auch auf die ihrer Vorfahren, vor allem in der weiblichen Linie – ihrer Mutter, ihrer Großmutter –, wobei beunruhigende Fragen über die Umstände ihrer eigenen Empfängnis und Geburt, über die Gründe dafür, daß sie auf die Welt gekommen ist, aufgeworfen werden. Die Frauen, die ins Krankenhaus gekommen sind, um ihre Schwangerschaft abzubrechen, beginnen während des Gesprächs oft zu weinen. Der Wunsch, die Last dieser alten Geschichten loszuwerden, scheint einer der Gründe dafür zu sein, welche die Frauen dazu motivierten, sich in ein Gespräch über ihre Abtreibung(en) einzuwilligen (wobei sie die »Soziologin«, die das Gespräch führte, wohl oft mit einer »Psychologin« verwechselten, das heißt mit einer Praktikerin, der man seine »Geschichte« anvertrauen kann, in der Hoffnung, dann weniger schwer daran zu tragen zu haben, eine Erwartung, die aber hier fehl am Platz ist). Dagegen begründeten andere Frauen, die besser über die »Soziologie« und das, was sie nicht leisten kann, informiert waren, ihre Bereitwilligkeit damit, daß ihre Erfahrung anderen Frauen nützen kann.

Die Diskrepanz zwischen den Erwartungen der Frau und denen des Mannes, der für ihre Schwangerschaft verantwortlich ist, nimmt eine besonders dramatische Form an, wenn das »Projekt eines Kindes« zuerst angestrebt wurde, aber nicht in der Form einer imaginären Evokation, sondern auf eine realistisch in der Welt verankerte Weise, das heißt in Verbindung mit Änderungen in der materiellen Umgebung (Wohnung, Situation der Arbeit usw.) und auch im Gespräch mit anderen, bevor der Lebensgefährte, der zuerst einverstanden war, es sich anders überlegte. Wir werden zwei Fälle dieser Art schildern. Im ersten akzeptiert die Frau schließlich eine Abtreibung, aber die Trauer um das Kind, das sie nicht bekommen hat, gestaltet sich mühevoll. Im zweiten Fall beschließt sie, nachdem sie alle notwendigen Schritte für einen Schwangerschaftsabbruch unternommen hat, am Ende ihr Kind zu behalten. In beiden Fällen zieht die Frau als letzte Hoffnung andere Personen zur Auseinandersetzung heran (unter anderen die Mutter ihres Freundes im ersten Fall, ihre eigene Mutter im zweiten) und verwendet sie als Verbündete, um ihrer eigenen Stellung mehr Gewicht zu geben. In beiden Fällen werden gleichermaßen Träume, Alpträume erwähnt.

Véronique, die 26 Jahre alt ist und dabei, ihr Studium abzuschließen, hat vor zwei Jahren die Pille abgesetzt, kurze Zeit, nachdem sie den jungen Mann kennenlernte, mit dem sie immer noch zusammenlebt, der dann ein Kind möchte. Sie wird schnell schwanger, und sie sind beide »sehr glücklich«. Aber zwei Monate später hat sie eine Fehlgeburt, die ziemlich dramatisch verläuft (eine starke Blutung mitten in der Nacht). Einige Monate später wird sie wieder schwanger. Aber in der Zwischenzeit hat sich ein neues Projekt eingestellt: nämlich ein Jahr im Ausland zu verbringen. Da bittet sie ihr Lebensgefährte sehr hartnäckig abzutreiben (»wir werden es abtreiben«, sagt er), was sie »absolut nicht tun will«. Die Auseinandersetzung dauert einen Monat, »einen Monat Palaver«. Aber Véronique möchte ihrem Lebensgefährten »keine Gewalt antun«, bei dem sie eine »panische Angst« spürt: »Je mehr er intellektuelle Argumente, das heißt, wirklich Überlegtes anführte, desto mehr wurde ich in Wirklichkeit ein Tier. Ich verwandelte mich in ein kleines Tier, bereit zu beißen und zu kratzen. Und ich verbrachte Wochen im Bett, ohne mich zu rühren, zusammengekauert und bereit zu… Ich stellte mir einen Haufen Szenen vor, wo Leute an mich herankamen, die mir den Bauch aufschlitzen wollten. Denn das war es ja, sich den Bauch aufschlitzen zu lassen… Und ich war bereit, jemand umzubringen, aber ich spürte wirklich, das war … das war etwas, das immer größer wurde, und so glaube ich, dieses durchaus tierische Gefühl wollte sich den Argumenten widersetzen, die für mich keinerlei Sinn hatten … und es war entsetzlich, denn ich stand auf … und er weinte in einer Ecke. Er sagte zu mir: ›Ich schäme mich für das, worum ich dich bitte.‹ Und da habe ich wirklich verstanden, er stand vor etwas Unmöglichem, das war genau so stark wie mein Unmögliches, nämlich die Abtreibung. Wir befanden uns also in einer absoluten Sackgasse, das heißt, ich wurde umgebracht. Ich wollte Selbstmord begehen, denn das war doch nicht möglich, das ging einfach nicht, das konnte man mir nicht antun, also wollte ich lieber sterben, wenn ich abtrieb, dann wäre ich sowieso halbtot gewesen. [...] Das war schrecklich und erschreckend, und je mehr die Zeit verging, desto mehr konnte ich seinen Schmerz, seine Panik fast mit Händen greifen, aber ich verstand sie nicht. Ich weiß nicht, woher sie kam.« Véronique läßt eine Ultraschallaufnahme machen und verlangt, daß er sie ansieht, auch in der Hoffnung, er möge es sich anders überlegen. Aber er bleibt »unbeugsam«. Sie nimmt Kontakt auf zur Mutter ihres Freundes, die ihm gut zuredet, er möge »durchhalten«. Schließlich unternimmt sie die nötigen Schritte für einen Schwangerschaftsabbruch und treibt ab. Aber es gelingt ihr nicht, sich wieder zu erholen, und sie verbindet die beiden Episoden, die Fehlgeburt und die Abtreibung: »Es ist ziemlich hart, sich als einen Menschen vorzustellen, der nicht fähig ist, das Leben zu bringen. Im übrigen sehr merkwürdig, weil ich nach diesen Geschichten jede Nacht Alpträume habe, jede Nacht träume ich, daß ich Kinder fallen lasse, daß ich nicht in der Lage bin, sie festzuhalten, ich träume, ich stehe hier auf dem Balkon und nehme kleine Kinder in meine Hände und sie gleiten mir aus den Fingern, ich lasse sie vom sechsten Stock hinunterfallen. Jede Nacht lasse ich Kinder fallen, ich töte sie, ich stürze sie hinunter. Ich bin unfähig ... nicht nur das Leben zu bringen, sondern auch es zu erhalten.«

Sofia ist 38 und Angestellte in einer Vereinigung. Sie hat mit 19 abgetrieben. Dann hat sie drei Kinder bekommen. Sie ist 29, als sie Jean kennenlernt. Zwei Monate später ist sie schwanger. Ihr Lebensgefährte verlangt beharrlich, sie soll abtreiben. Sie unternimmt die nötigen Schritte und läßt sich einen Termin geben. Sie fühlt sich nicht wohl und hat Alpträume: »Ich ging wieder in eine Metzgerei, eine Metzgerei mit einem Schaufenster usw., und das Fleisch, das waren lauter Föten, und überall war Blut. Und dann zieht mich der Metzger an der Hand, und ich versuche in die andere Richtung wegzugehen, aber ich schaffte es nicht, und ich wachte mitten in der Nacht so auf, es war entsetzlich, aber ich lebte zwei Tage lang so.« Sofia spricht mit ihrer Mutter darüber, die sie ermutigt, das Kind zu behalten. Schließlich geht sie nicht zu ihrem Termin ins Krankenhaus, läßt aber ihren Lebensgefährten hingehen, der versprochen hatte, sie zu begleiten. Dann ruft sie ihn an und sagt ihm, daß sie ihn verläßt. Später werden sie sich wiederfinden und noch zwei Kinder bekommen; sieben Jahre danach werden sie einander verlassen.

Indem man sich auf verschiedene theoretische Konstruktionen und insbesondere auf die Psychoanalyse stützt, kann man die Analyse des mißlungenen Kinds-Aktes verlängern, indem man die Partner des sexuellen Verhältnisses mit »unbewußten Wünschen« versieht (die oft mit der Geschichte ihrer Familie in Verbindung stehen, insofern sie selbst zu einer Nachkommenschaft gehören), die imstande sind, mit ihrem bewußten »Wollen«[49] in Widerspruch zu treten. Dann läßt sich das Mißlingen des Kinds-Projekts bis zu Situationen verfolgen, wo es in keinem Moment ausgesprochen wurde, wie im Fall der Schwangerschaften, die im Lauf vorübergehender sexueller Verhältnisse entstanden, als die Verhütung nachlässig gehandhabt wurde, und als Ausdruck des Wunsches nach einem Kind interpretieren, der die Form einer Schwangerschaft annimmt. Wir werden diesen Weg nicht einschlagen, nicht aus Ablehnung, sondern weil es bedeuten würde, daß wir unsere Gespräche als einzelne klinische Fälle auffassen, wozu wir aber nicht fähig sind.[50] Die Frage, wie wir den Rahmen, den wir in dieser Arbeit aufzustellen versuchen, mit der psychoanalytischen Theorie verknüpfen sollen, ist eine Aufgabe, die unsere Möglichkeiten übersteigt. Trotzdem wollen wir in dem Kapitel, das sich mit der Erfahrung der Abtreibung befaßt, eine konzeptuelle Annäherung vorschlagen, die es zuläßt, von der

Phänomenologie ausgehend (und genauer gesagt von den Arbeiten Michel Henrys) die Analyse der ambivalenten, die Schwangerschaft begleitenden Verhältnisse auszudehnen, wobei wir zu zeigen versuchen werden, daß sie den Charakter einer Notwendigkeit haben, der sich erhellt, wenn man sie mit den beiden in Kapitel II vorgestellten Zwängen in Beziehung bringt.

In einem großen Teil der von uns gesammelten Geschichten wird der Ausweg der Abtreibung dadurch erklärt, daß es unmöglich war, das zukünftige Kind an ein Projekt zu binden (häufiger wegen des Versagens des Erzeugers, wie es scheint, als in der Folge einer Ablehnung ihres Zustands von seiten der schwangeren Frau, der Person, die uns ihre Geschichte erzählt) und es deshalb dem Zufall zu entreißen und ihm ein vollständiges Menschsein mitzugeben. In diesem Sinn wird die Abtreibung, wie wir schon Gelegenheit hatten zu bemerken, als eine Maßnahme zugunsten dessen gerechtfertigt, das auf die Welt gekommen wäre (des »zukünftigen Kindes«), wenn sein intrauterines Leben nicht abgebrochen wäre, und in dessen Namen man bedenkt, daß es kein lebenswertes Leben hätte haben können, in Anbetracht der Umstände seiner Zeugung. In diesem Sinn wird die Abtreibung von denen, die auf sie zurückgegriffen haben, viel häufiger als das Ergebnis eines Schicksalsprozesses beschrieben, der beinahe nicht vom Willen der Frau abhängt, obwohl sie ihm zustimmte (wie das Gesetz es erfordert), als das Ergebnis einer Entscheidung im wörtlichen Sinn.

Ourdia, eine Angestellte nubischer Herkunft, spricht von der Abtreibung, die sie mit 25 Jahren (jetzt ist sie 28) machte, als sie sich zwar ein Kind wünschte, aber zu der sie sich entschloß, weil sie entdeckt hatte, daß der »Vater« sie »in allem betrog«: »Ich tat es zu meinem Wohl und vor allem zum Wohl des Kindes, denn ich hätte es nicht über mich gebracht… Es ging nicht darum, es physisch anzunehmen. Aber es hätte mich zu sehr an den … erinnert. Der andere Teil, der nicht von mir war, das war ein Teil, den ich nicht mehr in meinem Leben wollte, und es ist im übrigen der einzige Mensch in der Vergangenheit meiner Gefühle, den ich nicht mehr sehen werde, weil ... und ich hätte es nicht über mich gebracht... Ich weiß, früher oder später hätte ich Unbewußtes wieder hervorgeholt, es waren eher solche Ängste, Unbewußtes wieder hervorzuholen und ihm indirekt böse zu sein, oder daß er mich an seinen Vater erinnerte, und ich wußte genau, daß ich mit dem Vater in Zukunft nichts mehr zu tun haben wollte, und das ist für das Kind schließlich nicht gut ... oder ich hätte es dann bekommen und das wäre zu aufgesetzt und überhaupt nicht ehrlich gewesen.«

Unter diesem Gesichtspunkt ist es bemerkenswert, daß zwei andere Möglichkeiten im Rahmen dieser Übereinkunft weitaus seltener geäußert werden. Die eine besteht genau darin, die Abtreibung als eine voll »auf sich genommene«, durch einen Anspruch auf »Unabhängigkeit« gerechtfertigte persönliche »Entscheidung« zu verlangen. Die zweite, symmetrisch und umgekehrt dazu, besteht darin, die Eventualität, ein Kind zur Welt zu bringen, dessen Ankunft nicht durch ein elterliches Projekt im voraus bestätigt war, als vollkommen legitim oder zumindest normal zu betrachten, das heißt, wie man sagt, ein Kind »ohne Vater« oder mit einem Vater, der als einfacher biologischer Faktor behandelt wird, da er notwendig ist, damit ins Fleisch der Mutter ein Wesen kommt, dessen Bestätigung die Mutter, durch sich allein, sichern könnte. Es ist, als ob diese zwei Haltungen der Zeugung gegenüber, die als legitime und militante Positionen einem politischen Ideal gegenüber angetreten waren – als von 1960-1970 es das Hauptziel war, einer Situation ein Ende zu bereiten, in der ein Kompromiß zwischen den drei von uns oben behandelten Übereinkünften (mit dem Schöpfer, mit der Verwandtschaft, mit dem Staat) dominierte –, mit der Einsetzung der neuen, dem Projekt zugewandten Übereinkunft ausgewischt worden wären.
In diesem neuen Rahmen, der die Möglichkeit der Abtreibung zuläßt, obschon er ihr nur einen marginalen Platz gewährt, ist es

also die relativ häufige Anwendung dieser Praktik, die es möglich macht, auf offiziöse Weise das Mißlingen der Zeugung, das diese Übereinkunft in ihrer offiziellen Version nicht, nicht mehr als die vorhergehenden Versionen, anerkennen kann, zu absorbieren und auch zu vertuschen. Von diesem Akt, der mit den größten Garantien der Diskretion vollzogen wird, sprechen die betroffenen Personen heute ebensowenig wie in einer noch nicht weit zurückliegenden Vergangenheit, als er noch heimlich ausgeführt werden mußte, und im übrigen vielleicht sogar noch weniger, da die Legalisierung den Beistand und die Suche nach Rat und Hilfe überflüssig gemacht hat, die früher dazu führten, die Angst anderen Frauen, Freundinnen, Verwandten, Kolleginnen usw. mitzuteilen. Was die Manifestationen der Enthüllung betrifft, die in den siebziger Jahren die militante Phase begleiteten (und die sich im übrigen mehr auf die Abtreibung im allgemeinen als auf einzelne Fälle konzentrierten), so sind sie mit der institutionellen Übernahme dieser Praktik verschwunden. Die Frauen, die abtreiben, waren wohl noch nie so allein wie jetzt.

V

Die Konstruktion der fötalen Kategorien

Die ontologische Manipulation des Fötus

Die Abtreibung spielt bei der projektgebundenen Übereinkunft eine offiziöse Rolle, welche die ihr offiziell zugestandene weit überschreitet, indem sie das diesem Typ von Übereinkunft eigene Scheitern absorbiert und verbirgt. Obwohl sie mit Diskretion gehandhabt wird, kann die Abtreibung doch nicht völlig totgeschwiegen werden. Die strategische Stellung, die sie bei der Übereinkunft mit dem Projekt einnimmt, bringt die Gültigkeit dieser Übereinkunft in Gefahr, denn sie riskiert, die Spannung zwischen den zwei Zwängen (dem Zwang der Unterscheidung und dem Zwang der Nicht-Diskriminierung), die wir in Kapitel II identifiziert haben und welche die verschiedenen, von uns untersuchten Typen von Übereinkunft mildern sollen, ins hellste Licht zu stellen.

Eine Lösung, die dieses Problem im Rahmen der projektgebundenen Übereinkunft bekommt, besteht in einer ontologischen Manipulation des Fötus *konstruktionistischen* Typs mit dem Ziel, die ins Fleisch gekommenen Wesen in so weit wie möglich voneinander entfernte Kategorien einzuteilen, je nach dem, ob sie dazu bestimmt sind, vernichtet oder im Gegenteil durch das Wort bestätigt zu werden. Diese Fiktion – der Terminus ist hier in der Nähe der Bedeutung zu verstehen, die ihm die Juristen geben – gestattet es in gewissem Maße, die Spannung zu vermindern, die auftritt, wenn sich zwei Merkmale der Zeugung im Rahmen dieser Übereinkunft nähern, das heißt einerseits eine extreme Höherbewertung des Kindes, wenn es in ein Projekt integriert wird, und infolgedessen eine beinahe ebenso große Höherbewertung des Fötus, dessen Entwicklung bis zur Geburt verfolgt werden soll, und andererseits eine extreme Entwertung des Fötus, der nicht geeignet ist, in das »elterliche Projekt« integriert zu werden. Das Wenigste, was man sagen kann, ist, daß diese zwei Wesen denselben Träger haben, wodurch es erforderlich wird, die Frage, worauf die Selektion zwischen den zur Adoption Bestimmten und den zur Ausstoßung Bestimmten beruht, möglichst vom Schauplatz der Handlung zu entfernen.

Um die beiden Föten zu bezeichnen, werden wir im ersten Fall von einem *authentischen Fötus* und im zweiten von einem *tumoralen Fötus* sprechen. Damit legen wir Benennungen fest, die in dieser Form nicht in den Aussagen der Akteure vorkommen, so ähnlich wie man im Verlauf der Kodifikationsschritte, welche die statistische Analyse und vor allem die Faktorenanalyse der Übereinstimmungen begleiten, einen Terminus bildet, um unter einer typischen Form Items zu bezeichnen und zusammenzufassen, deren Nähe die Analyse zum Vorschein gebracht hat. Obwohl diese beiden Modalitäten der fötalen Lage – wie wir sehen werden – deutlich identifizierbar sind, ob nun in den Aussagen der Akteure, in den Reden der Experten, oder auch in den juristischen Texten, werden sie im normalen Sprachgebrauch nicht durch spezifische Ausdrücke bezeichnet, und das nicht nur, weil um den Fötus im allgemeinen ein großer Bogen gemacht wird, sondern vor allem, weil jeglicher Versuch einer Bezeichnung, durch die die demselben Subjekt verschiedene Prädikate zugewiesen würden, Gefahr liefe, Annäherungen zu verursachen, die sofort wieder die Spannung heraufbeschwören würden, welche die Entfaltung von zwei nur schwach verknüpften Wortfeldern, die in verschiedenen Kontexten verwendet werden, ganz im Gegenteil zu lockern erlaubt. Wir haben es also hier mit einem typischen Fall von *covert categories*[1] zu tun, wie sie in der anthropologischen Literatur beschrieben werden, und dort die in den traditionellen Gesellschaften verwendeten Taxonomien (*ethnoscience*) betreffen, d. h. Kategorien, deren Aktion und Diskurs den Ort zeichnen, ohne daß dieser ausdrücklich genannt wird,[2] was bei einer großen Zahl von Fällen das Vorhandensein einer Spannung oder eines taxonomischen Widerspruchs verrät. In diesem Sinn kann die Operation eines außenstehenden Analytikers, die darin besteht, explizit zu bezeichnen, was der normale Sprachgebrauch direkt zu nennen vermeidet, indem er es aber durch ein Spiel von Begriffen evoziert, zweifelsohne der kritischen Enthüllung beinahe gleichgestellt werden.

Dieselben Bemerkungen lassen sich zu den anderen Fötusfiguren machen, die in diesem Kapitel dargelegt werden sollen: einerseits reaktive Figuren, die gemäß den Normen der Übereinkunft durch ein Projekt fötale Modalitäten betrachten, die mit vorhergehenden und als »überholt« beurteilten Übereinkünften verbunden sind (wir werden diese Art von Aktanten, die nur in den kritischen Kontexten vorkommen, den *konservativen Fötus*, den *barbarischen Fötus* und den *totalitären Fötus* nennen), und andererseits der Aktant, den wir mit dem Terminus *Technofötus* bezeichnen werden, und mit dem sich schon zahlreiche Schriften befassen, angeregt durch die Entwicklung der Biotechnologien und insbesondere der mit der künstlichen Befruchtung verbundenen Technologien. Wir werden im weiteren Verlauf dieses Kapitels die kognitiven Zwänge untersuchen, welche die Qualifikation dieses Aktanten belasten: in seinen Beziehungen einerseits zum authentischen Fötus, die oft von »metaphysischen« Fragen über die »Zukunft der Menschheit« gekennzeichnet sind, und andererseits zum tumoralen Fötus, von dem er weit genug entfernt werden muß, damit jede, auch nur zufällige Annäherung vermieden wird.

Der *authentische Fötus* ist derjenige, in dem das zukünftige Kind durch die projektgebundene Zeugung Fleisch annimmt. Er ist – wie wir oben schon gesagt haben – authentisch in dem Sinn, als das Projekt eines Kindes eines der langwierigsten und widerstandsfähigsten unter der Vielzahl der Projekte ist, für die man sich in einer Welt, wo die projektbasierte Polis sich weit ausgedehnt hat, engagieren kann. Es ist genau die Tatsache, daß es schwierig ist, sich von diesem Projekt loszusagen (obwohl es sehr ungleich ausfällt, je nach dem, ob man ein Mann ist oder eine Frau), die ihm im Gegensatz zu den kurzen und fluktuierenden Projekten die ihm stillschweigend zugestandene Eigenschaft verleiht, das *Authentische* zum Vorschein kommen zu lassen. Man nimmt an, daß jeder bei der Zeugung sich in seinem Tiefsten (also Authentischsten) offenbart, da das Projekt eines Kindes, sobald es entstanden ist, sich dem Willen der Beteiligten aufdrängt und wie eine Bewährungsprobe wirkt, bei der »man nicht mogeln kann«.

Der authentische Fötus ist gekennzeichnet durch die ihn betreffende Vorwegnahme. Kaum hat er sich gebildet, ist er schon ein »Baby«. Auf ihn wirken sich infolgedessen die hervorstechenden Eigenschaften aus, welche die moderne Vulgärpsychologie dem Baby (»einer Person«)[3] zuerkennt. Er ist nicht mehr, wie in der Vergangenheit, ein vollkommen Unbekannter und im Höchstfall ein gewisser Jemand. Man weiß, daß er auf seine innere Umgebung (die Emotionen seiner Mutter) und seine äußere Umgebung (die Geräusche, die tiefere Stimme seines Vaters) reagiert. Die Mutter, aber auch der Vater lernen ihn durch ihre Sinne kennen: sie hören (mit einem Stethoskop) sein Herz klopfen, sie »treten zu ihm in Kontakt«, indem sie den Bauch berühren (Haptonomie), und schließlich »sehen« sie ihn vor allem oder, besser, sie erkennen seine Gestaltung auf dem schwer zu entziffernden Bild der Ultraschallaufnahme, das in vielen Fällen im »Photoalbum der Familie« seinen Platz findet. Außerdem bereitet man die materielle Umgebung für ihn vor. Man kauft Kleidung und Gegenstände, welche immer zahlreicher und immer raffinierter auf dem Marktsektor »für das Kind« entwickelt werden. Man unternimmt die nötigen administrativen Schritte, um einen Mutterschaftsurlaub zu bekommen, um sich einen Platz im Krankenhaus oder in einer Privatklinik reservieren zu lassen, um ihn in eine Krippe einzuschreiben usw. Durch diese Vorkehrungen gibt man ihm einen Körper. Und schließlich redet man mit immer weniger Zurückhaltung mit einer immer größeren Anzahl von Personen, Verwandten, Freunden, Kollegen über das kommende »Kind«, je näher der Geburtstermin rückt.

Der *tumorale Fötus* ist, wie man sich denken kann, Gegenstand einer ganz anderen Konstruktion. Weit entfernt davon, auf irgendeine Weise, wie der authentische Fötus, von der Zukunft angezogen zu werden, wird er in das Nichts abgeschoben, aus dem er gerade erst hervorgekommen ist. Er soll so wenig Spuren wie möglich in der Welt hinterlassen, selbst im Gedächtnis, wenn auch nicht in dem der Frau selbst, so doch im Gedächtnis der anderen. So sagen viele der befragten Frauen, sie hätten von ihrer Abtreibung mit niemandem, nicht einmal mit nahestehenden Menschen gesprochen, aus Angst, man würde sie später daran erinnern, daß dieses nicht existiert habende Wesen die Möglichkeit gehabt hätte, auf der Welt zu sein (»wenn er leben würde, wäre er jetzt so und so alt« usw.).

Es sollen so wenige Vorstellungen wie möglich in ihn investiert werden, abgesehen von der einen, daß es sich um einen *Tumor* handelt, dessen Wachsen einer blinden Logik gehorcht und der entfernt werden muß, bevor er eine solche Größe erreicht hat, daß diese Operation nicht mehr machbar ist. Denn die Abtreibung wird heute als Operation, im Sinn eines chirurgischen Eingriffs gesehen. Während in der Zeit der Illegalität der oft verspätet abgetriebene Fötus als etwas Unheimliches zum Vorschein kam, als etwas, das einen Körper hatte (wenn er in die Hand genommen wurde, um weggeworfen zu werden, ließ er sein Gewicht spüren, wie sich Annie Ernaux mit Klarheit in dem Werk erinnert, das sie ihrer Abtreibung gewidmet hat[4]), was ihm einen wenn auch kurzlebigen Platz in der Objektivität der Welt einbrachte, so verschwindet er bei der medizinisch betreuten Abtreibung beinahe, als wäre gar nichts gewesen. Das ganze Dispositiv – die Formalitäten der Aufnahme ins Krankenhaus, die Narkose, das Erwachen, die Formalitäten der Entlassung, die Kontrolluntersuchung, die nötigen Schritte, um alles von der Krankenkasse ersetzt zu bekommen usw. – ist im übrigen so eingerichtet, daß der Eingriff ohne weiteres einer Operation mit therapeutischem Zweck gleichgesetzt werden kann.

Selbst der Ausdruck freiwilliger Schwangerschaftsabbruch, den man schuf, als die Abtreibung gesetzlich erlaubt wurde und der also gleichzeitig mit dem Zugang des tumoralen Fötus zu einer sozialen Identität entsteht, legt genau die Identität dieses Wesens als Nichts fest, insofern er durch eine Umschreibung gestattet, einen Prozeß (die Schwangerschaft) anzusprechen, auf eine Aktion (den Abbruch) und einen Handelnden (der im übrigen nicht genannt wird und ohne Attribute bleibt) hinzuweisen, der diese (freiwillige) Aktion leistet, wobei jegliche Bezugnahme auf das Wesen ausgespart wird, das durch diese Operation ausgestoßen und vernichtet werden soll. So sind die Vorstellungen aus dem Weg geräumt, die das Wort Abtreibung immer wieder hätte aktivieren können, zumindest durch die Konnotationen, die mit ihm verbunden waren, und vor allem die des Fötus, der Fleisch geworden war und beharrlich die Frage stellte, wie man ihn loswerden und wie man die Spuren seiner kurzen Anwesenheit tilgen sollte.

Jeanine, 26 Jahre, hatte eine Abtreibung mit 22 als Studentin, ohne daß ihr das Schwierigkeiten bereitet hätte, abgesehen vom »Physischen« (drei Wochen vergingen zwischen ihrer Entscheidung abzutreiben und der Operation und sie hatte ihre Schwangerschaft »ziemlich schlecht aufgenommen«, deren körperlichen Anzeichen ihr Sorgen machten); sie drückt den Unterschied zwischen den zwei Föten, die wir »tumoral« und »authentisch« genannt haben, so aus: »Es gibt Leute, die absolut Kinder haben wollen. Es gibt Leute, für die ist eine Abtreibung etwas, das man nicht machen kann, weil von dem Moment an, wo die Samenzelle und die Eizelle sich getroffen haben, ist es schon ein lebendiges Wesen. Für mich ist das noch kein lebendiges Wesen. Für mich bleibt das in einem chemischen Stadium, das bleiben zwei Moleküle, die sich getroffen haben, die einmal ein lebendiges Wesen ergeben werden, aber jetzt noch keines sind, so meine ich.« Später fügt sie im Lauf desselben Gesprächs hinzu: »Ich bin sehr verliebt in den Mann, mit dem ich jetzt zusammen bin, und ich glaube auch, daß er eines Tages Kinder haben möchte, und glaube, daß ich, sobald ich ein Kind bekommen möchte, auch eins bekommen werde, und ich denke, daß die Tatsache, daß ich abgetrieben und einen etwas schwierigen Schwangerschaftsanfang gehabt habe, das wird mir gewiß keine Sorgen machen, wenn ich schwanger werde. Ich glaube sogar, wenn ich jetzt schwanger würde, also eine erwünschte Schwangerschaft hätte, dann würde ich keine Sekunde an die andere denken. Weil ich nicht den Eindruck hatte, schwanger zu sein. Für mich heißt schwanger sein, daß man ein Kind bekommt, daß man es möchte... Aber ich, das war nur so ein Dings ... das war 100%ig so, ich hatte nicht einmal ein Hundertstel Prozent Lust auf ein Kind, ich habe mich nicht mal als schwanger betrachtet, ich hatte den Eindruck, ich müßte mich operieren lassen, in meinem Körper war etwas drin, das irgendwie reingekommen war. Durch meine Schuld, ehm, ich meine, das ist kein Außeriridischer und mir ist auch nicht die Jungfrau Maria erschienen, ich habe Mist gebaut. In meinem Körper steckte was drin und das mußte rausgeholt werden, denn wenn ich es nicht rausholen ließ, dann würde es wachsen und schließlich ein Kind werden. Aber jetzt, wenn ich jetzt Lust auf ein Kind zum Beispiel von Philippe hätte, also dann würde ich sofort schwanger und wäre sofort superhappy. Vielleicht müßte ich mich nicht mal übergeben oder vielleicht müßte ich mich genauso übergeben, und wenn ich mich übergeben müßte, glaube ich, ich wäre trotzdem ein bißchen happy, ich würde sagen: Ach, das ist nicht so schlimm, ich muß mich übergeben, aber ich baue etwas auf mit meinem Freund, ich bin einfach superhappy, das ist alles.«

Die beiden Föten bei der Ultraschallaufnahme

Die Ultraschallaufnahme, in Frankreich seit den neunziger Jahren allgemein üblich, bildet eine besonders treffende Situation, um die Konstruktion der Unterscheidung zwischen authentischem und tumoralem Fötus am Werk zu sehen. Obwohl der medizinische Akt derselbe ist, unterscheiden sich das Dispositiv, in das er eingefügt ist, und die Worte des Arztes, welche die Prozedur begleiten, grundlegend, je nachdem ob der Fötus dazu bestimmt ist, erhalten zu bleiben oder vernichtet zu werden. Wir entnehmen die Beschreibungen der Ultraschallaufnahmen, die im Lauf für zur Austragung bestimmte Schwangerschaften gemacht wurden, der Doktorarbeit von Bénédicte Champenois-Rousseau über die »Schwangerschaftsdiagnose«, die sich auf die Beobachtung von dreihundert Beratungen in zwei Entbindungsabteilungen der Region Paris stützt.[5] Wir werden diese Situationen mit den dem Eingriff vorausgehenden Ultraschallaufnahmen vergleichen, die wir bei mehreren für die Abtreibung vorgesehenen Abteilungen beobachten konnten.

In den Entbindungsabteilungen, wo Champenois-Rousseau ihre Beobachtungen durchgeführt hat, sieht das Dispositiv wie folgt aus: Die schwangere Frau liegt auf einer Untersuchungsliege. Ihr gegenüber ist ein Bildschirm, den sie bequem ansehen kann. Links von der Liege, ein Stuhl mit der Sicht auf denselben Bildschirm für die Person, die die Frau begleitet (gewöhnlich der Erzeuger des zukünftigen Kindes). Rechts von der Liege das Pult des Ultraschallgeräts mit einem zweiten Bildschirm zur Kontrolle. Nun der Auszug aus einem Gespräch zwischen dem Arzt, einer Schwangeren und deren Ehemann, das Champenois-Rousseau zu Beginn ihrer Arbeit wiedergibt, um mit dem Mittel eines banalen Beispiels zu zeigen, wie sich eine solche Situation abwikkelt (es handelt sich um eine Routine-Ultraschallaufnahme in der zweiundzwanzigsten Schwangerschaftswoche). »Der Arzt (*legt die Sonde auf den Bauch der Frau und blickt auf den Bildschirm vor ihm*): ›Also, das Baby liegt quer, da ist der Kopf, der Rücken quer.‹/ Die Patientin: ›Ja, das sieht man gut!‹ (*Auf dem Bildschirm sieht man ein kleines Etwas, das sich bewegt, sich ausweitet und sich dann schnell wieder zusammenzieht.*) [...]/Der Arzt: ›Das ist das Blut, das durch sein Herz fließt.‹/Die Patientin (*zu ihrem Mann, der neben ihr sitzt*): ›Schau, da ist der Mund, siehst du?‹ [...]/Der Arzt: ›Möchten Sie das Geschlecht Ihres Babys wissen?‹/Die Patientin: ›Ja.‹ / Der Arzt (*bewegt die Sonde*): ›Es ist ein Mädchen.‹ / Die Patientin: ›Ah!‹ / Der Arzt: ›Gut, es ist alles in Ordnung, bestens.‹«

Wie dieser kurze Auszug zeigt – und wie es auf sehr überzeugende Weise die Analysen von Champenois-Rousseau zeigen, die auf einem umfassenden Corpus beruhen –, führt das Dispositiv der Ultraschallaufnahme und die Art und Weise, wie es der Arzt im Fall einer akzeptierten Schwangerschaft handhabt, dazu, daß die Mutter und oft die beiden Eltern *ihr Kind erkennen*, mittels einer technischen Darstellung, die schwer zu interpretieren ist, wenn sie einem Laien gezeigt wird. Das Fleisch gewordene Wesen wird als »Ihr Baby« bezeichnet; auf seine sich bildenden Organe, vor allem auf das Herz, und auf sein Geschlecht wird mit dem Finger gedeutet und sie werden identifiziert. Deshalb ist dieser Augenblick heute eine wichtige Etappe bei der Adoptionsarbeit, die die Mutter für das in ihr wachsende Wesen leistet.

Der Aufbau der Situation und die Verhaltensweise des Arztes waren ganz anders bei den einer Abtreibung vorausgehenden Fällen von Ultraschallaufnahmen, die wir beobachten konnten. Das Dispositiv enthält nur einen einzigen Bildschirm, er ist neben der Liege, auf der die Frau liegt, sie kann ihn aber nur sehen, wenn sie den Kopf dreht (der Arzt kann ihr vorschlagen »hinzuschauen, wenn sie will«). Die Frau ist allein mit dem Operateur und für einen eventuellen Begleiter ist kein Platz vorgesehen. Der Arzt verwendet in seinem Kommentar eine Sprache, in der er nennen kann, was er sieht, ohne Ausdrücke zu benutzen, die dem ins Fleisch gekommenen Wesen zuviel Körper geben und es in Richtung des zukünftigen Kindes, des »Babys« bewegen. So spricht er davon, »sichtbar zu machen*, was* herauskommen wird« und verwendet im allgemeinen, um zu bezeichnen, was er sieht, das Demonstrativpronomen *das*: »*Das* wird weggemacht.« Er kann ebenso von den »*Produkten* der Ausstoßung« sprechen oder auch, wenn er auf die unruhigen Fragen der Patientin, die neben ihm liegt, umfassendere Erklärungen liefern muß, von einem »großen grauen *Kieselstein*, der ausgestoßen werden muß«, von einem »*kleinen Punkt*, von dem die Schwangerschaft ihren Ausgang nehmen wird« oder auch vom »*Projekt* einer Schwangerschaft«. Wenn er von dem *Eingriff* spricht, warnt er, es »könne ein bißchen wehtun«, denn der »Uterus ziehe sich um die *Leere* herum wieder zusammen«. Wenn eine medikamentöse Abtreibung[6] vorgesehen ist, sagt er, sie sei »wie eine *natürliche* Fehlgeburt«, bei der »*alles* herauskommt«. Wenn die Fragen der Patientin, die eine Ermutigung braucht, beharrlicher werden, kann er sogar von einem »Embryo« sprechen, aber um sogleich dessen Vorhandensein abzustreiten. »Da drinnen ist *kein* Embryo, sondern nur der Dottersack«; »da ist nur ein *Sack* mit der Placenta ringsherum«; »da ist *kein* Embryo zu sehen«. Alle vom Arzt verwendeten Ausdrücke geben zusammen zu verstehen, nicht, daß er nichts sieht, sondern daß das, was er sieht, nichts *ist*.[7] Der Ausdruck »Baby« wird nie verwendet, außer in einem Fall, (aber in der negierten Form, wenn der Arzt fragt: »Welche Methode setzen sie ein, um *kein* Baby zu bekommen?«) Dieses Negieren kann unerwartete Wirkungen haben. So fragt eine Patientin: »Bin ich denn wirklich schwanger?«, womit sie zu verstehen gibt, der *Eingriff* ist sinnlos, wenn *nichts* da ist. Ein anderer Arzt wendet sich mit folgenden Worten an die Patientin: »Möchten Sie sehen, *was* ich sehe?«

»Baby«, »Fötus«, »Embryo«, »Präembryo«,
»Geschlechtszellen« usw.

Wie wir eben gesehen haben, verwendet der Arzt bei der Ultraschallaufnahme das Wort »Baby«, wenn das ins Fleisch gekommene Wesen dazu bestimmt ist, erhalten zu bleiben, und wenn er nicht anders kann, aber dann nur in der negierten Form das Wort »Embryo« im gegenteiligen Fall. Die Vervielfältigung der Ausdrücke, um das zu benennen, was sich in der Gebärmutter befindet, verbunden mit einer Kategorisierung, die genau und »wissenschaftlich« sein möchte, begleitet die Arbeit der Auslöschung des Fötus, die Hand in Hand ging mit der Legalisierung der Abtreibung und mit deren Einsatz, wenn das Mißlingen der projekt-orientierten Übereinkunft wettgemacht werden soll. Diese Unterscheidung bezieht sich auf verschiedene Entwicklungsstadien des zukünftigen Kindes. Aber sie ist keineswegs rein fachgerecht und hätte sich gewiß nicht mit derselben Kraft durchgesetzt, wenn sie nicht mit moralischen Debatten verbunden gewesen wäre (die wir später untersuchen werden), wo es darum ging, ob die Behandlung, der der Fötus ausgesetzt war, legitim war oder nicht, und wo außerdem die Grenzen zwischen den verschiedenen Arten von Fötus festgelegt werden sollten, mit dem Ziel, sie in juristische oder beinahe juristische Kategorien einzutragen, damit sie erhärtet und schwer überschreitbar wurden. Diese Mühe der Kategorisierung ist immer noch im Gang, ein Beweis dafür ist zum Beispiel der erst vor kurzem populär gewordene Gebrauch des Wortes »Präembryo«, verbunden mit der Absicht, das erst schwach »entwickelte« Wesen der wissenschaftlichen Forschung zugänglich zu machen.

Hier sieht man auf dem Terrain der Zeugung »luttes de classement« (Klassifizierungskämpfe) am Werk, wie sie für die sozialen Gruppen beschrieben wurden.[8] In dem Fall, der uns hier beschäftigt, sind diese Kämpfe ziemlich intensiv, weil die moralischen und juristischen Debatten, die den Fötus und das, was man mit ihm machen kann, betreffen, fast immer auf die »Stadien« der Entwicklung dieses Wesens und die Bestimmung des kontinuierlichen oder nicht kontinuierlichen Charakters seiner Entwicklung Bezug nehmen. Es gibt in diesem Sinn keine »Grenze«, so festgefügt sie auch scheinen mag, die, gleich den Positionen in einem Kampf im Schützengraben, von den Gegnern in diesen Interpretationskonflikten nicht mehrmals erobert, verloren und aufs neue erobert worden wäre; die Waffen sind die »Gegebenheiten« kombinierende Argumente, die sich auf die Legitimität des positiven ärztlichen Wissens und die von der klassischen Metaphysik abgeleiteten Philosopheme stützen, wie die Unterscheidung zwischen »Akt« und »Potenz« (wiederbeschrieben und verwischt in der Sprache der »Potentialität«), zwischen »Substanz«,

»Materie« und »Form«, oder auch die Frage des »Finalismus« in seinen Beziehungen zur »Evolution«.

Nicht in bezug auf die Debatten unter Spezialisten, sondern auf die Konstituierung gewöhnlicher Kategorien der Aktion dienten die Kategorien »Fötus« versus »Embryo« als Attraktoren oder, um die Konzeptualisierung von Eleanor Rosch[9] zu übernehmen, als »gute Beispiele« oder »Brennpunkte«, um den Unterschied zwischen *authentischem Fötus* und *tumoralem Fötus* zu stabilisieren, so daß sie als radikal andere Wesen festgelegt werden und ihre gemeinsame Anwesenheit im Raum der Darstellungen möglichst schwergemacht wird, um die Spannungen zu entfernen, die ihre Kontiguität entstehen lassen könnte. Es ist also nicht verboten, die gegenwärtig im Gang befindliche Arbeit der Vervielfältigung der fötalen Kategorien dem Prozeß der Milderung und Verhüllung eines unlösbaren Widerspruchs anzunähern, was nach Claude Lévi-Strauss von den Mythen geleistet wird, wenn sie mittlere Termini zwischen die einander radikal entgegengesetzten einschieben, so daß allmählich durch die Vermittlung einer Reihe ineinandergreifender Analogien an die Stelle des anfänglich unlösbaren Gegensatzes immer schwächere Gegensätze treten.[10]

Die erneute kritische Qualifizierung des Fötus
in den anderen Übereinkunftstypen

Die Arbeit der Kategorisierung, die im Rahmen der projektgebundenen Übereinkunft vollzogen wird und einen *affirmativen* Charakter hat (ihr Ziel ist, Unterscheidungen festzulegen, die der *Wirklichkeit* entsprechen, auch wenn diese Unterscheidungen nicht vollständig genannt werden können), geht Hand in Hand mit der *reaktiven* erneuten Qualifizierung der Föten in den anderen Übereinkunftstypen, so wie sie sich bei einer kritischen Prüfung entpuppen.[11] Dieses Unternehmen der erneuten Qualifizierung ist nicht nur deshalb reaktiv, weil es die Gültigkeit der projektgebundenen Übereinkunft aufstellen will, indem sie diese den älteren und zugleich für verwerflich und überholt gehaltenen Übereinkünften entgegensetzt, aber andererseits auch, weil sie die Spuren der *Kritik* enthält, die an der Übereinkunft durch ein Projekt und an den in diesem Rahmen aufgestellten Kategorien gemacht wurden, den Positionen entsprechend, die mehr oder weniger mit den anderen Übereinkunftstypen verknüpft sind. So wird der Fötus in einer Übereinkunft mit dem Schöpfer als *essentialistischer* Fötus neu qualifiziert; der Fötus in der Übereinkunft mit der Verwandtschaft als *barbarischer* Fötus; und schließlich der Fötus im Rahmen einer Übereinkunft mit dem Staat als *totalitärer* Fötus. In den drei Fällen liegt die Betonung auf dem *Zwangscharakter* der vorhergehenden Übereinkünfte, im Gegensatz zur Übereinkunft durch ein Projekt, die als einzige die *Autonomie* der Frauen garantieren würde (was aber wiederum bedeutet, daß nicht beachtet wird, daß das *Projekt* selbst ebenfalls eine Instanz der Voraus-Bestätigung außerhalb der Personen bildet).

Der Fötus, dessen Identifizierung mit Bezug auf den Schöpfer erfolgt, kann in Hinsicht auf die Übereinkunft durch ein Projekt negativ als *essentialistisch* bezeichnet werden, eben deshalb, weil er nach einem Gesichtspunkt aufgestellt ist, der die Unterscheidung zwischen authentischem und tumoralem Fötus nicht anerkennt. Das heißt, daß er weniger im Blick auf die Geschichte, auf die Tradition betrachtet wird, als vielmehr seinen Platz durch – noch lange nicht erloschene – Streitgespräche erreicht, deren Gegenstand die Legitimität der Abtreibung ist (und auch die Legitimität – wir werden sie später beschreiben –, die mit dem eventuellen legitimen Gebrauch der »überzähligen Föten« zusammenhängt, die im Rahmen der künstlichen Befruchtung geschaffen wurden). Er wird in dem Sinn als essentialistisch betrachtet, als es sein Ziel wäre, in die soziale Welt einen zeitlosen Fötus einzuführen, der nicht nur von der Geschichte unabhängig ist, sondern auch von den verschiedenen Kontexten der Interpretationen und Praktiken (oder, in einer anderen Sprache gesagt, von den verschiedenen Netzen), in die er sich einfügen kann. Auf dieser Linie der Kritik geht die (metaphysische) Anklage des *Essentialismus* in Richtung auf die (politische) Anklage des *Konservativismus*. Zu glauben, es gebe zeitlose Wesenheiten, die von der Geschichte unabhängig seien und die ihr Sein unabhängig davon bekommen, wie sie von den Menschen in der Gesellschaft interpretiert werden und welchen Praktiken sie von ihnen unterworfen werden, dies zu glauben, heißt tatsächlich eine statische, zeitlose, nicht änderungsfähige und daher nicht »fortschritts«fähige Welt anzunehmen. Eine Welt also, in der die herrschenden Mächte niemals Gefahr laufen würden, irgendeinem Hindernis zu begegnen, und sich so ewig halten könnten. Die Idee einer *Befreiung* durch revolutionäres Handeln, wie sie im Übergang vom 18. zum 19. Jahrhundert auftritt, bietet den Menschen die Möglichkeit, zu einem vollen Menschsein, einer Emanzipationsarbeit hinsichtlich der von außen kommenden Zwänge zu gelangen, die als etwas Selbstverständliches und Unvergängliches akzeptiert wurden.

In anderen Kontexten kann der Fötus der Übereinkunft mit dem Schöpfer auch im negativen Sinn *naturalistisch* genannt werden, um die Bindung aufzudecken, die er mit dem Glauben an eine *natürliche Ordnung* und ein *natürliches Recht* als deren Emanation unterhält, sogar, wenn die Beziehung nicht ausdrücklich zwischen dem *unveränderlichen* und *legitimen* Charakter dieser Ordnung und deren auf eine *Schöpfung* gegründeten *Ursprung* besteht. In diesem Fall können die Argumente verantwortlich gemacht werden, die, sich auf die Autorität der Wissenschaft stützend, gewissermaßen *natürliche Singularität* des Wesens hervorheben, das durch die Begegnung einer Samenzelle und einer Eizelle gezeugt wurde, insofern als es von einer *genetischen* Ausstattung mit einmaligem Charakter profitiert.[12] In anderen Situationen, die wir später untersuchen werden, tritt der Fötus als *natürliches Wesen* im Sinne eines *objektiven* Seins auf, wobei er sich auf die Technologien stützt, die ihm eine *photographische* Wirklichkeit verleihen. Aber ob man nun von Essentialismus oder von Naturalismus spricht, es handelt sich im Grunde um dieselbe Kritik, insofern der Begriff der natürlichen Ordnung oder sogar einfach der Natur abgewertet wird, denn er nimmt Bezug auf eine Außenwelt, die von der Geschichte, der Interpretation und den sozialen Praktiken nicht betroffen und sich infolgedessen dem unbegrenzten Fortschritt der Menschheit widersetzen würde.

Fügen wir abschließend noch hinzu, daß der *essentialistische* Fötus nicht mit dem *authentischen* Fötus zu verwechseln ist, weil letzterer einen großen Teil seiner Identität genau der Tatsache schuldet, daß er im Gegensatz zum *tumoralen* Fötus konstruiert ist, während im Fall des essentialistischen Fötus diese Unterscheidung abgelehnt wird. Wenn auch beiden gemeinsam ist, daß sie ein Gegenstand der *Liebe* sind, so unterscheiden sie sich doch deutlich in ihrer zeitlichen Orientierung. Während der *authentische* Fötus, wie wir gesehen haben, auf das *Baby* zusteuert, ist der *essentialistische* Fötus zum *Ursprung* zurückgewandt. Man versucht alle erkennbaren Eigenschaften des ersteren (sein Geschlecht, seine biologischen Bestimmungen usw.) zu enthüllen, so daß das *Baby*, das er einmal sein wird, schon im voraus Gestalt annimmt. Umgekehrt muß der zweite, als Gegenstand einer *Schenkung* ein *Geheimnis* bleiben, bis er *zur Welt kommt*, so daß die *Geburt* den Status einer absoluten Grenze beibehält, während dagegen die Entwicklung der medizinischen Technologien, die in die Übereinkunft durch das Projekt integriert sind, tendenziell gerade diesen Status der Geburt aufheben.

Was wir den *barbarischen* Fötus genannt haben, ist die kritische Qualifikation des Fötus, die der Übereinkunft mit der Verwandtschaft entspricht. Auf der Grundlage einer progressiven Sicht der Welt ist er also in die Vergangenheit zurückgeworfen. Es kann sich zwar um einen zeitgenössischen Fötus handeln, aber er ist verbunden mit Gruppen, Klassen, Ländern oder Gesellschaften, die als »zurückgeblieben« betrachtet werden und infolgedessen in einem früheren Stadium stehengeblieben sind im Vergleich zu dem, das die abendländischen Gesellschaften heute in ihrem »Zivilisationsprozeß« erreicht haben.

Dieser Fötus ist *barbarisch* in dem Sinn, als die Möglichkeit einer elterlichen Instanz der Vorausbestätigung des zukünftigen Kindes nicht anerkannt wird, und seine Ankunft auf der Welt ist verknüpft entweder mit einer Form tierischen Lebens, die genau vom Nichtwissen des im I. Kapitel identifizierten ersten Zwanges (unterscheidet die Wesen durch das Fleisch von den Wesen durch das Wort) gekennzeichnet ist, oder mit der Ausübung einer männlichen Gewalttätigkeit, die, unter welchen Bedingungen sie auch zum Vorschein kommen mag, und sei es mit einer anzunehmenden Zustimmung der Frau (weil sie beispielsweise mit dem verheiratet ist, dessen Zwang sie untersteht), mit einer Vergewaltigung verglichen wird.[13]

Im ersten Fall betont man sein plötzliches Erscheinen außerhalb jeglichen Projekts, als wäre er von einem Willen beseelt, der gewissermaßen der der Gattung wäre, und nicht der von Individuen, die ihr Geschick zu meistern imstande sind; man betont seine Fähigkeit, sich ohne Kontrolle zu vermehren – gewissermaßen zu wimmeln; und seine Art und Weise, sich unentwurzelbar in das Fleisch einzupflanzen, in das er gekommen ist. Ist seine Zeit reif, wird er auf den Boden gelegt, wie die Jungen der Tiere. Das latente Bild des *Wurfs* (wie man von einem »Wurf junger Hunde« spricht) umschreibt den verächtlichen, ja sogar angeekelten Blick (oft den eines Mitglieds der westlichen Welt in einem Land der dritten Welt) auf die Frau, die von kleinen, an ihrem Rockzipfel hängenden Kindern umringt ist, wobei in dem Gewimmel kein einzelnes zu unterscheiden ist, als wäre ihnen wegen ihrer Entstehungsweise der Zugang zur Singularität verwehrt.

Im zweiten Fall (aber die beiden Entrüstungen können Hand in Hand gehen) ist die Barbarei, deren Produkt der Fötus ist, mit dem Geschlechtsakt als Ausdruck der Herrschaft verbunden, welche die Männer in der patriarchalischen Ordnung den Frauen aufzwingen. Der barbarische Fötus spielt dann eine Rolle, die mit Leiden und Tod verbunden ist. Er ist derjenige, der gewissermaßen von innen diejenige, die mit ihm schwanger geht, zernagt und zerstört, indem er nicht nur ihre physischen Fähigkeiten, ihre Gesundheit befällt, sondern auch auf ihrer Psyche und sogar auf ihrem Lebenswillen lastet. Ist er einmal auf der Welt, dann führt er, wenn es ein Junge ist, die Gewalttätigkeit weiter und, wenn es ein Mädchen ist, die Abhängigkeit, deren Produkt er ist.

Beim *totalitären* Fötus schließlich kommt der erklärte Zwang von einem Kollektiv, einer Institution und, genauer gesagt, von einer Institution, die sich auf den nationalen Nutzen oder eher auf eine nationalistische Passion beruft. Diese Erklärung kann sich entfalten, egal ob der Fötus ausgetragen oder abgetrieben wird. Denn worauf es hier ankommt, das ist der Vorrang eines kollektiven Willens bei einem Zustimmungsakt, der in die Sphäre des Individuums gehört. Das »Fortpflanzungsvermögen« der Menschen wird behandelt, als ginge es um »Maschinen«, deren Produktivität man steigern oder verringern kann. Der »Bauch« gehört nicht mehr der Frau selbst. Er wird behandelt, als wäre er ein *verstaatlichtes* Gut, für das der öffentliche Bereich zuständig ist, der von den medizinischen Vorrichtungen des Staates verwaltet wird, mit dem Ziel, die Quantität oder die Qualität der Bevölkerung zu steigern oder im Gegenteil deren Vermehrung durch eine autoritäre Geburtenkontrolle zu beschränken.

Diesem Typ von Kritik begegnet man vor allem, wenn es darum geht, die Bevölkerungspolitik der »kommunistischen« oder »faschistischen« Länder anzuprangern. Damit sind vor allem die Praktiken »gegen die Menschenrechte« gemeint, die in den »totalitären« Regimen[14] durchgeführt werden. Es können sowohl das Verbot der Abtreibung (damit die Bevölkerung anwächst[15]) wie auch umgekehrt die Zwänge in Frage gestellt werden, die auf dem Verwaltungsweg die Anzahl der Kinder beschränken sollen, wie zum Beispiel die Festlegung einer Kinderquote pro Paar, bei deren Überschreitung Geld- oder Polizeistrafen verhängt werden, oder auch die Bewilligung von Prämien, um zur Abtreibung oder zur Sterilisation anzuregen, schließlich die Manöver, die darauf abzielen, die Qualität der Bevölkerung zu steigern.[16] Auf ähnliche Weise kann man die Bevölkerungspolitik kritisieren, die

im Verbund mit der 1946 gegründeten Abteilung für Bevölkerungsfragen der UNO in manchen Ländern des Südens oder der
dritten Welt getrieben wird. Die Bevölkerungspolitik war zu kritisieren wegen ihres – wenn auch oft ziemlich diskreten – Au-
toritarismus, da die »Notwendigkeit«, das Anwachsen der Bevölkerung zu bremsen, in den armen Ländern in großem Maß
zugelassen war, dem demographischen Dogma entsprechend,
das 1940-1960 im Rahmen der großen amerikanischen Stiftun-
gen (vor allem von Ford und Rockefeller) aufgestellt wurde und
die Möglichkeit der wirtschaftlichen Entwicklung mit der demographischen Kontrolle verband[17] (so daß diese Kritiken sich eher
auf die Übereinkunft mit dem Schöpfer als auf die Übereinkunft
mit einem Projekt stützen). Im letzten Fall wird man die Politik
der Förderung so mit dem Argument anzeigen, daß die »angebli-
chen« Anregungen in Wirklichkeit dieselben Wirkungen haben
wie die auf autoritäre Weise eingeführten Pflichten, etwa wenn
sehr arme Bevölkerungen Geldsummen oder Geschenke als eine
Art Belohnung für chirurgische Eingriffe, wie etwa Abtreibungen oder Sterilisationen erhalten, die die Fruchtbarkeitsquote
senken sollen.

Aber die dem totalitären Fötus zugeschriebenen Positionen können auch in der westlichen Welt auftreten, und zwar im Kontext
der Debatten über die Biotechnologien und die künstliche Befruchtung. Das Gebiet, auf dem sie angewendet werden können,
ist die Frage der »Eugenik«. Freilich wird die staatliche Eugenik
in den zeitgenössischen westlichen Gesellschaften offiziell nicht
mehr praktiziert und ist sogar verboten. Aber nachdem auf dem
Gebiet der Fortpflanzungsmedizin neue Technologien – und
insbesondere die Schwangerschaftsdiagnose, mit deren Hilfe
sich die Krankheiten (unter anderen die Trisomie 21) erkennen
lassen, von denen der Fötus befallen sein kann, und mit einer
therapeutischen Abtreibung die Geburten behinderter Kinder
vermeiden lassen – aufgetaucht waren, entstand aufs neue die
Debatte über die Eugenik und die Frage, ob diese Praktik mit der
Übereinkunft durch das *Projekt* vereinbar sei. Diejenigen, die sich

zugunsten dieser Vereinbarkeit einsetzen, machen geltend, daß auch in diesem Fall die Entscheidung zu einer Abtreibung allein bei den – durch die Ärzte aufgeklärten – Eltern liegt, denen das Recht zusteht, zu allen Dispositiven Zugang zu haben, um ihr Projekt eines Kindes zu verwirklichen und, damit verbunden, auch zu wünschen, die Qualität ihres Nachwuchses zu verbessern, den Wunsch zu haben, ihren Kindern das Leiden eines Lebens als Behinderte und sich selbst das Leid eines Lebens mit einem Behinderten zu ersparen.[18] Im Gegensatz dazu bedenken andere Autoren, daß die Verwaltungsmaßnahmen in die Richtung einer systematischen Massenvorsorge gehen, mit der latenten Absicht, gewisse Behinderungen – deren Entwicklung sie für wahrscheinlich halten – auszurotten, wodurch den Eltern nur mehr die Freiheit einer rein formalen Entscheidung bliebe, so daß diese Maßnahmen die Wirkung eines Wiedererscheinens einer scheinbar liberalen, aber in Wirklichkeit autoritären Eugenik hätten.[19] Damit würde wieder eine Selektion eingeführt, die, wenn auch nicht vom Staat befohlen, so doch mit dessen Billigung vollzogen wird.

Die Gefährdung der Kategorisierungsarbeit

Wie schon aus den vorangegangenen Bemerkungen hervorgeht, bewegt sich die Arbeit der Kategorisierung, die zum Ziel hat, einen möglichst großen Abstand zwischen den authentischen Fötus und den tumoralen Fötus zu legen, nicht in einem Leerraum, weder was die Argumente noch was die Praxis angeht, sondern sie stößt auf Hindernisse, die einerseits vom Verbleiben anderer Übereinkünfte, andererseits von den technologischen Neuerungen herrühren, welche die in Ausarbeitung befindliche Klassifizierung stören, vor allem, indem sie die nicht klassifizierbaren Fälle vervielfachen oder die Föten ohne Preis und die Föten ohne Wert unverhofft näher zusammenrücken.
Aber diese Störungen kommen nicht oder nicht ganz von der zu-

fälligen Begegnung unabhängiger kausaler Reihen (mit denen Cournot das Ereignis definierte), einerseits derjenigen, die in die Legalisierung der Abtreibung mündet, und andererseits jener, die zu einer Entwicklung ohnegleichen in der Technologie der Fortpflanzung führt. Sie gehören in Wirklichkeit zutiefst zur projektgebundenen Übereinkunft. Im Rahmen dieser Übereinkunft besteht nämlich der maximale Abstand zwischen dem Fötus, der keinen Wert hat – den man abtreibt –, und dem Fötus, der keinen Preis hat – der dazu bestimmt ist, ausgetragen zu werden, und der schon das Baby vorausahnen läßt, welches das Projekt eines Kindes verwirklichen wird. Nun hat aber ausgerechnet die extreme Bedeutung, die man dem Kind des Projekts (dem »Wunschkind«, wie man es nennt) und dem Fötus beimißt, in dem es während der Zeit der Schwangerschaft Fleisch annimmt, die Forschung nach Technologien stimuliert, sowohl um es werden zu lassen, als auch um seine Entwicklung zu kontrollieren, damit sie unter den bestmöglichen Bedingungen vor sich geht, aber auch um es am Leben zu erhalten, wenn es zu früh geboren ist.

Die Entwicklung der Technologien der Fortpflanzung hat plötzlich neue Wesen entstehen lassen (vor allem das von uns mit dem Terminus Technofötus bezeichnete) und zugleich bisher unbekannte juristische Probleme aufgeworfen, welche zu der Rechtsfrage führten, welcher *Status* diesen Wesen gegeben werden müsse und infolgedessen, Gegenstand welcher Behandlungen sie werden könnten. Aber zugleich stellte man sich oft auf heikle Weise Fragen, die sich auf die Grenzen zwischen dem Technofötus und dem authentischen Fötus auf der einen Seite und dem tumoralen Fötus auf der anderen bezogen. Denn so ähnlich wie bei der Kaskadenlogik der gewerkschaftlichen Klassifizierungen (wo der Vorteil, den eine Kategorie erreicht hat, unverzüglich von anderen verlangt wird), tauchte, als der Technofötus einen Status bekam, drohend die Eventualität auf, daß wieder die Frage gestellt würde, warum der tumorale Fötus keinen Status haben sollte.

Fügen wir hinzu, daß es eine wichtige Folge dieser kategorialen, moralischen und juristischen Streitgespräche war, den Fötus in den sozialen Raum eintreten zu lassen, aus ihm ein eigenes soziales Wesen zu machen, was bis jetzt in der Geschichte des Abendlands und vielleicht in keiner anderen bekannten menschlichen Gesellschaft je der Fall gewesen ist.

Die Gefahr, welche die nicht klassifizierbaren Fälle oder die Streitfälle darstellen

Wie im Fall der Klassifizierungen, mit denen sich die *ethnoscience* befaßt, haben die Kategorien des fötalen Lebens fließende Ränder, die man sich kaum vorstellen kann, ohne daß dabei wieder die Fragen und Spannungen auftauchen, welche die Aufstellung einer taxonomischen Ordnung eigentlich ausscheiden müßte. Die technologischen Mittel oder die juristischen Dispositive, die zum Schutz des projektgebundenen Kindes da sind, haben manchmal die Tendenz, Wesen zu bilden, die schwer zu bestimmen sind, sowohl in bezug auf den authentischen Fötus als auch in bezug auf den tumoralen Fötus, und die durch von ihrer Qualifikation aufgeworfene Fragen Gefahr laufen, die Gültigkeit dieses Gegensatzes in Frage zu stellen. Dann müssen Auswege gefunden werden, um zu versuchen, eine erneute Infragestellung der taxonomischen Ordnung zu vermeiden. Wir werden rasch vier Beispiele dafür anführen.

Das erste betrifft den medizinischen Abbruch der Schwangerschaft, der dem Gesetz nach bis zum Ende der Schwangerschaft praktiziert werden kann und der darin besteht, ein Wesen, das die schwangere Frau schon adoptiert und als »Baby« konstituiert hat,[20] zu behandeln, als wäre es ein »Embryo« (das heißt, wie wir gesehen haben, praktisch ein Nichts). In diesem Grenzfall tauchen zumeist eine neue Terminologie, neue Praktiken oder neue Fragen auf, so daß sich das neue nicht qualifizierbare Wesen sowohl vom tumoralen als auch vom authentischen Fötus unterscheidet. Den Terminus »Abtreibung« oder »freiwilliger Schwangerschaftsabbruch«, der, wie wir gesehen haben, das Beenden eines Prozesses und nicht die Ausstoßung eines Wesens hervorhob, ersetzt man jetzt tendenziell immer häufiger, durch den Terminus »fötale Euthanasie[21]«. Im Fall einer therapeutischen Abtreibung ist es tatsächlich nicht mehr möglich, das Wesen totzuschweigen, das vernichtet wird und dessen körperliche Anwesenheit unleugbar ist (die Mutter hat schon gespürt, wie er sich in ihr »bewegt«, die Verwandten können ihn auf der Ultraschallaufnahme »gesehen« haben, die Nahestehenden sind auf dem Laufenden über eine Schwangerschaft, die man schon »sieht« usw.), und manchmal hat es ein Entwicklungsstadium des fötalen Lebens erreicht, so daß, würde es zu früh, aber gesund zur Welt kommen, gewaltige Anstrengungen gemacht würden, um es am Leben zu erhalten. Sogar die Art und Weise, wie die Abtreibung vollzogen wird, rückt sie in die Nähe einer Geburt (der Fötus wird in der Gebärmutter getötet, so daß die Ärzte nicht des Kindsmords angeklagt werden können, und dann mit Hilfe von kontraktionsfördernden Mitteln »entbunden«[22]). In diesem Fall läßt sich die Fiktion eines unermeßlichen Abstands zwischen dem Fötus ohne Wert (dem tumoralen) und dem Fötus ohne Preis (dem authentischen) nur schwer aufrechterhalten, was dazu führt, die Argumente und die Darstellungen in eine andere Richtung zu lenken: in die nämlich »eines sanften und schmerzlosen Todes« für den, dem er gegeben wird. Manche Eltern, die diese Bewährungsprobe auf sich nehmen müssen, rücken sie im übrigen in die Nähe der Situation, in der sie sich befinden würden, wenn ihr Kind »totgeboren« oder kurz nach seiner Geburt gestorben wäre. Sie geben dem vernichteten Wesen einen Namen und gehen sogar so weit, ihren Freunden und Verwandten Anzeigen zu schicken, mit denen sie zugleich seine Geburt und seinen Tod ankündigen oder bitten darum, ihr »Baby« beerdigen zu dürfen (statt wie die »Produkte der Abtreibungen« einäschern zu lassen) und es in ihren Familienstammbaum eintragen zu können.[23]

Ein weiteres problematisches Beispiel der Annäherung zwischen zwei Kategorien, die voneinander entfernt bleiben müßten, ent-

steht durch die Entwicklung der Technologien zugunsten der
»Frühgeburten«, und zwar in einem sehr frühen Entwicklungsstadium, was besonders in Ländern wie Großbritannien und Spanien, wo der Schwangerschaftsabbruch bis zu zweiundzwanzig
Wochen nach der letzten Regelblutung gesetzlich möglich ist,
zwei Wesen in denselben geistigen Raum einzuführen neigt, die
dort nicht aufeinander stoßen sollten, das heißt das Wesen ohne
Wert, das problemlos abgetrieben wird, und andererseits ein so
kostbares Wesen, daß man »alles aufbieten muß, um es zu retten«.
Der Zwang der Nicht-Diskriminierung, den wir im II. Kapitel
(zweiter Zwang) identifiziert haben, kann dann wieder aktiviert
werden: Warum soll man sich so abmühen, das Leben von *dem da*
zu retten, wenn das Leben von *dem anderen da* als wertlos beurteilt
werden kann? Die Spannung zwischen den verschiedenen Arten
von Behandlung, deren Gegenstand der abtreibbare Fötus und
der frühgeborene sind, den man sich zu retten anstrengt, sieht
man besonders gut, wenn die Probleme, welche der Entschluß,
mit der Wiederbelebung fortzufahren oder aufzuhören, in ihrer
»ethischen« Dimension gestellt werden. Während im ersten Fall,
dem der Abtreibung, das aufgestellte Dispositiv mitmacht, die
Frage der Rechtfertigung auszuscheiden, ist es beileibe nicht so
bei dem Entschluß, die Wiederbelebung abzubrechen, für den
eine Rechtfertigung gefordert wird, was oft sehr schmerzlich auf
den Ärzten lastet, die dafür verantwortlich sind,[24] und wäre es
nur ihre Selbstrechtfertigung.
Ähnliche Probleme stellen sich für die taxonomische Ordnung,
aber diesmal in der juristischen Dimension, wenn den Justizbe-
hörden Gesuche um Wiedergutmachung von den Frauen unter-
breitet werden, deren Fötus durch einen Unfall vernichtet wurde,
zum Beispiel bei einem Autounfall, dessen Verantwortlicher ein-
wandfrei identifiziert wurde. Diese Gesuche könnten als gültig
beurteilt werden, falls der Fötus entweder mit einem Körperteil
der Frau gleichgesetzt wird (sie hätte ihn dann verloren wie man
bei einem Unfall einen Arm oder einen Fuß verliert) oder mit einem Wesen, über das sie ein Besitzrecht hat oder das unter ihrer

juristischen Verantwortung steht. Trotzdem weigerten sich bisher die Gerichte, den Schaden anzuerkennen, der dem Fötus durch einen Unfall zugefügt wurde, oder sie erklärten sich als für nicht zuständig (wie vor kurzem der Europäische Gerichtshof für Menschenrechte[25]). Eine Anerkennung des Schadens würde aber für die taxonomische Ordnung das Risiko mit sich bringen, den Fall des zufällig vernichteten (authentischen) Fötus dem Fall des (tumoralen) freiwillig abgetriebenen Fötus[26] zu sehr anzunähern. Wenn der erste einen Preis hat, so daß sein Verlust Gegenstand einer Wiedergutmachung werden muß, warum soll es dann für den zweiten nicht ebenso sein?[27]

Schließlich das letzte Beispiel, an der Grenze zwischen Technologischem und Juristischem angesiedelt: das »Recht des Fötus«, das in den achtziger Jahren in den USA in der Folge von geburtshelferischen Eingriffen bei den Gerichten auftrat, um von der Mutter eine Wiedergutmachung für die Gefährdungen zu verlangen, denen der Fötus in der Gebärmutter ausgesetzt war, zum Beispiel durch Drogensucht, Alkoholmißbrauch oder auch wegen der Ablehnung medizinischer Unterstützung während der Schwangerschaft. Es handelt sich offenbar in solchen Fällen um authentische Föten, für die sich die Ärzte, die den Auftrag haben, die Schwangerschaft zu betreuen, medizinisch verantwortlich fühlen. Diese Anklagen der Ärzte haben also zunächst das Ziel, die Verantwortung für die dem Fötus zugefügten Schäden auf die Mutter zu übertragen, um die eigene Verantwortung loszuwerden. Aber wie bei den oben besprochenen Situationen der Vernichtung durch einen Unfall laufen diese Interventionen bei den Gerichten Gefahr, eine Störung der Unterscheidung zwischen authentischem Fötus und tumoralem Fötus oder gar deren Infragestellung zu bewirken.

Daß sich in den letzten Jahren die rechtliche Verfolgung schwangerer Frauen wegen Mißhandlung des Fötus in ihrem Leib vervielfacht hat, scheint von der Sorge der Ärzte angeregt worden zu sein, die sich um die medizinische Betreuung der

Schwangerschaft kümmern müssen und sich von ihrer Verantwortung befreien wollen. Der Begriff *prenatal injury* (pränatale Schädigung) ist so dabei, einen festen Platz in der amerikanischen Rechtsprechung zu finden. Die Rechtsfälle dieser Art sind untereinander sehr verschieden. Es wurden Frauen angeklagt, weil sie pränatale Technologien wie die Schwangerschaftsdiagnose oder chirurgische Eingriffe in der Gebärmutter ablehnten oder auch weil sie einen Drogen- oder Alkoholkonsum hatten, der für den Fötus als schädlich betrachtet wurde. Diese Rechtsprechung, die dazu neigt, ein »Recht des Fötus« einzurichten, ist Gegenstand heftiger Polemiken, da sie tendenziell das Recht der Frauen als konstitutionelle Personen einschränkt, und auch da sie unweigerlich mit dem Recht auf Abtreibung in Konflikt geraten wird. In der Einleitung eines Sammelbandes, der dieser Frage gewidmet ist und verschiedene kritische Beiträge von einigen auf feministische Themen (*women studies*) spezialisierten Universitätsdozenten enthält, schreibt Robert H. Blank: »Zahlreiche Beobachter, die sich mit den juristischen Modellen befassen, welche dabei sind, sich einen festen Platz im Bereich der unerlaubten Handlung (*tort law*) zu verschaffen, ziehen daraus den Schluß, daß die ständige Zunahme der Anklagen wegen pränataler Schädigungen (*prenatal injury*) dahin führen wird, den Fötus als Person anzuerkennen. Die Tendenz, die Regel der elterlichen Immunität aufzuheben, und die Bemühungen, um die praktischen Schwierigkeiten der Prozesse zwischen Eltern und Kindern (*parent-child suit*) zu bewältigen, kündigt in aller Deutlichkeit den Tag an, an dem die Möglichkeit berücksichtigt werden muß, daß ein Kind wegen einer pränatalen Schädigung gerichtlich gegen seine Mutter vorgehen kann. Und hinzu kommt noch, daß das Strafgesetz immer häufiger dazu verwendet wird, die Entscheidung der Schwangeren zu erzwingen oder um sie zu bestrafen, weil sie für den Fötus in ihrem Leib schädliche Handlungen ausgeführt hatte. Obgleich diese Tendenzen mit dem von der Konstitution garantierten Recht der Frauen auf Abtreibung nicht vereinbar sind und sie im Gegenteil die Unabhängigkeit in Fragen der Fortpflanzung und die körperliche Integrität der Frauen bedrohen und behindern, sind sie das Zeichen einer wachsenden Aufmerksamkeit des Rechts für das Wohlergehen der Ungeborenen (*unborn*) und für die Anerkennung eines Rechts auf einen gesunden Körper und Geist,[28] das alle ungeborenen Kinder haben.«

Die Fötus-Chirurgie, die sich seit etwa zwanzig Jahren entwickelt, hat mit ähnlichen Problemen zu tun. Hier stellt sich die Frage, wer entscheiden kann, ob der Fötus für den Chirurgen ein »Patient« ist oder nicht. Der Eingriff des Chirurgen wird untrennbar am Körper des Fötus und am Körper der Frau vorgenommen. In den Fällen, wo die Prognose die Möglichkeit eines chirurgischen Eingriffs am Fötus eröffnet, kann die Frau dem Gesetz nach ihr Einverständnis geben oder sich für eine Abtreibung entscheiden. Ein Chirurg, der auf Eingriffe am Fötus spezialisiert ist, erklärte Monica Casper, der Verfasserin eines Werks über die Geschichte und die Soziologie dieser Praktik:[29] »Biologisch betrachten wir den Fötus als einen Patienten und als einen Teil seiner Mutter. Und er ist ein Patient, weil die Mutter sagt, daß er ein Patient ist. Wenn sie sagt, daß er kein Patient ist, dann ist er kein Patient. Tatsache ist, daß im Rahmen des Gesetzes der Fötus in diesem Stadium noch Gegenstand einer Abtreibung sein kann.« Monica Casper fragt denselben Chirurgen, was geschehen würde, wenn eine Mutter nach einem chirurgischen Eingriff am Fötus sich schließlich doch für eine Abtreibung entscheiden würde. Der Chirurg antwortet: »Wer eine Abtreibung beschließt? Das ist ihre Entscheidung.« Aber er gibt zu, daß es ihn verstören würde, »wegen der Zeit, der Energie, der Anstrengungen, die man investiert hat, um das Wohlergehen des Fötus zu sichern«.[30] Durch diese Entscheidung würde das Wesen, das als Patient konstituiert wurde, für den in diesem Sinn alles getan werden muß, erneut in die Nicht-Existenz zurückfallen.

Eine neue fötale Kategorie: der Technofötus

Die mit der künstlichen Befruchtung zusammenhängenden technologischen Entwicklungen wurden angeregt durch die im Rahmen der projektgebundenen Übereinkunft nach und nach zum Ausdruck gekommene Forderung, manchmal um jeden Preis das als Projekt schon konzipierte Kind im Fleisch zu verwirklichen; dabei ergaben sich als Nebenwirkung neue, in den Kategorien des Authentischen und des Tumoralen nicht qualifizierbare Wesen, deren Vorhandensein in der Welt der Körper und im Raum der Debatten ein Problem hinsichtlich der stillschweigend zugelassenen Taxonomien aufwirft und ständig Gefahr läuft, diese zu destabilisieren. Im Wesentlichen unter diesem Gesichtspunkt interessieren uns hier diese Technologien, die freilich eine Menge anderer Probleme mit sich bringen. Für diese neuen Wesen werden wir die Bezeichnung *Technoföten* verwenden.

Was man gemeinhin »tiefgefrorene Embryos« nennt, ist ein gutes Beispiel der Art von Wesen, die den Kern dieser stillschweigenden Kategorie (um mit Eleonor Rosch zu sprechen) ausmachen. Diese durch die In-vitro-Fertilisation erzeugten Wesen sind dazu bestimmt, in den Mutterleib eingepflanzt zu werden. Da aber bei der Technik der Implantation eine hohe Quote mißglückt, werden jedesmal mehrere dieser Wesen erzeugt und zunächst eingefroren, so daß die Versuche erneuert werden können, bis es zu einer Schwangerschaft kommt, bei der das Kind ausgetragen wird (wobei es möglich wird, nach einer »Präimplantationsdiagnose« – PID – diejenigen von ihnen auszuwählen, welche ein qualitativ zufriedenstellendes Kind in Aussicht stellen, indem man zum Beispiel die Träger von »rezessiven Genen« ausscheidet). Ein ungewolltes Ergebnis ist die Vervielfachung der Anzahl dieser »tiefgefrorenen Embryonen«, von denen heute schon ein beachtlicher Bestand existiert (in Frankreich beispielsweise einige Zehntausend) und deren taxonomische Identität Probleme aufwirft, da sich die Frage nach ihrem Schicksal und zugleich die Frage danach stellt, wer das Recht hat, darüber zu entscheiden.

Sie können ja tatsächlich nicht dem tumoralen Fötus gleichgesetzt und für nichts gehalten werden, insofern sie mit der Absicht
geschaffen wurden, »das Leben zu geben«. Ihre Erzeugung war
mit dem »Projekt eines Kindes« verbunden, und das in einer besonders offenkundigen Form, denn mit der Entscheidung für die
künstliche Befruchtung nimmt die Frau und in gewissem Sinn
auch ihr Partner beachtliche Opfer auf sich, die sich häufig über
lange Zeit hinziehen, und sie lassen sich von den wiederholten
Mißerfolgen nicht entmutigen, damit schließlich im Fleisch erfüllt wird, was sie als Projekt konzipiert haben. Aber andererseits
können sie sich, wenn sie nicht eingepflanzt wurden, im Unterschied zum authentischen Fötus, nicht auf die vom Projekt aufge-
zwungene Vorausbestätigung berufen, wie es klar in der kanoni-
schen Formel ausgedrückt ist, die zu ihrer Bestimmung verwendet
wird: »überzählige Embryonen *ohne* elterliches Projekt«.

Es sei nebenbei bemerkt, daß diese Nähe zum authentischen Fötus ein heikles Grenzproblem darstellt, denn es muß vermieden
werden, daß der Technofötus mit dem staatlichen Fötus verwechselt wird, der heute, wie wir gesehen haben, in großen Mißkredit geraten ist. Die Sorge, diese Unterscheidung beizubehalten, lastet besonders auf der Frage, wer gesetzlich befugt ist,
Entscheidungen zu treffen, welche die Zukunft der überzähligen
Wesen betreffen, deren Erzeugung das medizinische Protokoll
mit sich gebracht hat. Nur die potentiellen Eltern (und nach dem
Gesetz die Frau, der das *in vitro* erzeugte Wesen eingepflanzt
werden soll) haben die Macht, über den Beginn des Prozesses
zu entscheiden, der zu einer Schwangerschaft führen soll. Jede
Entscheidung nämlich hinsichtlich der mit der Unterstützung
hochentwickelter Technologien geschaffenen Wesen, die eine
mehr oder weniger von einer zentralisierten Institution abhängige Instanz treffen würde, hätte die Tendenz, sie mit staatlichen
Föten zu identifizieren, was im Rahmen der Übereinkunft durch
ein Projekt die Gültigkeit dieser Entscheidung in Frage stellen
würde. Dieser Zwang lastet schwer auf dem Handeln der Ärzte,
denen de facto die Frage zufällt, was sie mit den überzähligen

Wesen anfangen sollen, die sie hatten schaffen müssen, um den Wunsch der Mutter zu erfüllen, einen einzigen Fötus in ihrem Schoß zu tragen. Zu sagen, daß diese Wesen dann nicht einem »elterlichen Projekt« entsprechen, bedeutet, daß die potentiellen Eltern die Autorität, die sie über sie hatten, abgegeben haben und damit die Entscheidung den Ärzten überließen.

Somit entstand eine Debatte über die *in vitro* geschaffenen Wesen (deren Argumente jedoch auch auf andere Beispiele von Techno-föten ausgedehnt werden können), die in Richtung einer Bewilligung eines juristischen Status geht (die Gesetze der Bioethik von 1994), so daß die Behandlungen kodifiziert werden, denen diese Wesen unterzogen werden dürfen oder nicht (zerstört, verkauft, von der medizinischen Forschung verwendet, von der Industrie verwendet usw.). In dieser Debatte stehen sich die Anhänger verschiedener Arten von Lösungen gegenüber, die sich – um es kurz zu sagen – aufteilen zwischen der *reduktionistischen* Position, die darin besteht, diese Wesen mit den Zellen, aus denen sie zusammengesetzt sind, gleichzusetzen und ihnen also jede Selbstheit abzusprechen, und der *humanistischen* Position, die ganz im Gegenteil betont, daß diese Wesen das Ergebnis einer Befruchtung zwischen zwei menschlichen Geschlechtszellen sind und deshalb den Charakter »potentieller menschlicher Wesen« haben, was zu der Forderung führt, ihre »Würde« müsse respektiert werden. Während für die Anhänger der ersten Lösung die Definition eines spezifischen Status unnütz ist, da diese Wesen juristisch gesehen nur mit dem Recht des Eigentums (das jedoch in ihrem Fall geklärt zu werden verlangt) zu tun haben, ist für die Anhänger der zweiten die Bewilligung eines juristischen Status wesentlich, damit die »Würde« dieser Wesen durch das Gesetz geschützt wird.

Beide Optionen stellen heikle Fragen zu den Grenzen, die erste zur Grenze zum authentischen Fötus (wie soll man einen so bedeutenden Unterschied in der Identität und in der Behandlung zwischen mehreren Föten machen, die mit Hilfe desselben Verfahrens erzeugt wurden, aber von denen nur einer das Projekt eines Kindes verwirklichen wird?), die zweite, die in Frankreich zu überwiegen scheint, zur Grenze mit dem tumoralen Fötus. Wenn der Technofötus tatsächlich in sich eine solche »Würde« hat, daß sein Schicksal durch Statuten geschützt werden muß – vor allem, um dem Risiko einer »Verdinglichung« oder Instrumentalisierung zuvorzukommen –, warum soll es dann beim tumoralen Fötus nicht ebenso sein, nachdem die beiden Wesen ähnliche substantielle Eigenschaften haben? Aber eine derartige Annäherung bringt eine zweite, noch heiklere Frage mit sich. Welchen Sinn hat es, einem Wesen einen gesetzlichen Status, das heißt Rechte zu geben, indem man seine Verbindung mit dem »Menschlichen« geltend macht, ohne ihm nicht ebenso das »Recht auf Leben«, das erste der »Menschenrechte«, einzuräumen?[31] Wenn nun dieses Recht den Technofötus bewilligt wird (was ihre Aufbewahrung in tiefgefrorener Form auf unbestimmte Zeit voraussetzen oder eine riskante Suche nach freiwilligen Leihmüttern, die bereit wären, sie aufzunehmen, verlangen würde), warum soll es dann dem tumoralen Fötus nicht genauso zugestanden werden, was zu nichts Geringerem als zur Abschaffung des Unterschieds zwischen ihm und dem authentischen Fötus führen und infolgedessen die gesetzliche Gültigkeit der Abtreibung in Frage stellen würde?

Ein Echo dieses Dilemmas findet man in den oft verlegenen Äußerungen derer, die für einen Status des Technofötus kämpfen, wobei sie diese Frage von der der Abtreibung trennen wollen, als hätten sie miteinander nichts zu tun. Davon zeugt eine kürzlich im Radio übertragene Debatte, an der der Biologe Jacques Testard, ein glühender Verteidiger des »Status für den Embryo«, und die Juristin Marcela Iacub teilnahmen. Den humanistischen Äußerungen von Jacques Testard, nach denen der »Embryo« als »menschliches Wesen« eine eigene »Würde« hat, so daß er gegen alle Maßnahmen geschützt werden muß, die in die Richtung seiner »Instrumentalisierung« gehen, stellte Marcela Iacub folgendes Argument entgegen: eine solche »Instrumentalisierung« habe ihrer Meinung nach durch die Legalisierung der Abtreibung

schon stattgefunden, und zwar so gut, daß die von Jacques
Testard verteidigte Beweisführung, würde sie, ihre Kohärenz be-
wahrend, weitergeführt, schließlich die Legalisierung der Abtreibung in Frage stellen würde (dabei wird offensichtlich die Position dieses Forschers disqualifiziert, denn es kommt die Tatsache
zum Vorschein, daß sie in Wirklichkeit nichts anderes ist als eine
verkleidete *Petitio principii* »pro vita«). Die Position, die Marcela
Iacubs Einwand zugrunde liegt und die sie in dem Werk *Juger la
vie* [32] (in Zusammenarbeit mit Pierre Joannet) dargelegt hat, verschiebt die impliziten Voraussetzungen der projektgebundenen
Übereinkunft bis zum Äußersten. Sie besteht darin, nur die Unterscheidung zwischen Wesen als zutreffend zu betrachten, von
denen die einen im Rahmen eines elterlichen Projekts gezeugt
wurden, und die anderen hingegen – ob nun im Fleisch oder *in
vitro* – auf andere Art und Weise zustandekamen und zugleich
höchst austauschbar sind und so behandelt werden, als hätten sie
keinen eigenen Wert.

Hier einige Auszüge aus der Diskussion zwischen Marcela Iacub und Jacques Testard, die am 12. Januar 2002 im Rahmen
einer Sendung von France Culture (»La suite dans les idées«,
unter der Leitung von Sylvain Bourmeaux) stattfand und die
Verwendung der Embryonen in der pharmazeutischen Forschung zum Thema hatte:
M. Iacub: »Die Debatte über das Abtreibungsgesetz (Veil) hindert uns heute, uns darüber einig zu werden, was ein Embryo
ist. Die Gesellschaft hat in Frankreich eine Entscheidung getroffen. Das heißt, man gibt den Menschen, die schon geboren
sind, den Vorzug, und nicht dem Embryo. Eine Frau, die abtreiben will, wird nicht nach den Gründen gefragt, das heißt,
jede Menge Embryonen werden getötet, ich weiß nicht wie
viele, vielleicht 200 000 im Jahr, und heute fragen wir uns immer noch, ob dieser Embryo unberührbar sein muß, wenn es
darum geht, ihn in vielleicht ein wenig mittelbarerer Weise zu
verwenden, um gewissen Krankheiten abzuhelfen. [...] Ich

habe den Eindruck, daß wir immer noch an dieser Art vielleicht willentlichem Mißverständnis zu tragen haben, das die Debatte um das Abtreibungsgesetz begleitet hat und nicht zu enden scheint. [...] Das ist ein Gesetz, vielleicht muß es mit der Brutalität gesagt werden, die diese Geschichte verdient, ein Gesetz, das den Embryo in gewisser Weise verdinglicht, das ihn den Interessen der Personen unterworfen hat, die schon geboren sind. Also kann der Embryo als eine werdende potentielle Person betrachtet werden, insofern man ihn zur Welt kommen lassen wird. Nur in diesem Sinn muß man ihn als eine werdende Person betrachten. Aber ein Embryo, der nicht dazu vorgesehen ist, sagen wir, der Körper oder das biologische Leben eines zukünftigen menschlichen Wesens zu werden, ist etwas schon Reifiziertes, und man hat beschlossen, daß es dem Glück der schon geborenen Menschen geopfert werden soll. Ich glaube, das ist es, die Entscheidung, die man schon getroffen hat und die man nicht auf sich nehmen will. Man schafft es nicht, sie auf sich zu nehmen.«

[...]

J. Testard: »Ich möchte nicht, daß die Leute, die sich Fragen über die Natur des menschlichen Embryos stellen und sich sagen, das ist doch nicht dasselbe wie der Embryo einer Kuh oder einer Maus, bei dieser Frage verwechselt werden mit Leuten, die im Namen einer Religion, einer gewissen Auffassung der Menschheit oder Gottes der Abtreibung feindlich gegenüberstehen. [...] Wir haben für das Recht auf Abtreibung gekämpft. Das führt uns aber nicht dazu anzunehmen, daß der menschliche Embryo irgendein Gegenstand ist. [...] Ich muß zugeben, daß es sehr gewagt, sehr gefährlich ist, eine menschliche Unter-Gattung einzuführen, die im Dienst der anderen Gattung steht [...]. Es ist also eine Art von Materialisation, bei der die Bedürfnisse mancher anderer jede Möglichkeit hätten, sich zu äußern und eine andere menschliche Kategorie auszubeuten. Und das, das erscheint mir schlimm. Ich werde nur an eines erinnern, wir waren alle am Anfang ein Embryo.«

[…]

M. Iacub: »Herr Testard, ich glaube, Sie sprechen von etwas, das schon da ist. Man hat schon beschlossen, daß die Frauen, weil sie keine Lust haben, ausgerechnet jetzt ein Kind zu kriegen, weil sie Kopfweh haben oder sonst was… Es wird nicht nach dem Grund gefragt, wenn eine Frau den Embryo, den sie im Leib hat, töten will. Wenn das eine Unterkategorisierung der Menschheit ist, braucht man keine Angst zu haben, es zu sagen. Es gibt Leute, die noch nicht geboren sind. Die menschlichen Wesen, wie Sie sie gern nennen, die noch nicht geboren sind, werden betrachtet als etwas, das einem Ding ähnlich ist.«

Man kann eine Debatte über den Technofötus in Gang bringen, indem man die Fragen einfach umgeht, welche seine Annäherung an den tumoralen Fötus aufwerfen würde, der ja im Fleisch einer Einzelperson verankert ist, indem man den Akzent auf das technologische Dispositiv setzt, das von einem Kollektiv verwaltet wird, das die Umgebung des ersteren bildet. So sah man bei den jüngst vergangenen Debatten in den USA, die dem Beschluß des Präsidenten vorausgingen, den »Forschungen, die menschliche Embryos verwenden« eine Finanzierung zukommen zu lassen, Mitglieder der moralischen Mehrheit, die sehr gegen die Abtreibung waren, für die Verwendung »menschlicher Embryos zu therapeutischen Zwecken« eintreten, da sie in Betracht zogen, daß »ein *in vitro* gezeugter Embryo aus sich selbst keine Möglichkeit hat, sich zu entwickeln, um ein menschliches Wesen zu werden«, und infolgedessen einen deutlichen Unterschied machten zwischen »dem menschlichen Leben, das im Bauch beginnt«, und den Embryonen, die man »in einem Reagenzglas oder in einem Kühlschrank« findet.[33]
Aber auch weil der Technofötus mit dem Projekt, das am Ursprung seiner Erzeugung war, nicht verbunden und gewissermaßen ent-fleischt, von allem Fleisch getrennt und von den Einzelpersonen losgelöst ist, die seine Erzeugung überwachten, kann er

für juristische und moralische Investitionen auf anderer Ebene verfügbar sein, die das gerade einmal entworfene Wesen zu etwas Allgemeinem aufsteigen lassen, so daß die auf dieses Wesen konzentrierten Debatten nicht mit besonderen Situationen verbundene Einzelfälle betreffen, sondern die Frage des »Menschlichen« in der weitesten Ausdehnung des Wortes, der Ursprünge, der Umrisse und der Zukunft der »Menschheit«.[34] Derlei Debatten (die ihren Höhepunkt in der Frage des Klonens erreichten, obwohl diese Technik im Moment noch nicht beim Menschen angewendet wird) verdanken gewiß einen Teil ihrer Faszination der Tatsache, daß sie sich auf die Problematik der »Menschenrechte« niederschlagen. Denn diese können sowohl in einer individualistischen Logik als *subjektive Rechte* (und in diesem Fall steht nichts gegen den Entschluß, sich der künstlichen Befruchtung zu bedienen, selbst wenn dieser Entschluß die Entstehung von »überzähligen Embryonen« mit sich bringt, und im übrigen auch nichts, wenn es die Technologie schon erlauben würde, dem Entschluß ein verstorbenes Kind klonen zu lassen) als auch in einer holistischen Logik als *Rechte der Menschheit*, und dann sind Entscheidungen, die Individuen unter ihrer persönlichen Verantwortung treffen, als verpflichtend für die »Menschheit« im allgemeinen Sinn zu sehen und müssen deshalb kollektiv vorgeschriebenen Regeln unterstellt werden.[35]

In diesen Debatten spielt der Bezug auf den Begriff der *Würde,* der sich auf dem Gebiet des Rechts in Ausarbeitung befindet, eine zentrale Rolle. Der Begriff der *Würde*, einerseits hinsichtlich der »Verbrechen gegen die Menschheit«, andererseits im Rahmen der bioethischen Gesetze[36] entwickelt, wurde vom französischen Verfassungsgericht (*Conseil constitutionnel*) anerkannt, das ihn in den »Block der Verfassungsmäßigkeit« aufgenommen hat, nachdem ein Urteil des Verwaltungsgerichts (*Conseil d'Etat*) das »Zwergewerfen« untersagt hatte: Nachdem das Verwaltungsgericht zu urteilen hatte, ob ein Bürgermeister das Recht hat, diese Art von Jahrmarktsattraktion zu verbieten, gab es 1996 dem Bürgermeister Recht und entschied, daß »der Respekt vor der Würde der menschlichen Person eine der Komponenten der öffentlichen Ordnung darstellt«.[37] Dieser Entscheid und die Einführung des Bezugs auf den Begriff Würde in den »Block der Verfassungsmäßigkeit« lösten bei den Juristen eine sehr heftige Debatte aus, die auch mit unserem Gegenstand zu tun hat. Den Juristen, denen – wie Mireille Delmas-Marty[38] oder Bernard Edelman – daran gelegen war, diesen Begriff unumstößlich festzulegen, widersetzten sich diejenigen, welche in der juristischen Anerkennung dieses Begriffs, um mit Olivier Cayla zu sprechen, einen »Staatsstreich von rechts«[39] erblickten, der einer »Rückkehr zur moralischen Ordnung« Tür und Tor öffnete, da er den gerichtlichen, also staatlichen Instanzen erlaubte, sich zwischen die Personen und den Gebrauch, den sie von ihrem Körper machen wollten, stellte. (Hatte der fragliche Zwerg – sagen die Vertreter dieser Meinung – nicht einen Arbeitsvertrag unterschrieben und hatte er nicht die Freiheit, seinen Körper zu verwenden, wozu er wollte, das heißt in diesem Fall, um seinen Lebensunterhalt zu verdienen?)

Die Frage, die hier gestellt wird, betrifft selbstverständlich die Grenzen, die der individuellen Freiheit in einem liberalen Rahmen auferlegt werden können. Während die Gegner dieses Begriffs eine skandalöse Beschneidung der Freiheit des Rechtssubjekts »in der Beziehung, die es zu sich selbst unterhält« und die Rückkehr zu einer Beschneidung der »subjektiven Ansprüche« im Namen einer gebieterischen, transzendenten Ordnung[40] darin erblickten, zogen diejenigen, welche seine Verteidigung garantierten, im Gegenteil dazu in Betracht, daß manche Handlungen der Individuen Gegenstand gesetzlicher Verbote werden konnten, selbst wenn der Ausführende einverstanden war, insofern er nicht nur mit seinem eigenen Willen beteiligt war, sondern in seiner Eigenschaft als »menschliches Wesen«, auf die kein Mensch das Recht hat zu verzichten, ohne die gesamte Menschheit zu gefährden, zu der er ja gehört[41] (was in der Nähe des klassischen liberalen Axioms steht, nach dem ein Mensch nicht das Recht hat, sich als Sklaven zu verkaufen). Der Begriff der »Würde« kann also von Bernard Edelman als der grundlegende Begriff betrachtet werden, der die Philosophie der Menschenrechte trägt (in ihrer Eigenschaft als Rechte der Menschheit),[42] und zugleich kann Olivier Cayla darin ein »antiliberales« Instrument des »Umsturzes« der Rechte des Menschen (als individuelle Rechte) ausmachen.[43]

Dieselbe Debatte flammte am Ende des Jahres 2000 anläßlich des berühmten »Arrêt Perruche« (über das im Lauf weniger Monate eine ansehnliche Literatur zusammenkam) erneut auf; dieses Gerichtsurteil gab einem Kläger recht (einer Klage auf Entschädigung für *wrongful life* von seiten eines behinderten jungen Mannes, dessen Mutter, die während der Schwangerschaft an Röteln erkrankt war, abgetrieben hätte und infolgedessen den Kläger nicht zur Welt gebracht hätte, wenn das Labor, das die pränatalen Untersuchungen gemacht hatte, ihr nicht falsche Informationen vermittelt hätte). Diejenigen, die sich gegen dieses Urteil aussprachen, gaben zu bedenken, es sei gegen die menschliche Würde, sich zu »beklagen, daß man krank geboren sei, anstatt gar nicht geboren zu sein«, und daß das »menschliche Leben« nicht als ein »Vorurteil« betrachtet werden könne, ohne dadurch seine »Würde« in Frage zu stellen.[44] Diejenigen hingegen, welche die Gültigkeit des Urteils verteidigten, brachten unter vielfachen anderen Argumenten vor, die Gegner des »Arrêt Perruche« würden in Wirklichkeit darauf abzielen, »das Wort der Mutter rückgängig zu machen, mit dem sie ihren Willen ausgedrückt hatte, kein behindertes Kind zur Welt zu bringen« und dadurch das Recht auf Abtreibung in Frage stellen: »Und das im Namen einer politischen und ideologischen Entscheidung, die von Grund auf *pro-life* war und die im Namen des zeitgenössischen Begriffs der ›Würde der menschlichen Person‹ nur den traditionellen Krieg, den die Anti-Modernen seit dem 18. Jahrhundert ununterbrochen gegen die subjektiven Rechte des Individuums, das heißt gegen die Freiheit, über sich selbst zu verfügen, führen, worin dagegen die Modernen den Kern der ›natürlichen Rechte des Menschen‹ erblicken«.[45] Diese Interpretation wird durch einen

Artikel von Marcela Iacub bestätigt, der, in einer großen Morgenzeitung veröffentlicht, folgendes erklärt: »Aber vor allem gibt das Urteil im Fall Perruche der Abtreibung eine neue Legitimität. Das Vorgehen der Kinder gegen die Ärzte bricht nämlich mit der Vorstellung, daß die Abtreibung eine Spannung zwischen dem Recht des Kindes auf Leben und dem Recht der Mutter auf Abtreibung enthält, und ebenso mit dem Gefühl, daß eine Frau, wenn sie abzutreiben beschließt, zumindest ein Unrecht gegen den begeht, der zur Welt hätte kommen können. Es sagt im Gegenteil, es sei gerade zum Wohl des zukünftigen Kindes, daß man durch den Eingriff der Abtreibung einen kranken Embryo durch einen anderen ersetzen könne.«[46]

Die Thematik der »Menschenrechte« war nach dem Zweiten Weltkrieg wieder in großem Umfang aufgelebt, um die vom Naziregime aufgeworfene Frage abzuschließen, wer unter denen, die ihre Zugehörigkeit zur Menschheit forderten, wirklich als Mensch betrachtet werden konnte, das heißt infolgedessen, um die Möglichkeit auszuschließen, mit der Definition des Menschseins zu spielen, indem man die Existenz eines absolut unbestreitbaren »allgemein Menschlichen« behauptete. Das hatte paradoxerweise die Wirkung, daß die Debatten über die Grenzen des Menschseins erneut aufflammten.

Wenn man die »Menschenrechte« als *subjektive Rechte* betrachtet, dann können sie nur wirksam sein, wenn sie spezifiziert sind. Auf dem Gebiet, mit dem wir uns hier befassen, konnten sie so als »Recht der Frauen«, »Recht der Fortpflanzung«, »Recht des Kindes« usw. genau festgelegt werden. Aber dann können in zahlreichen Debatten die »Menschenrechte« genauso von denen herangezogen werden, die entgegengesetzte Positionen verteidigen. Bei der Frage der Abtreibung kann dem »Fortpflanzungsrecht« und dem »Recht der Frauen« der Versuch entgegengesetzt werden, die »Rechte des Kindes« in Richtung Fötus zu verlängern, indem man sich dabei auf den immer unsichereren Charakter der Grenze zwischen den zwei Arten von Wesen stützt, die durch die Entwicklung der Technologien der Fortpflanzung sich allmählich verwischt.[47] Um diese Auseinandersetzungen zu beschwichtigen, gibt es keine andere Möglichkeit als den Versuch, die juristische Definition der Wesen, die geeignet sind, als Träger subjektiver Rechte betrachtet zu werden, zu präzisieren, was notwendigerweise bedeutet, welche der Menschheitsbewerber tatsächlich als zur Menschheit gehörig betrachtet werden können festzulegen. Aber es sieht nicht viel anders aus, wenn die »Menschenrechte« als *Rechte der Gattung Mensch* ins Auge gefaßt werden und gewisse Strömungen der politischen und der Moralphilosophie, indem sie sich auf die Biologie und die Zoologie stützen, sich anheischig machen, den Begriff der »Gattung«, der betrachtet wird, als hätte er nichts Unwandelbares, und vor allem den Begriff der Grenzen zwischen einer Gattung und der anderen in Frage zu stellen.[48] (Wir werden das im einzelnen sehen, wenn wir im nächsten Kapitel die großen Theorien der Moralphilosophie untersuchen werden, die auf die Legitimierung der Abtreibung zielen.) So tendieren heute die Debatten, die sich auf die Thematik der »Menschenrechte« stützen, dazu, die Frage nach den Grenzen des Menschseins erneut zu stellen, die durch das Wiederaufleben dieser Thematik eigentlich für immer hätte erledigt sein sollen.[49]

Die Frage der Darstellung und des Sichtbaren

Bei den Beispielen, die wir oben untersucht haben, standen die Risiken einer Destabilisierung der kategorialen Trennung zwischen dem authentischen Fötus und dem tumoralen Fötus vor allem in Verbindung mit dem Erscheinen von Wesen, die hinsichtlich dieser Unterscheidung eine zweideutige Stellung einnahmen, und vor allem damit, daß die Bemühungen, um die *Darstellung* dieser Wesen zu präzisieren und zu stabilisieren, Gefahr liefen, den Gegensatz zwischen einem Fötus ohne Wert und einem Fötus ohne Preis in Frage zu stellen. Aber der Raum der Darstellung, in dem das Spiel der Annäherungen und der Unterscheidungen stattfand, war in diesen verschiedenen Fällen im wesentlichen ein juristischer. Nicht weniger verlegen machende Annäherungen können aber ausgelöst werden, und das weitaus häufiger, wenn der Fötus nicht genommen wird, um kategoriale Konstruktionen ins Werk zu setzen, sondern sich unter seinem körperlichen Aspekt zeigt. Die beiden Wesen, der authentische und der tumorale, die auf der kognitiven Ebene so verschieden sind, haben für den, der sie vom Standpunkt des Betrachters aus ansieht und beiseiteläßt, was er von ihren Unterschieden weiß, denselben Körper. Aus diesem Grund ist der Augenblick, in dem der Fötus sichtbar wird, immer ein heikler und verlangt eine besonders schwierige Arbeit der Beschwichtigung, nicht nur was die Argumentation, sondern auch den Umgang mit den Emotionen angeht. Wir werden zwei Beispiele dafür anführen. Das erste betrifft den kurzen Augenblick, in dem nach einer Abtreibung das, was herausgezogen wurde, unvermittelt vor den Augen des Arztes, der Krankenschwester und eventuell auch der Patientin liegt, bevor es zerstört wird. Das zweite bezieht sich auf die heftigen Debatten, welche die photographischen Darstellungen des Fötus und deren öffentliche Verwendung zum Thema hatten.

Als wir davon sprachen, wie der Arzt eine Ultraschallaufnahme vor einer Abtreibung seiner Patientin gegenüber kommentiert, sagten wir, der Arzt frage, ob sie den Bildschirm sehen wolle, was oft von den Patientinnen abgelehnt wird, ohne die Bemerkungen zu erwähnen, welche die befragten Ärzte hinterher über diese Erfahrung machen, die sich für sie oft mehrmals an einem Tag wiederholt. Die Beziehung, die der Arzt zu dem auf dem Kontrollschirm erscheinenden Bild unterhält, ist beileibe nicht immer so simpel, wie er sie in seinen Kommentaren der Patientin gegenüber äußert. Wenn er sich auch anstrengt zu sagen, daß das, was er sieht, »nichts« ist, so besteht doch seine Arbeit darin, die Darstellung dessen, was er herausholen wird, so objektiv wie möglich zu sehen und zu interpretieren, und es ist für ihn um so schmerzlicher, dieser Aufgabe nachzukommen, je älter der Fötus schon ist und je mehr seine Gestalt infolgedessen an die Morphologie eines menschlichen Wesens erinnert. Diese Epiphanie des Fötus ist ohne Zweifel – wie aus einem von der Tageszeitung *Libération* veröffentlichten Leserbrief eines für Schwangerschaftsabbruch zuständigen Ärzteteams für Gynäkologie und Geburtshilfe des Klinikums von Arras hervorgeht[50] – einer der Hauptgründe des Widerstandes von seiten einer gewissen Anzahl von Ärzten, als am 4. Juli 2001 durch das Gesetz »Aubry« die gesetzliche Frist für die Abtreibung auf vierzehn Wochen nach der letzten Regelblutung verlängert wurde.

Eine Situation ähnlicher Art, die aber ein noch schwerer zu beschwichtigendes Mißbehagen hervorruft, kann im Lauf des Eingriffs entstehen. Eine der Besonderheiten der Absaugmethode – in bezug auf das, was uns hier beschäftigt – ist, daß sie normalerweise die Formen des Ausgestoßenen verschwinden läßt. Die Überreste des abgesaugten Fötus werden zerkleinert und vom Gerät in eine abnehmbare Tasche befördert. Seit der Fristverlängerung für die Abtreibung kommt es vor, daß dieser »Socken« genannte Behälter zu klein ist, um die Überreste eines größeren Fötus aufzunehmen, und platzt, wobei die Abfälle, deren »menschliche« Gestalt für das bloße Auge erkennbar ist, verstreut werden, was mit Sicherheit eine Verstörung des Arztes und der ihm assistierenden Krankenschwester zur Folge hat.[51]

Eine Anästhesieschwester spricht in einer Versammlung des für Schwangerschaftsabbruch zuständigen Teams in einem Krankenhaus in der Provinz: »Da waren für eine Schwangerschaft von dreizehn Wochen nach der letzten Blutung diese Taschen nicht groß genug und das ging alles direkt in das Glas. [...] Lustig ist so was nicht, das kann ich Ihnen sagen [...] wenn man diese Produkte ausleeren soll und das geht alles durcheinander. [...] Ja, wenn sich das im Sauger verklemmt, mit seinen dreizehn, vierzehn Wochen, und Sie halten den Schlauch hoch, das ist was anderes als der Anfang einer Schwangerschaft.« Nach der Versammlung gibt einer der anwesenden Ärzte (Arzt 3, Krankenhaus, Provinz) Erklärungen zum Beitrag der Anästhesieschwester: »Ich weiß, was an dem Samstag passiert ist. Frau Dr. X, eine Geburtshelferin, hatte an dem besagten Samstag, das war der letzte Tag vor ihrem Urlaub, mehrere Anmeldungen für verspäteten Schwangerschaftsabbruch innerhalb von 48 Stunden bekommen. Sie hatte zwei Hebammen gebeten, ihr zu assistieren, und die sagten beide ab, plötzlich, und sie wandte sich an die Anästhesieschwester... Also gut, aber das passiert selten, daß der ›Socken‹ bei fortgeschrittenen Schwangerschaften unter dem Druck platzt, und das ist dann ziemlich schlimm. – Was ist denn das, dieser ›Socken‹? – Das ist ein Sack in dem Glas, der die ausgestoßenen Produkte auffängt.«

Probleme der Sichtbarkeit gibt es aber ebenfalls bei der medikamentösen Abtreibung, die jedoch den Vorteil hat, daß sie in einem früheren Entwicklungsstadium des Fötus vollzogen wird, bis zu sieben Wochen nach der letzten Blutung. Wenn der Arzt mit seiner Patientin über die medikamentöse Abtreibung spricht, setzt er sie einer »Fehlgeburt« oder auch einer »starken Periode« gleich (»es ist wie eine natürliche Fehlgeburt, nur daß sie künstlich bewirkt wird«; »Sie werden sehen, mit der medikamentösen Methode ist es wie bei einer starken Periode mit Tabletten, der Uterus zieht sich zusammen«). In manchen Krankenhäusern hat die Patientin die Wahl, den Fötus auf der Toilette oder in einer Schüssel auszustoßen, im zuletzt genannten Fall hat sie die Sicherheit, daß der Uterus dann wirklich leer ist (»wir sehen es uns an und sagen Ihnen dann, es ist geschafft«).

»Also heute kriegen Sie eine Tablette, durch die wird die Schwangerschaft gestoppt und dann am Freitag (also in zwei Tagen) kommen Sie wieder hierher und nehmen noch einmal zwei Tabletten, die bewirken, daß sich die Gebärmutter zusammenzieht und ihren Inhalt ausstößt, das ist wie eine Fehlgeburt, nur künstlich bewirkt. Das tut ein bißchen weh, das ist normal, die Gebärmutter schuftet. Bei 5 % der Fälle geht es nach der ersten Tablette los und in acht von zehn Fällen geht es los, wenn Sie wiederkommen. Wenn Sie dann ausgestoßen haben, werden die Produkte der Ausstoßung in der Schüssel untersucht und wir haben den konkreten Beweis, daß alles draußen ist, und es braucht kein Ultraschall mehr zur Kontrolle gemacht zu werden.[52] Wir sind fast das einzige Zentrum, wo Sie sofort erfahren, ob alles ausgestoßen ist, dann werden die ausgestoßenen Produkte in einem Verbrennungsofen eingeäschert. Wenn Sie wollen, können Sie sie sehen.« (Arzt, Provinzkrankenhaus)

Der Arzt zu einer Patientin, die zu Hause ausstoßen will:[53] »Gut, es handelt sich um eine Schwangerschaft von fünf Wochen und vier Tagen; Sie nehmen drei Tabletten, damit sich die Schwangerschaft nicht weiter entwickelt und achtundvierzig Stunden später zwei Citotec zum Abkoppeln; aber wenn es zu Hause ist und wenn Sie nach den zwei Citotec nichts ausstoßen, das kommt vor – das hängt von den einzelnen Frauen ab, man weiß nicht, warum es manche zurückhalten, das ist mysteriös –, geben wir Ihnen nicht im voraus schon zwei weitere Tabletten mit, Sie müssen eine Woche später wieder herkommen, um noch einmal anzufangen, und wenn Sie eine Hämorrhagie haben sollten, müssen Sie sofort ins Krankenhaus kommen.« (Arzt, Krankenhaus in Paris)

Der Arzt beschreibt der Patientin mit Worten, was sie ausstoßen wird (»das ist ein graues Säckchen, zwei Zentimeter groß und mit Blut außen herum«). Auch in diesem Fall kann die Krankenschwester oder die Hilfsschwester, die der Ausstoßung beiwohnt, die Patientin fragen, ob sie »sehen« will, was herausgekommen ist. Das Angebot wird nicht immer mit Begeisterung aufgenommen (»ich habe mich nicht lang dabei aufgehalten, muß ich sagen«, sagt eine Studentin, 23 Jahre). Es scheint tatsächlich, daß, im Gegensatz zu der oben beschriebenen Situation bei der Ultraschallaufnahme (wo der Arzt die Patientin nicht so Platz nehmen läßt, daß sie etwas sieht), die Krankenschwestern diesen Vorschlag machen, weil sie versuchen, die Sicht-Kontrolle an die Patientin zu delegieren, so daß sie diese hinterher nur zu »bestätigen« brauchen, indem sie den Inhalt der Schüssel mit einem möglichst raschen, kurzen Blick überprüfen. In seltenen Fällen kann im Unterschied zu dem, was bei der Abtreibung durch Absaugen geschieht, bei der medikamentösen Abtreibung das ausgestoßene Wesen noch am Leben sein. Die Krankenschwestern wissen das und manche sagen, daß sie erlebt haben, »das Herz noch klopfen zu sehen«. Nach Meinung der befragten Ärzte widert es viele Krankenschwestern an, »in die Schüssel zu schauen« (»sie haben es satt zu schauen«) und sie versuchen sich davon zu freizumachen, indem sie es auf eine Kollegin abwälzen (manche Abteilungen haben »Sprechgruppen« eingeführt, um den Krankenschwestern zu helfen, mit diesem Problem fertigzuwerden). Die Weigerung hinzusehen zeigt sich auch bei Sozialhelfern und Psychologen, die mit den (fakultativen) Gesprächen betreut sind: »Ich wollte das nie sehen. Es ist mir lieber, wenn ich es nicht sehe, denn das hilft mir gewiß nicht bei meinen Gesprächen mit den Frauen.« (Beauftragte für Gespräche, Krankenhaus in der Region Paris)

Chloé, eine Studentin mit 22 Jahren, die sich kaum an ihre erste Abtreibung mit 15 erinnert (mit Absaugmethode unter Vollnarkose), beschreibt ihre zweite Abtreibung mit 20, bei der die medikamentöse Methode angewendet wurde, als einen »Superschock« und sie zeigt sich besonders irritiert darüber, daß sie es auf der Toilette ausstoßen mußte: »Ja, das war viel schwieriger, weil ich es mit einem anderen Verfahren gemacht habe, also das waren Tabletten, man sagte mir, das ist viel sicherer, ja, das war wirklich grauenhaft, denn man bekommt keine Narkose und es wird einem nicht Bescheid gesagt, was an den Tagen darauf passiert, also das, das ist weitaus erniedrigender. Also, man kommt morgens an, man muß die Tabletten einnehmen, dann geht man in einen Saal mit anderen Frauen, die auch die Tabletten eingenommen haben. Schutzhüllen werden auf die Sessel gelegt, man weiß nicht warum, aber man ahnt, weil man wahrscheinlich bluten wird. Alle Frauen gingen dauernd auf die Toilette, und bei mir war nichts, es tat mir nichts weh, es ging irgendwie nicht. Und wirklich im letzten Moment sagte ich mir, du gehst jetzt weg, du bleibst doch nicht hier bis zehn Uhr abends, und es war wirklich im letzten Augenblick, daß ich auf die Toilette ging, da fiel es raus und da, das ist ein Superschock! Denn es wird einem vorher nicht Bescheid gesagt, wie es sein wird. [...] Als ich das Ding in der Toilette liegen sah, da war ich wirklich schockiert, das sieht gar nicht so ähnlich aus, eine Kugel aus Blut, es sieht gar nicht nach einem Baby aus, aber trotzdem war es... Ich sagte mir, gut, jetzt ziehe ich an der Strippe, und was hinuntergespült wird, ist ein Baby. Ich sagte mir, siehst du, so ist es, ich versuche nicht zu viel dran zu denken, weil... Das ist einfach schrecklich, daß jemand gezwungen ist, es so zu machen.«

Liliane, 24, Angestellte bei einem Filmverleih, spricht beinahe genauso von ihrer zweiten Abtreibung mit 22 Jahren: »Ja, das war dann viel schlimmer als das erste Mal, weil ich schon älter war und also eher das Bewußtsein hatte, was es hieß, Mutter zu sein, und außerdem die Methode, das war wirklich ... wirklich hart, denn es war mit Medikamenten. Wir waren zu dreißig in einem Raum, der war kleiner als der quadratische da, und wir warteten wie Legehennen, jede sollte ja ihr Ei legen und das war super schmerzhaft, denn man bekommt Kontraktionen, das tut wirklich superweh, also wir sind in diesem Raum, alle diese Tussis haben Schmerzen, rollen sich am Boden und alle warten darauf, ihr Ei auszustoßen, dann kommt die Krankenschwester und sagt: ›Na gut, jetzt los, du blutest schon, leg es in den Topf.‹ Nachher schaut sie in den Topf; sie schaut in den Topf und dann heißt es: ›Da ist ja das Ei, Sie haben es ausgestoßen, das ist gut, jetzt können Sie gehen.‹ Und das tut schweinisch weh, aber dann, also das war wirklich sehr hart, weil ich hab es wirklich gesehen und hab gespürt, wie es rauskam, und ich hab's gesehen, aber beim erstenmal hatte ich nichts gesehen.«

Ein zweites Beispiel, das zeigen kann, auf welche Weise die Unterscheidung zwischen authentischem Fötus und tumoralem Fötus gefährdet wird, wenn der Fötus sichtbar wird, wird in der bedeutenden Rolle erkennbar, welche die Fötusphotographien bei den Polemiken um die Abtreibung spielten.

Als 1965 auf dem Titelblatt des amerikanischen Magazins *Life* die von dem schwedischen Photographen Lennart Nilsson gemachte Photographie eines achtzehn Wochen alten Fötus veröffentlicht wurde, der im Mutterleib in die Fruchtblase eingeschlossen war, machte nicht nur als Ergebnis einer technologischen Leistung Geschichte; es markiert vielmehr den Zugang in den Bereich der graphischen Darstellung für ein Wesen, das bis dahin dort kaum aufgetaucht war, und ist das Vorspiel – wie wir später betonen werden – zu seinem stufenweisen Eintritt in die soziale Ordnung in den Jahren darauf, wo bis zu dem Moment kaum Notiz von ihm genommen wurde. Die Photos von Föten haben sich dann vervielfacht, so daß sich heute eine beachtliche Sammlung zusammenstellen läßt, indem man sie einfach aus Zeitungen und Zeitschriften herausholt, die für die breite Masse bestimmt sind.

In den Konflikten, die in den vergangenen dreißig Jahren um die Abtreibung ausgefochten wurden, bedienten sich die Gegner der Legalisierung in großem Maß der Fötusphotographien, um die Behauptung zu stützen, nach der Abtreiben gleichbedeutend war mit »ein noch nicht geborenes Kind töten«. Sie benutzten sowohl die Photos von Nilsson (oder andere ähnliche), um den Fötus im Mutterleib als Vertreter des heranreifenden menschlichen Lebens zu feiern, als auch von abgetriebenen toten Föten, die bei den Demonstrationen gegen die Abtreibung oft wie Fahnen geschwungen wurden, um den Protest zu dramatisieren. Die morphologische Ähnlichkeit zwischen dem Fötus und dem Säugling, der zur Welt gekommen wäre, wenn der Fötus am Leben geblieben wäre, wurde benutzt, um den Beweis zu erbringen, daß der Fötus schon eine Person sei, und zu verlangen, daß das Leben dieser Person vom Staat beschützt werde, wobei man sich oft auf die Thematik der Menschenrechte stützte.

Um diesen Argumenten entgegenzuarbeiten und die emotionalen Wirkungen, welche diese Photos hervorrufen konnten, zu reduzieren, unternahmen es vor allem in den Vereinigten Staaten mehrere den Bewegungen zur Verteidigung der Abtreibung nahestehende Universitätsdozentinnen (Soziologinnen, Philosophinnen, Juristinnen, Wissenschaftshistorikerinnen, Mitglieder der Fachbereiche *women studies* usw.), die Rhetorik der Abtreibungsgegner zu dekodieren und die Bilder, die von letzteren benutzt wurden, zu dekonstruieren, was sie gleichfalls dazu führte, dem Fötus seine Anwesenheit und Statur wieder zu nehmen, die er zumindest zum Teil durch diese Debatten erlangt hatte. Die Universitätsdozentinnen, die sich für diese Sache einsetzten, arbeiteten vor allem mit konzeptuellen Mitteln, die sie der Praktik der Dekonstruktion auf dem literarischen, philosophischen und soziologischen Sektor entlehnten. Im wesentlichen war ihre Zielscheibe der Realismus, auf den sich die Benutzer dieser Bilder bezogen, indem sie eine epistemologische Position konstruktionistischen Typs bezogen. Sie unternahmen es, zu beweisen, daß diese Bilder, weit entfernt davon »wirklich« zu sein, Artefakte waren und infolgedessen Instrumente einer ideologischen Propaganda, sowohl, weil sie den Fötus aus seinem Zusammenhang rissen, indem sie ihn aus dem Mutterleib, das heißt von der Mutter trennten, deren Anwesenheit aus diesen Bildern ausgeschlossen war,[54] sei es, weil die Photographien einer Kodierung unterzogen worden waren (Gebrauch von elektronischen Mikroskopen und Techniken digitaler Bildherstellung), sei es auch, indem sie das Argument verwandten, nach dem etwas, das normalerweise verborgen ist, mit dem Mittel artifizieller Techniken zu zeigen, immer ein Artefakt ergibt. Eine Metapher befand sich im Mittelpunkt dieser Kritik und erlangte schließlich den Rang eines Gemeinplatzes. Sie war auf Stanley Kubricks Film, *2001, Odyssee im Weltraum,* bezogen und bestand darin, das photographische Bild des in die Gebärmutter eingeschlossenen Fötus mit dem des in seinen Raumanzug eingeschlossenen Astronauten zu vergleichen: ersterer schwimmt im Fruchtwasser wie der zweite im Weltraum, beide abgetrennt von ihrer Verwurzelung in einer Welt.[55]

Der Eintritt des Fötus in die soziale Welt über die Dekonstruktion

Die letzten dreißig Jahre sind gekennzeichnet vom Eintritt des Fötus in die Gesellschaft. Diese Bewegung, die wir noch heute mitverfolgen können und die gewiß noch lange nicht abgeschlossen ist, bedeutet eine radikale Neuerung. Wenn wir vom Eintritt des Fötus in die soziale Welt sprechen, nehmen wir Bezug auf einen spezifischeren Prozeß als desjenigen, von dem die Soziologie gewöhnlich spricht, wenn sie von diesem oder jenem Phänomen sagt, es sei »sozial«, oder auch, wenn sie auf die Weise, wie man an eine Parole erinnert, behauptet, »alles ist sozial«.[56] Wir wollen sagen,[57] ein Wesen ist sozial (in dem Sinn, wie zum Beispiel Bruno Latour diesen Terminus verwendet) oder gehört zur Gesellschaft, wenn die menschlichen Mitglieder eines Kollektivs (das bei Bruno Latour nicht nur Menschen enthält) oder wenigstens einige von ihnen der Ansicht sind, daß die Beziehung, die man zu diesem Wesen unterhält, das Kollektiv in seiner Gesamtheit betrifft und engagiert. Der Eintritt eines Wesens in die Gesellschaft setzt also voraus: den Eingriff eines Sprechers, eine Arbeit der Qualifikation und der Darstellung dieses Wesens bei verschiedenen Instanzen, die das Kollektiv tragen, eine Fahndung nach den Verbindungen, die es zu anderen Wesen unterhält, nach den Kompatibilitäten und den Inkompatibilitäten, sowohl in kausaler Hinsicht (dieses Wesen gefährdet durch seine Anwesenheit ein anderes Wesen), als auch in assoziativer und taxonomischer Hinsicht (wenn man nicht alle Kategorien ändert, hieße die Aufnahme dieses Wesens in das Kollektiv ein Hapax, sogar ein Ungeheuer dort unterbringen) oder auch in Funktion der logischen Beziehung zwischen den auf den Fall dieses Wesens anwendbaren Verhaltensregeln und anderen mehr oder weniger allgemeinen Regeln, die im Fall anderer Wesen als gültig anerkannt werden (zum Beispiel, wenn man ein Huhn essen kann, das ein Tier ist, aber keine Kuh essen kann, die ein Tier ist, muß spezifiziert werden, was es erlaubt, diese zwei Mitglieder der Klasse der Tiere in zwei verschiedene Kategorien einzuordnen, in die der eßbaren und in die der nicht eßbaren). Alle Wesen sind nicht soziale Wesen in diesem Sinn, auch wenn es keine Wesen gibt, die nicht durch assoziative Ketten mit anderen verbunden werden können. Aber man wird sagen, ein Wesen ist ein soziales Wesen nur dann, wenn diese assoziativen Ketten aktiviert sind, das heißt, wenn die Beziehung, die diese Wesen zu anderen unterhalten, imstande ist, für die Personen, die zu ihnen in einer Beziehung stehen, problematisch zu werden. In diesem Sinn kann man ein Indiz für die Tatsache, daß ein Wesen zum Sozialwesen Zutritt hat und zum sozialen Wesen wird, darin sehen, daß es das Wort ergreift, entweder selbst oder durch die Vermittlung eines Sprechers, daß sich eine Diskussion, eine Debatte, eventuell eine Auseinandersetzung entwickelt, die es betrifft, oder auch, wenn sich dieses oder jenes Wesen im Mittelpunkt dessen befindet, was wir an anderer Stelle eine »Affäre« genannt haben.[58] Eine solche Definition neigt dazu, das Soziale dem Politischen zu nähern, unter der Bedingung, daß man – wie Bruno Latour – unter »politisch« jeden Eingriff oder jede Diskussion versteht, die genau das Kollektiv, die Wesen, die es bilden, und die Verbindungen der Abhängigkeit, die sie zueinander unterhalten, zum Gegenstand nimmt.

Ohne Zweifel hätte der Fötus ohne das Mittel der Technologien nicht in die Gesellschaft eintreten können, denn erst diese machten ihn für die Sinne zugänglich und führten ihn aus dem Zustand eines vollkommen Unbekannten (in großem Maß inbegriffen auch die Mutter, die ihn in ihrem Schoß trägt) in den eines

Wesens, das man »sehen« und das man auf einer Photographie festhalten kann; dessen Herzschlag man hören und aufnehmen kann; dessen Geschlecht und in gewissen Fällen auch dessen Krankheiten und Behinderungen man erkennen kann; das Gegenstand ärztlicher Behandlungen im Mutterleib werden kann; das man auf interaktive Weise durch die Bauchwand befühlen kann (Haptonomie) usw. (Nur für den Geruchssinn ist der Fötus ein perfekter Unbekannter geblieben.) Aber der Fötus hat durch die Vermittlung der Konflikte, deren Gegenstand er wurde, je mehr er seine physische Anwesenheit behauptete, auch eine Präsenz in der Gesellschaft erlangt. Tatsächlich ergab sich aus diesen Konflikten eine Vervielfältigung der Gelegenheiten, sich auf dieses Wesen zu beziehen, obwohl es auf verschiedene, sogar entgegengesetzte Weise von den verschiedenen Beteiligten qualifiziert wurde, so daß die Dichte des (unqualifizierbaren) Gegenstands zuzunehmen neigte, je mehr sich die Auseinandersetzungen über ihn entwickelten.

Wie wir gesehen haben, hakten diese Konflikte besonders an Problemen ein, die sich ohne Zweifel mit einer solchen Gewalt aufgedrängt haben, da der Fötus nicht allein im Bereich des Sichtbaren, sondern auch im juristischen dargestellt worden ist. Daß sich das Recht seiner annahm, wurde als ein Mittel verwendet, die Konflikte zu beschwichtigen, indem man unter den konkurrierenden Eigenschaften einer bestimmten das Übergewicht gab. Aber das Ergebnis war eher umgekehrt. Die Art der juristischen Annahme bewirkt, daß die einen mit den anderen verglichen werden und deswegen, wenn man so will, Verhaltensweisen und ontologische Konstitutionen der Gegenstände der Welt »objektiviert« wurden, die, solange sie in den Strom der praktischen Handlungen eingetaucht sind, auch die Möglichkeit haben, voneinander keine Notiz zu nehmen (was im übrigen immer als »Wider-Treu-und-Glauben« angezeigt werden kann), denn sie werden zu verschiedenen Zeiten und an verschiedenen Orten vollzogen, mit verschiedenen Affekten und verschiedenen Handlungen verbunden, so daß ihr Index-Charakter dazu neigt, über das Bedürfnis einer kognitiven Kohärenz den Sieg davonzutragen. Letztere zeigt sich erst voll und ganz, wenn Handlungen, Verhaltensweisen und Praktiken, deren Konsistenz ein Problem bildet, sobald sie auf die Ebene der Rechtfertigung verlegt und aus ihren praktischen Zusammenhängen herausgelöst werden, um sie mit einer, kurz gesagt, abstrakt zu nennenden Art und Weise zu konfrontieren, da sie effektiv nach einer Modalität präsentiert werden, die mit den Umständen, in denen sie vollzogen wurden, nichts mehr zu tun hat.

Der Konstruktionismus als soziale Technologie

Um die Spannungen auszugleichen, die entstanden waren, als der Machtanstieg des Fötus und sein Eintritt in die soziale Welt durch die Legalisierung der Abtreibung praktisch mit der Notwendigkeit, ihn verschwinden lassen zu können, zeitlich zusammenfiel, wechselten die Lösungsansätze zwischen Dekonstruktivismus und Konstruktionismus bzw. Konstruktivismus. Wie wir am Beispiel der Photographie gesehen haben, wurden die Dienste des Dekonstruktivismus in Anspruch genommen, um den (als »essentialistisch« kritisierten) Glauben an die Existenz eines Fötus *an sich*, der mit einer von den Qualifikationen unabhängigen Beständigkeit ausgerüstet ist, anzufechten und ihn durch die Idee zu ersetzen, nach der der Fötus ein rein »historisches«[59] oder »soziales« Wesen wäre, das ganz von den Absichten, den Projektionen und den Definitionen abhing, deren Gegenstand er schon geworden war und die wiederum mit Interessen und Formen der Beherrschung verbunden waren. Die Dekonstruktion des Fötus hatte, wie in den vielen von Ian Hacking analysierten Beispielen, das Ziel, zu zeigen, daß die als zeitlos und unwandelbar vorgeführten Normen Gegenstand radikaler Veränderungen werden konnten.[60] Diese Bewegung der Dekonstruktion führte allerdings zu einem Relativismus, der zwar im kritischen Sinn viel vermochte, aber nicht dazu taugte, die Aktion in den konkreten

Situationen anzuführen. Daher wurde er abgelöst durch eine konstruktionistische Bewegung, die verschiedene praktische Kategorien für den Fötus aufstellte, zwischen denen jeweils ein Abstand lag, um so weit wie möglich zu vermeiden, daß sie sich überdeckten oder daß ihre Annäherung die Auseinandersetzungen wieder anfachte, welche die guten und die schlechten Arten, dieses Wesen zu qualifizieren, betrafen. So bildeten sich die Konventionen, welche die Wesen stützen, die wir beschrieben haben, indem wir einen *authentischen Fötus*, einen *tumoralen Fötus* und einen *Technofötus* unterschieden. Diese Konventionen sind gleichzeitig unerläßlich, um die Praktiken zu stützen, und unaufhörlich einer Gefahr ausgesetzt.[61]

Die Konstruktion der fötalen Kategorien (aber andere Beispiele hätten genauso überzeugend sein können) legt die Idee nahe, daß die Soziologie der letzten dreißig Jahre recht hatte, der Frage des Konstruktionismus eine große Bedeutung beizumessen, obwohl sie sich im allgemeinen in der Natur des aufgeworfenen Problems täuschte. Die Debatten um den Konstruktionismus wurden tatsächlich zumeist auf einer Ebene geführt, die das Problem der Ontologie der sozialen Gegenstände mit epistemologischen Fragen verknüpfte. Wie man es im Fall des Rechts besonders deutlich sieht, ist der Konstruktionismus in erster Linie ein Verfahren, das die Gesellschaften anwenden, wenn sie sich Widersprüchen stellen, die sie nicht anders lösen können, als in verschiedenen Kategorien Wesen unterzubringen suchen, die, da sie in verschiedenen Kontexten Behandlungen erfahren, deren Rechtfertigung an widersprüchliche Prinzipien appellieren würde, vollkommen von den sie betreffenden Qualifikationen gedeckt werden müssen. Die Prädikate haben also dann den Vorzug im Vergleich zu den Subjekten der Prädikation. Ein und dieselbe Entität ist aufgeplatzt in ebenso viele Wesen, wie es sozial zutreffende Prädikate gibt, um sie in verschiedenen inkompatiblen Zusammenhängen zu qualifizieren. Aber das heißt auch, daß der in diesem Sinn verstandene Konstruktionismus mit dem Realismus zusammenspielt. Wenn nämlich im Augenblick der Dekonstruktion die Qualifikationen als rein »historisch«, im Sinn von »arbiträr« oder »absichtlich« behandelt werden, so daß der illusorische Realismus der der Kritik unterworfenen Positionen in Frage gestellt wird, dann greift man im konstruktionistischen Ansatz ganz im Gegenteil zu den verschiedenen Qualifikationen, um die Existenz wesentlich verschiedener Entitäten festzusetzen, die unabhängig von den Dispositionen des Geistes in die Wirklichkeit gestellt werden. Der konstruktionistische Ansatz ist daher mit einer Rückkehrbewegung zum trivialsten Essentialismus verbunden.

Fügen wir diesem Punkt noch eine letzte Bemerkung an. Man kann sich fragen, warum die konstruktionistischen Operationen der Abgrenzung, die immer zu Polemiken und Kritiken Anlaß geben können, in dem Fall, der uns beschäftigt, besonders problematisch sind. Handelt es sich alles in allem nicht um ähnliche Operationen wie die, welche von einem juristischen Standpunkt aus die verschiedenen Sphären der Legitimität aufstellen, die mit den verschiedenen Zuständen einer Person verbunden sind, wie wir sie in einem vorangegangenen Werk[62] analysiert haben? Der Unterschied ist leicht zu verstehen. Während in dem Modell vom Sinn der Gerechtigkeit, das auf dem Begriff der Polis beruht, dasselbe Wesen sich in verschiedenen Situationen befinden kann, in denen es, wenn eine Auseinandersetzung auftritt, nach verschiedenen Spezifikationen qualifiziert wird, die im Hinblick auf verschiedene mögliche Welten zutreffend sind, wird in dem Fall, der uns hier beschäftigt, der Fötus, wenn er als tumoraler qualifiziert wird, zerstört, wodurch seine Zugangsmöglichkeiten zu anderen Welten zunichte gemacht sind. Die zentrale Frage ist also die der Reversibilität. Um mit dem Prinzip des allgemein Menschlichen übereinzustimmen, auf dem die Metaphysik der Gerechtigkeit beruht, welche unseren gewöhnlichsten Urteilen zugrunde liegt, muß die Qualifikation nach verschiedenen Zuständen kompatibel sein mit einer totalen Reversibilität der Zustände. Das ist zum Beispiel der Grund, warum der gesunde Menschenverstand in Erwägung zieht, daß die Beweise, auf denen ein Urteil beruht, die

Möglichkeit haben müssen, noch einmal durchgespielt zu werden, oder daß eine Behandlung etwas Unmenschliches an sich hat, die die Personen in einem bestimmten Zustand erfaßt und sie so fundamental einschränkt, daß ihnen der Übergang zu anderen Zuständen nicht mehr möglich ist. Die Behandlung des Fötus, wenn er als tumoral qualifiziert wird, widerspricht auf radikale Weise dieser Forderung der Reversibilität. Sein Geschick ist irreversibel, zumindest wenn man es so begreift, daß es Gegenstand eines Aufstiegs in die Singularität sein soll. In einer anderen Sprache gesagt, ist er dazu verurteilt, auf der untersten Stufe des Menschseins zu bleiben: nämlich auf der der austauschbaren Wesen. Ein anderer Fötus wird sich vielleicht in demselben Mutterleib entwickeln. Er wird vielleicht bis zum Ende seines Wegs gelangen und zur Welt kommen. Es wird nicht derselbe sein.

Konstruktionismus und Ontologie

Im Unterschied zum Moment der Dekonstruktion, die, ihrem Wesen nach kritisch, ein Feld relativ unbestimmter Möglichkeiten auftut und von daher eine *befreiende Wirkung* hat, geht das konstruktionistische Verfahren mit einer Schließung der Möglichkeiten einher. Gewisse a priori mögliche kategoriale Annäherungen werden abgewiesen oder aufgegeben, während andere Annäherungen vorgezogen und stabilisiert werden. Diese Auswahl ist nicht »arbiträr« in dem Sinn, daß diese Ausschnitte gewissermaßen zufällig aus der Skala aller möglichen »Entscheidungen« ausgesucht würden, auch nicht in dem Sinn, daß sie vollständig von den Interessen ihrer Förderer bestimmt würden. Die kategorialen Ausschnitte folgen den Bahnen, die schon in der Sprache[63] oder in den allgemeinsten metaphysischen Konstruktionen vorhanden sind, die der Ontologie des größten Teils der innerhalb eines kulturellen Komplexes befindlichen Gegenstände zugrunde liegen. Daraus ergibt sich, daß alle Konstruktionen oder alle Teilungen nicht gleichermaßen für den gesunden

Menschenverstand akzeptabel sind. So ist es zum Beispiel in unserer Gesellschaft (aber nicht in anderen) ziemlich schwierig, Grenzen zu überschreiten wie die, welche die »Dinge« von den »Menschen« trennen (zum Beispiel von einer Stehlampe zu sagen, sie sei mein »Vetter«), vor allem, weil eine solche Unterscheidung nicht nur die unbelebten und die belebten Wesen (die Tiere sind belebt) trennt, sondern auch die Wesen, die der Besitz von Wesen sein können, von denjenigen, die Besitzer sein können. In diesem Sinn konnte das römische Recht durch eine »juristische Fiktion« die Sklaven in die Klasse der Dinge einschließen, ohne daß die römischen Bürger, die Nutznießer dieser Fiktion, nicht gewußt hätten, daß ihre Sklaven menschliche Wesen waren, die ihnen selbst in allem glichen.

Die Unterscheidung zwischen den drei Föten, deren Konstruktion, wie uns schien, dabei war sich zu etablieren, bildet ein gutes Beispiel für die Abhängigkeit des kategorialen Denkens hinsichtlich der in den Strukturen der gewöhnlichen Welt am stärksten engagierten Ontologien, welche auch diejenigen sind, deren Prägnanz in der philosophischen Tradition des Abendlands am meisten belegt ist.

Der tumorale Fötus kann der Kategorie des *Akzidentiellen* genähert werden, wie sie Aristoteles darlegt, als ein Attribut, das nicht notwendigerweise mit dem Subjekt verbunden ist.[64] Er ist nur als zufälliges, dem Körper einer Frau widerfahrendes Ereignis erfaßt, das eine unerwartete Änderung des Zustands in diesem Körper hervorruft; diese muß, da von jeder Absichtlichkeit losgelöst und deshalb bar jeglicher Bedeutung reversibel gemacht werden können, kraft einer Willenshandlung, die an der Logik eines Projekts teilhat. Er wird deshalb zurückgeschickt in den Bereich des reinen Akzidens – den des »eigentlichen Akzidens« im Gegensatz zum »Akzidens durch sich« – nach der aristotelischen Unterscheidung zwischen den »eigentlich akzidentiellen Attributen«, wie beim Beispiel des Sokrates die Tatsache, »daß er sitzt oder steht«, und jenen Attributen, »die, ohne zum Wesen des Sokrates zu gehören, das sein Menschsein ist, deswegen nicht weniger charakterisitsch sind für das, was man das ›Sokrates-Sein‹ nennen kann«, die wie die Tatsache, daß Sokrates weise, glücklich usw. war, und die als solche die Quiddität eines Wesens zu definieren neigen.[65] Der tumorale Fötus trägt ja tatsächlich nichts dazu bei, die – Quiddität dessen zu definieren, dessen Attribut er ist, und er hat infolgedessen keinen anderen Status als den eines »Fast-Nicht-Seins« – nach der Formel des Aristoteles –, was es verbietet, ihn in seiner Ipseität ins Auge nehmen zu können. In diesem Sinn kann er nicht selbst Gegenstand einer Prädikation werden, was sofort die Frage aufwerfen würde, worin dieses Wesen besteht, dem man diese oder jene Eigenschaft zuschreibt. Jeder Bezug auf das, was auf seine dauerhafte Einrichtung zielen könnte, wird eben deshalb entfernt – da selbst die Möglichkeit, daß er dauerhaft bestehen könnte, ausgeschlossen wird –, so daß man es selbstverständlich nicht nur vermeidet, ihm einen Eigennamen zu geben, sondern ihn sogar durch einen klassifikatorischen Terminus zu bezeichnen. Genau diese notwendige Operation des ontologischen Zunichtemachens wird manchmal von den Frauen erneut in Frage gestellt, die um ein Gespräch vor der Abtreibung bitten, wenn sie der Psychologin, die sie empfängt, mit einem Ausdruck, der nach Essentialismus klingt, dasjenige bezeichnen, was sich in ihrem Bauch entwickelt, und von ihrem »Baby« oder ihrem »Kind« sprechen, wodurch sie eine Unruhe äußern, welche die Beraterinnen oft zu beschwichtigen versuchen, indem sie die Gültigkeit dieser Ausdrücke hinterfragen und in den Mittelpunkt des Gesprächs wieder den *Zustand* stellen, in dem sie sich im Augenblick befinden: »ein Schwangerschaftsprojekt«.

Um die Trennung zwischen authentischem Fötus und Technofötus zu interpretieren, werden wir uns auf eine Unterscheidung stützen, die Paolo Virno entwickelte, um – ausgehend von den aristotelischen Kategorien – die Modalität zu klären, in der man sich die Wesen denken kann, wenn man sie durch den Gegensatz zu dem Zustand definiert, welcher der ihre ist, wenn sie sich in der Anwesenheit manifestieren: als *aktual*.[66] P. Virno unterscheidet so die *Potentialität* von der *Potenz*. Diese Unterscheidung kann durch ein Beispiel dargestellt werden, das er – unter Rückgriff auf Saussure – dem linguistischen Bereich entlehnt. Dem Wort, das in der Position des *Aktes* ist, stellt er so auf der einen Seite die Sprache gegenüber, der *Potentialität* zukommt, und auf der anderen das Vermögen zu sprechen, das in den Bereich der *Potenz* gehört (S. 69). Während der Akt »mit der Anwesenheit, das heißt mit dem Jetzt zusammenfällt« (S. 68), so daß er »immer in die Zeit fällt« (S. 56), bezeichnet die Potentialität einen Zustand des Aktes, der, weit entfernt davon, ihn der Zeitlichkeit zu entziehen, ihn als noch-nicht-jetzt konstituiert, das heißt, wie Virno sagt, als »Beinahe-Jetzt« (S. 68). Zugleich kann die Beziehung des Aktes zur Potentialität beschrieben werden wie die des Jetzt zum Nicht-Jetzt (»das aktuale Wesen geht dem potentiellen im Strom der Zeit voraus«, S. 63), so daß das »Verhältnis der Ursache zur Wirkung« definiert werden kann als ein »Verhältnis zwischen verschiedenen aufeinander folgenden Jetzten« (ebd.). Aber im Unterschied zur *Potentialität* »fällt die *Potenz* nicht in die Zeit« (S. 59). Die Potenz »hat keinen bestimmten Platz in der Zeit« (da sie »beständig ›nicht-jetzt‹ ist«, S. 66). Die Potenz zeigt sich als »unbestimmt, allgemein, formlos und somit radikal anders als ein potentieller Akt, weil sie ein *Ganzes ohne Teile* ist« (S. 69). Sie ist deshalb »nicht aktualisierbar, so daß die Akte die Potenz nicht erschöpfen, ganz einfach, weil sie nicht angetastet werden« (S. 71).

Auf diese Analyse gestützt, wollen wir die Idee vorschlagen, daß der authentische Fötus in die Kategorie der *Virtualität* gehört. Auf imaginäre Weise nach vorne geworfen in der Logik des Projekts hat der authentische Fötus teil an der Zeit und er ist durch eine Kette von Kausalitäten an die Gegenwart gebunden. Er zeigt sich somit als zum Bereich des Beinahe-Jetzt gehörig.

Im Unterschied zum authentischen Fötus, so sagen wir, gehört der Technofötus zur Kategorie der *Potenz*. Es hat sich nämlich gezeigt, daß die Diskurse, in denen er inszeniert wird, meistens nicht das Geschick eines einzelnen fötalen Individuums betreffen, sondern das der Menschheit in ihrer Allgemeinheit erfaßt wird. Die Potenz der Menschheit, das Vermögen Mensch zu sein, ohne das kein Mensch sein Menschsein verwirklichen könnte, steht hier zur Debatte. Diese Potenz fällt jedoch nicht in die Zeit und besteht, wie Virno sagt, fort in ihrer Eigenschaft als »nicht aktualisierbar« (S. 71).

Wie läßt sich die Art von Potenz – diese Fähigkeit, eigentlich Mensch zu sein –, die hinter den Debatten über den Technofötus zu spüren ist, deutlicher ausdrücken? Indem wir noch einmal Virno folgen, werden wir eine Beschreibung entwerfen, wobei wir uns auf die analytischen Hilfsmittel stützen, die Herder in seiner *Abhandlung über den Ursprung der Sprache*[67] aufbaut, um klar auszudrücken, worin der Unterschied zwischen Menschen und Tieren besteht. Während jedes Tier eine bestimmte »Sphäre«, einen »Kreis« hat, »in den es von der Geburt an gehört, gleich eintritt, in dem es lebenslang bleibet und stirbt«, hat der Mensch »keine so einförmige und enge Sphäre, wo nur *eine* Arbeit auf ihn warte«. [...] »Seine Sinne und Organisation sind nicht auf eins geschärft.«[68] Das Vermögen, Mensch zu sein, verweist also, wie Virno in seinem Kommentar zu Herder (S. 72) hervorhebt, auf die »unbestimmte Natur« des Menschen, auf seine beständige Orientierungslosigkeit«, die verbunden ist »mit dem Fehlen einer vorausbestimmten Sphäre, in die er sich ein für allemal mit angeborener Sicherheit einfügen könnte«. Die eigentlich menschliche Potenz läßt sich somit als eine *Potenz der Unsicherheit* definieren.

Man kann in dieser Ontologie der Bestimmung durch die Unbestimmtheit den Grund dafür sehen, daß der größte Teil der Kritiken, die den Technofötus betreffen, genau zu all dem hinführt, was nach einer technologischen Annäherung dahin tendiert, den menschlichen Fötus in ein deterministisch agierendes Kräftefeld zu versetzen, ihn in ein Netz von zwingenden Spezifikationen einzuschließen, seine Produktion den Anweisungen einer Art »Methodenbüro« zu unterwerfen, wie es der Fall ist, wenn mehrere Embryonen produziert werden, unter denen die Ärzte den aussuchen, der in den Mutterleib eingepflanzt werden soll, weil er ihnen als der geeignetste erscheint, sich so zu entwickeln, daß die Mutter ein Kind zur Welt bringen wird, daß imstande ist, sie zufriedenzustellen. Das ist, allgemeiner gesagt, der Grund, warum viele Leute sich heute von den technologischen Neuerungen beunruhigt fühlen, die den Fötus aus dem Zustand, der in der traditionellen Ordnung der seine war – der eines perfekten Unbekannten –, in den eines Wesens führten, das im voraus zum Teil erkennbar wird, das heißt, daß es, bevor es das Licht der Welt erblickt, sich durch seine Akte zeigen konnte. Diese Unruhe kann Menschen beispielsweise sogar dazu führen, daß es ihnen widerstrebt, Schwangerschaftstests zu machen, und sie sich sogar weigern, das Geschlecht dessen erfahren zu wollen, das ihr Kind sein wird.

Da wir nun wissen, daß die Kategorien der Potentialität und der Potenz in bezug auf den Akt determiniert werden, bleibt noch eine Frage: Was ist mit dem *aktualen Fötus*? Wir schlagen die Idee vor, daß diese Kategorie im Rahmen der Übereinkunft hinsichtlich des Projekts leer bleibt, denn würde man sie besetzen, dann würde das voraussetzen, daß der Gegensatz zwischen dem Fötus als *Projekt eines Kindes* und dem Fötus als *Nichts* überwunden würde. Freilich ist es auch im allgemeinen problematisch von einem aktualen Fötus zu sprechen, weil der Fötus, wie wir schon bemerken konnten, ausgerechnet durch die Tatsache gekennzeichnet ist, daß ihm, da er nicht *in der Welt* ist, keine *Aktion* wirklich zugeschrieben werden kann. Aber es bleibt eine Möglichkeit, die im Rahmen der projektgebundenen Übereinkunft nicht berücksichtigt wird, obwohl sie ein Bestandteil der Erfahrung ist, die die schwangeren Frauen von ihrer Schwangerschaft machen. Wieder einmal müssen wir, um sie herauszuarbeiten, die Unterscheidung zwischen dem »Dingsein« und dem »Personsein« ausklammern, die, wie wir im nächsten Kapitel sehen werden, den Großteil der Konstruktionen zur Legitimierung der Abtreibung organisiert, um (im VII. Kapitel) von einer Analyse der Erfahrung des Fleisches auszugehen, das in der Schwangerschaft das Fleisch der schwangeren Frau und des in ihr wachsenden Fötus ist, beide unzertrennlich miteinander verbunden.

VI
Die Rechtfertigung der Abtreibung

Abschaffung der Straftat, Legalisierung, Legitimierung

In diesem Kapitel werden wir untersuchen, was zur Legalisierung und zur Legitimation der Abtreibung unternommen wurde, nachdem diese keine Straftat mehr darstellte. Ohne das Beispiel Frankreichs aus den Augen zu verlieren, das im Zentrum unserer Arbeit steht, werden wir uns auch auf die angelsächsische, vor allem die amerikanische Moralphilosophie stützen, denn wegen einer stürmischen Opposition und zugleich einer feministischen Bewegung, die für die Abtreibung eintrat und in Universitätskreisen besonders aktiv war, wurde in den Vereinigten Staaten die Suche nach die Abtreibung befürwortenden Argumenten am weitesten vorangetrieben.

Wir werden deutlich unterscheiden zwischen der Einführung der Gesetze, durch die die Bestrafung der Abtreibung abgeschafft wurde, und der Legalisierung der Abtreibung als Versuch, aus dieser Praktik ein Recht zu machen, und schließlich der Suche nach einer moralischen Legitimation der Abtreibung, die dieses Recht auf allgemeingültige Prinzipien zu gründen vermöchte. Jeder dieser Punkte gibt den Anstoß für den nächsten, aufgrund der Kritiken, denen er ausgesetzt ist. Die Wirkung der Kritik ist hier wesentlich und spielt die Rolle eines Bewegers in der Dynamik, denn durch sie erfährt die Allgemeingültigkeit in den Verhandlungen und Argumentationen eine Steigerung. Die Kritik, der die Abschaffung der Strafe in diesem Fall ausgesetzt war, bewirkte eine Intensivierung der Anstrengungen, die danach trachteten, dieser Praktik solidere Grundlagen zu verschaffen, das heißt sie zu einem Recht zu machen, indem sie versuchten, sie zunächst fest in die bestehenden Gesetze einzubinden. Aber wie es jedesmal der Fall ist, wenn das Recht entweder auf Gegenstände ausgedehnt wird, die es bis dahin nie betroffen hatte, oder – wie man am Beispiel der Abtreibung sieht – wenn es einen radikalen Richtungswechsel vornimmt, drängt sich die Notwendigkeit auf, moralische Argumente zu entwickeln, die imstande sind, eine Schnittstelle zu schaffen zwischen den juristischen Praktiken und den Prinzipien, die der gewöhnlichen Moral zugrunde liegen.[1] Letztere, die in den Situationen des alltäglichen Lebens stillschweigend anerkannt werden, wenn sie nicht mehr umstritten sind, haben die Tendenz, zum Vorschein zu kommen, wenn im Lauf der Auseinandersetzung die dynamische Folge der Rechtfertigungen und Kritiken eine Steigerung der Allgemeingültigkeit erfordert.

Gegen die Strömungen, die konstant die Vorstellung einer beinahe vollständigen Autonomie der juristischen Sphäre verteidigen, die sich gewissermaßen von selbst einzuführen scheint, wenn das Recht von innen her erfaßt wird, in seiner Eigenschaft als Corpus, das Forderungen innerer Kohärenz ausgesetzt ist (was erklärt, daß dieser Gesichtspunkt oft von den Juristen verteidigt wird), werden wir die Abhängigkeit des Rechts hinsichtlich der gewöhnlichen Moral besonders hervorheben.[2] Da das Recht eine Existenzberechtigung hat, insofern es auf Objekte außerhalb seiner selbst angewendet wird, ist es nicht nur ein Dispositiv, das den Auseinandersetzungen ein Ende machen kann, indem es ein Urteil ausspricht, das nur die Nähe zu anderen vorher oder in anderen Bereichen ausgesprochenen Urteilen verlangt. Das Rechtsurteil zieht nicht seine ganze Legitimität aus dem, was man die juristische *Absteckbarkeit* nennen könnte. Es wird auch selbst ununterbrochen von den gewöhnlichen Menschen *beurteilt*, die es sich nicht nehmen lassen, dieses oder jenes Urteil im Namen ihrer eigenen Werte als »ungerecht« oder »skandalös«[3] zu erklären. Daraus ergibt sich, daß das Recht sein Verhältnis zu den moralischen Urteilen, die in einer nicht juristischen Sprache abgefaßt sind, nicht völlig außer acht lassen darf, denn sonst läuft es Gefahr, daß es seine Kraft einbüßt, die weit davon entfernt ist, in der Legalität ihre einzige Quelle zu haben, und das gilt besonders dann, wenn es einer Kritik ausgesetzt ist.

Die Legalisierung billigt dann eigentlich nur einen bereits existierenden Zustand der Sitten: Diese historizistische Auffassung kann dazu führen, daß die juridische Norm hochgelobt wird und an die Spitze einer Hierarchie der sozialen Normen tritt (das Recht wäre dann auf einmal um so begründeter, je besser es die Praktiken in ihrer statistischen Wirklichkeit widerspiegeln würde), aber auch, daß es auf ein bloßes Ergebnis der Machtverhältnisse reduziert wird, wodurch es den Status eines simplen Tricks bekäme, den die Herrschenden verwenden, um ihre Macht zu festigen. So ist die Legalisierung eine *Bewährungsprobe*, welche die Praktiken einer zweifachen Forderung unterwirft: sicherlich einer Forderung der Kohärenz mit dem geltenden juristischen Gebilde, aber auch einer Forderung der Rechtfertigung hinsichtlich der allgemeinen Prinzipien, welche die Grundlage der Urteile in den gewöhnlichen Lebenslagen bilden, wie sie im Lauf der Auseinandersetzungen zum Vorschein kommen. Diese doppelte Forderung sieht man nirgends so gut wie bei der Arbeit der *Qualifizierung*, der juristischen Übung *par excellence*, die auch jedesmal am Werk ist, wenn im Laufe einer Auseinandersetzung die Personen ermahnt werden, klar auszudrücken, in welcher Hinsicht sie sich der Entitäten – Personen, Dinge oder Ereignisse – annehmen, um die es in ihrem Streit geht.

Wenn wir uns die Anstrengungen noch einmal vergegenwärtigen, die gemacht wurden, um die Abtreibung zu rechtfertigen, um diese Praktik unter gewissen Bedingungen zulässig zu machen, um sie zu legalisieren und ein Recht daraus zu machen, um sie auf moralischer Ebene zu legitimieren, können wir die Ausführungen über die Formen der Kategorisierung des Fötus, die im vorangehenden Kapitel stehen, vertiefen. Denn im wesentlichen ist es im Laufe dieses Prozesses der Legalisierung und der Legitimation zu einer Debatte über den »Status des Fötus« gekommen, das heißt über die Art und Weise, wie man ihn in den verschiedenen Situationen, in die er geraten kann, *qualifizieren* sollte; diese Debatte hatte beinahe gar nicht stattgefunden, als dieses Wesen im sozialen und politischen Raum unbekannt war, und vielleicht noch weniger, als die Strafbarkeit der Abtreibung (eingeführt, wie wir gesehen haben, aus Gründen, die mit den Qualitäten dieses Wesens kaum etwas zu tun hatten) es zuließ, den Rechtsausschluß, der es bis dahin betroffen hatte, zu verlängern.

Der Protest für die Legalisierung der Abtreibung

In bezug auf den Gegenstand unserer Analyse, und ohne uns um die Einzelheiten einer Geschichte zu kümmern, die an anderer Stelle aufgezeigt wurde,[4] möchten wir sagen, daß der historische Augenblick, als in dem Jahrzehnt zwischen 1965 und 1975 die Strafbarkeit der Abtreibung abgeschafft wurde, im wesentlichen zwei Fragen aufwirft. Die erste: Warum geschah diese Gesetzeserneuerung nicht schon früher? Man kann bei diesem Bericht keine Änderung der Praktiken anführen oder daß etwa die vorhergehende juristische Ordnung im Lauf einiger Jahre durch einen signifikaten Anstieg der Zahl der Abtreibungen unwirksam und ungeeignet geworden wäre. Dies hätte eine »Katastrophe im Gesundheitswesen« nach sich gezogen, der die politischen Organe nichts entgegenzusetzen gehabt hätten. Denn wenn auch eine solche Situation, die oft, bis in die sechziger Jahre hinein, in epidemiologischen Termini qualifiziert wurde, welche die der Abschaffung der Strafe vorausgehenden Jahre ziemlich gut beschreibt, so dauerte sie doch schon fast ein Jahrhundert, ohne eine offenkundige juristische Wirkung zu zeitigen, wenn nicht vielleicht die, daß von Mitte der fünfziger Jahre an die bestraften Fälle weniger wurden, die im übrigen – wie wir gesehen haben – in keinem Verhältnis zur Anzahl der praktizierten Abtreibungen standen. Das bedeutet, daß der absolut wirkungslose Charakter des Gesetzes zur Bestrafung der Abtreibung bis dahin kein Argument für deren Abschaffung geliefert hatte. Man kann sich also mit Recht fragen, ob die Rolle, die man diesem Gesetz stillschweigend übertragen hatte, nicht gewesen war, die Abtreibungen verschwinden zu lassen oder zumindest deren Anzahl zu begrenzen, oder ob es vielleicht eher die Rolle war, zu verhindern, daß die mit der Abtreibung verbundenen moralischen Erfahrungen in die öffentliche Sphäre drangen.

Die Abtreibung konnte als eine »soziale Plage« betrachtet werden, ohne daß dies etwas an den öffentlichen Stellungnahmen derer – der Moralisten, Politiker, Ärzte, Demographen, Experten aller Arten usw. – änderte, die über dieses »Problem« ein maßgebliches Wort zu sagen hatten. Letztere konnten sich zugleich über die Abtreibung entrüsten, sie dulden oder sie sogar in als individuell behandelten Fällen diskret gutheißen (aus Gründen, die von der Eugenik oder vom Malthusianismus zur Opposition gegen die »Armen«, zum Mitleid mit den »gefallenen Mädchen« gingen, nebenbei auch zur Verteidigung der »Familie«, wenn sie von unehelichen Geburten bedroht war) und eine Verstärkung der offiziellen Verbotsmaßnahmen verlangen, wobei sie genau wußten, daß diese Maßnahmen nichts nützten. Das alles konnte geschehen, ohne daß der Widerspruch zwischen den verschiedenen Haltungen, geschützt durch die Schranke, die den offiziellen Bereich vom offiziösen, den kollektiven vom individuellen trennt, öffentlich zum Vorschein gekommen wäre, was ihn unhaltbar gemacht hätte. Jede dieser »Autoritäten« – selbstverständlich zumeist Männer – verhielt sich, als hätte sie insgeheim gewußt, daß, wenn diese ungleichen Stellungen neu aufgerollt worden wären, eine zwar nicht vollkommene Übereinkunft in Gefahr gebracht worden wäre, zu der es aber keine Alternative gab, und man kann annehmen, daß diese Toleranz der Inkonsequenz gegenüber, die in dem uns beschäftigenden Bereich besonders scharf hervortritt, nicht wenig dazu beigetragen hat, dem Thema der »bürgerlichen Scheinheiligkeit« Kredit zu geben, deren Denunzierung mehr als ein Jahrhundert lang den Kern der Kritik an der »herrschenden Gesellschaftsordnung« ausmachte.

Die zweite Frage mag schockierend sein für alle, die bei den Protestbewegungen, die zur Legalisierung der Abtreibung führten, eine aktive Rolle spielten, und läßt den Großteil der Berichte, die letztere über ihre Aktionen verfaßt haben, ins Leere laufen, denn es stellt sich die Frage, wie ein politischer Umschwung von solcher Bedeutung so leicht erreicht werden konnte.[5] Die Bastion, die den Zugang zur legalen Abtreibung verhinderte, fiel in einigen Jahren, in Frankreich wie im größten Teil der westlichen Länder, und zwar ohne große Opposition von seiten des Staates. So wurde praktisch keiner der Ärzte, die Anfang der siebziger Jahre öffentlich bekannten, Abtreibungen zu praktizieren, dauerhaft und konsequent bestraft. Alles geschah so, als hätte es genügt, daß eine beachtliche Anzahl von Personen – »mustergültige« Ärzte und allgemein angesehene Frauen – die Tatsache, Abtreibungen zu praktizieren oder praktiziert zu haben, öffentlich auf sich nahmen, um das Gebäude, das diese Praktik in die Illegalität verbannen und die damit verbundenen Fragen wegschieben sollte, endgültig zum Wanken zu bringen.[6]

Es ist der Mühe wert, sich über das Wesen der sozialen Operation zu befragen, die diese öffentlichen Forderungen vollzogen. Ihre Stoßrichtung hatte nichts mit »Information« zu tun. Sie bestand nicht darin, der »Mehrzahl der Leute« Tatsachen mitzuteilen, die sie nicht schon gewußt hätten und deren Enthüllung die Wirkung eines Skandals gehabt hätte. Denn daß die Abtreibung breit praktiziert wurde und welche Folgen das für die Frauen hatte, war allgemein bekannt. Diese Operation zog ihre ganze Kraft aus ihrem *öffentlichen* Charakter, das heißt aus der Tatsache, etwas, das jeder für sich wußte, in den öffentlichen Raum zu stellen, mit der Absicht, es einer kollektiven Debatte zu unterziehen und dadurch die Trennung zwischen der offiziellen und der offiziösen Dimension der Übereinkünfte zu überschreiten, welche die Zeugung der menschlichen Wesen beherrschten. Zugleich wurde dadurch der Bereich der Zeugung in seiner Gesamtheit zur Debatte gestellt. Und die Furcht, diese Ordnung wanken zu sehen, die mangels einer Alternative mit allen Kennzeichen einer *Notwendigkeit* versehen auftrat, zeugt von dem Verständnis, das man ihr bis dahin entgegengebracht hatte, inbegriffen die Frauen, die diesen Zwang unmittelbar zu spüren bekamen und die, wäre es auch nur dadurch, daß sie in der Einsamkeit und in der Verborgenheit abtrieben, gegen ihren Willen dazu beitrugen, ihn aufrechtzuerhalten.

Ohne Zweifel war es die Frauenbewegung, welche die Infragestellung der vorher existierenden Übereinkünfte möglich machte, denn in den sechziger Jahren nahm die Zahl der studierenden Frauen erheblich zu, was ihnen die Tür zu Berufen öffnete, die bis dahin im wesentlichen ein Monopol der Männer gewesen waren, und insbesondere, was unseren Fall betrifft, zu den medizinischen Berufen, in denen die Abtreibung und ihre gesundheitlichen Folgen als ein berufliches Problem auftraten und schon deshalb in den Bereich des Kollektiven gehörten. Im Fall der Übereinkünfte, welche die Zeugung regelten, konnte die Mißachtung der Trennung ihrer offiziellen Dimensionen von ihren offiziösen Dimensionen nur vom Feminismus kommen, verstanden als eine Bewegung, die die »Lage der Frauen« nicht nur verbessern und vor allem gerechter machen sollte, indem man gegen die Ungleichheit der Geschlechter auf den Gebieten der Bürgerschaft (Wahlrecht), der Teilnahme an der Politik (Gleichheit), des Studiums (Zugang zum Universitätsstudium), der Arbeit (»gleicher Lohn für gleiche Arbeit«) usw. kämpfte, auf dieselbe Weise wie die Arbeiterbewegung die Suche einer größeren Gleichheit zwischen den Klassen und einer größeren sozialen Gerechtigkeit zum Ziel hatte, sondern die vor allem dazu bestimmt war, das *Weibliche* als solches an die Öffentlichkeit zu bringen, von der es bis dahin ausgeschlossen gewesen war, und dadurch die Grenzen des Politischen radikal zu verändern. Indem die Abtreibung in die Sphäre des Öffentlichen, nicht nur als Problem, sondern vor allem als Vollzug und mit der Forderung ihrer Legalisierung in die Sphäre der Rechtsprechung (die, indem sie sie ein Jahrhundert vorher zu einem Delikt erklärt hatte, nichts anderes zuwege gebracht hatte, als sie noch weiter als dies zuvor der Fall gewesen war, aus dem öffentlichen Bereich herauszudrängen) vordrang, konnte sie zum offenkundigsten Ausdruck einer Veränderung im politischen System des Weiblichen werden.

Diese Veränderung entsprach – ohne der einzige Grund dafür gewesen zu sein – einer Infragestellung der Übereinkünfte, denen die Zeugung bis dahin unterworfen war. Das gilt insbesondere für die Übereinkunft mit der Verwandtschaft und die Übereinkunft mit dem Staat, zumindest im Fall Frankreichs, wo die Übereinkunft mit dem Schöpfer an politischer und sozialer Kraft eingebüßt hatte, nicht nur unter der Wirkung einer rezenten, aber beachtlichen Schwächung des Katholizismus (wozu dessen Mißachtung der Frauenfrage ohne Zweifel erheblich beigetragen hatte), sondern auch, weil die starken Konflikte, die Kirche und Republik mehrere Jahrzehnte lang ausgefochten hatten, mit einem »Religionsfrieden« beendet worden waren – um es mit einem Ausdruck zu sagen, den Olivier Christin[7] für einen anderen historischen Kontext gebildet hatte –, gegründet auf einer strengen Teilung zwischen der Sphäre der Politik und der Sphäre des Glaubens, die keine der beiden betroffenen Instanzen erneut in Frage stellen wollte.[8]

Eines der Probleme, welche die Legalisierung der Abtreibung mit sich brachte, war, ob die Abtreibung gegen die »öffentliche Moral« verstieß, deren »Ausdruck« das Gesetz sein muß, oder ob ihre Verurteilung Sache »persönlicher Überzeugungen« war, so daß die Tatsache, für das Gesetz zu stimmen, nicht notwendigerweise die »Billigung dessen, was es erlaubt« (Jean Foyer, anläßlich der Debatte der Nationalversammlung am 26. November 1974[9]), einschloß. Jean Foyer, ein heftiger Gegner der Legalisierung, findet, daß die Praktik der Abtreibung derartig gegen die öffentliche Moral verstößt, daß sie nicht legalisiert werden kann. Umgekehrt entwickeln die Abgeordneten, die für die Abtreibung sind, das Argument, daß diese Praktik nicht gegen die öffentliche Moral verstößt, selbst wenn sie im Namen einiger Glaubensbekenntnisse abgelehnt wird, so daß ihre Ablehnung oder ihre Annahme eine rein private Angelegenheit ist. Jacques-Antoine Gau erklärt folgendes: »Was befähigt uns dazu, meine Damen und Herren, zu entscheiden, ob die unwiderlegbare Tatsache, daß nach der Begegnung der zwei Geschlechtszellen ein biologischer Prozeß seinen Lauf nimmt, schon genügt, das Dasein eines menschlichen Lebens auszumachen? Oder wenn wir die These vorziehen wollen, nach der ein menschliches Leben nur ein bewußtes Leben sein kann, das heißt sich im Rahmen eines Beziehungssystems zu anderen befindet und auf jeden Fall ein Minimum an Autonomie besitzt? Die Anhänger der ersten These führen gewisse traditionelle Regeln unseres Rechts an, die dem römischen Recht entliehen sind, und behaupten, daß das Kind von seiner Empfängnis an als geboren zu betrachten ist. Aber selbst auf dieser Ebene besteht Unschlüssigkeit, denn nach Artikel 56 des Bürgerlichen Gesetzbuchs muß ein totgeborenes Kind nur nach dem hundertachtzigsten Tag der Schwangerschaft beim Standesamt gemeldet werden. Nein, diese Debatte ist von zu vielen Unsicherheiten belastet, als daß wir in den Argumenten, welche die entschiedensten Gegner der ganzen Änderung unserer Gesetzgebung vorbringen, etwas anderes sehen könnten als einen Glauben an eine ethische Entscheidung, der, ich sage es noch einmal, Respekt gebührt, aber die nicht dem Gewissen aller einleuchtet und noch viel weniger allen aufgedrängt werden kann. Wenn man es zuließe, ein Gesetz auf einen solchen Glauben zu gründen, würde man gegen ein Prinzip verstoßen, das zu den Grundlagen unserer Republik gehört, die der einzige Garant für den Pluralismus ist, ohne den unsere Gesellschaft aufhören würde, frei zu sein, ich meine die Laizität des Staates. Der Staat ist laizistisch und hat die Aufgabe, nicht das Gewissen seiner Bürger zu lenken, sondern deren Freiheiten zu organisieren und zu gewährleisten. Wo es sich um die Abtreibung handelt, hat das Gesetz nicht eine philosophische oder religiöse Doktrin, welche auch immer es sein mag, zu übertragen, sondern dem Gewissen eines jeden eine sorgfältig geprüfte Entscheidung zu überlassen.[10]«

Die Schwächung, um nicht zu sagen das fast völlige Verschwinden der Übereinkunft mit der Verwandtschaft bildete das Epizentrum einer Änderung von weitaus allgemeinerem Ausmaß, die nichts anderes ist als die Entfernung der *familienweltlichen Polis* aus den wichtigsten Situationen, wo sie bisher ihren Platz hatte. Unter familienweltlicher Polis – in dem Sinn, wie wir den Begriff in *De la justification* eingeführt haben – ist, kurz gesagt, eine politische Ordnung zu verstehen, die, gestützt auf die zum Modell der Verwandtschaft gehörenden Formen der Unterordnung, auf eine große Anzahl sozialer Situationen die Forderungen einer Gerechtigkeit ausdehnen kann, die für einen Großteil der Menschen im wesentlichen auf einer hierarchischen Stellung in einer Kette persönlicher Abhängigkeiten beruht. In einer Formel dieses Typs – die ihren Höhepunkt im *Ancien Régime* erreicht, aber auch nach dessen Verschwinden in vielen Situationen weiterbesteht – versteht man die politische Bindung zwischen den Menschen als eine Verallgemeinerung der Generationenbindung, in der Tradition und Nähe vereinigt sind. Eine solche Formel ist beispielsweise am Werk, wenn ein »Meister« einen seiner »Jünger«, zu dem er »Vertrauen« hat, für diese oder jene Stellung empfiehlt, oder auch in Unternehmensdispositiven, die vom Standpunkt bürgerlicher Gleichheit aus als »paternalistisch« kritisiert werden.

Innerhalb einer familienweltlichen Ordnung, zu deren Kennzeichen es gehört, sich über die Trennung des Öffentlichen vom Privaten hinwegzusetzen, genau wie sie auch vom Liberalismus entworfen werden wird, nehmen die Frauen einen bestimmten abgegrenzten Platz ein, in der Gesellschaft wie in der Familie; aber dieser Platz befindet sich, sehr allgemein gesagt, in der Hierarchie unter dem Rang der Männer. Ihr Status ist also geprägt von der persönlichen Abhängigkeit, das heißt ihrer Abhängigkeit von letzteren, die sie bei allen Gelegenheiten *repräsentieren*, wo eine soziale Einheit, unabhängig von ihrer Größe und Funktion, für einen äußeren Beobachter sichtbar wird, also insbesondere bei politischen Gelegenheiten. Daraus ergibt sich, daß in einer Ordnung dieses Typs die Frauen mit dem Offiziösen gemeinsame Interessen teilen. Ihr Beitrag zur Fortpflanzung der Gesellschaft ist, dem des Hauspersonals vergleichbar, zugleich unerläßlich und unsichtbar, an einen Ort abgeschoben, den Goffman die »Kulissen« nennt, gewidmet vor allem der Arbeit der Erhaltung der männlichen Größe nach außen hin und der »diskreten« und »ergebenen« Sorge für die nicht vorzeigbaren, in den geheimen Falten der Institutionen und Familien Versteckten: Alkoholiker, Geisteskranke, behinderte Kinder, halbwüchsige Selbstmordkandidaten, »verblödete« alte Männer, »auf die schiefe Bahn gekommene« und »nicht unter die Haube zu bringende« junge Mädchen, »Untaugliche« und »Anormale« aller Arten usw.

Ende der sechziger und vor allem in den siebziger Jahren war der Großteil der Bewährungsproben, die sich auf die familienweltliche Polis stützten, in Frage gestellt, wie die Kritik bezeugt, die damals auf zahlreiche Situationen, die von einer persönlichen Abhängigkeit geprägt waren (in der Universität, in den Unternehmen, aber auch, durch die antipsychiatrische Bewegung, in der Familie), aber auch auf jene Vorteile zielte, die vom Alter oder der Zugehörigkeit zu einem Kreis lokaler Honoratioren abhingen, sowie die, welche von der Weitergabe der Besitzungen oder der Privilegien usw. innerhalb einer Familie herrührten. Diese Kritik der familienbezogenen Welt, im 18. Jahrhundert (in Frankreich speziell von Rousseau) eingeleitet, welche die Auflehnung gegen die politische Macht der Verwandtschaft und ganz allgemein gegen jegliche Form der persönlichen Abhängigkeit weiterführt und vollendet, fördert die Aufdeckung der männlichen Herrschaft und nährt sich zugleich von dieser Aufdeckung für allgemeinere Angriffe, die diese Herrschaft als den Gipfel der hierarchischen Macht in ihren »patriarchalen« Formen hinstellen, die für eine überholte Gesellschaftsordnung typisch sind.

Aber man hätte von einer solchen Infragestellung der verwandtschaftsbezogenen Übereinkunft und der familienweltlichen Polis in ihrer Gesamtheit – in den Bereichen, die nichts mit der Frage der Zeugung zu tun haben – erwarten können, daß sie der staatsgebundenen Übereinkunft zu einer neuen Kraft verhilft, da sich diese, wie wir gesehen haben, im 19. Jahrhundert selbst auf die Kritik der Verwandtschaft gestützt hatte und bei seiner Aktion genau durch die Opposition derjenigen – der »Traditionalisten« – behindert wurde, die weiterhin an den verwandtschaftlichen Formen der Selektion hingen, die den Menschen den ihnen bestimmten Platz in der Welt zuwiesen. Aber dem ist nicht so. Die Forderungen der Legalisierung der Abtreibung wenden sich zwar an den Staat, aber stellen dessen Anspruch in Frage, seine Macht auf dem Gebiet der Zeugung auszuüben und, wie er es ein Jahrhundert vorher gemacht hatte, die Qualität und die Quantität der nationalen Bevölkerung zu kontrollieren. Man könnte im übrigen noch hinzufügen, daß es mit der Kritik der familienbezogenen Welt im allgemeinen ebenso ging, denn, nachdem sich diese Kritik zunächst auf staatsbürgerliche Instrumente des Protestes stützte, schien sie sich in die Richtung einer Verstärkung der staatlichen Kontrolle über die wichtigsten Bewährungsproben der sozialen Selektion zu wenden, ehe sie sich rasch in eine Kritik jeder hierarchischen, bürokratischen oder sogar institutionellen Macht verwandelte und in eine Apologie der Autonomie und der Selbstverwirklichung in der freien Konkurrenz mündete, die selbst die Tür zur Bildung der projektbasierten Polis öffnete.

Die Abtreibung und der Staat

Angesichts der Offensive für die Befreiung der Abtreibung, die einerseits aus der öffentlichen Aufdeckung der massiven *Wirklichkeit* dieser Praktik trotz ihres gesetzlichen Verbots und andererseits aus der Darstellung der Leiden, die dieses Verbot verursachte, nach der Thematik einer »Politik des Mitleids«, deren Rolle in der politischen Rhetorik seit ihrem Erscheinen am Ende des 18. Jahrhunderts – wie Hannah Arendt sagt[11] – nicht aufgehört hatte zu wachsen, ihre wesentliche Kraft schöpfte, wird die politische Antwort verständlich, wenn man auf die Frage des

Staates und dessen Aktivität auf dem Gebiet der Biopolitik bezieht. Sie zeigt eine doppelte Orientierung. Die erste geht in die Richtung eines *Rückzugs des Staats*, der auf das Projekt verzichtet, das noch das der Rechten oder vor allem der Linken zwischen den zwei Weltkriegen ist, das heißt einzugreifen, um die Quantität und die Qualität der Bevölkerung zu kontrollieren.[12] Mehrere Faktoren, die, weil ihnen eine ausreichende Legitimität fehlt, nicht alle ausdrücklich in der Debatte zum Tragen kommen, scheinen diesen Verzicht begünstigt zu haben, der nicht mühelos vonstatten geht. Wir werden von drei Faktoren sprechen.

Der erste hat seinen Grund in der Disqualifizierung der staatlichen Biopolitik in den demokratischen westlichen Ländern, aufgrund ihrer Verwendung in den autoritären Staaten – den faschistischen und kommunistischen – und vor allem wegen der monströsen Folgen des eugenischen und rassistischen Szientismus, auf dem die Nazi-Ideologie beruhte. Der zweite ist eine Abnahme der Sorgen hinsichtlich der Bevölkerung, die sich in Zusammenhang mit den Neuerungen bringen läßt, welche in derselben Zeit in der Arbeit (Mechanisierung, Auslagerung eines Teils der Massenproduktion in periphere Länder usw.) und beim Heer (Technisierung der Waffen und Ersatz der »Armee aus Fleisch« durch eine »Armee aus Eisen«, wie die einschlägigen Autoren schreiben) zu konstatieren ist. Bei der Debatte im Parlament vom 26./28. November 1974 wird die Frage des Bevölkerungsstands als gut geschildert, sowohl von den Gegnern des Gesetzesentwurfs (des »Gesetzes Veil«), um dessen Gefahr zu denunzieren, als auch von dessen Befürwortern, um in Zweifel zu stellen, daß eine Verbindung von Ursache und Wirkung zwischen der Legalisierung der Abtreibung und dem »demographischen Schwund« besteht; aber der allgemeine Ton der Diskussionen läßt eher durchblicken, daß diese Sorge, die im letzten Drittel des 19. und in der ersten Hälfte des 20. Jahrhunderts im Mittelpunkt der Debatten über Bevölkerungspolitik steht, nur noch eine marginale Rolle spielt. Und schließlich sind die Jahre, in denen die Abtreibung in den verschiedenen westlichen Ländern legalisiert wird, auch diejenigen, in denen eine zunehmende Angst das Bevölkerungswachstum im Süden der Welt begleitet.[13] Bekanntlich hat der Glaube, der die Entwicklung mit dem Kampf gegen das Anwachsen der Bevölkerung[14] verbindet, nach dem Zweiten Weltkrieg nachgerade die Form eines Dogmas angenommen und führt seit den sechziger Jahren zu konkreten Maßnahmen, die von der Abteilung für Bevölkerungsfragen der UNO unterstützt werden. Gegen Ende der sechziger Jahre erscheint eine große Anzahl von Werken, die in oft apokalyptischen Tönen die Übervölkerung der Erde denunzieren,[15] und diese große Angst spielt eine wichtige Rolle bei der Entstehung der politischen Ökologie.[16] Um diesen Ängsten die Stirn zu bieten, schlossen sich die bedeutendsten westlichen Länder der Politik der internationalen Regime für die Entwicklung an, indem sie die Hilfe für die Länder der Dritten Welt an deren guten Willen in Sachen Demographie knüpften, was auch immer die dabei verwendeten Mittel sein mochten (Aufmunterung oder Zwang zur Sterilisation, Verteilen empfängnisverhütender Mittel, Abtreibungen usw.). Seitdem ist es für die westlichen Länder sehr schwierig, zu Hause im Namen ihrer demographischen Ambitionen oder der »Moral« sich Maßnahmen zu widersetzen, die sie für die armen Länder befürworten.[17]

Aber nachdem der Verzicht des Staates, die Zeugung der menschlichen Wesen, aus denen sich die »nationale Bevölkerung« zusammensetzt, zu kontrollieren (ein Verzicht, der die Schwächung dessen bestätigt, was wir die Übereinkunft mit dem Staat genannt haben), einmal für erwiesen galt, ist die zweite Orientierung, welche die Abstimmung für das Gesetz von 1975 beherrscht, die Sorge, den Staat zu schützen und ihm einige seiner wesentlichen Privilegien zu erhalten, indem man sie neu umreißt. Da einerseits die Macht des Staates allem Anschein nach keineswegs in Frage gestellt war, solange das Gesetz, jeder Wirkung entkleidet und in großem Maße nicht angewendet, nicht in seinem Prinzip angegriffen wurde, zeigte seine öffentlich begangene und öffentlich verlangte Überschreitung, auf die zumeist keine Bestrafung folgte,[18] daß das Gesetz »verhöhnt« und die »Autorität des Staates in Frage gestellt« werden konnte, wodurch zu »Unordnung und Anarchie« aufgemuntert wurde, »was nicht so weitergehen« konnte.[19] Andererseits: Die Abstimmung über ein Gesetz, das die Abtreibung in den ersten zwölf Wochen nach der letzten Regelblutung für alle Frauen, die es wollten, möglich machte, das sich aber trotzdem als ziemlich restriktiv zeigte (die Handlung ist nur so weit nicht strafbar, als sie unter medizinischer Betreuung geschieht; sie kann nur im Lauf der ersten zweieinhalb Monate der Schwangerschaft und von einem Arzt in einem öffentlichen Krankenhaus vollzogen werden; es muß ihr ein Gespräch vorausgehen; danach ist eine Woche zum Nachdenken vorgeschrieben usw.), erlaubte es, den Schein einer Kontrolle zu retten, indem sie eine Praktik unter der Vormundschaft des Staates blieb, während radikalste Befürworter eine vollkommene Befreiung und liberale Ausführung verlangten.[20] Für die Erhaltung der staatlichen Autorität war es wesentlich, daß diese Kontrolle, so minimal sie auch sein mochte, aufrechterhalten blieb.[21] Der Großteil derer, die sich zu diesem Thema äußerten, und sogar, wenn sie sich sehr für die Legalisierung der Abtreibung aussprachen, zögerte, sich klar über die Frage auszusprechen, ob durch die Abtreibung ein »menschliches Wesen« zerstört würde oder nicht (eine »Person«, eine »potentielle Person«, die »Virtualität eines menschlichen Wesens« usw.), indem sie meistens die Frage als »unlösbar« bezeichneten, die infolgedessen eine Sache des »individuellen Gewissens«[22] sei. Die Tatsache, daß durch die Abtreibung einem Wesen, das irgendwie mit dem »Menschlichen« zusammenhängt (so schwer dies auch festzustellen sein mag), Gewalt angetan wird, konnte nicht ganz vom Tisch gewischt werden, selbst wenn man ihr die diesmal bekannte Gewalt gegenüberstellte, die den Frauen bei der heimlichen Ausführung dieser Praktik angetan wurde. Es war infolgedessen schwierig für den Staat, die Praktik der Abtreibung vollkommen freizugeben (das heißt ohne Zwang eines Rahmens, ohne Vorschrift einer Frist und Bedingungen für deren Ausführung), ohne das aufzugeben, was, wie man seit Max Weber weiß, eines der wichtigsten königlichen Prinzipien ist: das Monopol der legitimen Gewalt in der Hand zu haben.

Das Gesetz, das die Bestrafung
der Abtreibung abschaffte

Das Abtreibungsgesetz von 1975 (das »Gesetz Veil«) gibt genaugenommen nicht vor, die Abtreibung zu legalisieren, und noch weniger, sie zu legitimieren, sondern nur deren Bestrafung abzuschaffen. Die Gesetze von 1920 und von 1923 sind nicht außer Kraft gesetzt und der Artikel 317 des Strafgesetzbuchs, der die Abtreibung verbietet, ist nur – eine sehr außergewöhnliche Maßnahme – für eine Probezeit von fünf Jahren aufgehoben. Die Abtreibung bleibt in der Tat außerhalb der ausdrücklich vom neuen Gesetz vorgesehenen Fälle ein Delikt und die »Aufrechterhaltung des Verbots bleibt das Grundprinzip«.[23] Der erste Artikel des Gesetzes besteht, das muß gesagt werden, auf ziemlich paradoxe Weise aus einer Behauptung, die lautet: »Das Gesetz garantiert die Achtung vor jedem menschlichen Wesen vom Anfang seines Lebens an«,[24] dergestalt, daß »diesem Prinzip kein Abbruch getan werden wird, außer im Fall einer Notwendigkeit oder nach den Bedingungen, die das vorliegende Gesetz bestimmt«. Aber »eine schwangere Frau, die ihr Zustand in eine verzweifelte Lage stürzt«, kann einen Arzt um den Abbruch ihrer Schwangerschaft ersuchen. Diese Art und Weise, die Möglichkeit eines gesetzlichen Zugangs zur Schwangerschaft zu öffnen, ist unter mehreren Gesichtspunkten zweideutig. Außer den Zweideutigkeiten, die wir schon Gelegenheit hatten hervorzuheben, was die Rolle betrifft, die der Staat im Bereich der Zeugung spielen soll – zwischen der vorschriftsmäßigen Kontrolle und der Festlegung eines Rahmens für die Verfahrensweise –, lassen sich zumindest zwei weitere Punkte finden, in denen sich der Staat besonders zweideutig zeigt.

Der erste, und ohne Zweifel wichtigere, betrifft den Bezug auf den Fötus. Einerseits findet der Fötus bei der Abstimmung über dieses Gesetz zum erstenmal eine beinahe gesetzliche Anerkennung (da der Staat »die Achtung vor dem menschlichen Leben von der Empfängnis an« in sein Gesetz hineinnimmt). Das französische Abtreibungsgesetz markiert also in gewisser Hinsicht den Eintritt des Fötus in das Gesetz »durch die Hintertür«, wenn man so sagen kann, was die Möglichkeit zu künftigen Entwicklungen juristischer Art anbahnt. (Mehr als zwanzig Jahre später sollte man sehen, wie sich das bei den Debatten über den »Status des Embryos« anläßlich der Abstimmung über die Gesetze der Bioethik weiterentwickelte.) In diesem Sinn kann man sagen, daß die Debatte über die Legalisierung der Abtreibung und das Gesetz selbst einen wichtigen Beitrag zum Eintritt dieses bis dahin unbekannten Wesens in die soziale und politische Welt geleistet haben. Aber andererseits scheint es, als ob das Risiko, das Gesetz gefährde sich selbst, indem es dem Wesen, dessen Zerstörung es erlaubt, Gewicht gibt, dem fiktiven kollektiven Wesen, das die juristischen Texte den »Gesetzgeber« nennen, nicht unbekannt gewesen wäre. Davon zeugt, wie schon bemerkt wurde, außer dem Ersatz des Terminus Abtreibung (der jedoch noch während der ganzen Parlamentsdebatte gebraucht wird), durch einen Euphemismus (»freiwilliger Schwangerschaftsabbruch«), die Tatsache, daß der Zeitraum, in dessen Verlauf die Schwangere sich für eine Abtreibung entscheiden kann – in Frankreich kürzer als in den meisten anderen westlichen Ländern –, einzig und allein durch die Risiken der Frau bei einem Schwangerschaftsabbruch gerechtfertigt wird, die als geringer betrachtet werden, wenn die Schwangerschaft noch nicht lange dauert. Nicht in Betracht gezogen wurde hingegen der Entwicklungsstand des Fötus, der dem eines Neugeborenen und vor allem dem einer Frühgeburt immer ähnlicher wird, je weiter die Schwangerschaft voranschreitet. Dieses Argument hätte ausdrücklich ein Wesen in das Recht eingelassen, das es weder vollkommen ignorieren, ohne das Gesetz inkohärent und gewissermaßen ohne Gegenstand zu machen, noch ausdrücklich anerkennen konnte, ohne sich zu einer Arbeit der Legitimierung zu verpflichten, die nach und nach dazu geführt hätte, eine Ontologie des Fötus vorzuschlagen und der Diskussion zu unterbreiten.

Eine zweite Quelle der Zweideutigkeit betrifft die Bezugnahme auf die »Notwendigkeit«, die jedoch unerläßlich ist, um die Tatsache, daß einerseits das Verbot der Abtreibung weiterhin das Grundprinzip bleibt, und andererseits die Möglichkeit, dieses Prinzip in gewissen Fällen von höherer Gewalt aufzuheben, zusammenzuhalten. Die Lösung, für die man sich entschied, besteht darin – wie es François-André Isambert gut gezeigt hat –, die erlaubte medizinische Norm, als die Abtreibung verboten war, auf Fälle von »psychologischer Verzweiflung« auszudehnen, so daß die Ärzte die Schwangerschaft abbrechen und infolgedessen den Fötus opfern konnten, wenn deren Weiterführung das Leben der Mutter in Gefahr gebracht hätte.[25] Es handelt sich also um die Ausweitung eines physischen Risikos zu einem psychischen Risiko, das einen stillschweigenden Bezug auf die *Notwehr* enthält, die, das muß man bedenken, seit dem Mittelalter beinahe die einzige anerkannte Rechtfertigung für eine Gewaltanwendung ist. Obwohl der Akt unter ärztlicher Betreuung stattfindet, steht die Entscheidung dazu nicht dem Arzt zu, sondern einzig und allein der Frau, die um eine Abtreibung ersucht und die also als einzige die Verzweiflung beurteilt, in die sie von der Schwangerschaft gestürzt wird und infolgedessen den Charakter der Notwendigkeit, die ihren Abbruch bestimmt und auf der der gesamte Bau des Gesetzes ruht. Indem man »eine verzweifelte Lage geltend macht«, wird es möglich, »alle Gründe für die Ablehnung einer Geburt zu berücksichtigen«, ohne einen davon zu legitimieren oder sogar zu spezifizieren.[26]

Das Gesetz von 1975 erweist sich also auf besonders offensichtliche Weise als das Gesetz des *kleineren Übels*.[27] Es macht aus der Abtreibung in keinem Punkt ein Gut und gewährleistet nicht deren Legitimierung. Es läßt nur zu, daß unter gewissen Umständen eine Abtreibung, die ein Übel ist, praktiziert werden kann, wenn, und nur dann, wenn dieses Übel das Geschehen eines noch größeren Übels verhindert. Eine Politik des kleineren Übels unterscheidet sich ebenso von einer Politik, die sich auf ein Gut bezieht, wie von einer Politik des größten Übels.[28] Sie unterscheidet sich von einer Politik des größten Übels durch ihre Weigerung, durch Provokation bis zum Ende des Übels zu gehen, um vor aller Augen das Unerträgliche der Lage sichtbar zu machen und zumeist durch Gewalt eine radikale Änderung herbeizuführen. Die Politik des größten Übels ist die schlimmste Versuchung, zu der die Illusion der »totalen Revolution« führt. Aber sie unterscheidet sich auch von einer Politik des Guten, indem sie der Idee zustimmt, daß »alles Gute eine ihm eigene unangenehme Seite hat« oder, zeitgenössisch ausgedrückt, durch den »konsequentialistischen Charakter«, das heißt durch die Absicht, den Folgen den Vorrang vor den Prinzipien zu geben und somit durch die Unfähigkeit, sich unter die Abhängigkeit »eines diskriminierenden« und »ersten oder letzten Prinzips« zu stellen, das der Gegenstand einer ausdrücklichen Äußerung und imstande wäre, die Handlungen zu diskriminieren und sie in gute und böse aufzuteilen (würde es sich um ein »Prinzip des kleineren Übels« handeln). Wenn im Rahmen der Politik des kleineren Übels die Prinzipien trotzdem genannt werden, dann geschieht es also häufig auf zweideutige und widersprüchliche Weise. Die Gesetze, die an eine Politik dieses Typs anknüpfen, unterhalten deshalb eine schwierige Beziehung zur Forderung der Legitimation hinsichtlich eines Prinzips der Rechtfertigung von allgemeiner Reichweite.

Im Vergleich zum Gesetz (Veil) von 1975 geht das von 2001 (Aubry) deutlicher in Richtung einer Legalisierung oder zumindest einer Normalisierung, ohne die Struktur des ersten Gesetzes grundlegend zu ändern (so wurde der Bezug auf eine »verzweifelte Lage« beibehalten). Außer der Verlängerung der Frist, innerhalb deren Grenze die Abtreibung erlaubt ist (von »vor Beendigung der zehnten Schwangerschaftswoche«

auf »vor Beendigung der zwölften Schwangerschaftswoche«) streicht es die Pflicht des Gesprächs vor der Abtreibung (außer für Minderjährige) und mit Ausnahme der Minderjährigen auf die Autorität der Verwandtschaft zurückzugreifen, sieht es in manchen Fällen eine Sonderregelung für dieses Prinzip vor. Andererseits werden abgeschafft: die Bezugnahme auf Quoten von in privaten Einrichtungen praktizierten Schwangerschaftsabbrüchen und das Verbrechen von Propaganda und Werbung. Der Artikel 223-12 des Strafgesetzbuchs, der eine Strafe vorsieht, »wenn jemand einer Frau die nötigen Mittel beschafft, um selbst ihre Schwangerschaft abzubrechen«, wird zwar beibehalten, doch wird einerseits präzisiert, daß »in keinem Fall die Frau als Komplizin bei dieser Tat betrachtet werden kann« und andererseits, daß »die Verordnung oder Verabreichung von zum Zweck eines Schwangerschaftsabbruchs zugelassenen Medikamenten nicht dem oben genannten Delikt gleichgesetzt werden kann«, denn die Bedingungen für einen von einem Praxisarzt verordneten, zu Hause durchgeführten Schwangerschaftsabbruch sollen garantiert sein. Mehr Gewicht erhält schließlich das Delikt, die Praktik eines Schwangerschaftsabbruchs zu verhindern. Das Gesetz erweitert den Begriff der Unruhestiftung, indem es »den Drohungen und Einschüchterungen« den Hinweis auf »moralischen und psychologischen Druck« hinzufügt (wodurch es möglich wird, auch gegen die Abtreibung agierende Bewegungen anzuklagen, die keine gewalttätigen Aktionen durchführen) und schwerere Strafen dafür vorsieht.

Der Zwang, der mit dieser Politik des »Möglichen« verbunden ist und der »die Notwendigkeit« unter »gewissen, vorher nicht bestimmbaren Umständen«[29] hervorhebt, bedeutet, daß man immer die »Gelegenheit« oder die »Umstände« berücksichtigen muß, denn einzig durch eine Entfaltung der Umstände, und wäre sie imaginär, können die Konsequenzen, die von ihnen abhängen, berücksichtigt werden. Um wirksam werden zu können, setzt dieses Gesetz also den Durchgang durch ein singuläres Zwischenurteil voraus, das imstande ist, die Konsequenzen einer Handlung in einem einmaligen Rahmen von Umständen abzuschätzen. Während die Gesetze, die ein Gut erklären oder ein Übel verbieten (die Gesetze, die Diebstahl oder Mord verbieten), den Anspruch haben, ganz allgemein zu gelten, und das, was sie erlauben, legitimieren, und das, was sie bestrafen, nicht legitimieren, beschränkt der Verweis auf das kleinere Übel die Anwendung des Gesetzes auf den Bereich des einzelnen. Er setzt ein individuelles Wesen (einen Richter) oder ein kollektives Wesen (eine »Kommission«) voraus, welche die Autorität besitzen, von Fall zu Fall zu urteilen, so daß eine Hierarchie von verschiedenen Übeln in besonderen Situationen aufgestellt wird. Aber ein Übel bleibt ein Übel, auch wenn es in einer Situation als das »kleinere Übel« betrachtet wird, und als Übel kann es nicht ganz allgemein legitimiert werden. Diese Modalität des Verweises auf das Gesetz setzt also außer einer besonderen Anwendung von Fall zu Fall eine Ausübung voraus, die einzeln – von Personen verantwortet – und wenn nicht geheim, so doch diskret bleibt. Ein Urteil nämlich, das anerkennt, daß in der oder jener besonderen Situation ein Übel akzeptiert werden muß, weil es ein größeres Übel verhindert, macht aus dem Übel deswegen noch kein Gut und sichert ihm infolgedessen auch keine vollständige und allgemeine Legitimität. In einem solchen juristischen Rahmen ist die Erlaubnis dem Urteil der Personen untergeordnet, die sie erteilen, und sie ist keineswegs auf die Dauer garantiert, sei es gegen einen Wechsel der zum Urteil ermächtigten Personen, sei es gegen einen Wechsel des Sinns der *Vorsicht*, mit dem diese Personen begabt sind.

Die Klauseln in diesem Gesetz (Veil), die den Zugang zur Abtreibung außer einigen festen Regeln (in einer darauf spezialisierten Abteilung, zu einer obligatorischen Erklärung gezwungen, um die Aufstellung von Statistiken zu gestatten, im Lauf der ersten zweieinhalb Monate der Schwangerschaft usw.) einer ärztlichen Beratung und einem vorher zu führenden Gespräch unterordnen, sind in diesem Sinn völlig typisch für das juristische Funktionieren einer Perspektive des kleineren Übels, aber mit einem alles in allem wesentlichen Unterschied, daß nämlich die Entscheidung zuletzt weder der Arzt, noch die Person, die das Gespräch geführt hat, noch eine kollegiale Kommission, sondern einzig und allein die Frau trifft, die abtreiben will und die, damit ihr Wille erfüllt wird, einen *Antrag stellen muß*, obwohl dieser Antrag *nicht abgelehnt werden kann.*

Diese paradoxe Struktur ist gekennzeichnet von der Verbindung zwischen einem Rückzug des Staates, der seine Ansprüche auf die Kontrolle über die Zeugung aufgibt, und der Forderung des Staates, trotzdem die Praktik der Abtreibung zu beaufsichtigen (die durch die Legalisierung zum Beispiel statistisch zählbar wird), wobei aber der Zugang für die individuellen Entscheidungen offenbleibt. Sie bildet unter anderen einen Hinweis darauf, wie in den siebziger Jahren in Frankreich unter der vereinten Wirkung einer freiheitlichen, von links kommenden Kritik und eines liberalen, von rechts kommenden Drucks ein Staat, der hauptsächlich um einen Kompromiß zwischen den – von der rousseauschen Tradition – staatsbürgerlichen und den – von der saintsimonistischen Tradition – ererbten industriellen Ansprüchen bemüht war (der aber auch, zumindest in der Praxis, den alten Dispositiven familienweltlicher Natur weiten Raum ließ), ersetzt wurde durch einen Staat, der auf der Suche nach einem anderen Kompromiß beruhte, diesmal zwischen der Aufrechterhaltung eines organisierenden und verwaltenden Staates und den Ansprüchen der individuellen Autonomie, die bis dahin ihren politischen Ausdruck hauptsächlich in den Formen des Liberalismus gefunden hatten, die sich in den angelsächsischen Ländern und vor allem in den Vereinigten Staaten entwickelt hatten.

Die politische Besonderheit des Gesetzes von 1975 ist bekanntlich, daß es von einer rechten Regierung vorgeschlagen und mit der beinahe einstimmigen Unterstützung der Linken in der Nationalversammlung verabschiedet wurde. Als erster hatte Valéry Giscard d'Estaing, der damalige Präsident der Republik, durch sein Eingreifen eine Wende in der Krisensituation herbeigeführt, die gekennzeichnet war durch eine starke Bewegung der Kritik am Kapitalismus in den Unternehmen und vor allem in der Studentenschaft sowie durch eine Infragestellung der meisten Bewährungsproben, auf denen die soziale Ordnung beruhte. Der Leitfaden dieser Aktion einer Restauration durch Veränderung bestand darin, das Gegenteil von dem zu machen, was die Linie der Regierungen nach 1968 gewesen war, und insbesondere der links-gaullistisch eingestellten Regierung Chaban-Delmas und Jacques Delors, der sogenannten »neuen Gesellschaft«. Dabei wurde von den Maßnahmen Abstand genommen, welche die Forderungen in Zusammenhang mit dem, was wir an anderer Stelle *Sozialkritik* genannt haben, erfüllen sollten, – Maßnahmen zur Ausdehnung des sozialdemokratischen Wohlfahrtsstaats, der in der Nachkriegszeit eingerichtet worden war –, um auf Forderungen zu hören, welche die Gaullisten, etatistisch und traditionalistisch zugleich, mit Abscheu verwarfen und welche eher von den Strömungen beeinflußt waren, die wir mit dem Terminus *Künstlerkritik* umschrieben haben.[30] Unter dem Einfluß der Giscard d'Estaing nahestehenden Strömungen wurde tatsächlich der Suche nach nationalen Vereinbarungen mit den Gewerkschaften auf dem Boden der sozialen Vorteile ein Ende gesetzt – was von den vorhergehenden Regierungen als das hauptsächliche Mittel zur Beruhigung der Krisensituation verwendet worden war, ohne die Autoritätsstrukturen in den Betrieben oder in der Familie anzutasten, – und die Reformen wurden auf ein neues Terrain verschoben, wo mit großer Stärke Forderungen zur Sprache kamen, die an Ansprüche der Unabhängigkeit und der Befreiung anknüpften, sei es im Bereich der Arbeit, wo gewisse Forderungen der Selbstbestimmung (Qualitätsarbeitsgruppen, Verbesserung der Arbeitsbedingungen, Selbstorganisation usw.) wieder hervorgeholt wurden, sei es im Bereich der »Sitten«, das heißt, um konkret zu sein, der Sexualität, der Zeugung und der Beziehung zwischen den Geschlechtern. In diesen verschiedenen Bereichen war die Neubestimmung der Rolle des Staates geprägt vom Verzicht, durch die Vermittlung des Gesetzes oder auf administrative Weise den Inhalt der Verhaltensregeln zu spezifizieren, die von den einzelnen Personen verlangt wurden, um sich auf eine Organisation der Verfahren zu konzentrieren, die kollektiv akzeptiert werden müssen, damit letztere ihre Autonomie verwirklichen können, und auch, um den Streit zu schlichten oder die Spannungen zu lösen, welche durch die Begegnung von in einem Raum inkompatibler Verhaltensweisen auftreten können.

Wir müssen nun mit einigen Worten auch darauf eingehen, wie der Zugang zur Abtreibung in den Vereinigten Staaten legalisiert wurde, um den Kontrast zum französischen Gesetz und gleichzeitig die Tatsache aufzuzeigen, in welchem Maß die wichtigsten Argumente, welche die Abtreibung legitimieren sollten – die wir gleich untersuchen werden –, an den Universitäten des Landes entwickelt wurden.

Wir werden besonders zwei wichtige Unterschiede zwischen dem französischen und dem amerikanischen Abtreibungs-Gesetz hervorheben. Der erste – von François-André Isambert in seinem schon zitierten Artikel[31] unterstrichen – betrifft das Verfahren. Der Autor geht von einem Vergleich zwischen zwei Ereignissen aus, die eine wichtige Rolle in dem Prozeß spielten, der zur Abschaffung der Bestrafung der Abtreibung führte: es handelt sich in den Vereinigten Staaten um den Prozeß Abramowicz vs. Lefkowitz 1970 im Staat New York[32] und in Frankreich um den Prozeß von Bobigny im Jahr 1972.[33] Die beiden Prozesse haben einerseits gemeinsam, daß sie im Laufe von Ereignissen stehen, wo die Ungerechtigkeit und Brutalität der Strafmaßnahmen sich auf besonders empörende Weise zeigten,[34] und daß sich infolgedessen eine Mobilisierung der Entrüstung um einen Einzelfall herauskristallisierte, in dem ein Opfer zu Unrecht angeklagt wurde (die typische Struktur der Logik der »Affäre«[35]) und daß es andererseits für als besonders »respektabel« und besonders »unparteiisch«[36] erachtete Persönlichkeiten eine Gelegenheit war, jenseits des besonderen Falls gegen die Bestrafung der Abtreibung im allgemeinen Stellung zu nehmen. Aber die Aktionen, die im Lauf dieses Prozesses von den Gegnern der Bestrafung der Abtreibung unternommen wurden, weichen voneinander ab, da sie mit verschiedenen politischen Institutionen zu tun haben. Die amerikanischen Gegnerinnen strengen einen Prozeß vor dem Bundesgericht des Staates New York gegen die dortigen Abtreibungsgesetze an, wobei sie Nutzen aus dem Recht ziehen, das die Konstitution jedem amerikanischen Bürger gibt, die Gesetze, denen er gehorchen muß, vor einer *gerichtlichen* Instanz[37] in Frage zu stellen. Eine derartige juristische Basis, die es gestattet, über *das Gesetz zu richten*, gibt es in Frankreich nicht, wo die gesetzgebende Gewalt, das heißt, so sagt F.-A. Isambert, eine *politische* Instanz, allein das nötige Recht besitzt, die existierende Gesetzgebung in Frage zu stellen und eventuell zu modifizieren. Die nötige Kraft, um ein Gesetz in Frage zu stellen, muß ganz und gar durch die Vermittlung einer Mobilisierung gesammelt werden, die sich auf eine moralische Entrüstung stützt, das heißt durch den Auftritt der »Affäre« als Streitform.[38]

Nachdem der Staat New York im Juli 1970 seine Gesetzgebung über die Abtreibung reformiert hatte, wobei er auch die begonnenen Verfahren abbrach, ziehen zwei Jahre später, mit derselben Methode durchgeführt, zwei Beschwerden vor dem Obersten Gerichtshof[39] eine allgemeine gesetzgebende Änderung nach sich. In dem Urteil des Prozesses Roe vs. Wade von 1973 erklärt der Oberste Gerichtshof die Gesetzgebung von Texas, die aus der Abtreibung ein Verbrechen machte, als ungültig, da verfassungswidrig, und macht die Abtreibung zu einem in der Verfassung festgelegten Recht, was gleichbedeutend ist mit ihrer Legalisierung. Dieser Beschluß des Obersten Gerichtshofs führt dazu, daß alle anderen Staaten ihre Gesetzgebung reformieren, um ihr dieses neue Recht einzuverleiben. Das amerikanische Gesetz sieht auf den ersten Blick weniger restriktiv aus als das französische: Ein Gespräch mit einer medizinischen Behörde wird zwar gleichfalls verlangt, aber der Eingriff kann im ersten Drittel der Schwangerschaft (gegenüber zehn Wochen in Frankreich) stattfinden, nach einer einfachen Absprache zwischen dem Arzt und der Schwangeren und vor allem: Die Abtreibung ist *legalisiert* als ein konstitutionelles Recht und ist nicht nur *straffrei geworden*. Wenn man jedoch die Argumente, die der Oberste Gerichtshof anführt, genauer analysiert – wie es Yves Sintomer gemacht hat[40] –, kann man daraus schließen, daß sie, obwohl sie die Abtreibung legalisieren (statt sie, wie das Gesetz Veil, nur straffrei zu machen), ebensowenig dazu führen, sie als solche zu legitimieren. Der Beschluß des Obersten Gerichtshofs stützt sich nicht, wie man dagegen in einem Land hätte erwarten können, wo die liberale Tradition besonders lebendig ist, auf den lockeschen Begriff des Selbsteigentums, der in den siebziger Jahren von den Libertaristen wieder aufgenommen und von Robert Nozick besonders entwickelt wurde,[41] sondern zieht diesem den Begriff der *privacy* vor.

Die konstitutionelle Anerkennung des Prinzips des Selbsteigentums hätte allem Anschein nach im Fall der Abtreibung zwei größere Unannehmlichkeiten mit sich gebracht. Die erste wäre gewesen, daß sie der Möglichkeit die Tür geöffnet hätte, nach dem Modell der Empfängnisverhütung, der Sterilisierung oder des Selbstmords, bis dahin verbotene und besonders umstrittene Praktiken, deren Legalisierung neue Auseinandersetzungen mit sich gebracht hätte, wie etwa die Euthanasie, den Verkauf von Organen oder den Drogenkonsum als Rechte zu konstituieren, aber auch die Legitimität anderer Praktiken zu verstärken, die im Namen der versicherungsbedingten Solidarität als abschreckend hingestellt oder sogar verboten werden konnten, wie etwa übermäßiges Rauchen, Alkoholismus oder die Weigerung, sich den Sicherheitsgurt anzulegen. Der Verweis auf den Autonomieanspruch, der hinter dem Prinzip des Selbsteigentums und der freien Verfügung über den eigenen Körper steht, bringt schwere Aggregationsprobleme der individuellen Freiheiten mit sich, so daß er sogar für die orthodoxen Liberalen nichtsdestoweniger in der Ablehnung einer totalen Selbstentfremdung eine Grenze hat, wenn sich einer beispielsweise selbst als Sklaven verkauft; außerdem kann er aber auch in Frage gestellt werden, indem man an die Zwänge erinnert, die in ungleicher Weise auf den Personen lasten (den Gegensatz zwischen »formaler« und »realer Gleichheit« hinsichtlich der prinzipiell allen Staatsbürgern durch das Gesetz zugestandenen Freiheiten, der im 19. Jahrhundert im Zentrum der Debatten über die »Freiheit der Arbeit« stand[42]). Wenn der Staat einer liberalen Logik zufolge seine Neutralität den individuellen Entscheidungen gegenüber rechtfertigen kann, vor allem im sexuellen Bereich, wo nur ein isoliertes Individuum (wie zum Beispiel bei der Masturbation oder dem Besitz pornographischen Materials für private Zwecke) oder unabhängige Individuen (das heißt im wesentlichen Volljährige) beteiligt sind, die daher zu einer freien Zustimmung imstande sind (zum Beispiel bei homosexuellen Praktiken), das heißt, wenn er darauf verzichten kann, sich zwischen das Individuum und den Gebrauch zu stellen, den es von sich selbst und insbesondere von seinem Körper machen kann, so darf er sich nicht mit derselben Leichtigkeit seines Eingreifens entbinden, wenn diese Entscheidungen sich auf andere Personen auswirken, die nicht ihr Einverständnis dazu gegeben haben, sei es direkt, wie im Fall der Trunkenheit am Steuer, sei es indirekt durch versicherungsbedingte Dispositive (egal ob privat oder öffentlich) wie im Fall von Praktiken (übermäßiges Rauchen, Drogengenuß usw.), welche die Gesundheit der Personen in Gefahr bringen, die von Versicherungen gedeckt sind.

Aber die Legalisierung der Abtreibung auf das Selbsteigentum zu gründen, hätte ein noch größeres Risiko bedeutet: Damit hätte man einem Protest, darunter auch dem gewisser »gemäßigter« feministischer Strömungen, Raum gegeben, der sich um die Tatsache gedreht hätte, daß die Abtreibung nicht nur den Körper der Frau betrifft, sondern auch einen anderen, in sie eingelassenen Körper, und so wäre eine Qualifizierung dieses Körpers nötig geworden, was nach und nach dazu geführt hätte, die Frage des Fötus ins Zentrum einer Debatte zu stellen, wo alles wie geschaffen dafür war, um sie aus dieser Debatte hinauszuwerfen. Indem der Oberste Gerichtshof das ganze Gewicht auf den Begriff der *privacy* legte, verschob er die Debatte von der Frage des Selbsteigentums auf die der Freiheit, aufgefaßt nach dem Modell der »Freiheit der religiösen Gesinnung«: So konnte das »Recht auf Abtreibung« an die »Reihe der grundlegenden Freiheiten« anknüpfen, die »die Heirat, die Fortpflanzung, die Empfängnisverhütung, die Beziehungen in der Familie oder die Erziehung der Kinder betreffen«.[43] Diese Fragen »enthalten die intimsten und persönlichsten Entscheidungen, die ein Mensch in seinem Leben treffen kann, zentrale Entscheidungen für die persönliche Würde und Unabhängigkeit, aber auch zentral für die Definition der Freiheit (so wie sie durch die Konstitution geschützt wird und insbesondere durch das vierzehnte Amendment). Im Innersten der Freiheit befindet sich das Recht, die persönliche Auffassung der Existenz, des Sinns des Lebens, des Universums und der Geheimnisse des menschlichen Lebens zu definieren«.[44]

Es ist bemerkenswert, daß dieser juristische Beschluß die Konstitution der Abtreibung als Recht und somit gewissermaßen ihre Institutionalisierung möglich machte, wobei sein Hauptargument auf der Neutralität des Staates in dieser Sache und auf der Anerkennung des streng privaten Charakters dieser Praktik beruht, die aber trotz allem dem Gesetz unterstellt ist, was letzten Endes, wie im Fall des französischen Gesetzes, aber über einen ganz anderen Weg, den Rückzug des Staates mit einem Kontrollanspruch des Staates verbindet. Wie im Fall des französischen Gesetzes wird dieser Anspruch gerechtfertigt durch die Notwendigkeit, die Gesundheit der abtreibenden Frau schützen zu müssen. Nachdem die Notwendigkeit, den Fötus zu ignorieren, klar geworden ist, kann das Interesse des Staates einzig und allein mit Bezug auf die Gesundheit der Frau wieder in diese Frage eingeführt werden, denn der Staat, dessen am wenigsten anfechtbare Rolle in einer liberalen Tradition diejenige ist, die Sicherheit seiner Angehörigen zu gewährleisten, ist an der Frage interessiert, »die Patientin voll und ganz zu beschützen« in ihrer Eigenschaft als Staatsbürgerin.[45] Dieselben Gründe werden, auch hier wie im französischen Fall, angeführt, um eine Frist zu rechtfertigen, nach der die Abtreibung wieder unter die Aufsicht des Staates fällt, der sie (das zweite Trimester) regeln kann, wenn er will, aber immer, ohne sich auf den Fötus zu beziehen: Je länger die Schwangerschaft schon dauert, um so mehr birgt eine Abtreibung die Gefahr, die Gesundheit der Frau zu gefährden, und um so mehr hat der Staat die Pflicht, sie zu beschützen und eventuell auch gegen sie selbst zu verteidigen.

Die Legitimation der Abtreibung

Die von uns eben kurz erwähnten Merkmale der Gesetze, die einen freien Zugang zur Abtreibung möglich machten, konnten mit Recht den Frauen, die dafür gekämpft hatten, nur das Gefühl eines fragilen Sieges vermitteln. Als Gesetz des kleineren Übels und der Ausnahme sollte das französische Gesetz nach der Abstimmung fünf Jahre in Kraft bleiben. Es legalisierte die Abtreibung nicht und schaffte die Bestrafung nicht prinzipiell ab, da es sich damit begnügte, auf nicht spezifizierte Bedingungen der Notwendigkeit hinzuweisen, die es vorübergehend außer Kraft treten ließen. Was das amerikanische Gesetz angeht, so machte es zwar die Abtreibung zu einem Recht, aber indem es den Verzicht des Staates billigte, sich an dieser Frage im Namen des Respekts vor dem Privatleben zu beteiligen. In beiden Fällen war der Hauptgegenstand der Auseinandersetzung – der Fötus – von den Befürwortern und den Gegnern der Abtreibung nicht erwähnt oder auf zweideutige Weise behandelt worden. Man versteht also, daß das Bestreben, das Gesetz zu konsolidieren, nicht nur zur Bildung militanter Bewegungen zur Wachsamkeit und des Protests gegen alles führte, was in die Richtung einer Gefährdung des Erworbenen zu gehen schien, sondern auch nach Argumenten suchte, die ihm eine legitime Grundlage verleihen konnten. Dieses Unternehmen der Legitimation versuchte nicht aus der Abtreibung ein *Gut* zu machen, sondern ihr eine Neutralität hinsichtlich des Gegensatzes zwischen Gut und Böse zu sichern.

Bei der Arbeit der Legitimation stützte man sich auf die Moralphilosophie, vor allem an den amerikanischen Universitäten, wo diese Disziplin besser verankert war als in Europa, weil die feministischen Bewegungen ebenso wie die Bewegungen, die gegen die Legalisierung der Abtreibung kämpften, in den Vereinigten Staaten viel stärker entwickelt waren, wodurch sie ihr Land in einen richtigen »Krieg« um diese Frage verwickelten.[46] Angesichts der heftigen und manchmal sogar gewalttätigen Auseinandersetzungen,[47] deren Ziel die Legalisierung der Abtreibung war, schien das Argument der *privacy* nicht ausreichend, und das um so mehr, als es problematisch war hinsichtlich der Anstrengungen zur Ausdehnung und Vereinigung mit einem »Recht der Frauen«. Das Argument der *privacy* stützt sich in der Tat auf eine seit Locke fest etablierte Grenze in der liberalen Tradition, nämlich die zwischen dem öffentlichen Raum, in dem die Beschlüsse dem Staat zukommen, und dem privaten Raum, wo der Staat nicht einzugreifen hat, wobei die Einhaltung dieser Grenze gewöhnlich als eine der grundlegenden Kriterien galt, nach der man die Wahrung der fundamentalen Freiheiten beurteilte. Aber bei einer so gearteten Teilung, die in einem kontraktualistischen Geist die Fähigkeit des Menschen hervorhob, eine autonome Zustimmung zu geben, und die gegen die Theorien der patriarchalischen Macht entstanden war, welche den Anspruch erhob, die absolute Herrschaft des Souveräns über die Nation zu gründen, indem sie der Autorität des Vaters in der Einheit des Hauswesens angeglichen wurde (bei John Locke gegen Robert Filmer), wurde eine gewisse Anzahl menschlicher Wesen mehr oder weniger aus der öffentlichen Sphäre ferngehalten und in die Privatsphäre abgeschoben, so daß sie, da sie keinen Zugang zur Autonomie hatten, die vernünftigen Urteile nicht bilden konnten, die man sich vom Staatsbürger erwartete. Das galt selbstverständlich – und wir werden noch darauf zurückkommen – für die Kinder, die bei diesem Typ politischer Konstruktion nur als potentielle Bürger gelten können, aber auch für die Diener und in gewissem Maß für die Frauen. Zudem können, was letztere betrifft, immer noch in derselben Logik, als politisch pertinent nur diejenigen Aktionen beurteilt werden, die in der öffentlichen Sphäre vollzogen werden, und nicht die »persönlichen« und »privaten« Aktionen, die in die Intimität des Hauswesens eingeschlossen sind. Die Einführung des Weiblichen als solches in die politische Sphäre setzte eine Überwindung des Gegensatzes zwischen Öffentlich und Privat voraus. Wenn nämlich das Hauswesen, wie Susan Okin,[48] Rawls kritisierend, argumentiert, für die Frauen den hauptsächlichen Ort der Beherrschung und der Ungleichheit bildet, die eine Ungleichheit zwischen den Geschlechtern ist, dann kann sich die Rechtstheorie nicht mit Bestimmungen begnügen, die auf die Polis zielen, sondern muß in das Innere des Hauswesens vordringen und insbesondere in das Schlafzimmer, weil die Unterdrückung, deren Gegenstand die Frauen sind, hauptsächlich sexueller, das heißt »intimer« Art ist. Eine Position dieses Typs wurde angeführt, um das Gesetz gegen die sexuelle Belästigung zustande zu bringen, auch in der Form von »privaten« Wortwechseln am Arbeitsplatz oder auch außerhalb des Arbeitsplatzes zwischen Personen, die in demselben beruflichen Bereich arbeiteten, so daß »der Sex vom Arbeitsplatz ausgeschlossen wird«, denn die Arbeitgeber haben das Recht zu verbieten, was bis zu den »erwünschten Beziehungen« geht, die auch »eine Art von Ausbeutung sein« können. Vom liberalen Standpunkt aus konnte dieses Gesetz als der Redefreiheit und der *privacy* zuwiderlaufend betrachtet werden, und das um so mehr, als im Fall einer gerichtlichen Anklage sowohl die Klägerin als auch der Angeklagte gezwungen waren, öffentlich einen bedeutenden Teil ihres Privatlebens zu enthüllen.[49] Aber vor allem läuft die Ausdehnung des Gesetzes und der Macht der Justiz jenseits der Grenzen der Intimität Gefahr, die Basis zu untergraben, auf der das die Abtreibung legalisierende Gesetz ruht, das, wie wir gesehen haben, sich im Gegenteil auf eine neue Behauptung der Grenze zwischen Öffentlich und Privat stützt, zwischen dem, was zu Hause und dem, was im öffentlichen Raum geschieht, zwischen den Entscheidungen, die das allgemeine Interesse betreffen, und den intimen Entscheidungen.[50]

Aber was das Gesetz fragil machte, war vor allem die Art und Weise, wie es die Frage des Fötus und seiner Qualifikation umging; diese kehrte unter dem Ansturm der Gegner, die sich nicht davon enthielten, an seine Existenz zu erinnern – indem sie zum Beispiel in den Vereinigten Staaten die Abstimmung über ein neues Amendment, einen Verfassungszusatz verlangten, welches das »menschliche Leben von seinen Anfängen an«[51] beschützte –, ohne Unterlaß in der Debatte wieder, was dazu drängte, Argumente zu finden, welche die Abtreibung rechtfertigen konnten, ohne die Natur des Wesens zu überspringen, das dafür bezahlte.

Die Unternehmungen, welche die Konsolidierung des die Abtreibung erlaubenden Gesetzes zum Ziel hatten, verließen also das Terrain der Demographie (»die Liberalisierung der Abtreibung ist kein Grund des Bevölkerungsschwunds«) und auch das der Sozialhygiene (die Notwendigkeit, gegen die »gesundheitsschädigende Plage« der heimlichen Abtreibung zu kämpfen) und begaben sich auf das Terrain der Qualifikation des Fötus in einem moralischen und juristischen Kontext, in dessen Mittelpunkt die Frage der *Rechte* stand. Der liberale Rahmen, in dem sich diese Debatte bald bewegte, hatte dazu geführt, die Rechte der schwangeren Frau – als Privatperson und als Staatsbürgerin – auf einen Abbruch ihrer Schwangerschaft hervorzuheben. Nachdem der Fötus wieder in die Diskussion eingeführt war, ging es hauptsächlich darum, zu wissen, ob dieses Wesen auch Rechte hatte, die denen der Frau, in deren Schoß es ausgetragen wurde, zuwiderliefen. Der liberale Rahmen war jedoch aus den oben erwähnten Gründen – die hauptsächlich damit zusammenhängen, welche Rolle die Grenze zwischen dem öffentlichen und dem politischen Raum und dem der privaten und intimen Beziehungen darin spielt – schlecht auf diese Frage vorbereitet, wie auch, um ein weitaus weniger problematisches Beispiel zu nehmen, die Debatte über die Rechte des Kindes und insbesondere des Säuglings zeigt.[52] Da der Zugang zu den Rechten an den Besitz einer Autonomie im Gebrauch der Vernunft gebunden ist, konnten die Kinder und a fortiori die Säuglinge in diesem Rahmen nur als Staatsbürger in Erwartung (*citizens in waiting*) qualifiziert werden, und der Staat hatte ihnen gegenüber keine andere Pflicht, als auf ihre *Potentialität*, Staatsbürger zu werden,[53] Rücksicht zu nehmen. Von einem streng juristischen Standpunkt aus war es leicht zu zeigen, daß die Föten nicht im Besitz eigener Rechte waren (oder daß sie noch keine »Personen im Sinne der Verfassung«[54] waren), so daß die Diskussion auf die Frage verschoben werden konnte, ob sie »vom moralischen Standpunkt aus relevante Geschöpfe«[55] seien.

In der Debatte, die sich größtenteils um den Terminus *Person* entwickelte, fragte man sich nach der Möglichkeit, ob den Rechten der Schwangeren die eventuellen Rechte des Fötus entgegengesetzt werden könnten, und die Hauptfrage wurde bekanntlich, ob der Fötus eine »Person« sei oder nicht. Dieser Terminus aber, der sowohl von den Anhängern des freien Zugangs zur Abtreibung wie von deren Gegnern verwendet wurde, konnte je nach dem Rahmen, in dem er sich befand, einen sehr unterschiedlichen Sinn annehmen. So findet man ihn erstaunlicherweise im Mittelpunkt der Beweisführung, die von christlicher Seite gegen die Abtreibung entwickelt wurde, denn, während der Begriff Person in der Patristik hinsichtlich des Fötus nicht auftaucht (die Kirchenväter sprechen von »lebenden Wesen«, von »menschlichen Wesen« oder »von Geschöpfen«),[56] so ist er in der christlichen Tradition hauptsächlich mit der Reflexion über die Personen der Dreifaltigkeit (die *Hypostasen*) verbunden, was ihn in eine andere Richtung führt als die, welche ihm die liberale Theorie geben wird, denn die christliche Seite führt ihn nicht in Richtung der *Autonomie*, wie dies die liberale tut, sondern im Gegenteil (vor allem bei Augustinus) in Richtung der *Relation* oder der *Subsistenz* in derselben individuellen Substanz (oder bei Thomas von Aquin der *subsistenten Relationen*).[57] Aber die liberale Auslegung des Begriffs Person scheint, ausdrücklich im Hinblick auf die Zweideutigkeit zwischen seiner moralischen Bedeutung und seinem juristischen Sinn von denen angewendet, die sich seiner bedienten, um zu beweisen, daß der Fötus keine Person ist, in den Debatten über den Fötus (oder, um das Standardetikett wieder aufzunehmen, über den »Status des Embryos«) den Sieg davongetragen zu haben über diejenigen, welche, sich auf die christliche Lehre stützend, beweisen wollten, daß der Fötus durchaus eine »Person« sei. Indem mehr oder weniger explizite Prädikate wie die der Autonomie oder der Fähigkeit, zu reflektieren, mit dem Begriff Person verbunden wurden, kam es zu einem beständigen Pendeln zwischen der Frage, ob der Fötus eine Person sei oder nicht, und der Frage, ob er Rechte – die ihrerseits im Hinblick auf seine Fähigkeit ein autonomes Agens zu sein, definiert wurden – und vor allem das Recht auf das Leben habe oder nicht.[58]

Wir werden jetzt im Detail die hauptsächlichen Argumente untersuchen, die vor allem im Rahmen der angelsächsischen Moralphilosophie entwickelt wurden, um die Abtreibung zu legitimieren, ohne den Fötus zu überspringen, sondern indem man ihn dergestalt qualifizierte, daß auf die Frage, ob dieses Wesen im Besitz eines Rechts auf das Leben sei, negativ geantwortet werden konnte. Eine Beweisführung dieser Art verlangt, daß man sich mit der Ontologie des Fötus befaßt. Auf ziemlich klassische Weise lassen sich derartige philosophische Konstruktionen dadurch unterscheiden, ob sie die Betonung auf den Fötus als Substanz legen oder ihn in der Sprache der Beziehung zu bestimmen versuchen, insbesondere im Hinblick auf die Beziehung, die er zu seiner Mutter unterhält.

Das Dilemma: Alles oder Nichts

Vom Standpunkt der Substanz aus angegangen, zeigt sich die Frage nach dem Sein des Fötus in den Debatten über die Abtreibung zunächst als Frage von Alles oder Nichts. Die Bemühungen, die Legalisierung der Abtreibung zu legitimieren, wurden mit dem Hauptargument derer konfrontiert, welche die entgegengesetzte Position verteidigen, die darin besteht, daß man vom fertigen Menschen und Inhaber von Rechten (»Menschenrechten«) ausgeht und durch eine rückläufige Argumentation (*backwards induction*) nach und nach zu dem Schluß kommt: wenn der fertige Mensch Rechte und das Kind ebenso welche hat, dann gilt dasselbe auch für das Neugeborene und infolgedessen auch für den Fötus. Der im Bauch der Mutter verborgen ist, der geboren wird, der, wenn er einmal geboren ist, sich als Baby zeigt, das dazu bestimmt ist zu wachsen, und der Erwachsene, der er geworden sein wird, sind vom moralischen Standpunkt aus ein und dasselbe Wesen, so daß das, was dem einen zusteht – an erster Stelle das Leben –, auch dem anderen zusteht. Diese Aufmerksamkeit auf das Fortbestehen des Wesens in den Verwandlungen, denen es im Lauf seiner Entwicklung unterzogen wird, bewirkte, daß diese Position von ihren Gegnern häufig als *essentialistisch* bezeichnet wurde. Unter Aspekten, die sich im Lauf der Zeit ändern, erhält sich dieselbe *Essenz* und enthüllt sich in dem Maß, wie sie ihre Gegenwart auf der Welt behauptet, während sich die Prädikate, die man ihr geben kann, vervielfachen.

Die radikal umgekehrte Position bestand darin, dem Fötus jegliche eigene Substanz abzusprechen und ihn in der Substanz der Mutter aufzulösen. So wird der Fötus als einer betrachtet, der einen Körper mit seiner Mutter bildet, und als Bestandteil dieses Körpers nichts ist als ein Organ.

Dieser Typ von Argument läuft darauf hinaus, dem Augenblick, in dem sich der Fötus vom Körper der Mutter trennt, eine entscheidende Bedeutung beizumessen, da er als ein Ereignis betrachtet wird, von dem eine entscheidende ontologische Veränderung ihren Ausgang nimmt. Der Durchgang durch die Vagina würde demnach ein Organ der Mutter in ein menschliches Wesen und einen vollständigen Inhaber von Rechten verwandeln. Man muß jedoch bemerken, daß diese Beweisführung von zugleich technologischen und gesellschaftlichen Veränderungen geschwächt wird, welche sich auf die Kenntnis des Fötus und die Bedingungen der Geburt ausgewirkt haben – die wir im vorangegangenen Kapitel geschildert haben –, das heißt im wesentlichen aus empirischen Gründen. Die medizinische Betreuung der Schwangerschaft, vor allem durch die Bildherstellung der Medizin; die ziemlich häufig gewordene Möglichkeit, die dem Arzt nun gegeben ist, die Geburt in dem Augenblick einzuleiten, den er für den geeignetsten hält; das im Vergleich zur Vergangenheit frühzeitige Stadium, von dem an der Fötus mit Recht als lebensfähig betrachtet und als »Frühgeburt« zur Welt gebracht werden kann, da er sozusagen nicht mehr im Leib seiner Mutter, sondern in einer technologischen Umgebung ausgetragen werden kann, usw. haben den Wert der Geburt als ontologische Markierung abgeschwächt.

Um dem Dilemma »Alles oder Nichts« zu entgehen, begaben sich andere Konstruktionen, die sich die Legitimierung der Abtreibung zum Ziel machten, auf die Suche nach substantiellen Kriterien, die eine Unterscheidung zwischen den Wesen und insbesondere den Föten erlaubten, denen kein Recht auf das Leben zugewiesen werden konnte, und anderen, denen dieses Recht zugewiesen werden konnte. Wir werden jetzt eines der anspruchsvollsten Beispiele von Konstruktionen dieses Typs untersuchen, indem wir an die Arbeit von Michael Tooley erinnern, dessen Einfluß auf die Debatten über die Abtreibung unübersehbar war.

»Menschliches Wesen« versus »Person«

Die Art und Weise, die einem sofort in den Sinn kommt, um dem Dilemma »Alles oder Nichts« zu entgehen, ist, den Fötus in seiner Eigenschaft als sich entwickelndes Wesen besonders hervorzuheben und zu bedenken, daß der Fötus bis zu einem bestimmten Stadium seines Lebens kein Recht auf das Leben hat, sondern dieses Recht erst später erwirbt. Doch diese Art zu überlegen – häufig spontan von den Ärzten angewandt (»das ist *noch* nichts«), aber, wie wir gesehen haben, sorgfältig umgangen von den Gesetzen, die die Abtreibung genehmigen –, stößt auch auf theoretische Schwierigkeiten. Das Problem besteht in diesem Fall darin, in welchem Augenblick seiner Entwicklung der Fötus die Prüfung bestehen kann, die ihm den Aufstieg in die höhere Klasse ermöglicht. Mit anderen Worten kann man sagen, daß es sich darum handelt, die *Kriterien* festzulegen, auf denen der Qualifikationswechsel des Fötus beruhen kann. Die Schwierigkeit hat ihren Ursprung wenigstens zum großen Teil in der Dynamik der Debatte über die Abtreibung. Denn sie ist hauptsächlich darauf zurückzuführen, daß die Stichhaltigkeit der wichtigsten Momente im Ablauf der Schwangerschaft innerhalb dieser Debatte zum Gegenstand so intensiver Infragestellungen wurde, sowohl von seiten der Gegner der Liberalisierung (die sich darum bemühten, zu zeigen, daß der Fötus vor diesem oder jenem Stadium schon eine »Person« war) als auch ihrer Anhänger (die den Wunsch hatten, Terrain zu gewinnen, indem sie den Wendepunkt vom Ursprungsaugenblick, dem der Begegnung der Geschlechtszellen, weit wegrückten), so daß keine der beiden Gruppen mehr die nötige Überzeugungskraft hatte, um die Rolle des *herausragenden Punktes* zu spielen,[59] der ein ausdrückliches oder wenigstens ein stillschweigendes Einverständnis über den Zustandswechsel des Fötus hätte bewirken können.

Eine derartige Situation billigt Michael Tooley,[60] wenn er zugibt, daß keiner der oft herangezogenen herausragenden Punkte einen »moralischen Wert« hat und infolgedessen keiner imstande ist, als Stütze für die Einrichtung einer klaren Grenze zwischen zwei Abschnitten im Leben des Fötus zu dienen, ob es sich nun um den Augenblick der Formung (wenn der Fötus eine menschliche Gestalt annimmt), den der Bewegung (das heißt, wenn seine Bewegungen in der Gebärmutter wahrnehmbar werden), den seiner Lebensfähigkeit (der Augenblick, von dem an der Fötus außerhalb der Gebärmutter überleben kann) und schließlich dem der Geburt handelt, der bei diesem Autor zum Gegenstand einer Kritik wird, zu der er manche Argumente heranzieht, von denen wir schon gesprochen haben.

Michael Tooleys Strategie besteht darin, daß er die Bestimmung der Kriterien, die es erlauben, eine Teilung zwischen den Wesen, die ein Recht auf das Leben haben, und solchen, die es nicht haben, auf ein anderes Terrain verschiebt. Gegen die Argumente, die im Fötus nur ein Organ seiner Mutter sehen, macht er geltend, daß durch die Abtreibung ein spezifisches Wesen ausgestoßen wird, daß dieses Wesen vor seiner Ausstoßung ein lebendes Wesen und unbestreitbar ein menschliches Wesen ist. Bis zu diesem Punkt steht seine Argumentation der der Abtreibungsgegner nahe. Aber er wirft letzteren, die er als »Absolutisten« bezeichnet, die Voraussetzung vor, daß jedes Wesen das Recht auf das Leben hätte, nur weil es zur Gattung Mensch gehört.[61] Er beabsichtigt im Gegenteil seine Beweisführung auf den Gegensatz zwischen den »menschlichen Wesen« zu gründen, deren Recht auf das Leben keineswegs gesichert ist, und den »Personen« (die nicht unbedingt der Gattung Mensch angehören müssen), für die legitimerweise ein Recht auf Leben gefordert wird. Um diesen Gegensatz festzulegen, definiert er die Eigenschaften, die ein Wesen besitzen muß, um als »Person« qualifiziert zu werden, oder, wenn man will, definiert er die Art von *Bewährungsproben*, die ein Wesen, das diesen Status fordert, bestehen muß. Nachdem Tooley die morphologischen Eigenschaften (die mehr oder weniger große morphologische Nähe zwischen dem Körper eines Fötus und dem Körper eines Babys) verworfen hat, betont er die kognitiven Bewährungsproben, die, wie er sagt, an dieser Stelle angebracht sind, wenn man sich auf die analytische Philosophie bezieht.

Zwei Arten hierarchisierter Bewährungsproben werden als besonders wichtig erachtet. Die ersten beziehen sich auf die Fähigkeit, Lust oder Schmerz zu empfinden.[62] Die zweiten, von höherem Rang, beziehen sich auf die Fähigkeit, welche das »Bewußtsein seiner selbst« ist, das heißt, im Sinn von Michael Tooley, die Fähigkeit, einen Bezug zu sich selbst als einem in der Zeit dauernden Wesen aufrechtzuerhalten, wie es sich vor allem in der Fähigkeit, Pläne zu machen, zeigt, oder auch der Gegenstand von nicht vorübergehenden *Interessen* zu sein, die sich durch *Wünsche* äußern (der Bezug auf die Interessen ist ja in der liberalen Theorie entscheidend für die Festlegung der Rechte).[63] Indem sich der Autor auf die Daten der Physiologie und der experimentellen Psychologie stützt, zieht er in Betracht, daß der Fötus vor dem Alter von zwei Monaten keine dieser Fähigkeiten hat, aber im Lauf des dritten Monats das Empfinden erwirbt. Wenn man auch diese Eigenschaft berücksichtigen muß (indem man bei der Abtreibung die am wenigsten schmerzhafte Technik wählt), so reicht sie trotzdem nicht dazu aus, ein Recht auf das Leben zu sichern, das aber bewilligt werden muß, wenn das auf die Probe gestellte Wesen dem Kriterium eines fortdauernden Selbst entspricht. Erst dann läßt sich von ihm sagen, daß es eine »Person« ist. Dieser Status kann in erster Linie den menschlichen Wesen zugeschrieben werden, welche die adäquaten kognitiven Eigenschaften besitzen, aber der Autor weist darauf hin, daß es auch vielleicht für manche Tiere, in einer nicht definierten Zukunft sogar für manche Computer so sein könnte.[64] Dagegen sind weder die Föten noch die Neugeborenen (bis zehn oder zwölf Wochen[65]) fähig, den Kriterien der Aufrechterhaltung eines in der Zeit dauernden Selbst zu entsprechen, so daß weder die Abtreibung noch der Kindsmord im Lauf der zwei oder drei ersten Lebensmonate ein moralisches Problem darstellen.[66]

An dieser Stelle seiner Argumentation ist Michael Tooley verpflichtet, die Frage der Entwicklung der menschlichen Wesen und ihrer moralischen Stichhaltigkeit wieder zu stellen, was er tut, indem er das, was er das »Prinzip der Potentialität« nennt, seiner Kritik unterzieht, das heißt den Glauben, daß ein Wesen, das im Laufe der Zeit sich nach einem ihm innewohnenden Prozeß entwickeln kann, jetzt schon mit Rücksicht auf die Eigenschaften behandelt werden muß, die nach Abschluß seiner Entwicklung seine Eigenschaften sein werden. Die Schwierigkeit steckt im Begriff Entwicklung,[67] der einerseits die Veränderung hervorhebt und die Fortdauer eines Wesens voraussetzt, das geordneten Veränderungen (im Gegensatz zu aleatorischen Ereignissen, die ein unbestimmtes Ganzes unabhängiger Wesen befallen würden) unterworfen ist und also dazu führt, sich über die Natur dieses

Wesens zu befragen, entsprechend der Richtung, welche die ihn betreffenden Veränderungen nehmen werden. Ohne zu leugnen, daß der Fötus ein »menschliches Wesen« ist, einer Entwicklung unterworfen, die auf seine Verwandlung in eine »Person« zustrebt, möchte Tooley zeigen, daß diese Tatsache moralisch nicht stichhaltig ist und daß sie also weder die Entscheidung, das Wesen am Leben zu erhalten oder zu töten, beeinflussen darf, noch dazu verwendet werden kann, um einen ziemlich verbreiteten Glauben zu rechtfertigen, nach dem die Abtreibung problematischer ist, wenn sie nicht am Anfang der Schwangerschaft, sondern an deren Ende durchgeführt wird, wenn der Fötus schon eine hohe Stufe seiner Entwicklung erreicht hat.[68] Dafür verwendet er zwei Argumente, die man jeweils als subjektiv und objektiv bezeichnen könnte. Das subjektive Argument nimmt das Thema der Interessen (als Stütze für die Rechte) wieder auf, um die Frage zu stellen, ob man vom Fötus sagen kann, er habe ein »Interesse, fortzuexistieren«. Tooley antwortet darauf, daß der Wunsch zu existieren, der das Interesse zu existieren bei einem erwachsenen Menschen aufrechterhält, nicht auf den Fötus übertragen werden kann, da letzterer keine bewußten Zustände erlebt. Das objektive Argument kombiniert das »Prinzip der Symmetrie« (es kommt moralisch auf dasselbe hinaus, etwas Böses zu tun oder nichts zu tun, um zu vermeiden, daß dieses geschieht – ein Prinzip, das selbst Gegenstand vieler Diskussionen ist) und ein »Gedankenexperiment«: Die Geschichte vom Kätzchen und der Wunderdroge. Ein Gelehrter hat eine Droge entdeckt, die, wenn sie einem Kätzchen injiziert wird, es diesem ermöglicht, im Lauf seiner Entwicklung geistige Fähigkeiten zu entwickeln, die ihm Zugang zum Status einer Person geben. Tooley stellt die Frage, ob der Gelehrte das Recht hat, dem Kätzchen diese Droge nicht zu verabreichen und es unverzüglich zu ersäufen. Er antwortet positiv und überträgt seine Schlußfolgerungen auf den Fall des Fötus: Wenn es kein Übel ist, nichts zu tun, damit das Kätzchen eine Person wird (indem man ihm die Wunderdroge verabreicht), und es zu ersäufen, dann ist es auch kein Übel, den

Fötus zu vernichten, der eine Person würde, wenn man ihn am Leben ließe.

Zum Abschluß seines Werkes bringt Tooley einige praktische Betrachtungen. Er sagt nämlich, es sei sein Ziel gewesen, ein Ensemble haltbarer Argumente von »großer praktischer Wichtigkeit« zu liefern, um den moralischen Charakter der Abtreibung und des Kindsmords zu beweisen und denen eine Stütze zu geben, die mit einem solchen Dilemma konfrontiert werden (darf man abtreiben, darf man ein Neugeborenes töten, zum Beispiel, wenn es behindert ist[69]). Er prahlt ein wenig damit, die Untersuchung dieser Probleme auf ein fundamentales Niveau erhoben zu haben, das normalerweise in den öffentlichen Debatten nicht erreicht wird, und hofft, es könne ein Konsens über die Abtreibung und den Kindsmord erreicht werden, wenn die Leute einmal imstande seien, »auf philosophisch informierte Weise« über diese Fragen nachzudenken. Die Frage der Legitimität des Kindsmords ist in den Augen von Tooley fundamental, denn er glaubt, zunächst müsse diese Frage gelöst werden, bevor sich ein Konsens zugunsten der Abtreibung bilden könne.

Der Wert des Fötus in einer ökologischen Totalität

Argumente von dieser Art haben eine doppelte Herkunft, die sie mit dem logischen Positivismus und dem Utilitarismus verbindet. Vom logischen Positivismus übernehmen diese Autoren vor allem, abgesehen von rhetorischen Zügen (wie der Rückgriff auf Geschichten, die den »Gedankenexperimenten« als Stütze dienen), das Bemühen, den Bezug zu dem loszuwerden, was sie als »metaphysische Wesen« betrachten, das heißt Wesenheiten, von denen sie glauben, daß sie nicht hier und jetzt auf die Probe gestellt werden können. Und zu dieser Kategorie gehören nicht nur die übernatürlichen Wesen (Gottheiten, Engel usw.) und die kollektiven Wesen (Völker, soziale Klassen usw.), sondern auch Wesen, die nach der Meinung dieser Autoren einen »metaphysischen« Charakter annehmen, wenn man sie nach dem qualifizieren will, was trotz aller Veränderungen des Zustands oder der Eigenschaften, von denen sie getroffen werden (davon zeugt der Wechsel der Prädikate, die sie bekommen), in ihnen fortdauert, weil man dann versucht, sie auf etwas Unbestimmtes zu beziehen, das sich in ihnen nach Art einer »Substanz« erhält.

Was die utilitaristische Herkunft betrifft, so zeigt sie sich in der Weigerung, dem menschlichen Leben als solchem einen besonderen Status zuzuweisen, es als solches als »heilig« zu betrachten (diese Position wird von den Utilitaristen »absolutistisch« genannt) und infolgedessen in Betracht zu ziehen, daß alles getan werden muß, um das Leben jedes beliebigen menschlichen Wesens zu erhalten. Die Utilitaristen finden, daß diese Position einem metaphysischen Vorurteil (denn der Begriff Menschheit selbst sei metaphysischer Natur) entspringt, das sich jeder empirischen Verifizierung entzieht und dessen Begründung im Rahmen einer positiven Moral nicht gesichert werden kann. Sie versuchen also auf genauere Weise die verschiedenen moralischen Verpflichtungen zu definieren, die wir den verschiedenen Wesen gegenüber haben, welche die empirische Welt bevölkern, indem sie diese moralischen Verpflichtungen mit der Berechnung des relativen Werts der Wesen verknüpfen. Diese Berechnung kann angestellt werden: entweder von einem holistischen Standpunkt aus – der Wert eines Wesens wird dann in Beziehung gesetzt mit einer Forderung der Maximierung des globalen Glücks und somit im Hinblick auf ein kollektives Interesse – oder von einem eher individualistischen Standpunkt aus[70] – indem man versucht, Kriterien aufzustellen, die beurteilen sollen, ob das Leben eines Individuums »wirklich lebenswert« ist, indem man es an einer »Skala der Lebensqualitäten« mißt, also im Hinblick auf ein individuelles Interesse[71] – oder auch von einer Mischung beider Arten von Standpunkten, so daß sich zwischen den Forderungen, die im Hinblick auf die Leidensfähigkeit eines Wesens (*sentience*) und seines sozialen Nutzens entstehen, ein Gleichgewicht bildet. Eines der Ziele dieses Vorgehens ist, diesen Berechnungen eine rigorose Basis zu geben, indem man allgemeine Prinzipien aufstellt, die es zulassen, alle empirisch gegebenen Wesen auf eine Stufe der Gleichwertigkeit zu stellen, um sie dann im Hinblick auf die moralischen Verpflichtungen, die wir ihnen gegenüber haben (und vor allem im Hinblick auf die Verpflichtung, die wir haben oder nicht haben, ihr Leben zu erhalten), zu vergleichen und hierarchisch anzuordnen.

Diesem Geist verpflichtet, besteht das Interesse von Mary Anne Warrens Arbeiten[72] in der Anstrengung, diese Kriterien auf präzise Weise zu definieren, indem sie sich dabei auf allgemeingültige Prinzipien stützt und sich nicht auf eine Wertung beschränken will, die nur den sozialen Nutzen berücksichtigt, sondern Instrumente zur Berechnung vorschlägt, die den »moralischen Status« jeglicher Wesen, die einer ökologischen Totalität angehören, festlegen können. Dieses Verfahren muß nach Meinung der Autorin dazu führen, daß die praktischen Entscheidungen über die Fragen der »Euthanasie«, der »Abtreibung«, des »Rechts, andere Tiere für seine eigene Ernährung zu verwenden« oder auch »der biomedizinischen Forschung« in eine Richtung gelenkt werden können. M. A. Warren findet, daß der Begriff des »moralischen Status« vom gesunden Menschenverstand ausgehend erarbeitet werden kann (so, sagt sie, bedenken wir gewöhnlich nicht, abgesehen von außergewöhnlichen Umständen, daß wir etwas Böses tun, wenn wir einen Stein in Stücke schlagen). Doch gibt es zahlreiche nicht sehr klare und umstrittene Fälle, und die utilitaristische Berechnung kann helfen, diese Konflikte zu klären. Die postmoderne »Ära«, sagt die Autorin, ist »gekennzeichnet« von den »erbitterten Debatten über den moralischen Status der menschlichen wie der nicht menschlichen Wesenheiten«. (M. A. Warren bringt das Beispiel der Auseinandersetzungen über die Abtreibung und die Bewegung für die Rechte der Tiere.) Wir brauchen also heute mehr denn je ein klares Konzept über den »moralischen Status«, das auf »von vielen geteilten Kriterien« beruht, die auf eine Weise ausgedrückt sind, daß »sie von der Mehrzahl der Leute verstanden und akzeptiert werden können«, vor allem wegen des Anwachsens der menschlichen Bevölkerung im Vergleich zu den »anderen Lebewesen« und den immer mächtigeren technologischen Mitteln in den Händen dieser Bevölkerung, die das globale Ökosystem gefährdet.

Wenn alle Wesen in der Lage sind, einen moralischen Status zu haben, der im Hinblick auf ihre Leidensfähigkeit mehr oder weniger hoch ist, dann erkennt M. A. Warren (und mit ihr der Großteil der zeitgenössischen Utilitaristen) die Existenz von Wesen an, die die höchste Stelle in der moralischen Hierarchie einnehmen oder die, wie sie sagt, über einen »vollständigen moralischen Status« (*full moral status*) verfügen und die Personen sind. Die Personen werden in Hinsicht auf ihren moralischen Status alle gleichermaßen als »gleich« definiert. Der vollständige moralische Status der Personen besteht darin, daß zu der moralischen Verpflichtung, sie nicht (oder so wenig wie möglich) leiden zu lassen, die Verpflichtung tritt, ihr Leben zu respektieren. Aber wer sind die Personen? Die Verwerfung einer metaphysischen Position verbietet es, sie mit den menschlichen Wesen gleichzusetzen. Die Personen sind also zu definieren als eine Unterklasse der Wesen, die Leid erfahren, die von »feinen geistigen Fähigkeiten« wie der »Rationalität« und dem »Bewußtsein ihrer selbst« gekennzeichnet sind. Wie M. A. Warren bemerkt, wird über die Fähigkeiten (von der Fähigkeit, Glauben und Wünsche zu haben, bis zu den komplexeren Fähigkeiten, die für ein moralisches Urteil notwendig sind), die man haben muß, um über den einer Person entsprechenden moralischen Status zu verfügen, gegenwärtig viel diskutiert. Die Autorin trachtet also danach, präzisere Kriterien zu konstruieren, die es ermöglichen, die verschiedenen Wesen zu ordnen (Austern, Würmer, Säuglinge, Behinderte, Föten, große Affen, Embryonen usw.), um deren moralischen Status genau zu definieren und auch in welchem Maß wir verpflichtet sind, ihr Leben zu respektieren. Um mit dieser Unternehmung zu einem guten Ende zu kommen, entwickelt die Autorin etwas, das sie eine »Annäherung mit vielen Kriterien« nennt, um mit größerer Genauigkeit den »komplexen moralischen Problemen« beizukommen. So identifiziert M. A. Warren sieben Kriterien, die in Betracht kommen können, jeden beliebigen moralischen Status zu definieren. Die Kriterien verbinden innere Eigenschaften mit relationalen Eigenschaften. (So wird beim fünften Kriterium, dem sogenannten »ökologischen Prinzip« berücksichtigt, daß ein Wesen einen höheren moralischen Status haben kann, als denjenigen, der ihm eigentlich seinen Eigenschaften entsprechend zukäme, weil es in seinem Ökosystem eine wichtige Rolle spielt.) Um eine Vorstellung von der Verschiedenheit der Wesen zu geben, die mit Hilfe dieser Kriterien nach ihrem moralischen Status geordnet werden können, entleiht die Autorin bei Mary Midgley[73] folgendes Verzeichnis: »Die Toten, die Nachwelt, die Kinder, die alten Leute, die vorübergehend Verrückten, die permanent Verrückten, die Behinderten (inbegriffen die Vorsichhinvegetierenden), die menschlichen und anderen Embryonen, die Tiere, die Schmerz empfinden (*sentient*), die Tiere, die keinen Schmerz empfinden (*non sentient*), die Pflanzen, die Artefakte, die Kunstwerke eingeschlossen, die nicht lebendigen, aber strukturierten Gegenstände – Kristalle, Flüsse, Felsen usw. –, nicht ausgewählte Gruppen aller Arten, inbegriffen die Familien und die Gattungen, die Ökosysteme, die Landschaften, die Tierhöhlen, die Städte, das Land, die Biosphäre.«

Auf die Frage der Abtreibung angewendet, erlaubt das »mit vielen Kriterien ausgestattete System« M. A. Warrens seiner Autorin, die Positionen von Michael Tooley als zu simplizistisch zu kritisieren, weil sie nur die kognitiven Eigenschaften des Fötus in Betracht ziehen und nicht seine relationalen Eigenschaften (wie die Tatsache, daß er sich in einem Ökosystem, nämlich im Bauch seiner Mutter, befindet) und auch, weil sie den moralischen Status der Frau, in die der Fötus eingeschlossen ist, nicht mit einbeziehen. Aber M. A. Warren, die von einer Berechnung des individuellen Nutzens zur Berechnung des globalen Nutzens übergeht, kritisiert Tooley (und sein einziges Kriterium der »*personhood*«) auch deshalb, weil er die Frage des Bevölkerungsniveaus mißachtet, das sich nicht ändern darf, damit die Ressourcen nicht erschöpft werden, welche die zukünftigen Generationen vielleicht brauchen, um ein lebenswertes Leben führen zu können.[74]

Was kann man vom Fötus sagen, wenn man die Mittel der Berechnung anwendet, die M. A. Warren zur Verfügung stellt? a) Daß es sich nicht um ein »moralisches Agens« handelt und daß er also keinen vollständigen moralischen Status (»*full moral status*«) besitzt. b) Daß er, wenn man ihn früh genug zerstört, nicht als ein Wesen gelten kann, das »Schmerz empfindet«, so daß die Abtreibung nicht gegen das »Gesetz der Gewaltlosigkeit« verstößt. c) Daß die Föten lebendig sind und somit das Recht auf den Respekt vor dem Leben haben (ein Leben darf nicht ohne guten Grund zerstört werden), aber daß das »Prinzip der Transitivität des Respekts« (Prinzip Nr. 7) in ihrem Fall durch die moralischen Rechte eingeschränkt wird, welche die Frauen im Unterschied zu den Föten genießen, aufgrund des »Prinzips der Rechte, die einem mit moralischem Urteilsvermögen begabten Agens zustehen« (Prinzip Nr. 3). Daraus ergibt sich, daß die »dem Fötus entsprechenden Eigenschaften nicht die Voraussetzungen für einen gehobenen moralischen Status erfüllen«.[75]

Der Fötus als Eindringling: Ist die Gastfreundschaft eine moralische Verpflichtung?

Wir werden jetzt einige Beweisführungen untersuchen, die zu vielen Kommentaren und wichtigen Diskussionen zur Legitimierung der Abtreibung Anlaß gaben und weniger die substantiellen Eigenschaften des Fötus hervorheben als die Beziehung zwischen diesem Wesen und der Frau, in deren Schoß er sich entwickkelt. Als erstes Beispiel einer solchen Argumentation werden wir die Pionierarbeit von Judith Jarvis Thompson anführen.[76]

Die Untersuchung von J. J. Thompson hat das Ziel, zu beweisen, daß die Abtreibung sogar legitim ist, wenn man den Fötus als eine »Person« betrachtet (dieser Glaube ist zwar weit entfernt von der Auffassung der Autorin, aber J.J. Thompson will den Gegnern der Abtreibung zeigen, daß selbst dieses Argument, das ihre hauptsächliche Stütze bildet, nicht dazu ausreicht, die Legalität der Abtreibung anzufechten). Sie geht also von folgenden Voraussetzungen aus: a) Der Fötus ist eine Person und hat deshalb dieselben Grundrechte wie ein Erwachsener, vor allem das Recht auf das Leben; b) aber einem Wesen zuzugestehen, daß es das Recht auf das Leben hat, heißt nicht, daß man ihm auch das Recht zugesteht, alles auszunützen, was es braucht, um sich am Leben zu erhalten.[77]

Wie häufig in der angelsächsischen Moralphilosophie (man denke an die Geschichte »vom Kätzchen und der Wunderdroge«, die Michael Tooley erzählt) verwendet auch J.J. Thompson eine kleine Geschichte, um ein »Gedankenexperiment« zu konstruieren, um den allgemein geteilten moralischen Intuitionen die Form eines Modells zu geben: Es ist die in der Literatur zur Abtreibung bekannt gewordene Geschichte vom »berühmten Geiger«. Ein berühmter Geiger leidet an einer tödlichen Krankheit. Er könnte aber gerettet werden, wenn man ihm über eine bestimmte Zeit Blut übertragen würde, das einer Frau, einer einzigen Frau gehört. Die Melomanen entführen diese Frau, schläfern sie ein und transportieren sie in eine Klinik, wo sie an den Körper des Geigers angeschlossen wird. Als sie wieder aufwacht, besucht sie der Chefarzt der Klinik und sagt, sie habe die Freiheit, wieder wegzugehen, aber wenn sie sich abkoppeln lasse, würde der Geiger sterben. »Wenn Sie aber«, so sagt er weiter, »akzeptieren, dann ist der Geiger in neun Monaten gesund und Sie können dann erst weg von hier.« Die Frage, welche J.J. Thompson stellt, ist die, ob nach unseren moralischen Intuitionen die betroffene Frau eine moralische Verpflichtung hat, an den Körper des Geigers angeschlossen zu bleiben. Nachdem sie diese Frage untersucht hat, gibt sie eine negative Antwort.[78]

Die von J.J. Thompson entwickelte Argumentation setzt den Körper der Mutter mit einem Haus gleich (geschützt durch das Recht auf Privatleben oder, in Lockes Begriffen, auf das Selbsteigentum), in dem ein Eindringling aufkreuzt und fordert, daß man ihn »aufnimmt, beherbergt und ernährt«, trotz der zahlreichen Unannehmlichkeiten, die seine Anwesenheit mit sich bringt (J.J. Thompson listet die von der Schwangerschaft verursachten Beschwerden auf: Übelkeit, Verstopfung, Befangenheit beim Geschlechtsverkehr usw.). Die Frage, die gestellt wird, ist also, ob die Gastfreundschaft dem Fremden gegenüber eine moralische Verpflichtung ist oder eine Wahlmöglichkeit, für die man sich freiwillig entscheiden kann oder nicht, sogar wenn eine Weigerung den Tod des Hilfesuchenden zur Folge hat,[79] denn die zuletzt genannte Position ist für die Autorin die einzige, die sich mit einem Anspruch auf Freiheit verträgt.[80]

Um auf die Einwürfe (die wir später untersuchen werden) zu antworten, zu deren Gegenstand Thompsons Arbeit wurde, versuchten verschiedene andere Autoren die Argumentation widerstandsfähiger zu machen, wozu sie vor allem die juristische Problematik des »Transfers der Rechte« verwendeten, da die Frage dann darauf zielte, welche Bedingungen zusammentreffen müssen, damit man sagen kann, daß die Mutter dem Fötus das Recht übertragen hat, ihren Körper zu benutzen.[81]

Die Anerkennung als Bedingung
für das Recht auf das Leben

Eine gewisse Anzahl von Autoren betonte das Thema der Anerkennung durch die anderen (und vor allem durch die Mutter) als konstitutive Operation für den Unterschied zwischen den Wesen, die über ein Recht auf das Leben verfügen, weil ihnen dieses Recht zuerkannt wird, und den anderen, die nicht darüber verfügen. Zu dieser Strömung gehört die Arbeit von Robert Solomon,[82] die eine Synthese zwischen dieser Position und den utilitaristischen Postulaten versucht. Solomon verwirft als nicht für eine rationale Grundlage geeignet ebenso die Methode, die vom Gegensatz zwischen *Personen* und *Nicht-Personen* ausgeht (Michael

Tooley), wie die, welche »einen Wert in sich für das Leben« erheben will (Ronald Dworkin). Indem er von der Hegelschen Dynamik der Arten der Anerkennung ausgeht (von der Urgruppe zur Gesellschaft im weiten Sinn; vom mit konkreten Bedürfnissen versehenen Individuum zum in seiner individuellen Besonderheit anerkannten Subjekt; von der Familie zum Staat über die zivilisierte Gesellschaft usw.[83]), relativiert er das »Recht der Personen« zu einem Dispositiv, das verwendet wird, um das Leben der Individuen in den großen Gesellschaften zu beschützen, wo das Anonymat die Regel ist. Daraus schließt er, daß »der Wert in sich des menschlichen Lebens« selbst eine »soziale Konvention« darstellt, deren Zweck es ist, der Gesellschaft als ein Ganzes gerecht zu werden. Auf der Grundlage dieser utilitaristischen Position kann er dem Begriff des Wertes in sich des menschlichen Lebens als abstraktem Prinzip jegliche Gültigkeit absprechen (in der Nachfolge der Kritik der Menschenrechte von seiten der Utilitaristen und insbesondere von Bentham[84]) und in Betracht ziehen, daß man von einem Wesen nur sagen kann, es habe einen »Wert«, mit Bezug auf die Anerkennung, die ihm jemand (oder die Gesellschaft) gibt, der ihm einen Wert beimißt. Auf die Abtreibung angewendet, ermöglicht ihm dieses Prinzip den Gedanken, daß »der Wert eines Fötus genau der Wert ist, den er den Menschen entsprechend hat, die zu ihm in Verbindung stehen und die nach seiner Geburt zu ihm in Verbindung stehen werden«, was ihn dazu führt, eine Unterscheidung vom Typ derer zwischen authentischem und tumoralem Fötus zu legitimieren, die wir getroffen haben, indem wir uns auf die Beobachtung praktischer Operationen stützten. So ist für eine Frau, die sich ein Kind wünscht, der Fötus eine »Person« von dem Moment an, in dem sie vom Arzt erfährt, daß sie schwanger ist, während für eine Frau, die kein Kind will, die Schwangerschaft eine Invasion bedeutet und der Fötus einem Eindringling vergleichbar ist, den man so schnell wie möglich loswerden muß. Die Frau, die sich ein Kind wünscht, gibt diesem das volle Recht auf das Leben, was bei der Frau, die kein Kind will, nicht der Fall ist. Robert Solomon findet also, daß die Frage, »ob der Fötus Rechte hat«, eine falsche Frage ist, weil sie so tut, als wären die »Rechte« etwas, das man besitzt, während sie zu der Kategorie von Attributen gehören, die einem von einem anderen erteilt werden oder die man verlangen kann. Da nun, so sagt er, der Fötus nicht in der Lage ist, ein Recht zu verlangen, kann ihm auch kein Recht zuerkannt werden. Also ist es die Anerkennung, welche bewirkt, daß ein »anderer« im Bauch ist oder daß »keiner da ist«.

Nachdem Solomon den Wert des Fötus im Hinblick auf die Anerkennung durch die Mutter betrachtet hat, setzt er sich damit auseinander, was er für die Gesellschaft im allgemeinen darstellen kann. Er hängt, so meint er, von wirtschaftlichen und biologischen Erwägungen ab. Eine gefährlich »untervölkerte« Gesellschaft wird im Fötus eine »echte Person mit Rechten und dem Recht auf das Leben« erblicken. Eine gefährlich »übervölkerte« Gesellschaft dagegen »kann den Fötus ohne weiteres als einen virtuellen Parasiten betrachten« in gleicher Weise wie »einen Krankheitsüberträger, der nicht mehr Rechte hat als eine Ratte während einer Pestepidemie«. Der Autor bemerkt jedoch, daß so extreme Positionen in unseren Gesellschaften nicht auftreten, wo der Wert des Fötus im wesentlichen den individuellen Faktoren entsprechend variiert, die nichts mit dem unhaltbaren »metaphysischen Postulat« eines »Wertes in sich der Föten« zu tun haben, denn die Tatsache, keinen »Wert in sich« zu haben, gilt im übrigen, so fügt er hinzu, nicht nur im Fall der Föten, sondern auch »in unserem Fall« (damit ist auch gemeint im Fall der Artikelschreiber über den Wert der Föten). Obwohl Solomon das Recht auf das Leben der Tatsache unterordnet, daß es von anderen zuerkannt wird, so daß die Zweckmäßigkeit des Überlebens von der Gemeinschaft abhängt, in die einen das Geschick geworfen hat, verteidigt er sich schließlich gegen die Anklage »eines moralischen Relativismus«. Es ist nicht »relativistischer«, behauptet er, ein moralisches Gut durch den Wunsch einer Gemeinschaft zu definieren als durch eine abstrakte Regel. Letzten Endes empfiehlt er eine vollständige Freigabe der Abtreibung, nach seiner Meinung sollte diese Praktik nicht durch ein Gesetz geregelt werden, sondern einzig und allein durch »verinnerlichte moralische Zwänge«, die »nicht universell« sind, sondern »zueinander im Widerspruch« stehen können.

Die von Robert Solomon entwickelten Argumentationen zeigen Analogien zu manchen Argumenten, die in den siebziger Jahren in Frankreich die Debatte über die Abtreibung begleitet haben, die aber hierzulande weniger auf der Thematik der Zuerkennung eines Rechts bestanden, als auf einer Problematik des *Wunsches*, die sich auf die Freudsche Lehre berief. Hervorgehoben werden nicht die »Rechte« (da das Thema aus konstitutionellen Gründen in Frankreich nicht dieselbe Bedeutung hat wie in den Vereinigten Staaten), sondern die Bedingungen für den Zugang zu einem vollständigen Menschsein. Das Argument, das oft von Autoren katholischer Herkunft oder Inspiration entwickelt wurde, und das man als »humanistisch« oder sogar »spiritualistisch« bezeichnen könnte, geht von einer Kritik rein »materialistischer« Darstellungen der menschlichen Wesen aus, in denen sie in Darwinscher Sicht als Glieder einer Tiergattung unter anderen betrachtet werden, und infolgedessen von einer Kritik der Positionen, welche die Entwicklung vom Embryo bis zum Neugeborenen auf einen streng physiologischen Prozeß reduzieren. Diese Autoren denken ganz im Gegenteil, daß der Bezug auf die symbolische Funktion notwendig ist, um das menschliche Wesen als solches zu qualifizieren. Daraus ergibt sich, daß sie dem Prozeß der Humanisierung nicht nur die biologische Entwicklung vom Embryo bis zum Kind und bis zum Erwachsenen einverleiben, sondern auch die Prozesse, von denen der Zugang zur Symbolisierung abhängt. So befinden sie, daß unter den Prozessen, die zur symbolischen Funktion Zugang verschaffen, ein Element eine zentrale Rolle spielt, und das ist der »Wunsch nach einem Kind« der Eltern und vor allem der Mutter. Der Wunsch der Mutter ist auch eine Bedingung für die Humanisierung, da sich durch ihn die Verbindung des erwünschten Wesens mit der symbolischen Sphäre vollzieht. Daraus folgt, daß das Kind, das geboren wird, ohne erwünscht gewesen zu sein, keinen Zugang zu einem vollständigen Menschsein hat oder es zumindest riskiert, keinen zu haben. Von daher kann die Abtreibung eines unerwünschten Embryos oder Fötus nicht mit der Vernichtung eines menschlichen Wesens gleichgesetzt werden, denn jenem Wesen fehlte und wird immer fehlen, daß es erwünscht war, um ein vollständiger Mensch zu werden.[85]

Die dekonstruktivistische Kritik

Diese knappe Darstellung der Argumente, die zugunsten der Abtreibung vorgebracht wurden, können wir nicht abschließen, ohne auf die dekonstruktivistischen Stellungnahmen hinzuweisen, von denen wir schon im vorangehenden Kapitel Gelegenheit hatten zu sprechen, als es um die Debatte über die Sichtbarmachung des Fötus ging, obschon es sich in dem Fall weniger darum handelte, die Abtreibung auf positive Weise zu legitimieren, als vielmehr um eine radikale Kritik des Widerstands, den sie hervorruft. Die dekonstruktivistische Unternehmung zeigt sich als eine Kritik der Ideologien, auf denen die männliche Herrschaft und der Patriarchalismus beruhen. Sie stützt sich auf die Sozialwissenschaften und insbesondere auf die Daten, die sie der Geschichte und der Ethnologie entlehnt, um das in Frage zu stellen, was in den Schriften dieser Strömung der »Naturalismus« genannt wird. So aufgefaßt besteht der Naturalismus darin, gewisse Überzeugungen und Praktiken als »naturgegeben« (oder, genauer gesagt, als der »menschlichen Natur« gegeben) zu behandeln, die in Wirklichkeit je nach Epochen und Kulturen von variablen sozialen Übereinkünften abhängen. Der »Naturalismus« besteht also darin, Überzeugungen und Praktiken zu verabsolutieren (»Naturalisierung«). Die Dekonstruktion wird darin bestehen, zu zeigen, daß diese Überzeugungen und Praktiken nicht »absolut« sind, sondern »arbiträr«, in dem Sinn, daß es sich um »soziale Konstruktionen« handelt, die als solche der Veränderung unterworfen sind, so daß nichts dem entgegensteht, daß man die heute gültigen radikal umwandelt, um sie durch andere zu ersetzen. Aber die dekonstruktivistische Analyse bleibt nicht an dieser Stelle stehen. Daß die Überzeugungen und Praktiken »arbiträr« sind, ist kein hinreichend starker Grund, um ihre Veränderung nach sich zu ziehen, wenn diese Veränderung nur zum Ziel hat, jene durch andere, ebenso arbiträre Überzeugungen und Praktiken zu ersetzen. Es ist also ein weiterer Schritt nötig, um zu zeigen, daß diese Überzeugungen und Praktiken den Interessen einiger (in unserem Fall der Männer) zum Schaden anderer (in unserem Fall der Frauen) dienen. In diesem Sinn muß sich die dekonstruktivistische Kritik (die darin sehr oft mit der marxistischen Ideologiekritik zusammenfällt) auch auf positive Thesen stützen, entweder auf eine Theorie der Ausbeutung (manche Überzeugungen erhöhen das allgemeine Niveau der Ausbeutung, während andere das allgemeine Niveau der Ausbeutung senken) oder auf eine Theorie der Vernunft (manche Überzeugungen sind vernünftiger als andere) oder auch eine Theorie des Fortschritts (die zukünftigen Überzeugungen sind den vergangenen vorzuziehen) oder, wie es oft der Fall ist, eine Kombination aus diesen drei Theorien. Aus diesem Grund ist die militante Praktik der Dekonstruktion und sogar die Anführung des Themas der »sozialen Konstruktion« oft nur ein Punkt auf dem Weg einer Entwicklung, die, sobald die Kritik abgeschlossen ist, zu realistischen Argumenten zurückkehrt, die ihre Kraft aus den positiven Wissenschaften, genauer gesagt aus den Naturwissenschaften schöpfen.

Schlagen wir aus der reichlichen Literatur das kürzlich erschienene Werk von Mary Boyle[86] auf. Der Vorstoß dieser Autorin (die sich auf Derrida und Foucault beruft) besteht darin, die Idee zu verteidigen, die Abtreibung sei nur deshalb ein Problem, weil sie hinsichtlich der Mutterschaft, die positiv beurteilt wird, negativ beurteilt wird. Es geht also darum, mit dem Vorurteil hinsichtlich der Mutterschaft aufzuräumen, das als ein Reflex der männlichen Ideologie betrachtet wird, um zwischen Abtreibung und Mutterschaft eine neue Symmetrie herzustellen. Die Mutterschaft wird so als eine Alternative (unter anderen) zur Abtreibung dargestellt. Die Beweisführung erfolgt durch die Verwendung von aus der Psychologie oder der Medizin entlehnten Gegebenheiten, die zeigen, daß die Mutterschaft ein größeres Risiko für die Gesundheit darstellt als die Abtreibung oder auch, daß Depressionen nach einer Entbindung häufiger sind als nach einer Abtreibung, so daß es nur durch die Wirkung einer Glaubensüberzeugung, die eine »soziale Konstruktion« ist, geschieht, daß die Mutterschaft ihren Wert gewinnt und die Abtreibung jeglichen Wert verliert.[87] Mary Boyle verwendet ebenso den Begriff der »sozialen Konstruktion«, um die Idee zu dekonstruieren, nach der »das menschliche Leben etwas Heiliges sein soll«, nicht, wie Michael Tooley, durch kognitivistische Argumente (die als »naturalistisch« kritisiert werden), sondern indem sie geltend macht, daß die Kategorie »Person« (*personhood*) keineswegs etwas Universales ist, sondern im Gegenteil nur zur Geschichte des Abendlands gehört.

Die »Mutterschaft« (im Gegensatz zur Abtreibung) als »soziale Konstruktion« zu denunzieren, die für die Erhaltung der Männerherrschaft notwendig ist, bietet die Möglichkeit einer radikalen Änderung der Fortpflanzungsweisen, die selbst mit einer radikalen Revolution verbunden ist. Die Dekonstruktion des »Naturalismus« gestattet die Ansicht, daß die Fortpflanzungsweise der menschlichen Bevölkerungen, an die wir gewöhnt sind (direkter Geschlechtsverkehr zwischen einem Mann und einer Frau und Austragen des Fötus im Körper einer Frau) nur deshalb für »natürlich« gehalten wird, weil gewisse Glaubensüberzeugungen eine Art der menschlichen Fortpflanzung unter vielen möglichen als die natürliche hinstellen. Diese Art der menschlichen Fortpflanzung kann also ihrerseits beschrieben werden als ein Bestandteil einer »Fortpflanzungsordnung«, die auf Ausbeutung beruht. Diese sexuelle Ordnung konnte als notwendig betrachtet werden, solange es keine anderen vorstellbaren Mittel gab, die menschliche Fortpflanzung zu sichern. Die Entwicklung der medizinisch betreuten Fortpflanzungstechniken ermöglicht es aber nun, ernsthaft ins Auge zu fassen, daß andere Fortpflanzungsdispositive allgemein werden, durch welche die Last der Schwangerschaft, die bis jetzt allein die Frauen zu tragen haben, nicht mehr so ungleich zwischen den Geschlechtern verteilt würde.[88] Die Autoren, die damit befaßt sind, diese neue Fortpflanzungsordnung zu entwerfen, interessieren sich für die Frage der Abtreibung nur, soweit die Verteidigung dieser schon erworbenen Freiheit als die Bedingung erscheint, um zu neuen Freiheiten Zugang zu bekommen, die in ihren Augen für die Zukunft wichtiger sind. Sobald die neue Fortpflanzungsordnung aufgestellt ist, wird die Frage der Abtreibung von selbst verschwinden. In diesem Sinn ist die Frage der Abtreibung für diese Autoren gleichzeitig zentral und überholt.

Die Unternehmung der Legitimation und ihre Kritiken

Die Unternehmungen, die das Ziel haben, die Abtreibung zu legitimieren und deren hauptsächliche Argumentationsschemata wir gerade nachgezeichnet haben und die zum großen Teil in der ersten Hälfte der siebziger Jahre einsetzen, haben sich in den letzten dreißig Jahren in einer Dynamik der Kritik und der Rechtfertigung entwickelt. Auf die Kritiken (die nicht alle von Autorinnen stammen, die einer Liberalisierung der Abtreibung feindlich gegenüberstanden, sondern oft auch von Philosophinnen, die darauf bedacht waren, eine alternative Linie zu verteidigen) folgten Erwiderungen, die ihrerseits wieder zahlreiche Kommentare auslösten usw. Ohne auf die beinahe zahllosen Details dieser Polemiken einzugehen, kann man versuchen, einige der Probleme zusammenzufassen, welche diese verschiedenen Legitimationsversuche aufwerfen.

Sehen wir uns zuerst die Thesen an, die sich auf eine klare Unterscheidung zwischen den Personen (die ein Recht auf das Leben haben) und den Nicht-Personen (die keines haben) stützen, deren bestes Beispiel ohne Zweifel Michael Tooleys Werk ist. Außer den technischen Problemen werfen sie auch Fragen auf, die mit ihrer Ausdehnung und ihrer Beziehung zu anderen moralischen Intuitionen zu tun haben, welche in den gewöhnlichen Urteilen häufig vorkommen. Eine technische Frage steht in Zusammenhang mit der Schwierigkeit, widerstandsfähige Kriterien aufzustellen, die nicht so leicht in Frage zu stellen sind und lange Zeit stabil bleiben. So stammen die Kriterien, die ein Autor wie Michael Tooley anführt, aus den positiven Wissenschaften, insbesondere aus der Physiologie und der Psychologie. Diese Kriterien können Modifikationen dieser Disziplinen erforderlich machen, wodurch die Anstrengung, dem Unterschied zwischen »Person« und »Nicht-Person« eine positive Basis zu geben, Gefahr läuft, vergeblich zu werden. Das Verhältnis zwischen Tooleys Argumenten und einer großen Anzahl moralischer Intuitionen, die in anderen Bereichen des täglichen Lebens am Werk sind, ist noch problematischer. Michael Tooley ist der erste, der erkennt, daß die Art, wie er die Legitimität der Abtreibung beweisen will, zu einer Revision anderer moralischer Überzeugungen führt. Seine Unterscheidung zwischen menschlichen Wesen und Personen führt zum einen dahin, daß in die Klasse der Nicht-Personen außer den Neugeborenen auch die Schwerbehinderten (halbseitig Gelähmte, Hirnverletzte, Alzheimer-Patienten usw.) eingereiht werden, und zum anderen, daß in die Klasse der Personen auch Wesen aufgenommen werden, die keine Menschen sind (höhere Tiere und Computer, sobald sie die hinreichenden Kompetenzen haben werden, usw.). Diese Einteilung erfordert, daß wir gleich im Anschluß an die Legitimierung der Abtreibung die Gültigkeit von Praktiken wie der Euthanasie oder auch der Ausdehnung der Menschenrechte auf gewisse höhere Tiere anerkennen.[89] Der Schritt, den viele Menschen, die der Liberalisierung der Abtreibung eher positiv gegenüberstehen, nicht bereit sind zu machen, disqualifiziert den Begriff des *allgemein Menschlichen* und ersetzt ihn durch ein anderes Prinzip eines allgemein

Verbindenden, das auf das Bestehen kognitiver Bewährungsproben gegründet ist, was tatsächlich, wenn diese Änderung durchgeführt würde, einen bedeutenden (aber nicht undenkbaren) Wandel unserer moralischen Gewohnheiten und unserer politischen Praktiken zur Folge hätte, indem beispielsweise die Anerkennung der fundamentalen Ungleichheiten zwischen den menschlichen Wesen (genetische, nicht rassische Ungleichheiten) in unsere Auffassung des politischen Ideals eingeschlossen würde.[90] Dagegen ist schwer zu begreifen, wie die Infragestellung des »Prinzips der Potentialität«, das in Tooleys Beweisführung eine so wichtige Rolle spielt, sich mit zahlreichen Routinen des Lebens in einer Gesellschaft vertragen soll, vor allem mit den sozialen Verpflichtungen hinsichtlich der Erziehung und der Schule, die darin bestehen, jetzt Ressourcen in ein Wesen – das Kind – zu investieren, die von diesem erst später (auf nützliche Weise) eingesetzt werden können und die infolgedessen dahin führen, der vorweggenommenen Berücksichtigung der Richtung, in die sich dieses Wesen eventuell entwickeln kann, einen moralischen Wert zu verleihen.

Zum Gegenstand derselben Kritiken wie das konstruktivistische Vorgehen im allgemeinen wurde das Argument, das die Unterschiede hervorhebt, die in verschiedenen Gesellschaften und zu verschiedenen Zeiten in der Darstellung der Mutterschaft, des Fötus, des Neugeborenen, der »Person« bestanden, und das infolgedessen deren »sozial konstruierten« Charakter betont.[91] Im Hinblick auf unseren Gegenstand liegt eine dornenreiche Schwierigkeit, die wir schon erwähnt haben, in der Notwendigkeit, an einer bestimmten Stelle der Beweisführung von einer streng dekonstruktivistischen und radikal kritischen Position zu einer affirmativen Position überzugehen. Denn wenn, wie Ian Hacking bemerkt, die dekonstruktivistische Haltung nur wirklich überzeugend ist, wenn sie sich auf Veränderung hin orientiert und das besonders, wenn der Leser das Gefühl hat, daß die Veränderungen, welche die Unternehmung der Dekonstruktion ankündigt, schon eingeleitet sind,[92] dann muß irgendwann die Strategie aufgegeben werden, die darin besteht, die noch geltenden Konventionen zu disqualifizieren, indem man ihren »relativen« Charakter herausstellt, um ein Bild dessen zu entwerfen, auf das die Veränderung ausgerichtet ist, und um zu sagen, worin sie wünschenswert ist. Das verlangt, daß man die skeptische Haltung aufgibt, die sich zur Enthüllung des »arbiträren« Charakters der unberechtigterweise naturalisierten Forderungen empfohlen hatte, um die gewünschte Veränderung auf einen Wert zu gründen, wozu Mittel gebraucht werden, die sich, wie man ohne weiteres verstehen wird, nicht unmittelbar mit dem Relativismus vertragen.

Hinsichtlich der Thematik der Anerkennung, die als moralisches Argument zur Legitimierung der Abtreibung verwendet wurde, lassen sich die Vorbehalte übertragen, die Bernard Edelman über die Verwendung ausgesprochen hatte, die vom Bezug auf das »elterliche Projekt« in den bioethischen Gesetzen von 1994 gemacht wurde. Das Recht eines Wesens auf das Leben von der Anerkennung anderer abhängen zu lassen, und wären es seine Eltern, sagt Bernard Edelman, kommt darauf hinaus, daß man »die Freiheit des zukünftigen Kindes mißachtet«, indem man es »als ein ›Projekt der Freiheit‹ seiner Eltern betrachtet, oder, wenn man es so lieber will, als einen Gegenstand ihrer Freiheit«. Und Edelman fügt hinzu, »die merkwürdige Vorstellung, die will, daß ein menschliches Wesen der *Gegenstand* der Freiheit anderer Menschen sein kann«, muß mit »der Sklaverei in Verbindung gebracht werden«.[93] Das geltend gemachte Prinzip – die Anerkennung durch andere, die, als empirische Individuen betrachtet, diese zugestehen können oder auch nicht – hat auch in diesem Fall mit der Frage zu tun, ob man ihm, indem man die vom »Status« des Fötus aufgeworfenen Probleme beiseite läßt, eine allgemeinere Gültigkeit geben will (die ihm Robert Solomon immerhin zusteht). Man kann meinen, daß das Projekt, in die politischen Strukturen die Vorstellung einzuführen, nach der die Situation der Personen oder der »Status« eines jeden von der Anerkennung der anderen und somit der Umstände abhinge, weit davon entfernt wäre, einen Konsens zu erzielen. Und das um so mehr, als die von Solomon verwendete Logik der Anerkennung zumindest implizit eine ungleiche Verteilung der Plätze voraussetzt, denn manche Wesen befinden sich in der Lage, anerkennen zu müssen, und andere in der Lage, anerkannt zu werden. Im Gegensatz zur Idee einer umstandsgebundenen Anerkennung, die sich auf die Meinung der anderen, die dazu in der Lage sind, beruft, wird im übrigen die Staatsbürgerschaft definiert, da es sich um eine Anerkennung handelt, die der Staat jedem menschlichen Wesen erteilt, das auf einem bestimmten »nationalen« Terrain (und/oder von Eltern abstammt, die eine bestimmte »Nationalität« besitzen) geboren wird, und die Gegenstand einer offiziellen »Erklärung« geworden ist; ihren emanzipatorischen Wert im Hinblick auf Beziehungen persönlicher Abhängigkeit[94] dankt sie der Tatsache, daß sie einen Schutz bietet, der nicht von der Beurteilung empirischer Individuen abhängt, welche die Freiheit haben, ihre Wertungen und ihre Praktiken je nach der Situation oder ihrer Laune vollkommen zu ändern.[95]

Unter den verschiedenen Lösungen, die für das Problem der Legitimierung der Abtreibung vorgebracht wurden, wurde ohne Zweifel das von J. J. Thompson vorgeführte Schema am meisten kommentiert, kritisiert und neu ausgearbeitet, um diese Kritiken abzumildern. Einer der hauptsächlichen Einwürfe war folgender: Wenn unter gewissen Umständen und insbesondere im Fall einer Vergewaltigung der Fötus sehr wohl als Eindringling betrachtet werden kann, so hat in den meisten Fällen die Mutter eine besondere Verantwortung für den Fötus, den sie in sich trägt, denn seine Anwesenheit in ihrem Schoß ist das Ergebnis eines Geschlechtsverkehrs, dem sie zugestimmt hat. Also war es für sie unmöglich, nicht zu wissen, daß dieser Geschlechtsverkehr das Ergebnis haben konnte, sie zu schwängern. Nach diesem Einwand ergibt sich, daß der Fötus, auch wenn er nicht besonders erwünscht war, trotzdem nicht als Eindringling oder Fremder betrachtet werden kann, so daß man die moralische Freiheit hat, ihn nicht aufzunehmen (Prinzip der Verantwortung). Selbst der Bezug auf die Vergewaltigung reicht nicht aus, die Auseinandersetzung abzuschließen, weil er schwierige Probleme der Interpretation mit sich bringt. Wenn man den immer (oder fast immer) asymmetrischen Charakter der sexuellen Beziehungen zwischen den Geschlechtern besonders hervorhebt, kann eine große Anzahl von Geschlechtsakten, die im Rahmen der Alltagsroutine vollzogen werden und keine Klagen zur Folge haben, in die Kategorie der Vergewaltigungen eingeordnet werden. Wir haben gesehen, daß J. J. Thompsons verfeinerte Art, das Argument zu präsentieren, darin besteht, es in der juristischen Sprache des Rechtstransfers neu auszuarbeiten. Dann lautet die Frage, ob die Tatsache, (freiwillig) einen Geschlechtsverkehr zu haben, einem Akt gleichzusetzen ist, der einen solchen Rechtstransfer nach sich zieht. J. J. Thompsons Antwort ist, daß man einem Wesen, das es noch nicht gibt, kein Recht übertragen kann.[96] Ein anderes Argument ist, daß der Rechtstransfer ausdrücklich gewollt werden muß, was nicht der Fall ist bei einer Frau, die eine sexuelle Beziehung hat, ohne klar die Fortpflanzung im Auge zu haben.[97]

Auf mitunter überraschende Weise wurde die Argumentation J. J. Thompsons Gegenstand zahlreicher Kritiken von seiten feministischer Autorinnen. Ihr wird vorgeworfen, sie würde die Beziehung zwischen Mutter und Fötus mit derjenigen zwischen zwei Fremden gleichsetzen, die in einen Prozeß verwickelt sind. Der Kern dieser Kritik enthält die Anklage, J. J. Thompson (und andere Moralphilosophen, die auf dieselbe Art argumentieren) greife implizit im Hinblick auf dieses Problem zu den Positionen und zur Rhetorik des unparteiischen Abstands, die typisch für die Männer seien, was diese unfähig mache, die spezifische Erfahrung der Frauen zu erfassen und auszudrücken.[98] Aber, so heißt es in diesen Kritiken, von dieser Erfahrung müsse man ausgehen, um das Recht auf Abtreibung zu fordern oder eher das Recht, freien Zugang zu den vom Standpunkt der Gesundheit aus sichersten und psychologisch am wenigsten schmerzenden Mitteln zur Abtreibung zu haben. Was nach Meinung dieser Autorinnen von den Moralphilosophen vor allem vergessen wird, obwohl es in der Erfahrung der Frauen eine zentrale Stelle einnimmt, ist nichts anderes als das Leiden: die Abtreibung ist für die Frauen immer eine schmerzliche Erfahrung. Auf dieser Argumentationslinie wird die Abtreibung zugleich dargestellt als eine Angelegenheit, die einzig und allein von der Entscheidung der betroffenen Frauen abhängt, und die also deren Freiheit aufs Spiel setzt, und als eine Entscheidung, die nur unter dem Zwang einer dringlichen Notwendigkeit getroffen wird, was ihr den Charakter einer unheilvollen Wahl (*grim choice*) verleiht. Hier stößt man wieder auf die Suche einer Legalisierung ohne Legitimation, welche die juristischen Annäherungen an das Problem als *geringeres Übel* kennzeichnet, von denen wir schon gesprochen haben.

VII
Die Erfahrung der Abtreibung

Das Verlassen des liberalen Rahmens

Die feministisch orientierten politischen Philosophinnen, deren Stellungnahmen wir gerade dargelegt haben und die den offenen Zugang zur Abtreibung verteidigen, obschon sie häufig die meisten zur Legitimierung dieser Praktik vorgebrachten Argumente stark kritisieren, befinden sich in der Klemme zwischen Liberalisierung und Liberalismus. Und diese heikle Lage erschwert es gewiß manchmal, ihrem Diskurs zu folgen, so daß ihre Gegnerinnen, die sich darum bemühen, eine radikalere Linie zu verteidigen, oft mit brutaler Ablehnung reagieren. Sie halten nämlich zwar nach wie vor an der Forderung der Liberalisierung fest, widersetzen sich jedoch den Argumenten, die nur die Frau und ihre Rechte in Betracht ziehen und dazu neigen, den Fötus auf ein Nichts zu reduzieren (er ist *nichts*, außer einem Bestandteil des Körpers seiner Mutter), doch ebenso den Argumenten, welche die Existenz des Fötus berücksichtigen, aber beweisen wollen, daß er nicht als »Person« behandelt werden und noch viel weniger ein Recht haben kann, dort zu bleiben, wo er ist, und sich dort zu entwickeln. Den Argumenten dieses letzten Typs werfen sie vor, sie würden auf dem Axiom beruhen, nach dem es zwei Wesen, die Mutter und den Fötus, gebe, von denen jedes für sich untersucht werden könne und zwischen denen eine beinahe vertragsmäßige Beziehung entstehen könnte, wie etwa zwischen einem Arbeitgeber und einem Arbeitnehmer, einem Wohnungseigentümer und einem Mieter usw.[1] Ihnen kommt es im Gegenteil darauf an, daß die Frauen, die eine Abtreibung vor sich haben, leiden müssen, da sie zwischen zweierlei Gewalttaten stehen: der Gewalttat, die in der Anwesenheit des Wesens in ihrem Schoß besteht, das sich sozusagen aufdrängt, ob sie es wollen oder nicht, und der Gewalttat, die sie durch eine Abtreibung nicht nur dem Fötus antun, sondern auch *sich selbst*. Es liegt ihnen viel an der Feststellung, das Besondere an der Situation der Schwangerschaft sei die Tatsache, daß zwei verschiedene Wesen so eng miteinander verbunden sind, daß nichts dem einen angetan werden kann, ohne daß es nicht zugleich dem anderen angetan würde. Doch ist eine Sorge dieser Art schwer verträglich mit dem gewöhnlichsten Verfahren zur Legitimierung einer Liberalisierung der Abtreibung, welches darin besteht, in das Kleid des *Liberalismus* zu schlüpfen, denn dieser politische Rahmen war praktisch die einzige verfügbare Ressource, als es darum ging, eine neue Übereinkunft (in dem Sinn, den wir diesem Terminus im III. Kapitel gegeben haben) zu entwerfen, die geeignet war, die Übereinkünfte mit dem Schöpfer, mit der Verwandtschaft, mit dem Staat zu ersetzen. Denn im Gegensatz zu diesen allmächtigen Instanzen bildete sich die liberale Vorstellung eines autonomen Subjekts: Ein autonomes Subjekt, das imstande ist, sich selbst ein moralisches Gesetz zu geben, ohne es von einer Offenbarung[2] zu erwarten; das als Individuum mit einem eigenen Wert betrachtet werden kann, selbst wenn es aus den Verwandtschaftsbanden gelöst ist;[3] das es wert ist, vor dem Mißbrauch der Gewalt eines Staates geschützt zu werden, auch wenn dieser auf ein freies Einverständnis gegründet ist. In einem solchen Rahmen kann die Frage der Abtreibung, ihrer Legalität und ihrer Legitimierung nicht anders betrachtet werden – wenn man ihr ins Gesicht blickt und versucht, über die juristischen Notbehelfe hinauszukommen –, als indem man die Situation der Schwangerschaft als einen Konflikt interpretiert, bei dem man die Rechte der Mutter und die Rechte des Fötus in die Waagschale wirft, entweder um sie einander entgegenzuhalten, oder um sie zu hierarchisieren, oder um zwischen beiden durch einen Schiedsspruch zu urteilen. Die Möglichkeit, den Fötus als »jemanden zu betrachten, der gleichzeitig ich und nicht ich wäre« – um es mit den Worten von Catharine MacKennon[4] zu sagen –, bleibt dann freilich ausgeschlossen. Aber trotzdem möchten wir jetzt diesen Weg erforschen, weil er uns der beste zu sein scheint, um die Erfahrung der Frauen, mit denen wir gesprochen haben, wiederzugeben, wenigstens so, wie wir sie aus ihren Berichten entnehmen konnten. Wir werden versuchen, das persönliche Wissen wiederzugeben, das sie selbst in den Situationen erworben haben, in denen sie mit der Abtreibung konfrontiert wurden, und auch, da die beiden Dinge nicht zu trennen sind, eine konzeptuelle Sprache einzubringen, mit deren Hilfe sich diese Erfahrung in den Rahmen der hier durchgeführten Analyse einfügen läßt. Wir werden schließlich untersuchen, wie der Bezug auf die zwei Zwänge bei der Zeugung (Kapitel II) in der Sprache der Intimität zu vernehmen ist.

Von den moralischen Kategorien zur Sprache des persönlichen Wissens

Um es kurz zu sagen, die Kategorien, die den politischen oder moralischen Diskurs über die Abtreibung organisieren – egal, ob er im übrigen darauf abzielt, diese Praktik zu legitimieren oder sie im Gegenteil zu verurteilen –, entpuppen sich als kaum nützlich, um zu interpretieren, was die Frauen über diese Bewährungsprobe erzählen, und ohne Zweifel auch, was sie, allgemeiner gesagt, meinen, wenn sie von ihren Schwangerschaften sprechen.

Eine erste Teilung scheint häufig in der Art und Weise zu fehlen, wie die Frauen erzählen: Diese Teilung ist eine Trennung zwischen ihnen selbst als autonomem Subjekt und dem anderen heteronomen, aber deutlichen Wesen, das *in* ihrem Körper zu finden sein soll, an dem anatomisch genauen Ort, den die »Gebärmutter« bildet – wie etwa die Lage eines Gegenstands von den räumlichen Koordinaten definiert wird. Wenn sie von ihrer Schwangerschaft sprechen, dann handelt es sich lückenlos auf unzertrennliche Weise um sie selbst und jenes Andere, wobei sie auf den besonderen *Zuständen* insistieren, die genau davon gekennzeichnet sind, daß in ihnen etwas zum Vorschein kommt, das von der Art einer *Probe* der Alterität in der Identität ist.

Auch eine zweite Teilung wird von den Berichten zum großen Teil nicht bestätigt; es ist die, welche die »glücklichen«, weil »erwünschten« Schwangerschaften denen gegenüberstellt, die sich sofort und einzig in einem Gefühl der »Verzweiflung« äußern, weil sie »zufällig« oder »nicht gewollt« sind. Wie wir im Lauf dieses Kapitels besser sehen werden, können die Schwangerschaften, insbesondere am Anfang, einen Zustand hervorrufen, der dem Glück ähnlich ist – oder eher, wie wir gleich präzisieren werden, einem Zustand der *Fülle* –, und mit einer Abtreibung enden oder im Gegenteil von einer großen *Unruhe* begleitet sein und trotzdem ausgetragen werden oder auch, was gewiß am häufigsten der Fall ist, von einem Wechsel zwischen diesen beiden Zuständen, die jeweils länger oder kürzer dauern können.

Eine dritte Teilung, die von den gesammelten Daten zumindest relativiert wird, betrifft die Positionen der Abtreibung gegenüber, für die gewöhnlich das Register der Moral verwendet wird. Wenn man die Berichte liest, fällt es schwer, sie in zwei deutlich voneinander geschiedene Kategorien einzuteilen: in diejenigen, bei denen die Erinnerung an diesen Akt mit einem »Schuldgefühl« verbunden ist, und andere, bei denen die Abtreibung beinahe harmlos erscheint, als wäre es eine freilich unangenehme und mühselige Praktik, aber ohne besondere Probleme. Die Gespräche verraten eine Art von Emotion, die zumeist diesseits oder jenseits des Schuldgefühls liegt, im Sinn eines ausdrücklich auf ein Verbot bezogenen, moralischen Gefühls, und will man sie rekonstruieren, so wird man eher auf die Register der »Trauer«, des »Verlustes«, der »Leere«, des »Unbehagens« oder auch der Verweigerung verwiesen.

Zuletzt wird nur die kategoriale Unterscheidung zwischen dem authentischen, auf das Baby ausgerichteten Fötus und dem tumoralen, zum »Nichts« reduzierten Fötus, deren Bedeutung wir bei der Übereinkunft mit dem elterlichen Projekt vor allem in seinen offiziellen und öffentlichen Äußerungen gesehen haben, nicht in Frage gestellt – zumindest in einigen Episoden der Berichte, vor allem in denen, welche die Wochen unmittelbar vor der Entscheidung abzutreiben oder sogar die Operation selbst betreffen (die »Entscheidung« kann mehrmals hintereinander getroffen und wieder verworfen werden). Das zeigt sich besonders deutlich, wenn der Entschluß zur Abtreibung nach langem Zögern im letzten gesetzlich noch möglichen Moment gefaßt wird.

Nehmen wir zum Beispiel den Fall von Fabienne, 36 Jahre alt, Sekretärin; sie hatte zwei Abtreibungen, eine als sehr junges Mädchen (sie war 16, ihr »Freund« 19), die zweite am Anfang ihrer Ehe (mit 26). Kurz darauf wird sie wieder schwanger und beschließt, das Kind zu behalten, anfangs mit der Zustimmung ihres Mannes, dann gegen seinen Willen, nachdem er wieder verlangt hat, sie solle abtreiben. Jetzt erzieht sie ihre Tochter allein. Fabienne sagt wenig von ihrer ersten Abtreibung, eigentlich nur, daß es »eine Entscheidung war« und daß sie »keine andere Lösung« gehabt hätte: »In meinem Alter konnte man noch nicht so weit sein, man war nicht geeignet, Mutter zu werden, Mutter zu sein, wenn man selbst noch wachsen mußte. Ich hätte es nicht auf mich nehmen können.« Aber sie hält sich lange bei der zweiten Abtreibung auf, am Anfang ihrer Ehe, »völlig anders«, »härter«, weil es »eine andere Lösung gegeben hätte, und alles anders hätte sein können«. Sie berichtet, ihr Mann habe gesagt, er wolle kein Kind von ihr. Sie wartet eine Zeitlang, um »ein wenig über das Thema zu reden, zu sehen, wie sich die Sache entwickeln könnte« und entschließt sich zuletzt, nach fast zwei Monaten Schwangerschaft für die Abtreibung. Sie beschreibt den Anfang dieser zweiten Schwangerschaft, die mit einer Abtreibung enden wird, so: »Nach drei Tagen sage ich mir: Ich bin schwanger, und ich wußte, daß es wirklich so war. Mein Körper war anders, es war etwas da, alles ging anders als sonst [...]. Ich spüre es jedesmal, und dann sagt man sich: Überstürze nichts, man muß mindestens eine Woche warten. Man sagt sich, daß man sich alles nur einbildet und all das Zeug. Aber jedesmal ist es wahr. Wenn man den Empfindungen ihren Lauf läßt, dann zeigt der Körper, was los ist, und er spiegelt alles wider, was wir leiden, in jedem Augenblick unseres Lebens. Also spürt man etwas, ganz feine, kleine Unterschiede im Vergleich zu dem, was man sonst in sich spürt, die Gefühle und all das [...] Ich spürte es, ich finde, das ist sehr wichtig, vor allem in einer Phase der Schwangerschaft, denn das passiert ja alles im Körper. Der Körper ist eben da, er lebt, er ist derjenige, der spricht und der es spürt und dieses innere Gefühl ist einfach da. Es ist nicht dasselbe Gefühl wie im sechsten Monat, aber es ist da. Ein ganz leichtes Gefühl, eine Art Veränderung, als ob die Strömung andersherum fließen würde, wie wenn ein Fluß, der immer mit denselben Wellen, demselben Rhythmus fließt, aber auf einmal ändert sich dieser Rhythmus. Denn es ist nichts Greifbares, nichts Intellektuelles, es ist etwas Körperliches, und der Körper, der geht... Ich weiß nicht, ob ich es schaffe, das so richtig zu sagen, und er hat eine andere... Er hat eine andere Bewegung, sagt man. Er macht alles anders. Also ist so ein Gefühl da, das merkt man, wenn man ein wenig sensibel ist, wenn man es spüren will.« Fabienne spricht dann von ihren Gefühlen nach der Abtreibung: »Nach der Abtreibung ist eine Leere da; eine Leere, die man nicht nur mit dem Kopf und mit der Psyche spürt, sondern auch eine Leere im Körper; ja, ein Gefühl von Leere, von Verlust. Eine traurige Leere, man hat nicht wirklich Lust zu lächeln, man fühlt sich ein wenig mies. Aber das bleibt nicht so. Anfangs ist es ein Gefühl, das die ganze Zeit da ist, den ganzen Tag, man wacht auf mit dem Gefühl, nach und nach verschwindet es ein wenig, es gibt Augenblicke, da sieht man was anderes, wo einen was daran erinnert, daß das Leben weitergeht, irgendwo kommt ein kleines Glücksgefühl auf und dann geht es, es entwickelt sich langsam.«

Paulette, im Moment ohne Beruf (sie hat Deutsch studiert), 32 Jahre alt und im vierten Monat schwanger, sie hat zwei Abtreibungen hinter sich, mit 23 und mit 29 Jahren. Ihre zweite Abtreibung machte sie unter folgenden Umständen. Paulette hatte seit vier Jahren eine Beziehung zu einem Mann, von dem sie sich ein Kind wünschte. Während einiger Monate verschlechtert sich diese Beziehung und sie schlafen nicht mehr miteinander. Da macht sie einen »Seitensprung«, eine »einmalige Sache«, »ein rein sexuelles Vergnügen« mit einem »Kumpel«. Infolge dieser einen Nacht wird sie schwanger. Da verkündet sie, wie sie sagt, »dem Mann, den sie liebt, letzten Endes, und mit dem sie ihr Leben verbringen möchte, der selbst auch ein Kind wollte«, sie sei schwanger und wisse nicht von wem. Er verlangt, daß sie abtreibt. Für Paulette ist es eine schwere Entscheidung, weil sie eigentlich »ein Kind möchte und ›schon 30‹ ist«. Sie zögert, entscheidet sich schließlich für die Abtreibung, muß aber vor dem Eingriff, der am Ende der gesetzlichen Frist stattfindet, einen Monat warten: »Ich hielt es nicht aus, daß ich schwanger war. Ich wollte mich nicht dran gewöhnen. Ich hatte Angst, das, was mit mir los war, was im Kommen war, zu sehr zu lieben, denn eigentlich war es das, was ich wollte. Ich durfte das Baby nicht spüren. Ich hatte Angst, das Baby zu spüren, seine Komplizin zu werden… Und auch mein Zustand, meine Brüste waren prall, ich konnte die Veränderungen an meinem Körper nicht aushalten […] Zur gleichen Zeit hatte ich das ›Glück‹, einen anderen Job annehmen zu müssen. Ich stürzte mich in die Arbeit. […] Ich ging aus, sah viele Leute, ich rauchte viel Marihuana, um mich am Denken zu hindern und keine schwarzen Gedanken zu haben. Da ich richtig in der Arbeit steckte, kam ich spät nach Hause und war sehr müde, aber das Marihuana hinderte mich am Denken, vor allem daran zu denken.« Sechs Monate nach dieser Abtreibung ist Paulette wieder mit ihrem Freund zusammen, von dem sie jetzt ein Kind erwartet.

Cécile ist 27, Lehrerin. Sie hat zwei Abtreibungen hinter sich, die erste mit 20, die zweite mit 22. Vor allem das zweite Mal fühlte sie sich »schuldig« wegen ihrer »Nachlässigkeit« (sie nahm die Pille nicht, und ihr Partner verwendete Präservative) und ein wenig »blöd«. Lange Zeit nach der Abtreibung sagt sie, es tue ihr leid, aber nicht um das Kind, das sie nicht bekommen hat, sondern daß sie »ihrem Körper« »das angetan hat«, diese »überflüssige«, »unangenehme«, »nicht notwendige« Tortur angetan hat. Sie hat eine »ziemlich unangenehme« Erinnerung an ihre Abtreibungen, und besonders an die zweite, und daß der Arzt darauf bestand, was »wirklich daneben« war, »ihr die Ultraschallaufnahme zu zeigen«. Jetzt hat sie Superangst, »es könnte ein drittes Mal passieren« und es graut ihr vor den »Untersuchungen bei der Gynäkologin«. Bei ihrer ersten Schwangerschaft »merkt sie gar nichts«, ihre Mitmieterin findet, es gehe ihr »nicht gut«, sie sei »irgendwie verändert«, merkt, daß sie schwanger ist und sagt es ihr (was dann der Test bestätigt). Das zweite Mal »merkt sie es schneller«. Sie findet unerträglich, was ihr passiert, sie ist sehr »genervt« von den »Symptomen der Schwangerschaft« (»Übelkeit«, »Schmerzen«, »plötzliche Angstzustände«, »weißer Ausfluß«): »Mein Körper gab mir zu verstehen, daß ich wirklich schwanger war. Es war kein Wunschkind. Es muß schon schwer sein, wenn du schwanger bist und schmerzhafte Symptome hast, und du hast es so gewollt, aber dann…« Sie nimmt immer noch nicht die Pille (»aus gesundheitlichen Gründen«), aber lebt jetzt in der Angst einer dritten Schwangerschaft. Sie will keine weitere Abtreibung und sagt, sie »könnte sie nicht auf sich nehmen«, aber auch kein Kind, »auf jeden Fall müssen erst noch ein paar Jahre vergehen«.

Danièle ist fast genauso alt, hat eine ähnliche berufliche Lage und eine ähnliche gesellschaftliche Herkunft (mittlere Reife, technische Fachhochschule), auch sie hat zwei Abtreibungen hinter sich, spricht aber anders von ihren Erfahrungen: »Ich dachte, das würde mir kein zweites Mal passieren, und dann werde ich schwanger und es wird mir bewußt. Dann die große Frage: Soll ichs behalten oder nicht? Und da lebt das Baby in mir, ich träume von ihm, ich habe es gern. Ich spüre wieder, daß ich es mag, das kleine Baby, und schließlich habe ich es gesehen, seine Ultraschallaufnahme… aber als ich mich entschließe,

daß ich es nicht behalten kann, gehe ich wieder ins Krankenhaus, da hab ich angefangen zu schwanken, und ich wache auf
und mache weiter damit. Ich habe wirklich geschwankt. Ich
weiß nicht mehr genau, was ich direkt vorher empfand. Ich
weiß nur, es gibt ein Vorher und es gibt ein Nachher. […] Ich
weiß nicht, wie ich es mache, aber ich habe den Eindruck, in
meinem Leben hat sich nichts geändert. Ich sage zu mir: Danièle, im Grund machst du es gut, du kommst sehr gut damit
zurecht.« Aber Danièle, die kurz nach der Abtreibung ihren
Freund verlassen hat, hat »regelmäßig Träume«: »Dann träume
ich, daß ich entbinde oder mein Baby wieder spüre und auch
die Liebe für das Baby wieder empfinde. Also irgend etwas ist
trotz allem da, aber es ist immer in meinen Träumen.«

Um diese Berichte zu interpretieren, müssen die Gegensätze
zwischen dem Gewollten und dem Nicht-Gewollten, dem Erwünschten und dem Erlittenen, der Identität und der Alterität,
zwischen Glück und Verzweiflung usw. in einen größeren Rahmen gestellt werden, so daß man versteht, in welchen Augenblicken diese Gegensätze in Frage gestellt sein können, und
gleichzeitig, um die Kontexte zu spezifizieren, in denen sie mit
der Erfahrung zusammenfallen.

Eine Topik, um die Selbsterfahrung bei der Abtreibung und der Zeugung auszudrücken

Wir werden jetzt die Aufstellung eines analytischen Rahmens
entwerfen, der imstande ist, die Beschreibungen, welche die von
uns befragten Frauen von ihren Erfahrungen mit der Zeugung
und der Abtreibung geben, einer Form zuzuordnen, obwohl
diese Beschreibungen sehr unterschiedlichen Wegen entsprechen, so unterschiedlich, wie die *Peripetien* sind, welche die Geschichte jeglichen Lebens ausmachen, wenn es erzählt wird, oder,
um einen – jetzt schon – landläufig gewordenen Ausdruck von

Paul Ricœur zu verwenden, wenn »es in eine Story verwandelt« wird.

Um dieses Modell zu entwickeln, werden wir die Freudschen Termini *Topik* und *Instanz* verwenden. Der Bezug auf eine Logik der »Orte« ist hier allerdings im doppelten Sinn metaphorisch. Wir entfernen uns in der Tat nicht nur, wie es die Psychoanalyse macht, von der Vorstellung, daß die Psyche in verschiedene physische Substrate aufgeteilt sein könnte, was bereits dem analytischen Begriff des »psychischen Ortes« einen metaphorischen Charakter verleiht,[5] sondern auch von dem Projekt, das dagegen in der analytischen Theorie vorhanden ist, den psychischen Apparat als eine Übereinkunft von Systemen zu beschreiben, die von verschiedenen Funktionen betroffen werden. Und das zuerst, wie man ahnen wird, weil die Materie, mit der wir zu tun haben – Lebensgeschichten in ihrer Beziehung zur Zeugung –, auf allen Seiten über das hinausgeht, was man nach allgemeiner Übereinkunft das »Psychische« zu nennen pflegt. Aber auch, weil wir über keinen theoretischen Stützpunkt verfügen, mit dessen Hilfe wir imstande wären, eine Position zu beziehen, von der aus wir das Projekt bilden könnten, als erstes zu dem Zugang zu haben, was uns die Frauen nicht erzählen, sogar zu dem, was sie vor uns verbergen, oder zu dem, was sich ohne ihr Wissen abspielt, zu so etwas wie der Beziehung zwischen einem »Bewußten« und einem »Unbewußten«. Das soll aber nicht heißen, daß der Gegenstand unserer Untersuchung vollständig in die Sphäre der offenkundigen Evidenz gehört und sich gewissermaßen in der Durchsichtigkeit bewegt. Sondern die Art von Undurchsichtigkeit, die unsere Aufmerksamkeit auf sich zieht, ist genau die, der die betroffenen Personen selbst gegenüberstehen und auf die sie oft sogar ausdrücklich hinweisen, wenn sie sich den vergangenen Ereignissen zuwenden und es unternehmen, zu sagen und von daher zu »verstehen«, was der Inhalt ihrer »Gefühle« und die Modalitäten ihrer Handlungen waren, und »Gründe« dafür zu finden, sie eventuell zu »rechtfertigen« oder auch, um einen Ausdruck wieder aufzunehmen, den sie selbst oft verwenden, ihnen »einen

Sinn zu geben«. Die Art, wie sie es anstellen, um die Dimensionen der Unruhe, der Verwirrung, der Sorge wiederzugeben, die häufig einen Abschnitt oder mehrere Abschnitte ihres Lebens prägte, in dem oder in denen sie es mit der Abtreibung aufnehmen mußten, besteht genau darin, daß sie die Spannung zwischen den verschiedenen Willensströmungen, deren Äußerungen sie in sich spürten, und auch die Augenblicke des *Schwankens* hervorheben, wenn sie sich unter der Herrschaft einer bestimmten Willensströmung befanden, aber eine andere Willensströmung überhandnahm.

Diese verschiedenen Willensströmungen werden wir *den Willen des Fleisches, den Willen zur Beherrschung* und *den Willen zur Legitimation* nennen, und wir werden den Terminus *Instanz* verwenden, um die verschiedenen Modalitäten zu beschreiben, in denen die weltlichen Dringlichkeiten auftreten, je nach dem, ob die eine oder die andere dieser Willensströmungen vorherrscht.

Um die Unterscheidung zwischen dem Willen des Fleisches und dem Willen zur Beherrschung aufzubauen, werden wir uns auf die Begriffe *Fleisch* und *Autoaffektion des Fleisches* stützen, wie sie Michel Henry[6] in seiner Phänomenologie entwickelt. Die Suche nach einer Sprache, mit deren Hilfe man diesseits der Trennung von Objekt und Subjekt in die Tiefe gehen kann, ist in Michel Henrys Philosophie des Fleisches von zentraler Bedeutung, wenn er dem absichtsvollen Blick, durch den sich das Bewußtsein in der Schenkung der Gegenstände der Welt – und dadurch dieser Welt selbst – konstituiert, die Autoaffektion des Fleisches gegenüberstellt, die radikal immanent ist und ohne eine Projektion in die Außenwelt auskommt und die Bewegung konstituiert, durch die »das Leben im Prozeß seiner ewigen Autoaffektion sich selbst zeugt, in diesem Prozeß kommt es in sich, zerschellt es an sich selbst, erlebt es sich selbst, genießt es seiner selbst«.[7] Nach Henry ist dieser Prozeß nicht nur vollkommen immanent, sondern auch absolut passiv.[8] Doch diese Immanenz und diese Passivität sind trotzdem konstitutiv für das »Selbst« als Singularität, als Ipseität.[9] Aber das in der Autoaffektion des Fleisches gezeugte »Selbst« hält in der Konstruktion Michel Henrys nicht das ganze Gewicht der Anwesenheit auf der Welt aus, auch wenn ohne die Klärung dessen, was in der Autoaffektion gezeugt wird, der Zugang zu dieser Anwesenheit nicht einsehbar bliebe. Gleich im Anschluß an die Aufdeckung des »Selbst« führt Henry eine andere Komponente ein, die sich entfaltet, wenn man sich bei der Art und Weise aufhält, wie das, was »wie ein Selbst in der Autoaffektion des Fleisches gezeugt wird«, der Passivität entgeht und dann auf eine Weise *realisiert* ist, daß das »Ich« »in den Besitz seiner selbst« und der »Vermögen, von denen es durchzogen ist«, gelangen kann. Diese »Fähigkeit des Ich, im Besitz seiner selbst zu sein«, »alle Vermögen seines Körpers zu entfalten« und »sich seiner selbst zu bemächtigen«, ist das, was, nach Henry, ein »Ich« ausmacht. Dieses »Ich«, sagt Henry, »wird ›Ich kann‹ geschrieben«.[10] Das »Ich« ist das »Vermögen«, »im Besitz aller seiner Vermögen« zu sein. Aber da das »Ich« im Unterschied zum »Selbst«, in dem es verwurzelt ist, der Passivität der Autoaffektion entkommt, macht seine Entfaltung eine »Struktur der Darstellung« möglich, hinsichtlich der »alles disponiert ist« – in der Henry eigenen phänomenologischen Sprache, eine *Ekstase* –: orientiert nach außen, auf die Welt zu, auf das, was »vorne« ist, auf ein »das ist« hin, auf ein »es gibt« hin,[11] das deshalb imstande ist, sich *Objekte* in ihrer Beziehung zu einem *Subjekt* zu geben und sie in der Äußerlichkeit eines *Projekts* zu disponieren.

Bevor wir noch in mehr Einzelheiten eindringen, sagen wir, daß der Unterschied – der auf den folgenden Seiten entwickelt wird – zwischen dem *Willen des Fleisches* und dem *Willen zur Beherrschung* bei Michel Henry der Unterscheidung zwischen dem »Selbst« und dem »Ich« entspricht. Ohne die Furcht, Henry Unrecht zu tun (der im Vokabular der Psychoanalyse nicht zu Hause war[12]), werden wir so von einer Instanz des »Selbst« und einer Instanz des »Ich« sprechen. Aber diese Instanz des »Selbst«, die von der Autoaffektion des Fleisches gebildet wird, werden wir in dem Spezifischen zu entwickeln versuchen, das auftritt, wenn das Fleisch in der *Situation der Schwangerschaft* affiziert ist, wo es als selbst seiend (im Sinn der Erfahrung seines eigenen Körpers) getroffen ist und als ob es sich – da sich ein Fötus in ihm entwickelt und es mit der Bildung eines anderen Wesens befaßt ist – dem intentionalen Griff entziehen und einen ihm innewohnenden, eigenen Willen zeigen würde.

Um zu sagen, auf welche Weise der Fötus und die Frau, die ihn in sich trägt, ineinander verwickelt sind, werden wir den platonischen Topos *chôra* verwenden, indem wir unter den zahlreichen Interpretationen, deren Gegenstand er wurde, auf einen Gebrauch zurückgreifen, der in den Sozialwissenschaften schon eingebürgert ist: Augustin Berque verwendet ihn, um das geographische Konzept der *Ökumene* (des bewohnten Teils der Erde) zu konstruieren. Er braucht nämlich, um die Umweltdynamiken zu beschreiben, einen Begriff, der es ihm möglich macht, mit dem Begriff des Raumes als *topos* zu brechen (den uns die Einverleibung der aristotelischen Begriffe in die allgemeine Kultur und in diesem Fall vor allem die cartesische Auffassung des Raumes als vertraut und fast als »natürlich« empfinden läßt). Daraus erfolgen zwei verschiedene Vorstellungen der Beziehung des Dings zu seinem Ort. Wenn man den Ort als *topos* begreift, dann ist er »trennbar vom Ding, das beweglich ist, während er es nicht ist«. Die *chôra* ist, fügt Augustin Berque hinzu, im Gegenteil dazu ein Ort, »der an dem teilhat, was sich an ihm befindet; und es ist ein dynamischer Ort, von dem aus etwas anderes seinen Lauf nimmt, nicht ein Ort, der das Ding in die Identität seines Seins einschließt«.[13] Der Begriff *chôra* kann uns als konzeptuelles Werkzeug dienen, um zu nennen, was sich diesseits der Trennung von Subjekt und Objekt befindet, wenn sich Wesen, obschon verschieden, in einer Situation befinden, in der jedes von ihnen das, was es ist, nur in seiner Beziehung zum anderen ist.

Die *chôra*, die im *Timaios* eingeführt wird, um der Vermittlung Gewicht zu geben, ohne die die Beziehung zwischen dem Intelligiblen und dem Wahrnehmbaren rätselhaft bliebe,[14] ist zuallererst ein Ort, an dem die Wesen der Zeugung und der Verwesung[15] unterworfen erscheinen. Für unsere Untersuchung ist sie von Interesse als eines der wenigen Philosopheme, die zumindest zu einem großen Teil auf der Metapher der Zeugung in der Gebärmutter beruhen (die andere Metapher ist die des Handwerkers, der mit weichen Materialien wie Wachs oder flüssigem Gold arbeitet). Aber dieser Ort (chôra) ist nicht im modernen Sinn des Wortes ein Raum, der von einem Koordinatensystem abstrakt definiert wird, sondern eine *Gegend*.[16] *Chôra* unterscheidet sich daher von *topos* in dem Sinn, als dieser bei Aristoteles eine Vorform des cartesischen Raums ist.[17] Was die *chôra* als eine Gegend spezifiziert, im Gegensatz zu *topos* als Raum, ist die Unmöglichkeit, in ihrem Fall das Objekt und den Ort, den dieses Objekt einnimmt, voneinander zu trennen.[18] Während im Fall des Raumes als *topos* sich das Objekt gleichbleibt, egal, was seine von den Koordinaten definierte Lage ist, die es im Raum einnimmt, denn seine Ortsveränderungen betreffen auch nicht den Raum als solchen, kann im Fall der *chôra* weder der Ort noch das, was ihn besetzt, voneinander unabhängig erfaßt werden.[19] Es ist also nicht genug, wenn man sagt, *chôra* ist »Beziehung«, was schon eine Identifizierung von Termini voraussetzen würde, die zueinander in Beziehung treten. Sie ist auf unzertrennliche Weise zugleich das Besetzte und das Besetzende. Daraus geht ebenso hervor, daß *chôra* sich der Logik der Beziehung des Subjekts zum Objekt oder des Subjekts zum Prädikat entzieht.[20] Das Prädikat ist dem Objekt unzertrennlich einverleibt. Denn die *chôra* ist gleichzeitig »das, an dem« (als Ort), »das von dem« (als Gebärmutter)[21] und »das, auf dem« (als Abdruck). An die räumliche Metapher wird eine konstitutive Metapher angefügt, die sich auf die Arbeit des Handwerkers bezieht. *Chôra* »formt«, was sich in ihr aufhält, wie »die schwangere Frau ihr Neugeborenes formen wird wie ein Wachsgebilde, solange es biegsam ist«.[22] Der Ort macht das, was ihn besetzt, wie der Handwerker aus etwas Weichem eine Figur formt oder einen Abdruck in einem Stück Wachs hinterläßt. Aber die Entwicklung der Metapher verweist wieder auf die Gebärmutter, denn, was geformt wird, hinterläßt auch seine Spur in dem, was es formt.

Wir werden die metaphysischen Implikationen des Begriffs *chôra* beiseitelassen, um die Metapher in zwei anderen Richtungen zu erkunden. Die erste hat, vor allem wenn man den Gebrauch im Auge behält, den Augustin Berque davon macht, sofort politische Konsequenzen. Die Auffassung des Raumes als *topos* gehört zur Problematik des Liberalismus. Die Trennung des Wesens vom Ort ist in der Tat notwendig, damit das liberale Subjekt in seiner *Autonomie* konstituiert werden kann, das heißt unabhängig vom Kontext, in dem es sich momentan oder dauerhaft befindet und als Inhaber von Rechten, die ihm eigen sind, was auch seine Umgebung sein mag, das heißt *subjektive Rechte*. Aber wenn es im Gegenteil in seiner Abhängigkeit im Hinblick auf eine *Gegend* definiert wird, verliert es die Autonomie, die es konstituiert, insofern es es selbst ist und kein anderes als Rechtssubjekt.[23] Das ist im übrigen der Grund, warum die politischen Philosophien, die es unternommen haben, mit der Auffassung des Raumes als *topos* zu brechen und die im Gegensatz dazu versucht haben, die soziale Bindung auf die gemeinsame Anhängigkeit des Dinges und des Ortes, des Enthaltenden und des Enthaltenen zu gründen, sich nach und nach vom Liberalismus entfernten, bis sie in manchen Fällen der Versuchung des faschistischen Organizismus erlagen.

Eine zweite Richtung können wir entlehnen, um aus dem Begriff *chôra* Nutzen zu ziehen, wenn wir ihn zu einem seiner metaphorischen Ursprünge zurückführen: zu dem, der die schwangere Frau betrifft. Doch werden wir uns hüten, *chôra* und die Gebärmutter gleichzusetzen, wenn der zuletzt genannte Terminus in seinem anatomischen Sinn gebraucht wird, um im Gegenteil die

Gebärmutter durch die *chôra* zu ersetzen, damit wir die Mittel bekommen, sie aus dem Feld der biologisierenden Objektivierung zu entfernen, die zwar dem Gynäkologen nützt, doch unserer Unternehmung keineswegs dienlich ist. Wir werden uns umgekehrt der Erfahrung des Körpers bei der Bewährungsprobe der Schwangerschaft zuwenden. Wir werden also sagen, daß *chôra* ein bestimmter Zustand des Fleisches ist, der sich in der Schwangerschaft verwirklicht.

Da es darum geht, die Schwangerschaft in ihren singulären Eigenschaften zu verstehen – oder sie in einer Beschreibung darzulegen –, greift man leicht auf die Erfahrung eines *Subjektes* zurück (wie es in der Literatur über dieses Thema oft passiert, insbesondere, wenn sie von der Moralphilosophie herkommt), dem bewußt wird, daß im Raum seines Körpers (als *topos*) ein *Objekt* (der Fötus) existiert, von dem es eine Darstellung machen könnte; das es infolgedessen vor sich hinprojizieren könnte, und im Hinblick auf das es ein Projekt konstituieren könnte, etwa das, es in seinem inneren Raum zu behalten oder es im Gegenteil nach außen, aus seinem Körper, der selbst als Objekt konstituiert ist, auszustoßen. Es ist nicht unsere Absicht, zu sagen, daß diese Beschreibung keiner Wirklichkeit entspräche. Wir werden gleich sehen, wie man diese auftreten lassen kann. Aber sie hängt von einer Analyse der Instanz des »Ich« ab, dessen spezifische Besonderheiten sich nur durch den Kontrast mit der Erfahrung des Fleisches enthüllen.

Der Bezug auf *chôra* wird uns also erlauben, die zwei Klippen zu umschiffen, die darin bestehen, entweder ein Fleisch im allgemeinen anzunehmen, dem die Situation der Schwangerschaft keine stichhaltige Spezifizierung bringen würde, oder auf das Schema der Autoaffektion zu verzichten, und so wenden wir uns sofort einer Analyse des Körpers zu, betrachtet als einen in die physischen Koordinaten eingezeichneten Raum, in dem ein Objekt (der Fötus) enthalten ist, von dem sich die ihres Körpers und dessen, was er enthält, bewußt werdende Person eine unmittelbare Darstellung gibt. Dann werden wir sagen, daß *chôra* der

Name des Fleisches ist, so wie es sich in der Bewährungsprobe der Schwangerschaft selbst affiziert.

Was den *Willen zur Beherrschung* betrifft – diesen Ausdruck verwenden wir hier als Hinweis auf die verschiedenen Vermögen des »Ich«, wenn es im Lauf der Aktion sich wieder seiner selbst bemächtigt und sich als Besitz von sich verwirklicht (»ich kann«, »ich will«) –, den werden wir mit dem Augenblick der Verpflichtung zum *Projekt* verbinden.[24] Während sich für die Instanz des »Selbst« die Schwangerschaft im Gefühl (das, wie wir sehen werden, positiv oder negativ gefärbt sein kann) des Fleisches äußert, das sich in dem, von dem es affiziert wird, auf der Stufe der Instanz des »Ich« erprobt, kann das, mit dem die Person schwanger geht, imaginär von dem es einschließenden Fleisch losgelöst, *dargestellt* und, um im Jargon der Phänomenologie zu sprechen, *nach vorne geworfen* werden, das heißt zugleich in der Außenwelt im voraus engagiert, in die Zukunft projiziert und in eine bestimmte Art von Projekt aufgenommen werden, mit verschiedenen Qualifikationen, die, kurz gesagt, imstande sind, seine Identifizierung zu leiten, indem sie sich auf das eine oder andere der Schemata stützen, die schon bestehen und in der sozialen Welt deponiert sind, in unserem Fall, indem sie es entweder dem tumoralen Fötus (*nichts*) oder dem authentischen Fötus (*mein Baby*) gleichsetzen.

Wenn wir nun zuletzt von dem *Willen zur Legitimierung* sprechen, nehmen wir Bezug auf die Instanz der *Rechtfertigung*. Sie verlangt, um aktiviert zu werden, die Gegenwart eines Dritten, gleich, ob er wirklich oder imaginiert ist, dem man Erklärungen liefert, als *wäre* man sie ihm *schuldig*. Dieser Dritte kann ein verallgemeinerter Anderer sein (wie G. H. Mead sagt[25]), der in einem Gesprächspartner aus Fleisch und Blut Gestalt angenommen hat oder auch nicht; es kann sich auch um die betroffene Person selbst handeln, wenn sie sich angesichts eines »ideellen Zuschauers«, um eine Wendung aus Adam Smiths *Theorie der moralischen Gefühle* zu verwenden, den sie auf irgendeine Weise interiorisiert hat, im Selbstgespräch erklärt; oder auch, ein offenbar sehr häufiger Fall, auf den wir noch zurückkommen werden, um dem Wesen selbst, das zur Existenz Zugang gehabt hätte, wenn das Kind tatsächlich geboren wäre, vor dem Gründe mit dem Wert von *Entschuldigungen* vorgebracht werden.[26]

Wir wollen hinzufügen, daß diese drei Instanzen und der Wille, der sich jeweils darin ausdrückt, zeitlich verschieden orientiert sind. Die Instanz des »Selbst« gehört wesentlich zur *Gegenwart*, da sich der Wille des Fleisches genau mit der Kraft dessen erprobt, was da, *aktuell* und infolgedessen nach Art eines Zustands ist, der einen in der Passivität lähmt, »einen überfällt«, und dem man sich nur schwer entziehen kann, sogar wenn man weiß – »abstrakt«, wie man sagt – daß er »eines Tages« weg sein wird, einem sogar »unverständlich« werden wird (darin dem Leidenszustand vergleichbar, der eine Liebesenttäuschung begleitet). Die Instanz des »Ich« ist dagegen auf die *Zukunft* gerichtet, da sich der Wille zur Beherrschung mit der größten Intensität äußert, wenn die Dringlichkeit, etwas *zu tun*, eintritt, deren Inhalt in diesem oder jenem Sinn bestimmt werden muß. Die Instanz der Rechtfertigung ist schließlich, da sie auf Operationen angewendet wird, die gewisse Eigenschaften des Urteils haben, vor allem anderen *zurückblickend*. Der Wille zur Legitimierung muß sich tatsächlich in die *Vergangenheit* wenden, um dort die Taten, die Gefühle, die Fakten zu suchen, die er der Bewährungsprobe der Kritik zu unterziehen bereit ist. Die Entschuldigungen stellen dennoch eine etwas komplexere zeitliche Struktur dar, insofern sie häufig darin bestehen, sich vorzustellen, was die Zukunft des Kindes gewesen wäre, wenn die Abtreibung nicht stattgefunden hätte, um diesem virtuellen Wesen begreiflich zu machen, daß es für es vorzuziehen war, keinen Zugang zum Dasein zu bekommen.

Jetzt werden wir in der Erforschung dieser Topik fortfahren, wobei wir jede der Instanzen, die wir gerade kurz beschrieben haben, ausführlich darlegen und uns hauptsächlich bei den Spannungen zwischen den verschiedenen mit ihnen verbundenen Willensströmungen aufhalten werden.

Die Erfahrung der Schwangerschaft
zwischen Fülle und Unruhe

Nach unserem Dafürhalten kann in der Schwangerschaft die Erfahrung des Fleisches durch zwei Termini definiert werden: zuerst durch den der *Fülle*, ohne das Wort mit einem moralischen Wert belasten zu wollen, der es überdefinieren würde, und darauf den der *Unruhe*. Das Gefühl der Fülle zeigt sich nämlich als zutiefst unbeständig, so daß es unaufhörlich droht, sich zu verwandeln oder zu schwanken, um zur *Unruhe* einer *Fremdartigkeit* gegenüber zu werden. Und das, wie wir sehen werden, wegen der neuen Beziehungen, die sich dann zwischen der Instanz des »Selbst« und der Instanz des »Ich« einstellen.[27]
In der Schwangerschaft verwirklicht das Fleisch, das für die Schwangere immer noch »mein Fleisch« ist, seine Fähigkeit zu keimen und zu wuchern. Es erprobt sich auch in seiner Fähigkeit, sich in einem Außerhalb-von-sich zu entfalten, allerdings ein Außerhalb-von-sich, das in sich selbst wäre, das es selbst wäre, indem nämlich alles vor sich geht, als ob ihm ein Wille eigen wäre, der »sein Wille« wäre und bis dahin durchsichtig und mit dem »Selbst« vermischt, von ihm selbst Besitz ergreifen würde, um sich in dem zu äußern, was es an Unerbittlichem, Seltsamem, Fremdem, Egoistischem hat.
Diese plötzlich enthüllte Autonomie des Fleisches befällt die Beziehung, die das »Selbst« als Instanz zum »Ich« unterhält. Während die passive Probe des Fleisches in den gewöhnlichen Formen der Autoaffektion des Lebens das »Selbst« verwirklicht und im selben Tun das »Ich« verwirklicht – als »Fähigkeit des Ich im Besitz seiner selbst zu sein«, in einer durchsichtigen Beziehung des »Ich« zum »Selbst« –, kann in der Probe der Schwangerschaft die Autoaffektion des Fleisches, wenn auch sie das »Selbst« konstituiert, doch nicht als solche von der Instanz des »Ich« wieder in Besitz genommen werden und sich mit ihm vermischen. Das von der Probe der Schwangerschaft affizierte Fleisch gehört zwar »sich«, aber äußert sich trotzdem als ein ungewöhnliches Fleisch,

als ein Fleisch, das seine Gewohnheiten verloren hat, und infolgedessen in gewisser Weise als ein anderes oder das eines anderen. Von der Instanz des »Ich« aus kann das von *chôra* eingesetzte »Selbst« sich dann als *Fremdartigkeit* in Gestalt einer *Unruhe* äußern, die besänftigt zu werden verlangt.

Eine in etwa ähnliche Erfahrung des unruhigen Fleisches kann sich ohne Zweifel bei der Bewährungsprobe der Krankheit zeigen, aber diese Analogie ist in gewisser Hinsicht irreführend. Denn in der Krankheit definiert sich der neue Zustand exakt als Gegensatz zur Gesundheit, wodurch sich ein Weg auftut, um ihn in eine Distanz zu rücken, ihn irgendwie zu verleugnen, indem man sich seiner im ontologischen Sinn als eines *Unfalls* bemächtigt, der als zufällig, nicht wesentlich, äußerlich sich dem »Selbst« hinzufügt, ohne dessen Natur zu verändern (aber der abgelehnte Fötus, den wir den »tumoralen« nennen, kann gleichermaßen so dargestellt werden – genau aus diesem Grund bezeichnen wir ihn mit diesem Terminus). Doch in der Erfahrung, die uns hier interessiert, sind es ausgerechnet die Grenzen zwischen dem Normalen und dem Pathologischen, die dazu tendieren, sich zu verwischen. Dieses fremdartige Fleisch, dessen eigener Wille sich ungehemmt durchzusetzen scheint, bleibt trotzdem nicht weniger am »Selbst« kleben. Sein Wille, der sich äußert, als wäre er autonom, bleibt trotzdem nicht weniger im Inneren des »Selbst«, zu dem er die größte Intimität unterhält. Eben weil diese Erfahrung auf untrennbare Weise Unruhe und Fülle, Selbstentfremdung und Selbstverwirklichung ist.

Geben wir einige genauere Erklärungen über diese Gefühle der Fülle und der Unruhe, wie sie sich überlagern, sobald man sich für die Abtreibung entscheidet. Ein beachtlicher Teil der Frauen, mit denen wir gesprochen haben, vor allem in den zahlreichen Fällen, wo sie die Entscheidung abzutreiben mit dem Versagen des Vaters motivieren (sei es, daß er eine starke Ablehnung gegen die Vaterschaft äußerte, sei es, daß sie ihn als »unreif« beurteilten, sei es auch, weil sie Schwierigkeiten hatten, unter mehreren möglichen Männern den Vater zu identifizieren, usw.), fügte in seinen

Bericht Sequenzen ein, welche eine Spannung verdeutlichen: zwischen dem, was wir das von der Schwangerschaft affizierte Fleisch (das »Selbst«) genannt haben, und der Instanz des »Ich«, in der die Projekte entstehen und die sich mit einer realistischen Absicht nach außen wendet.

Die Tatsache, sich zuletzt doch für die Abtreibung entschlossen zu haben, verwischt nicht unbedingt die Erinnerung an das Gefühl der »Fülle« – das oft mit dem Register des Glücks, der Freude beschrieben wird –, das die Entdeckung der Schwangerschaft und die Erfahrung der damit verbundenen körperlichen Veränderungen begleitete. Während diese Erfahrung aber, verbunden mit der Erinnerung an ausgetragene Schwangerschaften, ohne weiteres übertragen und ohne Zweifel sogar idealisiert werden kann und die Erinnerung an die von der Schwangeren zu erduldenden Unannehmlichkeiten dann mehr oder weniger verschwindet, erscheint sie in den Situationen, die zu einer Abtreibung geführt haben, im Bericht meistens in Gestalt einer schmerzlichen Antinomie.

Die Beziehung zu dieser Erfahrung scheint dann für einen großen Teil von den einzelnen Zeiträumen zwischen den verschiedenen Momenten des Prozesses abzuhängen, der zur Abtreibung führt (oder in manchen Fällen nicht dazu führt, wenn der schon gefaßte Plan der Abtreibung »im letzten Moment« schließlich aufgegeben wird): die Zeit, in der die Schwangerschaft durch bestimmte bald körperliche, bald von einem inneren Gefühl herrührende Zeichen geahnt wird; die Zeit, in der sie gebührend bezeugt ist (der erste, in der Apotheke gekaufte Test wurde vom Gynäkologen bestätigt); die Zeit, in der sich das Projekt der Abtreibung als vorstellbare Möglichkeit zeigt; die Zeit, in der sich diese Möglichkeit aufdrängt und in der die »Entscheidung« getroffen wird; die Zeit, in der die betroffene Person sich zu deren Verwirklichung anschickt, indem sie mit einer gynäkologischen Abteilung für Schwangerschaftsabbruch Kontakt aufnimmt; und schließlich die Zeit, in der der Akt von einem Arzt vollzogen wird.

Sofia spricht von ihrer Abtreibung mit 19 Jahren: »Mein Problem war, daß ich weiterhin noch meine Tage hatte, aber mir war auch übel und die Brüste taten mir weh, ich konnte nicht verstehen warum. Aber was ich für meine Tage hielt, das war blutiger Ausfluß. [...] Aber als ich es dann gespürt habe, das war eigentlich nicht in meinem Bauch, das war sofort; es hat in meinem Kopf ein Bild angenommen. Sofort war es erschaffen. Sofort habe ich es gesehen. Sofort sehe ich es wachsen, aber innerlich. [...] Und ich gehe zur Familienplanung. Ich diskutiere mit den Leuten dort. Ich fange an, ihnen zu erzählen, was ich spüre. Was ich durch diese Entscheidung erlebe, die ich treffen würde..., mußte«. (38 Jahre, eine Abtreibung, drei Kinder, getrennt, arbeitet in einem Verband, Paris)

Viele Darstellungen beziehen sich auf diese Phase. Wenn etwa eine zu lange Zeit zwischen dem Augenblick, in dem die Schwangerschaft geahnt und dann bestätigt wird, und dem liegt, in dem sich die Entscheidung abzutreiben als »einzige« oder »einzige vernünftige Möglichkeit« aufzwingt – das heißt am häufigsten, wenn die Haltung des Vaters nicht eindeutig ist oder wenn die Liebesbeziehung der Schwangeren zu diesem Mann noch durchaus nicht gefestigt ist – dann findet die Fülle der Schwangerschaft einen Raum, in dem sie sich entfalten kann. Die Frau, die sich erinnert, spricht dann von ihrer Freude, wenn sie spürte, wie ihre Brüste größer wurden; wie sie über ihren Bauch strich und ihn im Spiegel anschaute; wie sie in manchen Augenblicken besonders stark erlebte, eine Frau zu sein; manchmal wie sie fühlte, daß sie »aufblühte«, sich schöner fühlte, mit »schönerem Haar«, einem »echten Körper«, einer »schönen Haut«; und gleichermaßen in anderen Fällen, daß sie die »doppelte Energie« hatte, ihre eigene »Kraft« spürte, »gut drauf« war usw. In sehr vielen Fällen mischen sich im Bericht über eine Abtreibung auf ziemlich unentwirrbare Weise Äußerungen, in denen angegeben wird, aus welchen Gründen die Entscheidung abzutreiben sich »aufdrängte«, und Formulierungen, die sich auf den »Kinderwunsch« beziehen –

wie die betroffenen Personen selbst sagen –, der um so stärker ist, als er nicht den Weg zur Verwirklichung gefunden hat.

Die Fülle der Schwangerschaft nach Isadora (eine Abtreibung, dann drei Kinder): »Ich fand den Zustand der Schwangerschaft herrlich, überwältigend phantastisch, denn du bist vollgestopft mit Hormonen von ich weiß nicht was, und darum bist du physisch auf Draht. Und ich war auch sehr jung, als ich meine Kinder bekommen habe, ich war nicht müde, immer kerngesund, sie kamen alle drei Wochen früher zur Welt, also hatte ich nicht mal die Zeit in Panik zu geraten.« Aber die Erfahrung der Abtreibung war schwierig für sie: »Du hast an deinem Körper dieselben Phänomene, wie bei jeder Schwangerschaft, die Hormone spielen ihr Spiel, das geht los und plötzlich wird es künstlich gestoppt, dann bist du völlig hilflos physisch und psychisch.« Besonders litt sie unter einer beunruhigenden Erscheinung: »Ungefähr neun Monate nach der Empfängnis dieses Kindes, also sagen wir siebeneinhalb nach der Abtreibung, schoß mir die Milch ein. Der ganze physiologische Mechanismus hatte eingesetzt und ab dem Tag, als das Kind zur Welt hätte kommen sollen, lief mir drei Tage lang die Milch raus, also ich hatte runde Flecken auf meinen Kleidern, ich kann sagen, das war ein Schock. Da versteckte ich mich, weil ich Angst hatte, meine Eltern vor allem könnten was merken. Und das war echt hart: Ich hatte Milch.«

Violaine, die im Freien (auf dem Markt) arbeitet, die nach einer Abtreibung dann später zwei Kinder bekam, verbindet ihre Schwangerschaften mit der »Wärme«: »Ich fühlte mich wohl in der Schwangerschaft. Das stimmt, man fühlt sich wohl, weil einem warm ist. Also das, das hat mir gefallen, daß mir warm war, da hab ich mich wohl gefühlt. Denn normalerweise bin ich verfroren und dazu war ich immer in der Kälte, weil ich im Freien gearbeitet habe. Ah! Die Zeit damals, die neun Monate zweimal, da war mir immer warm, ich hab mich wohl gefühlt, das stimmt, das tut wirklich gut. Nur die letzten drei Monate, das stimmt, das ist ein bißchen härter, von wegen dem Gewicht auf den Beinen, auch wenn man sich hinlegt, findet man nicht die rechte Lage.« Violaine sagt auch noch: »Ich war dazu gemacht, Kinder zu bekommen. Ich bin Krebs, ein sehr mütterliches Sternbild.« Véronique ist 24 und dabei, ihr Studium abzuschließen, sie spricht von ihrer ersten Schwangerschaft, die mit einer Fehlgeburt endete, bevor sie wieder schwanger wurde und sich zu einer Abtreibung veranlaßt sah: »Ich war vollkommen glücklich, ich spürte... Ich hatte ein sehr eigenartiges Gefühl: von dem Moment an, als ich schwanger war, da hatte ich das Gefühl, meine Vergangenheit könnte mich nie mehr erwischen. Das war eine Art Offenbarung für mich, auf einmal hab ich mich gefühlt, als wäre ich fähig zu... fast allem. Das war unglaublich. Ich war ziemlich geplagt von meiner Vergangenheit, schwer auszuhalten, ziemlich viel Zeug und jede Menge Leute und das, das war für mich jetzt alles vorbei, das ist wirklich ... ich wandte mich endgültig dem zu, was kommen würde ... dem, was schon gleich da war und ich fühlte mich unverletzbar. Ich fühlte mich wohl in meinem Körper, aber ich war nicht, ich war nicht gewaltig, ich war grade recht ... aber es reicht, daß man das spürt, dann spürt man auch, daß man ist ... das war unzerstörbar. So kam es mir vor, auch physisch. Es kam mir vor, als wäre ich zehnmal so stark, als könnte ich einen Haufen Dinge machen, es kam mir vor, als würde ich... Aber es war mir sogar, daß die Probleme, die kleinen psychologischen Bremsen... [...] Also mir war, als ob alle diese kleinen Bremsen, damit hatte ich keine Probleme mehr. Alles erschien mir flüssig, ich hatte die Kraft für alles, ich war wie von einer unglaublichen Energie getragen.«

Diese Anfälle von Fülle können trotz oder wegen des Glücks, das damit verbunden ist, die Wirkung haben, daß in der Zeit, die die Entscheidung abzutreiben von der Abtreibung selbst trennt, das Leben besonders schwer ist, vor allem, wenn die Ausführung sich aus Gründen verspätet, die nicht vom Willen der betroffenen Person abhängen und zum Beispiel durch die Überfüllung der medizinischen Strukturen bedingt sind. Die Schwangere befindet sich in einer gespaltenen Lage, denn sie erlebt die Entfaltung ihrer Schwangerschaft (und oft hat sie daran eine Freude, die sie nicht beherrschen kann), obwohl sie weiß, daß sie sich nicht dabei aufhalten darf – gewissermaßen darf sie nicht wissen, was sie empfindet – da ja diese Schwangerschaft abgebrochen werden soll.

Juliette, 20, Lehrerin, hat ungefähr einen Monat vor unserem Gespräch abgetrieben. Sie wurde schwanger, nachdem sie eine einzige Nacht mit einem jungen Mann geschlafen hatte, den sie »früher mal kennengelernt«, aber »schon lange nicht mehr gesehen« hatte. Sie beschließt sofort abzutreiben, weil er »nicht der Richtige« ist, »sondern eine zufällige Begegnung«. Aber ausgerechnet hatte sie in dem Moment große Lust auf ein Kind (sie ist in Urlaub mit einer Freundin, die gerade ein Kind bekommen hat, und »wir redeten pausenlos von Kindern«). Die Zeit zwischen dem Moment, in dem sie merkt, daß sie schwanger ist, und dem Moment, in dem sie abtreibt, ist daher besonders schwierig für sie: »Am härtesten war eigentlich für mich die Zeit, als ich es gemerkt hatte und bevor ich konkret was unternommen habe, also vor der Abtreibung. Weil ich spürte, ich war schwanger, aber gleichzeitig hatte ich sofort beschlossen, ich würde abtreiben, und so wollte ich nicht allzusehr realisieren, daß ich schwanger war. Aber ich spürte es trotzdem. Und außerdem war ich sehr erschöpft und so, und das ist also ein Zustand zwischen zwei Stühlen, und da war ich sehr deprimiert.« Nach der Abtreibung hatte sie ein »Gefühl der Befreiung«. Aber jetzt hat sie keine Lust mehr auf Geschlechtsverkehr. Jetzt hat sie gerade einen Typ kennengelernt, der »ziemlich hartnäckig« ist, mit dem es aus diesem Grund »schlecht läuft«.

Als wir uns mit Florence (26 Jahre) treffen, ist sie zum zweiten

Mal schwanger (vor drei Jahren hat sie sich einer ersten Abtreibung unterzogen) und soll in zwei Tagen abtreiben. Sie beschreibt ihren Wunsch, ein Kind zu bekommen, und die Unmöglichkeit, dasjenige zu bekommen, das sich in ihrem Fleisch schon eingenistet hat, die unwillkürliche Freude an dessen Anwesenheit und auch die große Unruhe, die ihr diese Freude verursacht: »Schon immer haben mir die Kinder gefallen. Ich weine die ganze Zeit wie eine Blöde. Ich schaue ein kleines Kind an, mir wird ganz anders. Alle sagen: ›Du spinnst‹ [...]. Ich leide, weil ich will dieses Kind, ich will es behalten, aber meine Situation ist so, daß es nicht geht. [...]. Ich hab nicht die Kraft zu kämpfen und zu sagen: ›Ich will das Kind einfach auf jeden Fall.‹ [...] Ich fühlte mich allmählich wohl. Ich war so weit, daß ich ein Kind bekommen konnte. Ich wollte es [...]. Ich spüre, etwas frißt mein Leben. Etwas frißt mich von innen her. So ist es ungefähr. Es ist nicht schlecht, nicht böse. Aber da habe ich wirklich etwas [...]. Wie wenn mir dauernd übel wäre. Ich fühle mich nicht gut. Ich esse, es geht mir schlecht. Ich schlafe, ich bin auf, es geht mir schlecht. Ich hab das Gefühl, da ist etwas, das frißt mein Leben von innen her auf.«

Wenn die Entscheidung abzutreiben und die nötigen Schritte dazu sehr schnell auf den Augenblick folgen, in dem die Frau von ihrer Schwangerschaft weiß, erinnern sich die Frauen in manchen Fällen an psychische Prozesse, die sie in Bewegung gesetzt haben, um dem gespaltenen Bewußtsein ihres Fleisches zu entkommen, wie Joelle, die sagt, sie hätte sich »von ihren Emotionen abgeschnitten«, die »tat, was sie konnte, um sich nicht von ihnen fortreißen zu lassen«, oder Sidonie, die sich daran erinnert, ihre »Erfahrung verdrängt zu haben«, und die den Zustand, in dem sie sich damals befand, mit dem eines Gegenstands vergleicht, etwa eines »Teils in einer Fabrik«, »etwas, das mit sich geschehen läßt«, manipuliert, »zusammengesetzt« wird, das auf einem »Fließband« befördert wird, wo »alles gemacht wird«.
Diese Sprache drückt die Sorge aus, nicht von der einmal getrof-

fenen Entscheidung abzukommen, das befindet sich im Bereich der Instanz des »Ich«, und nur darin, damit das Wort, das vom Fleisch kommt, zum Schweigen gebracht wird. Wir werden sehen, daß diese Weise, sich an seine Verpflichtung dem Abtreibungsprojekt gegenüber zu binden, zumeist eine Ausbreitung der »rationalen« Gründe und Rechtfertigungen im Hinblick auf die Legitimität erfordert, an die man sich fesselt, wie – und um das berühmte, von John Elster verwendete Bild wieder aufzunehmen – Odysseus, der sich am Schiffsmast festbinden läßt, um sicher zu sein, daß er sich vom Gesang der Sirenen nicht herumkriegen läßt.[28]

Die »Ambivalenz« als Willenskonflikt

Aber es ist nicht immer so. Die »Ambivalenz«, von den Psychoanalytikern häufig in solchen Situationen festgestellt, aber im übrigen auch in nicht wenigen Fällen, in denen die Mutter behauptet, das Kind in ihrem Leib »behalten zu wollen«[29] – was sie mitunter so weit bringt, einen Begriff in Frage zu stellen, der heute schon ins allgemeine Bewußtsein gedrungen ist, nämlich den Begriff des »Kinderwunsches«, dessen zweideutigen Charakter die Psychoanalytiker unterstreichen –, kann in dem Rahmen, den wir hier entwickeln, als ein unbeständiges Schwanken zwischen dem Willen zur Beherrschung und dem Willen des Fleisches interpretiert werden. Der »Konflikt der Ambivalenz[30]« befindet sich so an der Nahtstelle zwischen der Instanz des »Ich«, wo sich ein »Projekt« ausbreitet, und der von der *chôra* affizierten Instanz des Fleisches, das diesseits der Konstitution des Fötus als äußeres Objekt, das sich im Inneren befindet, nicht die Fähigkeit hat, zwischen den ersetzbaren Produkten der Sexualität und den singulären – das heißt nicht ersetzbaren – Wesen zu entscheiden, die dazu bestimmt sind, auf die Welt zu kommen, um dort einen bestimmten Platz einzunehmen.
Auf die in der Erfahrung verankerte Sorge, der Wirklichkeit der

zwei Sorten von Willen, die wir identifiziert haben – und stünden sie in Konflikt miteinander –, Rechnung zu tragen, müssen die Äußerungen zahlreicher Verfechterinnen der Abtreibung bezogen werden, die oberflächlich betrachtet zwar widersprüchlich erscheinen mögen, sich aber auf die feministische Tradition berufen, wenn sie einerseits gegen jeden Eingriff aufbegehren, der als Ziel oder Wirkung die »Erweckung von Schuldgefühlen« bei den abtreibenden Frauen haben könnte, und andererseits immer wieder daran erinnern, daß es der Wirklichkeit nicht entspreche und eine Beleidigung für die abtreibenden Frauen sei, diesen Akt »auf die leichte Schulter« zu nehmen und zu »banalisieren«. Das hieße nämlich vergessen, daß er immer eine »Gewalttätigkeit« enthalte, die sich nicht oder nicht nur gegen ein Wesen richte, dessen schwach objektivierte Wirklichkeit immer in Frage gestellt werden könne, sondern gegen die Frau selbst, in dem Sinn, daß ihr eigenes Fleisch geschwängert sei.

Die Erfahrung des geschwängerten Fleisches kann sich auch auf Anhieb nicht als Fülle, sondern als Unruhe einprägen oder in längeren oder kürzeren Folgen zwischen den beiden Gefühlen schwanken. Dann wird die Schwangerschaft erlebt, als ob sie eine Krankheit wäre, nicht nur wegen der Beschwerden, mit denen sie oft einhergeht (Übelkeit, Müdigkeit, Verdauungsprobleme usw.), sondern auch wegen ihrer merkwürdigen Eigenart, dieser Art Verbreitung eines fremden Fleisches im Gewebe des eigenen Fleisches. Das Gefühl, daß etwas wie unter Einwirkung eines fremden, von der Person, die ihm unterworfen ist, unabhängigen Willens in den Fasern ihres Fleisches auf fast unerbittliche Weise wächst, kann die Form einer unerbittlichen Angst annehmen. So wie eine Frau, der wir im Krankenhaus in einem Augenblick großer Verwirrung begegnet sind, erregt von diesem »Ding, diesem Zeugs, das nicht locker läßt«, sprach. In einem solchen Fall wird die Abtreibung als eine Erlösung erwartet. Sie wird nicht, wie in den Fällen, die wir vorhin erwähnt haben, als das Resultat einer »Entscheidung« gezeigt, welche die »Wirklichkeit« berücksichtigt und insbesondere die »Zukunft«, sondern imstande, eine Spannung zu den Gefühlen zu schaffen, die der Zustand der Schwangerschaft in der Gegenwart hervorruft. Es ist dieser Zustand an sich, der als unerträglich empfunden wird und, genauer gesagt, die Anwesenheit dieses »Dings«, das sich in einem Selbst eingenistet hat.

Sophie ist 25. Sie ist Studentin. Sie hat zwei Abtreibungen hinter sich: mit 18 und mit 22 Jahren. Sie spricht darüber, wie sie ihre Schwangerschaften erlebt hat, insbesondere vor der zweiten Abtreibung, was eine schwierige Zeit für sie war: »Bevor du schwanger wirst, und du warst vorher noch nie schwanger, denkst du, ein Kind kriegen, das ist ein wunderbarer Traum. Wenn du dann wirklich schwanger bist, dann weißt du mit einem Schlag, in deinem Körper, da ist jetzt etwas, das immer größer wird. Du kommst aus dem Traum in die Wirklichkeit. Du spürst es. Du weißt, da ist jetzt was … auch wenn du kein bißchen spürst, was sich da in deinem Bauch breitmacht, du weißt, da ist was, das sich… Und du kannst nichts dagegen tun. Selbst wenn du dich zwingst, nicht dran zu denken. Versuchst eine Abtreibung in deinem Kopf zu machen.« Nach diesen Erfahrungen bekommt sie Angst bei der Vorstellung von etwas, das in ihren Körper eindringt, und ihr Sexualleben ändert sich dadurch: »Ich hatte wahnsinnig Angst, mich körperlich einem Mann hinzugeben. Ich brauchte einige Zeit, bis ich die Lust, die Liebe, den Sex wieder empfinden konnte. Ich hielt die Vorstellung einer Ejakulation in mir drin nicht aus. All das Zeug vermischt sich in dir, und dann bist du blockiert. Du kannst empfangen, aber du willst nicht.«

Karine wurde schwanger, als sie 25 war und noch in der Studentenstadt lebte. Sie nimmt sofort Kontakt mit einem gynäkologischen Zentrum auf: »Ich wollte mein Problem sofort loswerden.« Der Anfang der Schwangerschaft verlief ziemlich schlecht: »Je schneller ich mein Problem loswurde, um so besser würde es sein. Es war für mich eine um so schlimmere Erfahrung, da ich physisch krank war, richtiggehend krank, ich glaube, ich war mein Leben lang noch nie so lange Zeit krank, weil … vor allem … also die Woche vor dem ersten Termin, und dann die Woche zwischen den zwei Terminen und der Tag der Abtreibung, da war ich so krank, sterbenskrank, ich erbrach mich ständig, ich konnte nicht auf den Beinen stehen, ich habe ich weiß nicht wie viele Kilo abgenommen, weil ich vierzehn Tage nichts gegessen habe. Ich brachte nichts hinunter. […] Ich erbrach mich sogar vor dem Eingang des Zentrums, weil … und sogar die Krankenschwester sagte zu mir: »Aber so was gibt es doch nicht, was haben Sie denn, das ist nicht normal, daß man so krank ist?« Und diese Beschwerden, die waren in fünf bis zehn Minuten nach dem Schwangerschaftsabbruch weg. Bei der Besprechung mit der Beraterin erklärt sie mit folgenden Worten, was in ihr vorgeht: »Ich habe ihr meinen Standpunkt ein wenig erklärt und gesagt, daß ich mich für krank halte und verlange behandelt zu werden und ich wolle nicht, daß man an meiner Überzeugung zweifelt. Und sie sagte, ich sei doch nicht krank, die Schwangerschaft sei keine Krankheit. Sie hatte bestimmt recht, darauf hinzuweisen, weil das ist vielleicht eine leicht verstümmelte Sicht, wenn man sagt, ich bin krank, aber für mich war es so. Es war dasselbe, wie wenn ich Blinddarmreizungen gehabt hätte, dann hätte ich mich am Blinddarm operieren lassen.« Später im Lauf desselben Gesprächs: »Also ich für mich, ich muß einfach sagen, in meinem Bauch entwickelte sich etwas Fremdes, und das war ziemlich unerträglich […] Ich hatte keinerlei Kontrolle, in meinem Körper passierte etwas und ich hatte keine Kontrolle darüber, das war unerträglich. Es passierte etwas, das noch nicht wahrnehmbar war, aber es brachte mich in eine Lage, in der ich jegliche Kontrolle verlieren würde.«

Die Spur eines anderen in sich selbst

Zu verstehen, warum es zu diesen Gefühlen der Fülle oder der Unruhe kommt, mit welcher Intensität und wann der eine Zustand die Oberhand über den anderen gewinnt, ist gewiß ein Ziel, das mit den gewöhnlichen Mitteln der Soziologie nicht erreicht werden kann. Aber man kann zu diesem Thema zwei Konjekturen machen. Die erste: Das Ausmaß des einen oder des anderen Gefühls spielt bestimmt eine bedeutende Rolle für den Ausgang – abtreiben oder das Kind behalten. Man sieht es besonders gut an den Fällen, die keine Ausnahmen sind, wo wider Erwarten (und, so sagen die der betroffenen Person Nahestehenden, wider alle Vernunft) ein Kind behalten wird, obwohl der Kontext im Hinblick auf die sozialen Normen dagegen spricht (zum Beispiel heute, wenn die Zeugungsumstände kein »elterliches Projekt« erlauben). Aber man sieht es auch in den umgekehrten Fällen, denen man gleichfalls begegnet, wo sich die Abtreibung mit einer sehr starken Forderung aufdrängt, obwohl die sozialen Bedingungen für eine Geburt dem Anschein nach alle vorhanden sind. Die zweite Konjektur ist die, daß diese in das Fleisch eingezeichneten Gefühle darauf bezogen werden müssen, wie sich das Bild des Mannes zeigt, dem die Frau die Tatsache, schwanger geworden zu sein, zuschreibt. Dieses Bild kann sein: das eines geliebten Menschen (sogar wenn seine Ablehnung der Vaterschaft eine zentrale Rolle bei der Entscheidung für die Abtreibung gespielt hat oder wenn jegliche Beziehung zu ihm abgebrochen ist); das eines Menschen, der der Frau relativ gleichgültig ist (das ist oft der Fall, wenn die Schwangerschaft das Ergebnis des »Abenteuers« einer Nacht oder einer sehr kurzen Beziehung ist); oder das eines widerlichen Kerls (was nicht ausschließt, daß die Schwangere eine mehr oder weniger lange Beziehung mit diesem Mann unterhalten hat, es kann sich sogar um ihren Liebhaber oder Ehemann handeln).

Marie ist 53. Von Beruf Studienrätin. Sie hat zwei Abtreibungen hinter sich, und als sie für die dritte schon im Krankenhaus ist, beschließt sie in der Nacht vor dem Eingriff, ihr Kind schließlich doch zu behalten. Die erste Abtreibung – mit 33 Jahren, sie ist geschieden und Mutter einer sieben Jahre alten kleinen Tochter – fällt in das Ende einer Geschichte mit »einem Freund«, mit dem sie »kein sehr konstantes Verhältnis hatte, und auch keine starke Liebesbeziehung«. Von dieser ersten Abtreibung, die für sie selbstverständlich war, sagte sie nur: »Ich wollte es nicht behalten, weil ich wußte, das war nicht der Mann, von dem ich ein Kind wollte.« Die zweite Abtreibung fällt genau in die Zeit, als sie gerade den kennengelernt hatte, der dann ihr zweiter Mann wurde (er hatte sich gerade von seiner Frau getrennt und war Vater von zwei sehr kleinen Kindern). »Es war noch keine feste Sache, aber zu ihm hatte ich eine sehr starke Liebesbeziehung und ich wußte, daß ich vielleicht gern ein Kind von ihm wollte, aber erst in Zukunft, nicht in dem Augenblick.« Marie sagt, sie habe diese zweite Abtreibung »aus ihrem Gedächtnis herausgeschnitten«. Mit 39 ist sie wieder schwanger, von demselben Mann. Sie denkt zuerst, das Kind nicht zu behalten, da es kein günstiger Moment ist. Ihr Mann ist für die Abtreibung, aber überläßt ihr die Entscheidung. Aber ihre eigene Beziehung zu ihrer Schwangerschaft nimmt konfliktreiche Formen an. Die Zeichen der Schwangerschaft »störten« sie sehr, weil sie, wie sie sagt, wußte, daß sie es nicht behalten würde: »Ich haßte es ein bißchen, es war mir nicht wohl, ich kann mich erinnern, daß ich mich anschaute, daß ich Angst hatte vor meinem Körper. [...] Ich wollte nicht, daß sich mein Körper änderte, weil ich wußte, daß ich mich schon für die Abtreibung entschieden hatte.« Der Termin für die Abtreibung verzögert sich, weil kein Platz im Krankenhaus ist. Sie macht eine Ultraschallaufnahme, die vor der Abtreibung vorgesehen ist. Ich dachte bei mir, ich will nichts sehen. Ich will es nicht anschauen. [...] Ich wollte nicht realisieren, daß ich schwanger war.« [...] »Das ist furchtbar, denn es ist zu viel, neun Wochen schwanger zu sein, um hinterher abzutreiben, das wollte ich eigentlich nicht. Ich wollte es nicht, denn das war ein Konflikt in mir, ich hatte ein Wesen, eine Person in mir, dann kümmert man sich darum, und danach sollte ich das alles abschneiden, das hat mich ziemlich schockiert, weil es bei der anderen Abtreibung eine sehr rasche Entscheidung gewesen war, ich erfuhr, daß ich schwanger war, und ich habe abgetrieben, alles im Lauf einer Woche.« Sie geht ins Krankenhaus, um abzutreiben. In der Nacht hat sie einen Alptraum. Es wird ihr klar, daß sie »die Erfahrung einer neuen Mutterschaft machen will«. Um sieben Uhr früh ruft sie die Krankenschwester: »Ich bitte um Entschuldigung, aber ich möchte die Schwangerschaft nicht mehr abbrechen.« Ihre zweite Tochter ist heute dreizehn Jahre alt.

Das Fleisch im Zustand der Schwangerschaft ist tatsächlich ungewöhnlich oder etwas anderes, weil es wie von einem Willen belebt ist, der sich in ihm befindet, aber auch, weil eine Spur in ihm ist, die ein anderer hinterlassen hat. Diese Spur ist etwas anderes als die gute oder schlechte Erinnerung an einen Geschlechtsverkehr, den eine Frau mit diesem oder jenem Mann haben kann – eine Erinnerung, die immer wieder erneuert oder im Gegenteil ausgelöscht werden kann –, weil sie auf dauerhafte Weise in das Gewebe ihres eigenen Fleisches eingegraben ist. Sie ist ein Fleisch mit ihrem eigenen. Und auf diese Weise vermischt, verursacht die Spur eines widerwärtigen Menschen Ekel, genauer gesagt, eine Art von Ekel, die auch ein Ekel vor sich selber ist. Was wir die Unruhe genannt haben, kann in diesem Sinn dem Ekel angenähert werden, der den oder die packt, der eine ekelige Speise zu sich genommen hat (zum Beispiel ein verbotenes Fleisch wie das Schwein für die Juden oder die Muslime oder irgendein Fleisch für einen Inder[31]), deren Fleisch nun seinem eigenen Fleisch einverleibt ist und mit ihm eins geworden (was ein Indiz unter anderen für die von den Anthropologen oft festgestellte Nähe zwischen Sexualität und Ernährung bildet). So geschieht es, daß das Fleisch in der Schwangerschaft, vor allem an deren Anfang, gewissermaßen sich selbst fremd wird, als würde ihm die dauerhafte, von einem anderen hinterlassene Spur etwas von diesem Fremden, von dessen Substanz[32] aufzwingen und damit etwas von dessen Lage in der Welt, von dessen Platz in der Struktur der Gruppen und ohne Zweifel auch von dessen Verwandtschaft, kurz etwas von all dem, was diesen anderen zu dem gemacht hat, der er ist, das heißt, von allem, was er sich im Lauf seines Lebens selbst einverleibt hat.

Mehrere der Frauen, mit denen wir vor allem im Krankenhaus in Erwartung der Abtreibung gesprochen haben, haben ihren Ekel vor dem geäußert, was sich in ihnen angesiedelt hatte und jetzt dort wuchs. Eine Dreißigjährige, Handelsattaché und alleinerziehende Mutter, die schon eine Abtreibung hinter sich hatte, sagte: »Ich habe den Eindruck, daß ein Eindringling in mir ist, aber mit meinem Sohn und seinem Vater war es überhaupt nicht so.« Dann spricht sie von ihrem jetzigen Freund, der für ihre Schwangerschaft verantwortlich ist: »Er ist schon gewalttätig gewesen. Er ist sehr possessiv. Seit ich ihn kenne, bin ich wie ausgelöscht.« Eine 24jährige Verkäuferin, die schon eine Abtreibung hinter sich hat, zeigt eine noch heftigere Ablehnung und erklärt: »Ich weiß nicht, von wem das Zeugs war. Ich hatte den Eindruck, in meinem Bauch ist ein Monster. Als sie mich gefragt haben, ob es von demselben ist, da konnte ich mich nicht wirklich von dem ersten trennen, und ich schäme mich, und ich habe den Eindruck, es ist von ihm, und ich habe es auf jeden Fall so empfunden.« (Im Verlauf eines Gesprächs im Krankenhaus, in der Provinz.)

Diese Bemerkungen ermöglichen auch eine Erklärung dessen, was wir die *Fülle* genannt haben. Die Augenblicke der Fülle sind die, in denen das Fleisch den fremden Beitrag, der sich ihm eingedrückt hat, adoptiert und seine eigene Ausweitung als eine Aneignung nicht nur des Fleisches eines anderen empfindet, sondern, so könnte man sagen, durch dieses Fleisch auch eine Aneignung der Welt in dem, was sie an Äußerlichstem hat, des Unterschieds, dort, wo er am radikalsten ist, der dann nicht mehr bedrohlich ist, sondern wie mit ihm selbst einig. Unruhe und Fülle können einander abwechseln, und das geschieht häufig, wie es scheint, am Anfang der Schwangerschaft. Dann neigt eines der beiden Gefühle dazu, sich auf hartnäckigere Weise festzusetzen und den Vorrang über das andere zu gewinnen. Diese Bewegung begleitet die Wiederaneignung des Fleisches auf der Stufe des »Ich kann« und die Aufnahme des Fötus in ein Projekt. Aber die fleischlichen Gefühle hinterlassen selbst auch ihre Spuren. So kommt es, daß der abgelehnte, durch die Abtreibung aus der Welt geschaffte Fötus noch eine Zeitlang gegenwärtig bleibt: als Leere, Fehlen, Verlust. Diese Anwesenheit kann episodisch sein und sich zeigen, wenn ein Ereignis (zum Beispiel die Tatsache, dem Kind einer Jugendfreundin zu begegnen, deren Schwangerschaft mit der eigenen zusammengefallen war) daran erinnert, daß man, hätte keine Abtreibung stattgefunden, selbst auch »ein Kind in diesem Alter« hätte, oder es kann sich auch auf hartnäckigere und kontinuierlichere Weise äußern. In mehreren Fällen sagten die Frauen, mit denen wir sprachen, sie würden hin und wieder von dem »Kind«, das sie abgetrieben hätten, träumen oder auch mit ihm »sprechen« (in einem Fall ihm »schreiben«). Eine Frau (Sofia), die nach einer ersten Abtreibung in schwierigen Situationen drei Kinder zur Welt gebracht hat (und die beiden Väter jeweils die Abtreibung forderten), sagt, sie denke, ja, unglücklicherweise sei sie wieder schwanger, aber sie würde diesen ungelegenen Eindringling behalten – wie wenn, so sagt sie, »mir nicht immer einer fehlen würde«.

Fügen wir hinzu, daß die umgekehrte Lage, die sogenannten »Wunschkinder« betreffend, die dazu bestimmt sind, ausgetragen zu werden, aber nie im Lauf der ganzen Schwangerschaft aufhören, Gegenstand der Unruhe und der Ablehnung zu sein, ganz sicher ebenso existiert. Aber im Rahmen dieser unserer Untersuchung können wir sie nicht erreichen, nicht nur, weil wir uns entschieden haben, die Frage der Zeugung über den Umweg der Abtreibung anzugehen, und diese Wesen Gegenstand einer hartnäckigen Ablehnung sein können, ohne deswegen abgetrieben zu werden, sondern auch weil, wenn es noch möglich ist, in einem Gespräch den Ekel auszudrücken, den man vor der eigenen Schwangerschaft empfindet oder auch danach vor dem verlorenen Kind, gewiß nichts schwieriger ist, als seinen Abscheu vor dem sogenannten »Wunschkind« zuzugeben (in dem Sinn, als seine Empfängnis das Ergebnis einer Entscheidung ist), dessen Geburt von einer ganzen Familiengemeinschaft erwartet wird, ganz zu schweigen von der Ablehnung, die ein schon geborenes Kind betreffen kann.

Vom Willen des Fleisches zur Bindung an ein Projekt

Die Wiederaneignung dessen, was in dem von der Schwangerschaft affizierten Fleisch geschieht (im Sinne dessen also, was wir die Instanz des »Selbst« genannt haben), um ein Projekt zu konstituieren und es dort zu integrieren (im Sinne dessen, was wir die Instanz des »Ich« genannt haben), setzt eine radikale Veränderung voraus. Das »Ich« kann sich tatsächlich in diesem Fall nicht stillschweigend gleich nach dem »Selbst« aufbauen, weil sich ihm das schwangere Fleisch zeigt, als wäre es mit einem selbständigen Willen begabt. Was »Ich« will, kann das schwangere Fleisch nicht wollen; was das Fleisch will, dazu kann »Ich« sich nicht entschließen; »Ich« hat nicht jede Macht über das Fleisch, wie *chôra*, die selbst nicht jede Macht über »Ich« hat, usw. Um sich in das Register des Projekts einzufügen, bei dem der Wille zur Beherrschung sich frei entfalten kann, muß der Wille des Fleisches von der Logik des Ortes als *chôra* losgelöst sein, um mit einer Logik des Ortes als *topos* verbunden zu werden. An die Stelle der immanenten Erfahrung des Fleisches tritt die des *Körpers* als Ort, der dem Subjekt *gehört*, der dessen *Eigentum* ist, was voraussetzt, daß er von ihm unterschieden ist, im selben Moment, in dem sich wieder die Beziehung von Subjekt zu Objekt einstellt. Im »Bauch«, in der »Gebärmutter«, das heißt irgendwo im Raum des Körpers befindet sich – durch eine seltsame voluntaristische Illusion, als könnte es genausogut anderswo sein – ein Wesen, der Fötus, in einer Position des Draußenseins, aus der Sicht des »Ich« wie ein vor ihm befindliches Objekt. Dieser radikale Wechsel befällt auch die Erfahrung der Schwangerschaft in ihrer zeitlichen Struktur. Im selben Augenblick wie der Fötus von dem ihn einschließenden Ort abgetrennt wird – der nun schon Raum und nicht mehr Gegend ist –, wird er von einer Bewegung ergriffen, die ihn in die Zukunft projiziert und unzertrennlich damit ins Imaginäre. Denn genauso wie er nicht vorne ist, wie er nicht sichtbar ist, wie es ein außen befindlicher Gegenstand wäre, wie er im Fleisch verwurzelt bleibt und nicht in der Welt vorhanden, so existiert er nur in dem seltsamen ontologischen Zustand der gegenwärtig der seine ist, und nicht unter den Gestalten, die ihm notwendigerweise seine Einfügung in ein Projekt verleiht: weder in der Gestalt eines fertigen »Kindes« (*mein Baby*) noch in der Gestalt einer Virtualität (*nichts*).

Aber dieses merkwürdige »Gedankenexperiment« muß verwirklicht werden, damit der Wille zur Beherrschung, der keine Macht über das Fleisch als *chóra* hat, sich äußern kann. Das außerordentliche imaginäre Vermögen des »Ich« (ein dem immer im Wirklichen verbleibenden »Selbst« unbekanntes Vermögen) gestattet es ihm dann, dieses Objekt durch den Blick, den es darauf wirft, zu konstituieren, wie es mit jeglichem vor es hingeworfenen Objekt verfahren würde. Diesem unsichtbaren »Anderen«, das aber durch den imaginären, auf es geworfenen Blick etabliert ist, kann ein Status oder eher verschiedene Status zuerkannt werden, je nach den Projekten, in die man es integriert und die es immer als äußeres Wesen betreffen, das in der Welt vorhanden ist, egal ob es dazu bestimmt ist, geboren zu werden (unter der Modalität des *authentischen Fötus*) oder als »nichts« zu verschwinden (unter der Modalität des *tumoralen Fötus*). Vom Standpunkt des »Ich« aus ist das Wesen im Inneren und im Augenblick irgendwie dem Fleisch entrissen, um voll und ganz auf den Status bezogen zu sein, in den es ein Projekt versetzt hat.

Trotzdem bleibt diese Wiederaneignung im Sinne der Instanz des »Ich« immer prekär. Die vom affizierten Fleisch erregten Gefühle sind verdrängt, aber nicht vollkommen ausgelöscht. Dem Willen zur Beherrschung gelingt es nicht, den Willen des Fleisches ganz unter seine Macht zu bringen. Einer der Gründe dafür ist die nie ganz ausgeschlossene Möglichkeit (obschon immer unwahrscheinlicher je weiter die Schwangerschaft voranschreitet) einer sogenannten Fehlgeburt. Sogar nach Art eines Objektes wieder angeeignet und in ein Projekt integriert, kann also der Fötus sich dem ihm zuerkannten imaginären Status entziehen. Wenn durch den Fortschritt der Technologie die Fälle des Mißlingens bei den »künstlichen« Abtreibungen selten geworden, wenn nicht sogar völlig ausgeschaltet sind, die vor kurzer Zeit noch sehr zahlreich waren und deren Ergebnis war, daß Föten zur Welt kamen, die man vor der Zeit hatte ausstoßen wollen (manchmal mit dem Abschluß eines Kindsmords), so sind doch die Fälle der Fehlgeburten von als authentisch konstituierten Föten noch häufig genug, als daß der Wille des Fleisches ganz vergessen werden könnte.

Aber sogar außerhalb dieser Fälle erklärter Rebellion kann die Schwangerschaft schwerlich ohne diesen Wechsel zwischen den Zuständen »erlebt« werden, wo die passive Affektion vorherrscht, und den Zuständen, wo das Überwiegen des »Ich« aus dem Fötus den Gegenstand eines Projekts macht. Ohne die dumpfe *Unruhe*, die aus der *chôra* aufsteigt, fände das Projekt einer Abtreibung schwerlich eine Grundlage. Und wäre das Leben ohne die *Fülle*, die von der *chôra* ausgeht, während einer ganzen ausgetragenen Schwangerschaft überhaupt »lebenswert«?

Die Spannung zwischen dem, was wir den Willen des Fleisches genannt haben, und dem Willen zur Beherrschung (dem des »Ich«) wird auf besonders verwirrende Weise von denen von uns im Krankenhaus oder bei einem Zwiegespräch kontaktierten Frauen empfunden, die zu verschiedenen Zeiten ihres Lebens zwei Erfahrungen gemacht haben, die sie unbedingt miteinander vergleichen müssen: zuerst die Erfahrung des Leids, weil es ihnen nicht gelang, schwanger zu werden, als sie es sich wünschten (die dann aber je nach den verschiedenen Fällen, nach einem ärztlichen Eingriff oder auch ohne diesen mit einer Geburt endete); und dann in einer späteren Lebensphase die Erfahrung der Sorge, schwanger zu sein, als sie (oder ihr Gefährte) kein Kind mehr wollten (die schließlich in einer Abtreibung mündete). Sidonie, die jetzt 38, verheiratet und Mutter von zwei Kindern ist, vergleicht die beiden Erfahrungen. Von ihrer Abtreibung sagt sie: »Manchmal sage ich mir, ich habe nicht getrauert über das, was ich immer noch im Kopf habe, das heißt die Möglichkeit, ein drittes Kind zu bekommen, vielleicht.« Dann erinnert sie sich an die Zeit, in der sie versuchte, ein zweites Mal Mutter zu werden, aber ohne Erfolg, und sagt: »Ich habe in meinem Leben traumatisierendere Erfahrungen gemacht. Es gibt Härteres. Aber kein Kind zu bekommen, wenn man ein Kind will, das ist wirklich hart, das ist das totale Versagen. Ich weinte, nachdem ich wegen der Spritzen in der Klinik gewesen war, und es kam nicht. Das ist sehr hart für eine Frau. Das ist wirklich eine Frustration, weil es etwas ist, das du dir nicht aussuchen kannst. Du mußt nehmen, was kommt, und es ist oft sehr schwer, nichts machen zu können, sondern nur davon zu träumen, man würde irgendwann doch eine Lösung finden. Aber es kam nicht. Dann habe ich aufgehört. Und es kam von allein, acht Jahre später.«

Und auch unter Umständen, die es kaum erlauben, das Kind auszutragen, schwanger zu werden, während man Zugang zu verschiedenen wirksamen empfängnisverhütenden Mitteln hat, kann als der Ausdruck eines autonomen, vom »Ich« unabhängigen Willens ausgelegt werden, der manchmal mit der Verbreitung von Elementen aus der Psychoanalyse in der Presse oder auch in den Fernsehsendungen dem »Unbewußten« zugeschrieben wird. Paulette sagt: »Ich fragte mich: Wie konnte dir das passieren? Ich bin doch ein großes Mädchen und weiß, wie man Babys macht. Nach meiner zweiten Abtreibung wurde mir klar, daß man im Unbewußten nicht gegen den Wunsch nach einem Kind ankämpfen kann.« Und sie fügt erklärend hinzu: »Ich war immer von Kindern umgeben. Für mich ist das nichts Geheimnisvolles. Ich habe das vollkommen in mein Leben als Frau integriert, seit langer, langer Zeit. Ich komme aus einer kinderreichen Familie, ich habe viele Nichten und Neffen, also ist der Wunsch nach einem Kind seit langer, langer Zeit da.«

Das »Fleisch von meinem Fleisch«

Nicht alle Föten werden abgetrieben. Die Anzahl derer, die bis zum Tag ihrer Geburt in dem Fleisch bleiben, wo sie sich eingenistet haben, ist bedeutender (vor allem ohne Zweifel seit der Verbreitung wirksamer Verhütungsmittel) als die Anzahl derer, die hinausgeworfen werden. Fragen wir uns, wie sich in diesem Fall die Beziehung zwischen dem Willen des Fleisches und dem Willen zur Beherrschung gestaltet, die, wie wir gesehen haben, in den Situationen, wo die Schwangerschaft mit einer Abtreibung endete, leicht die Form eines Konfliktes annahm.

Eine erste Möglichkeit tritt auf, es ist die der Passivität. Die Schwangerschaft geht, wenn sie durch keinen Eingriff unterbrochen und wenn sie auch nicht durch eine Fehlgeburt am Fortbestehen gehindert wird, bis an ihr Ende weiter, es kümmert sie nicht – zumindest in ihren biologischen Dimensionen –, unter welchen Umständen der Sexualakt stattgefunden hat (Vergewaltigung, Unterwürfigkeit, Verlangen, Austausch usw.), dessen Ergebnis sie ist, in welcher Lage sich die Mutter befindet, ob es einen Platz gibt oder nicht, der das zukünftige Kind erwartet, usw. In der Passivität zieht sich die Instanz des »Ich« zurück, als müßte sie nicht eingreifen oder als *könnte* (und *wollte* sie) nichts ausrichten. Die Ablehnung einer solchen Passivität, die häufig als das unverhohlenste Produkt der männlichen Herrschaft denunziert wird, konstituierte eines der Hauptargumente für die »Geburtenkontrolle«, sowohl für die Empfängnisverhütung als auch für die Abtreibung. Stellen wir aber auf jeden Fall fest, daß die Art von Passivität, die hier gemeint ist, nicht diejenige ist, die das »Fleisch« affiziert. Diese Passivität befindet sich nicht im Bereich des »Selbst«, sondern in dem des »Ich«. Sie markiert den Verzicht auf das Projekt, das heißt die Ablehnung oder ohne Zweifel, um es genauer zu sagen, die Unmöglichkeit einer Wiederaneignung im Bereich des Willens zur Beherrschung dessen, was den Willen des Fleisches offenbar macht (ob es nun durch ein Gefühl der Fülle oder der Unruhe geschieht). Alles geschieht, als wäre die betroffene Person gewissermaßen ganz und gar vom Fleisch absorbiert, ohne in der Lage zu sein, dessen Vorschläge der Bindung zu bestätigen oder Widerstand gegen sie zu leisten. Und es ist genau diese Kapitulation des »Ich« vor dem »Selbst«, die empfunden wird, wenn sie von außen als skandalös oder sogar als unmenschlich betrachtet wird. Und das nicht nur, weil man in diesem Verzicht eine Aufgabe der Rechte sieht, welche die betroffene Person auf sich (oder in den Worten der Frauenbewegung »auf ihren Körper«) hat, sondern gewiß auch, obwohl das nicht so häufig ausdrücklich gesagt wird, weil diese Passivität im Hinblick auf das Fleisch, in der sich die Instanz des Projekts befindet, ein Zeichen dafür ist, daß gegen den ersten Zwang bei der Zeugung, den wir im zweiten Kapitel erarbeitet haben, verstoßen wird. Der Verzicht auf das Projekt zeigt dann klar, daß der Prozeß der Bestätigung durch das Wort, der das im Fleisch eingenistete Wesen betrifft, nicht zu Ende geführt wurde und daß das Wesen, das zur Welt kommen wird, von der, die es in sich trägt, nicht *adoptiert* wurde, so daß die Bedingungen für dessen Zugang zur Singularität, das heißt zum vollen Menschsein, nicht vollständig gesichert sind.

Genau das empfindet eine der von uns befragten Frauen ihrem jüngsten Sohn gegenüber. Als sie schwanger war (und ihr Gesundheitszustand so schlecht war, daß ihre Gynäkologin ihr zu einem Schwangerschaftsabbruch riet), hätte sie, wie sie sagt, bestimmt abgetrieben, wenn ihr ältester Sohn nicht Leukämie gehabt hätte. Einer der Gründe, warum sie letzten Endes beschloß, dieses dritte Kind zu behalten und zur Welt zu bringen, war die Hoffnung, es könne das Material für eine Transplantation liefern, falls eine Transplantation nötig geworden wäre, um das Überleben des Ältesten zu sichern, wenn er einen Rückfall bekommen hätte. Sie adoptierte also dieses Kind nicht um seiner selbst willen, sondern behielt es gewissermaßen für einen anderen in sich. Diese Hemmung des Adoptionsprozesses zeigte sich während der Schwangerschaft ganz konkret an ihrem Verhalten, zum Beispiel daran, daß sie, während sie bei den anderen zwei Schwangerschaften immer mit ihrem Fötus redete (»ich redete mit ihm, als er in meinem Bauch war; lange Diskussionen; das riß mich hin wie eine Wahnsinnige«), hatte sie mit dem Fötus ihres dritten Kindes nie »genauso« gesprochen. Sie schreibt diesem Fehlen der Adoption das schwierige Verhalten dieses Kindes zu, das während der ersten Lebensjahre »nichts als Probleme hatte« und ihr »unglaublich zu schaffen machte«. Schließlich versucht sie diese Passivität jetzt zu kompensieren, indem sie ihren Jüngsten (der heute vier Jahre alt ist) mit besonderen Bezeugungen der Aufmerksamkeit und Liebe überschüttet: »Es fehlte ihm die Zuneigung, als er in meinem Bauch war. Das habe ich erst nachher begriffen. Ich glaube, daß ich Michel nicht wollte, und das war sehr hart an dem Tag, als es mir klar wurde. Das war ein ungeheurer Schmerz für mich. Deshalb steht er mir heute ganz nahe. Ich habe hinterher eine außergewöhnliche Arbeit geleistet. Ich hörte nicht mehr auf, ihm zu sagen, wie gern ich ihn habe, ich drückte ihn an mich. Noch heute ist er der einzige, der in mein Bett kommt.« (38 Jahre, getrennt, eine Abtreibung, drei Kinder, arbeitet bei einem Verband)

Aber der Bezug auf die Passivität reicht nicht aus, um allen zu Ende geführten Schwangerschaften gerecht zu werden. Manche Schwangerschaften werden akzeptiert oder sind, wie man sagt, »erwünscht«. Da stellt sich die Frage, welche Art von Beziehung sich in diesem Fall zwischen dem Willen des Fleisches und dem Willen zur Beherrschung einstellt. Denn die Annahme setzt im Gegensatz zur Passivität eine Wiederaufnahme im Sinne der Instanz des »Ich« und die Aufnahme in ein Projekt voraus. Dieser Transfer geht Hand in Hand mit der Konstitution einer Objektbeziehung. Der »nach vorne geworfene« Fötus ist Gegenstand eines absichtlichen Ziels. Man kann Pläne für seine Zukunft schmieden (ein »Kinderzimmer« herrichten, eine Vormerkung in einer Kinderkrippe machen usw.). Es besteht zwar auch in diesem Fall eine Verdrängung der Instanz des Fleisches (auch wenn sie sich immer wieder als solche in einem Wechsel von Fülle und Unruhe zeigt), und doch bedeutet diese Verdrängung keinen Konflikt. Die Spannung zwischen den beiden Instanzen ist wie beschwichtigt, denn alles geschieht so, als würden die Gefühle, die auf dem Niveau der ersten Instanz vorkommen, auf dem Niveau der zweiten wieder aufgenommen und aufs neue beschrieben werden.

Nadia ist Studienrätin und lebt seit zwölf Jahren mit demselben Mann zusammen und erwartet mit 37 ihr erstes Kind. Sie ist erst seit acht Wochen schwanger, aber dieses »Wunschkind« ist imaginär bereits konstituiert. Nadia teilt ihrem Mann mit, daß der Schwangerschaftstest positiv ist: »Am vierten Tag ging ich in die Apotheke und holte mir einen Test, ich ging mit Marc in den Supermarkt und versteckte ihn, ich wollte ihm nicht zeigen, was ich gekauft hatte. Dann komme ich nach Hause, laufe auf die Toilette, mache Pipi, da sehe ich dann das Zeichen, also gut… Dann rufe ich Marc und zeige ihm das Stäbchen mit dem Zeichen, ich war sicher, daß er nicht wußte, was das ist, ich zeigte es ihm und lachte und er sagt: ›Was ist denn das?‹, und ich sage: ›Schau das Zeichen da an‹, und er sagt: ›Was soll das heißen?‹ Da sage ich: ›Das ist das, was du wolltest.‹ Er wollte es nicht glauben, er war wirklich hingerissen. Er umarmte mich, lachte und war superglücklich.« Nadia stellt sich ihr Baby vor: »Ich stelle mir vor, wie es sein wird, was für Haare, was für eine Haut, wie es riechen wird, was wird es wollen, wie wird es sein, seine Persönlichkeit, ich denke schon an sein Sternbild, wenn es wirklich nach neun Monaten zur Welt kommt. Ich hätte große Lust, seine Haut anzufassen, die Haut eines Babys, das ist doch etwas Märchenhaftes. Also dieses kleine Wesen, das sich von mir ernähren wird, an das denke ich viel. Und ich denke auch an seinen Namen, an den Namen, den ich ihm geben werde. Ich habe ein bißchen Angst, alle meine Wünsche auf das Kind zu projizieren, zu sagen, wie ich gern möchte, daß es sein soll. Mir würde gefallen, wenn er oder sie mutig wäre, ich denke zum Beispiel, wenn es ein Mädchen ist, soll sie Valentina heißen, und Jérôme, wenn es ein Junge ist. Ich denke mir aus, er soll stark sein, aber sensibel und gefühlvoll. [...] Morgens und abends fasse ich es an, ich weiß, daß es da ist, auch wenn ich noch nichts von ihm spüre.« Nadia erzählt von der ersten Ultraschallaufnahme: »Ich wußte schon, daß das ein sehr ergreifender Moment war und ich versuche mich zu beherrschen. [...] Sein Herzschlag, wie man den hörte, das war eindrucksvoll. Ich wollte es auch audio aufnehmen, aber das ist nichts geworden, man sieht nur das Bild. Marc ist mitgekommen, er saß auf dem Stuhl daneben, er beklagte sich schon und sagte zu der Frau: Ich hab gesehen, was die Rolle des Vaters ist, eine Nebenrolle, als ich hereinkam, sagte der Arzt ›der kleine Stuhl hier daneben‹.«

Welcher Natur ist der Transfer vom Willen des Fleisches zum Willen zur Beherrschung? Nach unserer Meinung ist er derselben Natur wie die Liebe in dem Sinn, wie wir diesen Terminus in einer früheren Arbeit verwendet haben, um *Regime von Aktion* und Interaktion zu beschreiben, deren Bedeutung von der Soziologie nicht erkannt oder unterschätzt wurde.[33] Die Liebe interessiert uns als Regime von Aktion und Interaktion im Hinblick auf das Problem, mit dem wir uns hier befassen, wegen ihrer besonderen Eigenschaften, durch die sie sich an der Nahtstelle befindet zwischen der Autoaffektion des Fleisches und verschiedenen Arten, mit einem intentionalen Ziel in Aktion zu treten. Wir werden nun rasch die Ähnlichkeiten zwischen Autoaffektion und Liebesregime vorstellen, wobei wir uns an einer Arbeit von Laoureux orientieren, in der dieser die Möglichkeit dessen, was er ein »Regime der Leidenschaft« nennt,[34] ins Auge faßt.

Eine erste Gemeinsamkeit zwischen der Autoaffektion auf der einen Seite, gefaßt bei ihren »Grenzzuständen« von Leid oder Freude oder in unserer gegenwärtigen Optik von Fülle oder Unruhe, und einem Liebesregime auf der anderen Seite ist in beiden Fällen die Unmöglichkeit, zu Ressourcen Zugang zu haben, welche die Aufstellung einer Äquivalenz gestatten würden. Was das Fleisch befällt, ist »unermeßlich«. Um nämlich ein gemeinsames Maß zwischen diesen Gefühlsäußerungen in verschiedenen Augenblicken der Zeit oder bei verschiedenen Personen zu finden, müßte es möglich sein, mehr zu *verallgemeinern* und gestützt auf ein *Abkommen* eine *Metrologie* aufzustellen, wodurch man aber das Feld der direkten Erfahrung verlassen würde. Ebenso definiert sich ein Regime der Liebe in erster Linie durch die Ablehnung der Äquivalenz, wodurch es im Gegensatz zu einem Regime der Gerechtigkeit steht. Während im Fall der Gerechtigkeit sich die Beurteilung auf Verdienste und Verhältnisse beruft, tritt die Liebe als »unbegründet« und »unendlich« (in dem Sinn, als sie sich der Berechnung entzieht) auf.[35] Sie hängt in nichts von den Verdiensten des Objekts ab, auf das sie sich bezieht, ebensowenig von den gelieferten Leistungen, die sie im übrigen beim besten Willen nicht einschätzen könnte, da keine Instrumente der Äquivalenz vorhanden sind, die es gestatten würden, Vergleiche zu tragen. Genau in ihrer Eigenschaft als unbegründete kann man sie unendlich nennen.

Eine zweite Gemeinsamkeit betrifft die Frage der Sprache und der Möglichkeit einen (persönlichen oder relationalen) Zustand in einer Beziehung zu beschreiben. Im Fall der Autoaffektion ist das Äquivalent eines Wortes diese Autoaffektion selbst. Aber sie kann nicht artikuliert werden, ohne daß ein Austritt aus dem reinen Sichselbsterleben in Gang kommt (das ist im übrigen der Grund, warum man oft hinsichtlich eines Kummers sagt, »es erleichtert einen, wenn man davon spricht«, als ob es der Übergang in den Diskurs zuließe, daß man das »Regime der Leidenschaft« verläßt). Durch die Selbstreferenz, welche die Äquivalenzen aktiviert, verläßt man das Regime der Liebe, was man am Fall einer Äußerung wie »du siehst, ich gebe dir, ohne mitzuzählen« gut erkennt, der allein durch den Hinweis auf das Zählen, und somit auf Instrumente von Äquivalenzen, ohne die jegliches Zählen unmöglich ist, einen rechnerischen Willen zum Vorschein bringt, der in der Liebe keinen Platz hat.

Der letzte gemeinsame Punkt ist schließlich die Vorliebe für die Gegenwart auf Kosten der zurückblickenden Relation, die zum Beispiel in einem Regime der Gerechtigkeit vorherrscht. Die Autoaffektion erlebt sich in der Gegenwart ohne die Entfernung, die das In-eine-Story-Umwandeln mit sich bringt (das schon eine dialogische Beziehung zwischen dem gegenwärtigen erzählenden Ich und dem darstellt, der in einer kürzer oder länger vergangenen Zeit erlebt hat, was jetzt beschrieben wird), und also ohne irgendeinen »reflektierenden oder kritischen Abstand«. Ebenso befinden sich die Personen in einem Liebesregime in einem Verhältnis, das man mangels Besserem als sorglos bezeichnen kann, ohne zu versuchen, Reihen zu konstruieren, die es zuließen, langfristig die Aktionen eines anderen zu bewerten.

Trotzdem besitzt das, was wir als Regime der Liebe beschrieben haben, in anderer Hinsicht zahlreiche Züge, die es von dem Entwurf der Beschreibung eines »Regimes der Leidenschaft«, die wir bei Laoureux entlehnt haben, deutlich unterscheiden. So ist die Person in einem Liebesregime, weit davon entfernt in eine Passion verbannt zu sein, auf die Beziehung zu einem anderen hin ausgerichtet, was sie dem Handeln so stark verpflichtet, daß sie, wie man so sagt, manchmal »sich selbst vergißt«. Dieses Handeln ist allerdings nicht nur unwillkürlichen und spontanen Charakters. Es wird im Gegenteil von intentionalen Zielen getragen, die es einem anderen zuwenden. Die Liebe ist also sehr wohl in der Instanz des »Ich« verankert. Weit davon entfernt, passiv oder nur von ihrem eigenen Fleisch affiziert zu sein, geht die Person in diesem Regime aktiv auf einen anderen zu. Sie befindet sich nicht in der ursprünglichen Ungeteiltheit und kann diesen anderen als Liebesobjekt zum Ziel haben, genau deswegen, weil er anders ist, mag er nun körperlich in der Situation anwesend sein oder in einem imaginären Modus evoziert werden. Nichts hindert sie daran, Pläne für das geliebte Wesen zu schmieden und sich in bezug auf dieses an ein Projekt zu binden.

Diese kontrastreichen Eigenschaften geben dem Liebesregime die Möglichkeit, die Rolle der *Kupplung* zwischen der Autoaffektion des schwangeren Fleisches und der Instanz des »Ich« zu spielen. Die Liebe der Mutter bezieht sich gewiß auf ein Objekt, dieses Objekt, das sie im Raum ihres Körpers in sich hat, und das sie auf imaginäre Weise nach vorne projiziert, als wäre das Kind schon da. Aber sie löst sich deshalb nicht vom Fleisch, das in ein und derselben Bewegung zugleich als ihr – unruhiges und volles – Fleisch und als *Fleisch von meinem Fleisch* erlebt wird. Aber warum sagen wir von der Liebe als Kupplung, daß sie *unendlich* ist? Ihr diese Eigenschaft zuzuschreiben, kommt nicht aufs gleiche hinaus wie zu sagen, sie sei »die größte«, und eine Hymne auf die Mutterliebe anzustimmen. Das Unendliche bezieht sich nicht auf die Größe. Wir wollen damit zwei Dinge sagen. Das erste ist, daß sie einer so langfristigen Verpflichtung entspricht, daß man sie tatsächlich so behandeln kann, als würde sie nie zu Ende gehen. Das zweite, grundlegendere, ist, daß diese Liebe nicht nur keine Gegenliebe von dem, dem sie gilt, erwartet, zumindest nicht in der Form einer proportionellen Gegenseitigkeit, und daß nicht in erster Linie auf eine Bewertung der Verdienste dessen gegründet ist, dem sie gilt. Wie könnte es im Fall der Liebe einer Mutter zu dem Fötus in ihrem Fleisch anders sein, da der Adressat dieser Liebe zum großen Teil unbekannt ist? Aus diesem Grund kann man ebensogut sagen, daß diese Liebe *grund-los* ist.

Diese kurze Analyse der Art und Weise, wie die Logik des Projekts auf die Erfahrung des schwangeren Fleisches einwirkt, wenn der Fötus behalten wird und das Kind »erwünscht« ist, läßt vom Gegenteil her besser begreifen, was die Erfahrung der Abtreibung schmerzlich machen kann. In den beiden Fällen – ob nun der Fötus als zu behaltender oder als zu zerstörender betrachtet wird – ist der Übergang zum Projekt von einer Bewegung begleitet, die ihn (den Fötus) als Vorstellung und infolgedessen als Objekt konstituiert. Aber wenn das Projekt im Sinn einer Abtreibung festgelegt wird, kann es weder auf die Logik einer grundlosen Liebe umgeschaltet werden – denn gewöhnlich zerstört man nicht freiwillig, was man liebt –, noch sich auf eine Bewährungsprobe stützen (im Sinn einer Metaphysik der Gerechtigkeit), durch die sich herausgestellt hätte, daß der Fötus nicht die nötigen Eigenschaften besitzt, um seinen Weg in Richtung auf das Leben fortzusetzen. Man kann dem Fötus weder Verdienste anrechnen, noch ihn einer Verfehlung anklagen, weil er nicht *in* der Welt agiert. Man kann allerdings dank der modernen Untersuchungstechniken an einem Fötus beachtliche Mängel genug entdecken, um seine Zerstörung zu begründen, aber diese Mängel werden nie so dargestellt, als würden sie ihm das *Recht* auf das Leben absprechen (was in die Richtung der Gerechtigkeit zielen würde). Heute wird der behinderte Fötus nicht umgebracht, weil ein schlechtes oder nutzloses und kostspieliges menschliches Exemplar aus ihm würde (wie es im Fall der Übereinkunft mit dem Staat geschehen konnte). Und zumeist wird diese Handlung vollzogen, indem man anführt, welche Leiden der Mensch durchstehen müßte, zu dem er würde, wenn man ihn mit einer solchen Behinderung leben ließe, daß sein Leben »nicht lebenswert« wäre, das heißt in bezug auf eine Logik des *Mitleids,* die weder die der grundlosen Liebe noch die der Gerechtigkeit ist.

Daraus ergibt sich, daß die Positionen, die eine Schwangere in bezug auf das Kind, das sie behalten will, und in bezug auf den Fötus, von dem sie erlöst werden will, nicht symmetrisch sind. In den Fällen, wo der Fötus in das Projekt eines Kindes aufgenommen wird, wird er Gegenstand einer Adoption, die in sich selbst nicht mehr *motiviert* werden kann, wie es seine Auslöschung wäre. Aber *sie muß es auch nicht sein*, da die Formel der *grundlosen* Liebe im Sinn, daß sie sich nicht auf die Qualitäten des Liebesobjekts gründet, an die Stelle des Imperativs der Rechtfertigung tritt – der seinerseits auf eine Logik der Gerechtigkeit abzielt. Man entschuldigt sich nicht dafür, daß man ein Kind bekommt, und auf keinen Fall bei diesem zukünftigen Kind selbst, auch nicht wenn vernünftige äußere Beobachter denken könnten, seine Ankunft auf dieser Welt sei unangebracht, zum Beispiel wegen des politischen Kontexts, in dem sein Vater von einer Besatzungspolizei verfolgt wird, die Mutter krank ist und sich in einer prekären finanziellen Lage befindet usw. Bei dem zur Abtreibung bestimmten Fötus dagegen, der als solches Wesen nicht zum Liebesobjekt konstituiert werden kann (oder es wäre besser zu sagen, er *darf* es nicht werden, denn wenn das trotzdem geschieht – wir haben in unseren Aufzeichnungen einige solche Fälle –, werden die psychischen Spannungen schnell unerträglich), tritt die Forderung, sich Gründe auszudenken, um über seine Zerstörung Rechenschaft abzulegen, in den Vordergrund. Sie kann nie vollkommen außer acht gelassen werden. Offenbar in dieser Phase enthüllt sich der zweite der beiden Zwänge – der Zwang der Nicht-Diskriminierung –, die wir in Kapitel II identifiziert haben, auf die störendste Weise. Warum ausgerechnet er und nicht ein anderer? Warum er?

Ourdia, die mit 25 abgetrieben hat und nachher geheiratet und ein Kind bekommen hat, erzählt von ihrer zweiten Schwangerschaft: »Alles in allem hatte ich eine sehr gute Schwangerschaft. Alles war leicht. Ich hatte keine Probleme. Ich war also von Anfang an in Ruhe; ich hatte also keinerlei Angst auf medizinischem oder technischem Gebiet. Aber gleichzeitig sagte ein Schuldgefühl zu mir: Vielleicht habe ich dem anderen keine Chance gegeben, während ich alles in Bewegung setze, alles tue, damit der hier auf die Welt kommt. Und es ist wahr, das muß ich zugeben, ich hatte ein wenig Herzstechen, weil man daran denkt, weil man in derselben Situation ist, und da gerät man in einen… Es ist derselbe Arzt, der dir sagt, daß du schwanger bist, derselbe wie… Und jetzt ist es etwas anderes, etwas ganz anderes. Beim ersten hat man alles getan, um ihn verschwinden zu lassen, und beim zweiten tut man alles, um ihn zu behalten, um ihn bei bester Gesundheit zu erhalten, und man denkt notgedrungen daran, weil die Gefühle sind im Grund dieselben. Und nachher, ich gebe zu, ich habe auch dran gedacht, aber das war kein Schuldgefühl mehr, sondern einfach ein Gedanke, sonst nichts.«

Eine Lösung besteht offenbar darin, wie wir in Kapitel V gesehen haben, sich am Anfang der Schwangerschaft, wenn die Abtreibung eine beschlossene Sache ist, einzureden, daß nichts da ist. Mehrere der Personen, die wir in den Abteilungen für Schwangerschaftsabbruch befragt haben, kommen mit der Hoffnung dorthin, es gebe so etwas wie eine »Pille« mit der Wirkung, den Zustand der Schwangerschaft zu beenden, ohne daß aus ihrem Körper etwas ausgestoßen würde.[36] Die Ärzte und die die Gespräche führenden Personen leisten im übrigen der Äußerung dieses Glaubens einen heftigen Widerstand, da sie befürchten, er würde verhindern, daß sich ein Trauerprozeß einstellt, der nach ihrer Meinung auf sich genommen werden muß, damit es möglich wird, »sich von ihm zu befreien« (was sie beispielsweise dazu antreiben kann, falls ihnen die Ablehnung zu offenbar erscheint, der Frau, die abtreiben wird, die Ultraschallaufnahme zu zeigen und sie ihr zu erklären, anstatt sie diskret in der Ferne zu halten, wie es, das haben wir gesehen, normalerweise der Fall ist).
Diese Erklärungen werden wir jetzt untersuchen, wobei wir unter den angeführten Gründen besonders die hervorheben wollen, die nicht an einen äußeren Gesprächspartner, einen Reprä-

sentanten des gesunden Menschenverstands gerichtet zu sein scheinen, sondern an den Fötus selbst, dem doch erklärt werden muß, warum er nicht begnadigt worden ist.

Rechenschaft ablegen über die Abtreibung: Rechtfertigungen, Gründe, Entschuldigungen

Hier kommt die letzte unserer drei Instanzen ins Spiel, es ist die, mit der wir die Äußerung des *Willens zur Legitimation* verbinden. Sie wird aktiviert, wenn die betroffene Person es unternimmt, sich über die *Umstände* Rechenschaft abzulegen, unter denen sie abgetrieben hat, und versucht, es sich, drei Modalitäten entsprechend, die wir mit den Ausdrücken *Rechtfertigungen, Gründe* und *Entschuldigungen* verknüpfen wollen, zu *erklären*. Wie eben erwähnt, trifft die Rechenschaft über eine Abtreibung auf ganz andere pragmatische Bedingungen als die, welche die Rechenschaft über eine zu Ende geführte Schwangerschaft oder auch eine Geburt begleiten. Während bei dem zuletzt genannten Typus von Situationen die Äußerung dessen, was geschieht, des Ereignisses (des »freudigen Ereignisses«) gewissermaßen sich selbst genügt, ohne eine ausführlichere Erklärung oder Rechtfertigung zu verlangen (außer heute in Fällen, wo die Schwangerschaft nicht den neuen moralischen Normen genügt, die dabei sind sich einzubürgern – Schwangerschaften in einem zu hohen Alter, wenn die Mutter krank ist usw.), bleibt die Rechenschaft über eine Abtreibung oder sogar die einfache Ankündigung dieses Vorhabens völlig problematisch. So sagen die meisten der von uns befragten Frauen, sie hätten von ihrem Vorhaben einer Abtreibung nur mit einer sehr beschränkten Anzahl von Personen gesprochen, manchmal mit ihrer Mutter (weitaus weniger häufig, so scheint es, mit ihrem Vater), häufiger mit einer Schwester oder einer »vertrauten« Freundin (die sie in vielen Fällen auch ins Krankenhaus begleitet hat). Diese Diskretion wird häufig durch die Furcht begründet, man könnte sie »später« an die Existenz dieses nicht ausgetragenen Kindes erinnern und so eine schmerzliche Erfahrung im Geist erneuern.

Es ist von besonderer Bedeutung, daß die Legalisierung der Abtreibung nicht die Wirkung gezeitigt hat, daß man ohne weiteres über diesen Akt sprechen kann, nicht nur im öffentlichen Bereich, sondern auch in privaten Situationen, außer unter Vertrauten. Während eine Meinung über die Möglichkeit der Abtreibung, ganz allgemein betrachtet, wohl in der Öffentlichkeit geäußert werden kann, bleiben die Rechenschaften über den vollzogenen Akt zumeist der intimen privaten Sphäre vorbehalten. Ein Bericht über eine Abtreibung ist immer noch ein Rechenschaftsbericht. Der Akt erscheint sofort, wenn man darüber sprechen soll, als »erklärungsbedürftig«.

Wir werden uns den Terminus *Rechtfertigung* vorbehalten, um die Kommentare über die Abtreibung zu bezeichnen, die moralisch ausgerichtet sind und im allgemeinen das Ziel haben, diese Praktik als allgemeingültig zu legitimieren. Die Rechtfertigungen der Abtreibung (oder umgekehrt die Rechtfertigungen ihrer Ablehnung) zielen darauf ab, die Abtreibung in bezug auf eine Logik von Gut und Böse zu positionieren. Die verschiedenen Versuche von seiten der Moralphilosophie, die wir am Ende des vorangegangenen Kapitels untersucht haben, trachten danach, die Legalisierung der Abtreibung zu konsolidieren, indem sie deren Legitimation versichern, und sie gehören zu dem Projekt, ein Repertoire an Rechtfertigungen zur Verfügung zu stellen, das von den »normalen Menschen« aufgenommen und auf die persönlichen Fälle angewendet werden kann. Auf solche Rechtfertigungen richten sich die Leute, wenn sie von der Abtreibung im allgemeinen sprechen und insbesondere, wenn sie daran erinnern, daß man bei den Frauen, die abtreiben, keine »Schuldgefühle erwecken« soll, oder sie werfen, wenn sie von sich selbst sprechen, diesem oder jenem (einer Freundin, einem Arzt, einer mit dem Gespräch beauftragten Sozialhelferin usw.) vor, er habe versucht, ein »Schuldgefühl« bei ihnen zu »erwecken«.[37] In der Tat werden die Ausdrücke »Schuldgefühl« und »Erweckung von

Schuldgefühlen« hier in bezug auf einen Kontext verwendet, welcher der des *Urteils* ist, was die Beziehung auf einen Dritten voraussetzt, der nicht unmittelbar mit der Situation zu tun hat und sich von der Position des Außenstehenden her die moralische Autorität anmaßt, die Handlungen anderer tadeln zu können. Die Ablehnung jeglicher »Erweckung von Schuldgefühlen« bedeutet dann, daß die Abtreibung zu jenen Handlungen gehört, die man nicht von außen her beurteilen kann, wenn man selbst nicht unmittelbar beteiligt ist. In unseren Gesprächen, die eher Lebensgeschichten als »Meinungen« sammelten, ist das Register der Rechtfertigung im übrigen kaum präsent.

Statt von »Schuldgefühl« müßte man, um die Art zu beschreiben, in der viele der von uns befragten Personen über ihre Abtreibung sprechen, eher von unendlicher »Trauer« sprechen, in dem Sinn, den Monique Bydlowski diesem Terminus in ihrer Analyse über die Traumata gibt, die auf den »neonatalen Tod nie gesehener Kinder« folgt. Im Unterschied zu dem, was »auf den Verlust eines geliebten Wesens folgt«, befällt die Frauen diese Art von Trauer, wie es der »Verlust eines Teils von sich selbst« täte. Es gibt »keinerlei Spur«, an der sich die Trauer festhalten könnte: »Kein vertrauter Gegenstand, kein Kleidungsstück erinnert an den Verschwundenen.« Es gibt »keine Meldung beim Standesamt und kein Grab« [...], keine sinnlich wahrnehmbare Spur, nichts anzufassen, nichts zu sehen, um die Erinnerung zu stützen«, so daß sich der eigentliche Prozeß der Trauer »nicht einstellen kann«.[38]
Fabienne spricht von der unendlichen Trauer über das Kind, das sie bekommen hätte, wenn sie nicht ein zweites Mal abgetrieben hätte (die erste Abtreibung hat, wie es scheint, kaum Spuren in ihrer Erinnerung hinterlassen): »Man leidet, ja, man leidet schwer eine gewisse Zeit, nach und nach schwächt sich das Leiden und wird zu etwas, das der Vergangenheit angehört. Aber man muß leiden, es dauert nicht das ganze Leben, das ist es nicht, es wird schwächer und man gewinnt Abstand, aber der

Verlust bleibt. Kein Verlust wie ein Kind, das man bekommen hat und das es gab, aber es ist auch ein Verlust und ich habe diesen Verlust gespürt, der Körper spürt diesen Verlust, man verliert ein Kind, das noch nicht da ist, das man nicht anfassen konnte, das man nicht..., aber man verliert es trotzdem. Das ist nicht der konkrete Verlust eines Menschen, den man geliebt hat, den man mit anderen geteilt hat, sondern ein Verlust, ein Verlust auf einem anderen Niveau, also ein Verlust, für den man keine Stütze hat, keine Stütze für das Gedächtnis, für die Erinnerung. Man kann sich in diesem Leiden an nichts festhalten. Es ist also eine Leere, eine Leere, die nicht an eine Erinnerung gebunden ist, wie man sie haben kann, an etwas, das man erlebt hat, an einen Augenblick, also, das ist wirklich eine Leere.«

Die hauptsächliche Rechtfertigung, die sich aus diesem Kontext ergeben hat, hebt auf ziemlich klassische Weise den einen Unterschied hervor: zwischen den frühzeitigen Abtreibungen, wenn »es noch nichts ist« oder »fast nichts« und den späten Abtreibungen, wenn der Fötus schon ausgeformt ist. Doch dieses Register der Rechtfertigung scheint von den Praktiken ziemlich getrennt zu sein. Eine Frau kann sagen, sie sei für die Abtreibung, ohne selbst deren Erfahrung gemacht zu haben, und eine andere kann gegen diese Praktik sein, auch wenn sie diese selbst am eigenen Leib erfahren hat, doch in einer Situation, wo »es keine andere Lösung gab«.

Im Gegensatz dazu finden sich in unseren Gesprächen detaillierte Schilderungen der »Gründe«, die unter stets als besonders geschilderten *Umständen* zur Abtreibung geführt haben. Von einigen dieser Gründe haben wir in Kapitel IV berichtet. Diese »Erklärungen« rechtfertigen die Abtreibung nicht, als würde es sich um etwas Gutes oder eine moralisch neutrale Aktion handeln. Sie haben in Wirklichkeit keine direkte Beziehung zu einem moralischen Register. Alles geschieht so, als würde es sich vor allem um Entschuldigungen handeln, die dem Nichtgeborenen zugedacht sind.

Laure, die abgetrieben hat, weil »sie nichts anderes tun konnte«, aus »wirtschaftlichen Gründen«, schrieb mehrere Monate lang Briefe, die sie aufhob, ohne sie wieder zu lesen: »Ich schrieb sie an das Kind, das nicht geboren war.« Diese Erklärungen haben deshalb, um einen Ausdruck wieder aufzunehmen, den Durkheim verwendete, um gewisse Arten von Selbstmord zu bezeichnen, einen »altruistischen« Charakter. Es geht darum, dem, der nicht geboren ist, nicht nur zu erklären, warum es so gegangen ist, sondern auch, warum es schließlich für ihn vorzuziehen war, daß es so ist, oder zumindest, wie weit die Berücksichtigung seiner Interessen und das schlechte Leben, das er gehabt hätte, wenn er auf die Welt gekommen wäre, die Entscheidung beeinflußt haben, ihn nicht das Licht der Welt erblicken zu lassen. So sagt Paulette, um ihre Abtreibung zu erklären: »Ich dachte auch an das Kind. Ein Baby muß erwünscht sein, damit es mehr oder weniger glücklich sein kann. Auch die Geschichte meiner Familie hat damit zu tun: Zur Zeit meiner Mutter gab es noch keine Empfängnisverhütung, also war sie vier Jahre lang schwanger. Ich kam unerwartet zur Welt und im Unterbewußtsein weiß ich es. Also ein Kind, das so auf die Welt kommt, wegen eines jugendlichen Leichtsinns, diese Last möchte ich nicht tragen.«

Bei diesen Erklärungen sind die Aufzählung von Fakten, Ereignissen, Entscheidungen, Bedingungen, die die Mutter selbst und, wie wir gesehen haben, ihre Beziehung zum abwesenden oder versagenden Vater offenbar vorherrschend. Sie schildern insbesondere, abgesehen von der Ablehnung der Vaterschaft von seiten des Vaters, Gründe, die man sich leicht vorstellen kann: die Unreife, das Fehlen von Geld oder Arbeit, die mangelnde Autonomie den Eltern gegenüber oder in höherem Alter die Last kleiner Kinder im Haushalt, die man allein aufziehen muß, die Erschöpfung, die Situation der Frauen im Hinblick auf die Arbeitsbedingungen, die keineswegs die Zwänge in Betracht ziehen, die auf ihnen lasten, usw. Aber diese Erklärungen sagen auch, daß unter solchen Umständen, in Abwesenheit eines »echten Vaters« und in gewissem Sinn auch einer »echten Mutter«, die wirklich adoptieren könnte, was sich in ihrem Fleisch eingenistet hat, hätte der, welcher auf die Welt gekommen wäre, wenn man es ihm gewährt hätte, sein Menschsein nicht voll entfalten können.

Eine Dimension jedoch, und es ist die der Zeit, gibt diesen Entschuldigungen manchmal etwas Unruhiges, etwas Unsicheres. Denn die Personen, die sie vorbringen, geben rückblickend Rechenschaft über ein vergangenes Ereignis oder mehrere – ihre Abtreibung oder ihre Abtreibungen –, indem sie sich auf die (in die Zukunft blickende) Vorwegnahme des Schicksals stützen, das das Kind, wenn es geboren wäre, erwartet hätte. Nichts sagt aber, daß die Dinge nicht auch anders hätten verlaufen können, daß dieses Kind, das sie nach ihrem eigenen Entschluß nicht bekommen hatten, sich nicht genauso entwickelt hätte wie das oder die, welche sie vor oder nach ihm zur Welt brachten, umsorgten und großzogen, allen Hindernissen zum Trotz: diese Kinder »ohne Preis«, für die sie »fast alles« getan haben und immer noch tun würden.

Dem, was geschehen ist, einen Sinn geben

Um es kurz zu sagen, die von uns befragten Frauen versuchten im Lauf der Gespräche dem, was geschehen war, einen Sinn zu geben. Sie machten daher meistens nichts anderes, als laut eine Überlegungsarbeit fortzusetzen, die sie für sich selbst schon begonnen hatten. Sie haben keine unbegrenzte Zahl von Mitteln zur Verfügung, um ihrer Handlung einen Sinn zu geben, das heißt, sie der reinen Alltagsbanalität zu entziehen, indem sie sie einem Bereich von Phänomenen zuordnen, die an der Wurzel anderer Manifestationen in anderen Umständen sein können. Wir werden drei davon festhalten. Ein erstes Register nimmt Bezug auf den *Willen*: Diese Handlung hat einen Sinn, weil man sie

so gewollt hat. Ein zweites besteht darin, die *Notwendigkeit* anzuführen, indem man auf die *Ursachen* hinweist, die nicht vom Willen abhängen und somit nach der Art äußerer *Kräfte* wirken. Ein
drittes Register schließlich entfaltet sich, indem man *Entsprechungen* zwischen scheinbar unverbundenen Tatsachen und Ereignissen aufdeckt.

In dem Fall, der uns hier beschäftigt, ist das Register des Willens,
das vollkommen in Einklang mit der Logik des Projekts steht
(und infolgedessen mit dem, was wir den *Willen zur Beherrschung*
genannt haben), dasjenige, das sich mit der größten Evidenz zu
empfehlen scheint. Ist es nicht genau dieses Register, auf das sich
früher die Verfechterinnen der Familienplanung beriefen (»ein
Kind, wenn ich es will und wann ich es will«), wie es heute die Bewegungen für die Verteidigung des Rechts auf die Abtreibung
machen (»pro choice«). Die von uns befragten Frauen übernehmen die Verantwortung dafür, wenn es ihnen darauf ankommt,
und das ist oft der Fall, daß nur sie, sie allein letzten Endes die
Entscheidung für den Schwangerschaftsabbruch getroffen haben. Die Abtreibung scheint von daher zu einem rationalen
Handlungsplan zu gehören, der sich in bezug auf eine lineare
Zeitauffassung definiert (»es war nicht der richtige Zeitpunkt«),
und von einer Hierarchisierung der Vorzüge abzuhängen, wie es
der Fall ist, wenn der angeführte Grund die Entscheidung ist, die
Studien fortzusetzen, die durch die Ankunft eines Kindes höchstwahrscheinlich unterbrochen worden wären, und Schwangerschaft und Geburt daher auf ein späteres Datum verschoben
wurden. Es ist offenbar möglich, sich an diese Art von Erklärung
zu halten. Aber (und das wäre vielleicht nicht dasselbe gewesen,
wenn wir Männer befragt hätten) die Logik der rationalen Entscheidung wird sehr oft von einem anderen Register überwältigt,
welches das der Notwendigkeit ist.

Das Register der Notwendigkeit hat eine Struktur, die zu dem des
Willens in radikalem Gegensatz steht. Das Agens ist in diesem
Fall nicht mehr eine Person, die sich entscheidet, nachdem sie
sich reiflich auf ihre Interessen besonnen hat. Es besteht in ei-

nem Ganzen aus Kräften, die auf der ihnen ausgesetzten Person lasten und denen sie nicht entkommen kann, und infolgedessen aus *Ursachen*, die man aufzustellen versuchen kann. Diese Kräfte und diese Ursachen können mit besonderen Umständen verbunden sein und persönlichen Charakter haben (wie es zum Beispiel der Fall ist, wenn die Notwendigkeit einer Abtreibung durch das Versagen des Kindsvaters oder auch vom Druck der Mutter der Frau bedingt ist) oder im Gegenteil unter einer unpersönlichen Form allgemeiner Art sein, wie etwa ein sozialer oder wirtschaftlicher Determinismus, deren Zwang die Schwangere verspürt. Die Überlegung, der man folgt, besteht dann darin zu zeigen, daß der Schwangerschaftsabbruch zwar *gewählt* wurde, aber weil es *keine andere Wahl gab*, nach einer Modalität, die an Sartres »mauvaise foi« (Wider-Treu-und-Glauben) erinnert. Der häufige Übergang vom Register des Willens zu dem der Notwendigkeit kann uns nicht erstaunen. Er antwortet einerseits auf die Forderung, sich auf eine äußere Autorität zu berufen, um die Abtreibung auf sich zu nehmen (aber ebensogut, wie wir gesehen haben, zu zeugen), andererseits auf die konfliktvolle Beziehung, die sich zwischen dem Willen des Fleisches und dem Willen zur Beherrschung einstellt, da der Bezug auf eine Ordnung notwendiger Ursachen ein Mittel bildet, diesem Konflikt etwas von seiner Intensität zu nehmen, indem der Instanz des »Ich« zum Teil die Last der Entscheidung abgenommen wird; und schließlich antwortet er auf den Zwang, dem, den man daran gehindert hat, zur Welt zu kommen, eine Erklärung mit dem Wert einer Entschuldigung zu geben. Nun liegt es im allgemeinen in der Logik der *Entschuldigungen*, die »Umstände« anzuführen, unter denen die »äußeren Ursachen« eingetreten sind, die nicht vom Willen der Person abhängen.

Chloé ist 22 und studiert Kommunikationswissenschaften. Nach einer ersten Abtreibung mit 15 wurde sie mit 20 wieder schwanger, weil sie, obwohl die Pillen zu Ende waren, mit dem Jungen schlief, mit dem sie seit einem Jahr zusammenlebte, und erklärt folgendes: »Er hatte keine Lust darauf, er fühlte sich der Sache nicht gewachsen, ich, weil ich studierte, das ging einfach nicht. Dann war es auch geldmäßig nicht möglich. Das war's, keiner von uns beiden wollte es.« Aber im Vergleich zu ihrer ersten Abtreibung fügt sie hinzu: »Das zweite Mal war es schwieriger, wenn man älter ist und schon einige Zeit mit jemandem zusammen. Man sagt sich, man könnte es bekommen. Eigentlich fehlt nur das Geld. Oder die Zeit, die fehlt auch.«

Auch Sidonie führt das Register der Notwendigkeit an, um ihre Entscheidung für die Abtreibung zu erklären (von der sie sagt, ihr Mann hätte sie getroffen, aber um sie zu schützen), als sie mit 37 wieder schwanger wird, während sie als Krankenschwester arbeitet und schon zwei kleine Kinder hat: »Es waren zu viele Opfer, ich fuhr los ... ich wohnte an der Peripherie, ich fuhr jeden Morgen los ins 16. Arrondissement, ich hastete wieder zurück, um ihn von der Krippe abzuholen, ich ging nach Hause, kaufte ein, kochte. Das konnte ich nicht mehr machen, es war aufreibend. [...] Alles tun: heimkommen, jeden Tag einkaufen, denn mein Mann hatte keine Zeit zum Einkaufen, ich also jeden Tag, ich wohnte weit weg von den Supermärkten, ich konnte nicht Auto fahren, also mußte ich mit dem Bus fahren und das alles, immer hinter den öffentlichen Verkehrsmitteln herrennen, schließlich wurde es einfach sehr schwer und ich sagte mir, daß die Schule, um halb fünf ist die Schule aus, und ich kann um halb fünf noch nicht zu Hause sein.«

Liliane, 24, Angestellte, zwei Abtreibungen, führt, wie eine große Zahl der von uns befragten Frauen, die Notwendigkeit an. Aber ihr Fall hat etwas Besonderes, nämlich, daß sie selbst an der Kraft dieses Arguments zu zweifeln scheint, das sie schließlich ihrer Mutter zuschiebt: »Das erste Mal wollte ich kein Kind von dem Jungen, aber das zweite Mal, ich weiß nicht warum, da sagte ich mir: ich behalte es, ich wollte nicht noch einmal eine Abtreibung, lieber sterben, lieber mich im Leben abstrampeln. Ich war in meinem Kopf wirklich in einem euphorischen Zustand. Also gut, ich bin Mutter, ich behalte es, es ist so weit, und er [ihr Freund] sah es überhaupt nicht so: ›Du spinnst, du bist nicht ganz dicht!‹ Und so hab ich's meiner Mutter gesagt, und meine Mutter sagte: ›Komm, du gehst ins Krankenhaus‹, sie hat mich hingebracht, und dann war ich da und mußte es machen. Sie hat einen Termin ausgemacht, ich wäre nicht dazu imstande gewesen. Es ist, weil er keinen Job hat, weil er keine Papiere hat, er ist Franzose, aber jetzt wartet er schon zwei Jahre auf seine Papiere, na ja, das ist echt ätzend, daß das nicht möglich ist, wenn er einen Job gehabt hätte oder 30 000 Mäuse im Monat verdient hätte, wenn ihm das zentrale Arbeitsamt seine Papiere geschickt hätte, wenn ... vielleicht ... [...] Wenn man nämlich sagt, man behält es oder man behält es nicht, dann sind unser Problem nicht die Eltern, die nicht einverstanden sind, wir gehören nicht zur selben Kultur, du bist Araber, ich bin Französin usw. Diese Barrieren, das sind keine echten Barrieren, die Barrieren, das ist für uns das Geld, das heißt eine Wohnung. Hätten wir Geld gehabt, einen Job, eine Wohnung, dann hätten wir uns nicht mal die Frage gestellt, auch wenn mein Vater nicht einverstanden gewesen wäre und gesagt hätte: Nein, nein, das kommt nicht in Frage. Im übrigen hat er das schon gemacht; aber das war überhaupt keine Barriere. Das heißt, ich der Typ, ich, wozu, ein bißchen Sicherheit zu haben, dazu wird es nütze sein, damit das Kind in einer Umgebung aufwächst, die zumindest finanziell nicht ganz schlecht ist, nicht gleich zusammenbricht, vor allem materiell, ich meine, das ist das erste, was mir so im Kopf umgeht. Das ist, ah! Aber nein, Geld muß man haben! Und dann findet man das ungerecht und man sagt sich: Verdammte Scheiße, dann muß man reich sein, damit man Kinder haben kann. Aber nein, eigentlich gar nicht, weil, wenn man merkt, man kann kein Kind haben, weil man zu jung ist und kein Geld hat, um ein Kind aufzuziehen, dann sagt man sich, das ist ungerecht, aber es gibt Leute, die verdienen den Mindestlohn und ziehen ihre Kinder auf, die schaffen es. Das heißt, es ist nicht ... das ist nicht unbedingt inkompatibel.«

Außer den Registern des Willens und der Notwendigkeit wird in den Lebensberichten, die wir gesammelt haben, oft ein dritter Weg eingeschlagen, um dem, was geschehen ist, einen Sinn zu geben. Er besteht darin, *Entsprechungen* zwischen heterogenen biographischen Komponenten zu entdecken (manchmal, weil man aktiv danach geforscht hat), zwischen denen man eine »Verbindung« herstellt, wenn man oft »Jahre später« wieder »darüber nachdenkt«, aber auch Entsprechungen zwischen Episoden, die, wie man glaubt, eine denkwürdige Rolle im eigenen Leben gespielt haben, und Vorfällen, die das Leben der Vorfahren, vor allem der weiblichen Linie, der Mutter und der Großmutter geprägt haben. Im Unterschied zum Bezug auf die Notwendigkeit, der auf unpersönliche Kräfte gerichtet ist (wie es die Zwänge wirtschaftlicher Art sind) und im Modus einer linearen Kausalität agiert, wird durch die Anführung von Entsprechungen eine *singuläre* Konstellation erforscht, indem den Wegen einer besonderen Person und derer, von denen sie abstammt und denen sie nahesteht, nachgegangen wird. Das Register der Entsprechungen nimmt somit den Platz zwischen dem Register des Willens und dem der Notwendigkeit ein. Es kommt dem des Willens in dem Sinn nahe, als das, was geschieht, einem einzelnen Menschen zustößt und nicht zum Beispiel einem sozialen Akteur, der durch eine gemeinsame Lage und gemeinsame Eigenschaften definiert ist. Sondern wie im Fall, in dem die Notwendigkeit angeführt wird, ist der Wille, der hier am Werk ist, nicht der eines »Subjekts«, dessen »Entscheidungen« transparent sind, sondern der Wille einer Person, deren Handlungen zum Teil unter dem Einfluß von Kräften stehen, die sich, obschon sie über sie hinausgehen, in ihr befinden – sie sind – und die sie im nachhinein zu fassen versuchen könnte, indem sie deren Manifestationen entziffert, so wie man Zeichen interpretiert.
Diese Entsprechungen haben oft mit Daten zu tun[39] (wie im Fall

von Joelle, die verheiratet ist, sich ein Kind wünscht und »an einem 14. Juli« eine »Fehlgeburt« hat, das heißt, »genau« an demselben Tag des Jahres, an dem ihre Abtreibung stattgefunden hatte). Sie können auch mit Orten zu tun haben wie in der Geschichte von Isadora (die wir später in ihren Einzelheiten zitieren werden), die mit 18 Jahren, als sie ihre Ferien mit ihrem späteren Ehemann auf einer griechischen Insel verbrachte, schwanger wurde und dann abtrieb, und die zehn Jahre später wieder auf derselben Insel, wieder in Ferien ist und wieder »ein Baby im Bauch hat«, »befreit« von der Erinnerung an ihre Abtreibung, als hätte sie einen Kreis geschlossen. Sie können sich auch auf »beunruhigende Koinzidenzen« stützen (wie im Fall von Juliette, die entdeckt, daß sie schwanger ist und dann abtreibt, im selben Moment, als ihre »beste Freundin« gerade ein Kind bekommen hat, als dessen »Patin« sie sich angeboten hatte). Andere Entsprechungen schaffen, wie schon gesagt, eine Verbindung zwischen mehreren Generationen und bringen das, was einer Frau geschehen ist, in Zusammenhang mit dem, was ihrer Mutter geschehen ist (so hält sich Laure bei der Tatsache auf, daß sie mit 22 abgetrieben hat, das heißt »genau« in dem Alter, das ihre Mutter hatte, als sie sie zur Welt brachte) oder ihrer Großmutter (man wird gleich die Geschichte von Joelle lesen, die denkt, ihre eigene »Geschichte war gewiß kein Zufall«, und die eine Beziehung zwischen ihrer Abtreibung, einer Abtreibung ihrer Großmutter und den Umständen bei ihrer eigenen Geburt herstellt).[40]

Diese Annäherungen werden häufig als zur Sphäre des Zufalls gehörig dargestellt, aber, um mit André Breton zu sprechen, eines *objektiven Zufalls*, der durch die Vermittlung scheinbar zufälliger »Koinzidenzen« ein Zeichen gibt, das auf eine tiefer liegende, doch verborgene Ordnung verweist, und zwar so, daß einem, auch wenn man dem Geschehenen keinen Sinn zu geben vermag, zumindest der Verdacht kommt, *irgendwo* – nach einem Ausdruck psychoanalytischer Herkunft, der heute gängige Münze geworden ist – müsse ein Zusammenhang existieren, in dem alle zufällig erscheinenden Ereignisse, die ebenso nicht hätten geschehen können, denen man ausgeliefert war und die man manchmal bereut, sich einander zuordnen und auf irgendeine Weise anfangen zu »sprechen«. Höchstwahrscheinlich hat die Verbreitung, vor allem durch die Presse, von mehr oder minder aus der Psychoanalyse stammenden Ausdrücken, Begriffen und Perspektiven die Instrumente bereitgestellt, um derlei Annäherungen auszumachen und auch um deren Mitteilung zu legitimieren oder zumindest zulässig zu machen. Aber es ist nicht weniger wahrscheinlich, daß die Psychoanalyse damit nur eine der verbreitetsten und traditionellsten Arten, der Welt einen Sinn zu geben, abgelöst hat: die Enthüllung und Interpretation von Entsprechungen zwischen Menschen, Ereignissen und Kräften, die von verschiedenen, aber insgeheim miteinander verschränkten Ordnungen abhängen.

Joelle, 46, Krankenschwester, bringt die Abtreibung, die sie mit 20 durchgemacht hat, in Verbindung mit der Fehlgeburt, die sie mit 33 hatte, als sie verheiratet war und sich ein Kind wünschte (ein Jahr darauf sollte sie eine Tochter bekommen und sich dann von ihrem Mann trennen): »Später, wenn man begreifen kann, daß man ein Kind bekommt, denkt man notgedrungen an die Abtreibung zurück, und dann versteht man sie, nachträglich. Jahre später. Ich weiß nicht, ob das eine Koinzidenz ist oder nicht, aber ich hab es in Verbindung gebracht. Bevor ich nämlich Manon bekam, da hatte ich eine Fehlgeburt, ein paar Wochen, nachdem ich erfahren hatte, daß ich schwanger war. Und das ist bizarr, ich hatte die Fehlgeburt am 14. Juli, da hab ich es sofort mit ... mit dem erstenmal verglichen. [...] Der Vater und ich, wir hatten alles getan, um ein Kind zu bekommen. Das tat weh, ich weinte und weinte und konnte nicht mehr aufhören. Am 14. Juli, wie damals, als ich 20 war, das war auch am 14. Juli und ich war im Krankenhaus. Ich glaube, das war ... wenn man das Datum bedenkt ... das war vielleicht kein Zufall, daß es ausgerechnet am selben Tag passiert war. [...] Da war es mir bewußt, daß ich ein Kind wollte, also erinnerte ich mich an die Zeit, als ich keines gewollt hatte, denn so, wie man, wenn man abtreibt, kein Kind bekommen möchte, so sehr spürt man, wenn man eines möchte, daß man wirklich eines möchte. Das war evident beim ersten Mal; beim zweiten Mal war es ebenso evident, daß ich ein Kind wollte. Und diese Evidenz, die war da, genau an dem Tag, dem 14. Juli.«

Joelle arbeitete ebenso an einer Entsprechung zwischen dem, was ihr mit 20 geschehen war, und den Umständen ihrer eigenen Geburt (auf ihre Mutter bezogen): »Und meine eigene Geschichte, das war kein Zufall, denn sie bekam mich, als sie 16 war.« Dann erfahren wir im Lauf des Gesprächs, daß ihre Großmutter väterlicherseits an einer Abtreibung gestorben ist und daß Joelle das erst spät erfahren hat (in der Familie hieß es, sie sei an einer »Verkühlung« gestorben). Joelle interpretiert ihre eigene Geburt so: Wenn ihre Mutter sie mit 16 Jahren bekommen hat, so kommt das daher, daß ihr Vater (der damals 18 war) nicht gewollt hatte, daß ihre Mutter abtrieb, weil seine eigene Mutter an einer Abtreibung gestorben war: »Die Mutter meines Vaters ist nämlich daran gestorben, das heißt meine Großmutter väterlicherseits. Ich habe es erraten, daß sie daran gestorben ist, denn in der Familie wurde oft nicht klar gesagt, an was sie gestorben war... Es hieß, sie wäre an einer Verkühlung gestorben, und immer, wenn ich sagte, meine Großmutter ist an einer Verkühlung gestorben, das glaubte mir keiner. [...] Also, die Geschichte, die erzählt wurde, war, daß sie mit dem Rad fuhr und einen Regenmantel anhatte, es war ihr sehr heiß und dann hat sie sich verkühlt und daran ist sie gestorben, und ich, eines Tages, zu meiner Mutter, ich weiß nicht mehr, ich war 22, 23, ja, vielleicht auch älter [...], ich sage zu ihr: ›Hör mal, Mama, wenn ich sage, Papas Mutter ist an einer Verkühlung gestorben, das glaubt mir keiner‹, und ich wußte nicht warum. Und meine Mutter sagte mir dann, sie sei an einer Abtreibung gestorben, praktisch verblutet. Also hat meine Mutter sicher deshalb nicht abgetrieben, mein Vater wird gesagt haben: ›Ich will es nicht‹, seine Mutter war ein paar Jahre zuvor gestorben. Mein Vater war 12, als er seine Mutter verloren hat und 18, als er mich bekommen hat. Mit 16 wollte mich meine Mutter überhaupt nicht, aber sicher, auch wenn es ihr in den Sinn gekommen wäre, abzutreiben, dann muß mein Vater nein gesagt haben, weil er wußte, daß seine Mutter daran gestorben war, und er hätte es bestimmt nicht auf sich nehmen können, daß meine Mutter auch daran stirbt. Sonst hätte meine Mutter sicher zu den Frauen gehören können, die das Risiko auf sich nehmen, denn das muß man sagen, eh, damals war es ein Risiko! [...] So sind die Dinge. Meine Großmutter, meine Mutter und ich, wir haben etwas erlebt...«

Isadora (48, drei Kinder, streng katholisch, aber für die Freiheit abzutreiben) stellt eine Entsprechung her zwischen einer Abtreibung mit 18 nach einem Urlaub in Griechenland mit dem Mann, den sie später heiraten würde, und einer Geburt zehn Jahre später. »Das verfolgte mich jahrelang, weil ich das Gefühl hatte, ich hätte jemanden umgebracht. Ein Schuldgefühl hatte ich nicht, weil ich mir eher als Opfer vorkam als sonst was, in der Geschichte, ein Opfer der Gesellschaft, ein Opfer des Geisteszustands in meinem gesellschaftlichen Milieu und der Familie, Opfer des Bildes von mir, eher Opfer als Scharfrichter. Aber trotzdem fand ich, daß... Dieses Zeug verfolgte mich jahrelang, aber dann wurde ich davon befreit. Das Baby war nämlich in Griechenland gezeugt worden, im Urlaub. Und ich wurde davon befreit, als ich ungefähr zehn Jahre später wieder in Griechenland war und schwanger, mit Gérard. Ich war wieder in Griechenland, ich hatte ein Baby im Bauch, das ich auf die Welt bringen würde, und das hat mich befreit, ich hatte den Eindruck, ich hätte einen Kreis geschlossen. Denn ich war aus Griechenland abgereist, als ich schwanger war mit einem Kind, das ich nicht hätte..., das ich nicht zur Welt gebracht hatte, weil ich die Schwangerschaft abbrach, und ich kam wieder an denselben Ort mit einem Kind, das ich erwartete, hegte und pflegte und in meinem Schoß schon liebte und das ich zur Welt bringen würde. Und ich sagte mir, na ja, ich sagte es mir, ohne es zu sagen, das war vielleicht dieselbe Seele, die wiedergekommen war, aber die jetzt wußte, daß ich sie aufnehmen konnte.« Isadora stellt noch eine Entsprechung auf zwischen dem Wesen, das sie abgetrieben hat und das nach ihrer Meinung ein Mädchen geworden wäre, und der Spielgefährtin ihres Neffen, »die haargenau dasselbe Alter hat, das dieses Kind hätte« und die eine Weile bei ihr gelebt hatte: »Ich sagte mir: Man vertraut sie mir an, auch um einen Kreis zu schließen, damit ich von all dem völlig befreit werde, denn man kann ja nicht sein ganzes Leben in der Vergangenheit leben.«

Von einem grammatikalischen Ansatz zur Interpretation einer Erfahrung

Welche Verbindungen lassen sich knüpfen zwischen einem grammatikalischen Ansatz, wie der unsere anfangs (in Kapitel II) war, und dem analytischen Rahmen, den wir gerade entworfen haben, um über die Erfahrung der betroffenen Personen Rechenschaft abzulegen, so wie sie aus ihren Berichten hervortritt?[41] Nehmen wir die Unterscheidung zwischen der Instanz des »Selbst« und der Instanz des »Ich«, zwischen dem *Willen des Fleisches* und dem *Willen zur Beherrschung* wieder auf. Der erste Zwang, den wir ausgemacht haben (den Unterschied zwischen den nur durch das Fleisch gezeugten Wesen und den auch durch das Wort gezeugten), läßt sich leicht in die Termini übertragen, die wir zur Analyse der Erfahrung verwendet haben. Er entspricht der Forderung, nicht andauernd in der Passivität des Fleisches zu bleiben, das von dem, was in ihm wächst, autoaffiziert ist, diesseits der Unterscheidung des Subjekts vom Objekt, oder auch nicht nur zwischen Fülle und Unruhe zu fluktuieren, sondern sich dessen, was im Fleisch wächst, auf der Ebene des »Ich« zu bemächtigen, es nach Art eines Objekts zu handhaben (unabhängig von seiner – authentischen oder tumoralen – Konstruktion) und es nach Art eines Projekts in die Zukunft zu verlagern. Die Unruhe, die, wie wir gesehen haben, nie ganz abwesend ist, nicht einmal in den Schwangerschaften, die sich als die »glücklichsten« und »blühendsten« zeigen, verlangt gewissermaßen durch sich selbst ein Verlassen der Passivität und einen Neuanfang auf der Ebene des »Ich«. Sie kann tatsächlich nur beschwichtigt werden, indem sie das, was ins Fleisch kommt, konstituiert, entweder als etwas, das so schnell wie möglich wegzuwerfen ist, oder als schon anwesendes Baby, das man »anfassen«, mit dem man »sprechen« kann usw. Um der Passivität zu entkommen, das heißt, um sich wieder anzueignen, was in der Logik des Projekts geschieht, und im selben Augenblick ein »Ich« zu bilden oder wieder zu bilden, muß der Wille zur Beherrschung seine Fähigkeit, dem Willen des Fleisches entgegenzuwirken, auf die Probe stellen. Nun gibt es aber in diesem Fall keine andere Probe in Reichweite als die, welche darin besteht, sich, wenn es auch nur auf imaginäre Weise wäre, der Möglichkeit zu bemächtigen, den Willen des Fleisches zum Schweigen zu bringen, indem man sein Gedeihen unterbricht, das heißt der Möglichkeit der Abtreibung. Indem man also über die passive Autoaffektion zur Konstitution des Fötus als Objekt gelangt, das vor einen projiziert ist und gewissermaßen schon draußen, schon in der Welt ist und indem man sich als Subjekt diesem Objekt gegenüberstellt, kann die Forderung der Singularisierung befriedigt werden, die uns der grammatikalische Ansatz brachte – das heißt die eigentlich menschliche Notwendigkeit, an die Stelle der austauschbaren Produkte der Sexualität Wesen zu setzen, die dazu bestimmt sind, einen Platz in der Welt einzunehmen.

Was geschieht nun mit dem zweiten Zwang (dem Zwang der Nicht-Diskrimination), der, wie wir gesehen haben, berücksichtigt werden muß, vor allem, um den Mangel an Darstellung auszugleichen, von dem die Abtreibung betroffen ist. Diesen zweiten Zwang gäbe es nicht, wenn sich alles auf der Ebene der Instanz des »Ich« abspielen würde. Es würde dann ausreichen, sich an das intentionale Ziel zu halten, welches das Objekt – den Fötus – konstituiert hat, sei es als wertloses Produkt der Sexualität, sei es schon als Kind, das bereit ist, sich in eine Welt eintragen zu lassen, wo es ein singulärer Platz erwartet, damit sich ein unüberwindbarer Graben zwischen den beiden Arten von Wesen auftut. Diesen Gesichtspunkt vertreten gewissermaßen diejenigen Konstruktionen, die darauf abzielen, die Abtreibung zu legitimieren und die nicht übertragbare Autonomie der Mutter der radikalen Heteronomie des Fötus gegenüber hervorheben. Für diese Konstruktionen hängt der Zugang des Fötus zum Menschsein von dem freiwillig von der Mutter vollzogenen Akt der Anerkennung ab, wenn sie ihn in ein Projekt aufnimmt, wobei dann »Anerkennung« und »Projekt« die Teilung zwischen den Wesen erlauben, die freilich aus menschlichem Fleisch bestehen, aber deren Menschsein dazu verurteilt ist, unvollendet zu bleiben, und denen, die man in dieser Tradition »Personen« nennt.

Diese Position hat jedoch, nach unserer Meinung, einen teilweise fiktiven Charakter, weil sie auf eine unvollständige Wirklichkeit setzt. Sie bedenkt nämlich nicht, daß die Wiederaufnahme auf dem Niveau der Instanz des »Ich« keineswegs die Autoaffektion des schwangeren Fleisches unterdrückt (des Fleisches, wo dem Sinn des Ausdrucks *chôra* entsprechend ein Abdruck hinterlassen wurde), daß sie eigentlich nichts macht als eine Rückübersetzung, indem sie die Beziehung eines Subjekts zu einem Objekt an eine Erfahrung heftet, die sich diesseits dieser Unterscheidung befindet. Für den Willen des affizierten Fleisches und deshalb auch bei dessen Äußerungen auf der Ebene der Erfahrung ist es absolut unmöglich, den mindesten Unterschied zu machen, der es zulassen würde, das, was in ihm (dem Fleisch) wächst, wenn es wieder *auf das Niveau des Projekts* aufgenommen wurde, entweder nach der Art eines authentischen Fötus oder nach der Art eines tumoralen Fötus zu konstituieren. Aus demselben Grund kann diese Unterscheidung, indem sie sich auf die Erfahrung des Fleisches stützt, als eine arbiträre *Konstruktion*, und die Zerstörung des tumoralen Fötus als nicht zu rechtfertigen und mißbräuchlich erscheinen, weil ihn nichts unterscheidet – wenn man so sagen kann, *vom Gesichtspunkt des Fleisches aus* – von jenem anderen, der mit Ungeduld erwartet und schon geliebt wird, und der genausogut er hätte sein können. Aus diesem Grund erscheint der Wille zur Beherrschung so schwer realisierbar, insbesondere dann, wenn der Fötus dazu bestimmt ist, zerstört zu werden. Der Wille zur Beherrschung muß sich nämlich einerseits *stark genug* äußern, um die je nach Fall mehr oder weniger harte und mehr oder weniger gelungene Arbeit der Verdrängung des Willens des Fleisches zu tun, und andererseits *schwächer werden*, um sich den Forderungen des Willens der Legitimität zu beugen, die den Augenblick der »Entscheidung« vertuscht, um das Eingreifen oder das Versagen dieser anderen hervorzuheben (ob sie nun bestimmt sind durch den Bezug auf den »Schöpfer«, auf die »Verwandtschaft«, auf die »Gesellschaft« oder auf das »elterliche Projekt«), ohne die es nicht möglich zu sein scheint, Kinder zu machen oder loszuwerden. Kurz, alles geht so vor sich, als wäre, Kinder aus den Wesen zu machen, die sich im Fleisch eingenistet haben, oder sie loszuwerden, indem man letzteren den Zugang zur Konstitution durch das Wort verweigert, nie vollkommen unter der Herrschaft des »Ich« und dem Willen zur Beherrschung, in dem es sich äußert, sondern würde im Gegenteil dahin tendieren, ihm wenn nicht gar zu entkommen, so doch dessen Rahmen auf allen Seiten zu sprengen.

Schluß

Die Abtreibung vergessen

Der Abschluß der Auseinandersetzungen
über die Abtreibung

Weder die Legalisierung der Abtreibung noch die in einem philosophischen Rahmen entwickelten Konstruktionen, welche die
Legalisierung der Abtreibung durch deren Legitimation konsolidieren sollten, noch die Dispositive konstruktionistischen Typs,
die eine radikale Trennung zwischen dem wertlosen (tumoralen)
Fötus und dem preislosen (authentischen) Fötus, der Vorform
des zukünftigen Kindes, vorsehen, haben es geschafft, den Debatten und Konflikten über die Abtreibung ein Ende zu machen.
Im Bereich des Gesetzes stand die Legalisierung der Abtreibung,
deren Richtung zunächst eine Umgehung der Frage des Fötus
zuließ, plötzlich vor neuen Problemen, da sich die Biotechnolo-
gie so weiterentwickelt hatte, daß ein »Status für den Embryo«
gefordert wurde. Im Register der Unternehmungen zur Legitimation, die von der Moralphilosophie kamen, stießen die oft
subtilen Konstruktionen vor allem auf Probleme der Ausdehnung und der Kohärenz mit den Lösungen, die für andere moralische Fragen in anderen Gebieten des alltäglichen Lebens gefunden wurden, so daß sich nach und nach bei vielen, die sich
eingesetzt hatten, dieses komplexe Problem zu lösen, die Vorstellung festgesetzt hatte, daß mit der gewöhnlichen Moral insgesamt und insbesondere in ihrem jüdisch-christlichen Erbe (aber
gewiß wären ziemlich ähnliche Probleme ebenso aufgetaucht,
wenn eine gleichwertige Arbeit in bezug auf andere traditionelle
moralische Rahmen durchgeführt worden wäre) ein für allemal
Schluß gemacht werden müßte. Aber das moralische Empfinden
in seiner Gesamtheit im Inneren so umfassender Formationen
von so altem Ursprung, wie es die westlichen Kulturen sind, zu

reformieren, ist kein geringes Vorhaben und gehört auf jeden Fall nicht zu der Art von Dingen, die durch ein Dekret seitens der Philosophischen Fakultäten der großen amerikanischen Universitäten eingeführt werden können. Was das Basteln der Konstruktivisten betrifft, das nützlich ist, wenn es darum geht, die widersprüchlichen Forderungen des Alltagslebens anzugehen, so befand es sich durch das Auftreten von Streitfällen (die oft an die von der Vermehrung der Technoföten aufgeworfenen Probleme geknüpft war) in einer schlechten Lage zwischen Kategorien, die sich auf keinen Fall miteinander verständigen dürften. Zwei amerikanische Universitätsprofessorinnen, die in ihrem jüngst erschienenen Werk zunächst die Anstrengungen der letzten dreißig Jahre anerkennen, die Gültigkeit der Abtreibung »auf einer sozialen Konstruktion der Föten« zu begründen, müssen schließlich feststellen, daß unglücklicherweise die Kraft und die Glaubwürdigkeit dieses Unterfangens durch die technologische Entwicklung geschwächt wurden, insbesondere durch die Technologien der Sichtbarmachung, was bewirkte, daß der Glaube des gesunden Menschenverstands wieder auflebte, für den die durch die Ultraschallaufnahmen und die Photographien sichtbar gemachten Föten »wirklich« existieren, unabhängig vom Geschick, das für sie vorgesehen war. Angesichts dieses beachtlichen Obskurantismus kommen sie zu dem Schluß, daß die Verteidigung der Abtreibung einen anderen Weg gehen muß: Für die Frauen als »autonome« und »vernunftbegabte« Wesen soll »das Recht« gefordert werden, »diese Dinger, die in ihr Leben eindringen und dessen Integrität bedrohen, zu töten«. Das Recht zu töten, so sagen sie, war bis jetzt ein männliches Vorrecht, gerechtfertigt durch die Ansprüche, die mit der Suche nach einem »guten Leben« verbunden sind, wie wenn es die Männer für notwendig erachten, »einen Fuchs, einen Löwenzahn und manchmal auch einander« zu töten.[1]

Es braucht nicht zu verwundern, daß die Abtreibung Gegenstand von Konflikten ist. Sie ist es gewissermaßen von ihrer Konstruktion her, weil sie eine Spannung aufdeckt, die zutiefst zur menschlichen Zeugung gehört, und diese Spannung aufdekkend, gibt sie ihr die Form eines Widerspruchs. Dieser Konflikt, der nun schon seit fast fünfzig Jahren andauert, gehört vielleicht zu denen, die dazu bestimmt sind, nie ganz gelöst zu werden; je nach den Umständen, die in den verschiedenen gesellschaftsbedingten Einheiten vorherrschen, werden ruhigere Zeiten mit Augenblicken neuer Konfrontation abwechseln. Man kann daher sagen, daß dieser Konflikt in dem anthropologischen und moralischen Rahmen, der gegenwärtig der unsere ist, in seinem weitesten Sinn verstanden (aber dieser Rahmen kann sich auf ziemlich radikale Weise ändern), nur Chancen hat, völlig zu erlöschen, wenn die Abtreibung verschwindet oder sich wieder in den Schatten zurückzieht, aus dem sie in den westlichen Gesellschaften vom 19. Jahrhundert an durch eine besondere historische Konstellation hervorgeholt worden war.

Aber um die gewichtigen Gründe zu verstehen, die dahin drängen, die Abtreibung verschwinden oder in Vergessenheit geraten zu lassen, müssen wir einen Umweg über die Frage des Widerspruchs und über die Analysen der verschiedenen Typen von Dispositiven machen, die es in den komplexen Gesellschaften ermöglichen, ihm entgegenzutreten.

Zweierlei Arten, die Widersprüche zu mindern

Eines der theoretischen Interessen bei unserer Untersuchung über die Zeugung und die Abtreibung war genau, uns mit einem Gegenstand zu beschäftigen, im Zusammenhang mit dem die Frage des Widerspruchs und der Rolle, die er in den sozialen Gliederungen spielt, mit besonderer Stärke und auf eine Art und Weise auftritt, die nicht mit den Werkzeugen und den Modellen behandelt werden konnte, die wir angewandt hatten, um den Sinn der Gerechtigkeit zu analysieren. Eine Soziologie, die sich vor allem mit den normativen Dimensionen der menschlichen Tätigkeit befaßt (eine *Moralsoziologie* im Sinne Durkheims, das heißt nicht eine mit Moralismus durchtränkte Soziologie, sondern eine Soziologie, welche die »moralischen Tatsachen« ernst nimmt), muß vielleicht den Widerspruch – sowohl in seinen offensichtlichsten Formen, wie in dem Bereich, den diese Studie zum Gegenstand hat, als auch unter der Form vorübergehender Spannungen, die im Spiel der Aktion leichter zu resorbieren sind – in den Mittelpunkt ihrer Überlegungen stellen. Denn in einer Gesellschaft, die sich keine normativen Erwartungen oder, wenn man so will, keine Ideale gibt, würden die Personen zwar immer wieder vor eine Wahl gestellt, aber die Wahl hätte immer einen rein *strategischen* Charakter, wie es oft bei Modellen der Fall ist, welche die neoklassische Wirtschaft konstruiert. Das neoklassische Paradigma in seinen orthodoxen Versionen behandelt axiologische Dilemmata, indem es rationale Aktionsmodelle entwickelt, die auf eine Maximierung der Interessen zielen. In diesem engen und oft, das muß gesagt werden, unrealistischen Rahmen bekommen die Personen nichts mit Widersprüchen zu tun. Was die hauptsächliche Teilung unter den Sozialwissenschaften ausmacht, ist ja im übrigen die Tatsache, der normativen Dimension des menschlichen Verhaltens ihr Recht zu geben oder im Gegenteil zu verlangen, sie in den Gliederungen eines anderen Typs zu resorbieren. Und diese Teilung, weit davon entfernt, die institutionelle Trennung zwischen den Disziplinen, beispielsweise zwischen Soziologie und Wirtschaft, zu verfolgen, geht im Gegenteil durch das Innere jeder einzelnen Disziplin.[2]

Um die Widersprüche sichtbar zu machen, muß man, wie Freud erkannt hatte, die Akteure mit einem zwingenden Sinn nicht nur für die Wirklichkeit – das, was ist – ausstatten, sondern auch für das, was sein muß, und das, was besser nicht sein sollte, das heißt für das, was etwas Gutes ist, und das, was ein Übel ist. Wie im Gefolge der amerikanischen Sozialpsychologie der Jahre 1930-1950 (vor allem der Arbeiten von Leon Festinger[3]), in der Soziologie das Werk von Erving Goffman[4] und in der Anthropologie das Werk von Claude Lévi-Strauss[5] gezeigt haben, hat der Widerspruch für die in Gesellschaft lebenden Menschen etwas Unerträgliches (ohne Zweifel, weil er das Handeln hemmt und, indem er jeder Möglichkeit einer Koordination hinderlich ist, in Gewalttätigkeit ausartet), so daß eine große Anzahl sozialer Dispositive, die im allgemeinen mit den Ideologien verbunden sind, besonders stark hervortreten, wenn man die Rolle erfaßt, die sie bei der Reduktion von spezifischen Widersprüchen spielen, welche sie, da sie nicht in der Lage sind, sie zu lösen, doch wenigstens abschwächen oder vertuschen. Aber wenn wir von dem ausgehen, was das Gebiet unserer Studien betrifft – der Sinn der Gerechtigkeit und der moralische Sinn in den komplexen Gesellschaften –, werden wir eine Unterscheidung vornehmen zwischen den Dispositiven, welche die Frage des Guten in Betracht ziehen, und denen, die eher auf die Berücksichtigung verschiedener Äußerungen des Übels orientiert sind.

Das Modell der verschiedenen Arten der Polis (und der Welten), das wir in *De la justification* dargelegt haben, um den Sinn der Gerechtigkeit zu analysieren, bildet ein gutes Beispiel eines Dispositivs zur Behandlung von Problemen, welche der Bezug auf das Gute aufwirft. Es ist nämlich ganz und gar so konstruiert, daß es eine Welt möglich macht, die trotz der Vielfalt der Auseinandersetzungen bestehen kann, und in der die voneinander abweichenden Ansprüche der Personen nicht (nur) durch die Gewalttätigkeit gelöst werden, wobei jedoch berücksichtigt wird, daß der Widerspruch zwischen verschiedenen Formen von Gutem immer möglich ist – was Max Weber thematisiert hatte, als er vom »Krieg der Götter« sprach. In Anbetracht der Tatsache, daß in einer komplexen Gesellschaft (und vielleicht in jeder Gesellschaft) verschiedene Formen von Gutem (oder Idealen) als legitim anerkannt werden, die aber nicht zur gleichen Zeit und in den gleichen Situationen aktualisiert werden können, ohne jeweils zu einem unlösbaren Dilemma zu führen, besteht eine Lösung darin, diese verschiedenen Arten von Gutem nicht an verschiedene Typen von Individuen zu heften (wie in dem dreigeteilten Modell von Dumézil, wie es zum Beispiel Georges Duby[6] angewandt hat), wodurch eine Kastengesellschaft entstehen würde, welche die Anerkennung eines allgemein Menschlichen gefährdet, sondern an verschiedene Typen von Situationen zu heften, die so organisiert sind, daß sie in bezug auf eine bestimmte Art von Welt so homogen wie möglich sind. In jeder dieser Situationen ist es möglich, die Form des Guten (oder, um die Terminologie von *De la justification* zu verwenden, der *Größe*) zu *zelebrieren*, die in ihr durch die Leistungen der Personen enthüllt wird, wenn diese sie durch ihre Handlungen veranschaulichen, wobei die Zelebration mit dem Wegrücken anderer in anderen Situationen veranschaulichter Äußerungen des Guten Hand in Hand geht.

Die Auseinandersetzungen über die Frage des Gerechten können sich so entwickeln. Aber sie müssen in bezug auf ein Prinzip einer bestimmten Größe und mit dem Mittel spezifischer Bewährungsproben behandelt werden, wodurch die Gewaltanwendung ferngehalten wird, die sich unvermeidlich aufdrängen würde, wenn alle Formen des Guten gleichzeitig auftreten würden. Ein so geartetes Modell setzt voraus, daß die Personen, als solche durch eine starre Identität gefestigt (sonst würde man ihre Spur verlieren, während sie sich durch die verschiedenen Arten von »Polis« bewegen), von einer Welt in die andere, von einer Situation in die andere gehen können und dabei jedesmal die jeweils geforderte Form des Guten erkennen.

In diesem Rahmen gibt es auch eine andere Möglichkeit, nämlich die der *Kritik*, die in ihren radikalen Formen die Gültigkeit des in einer Situation anerkannten Guten anficht, indem sie ihr andere Formen von möglichem Guten gegenüberstellt, zu denen dieses dann in einen Widerspruch gerät. Die Lösung dieser Konflikte kann darin bestehen, daß man die Situation säubert, indem man alles entfernt, was auf ein äußeres Gutes zielen könnte, oder, im Gegenteil, indem man praktische *Kompromisse* zwischen verschiedenen Arten von Gutem schließt. Ohne die Widersprüche zwischen verschiedenen Arten von Gutem zu lösen (es gibt kein höheres Gutes, in dem ein Prinzip der Äquivalenz liegt, das erlauben würde, diese verschiedenen Arten von Gutem zu ordnen), erlaubt der Kompromiß doch, sie abzuschwächen und die Augen vor ihnen zu schließen. Wir wollen hinzufügen, daß diese Art von Dispositiven, welche das jeweilige Gute hervorheben, besonders geeignet erscheinen für die Behandlung der öffentlichen Probleme und im allgemeinen für die Situationen, die oft einen *offiziellen* Charakter haben, in denen eine Forderung von Gesamtheit und Legitimität zwingend nötig ist.

Wir haben jedoch auf dem Gebiet, dem diese Studie gewidmet ist, einen ganz anderen Darstellungsfall. Der Widerspruch, den wir zwischen den zwei die Zeugung belastenden Zwängen herausgearbeitet haben, kann nicht resorbiert werden, indem man ihn auf die verschiedenen Situationen verteilt, innerhalb derer jeder der beiden Zwänge sich als ein Gutes darstellen würde. Wir kommen jetzt nicht mehr auf die verschiedenen Gründe zurück, warum die Abtreibung dem Reich der Gerechtigkeit entwischt, aber wir werden an einen der Hauptgründe erinnern, nämlich die einfache Tatsache, daß manche, die in die Menschheit aufgenommen zu werden verlangen, zerstört werden, so daß wegen dieser primordialen Gewalt die Lösung, die darin besteht, dasselbe Wesen, schon in seiner Eigenheit identifiziert, durch verschiedene Welten gehen zu lassen, nicht angewendet werden kann. So gearteten Darstellungsfällen gegenüber müssen die Bemühungen zur Milderung des Widerspruchs einen anderen Weg gehen. Sie müssen die Frage des Guten oder des unterschiedlichen Guten beiseite lassen, um sich auf die des Übels oder der Übel zu konzentrieren. Denn in einem Fall dieser Art gibt es keinen Modus, den Widerspruch zu lösen, der sich öffentlich auf ein solide gegründetes Gutes berufen könnte.

Der Weg, einen Kompromiß zu schließen, kann aus einem sehr einfachen Grund ebenfalls nicht beschritten werden. Der Kompromiß verlangt, daß die verschiedenen miteinander konkurrierenden Arten von Gutem einander so genähert werden, daß sie einander einschränken, ohne daß ein Gutes den Sieg davonträgt und damit den Bezug auf die alternativen Arten von Gutem auslöscht. Aber diese Forderung ist nicht rein argumentativen oder – wenn man so will – abstrakten Charakters. Um auf realistische

Weise in Gang gebracht zu werden, setzt sie voraus, daß von den verschiedenen Wesen – Personen, Dinge, Artefakte, Tiere usw. –, die an diesem Kompromiß beteiligt sind, im Rahmen des geschlossenen Kompromisses die einen in der Gegenwart der anderen bleiben können, das heißt, auf das Minimum reduziert, vor der Zerstörung bewahrt bleiben. Doch im Fall der Abtreibung existiert zumindest ein Wesen, der Fötus, über dessen Fortleben oder Zerstörung entschieden werden muß, ohne daß es eine Zwischenlösung zu dieser Alternative gäbe.

Angesichts solcher Fälle wendet sich die Erforschung eines Weges zur Milderung oder Verwischung des Widerspruchs von der Frage nach dem Guten oder den verschiedenen Arten des Guten ab, um sich in Richtung der Frage nach dem Übel oder den Übeln zu richten. Die Operation besteht dann darin, verschiedene Äußerungen des Übels auf eine Weise anzuordnen, die Aktion mit dem Bezug auf eine *Logik des geringeren Übels* zu orientieren. Aber ein Übel bleibt trotz allem ein Übel, auch wenn es für geringer gehalten wird als ein anderes Übel, das es zu vermeiden ermöglicht, deshalb ist es schwierig, sich öffentlich darauf zu beziehen, wie man es bei einem Guten machen würde. Während die auf das Gute zielende Aktion mit der Forderung einer *Rechtfertigung* konfrontiert ist, kann die Aktion, die sich mit der Logik des geringeren Übels bewegt, nur *Entschuldigungen* liefern. Die Entschuldigungen erheben im Gegensatz zur Rechtfertigung keinen Anspruch auf Legitimität, sondern machen geltend, daß die (mildernden) Umstände dergestalt waren, daß es nicht erlaubt war, dem Muster der legitimen Aktion zu folgen.

Genau das meinen wir, wenn wir sagen, daß die Abtreibung *nicht legitimierbar ist*, weil sie weder wie etwas Gutes behandelt werden kann, noch ganz allgemein mit Bezug auf eine legitime Forderung zu rechtfertigen ist, *ohne deswegen strafbar zu sein*, was die Möglichkeit voraussetzen würde, nicht nur die Praktiken einer Norm mit dem Wert eines Imperativs anzugleichen – was, wie wir gesehen haben, nie der Fall gewesen zu sein scheint –, sondern auch vollkommen hypothetisch als verwerflich zu beurteilen, was für Umstände angeführt werden mögen, das heißt, indem man in Betracht zieht, daß es immer die Äußerung eines Übels bildet, dem kein größeres Übel entgegengesetzt werden kann.

Daraus ergibt sich, daß die Gelegenheiten, wo der Bezug auf das geringere Übel überwiegt, die Tendenz haben, sich, so weit es geht, der Auslieferung an die öffentliche Sphäre zu entziehen. Man kann freilich darüber sprechen, aber lieber in einer privaten, *offiziösen* Beziehung oder auch in Situationen, die durch ein institutionelles Geheimnis geschützt sind, mit einer Person, welche die angeführten Entschuldigungen verstehen und akzeptieren kann, als hätte sie selbst schon mit demselben Dilemma zu tun gehabt und wüßte daher, daß es angesichts solcher Probleme keine andere Lösung gibt, um den Widerspruch, mit dem man konfrontiert ist, als sich für das geringere Übel zu entscheiden.

Aber zu sagen, daß die Aktionen, die in der Logik des geringeren Übels ausgeführt werden, schwer öffentlich bekanntzugeben sind, bedeutet nicht, daß sie von dem, der gehandelt hat, nicht gewußt werden oder auch, daß sie »unbewußter« Art sind. Es ist vergeblich, sich auf die schwere Maschinerie der Illusion zu beziehen, um die Situationen, in denen die öffentliche Rechtfertigung überwiegt und die sich als transparent darstellen, von denen zu unterscheiden, die einer größeren Dunkelheit ausgeliefert sind, wo die Logik des geringeren Übels am Werk ist. Die Elemente der Wirklichkeit, die so stillschweigend mit ihrem negativen Charakter *geduldet* werden, sind nicht radikal verdrängt oder in die Abgründe des Unbewußten verbannt, auch wenn man dazu neigt, sie, so gut man kann, beiseite zu schieben oder, wie Erving Goffman sagt, sie zu »mindern«, indem man sie behandelt, als wären es zufällige Auswirkungen.[7] Da ein Übel, auch wenn es in Beziehung zu einem anderen Übel gesetzt wird, ein Übel bleibt, werden die Personen so die Tendenz haben, zu vermeiden, es zu lange in Betracht zu ziehen und ein *Auge zuzudrücken*. Und dafür werden sie eine hervorragende Entschuldigung haben: daß sie nämlich nichts dafür können. Daß sie nichts anderes tun können, um das größere Übel zu verhindern, als vor dem unvermeidlichen Teil des Übels die Augen zu schließen, das man dann eben dulden muß. Warum? Gewöhnlich, damit die soziale Welt fortfahren kann, zu sein, was sie ist, und weil man sich nicht vorstellen kann, daß sie anders sein könnte. Oder auch aus *Angst* vor der Gewalttätigkeit oder vor einer größeren Gewalttätigkeit, die sich zu entfesseln drohte, wenn der Widerspruch voll im Licht stünde.

Da dem so ist, tendiert die Tatsache, die Augen vor ganzen Stükken der sozialen Wirklichkeit zu schließen, dazu, diese effektiv immer weniger sichtbar zu machen. Tatsächlich ist das, vor dem man die Augen schließt, nicht dazu angetan, gesehen zu werden. Die soziale Welt ist nicht so, daß sie sich in ihrer Transparenz durch das Mittel der direkten Erfahrung ausliefern würde, ohne die Hilfe von Instrumenten zur Beschlagnahme aus der Ferne und insbesondere ohne Instrumente, mit denen sich Ereignisse und Wesen in ihrem allgemeinsten Charakter konstruieren lassen – was Laurence Thévenot »Investitionen in die Form«[8] nennt –, was den Übergang zu Äquivalenzen herstellenden Werkzeugen verlangt, die es erlauben unter einer bestimmten Hinsicht Durchführungen oder Wesenheiten einander zu nähern, die immer den besonderen Umständen, in denen sie sich befinden, etwas schulden. Im Hinblick auf das, vor dem man besser die Augen schließt, sind zwischen den einzelnen Fällen keine Äquivalenzen festgelegt. Es lassen sich daher keine die Ereignisse schildernden oder statistischen Reihen aufstellen. Keine Summenbildung ist möglich und jeder Ausdruck des Übels, der sich dem Blick bietet, hat die Gestalt einer Ausnahme, des Zufalls, der Anekdote, dessen, was nicht hätte geschehen *dürfen* und trotzdem geschehen ist. Eben weil die Urteile, die das geringere Übel anführen, im wesentlichen an die Umstände gebunden sind, können sie ohne den Bezug auf die Güter allgemeiner Natur auskommen, an deren Notwendigkeit man aber hätte denken können, um die Anordnung verschiedener Äußerungen des Übels zu stützen und zu begründen.

Damit die Augen aufgehen, müssen gewisse Personen, die das (geringere) Übel geschädigt hat, mit ausreichender Lautstärke sprechen, um am »Kampf der Opfer«[9] teilzunehmen und zu verlangen, die allgemein akzeptierte Hierarchie zwischen den verschiedenen Arten von Übeln solle geändert werden. Wir werden hier nicht die Gründe untersuchen, die ohne Zweifel von spezifischen Umständen herkommen oder die, wenn man so will, im wesentlichen historisch sind und in jedem besonderen Fall eine solche kritische Bewegung möglich machen können oder nicht. Aber dadurch neigt der Widerspruch, den die Logik des geringeren Übels nur vertuschte, ohne imstande zu sein, ihn wirklich zu lösen, dazu erneut aufzutauchen. Da zeigt sich die Alternative, ihn entweder aufs neue zu verdrängen oder zu versuchen, das Ganze des normativen Rahmens zu modifizieren, der bis dahin offiziell anerkannt war, indem man sich des (geringeren) Übels bemächtigt, um es an ein Gut zu knüpfen, das einen Zugang zur Legitimität schaffen kann. Eine solche Verwandlung ist mehr oder weniger akzeptabel und daher mehr oder weniger schwierig durchzuführen, je nach den Auswirkungen, die sie auf die verschiedenen Bereiche der Legitimität haben kann. Es ist möglich, daß in gewissen Fällen, und wir glauben, daß die Abtreibung zu diesen Fällen gehört, der Widerspruch, den die Logik des geringeren Übels zu mildern versuchte oder auf jeden Fall dazu tendierte, ihn weniger sichtbar zu machen, eine anthropologische Verankerung hat. Der Versuch, legitim zu machen, was bis jetzt als ein Übel angesehen wurde, läßt ihn jetzt aufs neue mit seiner unerträglichen Komponente hervorbrechen, wodurch eine Bewegung der Flucht oder sogar der Angst bewirkt wird, die auf die Suche nach Mitteln geht, um ihn erneut in Vergessenheit geraten zu lassen.

Auf dem Weg zu einer Tilgung der Abtreibung?

Auf einen Horizont, an dem sich das Verschwinden der Abtreibung abzeichnet, bewegt sich, so scheint es uns, die Kritik zu, deren Gegenstand diese Praktik seit dreißig Jahren ist und deren Dynamik im übrigen, als der Fötus selbst im Feld der sozialen Repräsentation auftrat, eine bedeutende Rolle spielte, was zur Wirkung hatte, daß der Widerspruch so offenkundig zum Vorschein kam wie nie zuvor. Jeder wünscht sich, daß das, was gegenwärtig noch ein heikles und aktiv oder potentiell konfliktbeladenes Problem ist, bald keine Frage mehr wäre und vergessen werden könnte. Aber der Wunsch, die Abtreibung möge verschwinden, geht offenbar je nach der Kritik, deren Gegenstand die gegenwärtige Situation ist, in eine ganz andere Richtung. Diejenigen, die sich der Legalisierung der Abtreibung widersetzten und heute noch widersetzen, wünschen sich nicht nur, daß diese Akte nicht mehr praktiziert werden, sondern verbinden das Verschwinden der Abtreibung mit ihrem Verbot und der Rückkehr zu deren gesetzlicher Bestrafung.[10] Sie tun implizit so, als wäre die Existenz der Abtreibung heute das Ergebnis ihrer Legalisierung oder zumindest als hätte durch die Legalisierung dieser Praktik deren Häufigkeit beachtlich zugenommen, indem sie sie in die Sphäre des Erlaubten aufnahm und dadurch, so sagen sie, »banalisierte«. Aber indem man die erneute gesetzliche Bestrafung der Abtreibung verlangt, vergißt man, daß die Anzahl der Abtreibungen vor der Legalisierung ziemlich groß war und achtet nicht darauf, welches Leiden ihre geheime Durchführung mit sich brachte. Nichts bestätigt im übrigen, daß zwischen der Praktik der Abtreibung und ihrem gesetzlichen Status eine bedeutende kausale Verknüpfung besteht, so daß diejenigen, welche Verbotsmaßnahmen fordern, vielleicht einen ähnlichen Fehler machen wie die Verfechter der Familienplanung Mitte des 20. Jahrhunderts, die glaubten, daß durch die Entwicklung der Empfängnisverhütung die Abtreibung nur noch die Rolle eines geringen Restes spielen würde. Wie wir gesehen haben, war das nicht der Fall.

Noch riskanter ist ohne Zweifel die Überzeugung, eine erneute gesetzliche Bestrafung der Abtreibung könne von der Mehrheit der Bürger akzeptiert werden (da eine Maßnahme dieser Art in den demokratischen Staaten nur nach einer Abstimmung im Parlament ergriffen werden könnte), ohne einen beachtlichen Protest hervorzurufen (so ähnlich wie die Gesetze von 1920 und 1923 eingeführt werden konnten, ohne daß sich eine klare Opposition in der öffentlichen Meinung gezeigt hätte, weder von rechts noch von links). Man kann unschwer ahnen, daß eine erneute gesetzliche Bestrafung der Abtreibung, wenn sie mit demokratischen Mitteln durchgeführt werden könnte, was ziemlich unwahrscheinlich ist – oder wenn eine Politik der Obstruktion auf voluntaristische, sogar autoritäre Weise die Hindernisse für die Abtreibung vermehren würde –, keine andere Wirkung hätte, als der Praktik der illegitimen Abtreibung neuen Aufschwung zu geben (oder was die über die nötigen finanziellen Mittel verfügenden Frauen betrifft, den Reisen in die Länder, wo die Abtreibung erlaubt ist), wodurch alle Übel wieder neu entstünden, denen das Gesetz von 1975 in erster Linie den Garaus machen sollte. Die Abtreibung würde in dem Sinn verschwinden, als sie wieder in die Dunkelheit zurückgedrängt würde. Aber ihre wirkliche Präsenz im alltäglichen Leben würde deshalb nur noch größer und geschähe unter besonders anfechtbaren Umständen. Fügen wir hinzu, daß dieses Ziel, wenn man sich an das Protokoll der gegenwärtigen Tendenzen hält,[11] ebenso utopisch ist, weil es die Übereinkunft mit dem Schöpfer voraussetzen würde, die, an eine monistische Idee des menschlichen Lebens gebunden, gewiß diejenige ist, in der die Abtreibung am wenigsten akzeptiert wird, stellen wir uns vor, dieses Ziel würde die Oberhand (wieder) gewinnen,[12] und zwar vollkommen losgelöst von einer Übereinkunft, an die es in der Vergangenheit unzertrennlich gebunden war, oder die Übereinkunft mit der Verwandtschaft, die, wie wir gesehen haben, die Beseitigung einer großen Anzahl derer, die ins Leben aufgenommen werden sollten, durch verschiedene Mittel duldete.

Man kann sich natürlich vorstellen, daß eine neue Übereinkunft getroffen und an die Stelle des elterlichen Projekts gesetzt würde, in dem, wie wir gesehen haben, die Abtreibung eine herausragende Rolle spielt. Aber man kann vermuten, daß in diesem Darstellungsfall die Einsetzung, Verbreitung und Verinnerlichung des Bezugs auf eine neue Art von Äußerlichkeit von seiten der Personen der Praktik der Abtreibung noch wohlgesinnter wäre, als es das elterliche Projekt ist. Ohne präzisieren zu können, worin eine solche Übereinkunft bestehen könnte, stellen wir jedoch fest, daß ein neuer ernsthafter Kandidat, ziemlich häufig angerufen, schon auf seinen Auftritt wartet, der niemand anderes ist als die Erde – *Gaia* –, das heißt nicht die Menschheit, sondern die Ganzheit der Wesen, und insbesondere der lebenden Wesen, die auf unserem Planeten wohnen, oder eher die systemische Totalität, die aus den Interaktionen zwischen den lebenden und den unbelebten Wesen gebildet wird als Einheit, die höher ist als die Summe ihrer Bestandteile.[13] Aus dieser Sicht, welche die der radikalen Ökologie ist, muß die Gattung Mensch, als Raubtier betrachtet, ihre Beziehung und vor allem ihre numerische Beziehung zu den anderen von ihr ausgebeuteten oder zerstörten Wesen neu überdenken. Die radikalsten Propheten, die zu dieser Strömung gehören, sind im Namen dessen, was Dominique Bourg einen »biozentrischen Egalitarismus« nennt, der Ansicht, daß eine »drastische und schnelle Reduzierung der menschlichen Belegschaft« ins Auge gefaßt werden muß,[14] um zum Beispiel die Zahl der Menschen auf 100 oder 200 Millionen Individuen zu reduzieren.[15] Aber abgesehen davon, daß man im Moment noch nicht weiß, welche Instanz oder welche Instanzen die Autorität hätten, um die Maßnahmen, die zu diesem Resultat führen sollen, durchzusetzen (wenn es nicht der Staat ist, aber dann kämen wir zu dem Darstellungsfall der Übereinkunft mit dem Staat und vermutlich mit einem autoritären Staat zurück), noch nach welchen Kriterien ausgesucht würde, wer das Recht zu zeugen und das Recht zur Welt zu kommen hat und wer nicht, kann man vermuten, daß eine derartige Übereinkunft mit der Erde, weit davon entfernt, die Abtreibung einzuschränken, ihr einen wichtigen Platz neben der Sterilisation und der Vasektomie einräumen würde.

Aber die gegenwärtige Lage der Abtreibung wird auch von denen kritisiert, welche die größten Verfechter ihrer Liberalisierung waren. Wir sind der Ansicht, daß diese Kritiken genau wie die eben beschriebenen, aber mit anderen Mitteln, danach trachten, die Abtreibung verschwinden zu lassen oder sie zumindest erneut in den Schatten zurückzuschicken. Diese Kritiken gehen im Wesentlichen in zwei Richtungen. Die erste besteht darin, zu denunzieren, was in den Dispositiven des Gesetzes von 1975 die Möglichkeiten der Abtreibung entweder durch Vorschriften (die Zahl der Schwangerschaftswochen, nach denen die Abtreibung verboten ist, bei Minderjährigen die Pflicht einer elterlichen Erlaubnis usw.) oder durch eine tatsächliche Sperrung (Überfüllung der medizinischen Strukturen usw.[16]) einschränkt. Die zweite hat es abgesehen auf alles, was in den gegenwärtigen Dispositiven oder in der Haltung derer, die sie ins Werk setzen – der Ärzte, Krankenschwestern, Beraterinnen, Apotheker usw. – darauf hinausläuft, »bei den Frauen Schuldgefühle« zu erwecken, indem sie zu verstehen geben, die Abtreibung sei eine Ausnahme, etwas Dramatisches, sogar Transgressives. Besonders unter Beschuß genommen wurden oder werden die Dispositive des Gesetzes von 1975, die den Charakter dieses Gesetzes als Ausnahme oder als Gesetz des geringeren Übels hervorhoben, wie das obligatorische vorangehende Gespräch, der Zwischenraum von einer Woche zwischen dem Gesuch und der Durchführung, die obligatorische Erklärung der Struktur, welche den Akt durchgeführt hat, usw., aber auch die Ärzte oder die Beraterinnen, welche »moralisierende« oder »Schuldgefühle erweckende« Einwände erhoben. Wir möchten bemerken, daß dieser Kritik in dem Gesetz vom 4. Juli 2001 zum Teil stattgegeben wurde: die gesetzliche Frist wurde auf vierzehn Wochen nach der letzten Regelblutung verlängert, das Gespräch ist nicht mehr obligatorisch (aber muß angeboten werden), der Apotheker ist verpflichtet, die »Pille vom

Tag danach« auch Minderjährigen auszuhändigen, usw., und allgemeiner könnte man – auf eine tatsächlich etwas paradoxe Weise, da es sich um ein Gesetz handelt – sagen, die Abtreibung wurde de facto wenn nicht de jure legalisiert. Aber diese Maßnahmen haben deshalb der Kritik noch kein Ende gemacht, die zum Beispiel darauf hinweist, daß in anderen europäischen Ländern die gesetzliche Frist für eine Abtreibung bedeutend länger sei usw.

Diese Kritiker fordern – wie sie es nennen – eine »Entdramatisierung« der Abtreibung. Sie machen geltend, daß diese Praktik heute, im Unterschied zur heroischen Zeit der Kämpfe für die Befreiung der Abtreibung, nur eine äußerst geringe medizinische Gefahr darstellt, daß sie die Frauen nicht mehr so beunruhigt, wie dies der Fall sein konnte, als sie sich noch unter der Herrschaft eines Glaubens oder gesellschaftlicher Verbote befanden, und daß sie gewissermaßen Eingang in die Sitten gefunden hat; schließlich auch, daß sie heute mit weitaus weniger unangenehmen Techniken als der des Absaugens durchgeführt werden kann. Die Entwicklung der medikamentösen Abtreibungstechniken, die außerdem weitaus weniger kostspielig für das öffentliche Gesundheitswesen sind, scheint ja tatsächlich in diese Richtung zu gehen. Die medikamentöse Abtreibung, die im Augenblick vor allem in den Krankenhäusern praktiziert wird (die Patientin nimmt die Pille unter ärztlicher Aufsicht und kommt dann zum Ausstoßen des Fötus wieder ins Krankenhaus), ist wohl dazu bestimmt, außerhalb des Krankenhauses vollzogen zu werden. Das erste Einnehmen der Pille geschähe noch immer im Krankenhaus, dann würde die Patientin zu Hause ausstoßen und dann zur Kontrolle wieder ihren Arzt aufsuchen. Man könnte nun vernünftigerweise annehmen, daß ein derartiges Dispositiv, wenn es allgemein angewendet wird, dazu beitragen würde, die Abtreibung als solche verschwinden zu lassen und eine Art Kontinuum zwischen Empfängnisverhütung und Abtreibung herzustellen. Die Abtreibung wäre dann einer der notwendigen Akte, um ein kleines medizinisches Problem zu lösen, wie es viele gibt, leichter zu lösen als viele andere, und auf jeden Fall sehr diskret, da sich alles unter vier Augen zwischen Patientin und Arzt abspielt, wobei wenig auf die Sprache zurückgegriffen würde, und es würde beinahe spurlos vorübergehen, wenn nicht die unumgängliche Notwendigkeit bestünde, etwas auszustoßen. Nachher würde man vermutlich nicht mehr davon sprechen und die Abtreibung wäre somit »verschwunden«.

Die neuen Verfügungen des Gesetzes vom 4. Juli 2001 »gehen von der Erwartung aus, daß die Schwangerschaftsabbrüche wenigstens zum Teil ambulant betreut werden können, im Rahmen von Vereinbarungen, die eine zur Durchführung von Schwangerschaftsabbrüchen befugte Struktur mit freiberuflich praktizierenden Ärzten unter den vom Conseil d'Etat festgelegten Bedingungen verbindet. So könnte das eingeführt werden, was man jetzt schon den Schwangerschaftsabbruch zu Hause nennt«.[17] Nachdem mehrere hundert Frauen in einer Testzeit den medikamentösen, von einem Krankenhaus gesteuerten Schwangerschaftsabbruch zu Hause ausprobieren konnten, ohne daß a priori schwere Probleme zu beklagen wären, ist ein Netz von freiwilligen Praxisärzten, die durch eine vergangene Abmachung mit einer schon in medikamentösen Schwangerschaftsabbrüchen erfahrenen Krankenhausstruktur verbunden sind, dabei, sich nach und nach zu bilden.[18] In dieser neuen Konfiguration steuert der frei praktizierende Arzt den Eingriff (er wäre sogar verpflichtet, der Patientin die Nummer seines Handys zu geben, damit er ihr, wenn sie dringende Sorgen hat, beistehen kann), und das Krankenhaus läuft nach der Meinung mancher seiner Mitglieder Gefahr, sich in einen reinen Medikamentenverteiler umzuwandeln, solange etwa das Mifeprisostone noch nicht in den Apotheken erhältlich ist. In Wirklichkeit werden sich die Patientinnen anfänglich noch ins Krankenhaus begeben, um das erste Medikament im Beisein einer Krankenschwester oder eines Arztes einzunehmen, die bzw. der ihnen die Tabletten mitgeben wird, die sie achtundvierzig Stunden später einnehmen müssen. Bei dieser Gelegenheit wird man der Patientin ein soziopsychologisches Gespräch, fast immer am selben Tag nach der Einnahme des Medikaments, oder auch einen Termin im Krankenhaus, wenn sie will, nach dem ersten Besuch beim Arzt in der Stadt anbieten. (Aber das letztere Vorgehen ist ziemlich unwahrscheinlich. Man kann sich nicht gut vorstellen, daß eine Frau, deren wesentliche Sorge es ist, »so wenig wie möglich dran zu denken«, das Angebot annehmen wird, nachdem das Gespräch, außer für die Minderjährigen, nicht mehr gesetzlich vorgeschrieben ist.) Eine Karteikarte wird die Verbindung zwischen dem Arzt und dem Krankenhaus schaffen, das sich um eventuelle Komplikationen kümmern wird, das heißt das im Falle eines Mißlingens der medikamentösen Methode zehn Tage später eine Absaugung vornehmen und die anonymen Erklärungen des Schwangerschaftsabbruchs bei der Gesundheitsbehörde besorgen wird.

»Durch die Abtreibung zu Hause wird die Gesellschaft sich nicht mehr um die Abtreibung kümmern; die frei praktizierenden Ärzte werden die Frau einmal vorher und einmal nachher untersuchen, und wenn ein Problem auftaucht, sind die Frauen selbst verantwortlich. [...] So wie vor dreißig Jahren, man verpaßt ihnen ihr Baby.« (So eine Ärztin in der Provinz.) Diese Bemerkung machte eine Gynäkologin nebenbei hinsichtlich einer Diskussion darüber, daß die Abtreibung nun nach Hause verlegt werden soll, und sie zeugt von der Debatte, die diese Möglichkeit bei einem Teil des medizinischen Personals ausgelöst hat, das für die Durchführung der Schwangerschaftsabbrüche in den Krankenhäusern zuständig war: »Die Frau macht ihren Schwangerschaftsabbruch selbst, sie ist live dabei«, so sagt eine Krankenschwester aus einem »Centre d'Orthogénie« aus der Region Paris. Genau umgekehrt sagt ein Arzt des ANAES, daß »die medikamentöse Abtreibung die ganze chirurgische Aggression beseitigt, was eine allgemeine Tendenz in der medizinischen Praxis ist; ihre Anwendung könnte den Schwangerschaftsabbruch zu einer vollkommen privaten Angelegenheit machen und würde die Frauen von der sozialen und institutionellen Kontrolle befreien.« Das ist die Position, welche von der ANAES verteidigt wird, nach der ein Krankenhausaufenthalt wegen eines medikamentösen Schwangerschaftsabbruchs in Anbetracht der Verläßlichkeit der Methode nicht mehr gerechtfertigt ist. Wenn man seine Abwicklung im Rahmen einer Abmachung zwischen einem frei praktizierenden Arzt und einem Krankenhaus auf ambulante Weise vorsehen würde, könnte eine größere Anzahl von Frauen übernommen werden, da sich die Wartefristen für die Termine abkürzen würden. Dadurch hätten mehr Frauen die Möglichkeit, in den Genuß dieser Methode zu kommen, ihre Schwangerschaft eher abzubrechen, und die späten Schwangerschaftsabbrüche würden abnehmen. Es wurden aber Einwände von anderen Ärzten vorgebracht, die eine große Erfahrung in der Praktik des Schwangerschaftsabbruchs haben und vor allem auf die kurze Frist hinweisen, die neunundvierzig Tage (sieben Wochen) nach der letzten Regelblutung nicht überschreiten darf: »Die Leute, die für die Abtreibung zu Hause kämpfen, sagen, sie wollen die Abtreibung banalisieren. Das trifft wahrscheinlich auf die Leute zu, die darüber schreiben, aber nicht auf die, die sie machen. Dann vergleichen sie das mit den Frauen, die Fehlgeburten haben, vor allem was die medikamentöse Abtreibung betrifft, aber wenn man die Frauen hört, die Fehlgeburten hatten, dann gute Nacht! Da gibt es Schwierigkeiten, den Eindruck, daß einem das ganze Blut ausfließt.« (Arzt, Krankenhaus in der Provinz) Andere Ärzte bedauern das beinahe völlige Verschwinden des sozialen Gesprächs bei dieser Art von Abtreibung: »Bei der Abtreibung zu Hause«, sagt einer der Ärzte des Provinzkrankenhauses, das unsere Untersuchung aufgenommen hat, »die es geben wird, zum Teil wegen des Mangels an Räumlichkeiten und Personal, unter dem Vorwand der freien Wahl schickt man sie mutterseelenallein zur Abtreibung wie vor dem Gesetz Veil. Und wie sollen sie das in den Griff kriegen, wenn sie wissen, daß keiner da ist, der ihnen beisteht, ihren Packen abzulegen. [...] Wenn es kein Gespräch vorher gibt, wie sollen sie dann wissen, wie die Sache läuft, das ist doch illusorisch. Oft sind die stärksten Mädchen, die Superfrauen dann am hilflosesten. [...] Das ist eine versäumte Gelegenheit, die Zeit auszunutzen, die sie in einem Zentrum verbrachten, sie konnten zur Ruhe kommen, ein wenig von ihrer Erfahrung sprechen, sich eventuell mit anderen austauschen, über ihre Probleme mit der Empfängnisverhütung sprechen, schließlich für eine besser beherrschte Zukunft arbeiten [...]. Man weiß, daß die Frauen, die abtreiben, ebenso viele Kinder bekommen wie die anderen, am Ende ihres fruchtbaren Lebens. Es sind also dieselben Frauen, die abtreiben und die hinterher Kinder bekommen; es gibt keine Seite für die Frauen, die ... und für die anderen, die ... es sind dieselben. Und deshalb ist es der Mühe wert, etwas zu investieren in die Sache.«

Es ist möglich, daß sich der Arzt, dessen Kritik an der Abtreibung zu Hause wir gerade gelesen haben, täuscht, und daß sich diese Praktik tatsächlich in die Banalität der Welt einfügen kann. Es ist möglich, daß die psychischen Schwierigkeiten, die der größte Teil der Frauen, mit denen wir unter vier Augen oder im Krankenhaus gesprochen haben, erlebt hat, ihre Traurigkeit, die für sie schwierige Trauerarbeit, ihre Unruhe diejenigen von Generationen sind – die der Frauen, die heute zwischen zwanzig und vierzig Jahre alt sind –, die noch unter der Herrschaft der »archaischen« Vorstellungen stehen und insbesondere einer Definition der Weiblichkeit, die noch von der Mutterschaft abhängt,[19] und daß diese Definition schon fast überholt ist. Dieses Schema ist sehr oft in den Reden derjenigen Kritiker implizit enthalten, die in der Ausdehnung der Möglichkeiten abzutreiben und in der Entdramatisierung der Abtreibung ein wichtiges Element sehen, das Unternehmen der Befreiung fortzuführen, und es beruht auf einer evolutionistischen Auffassung der Geschichte, die es ge-

stattet, Überzeugungen, Haltungen und Praktiken in die Kategorie jener einzuteilen, die der Vergangenheit angehören, und in die
Kategorie dieser, die der Zukunft angehören, ohne daß man immer genau unterscheiden könnte, nach welchem Unterschei-
dungskriterium die Auswahl getroffen wurde.

Wir wollen jedoch bemerken, daß dieses Unterscheidungskrite-
rium sicherlich – wie es seit dem 17. Jahrhundert im Fall der Kritik häufig vorkommt – mit der Trennung zwischen dem zur Natur Gehörigen und dem zur Kultur Gehörigen zu tun hat. Aber
die Interpretation ist oft dadurch erschwert, daß diese Unterscheidung sich in beide Richtungen auswirken kann. Die Befreiung kann so verstanden werden, als würde man sich von der
Künstlichkeit der Kultur losreißen, um zur Wirklichkeit der Natur zurückzukehren (wie es in der Aufklärung häufig der Fall war
und wie es heute in den ökologisch inspirierten Diskursen häufig
der Fall ist). Aber sie kann auch so verstanden werden, als müßte
man sich von der Last und dem (falschen) Zwang der Natur losreißen, um sich in Richtung einer Menschheit zu bewegen, die
sich in dem Sinne befreit hat, daß sie nun fähig ist, die Bedingungen ihrer Selbsterzeugung und Fortpflanzung zu bestimmen; einer Menschheit, die sich ununterbrochen selbst erneuert und, so
unvorhersehbar diese Erneuerungen auch sein mögen, auf ihre
volle Verwirklichung zuginge. Der Bezug auf die Natur wird
dann als ein kulturelles Artefakt betrachtet, ebenso wie alle anderen (wie eine Ideologie), das dekonstruiert werden muß, damit
ein anderer Plan, der tiefer und mächtiger ist als die Pläne der Natur und der Kultur zusammen, zur Erfüllung gelangen kann. Hier
stoßen wir auf das – von Bernard Yack[20] hervorragend untersuchte – Schema der »totalen Revolution«, das bei denen zum
Tragen kommt, welche dieser Autor die »linken Kantianer« nennt,
wenn sie das Scheitern der Französischen Revolution als politische Revolution zu verstehen und zu erklären versuchen, wobei
sie sich die Aufgabe stellen, herauszufinden, was die Menschen
sogar diesseits der politischen Umstände in einer Lage verwurzelt hält, die es ihnen nicht erlaubt, ihr Menschsein voll zu ver-

wirklichen, und die es zu enthüllen und umzustürzen gilt, damit sie sich verwirklichen und gleichzeitig in der Geschichte erfüllen können.[21]

Nachdem dieses Schema lange Zeit in den Bereich der Aktionen wirtschaftlicher und sozialer Art verbannt war, ist es heute weit in die Sphäre der Anthropologie, der Sexualität und der Zeugung vorgedrungen.[22] In seinen der Science-fiction am nächsten stehenden Äußerungen zielt es auf eine letzte Möglichkeit, die Abtreibung verschwinden zu lassen, die darin besteht, die Zeugung verschwinden zu lassen, zumindest in der Form der sexuellen Paarung, in der sie bis in unsere Tage erfolgte.[23] Und in der Tat gäbe es im Fall einer ganz oder teilweise technisierten Zeugung keinen Platz mehr für die Abtreibung. Wir wollen an einige Themen dieser Utopie erinnern: Die Zugehörigkeit zu einem verschiedenen Geschlecht, männlichen oder weiblichen, hätte nichts mehr mit Schicksal zu tun. Die Geschlechter würden weiter existieren, aber nach der Art von Modalitäten, zwischen denen man wählen könnte,[24] dergestalt, daß man die sexuellen Praktiken und das Bedürfnis der Erhaltung eines fortlaufenden Genusses so genau wie möglich aufeinander abstimmt. Sexualität und Zeugung wären dann vollständig voneinander abgekoppelt. Die Sexualität könnte sich dann als eine ludische Aktivität entwickeln, deren Ziel der Genuß und die Äußerung der Affektivität wäre, ohne sich mehr um Operationen *anderer Natur* kümmern zu müssen, welche die Fortpflanzung der Gattung Mensch im Auge haben und für die (wie für die Tätigkeiten, welche die anderen Bedürfnisse, wie etwa das Bedürfnis nach Nahrung, betreffen) das Kollektiv oder ein spezialisierter Teil des Kollektivs sorgen würde, der hochentwickelte Technologien einsetzen könnte. Die Gattung Mensch wäre dann vom Zwang der sexuellen Fortpflanzung und gleichzeitig von dem aufwendigen Unterschied zwischen den Geschlechtern befreit, ebenso von der Männerherrschaft, die es seit grauer Vorzeit begleitet und damit, so sagt diese Utopie, auch von der Herrschaft schlechthin, und könnte sich dann voll verwirklichen, indem sie die Illusionen und Ideologien von sich weist, die sie bis dahin hinderten, klarzusehen und fortzuschreiten.

Das Verschwinden des Widerspruchs?

Aber ohne dieser Utopie bis an ihre Grenzen, die technisierte Fortpflanzung außerhalb des menschlichen Körpers zu folgen, nehmen wir einmal die Möglichkeit einer Welt ernst, in der Zeugen oder sich dessen, was gezeugt wurde, zu entledigen, kein radikal anderes Problem wäre als das, welches den Menschen im allgemeinen die Schöpfung eines Werkes bereitet, und auf jeden Fall seine tragische Dimension verlöre, und fragen wir uns, wie eine historische Lage aussähe, in der die Bedingungen der Zeugung zu einer vollen Transparenz Zugang hätten, das heißt endlich aus dem Dunkel heraustreten würden, um voll und ganz auf ihre technische Wirksamkeit hin und ihre öffentliche Aktion hin überprüft zu werden, und wo infolgedessen die Diskrepanz zwischen dem, was zum Offiziellen und dem, was zum Offiziösen gehört, vollkommen abgeschafft werden könnte. Man kann sich eine Vorstellung davon machen, wenn man dreierlei Folgen konsequent weiterdenkt: zum einen die der Legalisierung der Abtreibung, zum anderen die des Zugangs des Fötus in die öffentliche Sphäre und schließlich diejenige der Möglichkeit, die wir haben und in der Zukunft noch mehr haben werden, das zukünftige Kind, ehe es zur Welt kommt, kennenzulernen, entweder durch die Sinne (Seh-, Hörvermögen usw.) oder mittels technischer Dispositive.

Was würde in einer solchen Lage aus den beiden Zwängen, die wir in Kapitel II isoliert haben? Die Legitimität des ersten Zwanges (unter denen, die ins Fleisch gekommen sind, die Wesen auszuwählen, die Gegenstand einer Adoption durch das Wort werden sollen) würde Gegenstand einer offiziellen Anerkennung, sogar eines öffentlichen Aktes (was vorgeformt ist in der Frage, die der Arzt der eben als schwanger erkannten Frau stellt und die

auf dem besten Wege ist, zu einem Ritual zu werden: »Wollen Sie
es behalten?«) werden. Was den zweiten Zwang (den der Nicht-
Diskriminierung) angeht, so hätte er die besten Chancen von
selbst zu erlöschen. Wenn also einerseits der erste Zwang einen
öffentlichen, offiziellen Charakter hätte, was dazu auffordern
würde, die Entscheidung zu rechtfertigen, indem man stichhaltige Gründe anführt (da eines der zentralen Kennzeichen des
Öffentlichen ist, eine Rechtfertigung zu verlangen), und wenn
andererseits eine beachtliche Anzahl der Eigenschaften des Fötus als seine besonderen durch das Mittel von während der
Schwangerschaft durchgeführten Untersuchungen erkannt werden könnten, dann könnte sich die Selektion der ins Fleisch gekommenen Föten, die adoptiert werden sollen, auf das Resultat
der sogenannten »prädiktiven« Tests stützen. Dann hätte die Selektion nicht mehr den prekären Charakter, dessen Bedeutung
wir bei der Aufstellung des menschlichen Unterschieds gesehen
haben. Auf eine Situation dieses Typus zielt weitgehend die Kritik der »liberalen Eugenik«.[25] Dann würde ein Recht »über das
Leben zu urteilen«,[26] um die von Marcela Iacub und von Pierre
Jouannet gebrauchte Wendung wieder aufzunehmen, eingesetzt,
das heißt, nach der von Marcela Iacub in einem anderen Werk
entwickelten Anschauung, die mangelhaften Föten, so oft wie
nötig, auszutauschen, um sie durch Föten von besserer Qualität
zu ersetzen, und zwar im Namen des subjektiven Interesses des
»zukünftigen Kindes«, als des einzigen Wesens, welches über eine
juristisch anerkennbare Identität verfügt.[27]
In einer solchen Situation wäre der Widerspruch zwischen den
zwei Zwängen, die wir in Kapitel II identifiziert haben, tatsächlich
aufgehoben, und zwar in der Transparenz eines Universums gül-
tiger und kohärenter Normen, ohne daß es noch nötig wäre, sich
auf einen Unterschied zwischen offizieller Ordnung und offiziösen Praktiken zu stützen. Man muß sich jedoch fragen, welche
Wirkungen die Einrichtung einer Situation dieser Art auf das allgemein Menschliche hätte, und auch die Frage stellen, in welchem
Maß eine derartige Utopie auf die Dauer realisierbar wäre.

Hier taucht das Problem auf, wie in diesem Fall der menschliche Unterschied plaziert werden sollte. Ein Unterschied, der auf arbiträre Weise gesetzt wird und durch jeden einzelnen Menschen geht, würde durch ein Spektrum ersetzt werden, das vom Humansten bis zum Inhumansten reichen würde. Diese Selektion würde abgesehen davon, daß sie in allen Situationen anwendbare juristische Selektionsprinzipien einführen würde (was früher oder später zu einer staatlichen Eugenik zurückführen würde), von den Vorstellungen abhängen, die man sich je nach Personen und Gruppen vom vollen Menschsein macht. Man kann annehmen, daß, wie man im Fall der sozialen Klassen gesehen hat,[28] Archetypen aufgestellt würden, die von oben her bestimmen, was ein menschliches Wesen sein muß, um voll menschlich zu sein, wodurch es zu Abstufungen kommen könnte, die von den wirklich menschlichen Menschen zu den weniger menschlichen Menschen ginge, und ebenso zu Kämpfen um den Zutritt zur Anerkennung eines besseren Status im Menschsein. Der Begriff des allgemein Menschlichen würde dann jeglichen Sinn verlieren und eine andauernde Unruhe darüber würde sich einstellen, wo die Grenzen des Menschseins verlaufen oder eher verlaufen müssen. Streng genommen wäre die Zugehörigkeit zur Menschheit ein für allemal für niemanden mehr selbstverständlich.

Aber vor allem hätten die Menschen oder ohne Zweifel eher manche von ihnen die – das muß man wohl sagen – maßlose Macht, ohne Unterlaß den menschlichen Unterschied zu definieren und wieder neu zu definieren, und zwar indem sie im wesentlichen auf die im Fleisch verankerten Eigenschaften setzen. Nun sagt aber nichts, daß dies mit dem normalen Funktionieren der menschlichen Gesellschaften kompatibel wäre, denn, wie wir gesehen haben, würden sie weder bedingungslos alle ins Fleisch gekommenen Wesen akzeptieren (wie es im Tierreich der Fall ist), noch würden sie auf eine öffentliche Forderung hin gewisse Wesen auswählen, die einem im voraus definierten Format entsprechen. Die Menschen haben freilich die Macht, diese Auswahl zu treffen, und es läßt sich voraussehen, daß sich diese Macht in Zukunft steigert, aber die Frage, von welcher Autorität sie diese Macht herleiten würden, das heißt welche Instanz ihnen die Autorität geben würde, diese Macht auszuüben, bleibt offen. Die am wenigsten anfechtbare Lehre, die man aus der Anthropologie der Zeugung gewinnen kann, ist die, daß der Bezug auf Instanzen, die keine individuellen Personen sind, immer notwendig ist, damit man die notwendige Autorität erwirbt, nicht nur, um ein Kind loszuwerden, sondern auch, um eines zu bekommen.[29]

Die anthropologische Frage

Um zu verstehen, warum die Notwendigkeit, die Abtreibung verschwinden zu lassen, sich mit solcher Kraft aufdrängt, dessenungeachtet, ob die Positionen dieser Praktik gegenüber bejahend oder ablehnend sind, muß man also zu dem zurückkehren, was die Abtreibung in ihrem ontologischen Status in die Nähe des *Verscharrens* bringt: weil die Abtreibung nämlich, wenn sie nicht versteckt wird, die Spannungen aufdeckt, die der Zeugung in ihren eigentlich menschlichen Formen innewohnen, und weil sie diese nach der Art eines zugleich unüberwindlichen und schmerzlichen Widerspruchs zum Vorschein bringt, kann sie auf eine merkwürdig übereinstimmende Weise zum Gegenstand von Bemühungen werden, die sie in die Dunkelheit zurückstoßen und vergessen machen wollen, wie man eine schlechte Erinnerung vergißt.

Mit der Abtreibung Schluß zu machen, erweist sich so als eine Notwendigkeit für alle, die, auf eine idealisierte Vergangenheit zurückblickend, eine Welt wiederfinden möchten – die es im übrigen nie gegeben hat –, in der man sich damit begnügen konnte, die Kinder, die ins Fleisch kamen, einfach anzunehmen, ohne es auf sich zu nehmen, ob man sie *zur Welt bringen* wollte oder nicht, das heißt sie zu adoptieren, indem man sie in ihrem Menschsein bestätigte, aber auch mit dem Blick darauf, daß man sich eventuell ihrer entledigen konnte. Aber eine Forderung derselben Art scheint sich denen aufzudrängen, die, obwohl sie einem anderen, in die Zukunft gerichteten Traum folgen und möchten, daß man nunmehr Kinder machen und so gut machen kann, wie man eine Menge anderer Dinge macht, wobei man aber nichts weiß oder so tut, als wüßte man nichts von den Bedingungen, denen eine zugleich unvermeidliche und unüberwindliche Spannung innewohnt und die auch die Zeugung der neuen Wesen lenken, denn diese neuen Wesen müssen, um zum Menschsein zugelassen zu werden, auf eine zugleich allgemeine, klassifikatorische und singuläre Weise ausgestattet sein.

Diese zwei dem Anschein nach einander entgegengesetzten Utopien, die einander im Grunde vielleicht gar nicht so unähnlich sind, da ihr Ziel ein elementares Menschsein ohne Wunde ist, gehen darin Hand in Hand, daß sie auf zwei verschiedene Weisen die Sexualität in ihrer beunruhigenden Wirklichkeit loswerden wollen, die von deren zweideutiger Beziehung zur Zeugung herrührt. Die erste besteht darin, der Sexualität jegliche Autonomie zu verweigern und gewissermaßen auch sie zu vergessen, indem man sie in eine beschwichtigte Vision der Zeugung resorbiert, deren zugleich magischer und tragischer Charakter dann ausgelöscht wäre.[30] Die zweite hätte als Ziel, die Sexualität ein für allemal von der Zeugung abzukoppeln, damit der ersteren eine solche Autonomie verliehen würde, daß die Möglichkeit eines unbehinderten Genusses aufgetan würde, und damit der letzteren die Qualität und die Zuverlässigkeit verliehen wird, die man in einer technisierten Gesellschaft zu Recht bei jedem Werk erwartet, was immer auch dessen Bestimmung sein mag.

Aber so weit sind wir nicht. Seit in der zweiten Hälfte des 20. Jahrhunderts die Rebellion der Frauen gegen die Beherrschung, deren Gegenstand sie waren, die Abtreibung aus dem Dunkel geholt hat, und der Fötus, obschon aus ganz anderen Gründen, ein soziales Wesen unter anderen geworden ist, verlangt es unsere historische Lage, daß wir uns mit einem Menschsein auseinandersetzen, das sich nicht mehr von selbst versteht und das nicht mehr einfach gegeben ist; wir müssen uns also entschließen, daran zu denken, daß es mit Absicht und mit Methode hergestellt werden kann. Genauer gesagt, das offene Hervortreten der Abtreibung und ihre Legalisierung haben ohne Zweifel entscheidend dazu beigetragen, die Entwicklung der Fortpflanzungstechniken möglich zu machen – denn in einer Lage, in der die Abtreibung offiziell verboten geblieben wäre, hätten die technologischen Wege, die über die Manipulation des Fötus verliefen, zu der auch dessen eventuelle Zerstörung gehörte, nicht erforscht werden können –, und gingen Hand in Hand damit, daß man sich erneut über den Gehalt des Menschseins der Menschen und über dessen Grenzen befragte, was die Wiederaktivierung der Problematik der Menschenrechte nach den Greueln des Zweiten Weltkriegs mit Recht auf immer zu versiegeln beabsichtigt hatte.

Man muß sich jedoch vor der doppelten Schwierigkeit hüten, die darin besteht, die Prozesse zu beschreiben, in denen wir zugleich Akteure und Zeugen sind, sowohl in der Thematik einer Befreiung ohne Grenzen als auch in der einer Rückkehr zur Barbarei. Unsere gegenwärtige Situation ähnelt unter diesem Aspekt derjenigen, die sich vor fast zweitausend Jahren einstellte, als der unvermeidliche und natürliche Charakter der Sklaverei – das heißt die für selbstverständlich gehaltene Aufteilung der Menschen in zwei Klassen, die einen radikal ungleichen Status des Menschseins hatten –, auf dem das Funktionieren eines mächtigen Reichs beruhte, plötzlich in Frage gestellt wurde. Damals wie heute kam es zu einer neuen Aufnahme der anthropologischen Frage, das heißt man besann sich darauf, daß das, worin das Menschsein der Menschen besteht, weit entfernt davon, etwas Notwendiges, Gegebenes oder Erworbenes zu sein, sich immer wieder aufs neue nach dem Modus einer Unruhe präsentieren konnte, als eine Frage, die eine Antwort erwartete.[31]

Was die jüngsten Veränderungen, welche die Bedingungen der Zeugung betroffen haben, vor uns hinstellen, ist in diesem Hinblick weder ohne Interesse noch ohne Wert. Nachdem sie den, den man nicht sehen konnte und vielleicht nicht sehen wollte

oder sogar nicht sehen durfte, nämlich den Fötus ins helle Tages-
licht gerückt haben – dieses ungewisse Wesen, in der Schwebe
zwischen Nichtexistenz und Existenz, zwischen dem Limbus
und der Welt, zwischen der Zugehörigkeit zu einem anderen und
der Zugehörigkeit zu sich selbst, zwischen dem Nichts und dem
Ganzen, zwischen dem Wirklichen und dem Virtuellen, zwischen der Sphäre der Tatsache und der Sphäre des Projekts –,
sind wir gezwungen zu erkennen, wie paradox und infolgedessen
ungeheuer zerbrechlich nicht nur die Bedingungen sind, die
unseren Zutritt zum Menschsein beherrschen, sondern unser
Menschsein selbst ist. Und das insbesondere, indem sie das Anerkennen der Spannung, des Widerspruchs innerhalb unserer
Existenz unvermeidlich machten, denn einesteils sind wir austauschbare Wesen, ohne die es keine Gesellschaft gäbe, die sich
in der Zeit entfalten kann, und infolgedessen gleichwertige Wesen, obschon in einer Vielfalt verschiedener Hinsichten, aber anderenteils sind wir vollkommen singuläre Wesen, indem jeder
einzelne von uns ein unvergleichbares Leben führt oder geführt
hat, und die trotzdem eben in dieser Singularität sich selbst überleben können, aber im Gedächtnis der anderen.

Das Anerkennen dieser Spannung und der Notwendigkeit, sie in
den Vordergrund zu stellen, das heißt auch soziale Dispositive zu
entwickeln, in denen sie sich behaupten kann, anstatt daß sie auf
die eine oder andere der Möglichkeiten, zwischen denen sie liegt,
reduziert wird – einerseits vereinheitlichende Dispositive, die
ganz auf die Forderung der sozialen Fortpflanzung konzentriert
sind und die, da sie kaum auf die Individuen achten, ohne Unterlaß deren Freiheit, wenn nicht sogar deren Leben bedrohen, andererseits singularisierende Dispositive, die voll und ganz auf die
Suche, sich zu unterscheiden, fokussiert sind, so sehr, daß sie
selbst die Entwicklung eines Kollektivs zum Problem machen –,
eröffnet auch den Weg zu einer haltbaren Auffassung des allgemein Menschlichen, das weder ein homogener Monolith noch
eine Anhäufung von Singularitäten ist.

Man kann uns vorwerfen, daß es keinen Sinn hatte, einen so langen Umweg zu machen, um bei dieser Erkenntnis des gesunden Menschenverstands anzulangen. Aber wir erheben Anspruch auf den Weg, der darin besteht, die Intuitionen des gesunden Menschenverstands zu klären, als einen Teil der Hauptaufgaben, die man der Soziologie übertragen kann. Denn eine geklärte Evidenz hat nicht denselben epistemischen Status wie eine Evidenz, die sich von selbst aufdrängen kann, und das vor allem, weil sie dann diskutiert, gerechtfertigt, ausgedehnt oder im Gegenteil kritisiert oder abgelehnt werden kann. Wir haben unsere Untersuchung deshalb in dem Sinn geführt, daß wir den Weg weitergingen, den wir eingeschlagen hatten, als wir den gesunden Menschenverstand der Gerechtigkeit zu klären unternahmen, der sich ebenso in einer Spannung zwischen zwei Forderungen befindet: der, den Menschen eine Ordnung in den Situationen zu geben, wo sie ihrer jeweiligen Größe entsprechend interagieren, und jener, ihre grundlegende Gleichheit wegen ihrer Zugehörigkeit zu einem allgemein Menschlichen zu respektieren. Genau die Absicht, dieses Axiom des allgemein Menschlichen besser zu verstehen, das eine so bedeutende Rolle in der Arbeit spielt, die wir der Gerechtigkeit gewidmet haben, ohne dort jedoch problematisiert zu werden, bildete eine der Anregungen für unsere vorliegende Untersuchung. Im Hinblick auf dieses Ziel war der Umweg über die Frage der Zeugung, zu der die jüngsten Auseinandersetzungen über die Abtreibung den Zugang ziemlich verwickelt gestalteten, und im allgemeinen wegen der Fragen, deren Gegenstand die Lage, die *conditio* des Fötus heute geworden ist, vielleicht doch nicht ganz vergeblich. Denn die Lage, die *conditio* des Fötus ist die des Menschen.

Anmerkungen

Einleitung

1 Vgl. in der umfangreichen Literatur Henri Atlan, Marc Augé, Mireille Delmas-Marty, Roger-Pol Droit und Nadine Fresco, *Le clonage humain,* Paris: Seuil, 1999, und Gérard Huber, *L'homme dupliqué. Le clonage humain: effroi et séduction,* Paris: Éditions de l'Archipel, 2000. Das zuletzt genannte Werk beginnt mit einer »schreckenerregenden Fiktion« (welche diese Literatur mit der von Aldous Huxley mit *Brave New World* eingeleiteten Tradition verknüpft).

2 Sie wurde von François-André Isambert und Paul Ladrière herausgegeben.

3 Über die Operationen, durch die zum Beispiel beim Studium der verschiedenen Arten des Erdbodens (Bodenkunde) die Forscher eine Reihe von Verwandlungen vornehmen: vom empirischen Erdboden, auf den jeder seinen Fuß setzt, zu den Erdmustern, die Proben unterzogen werden sollen und daher zum Gegenstand wissenschaftlicher Äußerungen werden können, vgl. bei Bruno Latour, *La clef de Berlin et autres leçons d'un amateur de science,* Paris: La Découverte, 1993 (dt.: *Der Berliner Schlüssel. Erkundungen eines Liebhabers der Wissenschaften,* übers. von Gustav Rossler, Berlin: Akademie, 1996), das Kapitel über eine pedologische Expedition in den amazonischen Urwald (S. 145-171).

4 Luc Boltanski, Laurent Thévenot, *De la justification,* Paris: Gallimard, 1991.

5 Da sich die zeitgenössische Linguistik auf einem hochspezialisierten Niveau befindet, zögern wir zuzugeben, was wir dieser Disziplin schuldig sind, insbesondere der chomskyschen Linguistik, denn wir befürchten, daß unsere Entlehnungen nur analogen Charakters sind – wie es oft vorkommt, wenn Schemata von einer Disziplin in eine andere übertragen werden. Trotzdem möchten wir auf zwei Werke hinweisen, die uns eine beträchtliche Hilfe waren, um die Elemente dieser wohl im wesentlichen metaphorischen Verschiebungen – das erkennen wir mühelos – klarzustellen. Es handelt sich um Jean-Élie Boltanski, *Nouvelles directions en phonologie,* Paris: PUF, 1999, und vor allem um Jean-Élie Boltanski, *La révolution chomskyenne et le langage,* Paris: L'Harmattan, 2002. Im zuletzt genannten Werk war das der Theorie der Optimalität, der Rivalin der klassischen generativen Grammatik gewidmete Kapitel sehr stimulierend für unsere Untersuchung, insofern die Grammatiken, die sich auf diese Theorie berufen, im Kern der Sprache konfliktreiche Forderungen ansiedeln und die Existenz eines begrenzten Repertoires universaler, verletzbarer und häufig unverträglicher Zwänge besonders hervorheben, die in jeder einzelnen Sprache auf unvorhersehbare Weise hierarchisiert sind. So werden die einzelnen Sprachen als Bemühungen beschrieben, diese Konflikte zwischen den unverträglichen, miteinander konkurrierenden Zwängen zu lösen, sei es, indem sie diese hierarchisieren oder, wenn es möglich ist, indem sie zwischen ihnen mehr oder weniger zerbrechliche Kompromisse schließen. Aber keine Lösung ist wirklich befriedigend: »wie bei den Metaphern Freuds, kommen die ausgeschiedenen, sozusagen vor die Tür gesetzten Zwänge durchs Fenster wieder herein«, so daß »in jeder Grammatik ein Faktor der Unbeständigkeit« besteht (S. 161).

6 Vgl. zum Beispiel die von Merleau-Ponty inspirierte Kritik von Claude Lefort an den

lévistraus'schen Analysen des Austauschs: Claude Lefort, »L'échange et la lutte des hommes« (1951), in: C. Lefort, *Les formes de l'histoire. Essai d'anthropologie politique*, Paris: Gallimard, 1978, S. 15-29.

7 Paul Ricœur, *Le temps raconté. Temps et récit III*, Paris: Seuil, 1985 (dt.: *Die erzählte Zeit. Zeit und Erzählung*, Bd. 3, München: Fink, 1991).

8 Als wir kürzlich aus der Feder eines durchaus ernstzunehmenden Historikers den Terminus »Schwangerschaftsabbruch« bezüglich einer Mutterschaft im Spätmittelalter lasen, empfanden wir dasselbe Unbehagen wie in dem Moment, als uns bei unserer Arbeit über die Bildung der sozialen Klassen historische Arbeiten unterkamen, die mit dem besten Gewissen die Nomenklatur der sozioprofessionellen Kategorien, die in den Jahren zwischen 1945 und 1950 entstanden, verwendeten, um die soziale Struktur von Mitte des 18. Jahrhunderts zu beschreiben.

9 Manche der außerhalb des Krankenhauses kontaktierten Personen weigerten sich, mit uns unter vier Augen über die Abtreibung zu sprechen. Man könnte daraus schließen, es handle sich um ein wichtiges Mittel, um zu verstehen, daß die Frauen, die bereit waren, mit uns zu sprechen, von ihrer Abtreibung zum Beispiel tiefer getroffen waren als die, die sich geweigert hatten, es zu tun. Doch amerikanische Studien darüber, wie die Abtreibung sich dem Gedächtnis derer einprägt, die sie erlebt haben, tendieren dagegen zu beweisen, daß die Spur der Abtreibung sich hartnäckiger bei denen festsetzt, die es vermeiden, darüber zu sprechen, als bei denen, die weniger zögern, über diese Erfahrung zu sprechen (Larry Cohen, Susan Roth, »Coping with Abortion«, in: *Journal of Human Stress*, Nr. 34, 1984, S. 140-144, zitiert von Carol J. C. Maxwell, *Pro-Life Activists in America. Meaning, Motivation and Direct Action*, Cambridge: Cambridge University Press, 2002, S. 164-165).

10 [»Singularité – singularisation – singulier – singulariser«. Mit diesen vier Wörtern baut Boltanski einen der Grundpfeiler seiner Studie. In der Einleitung erscheint zum erstenmal das Wort »singularisation«. Im ersten Kapitel wird der gesamte Komplex erklärt und eingesetzt und im weiteren Verlauf des Buches mit ihm gearbeitet. Zwei Dinge sind dem Autor wichtig: »singularisation« ist abzugrenzen gegen »individuation«, das auf deutsch ohne weiteres seine Übersetzung mit Individuation findet; »singulier« ist das in ein Kollektiv aufgenommene, aber unverwechselbare Einzelwesen, das als solches durch kein anderes ersetzt werden kann, während es als Inhaber einer Funktion ersetzbar ist. »Singulariser« heißt ein menschliches Wesen zu einem derartigen, das heißt in ein Gemeinwesen aufgenommenen Einzelwesen machen. »Singularisation« heißt der eben beschriebene Vorgang. »Singularité« bedeutet den Zustand oder auch die Eigenschaft eines in ein Gemeinwesen aufgenommenen Menschen. Diese vier Wörter ließen sich wohl auf deutsch auf verschiedene Weisen umschreiben, mir scheint es aber einprägsamer und vor allem unmißverständlicher, die französischen Formen einzudeutschen, da das Deutsche mit »einzel-« oft den Sinn einer Isolierung verbindet, was ja hier gerade nicht der Fall ist. Daher habe ich im folgenden »singularisation« mit »Singularisation«, »singulier« mit »singulär bzw. »der Singuläre« und manchmal auch mit »Einzelwesen« übersetzt. Das Verb »singulariser« wird mit »singularisieren«, d.h. jemanden als unverwechselbares und unersetzbares Einzelwesen in eine Gemeinschaft aufnehmen, wiedergegeben und »singularité« erscheint als »Singularität«, d.h. als der Zustand oder die Eigenschaft des Einzelwesens innerhalb einer Gemeinschaft. A. d. Ü.]

I. Die anthropologischen Dimensionen der Abtreibung

1 George Devereux, *A Study of Abortion in Primitive Society*, New York: International Universities Press, 1955.

2 »Wenn die Anthropologen fähig wären, ein Verzeichnis aller Typen kulturellen Verhaltens anzulegen, dann würde dieses Verzeichnis sich Punkt für Punkt mit einem vollständigen Verzeichnis der Triebe, Wünsche, Phantasmen usw. decken, welche die Psychoanalytiker in einem klinischen Kontext festhalten und infolgedessen die psychische Einheit des Menschengeschlechts beweisen würden.« Ebd., Einleitung.

3 Es gibt noch eine Studie, die 1940-1943, also zehn Jahre vor der Arbeit von George Devereux, entstand, die von den Human Relations Area Files ausgehend Daten über die Abtreibung bringt (S. 50-53). Ihre Optik ist aber weniger begrenzt, denn diese Arbeit bezieht sich »auf die menschliche Fortpflanzung« im allgemeinen. Diese im wesentlichen deskriptive Studie (und auf der theoretischen Ebene funktionalistischen Geistes) bringt Informationen und Datensynthesen, die wir verwendet haben. Sie wurde 1964 noch einmal veröffentlicht (Clellan Stearns Ford, *A Comparative Study of Human Reproduction*, New Haven: Yale University Publications in Anthropology, Nr. 32, Yale: Human Relations Area Files Press, 1964).

4 Ich danke Philippe Descola, der mir den Zugang zu den Area files erleichterte, und ebenso seinen Mitarbeitern im Labor für Sozialanthropologie, die mir bei meiner Suche beistanden.

5 Dasselbe konstatiert C. S. Ford, *A Comparative Study of Human Reproduction*, S. 50.

6 Vgl. vor allem John Riddle, *Contraception and Abortion from the Ancient World to the Renaissance*, Cambridge, Mass.: Harvard University Press, 1992.

7 Vgl. William R. La Fleur, *Liquid Life. Abortion and Buddhism in Japan*, Princeton: Princeton University Press, 1992: In diesem Werk untersucht La Fleur von einem demographischen, aber auch anthropologischen Standpunkt aus die Praktik der Abtreibung in Japan, insbesondere in den sogenannten vormodernen und modernen Zeiten. Er bringt die Praktik der Abtreibung in Verbindung mit einer »flüssigen« Auffassung des Lebens, nach der die menschlichen Wesen Schritt für Schritt die Welt der Götter verlassen, um die der Menschen zu betreten, und mit dem Herannahen des Alters verlassen sie die Menschenwelt ebenso stufenweise, um in die der Götter zurückzukehren. Geburt und Tod werden somit als soziale Prozesse verstanden, die »in der Zeit ausgebreitet sind und sich zum Teil in der Menschenwelt, zum Teil in der Götterwelt vollziehen«.

8 Die ganz allgemeine Mißbilligung, deren Gegenstand die Abtreibung im größten Teil der Gesellschaften ist, wird bestätigt von der schon zitierten Arbeit von C. S. Ford, *A Comparative Study of Human Reproduction*, S. 51.

9 Bei den Yanomami vor allem gibt es eine Überzeugung, daß ein einziger Koitus nicht ausreicht, sondern eine Reihe von Samenausschüttungen nötig ist, wenn ein Kind ins Fleisch der Frau kommen soll. An dieser progressiven Herstellung können mehrere Männer teilnehmen. Aber einem unter diesen Erzeugern bei dieser Mehrvaterschaft wird die Hauptrolle zuerkannt (Cathérine Alès, »A story of an unspontaneous generation«, in: S. Beckerman, P. Valentine (Hg.), *Cultures of Multiple Fathers. The Theory and Practice of Partible Paternity in Lowland South America*, Gainesville: University of Florida Press, 2002, S. 62-85).

10 Das ist zum Beispiel auch der Fall bei den Mataco-Indianern im Chaco, die glauben, die Dämonen könnten in den Körper der Frauen eindringen, wenn diese ein Bad nehmen, um sie zu befruchten (Rafael Karsten, *Indian Tribes of the Argentine and Bolivian Chaco: Ethnological Studies*, Helsingfors: Akademische Buchhandlung, 1932, S. 77-78). Quelle: Area Files. In der Folge werden wir die aus dieser Kartei stammenden Hinweise mit den Initialen AF kennzeichnen.

11 So sagen die Tinglit-Indianer, deren Ahnenerbe zum Teil über die mütterliche Linie läuft, ein Kind ohne Vater sei »ein unvollständiges Wesen«, und vergleichen es mit einer unvollendeten Holzstatue (Sergei Kan, *Symbolic Immortality: the Tinglit Potlach of the Nineteenth Century*, Washington, D.C.: Smithonian Institution Press, 1989-AF).

12 Man kann sich jedoch fragen, ob die Tatsache, daß jemand dafür bekannt war, Abtreibungen zu praktizieren, nicht zu dem Paket verschiedener Anklagen gehörte, die sehr häufig verbunden wurden mit vermutlichen Praktiken gegen die Fruchtbarkeit – der Menschen, des Bodens oder der Haustiere –, die sich gegen die als Hexen bezeichneten Personen richtete. In einem Artikel, der sich mit vielen Arbeiten befaßt, die ihrerseits der großen Hexenjagd im Europa des 16. und 17. Jahrhunderts gewidmet sind, versucht Richard Horsley die Frage zu klären, welche sozialen Rollen die in den Prozessen der Hexerei angeklagten Personen spielten, und er entwirft auf der Grundlage der Aussagen und der Anklagen eine statistische Analyse. Er zeigt, daß die von den kirchlichen Behörden der Hexerei angeklagten Personen nach einer offiziellen Theorie über die dämonische Hexerei zumeist isolierte, unverheiratete oder verwitwete Frauen höheren Alters waren, die als Heilkundige oder Wahrsagerinnen galten und zumeist »die weiße Magie« praktizierten, der der Glaube an dämonische Beziehungen fremd war. Die von den Bauern vorgebrachten Anklagen konnten, abgesehen von anderen Gründen, auf mißlungene Behandlungen erfolgen. Aber in diesen Anklagen findet sich kein Hinweis auf teuflische Praktiken, denn diese waren das Ergebnis einer neuen Interpretation volkstümlicher Heilkünste nach der offiziellen Theorie der Hexerei. Diese heilkundigen Frauen konnten auch die Rolle von Hebammen übernehmen, denn die beiden Rollen waren nicht genau voneinander getrennt. Aber die Zahl der Frauen, die ausdrücklich als Hebammen (midwifes) bezeichnet werden, ist niedrig im Vergleich zu denen, die als Heilkundige (wise women) bezeichnet werden. Die Anklage schließlich, sie würden die Neugeborenen töten, um sie aufzufressen oder von Geburt an dem Teufel zu weihen, wurde von den offiziellen Stellen vorgebracht, kam aber in den Anklagen der Bauern nicht vor. In den von Horsley zusammengetragenen Anklagen finden sich aber auch keine expliziten Hinweise auf Abtreibungspraktiken (Richard Horsley, »Who were the witches? The social rules of the accused in the European witch trials«, in: *Journal of Interdisciplinary History*, Bd. 9, Nr. 4, 1979, S. 689-715).

13 Die Aymara-Indianer von Bolivien, bei denen die Praktik der Abtreibung bezeugt ist und nicht ausdrücklich unterdrückt wird, sind jedoch gegen sie, weil sie glauben, diese sei mit Hagelunwettern von katastrophalem Ausmaß verbunden (Hans C. Buechler, *The Bolivian Aymara*, New York: Holt, Rinehart & Winston, 1971-AF).

14 Vgl. Pierre Bourdieu, *Esquisse d'une théorie de la pratique, précédé de trois études d'éthnologie kabyle*, Genf: Droz, 1972, insbesondere die dritte Studie: »La parenté comme volonté et représentation«, dt. *Entwurf einer Theorie der Praxis auf der ethnologischen Grund-*

lage der Kabylischen Gesellschaft, Frankfurt/M.: Suhrkamp, 1972; vgl. insbesondere die dritte Studie über die kabylische Gesellschaft.

15 Vgl. als ein neueres Beispiel: Pierre Bourdieu, *La domination masculine*, Paris: Seuil, 1997 (dt.: *Die männliche Herrschaft*, übers. von Jürgen Bolder, Frankfurt/M.: Suhrkamp, 2005).

16 Über die Unterscheidung der »Gesetze des Hauswesens« und der »Gesetze der Polis« und über das »Geheimnis der Gesellschaft der Frauen«, wo sich »bis zum 18. Jahrhundert die Mehrzahl der Entbindungen abspielte«, vgl. Jean-Pierre Beaud, *Le droit de vie et de mort. Archéologie de la bioéthique*, Paris: Aubier, 2001, S. 208-209 und 250-251.

17 Vgl. Philippe Descola, *Les lances du crépuscule*, Paris: Plon, 1998.

18 Maurice Godelier, *La production des grands hommes*, Paris: Fayard, 1996.

19 Catherine Alès sagt folgendes über die Geburt bei den Yanomami: »Die Entbindung erfolgt fern von den männlichen Blicken: Die Männer fliehen vor Entsetzen vor dem Anblick dieser Szene: Außer in der Nacht gehen die Frauen regelmäßig zum Entbinden in den Wald; sie gehen entweder allein oder auch in Begleitung einer anderen Frau, im allgemeinen der Mutter oder, wenn sie fehlt, einer Schwester oder Schwägerin (meistens, wenn sie nicht im selben Dorf wohnen, kehren sie in den letzten Schwangerschaftswochen ins Haus ihrer Mutter zurück). Dann können sie sich entscheiden, das Kind, aus verschiedenen Gründen, gleich nach der Geburt zu beseitigen« (Cathérine Alès, »Pourquoi les Yanomami ont-ils des filles?«, in: M. Godelier, M. Panoff (Hg.), *La production du corps. Approches anthropologiques et historiques*, Amsterdam: Overseas Publishers Association, Edition des Archives Contemporaines, 1998, S. 281-315).

20 [Die Übersetzung einiger Ausdrücke, die für Boltanski und sein Denken typisch sind, habe ich von Michael Tillmann übernommen, der Boltanskis Werk *Der neue Geist des Kapitalismus* (UVK, Konstanz 2003) übersetzt hat. Es handelt sich im einzelnen um: »Polis« für »cité« (die eine Lebens- oder Arbeits- oder politische Welt usw. bezeichnen kann), »Bewährungsprobe« für das oftmals wiederkehrende »épreuve«, »familienweltlich« für »domestique« und »projektbasierte Polis« für »cité par projet«. Michael Tillmann erklärt seine Übersetzung von »cité« und »épreuve« in *Der neue Geist des Kapitalismus*, S. 710-712. A. d. Ü.]

21 Vgl. wie Aristoteles die Polis als den Ort definiert, wo sich die Gerechtigkeit ausüben läßt, weil die Menschen dort getrennt sind, aber über gemeinsame Werte verfügen, die als Grundlage für gerechte Teilungen gelten können, im Gegensatz einesteils zum Hauswesen, wo die Menschen zu sehr aneinander teilnehmen, um Gerechtigkeit walten lassen zu können, anderenteils in den der Polis fremden Gemeinschaften, weil hier ein gemeinsamer Maßstab fehlt (vgl. Aristoteles, *Nikomachische Ethik*, hg. und übers. von Franz Dirlmeier, Stuttgart: Reclam, 2004; vgl. ebenfalls zu dieser Unterscheidung: Hannah Arendt, *Vita activa oder Vom tätigen Leben*, München: Piper, 1967 [2002], insbesondere S. 37 ff.).

22 Bronislaw Malinowski, *Three Essays on Social Life of Savages*, 1933. (Ich danke Damien de Blic, der meine Aufmerksamkeit auf dieses Beispiel gelenkt hat.)

23 Vgl. Muriel Jolivet, »Derrière les représentations de L'infanticide ou *Mabiki Ema*«, in: *Bulletin of the Faculty of Foreign Studies*, Sophia University, Nr. 37, 2002, S. 81-115.

24 George Devereux gibt das Beispiel (*A Study of Abortion in Primitive Society*, S. 46) einer Anrufung bei den Rhade Moi, mit denen sich Bernard Jouin befaßt hat (*La mort et la*

*tombe. Les cérémonies, prières et sacrifices se rapportant à ces très importantes manifestations de
la vie des autochtones du Darlac,* Paris: Université de Paris, Travaux et mémoires de l'Institut d'ethnologie, Band 52, 1949, S. 124-126), welche den Zorn der Geister der abgetriebenen Föten beschwichtigen soll, denen »kein Reis angeboten und kein Wasser
gegeben wurde«.

25 M. Jolivet, »Derrière les représentations de L'infanticide ou *Mabiki Ema*«.

26 Vgl. M. Godelier, M. Panoff (Hg.), *La production du corps.*

27 Vgl. unter den zahlreichen Werken Jacques Gélis, *L'arbre et le fruit,* Paris: Fayard,
1984. Vgl. auch für das Mittelalter Maaike van der Lugt, *Le ver, le démon et la vierge. Les
théories médiévales de la génération extraordinaire (vers 1100 – vers 1350). Une étude sur les rapports entre théologie, philosophie naturelle et médecine,* Doktorarbeit an der EHESS und der
Universität Utrecht, unter der Leitung von Mayke de Jong und Jean-Claude Schmitt,
1998.

28 Viele Beispiele dafür finden sich bei Jacques Gélis, *La sage-femme et le médecin,* Paris:
Fayard, 1988.

29 Es gibt viele Ikonen der Jungfrau Maria, in deren Schoß eine Darstellung von Jesus
angebracht ist, aber schon als fertiges Kind und mit den Zeichen seines göttlichen
Königtums versehen, was auf die Symbolik der Fleischwerdung verweist. (Vgl. die
russische Ikone aus dem 14. Jahrhundert, Notre-Dame du Signe, eine bildliche Darstellung von Isaias 7, 14, die in der Sammlung von Chevetogne aufbewahrt wird.)

30 Vgl. Yan Thomas, »Le ventre. Corps maternel, droit paternel«, in: *Le genre humain,*
Nr. 14, 1996, S. 212-235.

31 Vgl. Ian Tattersall, *L'émergence de l'homme. Essai sur l'évolution et l'unicité humaine,* Paris:
Gallimard, 1998.

32 Aber als man in der zweiten Hälfte des 20. Jahrhunderts eine Sprache finden mußte,
um den »Embryo« juristisch zu bezeichnen, verwendete man eine nicht besonders
anspruchsvolle Interpretation des aristotelischen Gegensatzes zwischen Akt und
Potenz, übertragen auf den Diskurs der »Virtualität«. Vgl. Aristoteles, *Vom Werden
und Vergehen,* hg. und übers. von Thomas Buchheim, Berlin: Akademie Verlag, 2005,
und zur Geschichte der Nachwirkung der aristotelischen Kategorien: André Pichot,
Histoire de la notion de vie, Paris: Gallimard, 1993.

33 Die Menschen vor den Horizont der Sterblichkeit und vor ihre eigene Todesangst zu
stellen, das war die Basis, auf die der Großteil der klassisch zu nennenden Ontologien des Sozialen aufgebaut ist, sei es nun auf der Angst vor einem gewaltsamen Tod,
mit dem uns, wie bei Hobbes, der andere bedroht, die Notwendigkeit des Souveräns
(das heißt eines Totalisierungsprinzips, das imstande ist, die Fragmentation aufzuhalten) zu errichten, oder die Institution, dieses Wesen für die Menschen, das stärker
ist als die Menschen selbst, auf die Möglichkeit eines sanften, allen gemeinsamen,
egalitären Todes zu gründen, dem nichts entkommt, nicht einmal der König, dem
ein zweiter Körper erlaubt, die Endlichkeit zu überwinden, die den ersten bestimmt
(Ernst H. Kantorowicz, *The King's Two Bodies. A Study in Medieval Political Theology,*
Princeton: Princeton University Press, 1957; dt.: *Die zwei Körper des Königs,* übers. von
Walter Theimer, Stuttgart: Klett Cotta, 2002).

34 Hannah Arendt war eine der wenigen Autoren unter den Philosophen, die als Paradigma für das Auftauchen von radikal neuen Ereignissen in der Zeitlichkeit eine Metaphysik der Natalität entwarf (vgl. H. Arendt, *Vita activa oder Vom tätigen Leben*).

35 Paul Ricœur, *La mémoire, l'histoire, l'oubli*, Paris: Seuil, 2000 (dt.: *Gedächtnis, Geschichte, Vergessen*, übers. von Hans-Dieter Gondek, Heinz Jatho und Markus Sedlaczek, München: Fink, 2004).

36 Vgl. die Arbeit von Samuel Edgerton über die Rolle der Bilder, die in den Gerichtssälen hängen (S. Edgerton, *Pictures and Punishment. Art and Criminal Prosecution during the Florentine Renaissance*, Ithaca: Cornell University Press, 1985).

37 Vgl. Luc Boltanski, *La souffrance à distance*, Paris: Métailié, 1993.

38 Vgl. Luc Boltanski, *L'amour et la justice comme compétence*, Paris: Métailié, 1990, insbesondere den ersten Teil: »Das, wozu die Leute fähig sind«, S. 37-63.

39 Jeanne Favret-Saada, *Les mots, la mort, les sorts*, Paris: Gallimard, 1977.

40 Ian Hacking, *Entre science et réalité: la construction sociale de quoi?*, Paris: Gallimard, 2001 (engl.: *The Social Construction of What?*, Cambridge, Mass.: Harvard University Press, 1999; dt.: *Was heißt »soziale Konstruktion«? Zur Konjunktur einer Kampfvokabel in den Wissenschaften*, übers. von Joachim Schulte, Frankfurt/M.: S. Fischer, 1999).

41 Vgl. Michel Foucault, *Histoire de la sexualité I. La volonté du savoir*, Paris: Gallimard, 1976 (dt.: *Der Wille zum Wissen. Sexualität und Wahrheit I*, übers. von Ulrich Raulff und Walter Seitter, Frankfurt/M.: Suhrkamp, 1983), S. 31 ff., S. 137 ff. Vgl. auch (unter Leitung von) Hervé Le Bras, *L'invention des populations. Biologie, idéologie et politique*, Paris: Odile Jacob, 2000.

42 Vgl. Luc Boltanski, *Prime éducation et morale de classe*, Paris: Mouton, 1969.

43 Durch ihr Studium der Struktur der geistigen Kategorien zeigte E. Rosch, daß im Unterschied zu den Kategorien, die bei gelehrten Kategorien vorkommen, die geistigen Kategorien nicht als homogene, von Grenzen umrandete Räume zu verstehen seien, sondern nach der Art von Brennpunkten und Peripherien mit fließenden Rändern (vgl. Eleanor Rosch, »Classification of real-world objects: origins and representation in cognition«, in: P. N. Johnson-Laird, P. C. Watson [Hg.], *Thinking, Readings in Cognitive Science*, Cambridge: Cambridge University Press, 1977, S. 212-222).

44 Über die zumindest schwierige Beziehung, welche die Sozialwissenschaften zur Frage der Singularität unterhielten, vgl. Nathalie Heinich, *Ce que l'art fait à la sociologie*, Paris: Minuit, 1998.

45 Wir wollen aber doch anmerken, daß es ein großes, aus den Sozialwissenschaften kommendes Buch gibt, das von den sozialen Prozessen hinsichtlich der Identitätsbildung und hinsichtlich der Singularitätsäußerung handelt. Es ist das Werk, das Béatrice Fraenkel der Geschichte der Unterschrift gewidmet hat (Béatrice Fraenkel, *La signature. Genèse d'un signe*, Paris: Gallimard, 1992). In dieser Arbeit zeigt Béatrice Fraenkel insbesondere, wie die Unterschrift, die durch die Geste, durch die sie entsteht, die Spur des Körpers des Unterschreibenden in sich hat, so weit gekommen ist, daß sie Verträge in Abwesenheit der Vertragschließenden, sogar in Abwesenheit von Zeugen dauerhaft bestätigt, wodurch sie die Rolle eines dauerhaften Ersatzes der Anwesenheit spielt.

46 Mit Ausnahme der Psychoanalyse – wenn man sie zu den »Sozialwissenschaften« zählen darf –, die von Anfang an mit Instrumenten versehen ist, um sich zwischen der Konstitution einer allgemeinen Architektonik und der Aufmerksamkeit auf die Äußerungen hin und her zu bewegen, durch die sich Menschen in ihrem Singulärsten enthüllen, insbesondere wegen der Besonderheit jeder einzelnen Biographie.

47 In Anbetracht der Tatsache, daß die Sozialisierung mit einem Neugeborenen zu tun

hat, der als amorphes Substrat behandelt wird und gewissermaßen der Gesellschaft von der Gattung gegeben wird, wollte die Soziologie zuerst gegen die Anschauungen kämpfen, welche die Existenz der Gruppen auf eine biologische Basis aufzubauen gedachten und die infolgedessen die den Gliedern einer Gruppe gemeinsamen Eigenschaften der Zugehörigkeit zur selben Rasse nach einem Modell ableiten wollten, das von den Tierzüchtern im Fall der Haustiere spontan ins Werk gesetzt worden war.

48 Noch nicht lange gibt es Disziplinen wie die Anthropologie der Geburt und die Anthropologie der Fortpflanzung, deren Entwicklung ohne Zweifel der Feminisierung des Berufs des Anthropologen zu verdanken ist.

49 Wir beschreiben diese Fundamente der Verwandtschaft ausgehend von Maurice Godelier und Jacques Hassoun (Hg.), *Meurtre du père, sacrifice de la sexualité. Approches anthropologiques et psychanalytiques*, Straßburg: Arcanes, 1996, S. 36-37.

50 Diese Vorfahren haben nicht alle dasselbe »Gewicht der Verwandtschaft« und stehen mit dem Individuum nicht in derselben Abstammungsbeziehung, je nachdem, ob das System patrilinear (Abstammung von den Männern), matrilinear (Abstammung von den Frauen) oder kognatisch (nicht differenzierte Abstammung) ist.

51 Dieses Modell dehnt auf das Problem, das von der Kohäsion der Gesellschaften ohne Staat (die sogenannten »primitiven« oder »einfachen«) aufgeworfen wird, die Lösungen aus, die von der politischen Philosophie und dann von der Soziologie vorgeschlagen wurden, um von der Kohäsion in den Gesellschaften mit dem Staat (den entweder »politischen« oder »komplexen«) zu berichten. Die Frage, wie es möglich ist, daß die Menschen dem Krieg aller gegen alle entkommen, stammt von Hobbes; die Vorstellung, daß der Tausch ein friedlicher Ersatz für den Krieg werden könnte, stammt aus der Philosophie des 18. Jahrhunderts und insbesondere von Adam Smith (vgl. Albert Hirschman, *Les passions et les intérêts*, Paris: PUF, 1980; dt.: *Leidenschaften und Interessen*, Frankfurt/M.: Suhrkamp, 1984); die Vorstellung einer Kohäsion schließlich, die sich mittels der Differenzierung vollzieht, kommt von Durkheim, auch wenn sie Lévi-Strauss tiefgreifend modifiziert, wobei er einen Terminus des Durkheimschen Gegensatzes (die mechanische Solidarität) unterdrückt, so daß die organische Solidarität auf die sogenannten »primitiven« und »einfachen« Gesellschaften ausgedehnt wird. Die Kohäsion dieser Gesellschaften, auch wenn sie die Entwicklung der organischen Solidarität durch die Arbeitsteilung nicht besonders weit getrieben haben, hängt nicht allein deswegen von der mechanischen Solidarität (durch Gleichartigkeit) ab, weil die Formen der Differenzierung, die von der Verwandtschaft kommen, eine Abhängigkeit hervorrufen, die sich friedlich in der Logik des Tauschs ausdrückt.

52 Maurice Godelier, »Meurtre du père ou sacrifice de la sexualité?«, in: M. Godelier, J. Hassoun (Hg.), *Meurtre du père, sacrifice de la sexualité*, S. 21-52.

53 Dieses Szenario (M. Godelier gibt es gerne selbst zu) hat, wie alle »Geschichten vom Ursprung« – sowohl die Rousseaus und der Kontraktualisten als auch die, welche uns Freud oder Lévi-Strauss erzählen –, einen hypothetischen, sogar mythischen Charakter, vermag aber doch eine fundamentale Dimension der sozialen Existenz zu erhellen.

54 Dieses mythische Entstehen der Erinnerung, so sei vermerkt, und damit der Dauer und ihrer Aufnahme in eine Geschichte, die durch den Übergang einer durch die

Phasen des östralischen Zyklus geregelten Sexualität zu einer allzeit zu befriedigenden Sexualität geschieht, hat Kant in *Mutmaßlicher Anfang der Menschheitsgeschichte* beschrieben. Während bei Rousseau die Sexualität beim Übergang vom Naturzustand zur historischen Situation keinerlei Rolle spielt, tritt sie bei Kant durch die *Weigerung* auf, denn diese kann, nachdem die für den Geschlechtsverkehr möglichen Zeiten nicht mehr vorherbestimmt sind, stets dem Verlangen entgegengesetzt werden, wodurch sich dieses intensiviert und in Richtung der *Einbildungskraft* abgeleitet wird. In der Absicht, die durch die Weigerung hervorgerufene Unstillbarkeit zu überwinden, indem durch die Verführung der dem Verlangen entgegengebrachte Widerstand gebrochen wird, werden die Künste der Zivilisation (Architektur, Aufmachung usw.) erfunden, und aus den sinnlichen Reizen werden ideale Reize, was in die Richtung eines »Fortschritts im Gefühl des Schönen und des Erhabenen« geht. Da aber die »Verführung«, die in Aktion tritt, um den Widerstand der Weigerung zu überwinden, »das Bewußtsein der Freiheit des anderen« voraussetzt, ist dieses mythische Entstehen der Kultur gleichzeitig ein mythisches Entstehen des Rechts und der Anerkennung (vgl. Alexis Philonenko, *La théorie kantienne de l'histoire*, Paris: Vrin, 1986, S. 155-159). Ich danke Eric Vigne, der mich darauf hingewiesen hat, welche Rolle Kant der Sexualität im Prozeß der Humanisierung zuweist.

55 G. Devereux, *A Study of Abortion in Primitiv Society*, S. 111-125. Devereux folgt der Vorstellung (die wir aber nicht in unsere Interpretation aufgenommen haben), daß die anti-ödipalen Faktoren den Vorrang über die ödipalen Faktoren gewinnen. Aus den eben genannten Gründen soll die Aggressivität, mit der nicht nur der Vater, sondern beide Eltern dem kleinen Kind gegenübertreten, die Oberhand gewinnen über die Aggressivität, die das kleine Kind seinem Vater gegenüber empfindet.

56 Claude Lévi-Strauss, *La pensée sauvage*, Paris: Plon, 1962 (dt.: *Das wilde Denken*, übers. von Hans Naumann, Frankfurt/M.: Suhrkamp, 1973, insbesondere Kapitel VII: »Das Individuum als Art«, S. 223-250).

57 Es gibt jedoch ein – freilich mythisches – Tier, das in sich den Charakter des Individuums und den der Gattung vereint, es ist der Phönix, wie B. Fraenkel, E. Kantorowicz zitierend, bemerkt. Aus diesem Grund läßt sich die *Dignitas* mit dem Phönix vergleichen, ebenso wie das königliche Siegel, das, indem es das Doppelwesen des königlichen Subjekts aktualisiert, das Zusammentreffen von »Art und Individuum« verwirklicht. E. Kantorowicz schreibt: »Es gab zu einer Zeit immer nur einen einzigen Phönix. [...] Der Vogel war immer derselbe und der Erbe seines eigenen Leibes. [...] ›Der Phönix ist ein einzigartiger und überaus besonderer Vogel, in welchem die ganze Gattung (genus) in einem Individuum konzentriert ist.‹ Baldus schwebte offenbar eine Analogie vor. Für ihn war der Phönix einer der seltenen Fälle, in denen das Einzelwesen zugleich die ganze Art darstellte, so daß Art und Individuum zusammenfielen.« E. Kantorowicz, *The King's Two Bodies*, S. 392-393.

58 Hier muß die Seite ganz zitiert werden, auf der Lévi-Strauss diesen Unterschied zusammenfaßt: »Diese Ausführungen waren unerläßlich, denn nun können wir, ohne mißverstanden zu werden, auf den zugleich soziologischen und relativen Charakter hinweisen, mit dem sowohl der Begriff der Art wie der des Individuums behaftet ist. Aus biologischer Sicht sind die Menschen, die zu ein und derselben Rasse gehören (vorausgesetzt, dieser Terminus hat eine präzise Bedeutung), den einzelnen Blüten vergleichbar, die auf ein und demselben Baum knospen, sich entfalten und verwel-

ken: sie alle sind Specimen einer Abart oder Unterabart; desgleichen sind alle Mitglieder der Art *Homo sapiens* logisch vergleichbar mit den Mitgliedern einer beliebigen Tier- oder Pflanzenart. Und doch bewirkt das soziale Leben in diesem System eine merkwürdige Umwandlung, denn sie veranlaßt jedes biologische Individuum zur Entwicklung einer Persönlichkeit, ein Begriff, der nicht mehr das Specimen innerhalb der Abart evoziert, sondern vielmehr einen Typ der Art oder Abart, der wahrscheinlich in der Natur nicht vorkommt (obwohl das tropische Milieu zuweilen dahin tendiert, ihn zu entwerfen) und den man ›monoindividuell‹ nennen könnte. Das, was verschwindet, wenn eine Persönlichkeit stirbt, besteht in einer Synthese von Vorstellungen und Verhaltensweisen, die ebenso exklusiv und unersetzbar ist wie jene, die von einer Blumenart hervorgebracht wird, ausgehend von einfachen chemischen Stoffen, die alle Arten verwenden.« (C. Lévi-Strauss, *Das wilde Denken*, S. 249.)

59 Frédéric Keck, »Individu et personne in *La pensée sauvage* von Lévi-Strauss« (unveröffentlichter Text). Ich danke Frédéric Keck, der mich auf den Text von Lévi-Strauss und auf die dort ausgeführten Unterscheidungen aufmerksam gemacht hat.

60 Eine ebenso hartnäckig die Tatsachen fälschende Position verfehlte es im übrigen nicht, gleichermaßen anfechtbare Reaktionen hervorzurufen, die auf der Grundlage desselben Gegensatzes (Gesellschaft gegen einzelnes singuläres Individuum) zu Unternehmungen führten, ausschließlich den anderen Terminus hervorzuheben. Auf ihr Banner schrieben sie häufig den Begriff »Person«, einer Bedeutung (nämlich einer schwachen Version der Kantschen Tradition) entliehen, in der er mit den moralischen Werten der »Autonomie« und der »Verantwortung« beladen war. So konnte man die »Autonomie« und die »Verantwortung« des »Subjekts« als »Person« dem »Konformismus« des »Kollektivs« entgegenstellen, was selbstverständlich den Weg für ein leichtes Gegenfeuer bahnte, das darin bestand, die Klassenvorurteile, die hinter dieser Version (»Elite« gegen »Masse«) des Gegensatzes zwischen »Individuum« und »Gesellschaft« steckten, zu enthüllen; und so fort.

61 Saul A. Kripke, *Naming and Necessity*, Cambridge, Mass.: Harvard University Press, 1972 (dt.: *Name und Notwendigkeit*, übers. von Ursula Wolf, Frankfurt/M.: Suhrkamp, 1981).

62 Vgl. N. Heinich, *Ce que l'art fait à la sociologie*, S. 47.

II. Die zwei Zwänge bei der Zeugung

1 Obwohl sich die konstruktivistische Strategie von John Rawls in der Kontinuität der analytischen Philosophie befindet, besteht sie nicht allein in einer metaethischen Klärung unserer intuitiven moralischen Urteile. Er beabsichtigt eine Konstruktion, die auf eine Form universaler Gültigkeit abzielt, obgleich sie historisch genau umschrieben ist. Er geht von einer Situation vor der Aufstellung von Gerechtigkeitsprinzipien, einer fiktiven Situation aus, die er die ursprüngliche Situation nennt (in der die Menschen in einer unsicheren Lage den Vertrag wählen, der sie aneinander binden wird), und in einer späteren Phase vergleicht er die erhaltenen Resultate mit »den Urteilen, die wir jetzt intuitiv abgeben«. »Unter diesem Gesichtspunkt«, wie Rawls selbst bemerkt, »sind die Konstruktion und die Rechtfertigung einer Theorie der Gerechtig-

keit im engen Sinn analog zur Konstruktion und zur Rechfertigung einer grammatikalischen Theorie« (Philippe van Parijs, »La double originalité de Rawls«, in: J. Ladrière, P. van Parijs [Hg.], *Fondements d'une théorie de la justice*, Louvain-La-Neuve: Institut supérieur de philosophie, 1984, S. 1-36).

2 Über die Verwendung des Begriffs »tangibel« in der Soziologie vgl. Christian Bessy und Francis Chateauraynaud, *Experts et faussaires*, Paris: Métailié, 1994.

3 Vgl. Bruno Latour, *Politiques de la nature*, Paris: La Découverte, 1999.

4 Philippe Descola, *La nature domestique. Symbolisme et praxis dans l'écologie des Achuar*, Paris: Éditions de la Maison des sciences de l'homme, 1986, insbesondere S. 119-128.

5 Das läßt sich begreifen, wenn man Rousseau zu Hilfe nimmt und sich ansieht, wie er in seinem *Contrat social* (*Vom Gesellschaftsvertrag*) die Einrichtung der Gesellschaft auffaßt: Der Vertrag bindet jedes Individuum an sich selbst, und dieselben empirischen Wesen zerstreuen sich in verschiedene Zustände je nach den Interessen, denen ihr besonderer Wille gehorcht, oder sie bilden im Gegenteil ein Kollektiv, wenn sich jedes von ihnen dem allgemeinen Wohl zuwendet, wobei der Wille eines jeden sich mit dem der anderen koordiniert, um einen allgemeinen Willen entstehen zu lassen. Durch jedes Individuum geht also der Unterschied zwischen dem Zustand des Staatsbürgers – wobei die Vereinigung der Menschen in diesem Staat ein Kollektiv bildet – und dem Zustand des Besonderen, der mit egoistischen Zielen versehen ist – wobei die Interaktion zwischen den Wesen, die sich in diesem letzteren Zustand befinden, das Verderben der politischen Gesellschaft nach sich zieht (vgl. Robert Derathé, *Jean-Jacques Rousseau et la science politique de son temps*, Paris: Vrin, 1970).

6 Der Kindsmord ist vor allem im Fall von Zwillingsgeburten bezeugt, wo man eines der beiden Neugeborenen oder alle beide tötet. (Vgl. ein afrikanisches Beispiel: Colin Turnbull, *The Mbuti Pygmies. An Ethnographic Survey*, New York: American Museum of Natural History, 1965, S. 177-178-AF.)

7 Vgl. Raymond Firth, *We, the Tikopia: a Sociological Study of Kinship in Primitive Polynesia*, London: George Allen, 1936-AF. Wenn die Vorderseite des Kindes der Sonne zugekehrt ist, dann ist es erlaubt, es zu ersticken.

8 Alfred Métraux bringt ein Beispiel desselben Typs bei den Mataco-Indianern im Grand Chaco. Eine verlassene Frau bringt einen Jungen zur Welt. Sie zeigt keinerlei Interesse an ihm und will ihn umbringen. Aber die Frauen ihrer Familie sind dagegen und bringen sie durch ihr Drängen schließlich so weit, daß sie das Kind an ihre Brust legt. Nachdem es einmal gesaugt hat, ist sein Leben gerettet, denn in dieser Gesellschaft, wie in vielen anderen, tötet keine Frau ein Kind, das sie zu stillen angefangen hat (Alfred Métraux, *Suicide Among the Mataco of the Grand Chaco*, Mexico City: Instituto Indigensita Americano, 1943-AF).

9 Richard G. Condon, *Inuit Youth: Growth and Change in the Canadian Arctic*, New Brunswick: Rutger University Press, 1987-AF. Dasselbe gilt für die Cooper-Eskimos (vgl. C. S. Ford, *A Comparative Study of Human Reproduction*, S. 74).

10 Vgl. die Selektion der Kinder in der römischen Gesellschaft bei der Geburt: Aline Rousselle, *Porneia. De la maîtrise du corps à la privation sensorielle, IIe-IVe siècle de l'ère chrétienne*, Paris: PUF, 1983, S. 67-71.

11 Die Sedang, mit denen sich George Devereux befaßte, erklären, das Kind sei, bevor es an die Brust gelegt werde, »mehr oder weniger einem Stück Holz vergleichbar«

(G. Devereux, *A Study of Abortion in Primitiv Society*, S. 51). In der bemerkenswerten Studie von Annick Tillier über den Kindsmord in der Bretagne im 19. Jahrhundert finden sich Angaben, die einen Vorbehalt derselben Natur zu bezeugen scheinen, das Menschsein und selbst den lebendigen Zustand dessen anzuerkennen, das aus der Gebärmutter kommt. So sagte eine wegen Kindsmord verurteilte Witwe, die im übrigen in ihrem Dorf als eine äußerst gute Mutter bekannt war und aus ihrer Ehe schon zwei Kinder hatte, auf die Frage des Richters (»Was taten Sie unmittelbar nach der Entbindung?«): »Ich steckte das in einen alten Unterrock unter meinem Bett.« (»Hatten sie sich vorher vergewissert, ob Ihr Kind lebte?«): »Ich schaute gar nicht hin. [...] Es schrie nicht und ich hörte auch nichts schlottern.« (Annick Tillier, *Des criminelles au village. Femmes infanticides en Bretagne (1825-1865)*, Rennes: Presses universitaires de Rennes, 2001, S. 142-143).

12 Ebd., S. 23-25.

13 Vgl. Jean-Pierre Néraudau, *Être enfant à Rome*, Paris: Les Belles Lettres, 1984, S. 198-199. Denise Paulme macht eine ähnliche Feststellung bei den Dogon. Sie bemerkt, daß Abtreibung und Kindsmord in dieser Gesellschaft häufig vorkommen, obgleich sie offiziell streng verboten sind, vor allem, wenn man annimmt, daß das Kind nicht legitimen Ursprungs ist. Aber sie bemerkt, daß in einer früheren Zeit das Problem gelöst wurde, indem man das Kind als Sklaven an die Peul-Hirten in der Ebene verkaufte (Denise Paulme, *L'organisation sociale des Dogon*, Paris: Domat-Montchrestien, 1940, S. 603-AF).

14 Jean Bazin, »Guerre et servitude à Ségou«, in: C. Meillassoux (Hg.), *L'esclavage en afrique précoloniale*, Paris: Maspero, 1975, S. 135-181.

15 Claude Meillassoux macht jedoch darauf aufmerksam, daß in manchen mittelalterlichen Gesellschaften Afrikas der »Raub von Gefangenen innerhalb derselben Gemeinschaft unter Verwandten und Nachbarn üblich war«. Er nennt das den »Bandenraub«, zum Beispiel in der alten Tradition des Mandé. Die »Banden übten ihre Macht aus, indem sie alle ohne Unterschied angriffen, wodurch sie die Wirksamkeit aller Bindungen sozialer Zugehörigkeit verleugneten«, was das Risiko sozialer Auflösung im Gefolge hatte. Der Kampf gegen den Bandenraub scheint der Ursprung für das Reich von Mali gewesen zu sein, dessen Sklavenunternehmungen nach draußen gewandt waren (Claude Meillassoux, *Anthropologie de l'esclavage*, Paris: PUF, 1986, S. 143-145).

16 »Wie wird ein Sklave in Schwarzafrika definiert? Die BaCongo sagen, er ist ein *mwana gata*, ein ›Kind des Dorfes‹ – so ungefähr wie wir sagen würden ›ein Gassenkind‹, das heißt gewissermaßen ›anonym‹ oder noch besser ›öffentlich‹ im Sinne von einem ›öffentlichen Mädchen‹, einem Mädchen für alle. Denn alle anderen, die Freien, sind Sohn dieser oder jener, sie gehören zu einer Familie, zu einem Clan: Daher haben sie einen Namen, eine Identität.« (Alain Testart, »L'esclavage comme institution«, in: *L'Homme*, Nr. 145,1998, S. 31-69.)

17 So eine persönliche Mitteilung von Jean Bazin.

18 Harris Memel-Fotê, *L'esclavage lignager africain et l'anthropologie des droits de l'homme*, Antrittsvorlesung am Collège de France, Paris 1996, S. 48. »Welches Schicksal erwartete die Sklaven, die eines natürlichen Todes starben?« fragt H. Memel-Fote: »Ein Tod ohne Öffentlichkeit, ein Tod ohne Totenwäsche und ohne Totenkleid und ohne Aufbahrung, ein Tod ohne Leute und ohne Ausgaben, weder an Zeit noch an Spei-

sen. Ein Tod ohne Tränen, außer den offiziösen und privaten der jungen Männer und jungen Mädchen, ihrer ›familia‹, ein Tod ohne Bestattung nach Art der sozialen Nicht-Wesen, der Neugeborenen, das war ihr Los.«

19 C. Meillassoux, *Anthropologie de l'esclavage*, S. 83.

20 Vgl. Élisabeth Claverie und Pierre Lamaison, *L'impossible mariage*, Paris: Hachette, 1973.

21 Florence Dupont und Thierry Éloi, *L'érotisme masculin dans la Rome antique*, Paris: Belin, 2001.

22 »Die Gesellschaft ist in zwei geteilt: auf der einen Seite die Frauen und Männer, die ihren Körper und ihre Ehre respektieren, und auf der anderen diejenigen, die man um einen sexuellen Dienst bitten darf, denn es sind die bekannten Entehrten, die *impudici*. Diese sind nicht beschränkt auf die bekannten Prostituierten. Es sind alle Hausssklaven und auch die Freigelassenen. Die freien Männer der oberen Klassen haben ein sexuelles Personal zu ihrer Verfügung. Manche werden ausschließlich zu diesem Zweck gekauft: es sind die *ministri*, die der Lust ihres Herrn oder der freien Männer des Hauses dienen. Etwas ziemlich Normales. Man nennt sie *concubinus* oder *concubina*, ›der oder die das Lager teilt‹.« (Ebd.)

23 So war es selbstverständlich bei den Griechen, daß die Sklaven, die Geschlechtsverkehr mit den freien Bürgern hatten, menschliche Wesen zeugen konnten, deren Status dann spezifiziert werden mußte. Eben weil nichts die freien menschlichen Wesen und die Sklaven unterschied, mußte ihre Vereinigung verboten werden: »Es ist nicht denkbar in Athen, daß eine Athenerin einen Sklaven heiratet.« (Vgl. Jean-Pierre Vernant und Pierre Vidal-Naquet, *Travail et esclavage en Grèce ancienne*, Paris: La Découverte, 1985, besonders das von P. Vidal-Naquet verfaßte Kapitel »Esclavage et gynéocratie dans la tradition, le mythe, l'utopie«) In dieselbe Richtung geht auch die römische Praktik der Freilassung, durch der der freigelassene Sklave vom »Status eines Objekts« zu dem eines »Rechtssubjekts« aufstieg und so den Status eines »unzweideutigen menschlichen Wesens« bekam, vor allem indem er eine Verwandtschaft erhielt (vgl. Moses I. Finley, *Esclavage antique et idéologie moderne*, Paris: Minuit, 1979, S. 128-129).

24 Hannah Arendt schreibt, indem sie an die Definition des Menschen von Aristoteles erinnert (»zôon logon echon« – »ein Lebewesen im Besitz des Logos«): »Was man gemeinhin für die berühmte Definition des Menschen durch Aristoteles hält, ist in Wahrheit nur die artikulierte und begrifflich geklärte Wiedergabe der geläufigen Meinung der Polis über das Wesen des Menschen, sofern er ein Polisbewohner und politisch ist; denn gemäß dieser Meinung waren die, welche nicht Bürger einer Polis waren – Sklaven und Barbaren –, aneu logou, ohne Logos, was natürlich nicht heißt, daß sie nicht sprechen konnten, wohl aber, daß ihr Leben außerhalb des Logos verlief, daß das Sprechen als solches für sie ohne Bedeutung war, eben weil die griechische Lebensform sich dadurch auszeichnete, daß sie vom Reden bestimmt war.« (Hannah Arendt, *Vita activa oder Vom tätigen Leben*, S. 37.)

25 Victor Turner, *The Ritual Process: Structure and Antistructure*, Chicago: Aldine, 1969 (dt.: *Das Ritual: Struktur und Anti-Struktur*, übers. von Sylvia M. Schomburg-Scherf, Frankfurt/M.: Campus, 2005), S. 102 ff.

26 Vgl. Yan Thomas, »*Fictio legis*. L'empire de la fiction romaine et ses limites médiévales«, in: *Droits*, Nr. 21, Juli 1995, S. 17-63.

27 Marcela Iacub, *Penser les droits de la naissance*, Paris: PUF, 2002, S. 85-98.

28 Das heißt auch, daß die Operation, die, wie im Fall der Sklaverei, dazu führt, die Menschen der symbolischen, ihr Menschsein konstituierenden Dimensionen zu berauben, niemals oder selten Sache einer spontanen Bewegung ist, die sich ohne Anstrengung durchführen ließe, sondern daß sie eine spezifische Arbeit der *Entmenschlichung* erfordert, und das ohne Zweifel, wie es Levinas in seinem Paradigma entwickelt hat, weil die Menschen ein Gesicht haben und vor die, die ihr Menschsein mißachten, hintreten und sie ansehen und ihren Blick auf ihnen ruhen lassen können. In den Zeugnissen deportierter Juden findet man manchmal einen Bericht weniger Augenblicke, in denen die Henker vergessen, wie es bei einem Lapsus geschieht, denen, die sie als Untermenschen eingestuft haben, das Menschsein zu verweigern – zum Beispiel als ein deutscher Arzt in Auschwitz das Zimmer betritt, wo eine dem »Revier« zugeteilte Deportierte sich entkleidet, zurückprallt und um Entschuldigung bittet. Diese Erinnerungen sind von der Scham befleckt, die das Zugeständnis begleitet, nachdem das Opfer diese Anerkennung erkannt hat (zum Beispiel indem es einen Blick zurückwirft), daraus einen Nutzen gezogen oder gar sein Leben gerettet hat (Michael Pollak, *L'expérience concentrationnaire. Essai sur le maintien de l'identité sociale*, Paris: Métailié, 1990). In den Konzentrationslagern, wo die Entmenschlichung bis zum Äußersten getrieben wurde, ist die Tatsache, daß sich die Henker den Häftlingen gegenüber sadistisch verhielten, ein Beweis dafür, das ihren Opfern verweigerte Menschsein nicht anzuerkennen (gewissermaßen durch das Entsetzen, durch die Umkehrung, wie man sagt). Derart sadistische Verhaltensweisen wären tatsächlich sinnlos gewesen, wenn die SS ihre Macht über Dinge oder selbst über Tiere ausgeübt hätte (obwohl eine solche Behandlung Tieren gegenüber vorkommen kann, aber dann muß man *etwas* Menschliches in ihnen sehen, wie man etwa vom »flehenden« Blick eines Tieres spricht, das geschlachtet werden soll – vgl. den Artikel »Une mise à mort industrielle ›humaine‹? L'abattoir ou l'impossible objectivation des animaux« von Cathérine Rémy, der in der Zeitschrift *Politix* erscheinen wird).

29 Den verschiedenen Typen von Autorität entsprechen verschiedene Arten, die Instanz aufzufassen, die als die ursprüngliche gesehen und von den Inhabern der Autorität angeführt wird, um das Ansehen, das sie genießen, zu legitimieren. Vgl. Paul Ricœur, »Le paradoxe de l'autorité«, in: P. Ricœur, *Le juste II*, Paris: Éditions Esprit, 2001, S. 107-123.

30 Vgl. Hervé Sciardet, *Les marchands de l'aube. Ethnographie et théorie du commerce aux Puces de Saint-Ouen*, Paris: Economica, 2003.

31 Marcel Mauss, »Essai sur le don«, in: M. Mauss, *Sociologie et anthropologie*, Paris: PUF, 1960, S. 145-284 (dt.: *Die Gabe. Form und Funktion des Austauschs in archaischen Gesellschaften*, übers. von Eva Moldenhauer, Frankfurt/M.: Suhrkamp, 1990). Abschließend: »Den verkauften Dingen […] folgt ihr alter Besitzer und sie folgen ihm« (S. 259).

32 Die Vorstellung, daß die Mutter das Wesen in ihrem Schoß adoptiert, ist in beinahe expliziter Form in zahlreichen Kulturen gegenwärtig. So sagt man beispielsweise in Mittelthailand im Fall einer Fehlgeburt: »die Mutter verabscheute ihr Kind.« (Jane Richardson Hanks, *Maternity and its Ritual in Bang Chan*, Ithaca: Cornell University Press, 1963, S. 35-AF).

33 Vgl. John L. Austin, *How to Do Things with Words*, Oxford: Oxford University Press, 1962 (dt.: *Zur Theorie der Sprechakte*, Stuttgart: Reclam, 1972).

34 »Indem ich etwas verspreche, erkläre ich, daß ich mir selbst eine Verpflichtung hinzufüge, und das ist keine zweite (perlokutorische) Konsequenz meines Wortes, denn man kann dem betreffenden Wort, seit es als Versprechen interpretiert ist, keinen Sinn geben, der vor der Schaffung dieser Verpflichtung steht.« (Oswald Ducrot und Jean-Marie Schaeffer, *Nouveau dictionnaire encyclopédique des sciences du langage*, Paris: Seuil, 1995, S. 647).

35 Paul Ricœur, *Soi-même comme un autre*, Paris: Seuil, 1990 (dt.: *Das Selbst als ein Anderer*, München: Fink, 2005).

36 Um die Beziehung zwischen der Autonomie, über die die Mutter verfügt (die dem, was durch die Sexualität zu ihr kommt, zustimmen kann oder nicht), und der Übermittlung einer Singularität an ein neues Wesen zu klären, die dazu beitragen wird, dieses an die Menschheit zu binden, kann man die von uns oben eingeführte Analogie zwischen dem Versprechen und dem, was wir hier den Bestätigungsakt nennen, wieder aufnehmen und ein wenig weiter ausdehnen. Wenn man bereit ist, mit Paul Ricœur im Versprechen das »paradigmatische Beispiel der Selbstheit« zu sehen, da wer etwas verspricht, sich verpflichtet, »sein Wort unter allen Umständen zu halten«, und, indem er sich durch dieses »Versprechen vor dem Versprechen« an sich selbst bindet, zugleich die Beständigkeit das Fortdauern seiner Identität als Singulärer anerkennt (auch wenn sein Wesen im Hinblick auf das »Dasselbe-Sein«, zum Beispiel unter der Wirkung des Alterns wechselt), dann trägt das, was wir die Bestätigung durch die Mutter genannt haben, in seiner Eigenschaft als Versprechen auch dazu bei, die Ipseität und daher die Singularität der Person zu bestätigen, die durch diesen Bestätigungsakt ihre eigene Singularität einer anderen vermittelt. Vgl. Paul Ricœur, *Parcours de la reconnaissance*, Paris: Stock, 2004, S. 187-197 (dt.: *Wege der Anerkennung*, Frankfurt/M.: Suhrkamp, 2006. Das Werk, das unglücklicherweise für uns veröffentlicht wurde, als wir praktisch diese unsere Arbeit schon abgeschlossen hatten, klärt in vieler Hinsicht den hier entworfenen Versuch).

37 Georges Bataille, *L'erotisme*, Paris: UGE, 1974, S. 65-67 (erste Ausgabe 1957; dt.: *Die Erotik*, übers. von Gerd Bergfleth, München: Matthes & Seitz, 1994, S. 73 ff.).

38 W. R. La Fleur, *Liquid Life*, S. 99-100.

39 Über den »Frauenmangel« in Indien (ungefähr 30 Millionen) und in China (ungefähr 38 Millionen) vgl. Amartya Sen, *Éthique et économie*, Paris: PUF, 1991, S. 230-231 (dt.: *Ökonomie für den Menschen*, übers. von Christiana Goldmann, München: Hanser, 2000 [und dtv 2002], S. 130 ff.).

40 Der Terminus Institution gilt hier im Sinn von Marcel Mauss, wenn er sagt, »die Institutionen, das heißt öffentliche Handlungs- und Denkregeln« verstehen zu wollen (Marcel Mauss, »Introduction à l'analyse de quelques phénomènes religieux«, in: M. Mauss, *Les fonctions sociales du sacré, Œuvres*, Bd. I, Paris: Minuit, 1968, Einführung von Victor Karady, S. 25).

41 L. Boltanski, L. Thévenot, *De la justification*.

42 Auf dieses Argument gestützt, schlugen wir in *Der neue Geist des Kapitalismus* vor, »die Ausbeutung im wahren Sinn des Wortes« dadurch zu definieren, daß die Personen in einer bestimmten Welt (in diesem Fall der industriellen Welt) auf eine so verstümmelnde Weise behandelt werden, daß ihnen die Möglichkeit, in einer anderen Welt

zur Größe Zutritt zu haben, nicht mehr gegeben wird (Luc Boltanski und Ève Chiapello, *Le nouvel esprit du capitalisme*, Paris: Gallimard, 1999, S. 450-451; dt.: *Der neue
Geist des Kapitalismus*, übers. von Michael Tillmann, Konstanz: UVK, 2003 und 2006,
S. 380 ff.).
43 Adam Smith, *Theorie der ethischen Gefühle*, Hamburg: Meiner, 2004 (Erstausgabe
1759).

III. Übereinkünfte

1 So kann beispielsweise eine Sklavin ihrem Kind keine Singularität verleihen, weil sie
selbst keine besitzt. Wir werden im übrigen versuchen, die Vorstellung darzulegen,
daß dieser Zwang allgemeinen Charakters ist und infolgedessen auch für die Sphäre
der Tiere, der Pflanzen und der Dinge gelten würde.

2 Die Macht, die ins Fleisch gekommenen Wesen zu bestätigen oder nicht zu bestätigen, entweder mittels der Abtreibung, oder, wie in vielen Gesellschaften, auf dem
Umweg über den Kindsmord, bildet ein wesentliches Element der weiblichen Macht
als offiziöser Macht und, wenn man sie mit der offiziellen Macht der Männer vergleicht, deshalb als beherrscht. Cathérine Alès zeigt so, daß bei den Yanomami, in deren Zeugungstheorien die Rolle des Vaters (oder der Väter, da sie die Vielvaterschaft
zulassen) vergrößert gesehen wird, denn sie glauben, daß die Geister – »ohne die das
Kind nicht ausgetragen werden und nicht lebensfähig sein könnte [...] ausschließlich
über den väterlichen Samen befördert werden«, und daß den Frauen, »die von der
Verwendung der das Leben zerstörenden offen vorgezeigten oder verborgenen Waffen ausgeschlossen sind, doch eine Macht über den Tod bleibt, und zwar die, die sie
im Augenblick der Geburt über die Neugeborenen haben. Sie zögern im übrigen
nicht, davon Gebrauch zu machen, wenn sie sich an den Männern rächen wollen, die
sie mißhandelt oder verlassen haben« (C. Alès, »Pourquoi les Yanomami ont-ils des
filles ?«).

3 Es besteht ein unleugbares Band, obwohl es nicht eigens erforscht wurde, zwischen
dieser Typologie und wenigstens vier der sechs Polis-Typen, die wir in *De la justification* entwickelt haben: die erleuchtete Polis für den Typ (a), die familienweltliche Polis
für den Typ (b) und ein Kompromiß der staatsbürgerlichen und der Industriepolis für
den Typ (c). Was die Reputationspolis betrifft, die auf das Ansehen gegründet ist, so
greift sie ohne Zweifel bei der Konstruktion von Typ (b) ein. Der Typ (d) schließlich,
der in Kapitel IV vorgestellt wird, inspiriert sich direkt bei der projektorientierten Polis, deren Umrisse wir in *Der neue Geist des Kapitalismus* entworfen haben. Eine Entsprechung zur marktwirtschaftlichen Polis besteht in der hier vorgestellten Konstruktion nicht. Aber man könnte ohne Zweifel einen Entwurf dafür skizzieren, indem
man die vor kurzem entstandenen Debatten über die Kosten eines Kindes und über
die Frage berücksichtigt, wer einer Versicherungslogik entsprechend die Kosten für
die behinderten Kinder zu tragen hat, die man zur Welt kommen ließ. Diese Debatten
beginnen sich, in Verbindung mit prädiktiven Diagnosemethoden, in den Vereinigten
Staaten zu entwickeln, aber in Europa wurden sie wenigstens bis jetzt noch nicht Gegenstand einer so bedeutenden Entwicklung, daß wir es für unsere Pflicht gehalten
hätten, sie einzubeziehen.

Die Beziehung zwischen den Übereinkünften bei der Zeugung und den verschiedenen Polistypen im Sinne von *De la justification* ist jedoch problematisch. Eine einfache Erklärung bestünde darin zu sagen, daß die verschiedenen Übereinkünfte verschiedene Definitionen dessen vorschlagen, was das Gewicht des zukünftigen Kindes ausmacht. Aber die Analogie läßt sich nicht so weit treiben, daß man die Abtreibung, die Ermordung oder die Aussetzung des Kindes auf eine Bewährungsprobe des Gewichts betrachten würde, denn diese Praktiken waren nie legitimen Charakters (selbst, das werden wir sehen, wenn sie gesetzlich erlaubt sind). Wenn man einen Bezug auf den Begriff der Bewährungsprobe beibehalten will, muß man bedenken, daß sie auf die Zeugenden und auf die Bedingungen der legitimen Zeugung verschoben ist, und die Alternative wäre, entweder ein Wesen zu zeugen, das mit den Eigenschaften versehen ist, die es als zur Menschheit gehörig kennzeichnen, oder nicht zu zeugen.

4 Wie Jean-Louis Flandrin bemerkt: *Familles, parenté, maison, sexualité, dans l'ancienne société*, Paris: Hachette, 1976, S. 175.

5 Wir werden in diesem ganzen Absatz dem bemerkenswerten Artikel von Anita Guerreau-Jalabert folgen: »*Spiritus et caritas*. Le baptême dans la société médiévale«, in: F. Héritier-Augé, Élisabeth Copet-Rougier (Hg.), *La parenté spirituelle*, Paris, Basel: Editions des Archives contemporaines, 1995, S. 133-204.

6 Anita Guerreau-Jalabert zitiert an dieser Stelle den Artikel von M. Bloch und S. Guggenheim: »Compadrazo, batism and the symbolism of a second birth«, in: *Man*, 16, 1981, S. 376-386.

7 J.-L. Flandrin, *Familles, parenté, maison, sexualité, dans l'ancienne société*, S. 172.

8 Vgl. John Boswell, *The Kindness of Stranger: The Abandonment of Children in Western Europe from Late Antiquity to the Renaissance*, Chicago: University of Chicago Press, 1998.

9 Vgl. Michael Gorman, *Abortion and the Early Church. Christian, Jewish and Pagan Attitudes in the Greco-Roman World*, Princeton: Paulist Press, 1982, S. 33-46.

10 Während in der römischen Welt »die einfache Tatsache der körperlichen Geburt« nicht ausreichte, damit das neue Wesen zur Menschheit gehörte, denn dazu »war es nötig, daß sein Vater es in seinen Armen hochhob, wenn das nicht geschah, mußte das kleine Bündel belebter Materie, das sich kaum von einem Fötus im Mutterleib unterschied, darauf warten, daß es andere außerhalb des Vaterhauses aufnahmen«; und während »man außerdem den Fötus durch Abtreibung aus dem Mutterleib loswerden konnte«, sieht es in der christlichen Spätantike anders aus: »Die Früchte des Geschlechtsverkehrs befanden sich nicht mehr in einer neutralen Zone, wo sie warteten, bis die Familie beschloß, ob sie der menschlichen Gesellschaft würdig waren oder nicht. [...] Im 6. Jahrhundert erinnerte man sich an das alte Recht des römischen Vaters, zu entscheiden, ob er ein neugeborenes Kind annahm oder nicht, als an einen uralten Brauch aus heidnischer Zeit. Wie es Tertullian mit lapidarer Kürze formulierte: ›Was menschlich sein wird, *ist* menschlich.‹« (Peter Brown, *The Body and Society. Men, Women, and Sexual Renunciation in Early Christianity*, Stanford: Columbia University Press, 1988; dt.: *Die Keuschheit der Engel. Sexuelle Entsagung, Askese und Körperlichkeit im frühen Christentum*, München: dtv, 1994.)

11 Vgl. Élisabeth Claverie, *Les guerres de la Vierge. Une anthropologie des apparitions*, Paris: Gallimard, 2003.

12 Wir verwenden hier (abgesehen von den wertvollen Informationen, die uns Jérôme Alexandre gab) das Werk: Marie-Hélène Congourdeau (Hg.), *L'enfant à naître*, Paris: Migne, 2000, eine Sammlung von Texten von Tertullian, Gregor von Tours, Augustinus, Maximus, Cassiodor und dem Pseudo-Augustinus und insbesondere die hervorragende Einleitung von Marie-Hélène Congourdeau. Vgl. auch das klassische Werk von John T. Noonan Jr., *Contraception. A History of its Treatment by the Catholic Theologians and Canonists*, Cambridge, Mass.: Harvard University Press, 1966.

13 Unter anderem ging es bei dem Streitgespräch um die Frage, ob die Erbsünde übertragen werden kann.

14 Bezugnehmend auf die Arbeit von Angus McLaren (*Reproductive Rituals: the Perception of Fertility in England from the Sixteenth Century to the Nineteenth Century*, London, New York: Methuen, 1984, insbes. S. 102-107) werden wir später darauf zurückkommen, welche Rolle bei Strafbarmachung der Abtreibung die Tatsache spielte, daß die Ärzte die Vorstellung aufgaben, nach der die Bewegung des Fötus eine wichtige Schwelle in der Entwicklung des Fötus darstellt.

15 Vgl. dazu das Werk von Barbara Duden, *Der Frauenleib als öffentlicher Ort. Vom Mißbrauch des Begriffs Leben*, Hamburg: Luchterhand, 1991, in dem ein Kapitel der Bedeutung gewidmet ist, welche im 17. und 18. Jahrhundert dem *quickening* beigemessen wurde als dem Augenblick, in dem die Schwangerschaft öffentlich bekanntgegeben werden konnte. Sie stützt sich vor allem auf eine Anekdote, die Samuel Pepys in seinem Tagebuch wiedergibt und in der die»Maîtresse des Königs« bei einem Mahl bekanntgibt, daß sie schwanger sei und daß sie gespürt habe, wie sich das Kind in ihrem Schoß bewegte.

16 Vgl. B. Duden, *Der Frauenleib als öffentlicher Ort*, und A. McLaren, *Reproductive Rituals*, S. 102.

17 A. McLaren, *Reproductive Rituals*, S. 102-103.

18 Vgl. Nancy Scheper-Hughes, *Death without Weeping. The Violence of Every Day Life in Brazil*, Berkeley: University of California Press, 1992, S. 334-335.

19 Danièle Alexandre-Bidon und Didier Lett, *Les enfants au Moyen Âge, V-XV siècle*, Paris: Hachette, 1997, S. 35.

20 Die Anerkennung einer Existenz des Limbus, eines Ortes, an den die Seelen der ungetauft gestorbenen Kinder und nach gewissen Interpretationen auch die der beseelten Föten (nach dem vierzigsten Tag) gehen, entwickelt sich ab dem 12. Jahrhundert. Sie zielt darauf ab, den Skandal der ewigen Verdammung unschuldiger, nur mit der Erbsünde befleckter Wesen abzumildern. Im Limbus leidet die Seele darunter, daß sie vom Anblick Gottes ausgeschlossen ist, erduldet aber keine körperlichen Qualen. Der Glaube, nach dem die ungetauft verstorbenen Kinder, da sie nirgends einen Platz haben, weder in dieser noch in der anderen Welt, ziellos umherirrten und sich in gefährliche Geister verwandeln könnten, begünstigte das Nachdenken über den Limbus. An diesem Ort konnten die kleinen ungetauften Toten Frieden finden. (Vgl. Didier Lett,»La naissance du Limbe: des lieux pour le fœtus et l'enfant mort sans baptême au Moyen Âge«, in: *Etudes sur la mort*, 1999, Sondernummer, *L'euthanasie fœtale*, S. 11-22).

21 Ebd., S. 53.

22 Jean-Claude Schmitt, *Le saint lévrier. Guinefort, guérisseur d'enfants depuis le XIIIe siècle*, Paris: Flammarion, 1979.

23 Ebd., S. 120-121.

24 N. Scheper-Hughes, *Death without Weeping*, S. 342-351.

25 Sehr interessante Beispiele finden sich im Werk von Élisabeth Claverie und Pierre Lamaison (*L'impossible mariage*), in deren Studie es um eine auf dem »Haus« gegründete Gesellschaft (*à ousta* in der lokalen Mundart) im Gévaudan des 18. und 19. Jahrhunderts geht.

26 Claude Grimmer, *La femme et le bâtard*, mit einer Einleitung von E. Le Roy Ladurie, Paris: Presses de la Renaissance, 1983, S. 76-77.

27 Wie Jacques Rossiaud schreibt: »Im größten Teil der Städte im Südosten gab es ein *prostibulum publicum*, das von den öffentlichen, fürstlichen oder städtischen Behörden erbaut, unterhalten und geleitet wurde [...]. Das *prostibulum*, das häufig auf gemeinsame Kosten, das heißt mit öffentlichen Geldern, erbaut worden war, war an eine Äbtissin oder einen Wirt verpachtet, die theoretisch das Monopol des Berufs hatten. Sie hatten die Aufgabe, die Mädchen anzuheuern – die von einem Justizbeamten angenommen wurden oder auch nicht –, sie an gewisse Regeln zu gewöhnen, manchmal für ihren Unterhalt aufzukommen und immer die Ordnung in der kleinen weiblichen Gemeinschaft aufrechtzuerhalten. Falls es notwendig wurde, bei Ableben oder Abreise der Äbtissin während der Pachtzeit, zögerten die Konsuln nicht, selbst das Haus zu leiten«. (Jacques Rossiaud, »Prostitution, jeunesse et société dans les villes du Sud-Est au XVe siècle«, in: *Annales ESC*, Bd. 31, Nr. 2, März/April 1976. S. 289-326.

28 J.-L. Flandrin, *Familles, parenté, maison, sexualité, dans l'ancienne société*, S. 184.

29 Viele Beispiele bei E. Claverie, P. Lamaison, *L'impossible mariage*.

30 J.-L. Flandrin, *Familles, parenté, maison, sexualité, dans l'ancienne société*, S. 184. In einem anderen Text bemerkt Jean-Louis Flandrin, daß 80% der Vergewaltigungen, die in den gerichtlichen Archiven Spuren hinterlassen haben, »kollektiv und beinahe öffentlich waren, die von Banden von Junggesellen – Dienern, Tagelöhnern, Lehrlingen, Schreibern, Söhnen von Handwerkern und Kaufleuten – verübt wurden«. Die Frau wurde nachts aus ihrem Haus entführt, geschlagen und vergewaltigt. Man zwang sie, Geld anzunehmen, um klar zu kennzeichnen, daß sie eine Prostituierte geworden war. (Jean-Louis Flandrin, »Repression and change in the sexual life of young people in medieval and early modern times«, in: R. Wheaton, T. K. Hareven [Hg.], *Family and sexuality in French History*, Philadelphia: University of Pennsylvania Press, 1980, S. 27-48)

31 Wir verdanken Cyril Lemieux die Vorstellung, daß das Ideal und die Fiktion als verschiedene Beschreibungen derselben Klausel behandelt werden können.

32 Zitiert von J.-L. Flandrin, *Familles, parenté, maison, sexualité, dans l'ancienne société*, S. 176. Über den Glauben, nach dem die »Unsittlichkeit« – das heißt, zu oft mit Männern zu schlafen und dabei zu große Lust zu empfinden oder es im Rahmen der unerlaubten Verhältnisse zu tun –, *was die Frauen betreffe*, ein Grund für die Unfruchtbarkeit sei, vgl. auch Pierre Darmon, *Le mythe de la procréation à l'âge baroque*, Paris: Seuil, 1981, S. 27-30.

33 Die Praktik des *coitus interruptus*, im *Ancien Régime* von den höheren Schichten angewandt, macht unter der Revolution und dem Empire sehr bedeutende Fortschritte. Vgl. Emmanuel Le Roy Ladurie, *Le territoire de l'historien*, Paris: Gallimard, 1973, und in dieser Sammlung den Artikel »Démographie et ›funestes secrets‹. Le Languedoc, fin XVIIIe-debut XIXe siècle«, S. 316-330.

34 Über die Geschichte der Verhütungstechniken vgl. vor allem Angus McLaren, *A History of Contraception, from Antiquity to the Present Day*, Oxford: Blackwell, 1990.

35 Im Rahmen der Übereinkunft mit der Verwandtschaft erscheint der Kindsmord zumeist als Folge mißlungener Abtreibungsversuche (vgl. A. Tillier, *Des criminelles au village*, S. 337-340).

36 Die von Annick Tillier studierten Morde an Neugeborenen, 600 an der Zahl, die in der Bretagne von 1825 und 1845 verurteilt wurden, zeigen in den meisten Fällen alleinstehende Frauen oder illegitime Paare. »Es ist sehr selten, daß in die Geschichten, die der Justiz zu Ohren und vor Gericht kamen, rechtmäßige, feste Paare verwickelt waren [...]. Das Vergehen des Kindsmordes hat seine Motivation im illegitimen Charakter der Kinder, die ihm zum Opfer fallen. Die Angeklagten sind zum großen Teil (86,37%) ledige Frauen. Darauf folgen Ehebrecherinnen (6,99%), dann Witwen (6,64%).« Peter C. Hoffer und N. E. H. Hull, die eine statistische Studie über den Kindsmord in England und Neuengland von Ende des 16. bis Anfang des 19. Jahrhunderts gemacht haben, stellen dasselbe fest. Sie untersuchen 139 Fälle von Anklagen wegen Kindsmordes in Essex, Middlessex, Hertford und Sussex zwischen 1558 und 1623 und entdecken, daß das Opfer in 85,6% der Fälle ein illegitimes Kind und die Angeklagte (eine Frau in 89,2% der Fälle) meistens entweder ledig oder verwitwet ist (79%) (Peter C. Hoffer und N. E. H. Hull, *Murdering Mothers: Infanticide in England and New England, 1558-1803*, New York: New York University Press, 1981, S. 96-97).

37 Wie im Fall der adeligen Polygamie im 15. und 16. Jahrhundert vor allem im Süden Frankreichs (vgl. Mikhaël Harsgor, »L'essor des bâtards nobles au XVe siècle«, in: *Revue historique*, April 1975, S. 319-345). M. Harsgor zeigt, wie die Position der katholischen Kirche schwankt zwischen der Ablehnung – die Bastarde aus dem Weg räumen, weil ihre Existenz »an das Ärgernis erinnert« – und dem Anerkennen – da diese Wesen mit Recht zur Menschheit gehören –, so daß sie beispielsweise »unter denselben Bedingungen wie die legitimen Kinder zum Sakrament der Ehe zugelassen sind«.

38 Auf jeden Fall ist der Kindsmord selbst oft schwer festzustellen, da die Schwangerschaft oft geheimgehalten wurde und die Entbindung im Verborgenen geschah. Davon zeugt unter zahlreichen anderen Beispielen das von Annick Tillier zitierte (*Des criminelles au village*, S. 41) Werk von Ambroise Tardieu (*Étude médico-légale de l'infanticide*, Paris: J.-B. Baillière et fils, 1868, S. V): »Beim größten Teil der Kindsmorde wird die Schwangerschaft sorgfältig verborgen und die Entbindung findet heimlich statt. So bleiben alle damit verbundenen Umstände geheim, und der Experte, der die Aufgabe hat, sie zu bewerten, hat zur Klärung nur die Behauptungen, die meistens befangen, häufig der Notwendigkeit der Verteidigung entsprechend zurechtgelegt und sogar absolut falsch sind.«

39 Vgl. A. McLaren, *Reproductive Rituals*, S. 118-123. François Lebrun (*La vie conjugale sous l'Ancien Régime*, Paris: Armand Colin, 1975) macht ähnliche Bemerkungen über die Verhältnisse in Frankreich: die Abtreibung »wird selten verfolgt«. Zum Beispiel das Strafgericht von Rennes kennt nur sechs Strafsachen dieser Art für das ganze 18. Jahrhundert«, während vor allem »in der Welt der Prostitution, von der großen Kurtisane bis zum Freudenmädchen, die Abtreibung zu den landläufigen Praktiken gehört.« (S. 149).

40 Vgl. C. Grimmer, *La femme et le bâtard*, S. 76-77.

41 J. Boswell, *The Kindness of Stranger*, S. 22-27.

42 J.-L. Flandrin, *Familles, parenté, maison, sexualité, dans l'ancienne société*, S. 196.

43 Ebd.

44 Über die Art und Weise, wie die Landarbeiter, Handwerker und Kleinbauern ihren Platz in der lokalen Gesellschaft verlieren und zwischen 1790 und 1830 den industriellen »Massen« in die Baumwollmanufakturen folgen, vgl. Edward P. Thompson, *Die Entstehung der englischen Arbeiterklasse*, Frankfurt/M.: Suhrkamp, 1987 (erste englische Ausgabe 1963), vor allem den zweiten Teil. Zur selben Zeit wurden diese »Massen« auf globale Weise im Sinne von »Bevölkerungen« von Malthus ins Auge gefaßt, und ihre Lebensbedingungen wurden von Wirtschaftswissenschaftlern im Sinne von »Lebensunterhalt« und »biologischen Gesetzen« durchdacht (vgl. Karl Polanyi, *The Great Transformation*, Boston: Beacon Press, 2001; dt.: *The Great Transformation. Politische und ökonomische Ursprünge von Gesellschaften und Wirtschaftssystemen*, übers. von Heinrich Jelinek, Frankfurt/M.: Suhrkamp, 1973).

45 Das Phänomen scheint in England ein wenig früher einzusetzen. Vgl. Peter Laslett, *Family Life and Illicit Love in Earlier Generations*, Cambridge: Cambridge University Press, 1977, S. 108-130.

46 In diesem Kontext entstehen die »Entbindungsheime«, wo die verlassenen Mädchen aufgenommen werden und oft auch zusammen mit den Kindern, die sie zur Welt bringen, sterben. Vgl. Scarlett Beauvalet-Boutouyrie, *Naître à l'hôpital au XIXe siècle*, Paris: Belin, 1999, und Rachel G. Fuchs, *Poor and Pregnant in Paris. Strategies for Survival in the Nineteenth Century*, New Brunswick: Rutgers University Press, 1992.

47 Für eine vergleichende und detaillierte Analyse vgl. Peter Laslett, Karla Oosterveen und Richard M. Smith (Hg.), *Bastardy and its Comparative History*, London: Edward Arnold, 1980.

48 P. Laslett, *Family Life and Illicit Love in Earlier Generations*, S. 48.

49 Über diesen Mechanismus vgl. Slavoj Žižek, *L'intraitable*, Paris: Anthropos, 1993, S. 23-25. Žižek bezieht sich auf die großen kollektiven Zeremonien in den Staaten mit kommunistischem Regime. Er schreibt: »Man sah ritualisierte Schauspiele aufeinander folgen, an die niemand ›wirklich glaubte‹, alle wußten, daß niemand daran glaubte, aber die Parteibürokraten hatten trotzdem außerordentlich Angst bei der Vorstellung, daß der Glaube sich auflösen könnte. Sie empfanden einen derartigen Zerfall als die absolute Katastrophe, als die Auflösung der gesamten Gesellschaftsordnung. Selbstverständlich lautet die Frage, die sich seitdem stellt: Wenn keiner daran glaubte und wenn alle wußten, daß keiner daran glaubte, was war dann das Agens, der Blick, für den das Schauspiel des Glaubens inszeniert wurde?«

50 »Man wird schließlich das *Ärgernis* in die hierarchischen Gefühle einordnen, denn es ist nie der Untere, der dem Oberen Ärgernis gibt, sondern umgekehrt. [...] Denn [...] der Untere hat nicht die Macht, den Oberen zu korrigieren« (J.-L. Flandrin, *Familles, parenté, maison, sexualité, dans l'ancienne société*, S. 144).

51 Vgl. Michel Foucault, *Il faut défendre la société*, Paris: Gallimard, Seuil, Hautes Études, 1997, Vorlesung vom 17. März 1976 (dt.: *In Verteidigung der Gesellschaft. Vorlesungen am Collège de France 1975/76*, übers. von Michaela Ott, Frankfurt/M.: Suhrkamp, 1999). Vgl. auch H. Le Bras, *L'invention des populations*, besonders die Einleitung von H. Le Bras, »Peuples et populations«, S. 9-54.

52 Vgl. Robert A. Nisbet, *The Sociological Tradition*, New York: Basic Books, 1966, und über die Homologie, vor allem bei Durkheim zwischen »Gesellschaft« und Nationalstaat, Peter Wagner, *Soziologie der Moderne. Freiheit und Disziplin*, Frankfurt/M., New York: Campus, 2000.

53 Nach diesem Modell ist es der Staat, der letzten Endes die Frage anschneiden muß, welche Leben es sich zu leben lohnt und welche nicht. Vgl. Giorgio Agamben, *Homo sacer. Die souveräne Macht und das nackte Leben*, Frankfurt/M.: Suhrkamp, 2002, S. 145-174.

54 Es entsteht dann eine Spannung zwischen dem meritokratischen Prinzip und dem ererbten Eigentum. Aber wenn die Personen von ihrer Zugehörigkeit zu verwandtschaftlichen Totalitäten und lokalen Zugehörigkeiten abgetrennt sind, wird das Eigentum notwendig, um, wie Robert Castel sagt, »ein Individuum ›mit Ballast zu beladen‹, das nicht mehr in seine ihm zugewiesenen Statusformen eingeschrieben ist.« Der »Vagabund« wird dann der letzte aller Menschen, weil er »nicht der Mann von jemandem ist, der ihn beschützen könnte«, ohne trotzdem Besitzer von etwas anderem als von seinem eigenen Körper zu sein (Robert Castel und Claudine Haroche, *Propriété privée, propriété sociale, propriété de soi. Entretiens sur la construction de l'individu moderne*, Paris: Fayard, 2001, S. 36-40).

55 Die Verbindung zwischen Erziehungspolitik und Zeugungspolitik sieht man deutlich, wenn man, wie es Laurent Thévenot gemacht hat, die Genealogie der Umfragen zur sozialen Mobilität rekonstruiert – wo der Schulfaktor als entscheidend betrachtet wird –, die ihre Wurzeln in der eugenischen Konstruktion des sozialen Wertes bei Galton haben. Vgl. Laurent Thévenot, »L'origine sociale des enquêtes de mobilité sociale«, in: *Annales ESC*, Nr. 6, November/Dezember 1990, S. 1275-1300.

56 Über die Erfindung des Begriffs der Degeneration durch Morel im Jahr 1857 vgl. Michel Foucault, *Les anormaux*, Paris: Gallimard, Seuil, Hautes Études, 1999, Vorlesung am Collège de France vom 19. März 1975 (dt.: *Die Anormalen. Vorlesungen am Collège de France, 1974/75*, Frankfurt/M.: Suhrkamp, 2003).

57 Vgl. innerhalb einer umfangreichen Literatur Robert A. Nye, *Crime, Madness and Politics in Modern France*, Princeton: Princeton University Press, 1984.

58 Vgl. Michael Teitelbaum und Jay Winter, *The Fear of Population Decline*, San Diego: Academic Press, 1985, S. 18-35, für die Jahre 1870-1914 (in Frankreich wird besonders die »Quantität« hervorgehoben, in England die »Qualität«).

59 Louis Chevalier, *Classes labourieuses et classes dangereuses à Paris pendant la première moitié du XIXe siècle*, Paris: Plon, 1958.

60 Vgl. L. Boltanski, *Prime éducation et morale de classe*, und Anne Carol, *Histoire de l'eugénisme en France. Les médecins et la procréation, XIXe-XXe siècle*, Paris: Seuil, 1995, S. 38-51. Adolphe Pinard, einer der großen Verfechter der Säuglings- und Kleinkinderpflege in Frankreich zwischen dem 19. und 20. Jahrhundert, schlägt vor, der Erklärung der Menschenrechte folgende Formel anzufügen: »Der erwachsene Staatsbürger hat zwei große Pflichten zu erfüllen: die erste ist, zu produzieren, das heißt zu arbeiten; die zweite ist, sich fortzupflanzen, und zwar sich gut fortzupflanzen« (zitiert von A. Carol, *Histoire de l'eugénisme en France*, S. 201).

61 Die Vorstellung einer staatlichen Kontrolle des Zugangs zum Geschlechtsverkehr und zur Fortpflanzung je nach der biologischen Qualität der Antragsteller scheint auf systematische Weise von dem deutschen Arzt Johann Peter Franck eingeführt

worden zu sein, dessen Monumentalwerk in sechs Bänden *System einer vollständigen medizinischen Polizei von 1779 bis 1819* veröffentlicht wurde (vgl. Christian Hick, »Arracher les armes aux mains des enfants«. La doctrine de la police medicale chez Johann Peter Franck et sa fortune littéraire en France«, in: P. Bourdelais [Hg.], *Les hygiénistes. Enjeux, modèles et pratiques, XVIIe -XXe siècle*, Paris: Belin, 2001, S. 41-59).

62 Vgl. A. Carol, *Histoire de l'eugénisme en France*, S. 172 ff., und Benoit Massin (Hg.), *L'Hygiène de la Race*, 2 Bde., Bd. 1: Paul Weindling, *L'Hygiène de la Race. Eugénisme médical et Hygiène raciale en Allemagne, 1870-1933*, Paris 1998, S. 675-687; vgl. auch Paul Weindling, »Die preußische Medizinalverwaltung und die ›Rassenhygiene‹. Anmerkungen zur Gesundheitspolitik der Jahre 1905-1933«, in: *Zeitschrift für Sozialreform* (1984). Vor allem in den Vereinigten Staaten, in Deutschland und in Schweden wird die Idee, die als zur Fortpflanzung ungeeigneten Individuen zu sterilisieren, im ersten Drittel des 20. Jahrhunderts großen Widerhall finden. Die eugenische Anwendung der Vasektomie – um rückfällige und »degenerierte« Kriminelle zu sterilisieren – scheint Anfang des 20. Jahrhunderts in einer Strafanstalt in Indiana in den Vereinigten Staaten ihr Debut zu geben. Die weiblichen Kastrierungen beginnen etwa um dieselbe Zeit. Wenn die Zahlen auch rückblickend groß erscheinen (zum Beispiel 500 Vasektomien zwischen 1909 und 1912), waren diese verschiedenen Maßnahmen in großem Ausmaß doch noch kaum vorstellbar, obschon von einer großen Zahl von Eugenikern gepriesen (vor allem Charles Richet). Erst zwischen den zwei Weltkriegen werden gesetzliche Maßnahmen zur freiwilligen oder erzwungenen Sterilisierung erlassen (Kanton Waadt 1928; Dänemark 1929; Schweden 1935). Keinerlei Maßnahmen dieser Art wurden in Frankreich getroffen, wo zahlreiche Projekte zur Verbesserung der Bevölkerungsqualität durch unfreiwillige Sterilisierungen auf lebhaften Widerstand stießen. Die eugenische Massensterilisierung im Nazideutschland begann nach dem Gesetz von 1933: Sie betraf 400 000 Personen. Vgl. Alain Giami und Henri Leridon (Hg.), *Les enjeux de la stérilisation*, Paris: Inserm, 2000 (besonders für die Geschichte der Sterilisierung vor den dreißiger Jahren die Beiträge von Michel Erlich und André Béjin und für die darauffolgende Zeit die Beiträge von Jean-Paul Gaudillière und Benoit Massin).

63 Jean-Louis Flandrin erinnert daran, daß der bayrische Staat im 19. Jahrhundert Gesetze vorgeschlagen hatte, die den Armen das Heiraten verbieten sollten (*Familles, parenté, maison, sexualité, dans l'ancienne société*, S. 175). Das Projekt, »die Individuen von der Heirat auszuschließen, die nicht gewisse Bedingungen des Alters, der Schönheit und der Gesundheit erfüllten«, und Heiratsgenehmigungen auszustellen, erscheint Anfang des 19. Jahrhunderts. Es wird nicht verwirklicht werden, abgesehen von vorehelichen Zertifikaten, die während der Zeit von Vichy eingeführt wurden (vgl. A. Carol, *Histoire de l'eugénisme en France*, S. 24 ff.).

64 Vgl. J. Gélis, *La sage-femme ou le médecin*.

65 Die Strafmaßnahmen sind viel strenger gegen diejenigen, die die Abtreibung ausführen (vor allem, wenn die Frau dabei ums Leben kommt), als gegen die Frauen, die sie erdulden, falls sie überleben.

66 Um nur ein Beispiel anzuführen: Eine Stellungnahme im Reichstag aus dem Jahr 1905 handelt von der Beziehung zwischen erblichen Belastungen und Alkoholismus in einer Weise, die in Richtung einer Sexualitäts- und Fortpflanzungskontrolle geht: »Der Redner behauptete, da die durch den Alkohol verursachte erbliche Degenerie-

rung schwere wirtschaftliche Verluste für die Nation und zusätzliche Belastungen für das Schutzsystem der Armen mit sich bringe, müsse der Staat eingreifen. Da Minderjährige, Schwachsinnige, Taube, Stumme und Blinde dem Staat zur Last fielen, müsse er diese Probleme durch die Kontrolle des Alkoholismus an der Wurzel packen und den Alkoholismus überwachen. Die staatliche Unterstützung für die Kliniken der öffentlichen Wohlfahrt verlange die Schaffung eines Netzes, durch das die Kranken ausfindig gemacht und selektioniert werden, um sie dann einzuliefern und zu behandeln. Die Kliniken dieser Art könnten ohne weiteres auf eugenische Zwecke umgestellt werden« (Paul Weindling, *L'Hygiène de la Race*, S. 146).

67 Vgl. Anne-Marie Dourlen-Rollier, *La vérité sur l'avortement, deux enquêtes inédites*, Paris: Maloine, 1963.

68 François-André Isambert stellt fest, daß die »Flut der Studien in Gerichtsmedizin und medizinischer Fürsorge vor dem Krieg von 1914« zu »praktischen Schlußfolgerungen« führte, die »zumeist das Ziel hatten, die strafrechtliche Verfolgung durch die systematische Erkennung und die strenge Verurteilung der Abtreiberinnen noch wirksamer zu machen«. Es handelte sich also für die Verwalter des öffentlichen Gesundheitswesens darum, »die Frauen vor sich selbst und vor den Engelmacherinnen zu beschützen«. »In dieser Literatur ist kaum vom Kind die Rede«, fügt Isambert hinzu, »der Begriff der Abtreibung als ›soziale Plage‹ stellt das Kind auf eine Stufe mit dem Alkoholismus oder den Autounfällen oder allen anderen irrationalen, selbstzerstörerischen Verhaltensweisen der Staatsbürger, und man muß ihm somit vorbeugen durch Sanktionen, da die Sanktion eine abschreckende Rolle spielen kann« (F.-A. Isambert, »Une sociologie de l'avortement est-elle possible?«, a. a. O., S. 359-381).

69 Vgl. zu den Verhältnissen in England: John Keown, *Abortions, Doctors and the Law. Some Aspects of the Legal Regulation of Abortion in England from 1803 to 1982*, Cambridge: Cambridge University Press, 1988, S. 21; A. McLaren, *Reproductive Rituals*, S. 114; zu den Verhältnissen in Frankreich: Jean-Yves Le Naour und Cathérine Valenti, *Histoire de l'avortement, XIXe-XXe siècle*, Paris: Seuil, 2003, S. 14.

70 Leslie Reagan, *When Abortion Was a Crime. Women, Medecine and Law in the United States, 1876-1973*, Berkeley: University of California Press, 1997.

71 Agnès Fine, »Savoirs sur le corps et procédés abortifs au XIXe siècle«, in: *Communication*, Nr. 44, 1986, S. 107-119.

72 A. Tillier, *Des criminelles au village*, S. 330-331. Leslie Reagan (*When Abortion Was a Crime*, S. 10) nimmt für die Vereinigten Staaten wie Annick Tillier für Frankreich die Jahre von 1840 bis 1850 als den Zeitraum an, in dem viele berufliche Abtreiber auftauchen (vor allem mit einer kaum verhüllten Werbung in den Zeitungen).

73 In England bekommen sie 1828 und 1837 Recht durch die Änderung des Gesetzes von 1803, durch das die Abtreibung bestraft wird, gleich, ob sie vor oder nach der Bewegung des Fötus durchgeführt wird (vgl. McLaren, *Reproductives Rituals*, S. 138-143).

74 Die im 19. Jahrhundert verbreitete Vorstellung, die Abtreibung »ruiniere« die Frauen und schade somit ihrer Fortpflanzungsfähigkeit steht schon bei Malthus zu lesen. Vgl. das Kapitel IV im ersten Buch des *Essay on the Principle of Population*, das den »Hindernissen der Bevölkerung bei den eingeborenen Nationen Amerikas« gewidmet ist; dt.: Thomas Robert Malthus, *Das Bevölkerungsgesetz*, München: dtv, 1977. Die Erstausgabe erschien 1798.

75 Die therapeutische Abtreibung wird in Frankreich 1852 anerkannt, aber ihre Definition scheint in Frankreich restriktiver gewesen zu sein als in den angelsächsischen Ländern. Die Gültigkeit dieses Akts wird von der Académie de médecine anerkannt und seine Praktik geduldet, ohne ausdrücklich legalisiert zu sein. Die Operation wird unter »öffentlichen« Umständen durchgeführt: »Die Familie wird benachrichtigt, die Zustimmung der Mutter eingeholt, und der chirurgische Eingriff findet erst nach der Konsultation von zwei Ärzten statt« (vgl. N.-Y. Le Naour, C. Valenti, *Histoire de l'avortement, XIXe-XXe siècle*, S. 29-36).

76 A. McLaren, *Reproductive Rituals*, S. 143.

77 Ebd.

78 J. Keown, *Abortions, Doctors and the Law*, S. 59.

79 L. Reagan, *When Abortion Was a Crime*, S. 61-70.

80 Vor der Entwicklung der prädiktiven Tests und der Fötalmedizin behandeln die Ärzte eher Fälle von anormalen oder mißgestalten Kindern mit diskreten Formen von Kindsmord, diesmal auch noch unter dem Schutzmantel der Konzertation mehrerer Ärzte und des Berufsgeheimnisses. Die Legalisierung dieser Praktik – unter dem Namen Euthanasie – wird in Frankreich vom Anfang des 20. Jahrhunderts an verlangt (vgl. A. Carol, *Histoire de l'eugénisme en France*, S. 246).

81 Zur konstanten Opposition der Katholiken gegen die Eugenik vom 19. Jahrhundert an vgl. André Pichot, *La société pure de Darwin à Hitler*, Paris: Flammarion, 2000, S. 158 ff. Über die Verwendung des Darwinismus als Kampfinstrument der innovativen Eliten gegen den Katholizismus vgl. Daniel Pick, *Faces of Degeneration. A European Disorder, c. 1848-c. 1918*, Cambridge: Cambridge University Press, 1989, S. 29.

82 Vgl. für Deutschland unter der Weimarer Republik P. Weindling, *L'Hygiène de la Race*, S. 227 ff.

83 Jean Sutter, *L'eugénique. Problèmes, méthodes, résultats*, Paris: PUF, 1950.

84 Diese Aufteilung soll ebenso die Verarmung reduzieren, da die erblich Belasteten aufgrund der natürlichen Selektion in der Mehrzahl unter den Armen zu suchen sind und die biologisch gesunden Menschen unter den Reichen. Trotz allem soll die staatliche Kontrolle der Sexualität über der Betrachtung der sozialen Klassen stehen und sich nur auf die objektiven biologischen Daten stützen. So gibt es, wie die Theoretiker der Eugenik schließlich doch anerkennen, Arme, die trotzdem zum Zeugen geeignet sind, und Reiche, die trotzdem degeneriert sind. Und zwar, weil die soziale Logik der Verwandtschaft und des Erbes bis jetzt ungerechterweise über die Logik der natürlichen Selektion die Oberhand hatte.

85 Vor allem durch Schlüsse, die aus Fällen gezogen wurden, wo Frauen im Krankenhaus behandelt wurden, nachdem bei einer Abtreibung nicht alles glatt gegangen war.

86 J.-Y. Le Naour, C. Valenti, *Histoire de l'avortement*, S. 160-164.

87 Ebd., S. 14.

88 Ebd., S. 186.

89 Ebd., S. 198.

90 A.-M. Dourlen-Rollier, *La vérité sur l'avortement, deux enquêtes inédites*, S. 142 und S. 75.

91 Ebd., S. 69-70. Die eine der beiden Untersuchungen bezieht sich auf die Akten der Strafkammer der Region Seine, genauer auf Prozesse, in denen die Frauen, die zwischen Januar 1956 und März 1957 abgetrieben hatten, angeklagt und verurteilt wor-

den waren; die zweite bezog sich auf Krankenblätter der Frauen, die mit Komplikationen *post absortum* in die Abteilung für Gynäkologie und Geburtshilfe des Hôpital
de la Pitié eingeliefert worden waren.

IV. Das elterliche Projekt

1 Das ist der Fall zahlreicher Frauen, die eine Wallfahrt zum Ort einer Marienerschei-
nung unternehmen (vgl. É. Claverie, *Les guerres de la vierge*).
2 Vgl. den Artikel 27 des Gesetzes (Aubry) vom 4. Juli 2001: Das Gesetz sieht unter
sehr zwingenden Bedingungen die Möglichkeit einer Sterilisierung für die »Personen«
vor, »deren gestörte geistige Fähigkeiten« eine Vormundschaft oder staatliche Vormundschaft rechtfertigen, wenn ein »dringlicher medizinischer Grund« (wie etwa
»eine Unverträglichkeit der Verhütungsmethoden oder eine Unfähigkeit, diese wirksam ins Werk zu setzen«) angeführt werden kann. Der Eingriff untersteht der Genehmigung des Vormundschaftsgerichts nach Anzeige eines Fachkomitees und nach
Anhören der betroffenen Person, »um sich der Wirklichkeit ihrer Einwilligung zu versichern« (Rundschreiben DGS/DHOS Nr. 2001-467 vom 28. September 2001, hinsichtlich der Ausführung der Verfügungen des Gesetzes vom 4. Juli 2001, betreffs
freiwilligen Schwangerschaftsabbruchs und Empfängnisverhütung).
3 Eine frappierende Äußerung dieser modernistischen historischen Sicht findet sich bei
Xavière Gauthier, *Naissance d'une liberté. Contraception, avortement: le grand combat des
femmes au XXe siècle*, Paris: Robert Laffont, 2002, S. 26-42.
4 Die Wirksamkeit der Verhütungstechniken scheint dazu beigetragen zu haben, daß
sich ein Ethos der Zeugung gegenüber entwickelte, das den Rückgriff auf die künstliche Befruchtung begünstigt. Die Tatsache, daß eine Frau sicher sein kann, ein sexuelles Leben zu haben, ohne ein Kind zu riskieren, verleitet zu dem Gedanken, man
brauche nur die Verhütung einzustellen, um schwanger zu werden. Wenn die Schwangerschaft nach einigen Monaten noch nicht eintritt, beunruhigt sich eine wachsende
Anzahl von Frauen und, da sie fürchten, unfruchtbar zu sein, setzen sie ihre Hoffnung auf eine medizinische Behandlung. Diese medizinische Betreuung der Schwangerschaft könnte nach der Meinung mancher Fachleute für das Anwachsen der Zwil-
lings- und Drillingsgeburten in den letzten zehn Jahren verantwortlich sein.
5 »Das *Planning familial* (Familienplanung) war ja wirklich eine Bewegung für die Empfängnisverhütung, der erzieherische Zweck war, zu versuchen, den Frauen und den
Paaren den Begriff eines Wunschkindes oder eines gewollten Kindes und die Verantwortung des Elternseins zu vermitteln. Es war ein Geisteszustand der Verantwort-
lichkeit, und keine Bewegung zur Befreiung der Frauen, gewiß nicht. Als die Bewegung zur Befreiung der Frau (MLF) kam, wurden die Abtreibung und die Verhütung
auf dieselbe Stufe gestellt. Seit es diese Bewegung gibt, sagt man ›Abtreibung-Verhü-
tung: ein Kind, wenn ich will und wann ich will‹. Also unser Wunsch in der Anfangs-
gruppe des *Planning* war Verhütung gegen Abtreibung, bis 1967. Das war auf soziologischer und philosophischer Ebene ganz anders« (Auszug aus einem Gespräch mit
einer Ärztin der *Maternité heureuse* [der glücklichen Mutterschaft], der Vorläuferin des
Planning familial).
6 J.-Y. Le Naour, C. Valenti, *Histoire de l'avortement*, S. 213 ff.; F.-A. Isambert und P. La-

drière zeigen ebenso in der Studie, die sie der Analyse der Abtreibungsdebatte in den großen Zeitungen zwischen 1965 und 1975 gewidmet haben, daß »die Hoffnung, an der Stelle der Abtreibung bald die Verhütung zu sehen«, eines der Hauptargumente für die Liberalisierung der Abtreibung bildet, die dann eine marginale Praktik werden sollte (François-André Isambert und Paul Ladrière, *Contraception et avortement. Dix ans de débats dans la presse 1965-1975*, Paris: CNRS, 1979, S. 78).

7 Alle Vornamen, die in den Gesprächen vorkommen, wurden geändert, ebenso die Ortsnamen, wenn sie Rückschlüsse auf die Identität der Person zugelassen hätten, mit der wir im Krankenhaus gesprochen haben oder die uns unter vier Augen berichtet hat.

8 Wie ein Kind, das sich in einer verwandtschaftsorientierten Ehe befand, in einen neuen Beziehungstyp überwechselt, wo die Eigenschaft, »gute Eltern zu sein«, besonders deutlich bei der Bewährungsprobe der Trennung zum Vorschein kommen soll, vgl. Irène Théry, *Le démariage*, Paris: Odile Jacob, 1993, S. 140-147.

9 Dieser Ausdruck ging in den allgemeinen Sprachgebrauch ein, vor allem wegen seiner Anwendung bei der Abfassung der Gesetze für Bioethik 1994. Man kann jetzt schon »von einem überzähligen Embryo ohne elterliches Projekt« sprechen, um Embryonen zu bezeichnen, die im Rahmen der künstlichen Befruchtung geschaffen, aber nicht eingepflanzt wurden, doch durch Tiefkühlung am Leben erhalten werden, in Erwartung einer eventuellen weiteren Verwendung. (Zu einer Analyse des Begriffs elterliches Projekt vgl. Bernard Edelman, *La personne en danger*, Paris: PUF, 1999, S. 461-469)

10 Vgl. Christophe Midler, »La révolution de la Twingo«, in: *Gérer et comprendre*, Juni 1993, S. 28-36.

11 L. Boltanski und È. Chiapello, *Der neue Geist des Kapitalismus*.

12 Vor allem gestützt auf die Arbeiten von Sabine Chalvon-Demersay (vgl. »Une société élective. Scénarios pour un monde de relations choisies«, in: *Terrain*, Nr. 27, September 1996, S. 81-100.

13 Manche Themen, die in *Der neue Geist des Kapitalismus* ausgeführt werden, gehen von einer Analyse der Managementliteratur der neunziger Jahre aus.

14 Vgl. Alain Ehrenberg, *La fatigue d'être soi. Dépression et société*, Paris: Odile Jacob, 1998 (dt.: *Das erschöpfte Selbst. Depression und Gesellschaft in der Gegenwart*, übers. von Manuela Lenzen und Martin Klaus, Frankfurt/M., New York: Campus, 2004).

15 Die vollständigste Zusammenfassung der Arbeiten, die die Veränderungen der Familie in den letzten dreißig Jahren betreffen, findet sich bei Irène Théry, *Couple, filiation et parenté aujourd'hui*, Paris: La Documentation française, 1998.

16 Die »Umfrage über die Situation in den Familien« (ESF), die 1985 durchgeführt, aber erst 1994 veröffentlicht wurde, ergab, daß 2 Millionen Kinder von ihren Vätern getrennt leben, während knapp 2 % nie bei ihnen gelebt hatten. Die hohe Zahl kommt also nicht daher, daß die Väter die schwangeren Mütter verlassen, sondern von den Trennungen der Eltern, die, wie sich bei der Umfrage herausstellt, in einem immer jüngeren Alter der Kinder eintreten, wodurch sich die nach der Auflösung der Familie gelebten Kindheitsjahre vervielfachen. Die Umfrage ESF zeigt, daß sich die Wahrscheinlichkeit, in einer neu zusammengesetzten Familie zu leben, in einigen Jahren verdoppelt hat. 3 % der von 1966 bis 1970 Geborenen, dann 8 % der von 1971 bis 1975 Geborenen und 11 % der von 1976 bis 1980 Geborenen hatten inner-

halb von fünf Jahren zweimal einen Bruch erlebt (Évelyne Sullerot, *Le grand remue-menage: la crise de la famille*, Paris: Fayard, 1997, S. 187 ff.).

17 Jean-Hugues Déchaux, »Dynamique de la famille: entre individualisme et appartenance«, in: O. Galland, Y. Lemel (Hg.), *La nouvelle société française. Trente années de mutation*, Paris: Armand Colin, 1998, S. 60-89.

18 Joseph-Alfred Nizard, »Suicide et mal-être social«, in: *Population et société*, Nr. 334, April 1998, S. 1-4.

19 Henri Leridon schätzt die Anzahl der Schwangerschaftsabbrüche in Frankreich pro Jahr auf maximal 250 000, wobei er die nicht erklärten Abtreibungen mitberücksichtigt: Auf drei Geburten fällt somit ein Schwangerschaftsabbruch oder auf vier Schwangerschaften eine Abtreibung (Henri Leridon, *Les enfant du désir. Une révolution démographique*, Paris: Hachette, 1995, S. 130).

20 Diese Zahlen und die folgenden sind den vom INED veröffentlichten Daten für 1996 entnommen und aufgestellt nach den erklärten Abtreibungen, für die ein statistisches Formular ausgefüllt wurde (162 792 Formulare für 220 000 geschätzte Abtreibungen).

21 Über die Art und Weise, wie diese Bahnen ansteigender Mobilität im Lauf der letzten dreißig Jahre mehr oder weniger zerschlagen wurden, vgl. L. Boltanski und É. Chiapello, *Der neue Geist des Kapitalismus*.

22 Die Bindung zwischen Eltern und Kindern ist eine der wenigen Bindungen in der liberalen Gesellschaft, die nicht als streng vertragliche behandelt werden kann. Vgl. François de Singly, *Les uns et les autres. Quand l'individualisme crée du lien*, Paris: Armand Colin, 2003, S. 55-58.

23 Vgl. *Fiche d'actualité scientifique*, INED, Nr. 2, November 2002; Laurent Toulemon und Henri Leridon, »Les pratiques contraceptives en France«, in: *La Revue du praticien*, 45, 1995, S. 2395-2400; Henri Leridon, »Trente ans de contraception en France«, in: *Contraception. Fertilité. Sexualité*, Bd. 26, Nr. 6, 1998, S. 435-438.

24 Laurent Toulemon und Henri Leridon, »Maîtrise de la fécondité et appartenance sociale: contraception, grossesses accidentelles et avortements«, in: *Population*, 1992, Nr. 1 (nach den Umfragen des INED von 1978 und 1988).

25 Die Debatte entwickelte sich vor allem bei den Historikern über das Buch *L'enfant et la vie familiale sous l'Ancien Régime* von Philippe Ariès (Paris: Plon, 1960), dessen hauptsächliche Schlußfolgerungen in Frage gestellt wurden. Als kurz zurückliegendes Beispiel vgl. D. Alexandre-Bidon und D. Lett (*Les enfants au Moyen Âge, V-XV siècle*, S. 99). Im Gegensatz zu dem, was Philippe Ariès zu zeigen geglaubt hatte, sind die Gefühle, die eine Mutter im Mittelalter für ihr Kind empfindet, sehr stark. Zahlreiche Dokumente zeigen Spuren von Zuneigung und Zärtlichkeit.

26 Dieser Satz stammt aus der Präsentation eines Dokumentarfilms über Säuglinge, die in *Télérama*, Nr. 2692, 15. August 2001, veröffentlicht wurde.

27 Nichts darf ihm geopfert werden, außer vielleicht ausgerechnet sein umgekehrter Doppelgänger, das heißt der abgetriebene Fötus, derselben Figur entsprechend wie die, durch die Durkheim über die Bildung des Gegensatzes zwischen Heiligem und Profanem berichtet.

28 Im Lauf eines Beratungsgesprächs mit einem Studentenpaar (beide 19 Jahre alt): »Habt ihr mit Leuten, die ihr kennt, darüber gesprochen?« »Nein, wir sagten uns, es wäre leichter, einen Abbruch zu machen, wenn wir mit niemand sprechen [...], wir

wollten nicht, daß man über uns urteilt, und auch, weil ich nicht wollte, daß die Leute Jahre später mit mir davon reden und mich daran erinnern.« Ebenso erklärt eine dreißigjährige Apothekerin: »Nein, ich habe nicht davon geredet, denn wenn ich nicht davon rede, bin ich nicht so traurig; so rede ich einfach über andere Sachen« (Krankenhaus, Paris).

29 Nathalie Bajos, Michèle Ferrand u. a., *De la conception à l'avortement. Sociologie des grossesses non prévues*, Paris: INSERM, 2002, S. 4. In den folgenden Absätzen werden wir uns in großem Umfang auf diese hervorragende Arbeit stützen, die auf einer Umfrage beruht, an der 73 Frauen teilnahmen, »von denen 53 einen Schwangerschaftsabbruch vornahmen, während 20 ihre Schwangerschaft weiterführten«.

30 Erst von diesem Datum an konnten, da die Abtreibung keine Straftat mehr ist und vom Staat unter die Fittiche genommen wurde, ziemlich zuverlässige statistische Reihen vom INED aufgestellt werden.

31 Diese Angaben haben N. Bajos und M. Ferrand in ihrem Werk, *De la conception à l'avortement*, S. 1-15, übernommen. Sie kommen vom INED. Wir wollen jedoch anmerken, daß der Terminus Empfängnisverhütung – je nachdem, ob er von einem Demographen verwendet wird, der in seinem Streben nach einer erschöpfenden Statistik darum bemüht ist, alles zu berücksichtigen, was auch nur von ferne einer »Methode«, so handwerklich sie auch sein mag, ähnlich sieht, oder von einem Arzt, der ein Rezept verordnet – auf Kategorien verweist, die sich nur teilweise decken. Dasselbe gilt infolgedessen für die Evaluation der Fehler oder der Mißerfolge bei der Verhütung. So kann ein großer Teil der Ärzte den Coitus interruptus, die Abstinenz oder die Methode der Temperaturmessungen nicht als wirkliche Verhütungsmethoden betrachten. Ebenso bedeutet vom ärztlichen Standpunkt aus nur eine Schwangerschaft, die bei nicht vergessener (oder bei einer Magenbeschwerde nicht erbrochener) Pille oder trotz der Spirale eingetreten ist, ein wirkliches Versagen der Verhütung, das heißt ein von der Verhütungstechnik als solcher abhängiges Versagen, was statistisch gesehen ziemlich unwahrscheinlich ist (ungefähr 1 bei 1000). Was das Präservativ betrifft, so ist es abgesehen von den Labortests sehr schwer abzuschätzen, wie es verwendet wird. Es gibt einen Index (den sogenannten Pearls Index), in dem die Anzahl der jährlichen Schwangerschaften pro Jahr bei 100 Frauen in Verhütungstypen eingeteilt festgehalten werden. Was das Präservativ betrifft, so ergibt die Evaluation, ohne dessen mehr oder weniger korrekte Anwendung zu berücksichtigen, von einem bis zu zwölf Rissen pro Jahr bei 100 Frauen (natürlich erfolgt nicht auf jeden Riß eine Schwangerschaft) und von 1,3 bis zu 9 Schwangerschaften pro Jahr bei 100 Frauen. Was die Pille betrifft, unter der Bedingung, daß sie nie vergessen wird, soll es zu 0,1 Schwangerschaften pro Jahr bei 100 Frauen kommen. Bei der Spirale 0,3 bis zu 1,8 Schwangerschaften pro Jahr bei 100 Frauen.

32 Bei den Ereignissen, die als »Mißlingen der Verhütung« kodiert werden, ist es schwierig festzustellen, welchen Anteil das technische Mißlingen ausmacht, das vom Verhütungsverfahren selbst (wie etwa einem defekten Präservativ oder einer Schwangerschaft trotz Spirale), und welches Mißlingen von der Anwendungsweise herkommt (nicht korrekt verwendetes Präservativ oder vergessene Pille usw.).

33 Annie Bachelot, »Aspects psychologiques de la grossesse non prévue«, S. 79.

34 Zum Teil sicherlich, weil dieser erste Geschlechtsverkehr unvermutet unter dem Einfluß einer gefühlsmäßigen Anziehung zustande kommt, so daß diejenigen, die

diese Erfahrung machen, nicht schon vorher, das heißt vom Beginn des Zyklus an, geschützt sind, weil sie die Pille nehmen.

35 N. Bajos, M. Ferrand u. a., *De la conception à l'avortement*, S. 3-4.

36 A. Bachelot, »Aspects psychologiques de la grossesse non prévue«, S. 100.

37 Ebd., S. 103. Über die Unterscheidung zwischen dem »Wunsch nach einem Kind« und dem »Wunsch einer Frau, in ihrem Körper eine Schwangerschaft zu erleben«, vgl. Maria Michela Marzano-Parisoli, *Penser le corps*, Paris: PUF, 2002, S. 109-115.

38 Wir wollen jedoch klarstellen, daß jede schlecht gemeisterte Empfängnis (vergessene Pille oder nicht korrekt verwendetes Präservativ), die mit einer abgebrochenen Schwangerschaft endet, nicht automatisch auf eine Kluft zwischen dem Wunsch nach einer Schwangerschaft und dem Wunsch nach einem Kind zurückzuführen ist. Diese Fehler können eine Spannung in die Tat umsetzen, die der Beherrschung entgeht und zumeist im nachträglichen Diskurs als »kein Kind wollen« aufgefangen wird: »Es war ein Unfall, aber in Wirklichkeit wollte ich auch kein Kind.«

39 Cyril Lemieux, *Mauvaise presse*, Paris: Métailié, 2000.

40 »Die Geschehnisse im weiblichen Körper, dem ›Weibchen‹, wie die Periode, der Geschlechtsverkehr, die Schwangerschaft, die Entbindung, die Abtreibung, sind Augenblicke der Öffnung auf seltsame Phänomene, vielleicht weil sie die Beziehung einer Frau zu ihrer Mutter auf den Plan rufen. Es ist häufig zu beobachten, daß die Frauen bei den Ereignissen, wo etwas Wirkliches unerwartet eintritt, subjektiv eine parasitenhafte körperliche Nähe zu ihrer Mutter spüren, in einem plötzlichen *flash*, in Intuitionen, Visionen, oder einer panischen Angst.« (Marie-Magdaleine Chatel, *Malaise dans la procréation. Les femmes et la médecine de l'enfantement*, Paris: Albin Michel, 1993, S. 57)

41 Bei einem Beratungsgespräch erklärt eine 23jährige Studentin: »Sie [meine Mutter] ist nicht besonders dafür, daß ich es behalte, weil sie sagt, sie könnte mir nicht helfen, weil sie so weit weg ist ... und außerdem machte sie selbst mit 23 einen Schwangerschaftsabbruch unter sehr schmerzhaften Umständen.« Eine andere Studentin, 18 Jahre alt, sagt ebenso: »Ich komme damit zurecht, meine Mutter ist sehr aufgeschlossen, das geht, ich habe keine Angst davor, meine Mutter, also ihr ist es nämlich im selben Alter passiert, genau dasselbe.«

42 Auf die Frage: »Würden Sie es Ihrer Mutter sagen, daß Sie schwanger sind?« antwortet eine 23jährige Studentin, die von der Elfenbeinküste kommt: »Das ist doch in meinem Land nicht möglich, man würde es nicht verstehen, obwohl ich mit meiner Mutter auf sehr vertrautem Fuß stehe.«

43 Man könnte dann, Françoise Héritier paraphrasierend, von einem Inzest des dritten Typs sprechen. Wenn in einer Gesellschaft, wie der unseren, wo die Pertinenz der Gesamtheit der Abstammungslinien anerkannt wird, der Eingriff des Vaters getilgt ist (was sich zum Beispiel von Situationen unterscheidet, wo der Vater das Kind anerkannt hat und dann gestorben ist) und die Großmutter mütterlicherseits sich an seine Stelle setzt und seine Rolle übernimmt, dann geht alles so, als wäre das Kind aus zwei Wesen hervorgegangen, die an derselben Substanz teilhaben, so daß sich in ihnen eine »Häufung des Identischen« vollzieht (vgl. Françoise Héritier, *Les deux sœurs et leur mère*, Paris: Odile Jacob, 1994, S. 273-303).

44 Pierre Bourdieu und Alain Darbel, »La fin d'un malthusianisme?«, in: Darras, *Le partage des bénéfices*, Paris: Minuit, 1966, S. 135-155.

45 Eine 37jährige Direktionssekretärin sagt bei einem Beratungsgespräch: »Der Mann, von dem ich dieses Kind bekommen habe, ist verheiratet und hat selbst zwei Kinder […], er will seine Frau nicht verlassen; er hat mir nie etwas versprochen, das weiß ich, aber ich hatte gehofft, er verläßt seine Frau oder läßt sich mit mir mehr ein, und als wir von einem Schwangerschaftsabbruch sprachen, sagte er zu mir: ›Nein, ich werde nichts unternehmen.‹« (Krankenhaus, Provinz).

46 Eine 29jährige Studentin sagt: »Er hat kein Lebenszeichen mehr gegeben; wir kennen uns seit Ende Januar, wir verstanden uns so lala, trotzdem habe ich beschlossen, auf jeden Fall mit ihm darüber zu reden. Er hat sich als verantwortungslos gezeigt und mich sogar erpreßt: ›Wenn du glaubst, du kannst mich dadurch halten, dann geht bestimmt alles baden.‹ […] Ich sage mir: Da habe ich Glück, so konnte ich ihn richtig kennenlernen, was er für einer ist« (Krankenhaus, Paris).

47 Es gibt jedoch auch die umgekehrte Situation, in der der Erzeuger das Kind haben will, das die Frau, die es im Leib hat, nicht zur Welt bringen will. Aber solche Situationen, die im Fall der Übereinkunft mit der Verwandtschaft ziemlich häufig vorkommen, sind selten im Fall der projektgebundenen Übereinkunft. Alle Fälle dieser Art, die in unseren Gesprächen vorkommen, betreffen Paare, bei denen der Vater aus dem Maghreb oder aus Schwarzafrika kommt. Es ist der Fall von Ourdia, die nubischer Abstammung ist. Sie ist heute 28, Angestellte und hatte vor drei Jahren eine Abtreibung. Der ihre Schwangerschaft verursacht hatte und mit dem sie lebte (ohne die Wohnung zu teilen), wollte, so sagt sie, »es absolut behalten«. Aber da merkt sie, daß dieser Mann »in jeder Hinsicht ein Doppelleben führte«, und beschließt, mit ihm zu brechen. Sie »wollte dieses Kind schon haben«, aber es nicht »ganz allein auf sich nehmen«.

48 »Mein Mann und ich, wir sind glücklich miteinander, und wir sagten, noch ein Kind, das bringt uns doch nicht mehr Glück. Alles geht gut, wir fangen wieder an, Bergtouren zu machen, zum Beispiel zusammen mit dem Kleinen, dem letzten, und jetzt wieder alles in Frage stellen, nein, jetzt, wo alles so gut läuft in meiner Familie« (32 Jahre, beratender Beruf, verheiratet, 2 Kinder).

49 Wie es zum Beispiel Annie Bachelot in dem schon zitierten Artikel macht.

50 Über einen psychoanalytischen Ansatz der hier angeführten Probleme vgl. Monique Bydlowski, *La dette de vie. Itinéraire psychanalytique de la maternité*, Paris: PUF, 1997.

V. Die Konstruktion der fötalen Kategorien

1 Über die impliziten Taxonomien vgl. B. Berlin, D. E. Breedlove und P. H. Raven, »Covert categories and folk taxinomies«, in: *American Anthropologist*, 72 (2), April 1968, S. 290-299.

2 Marcel Mauss bemerkt, wo er (hinsichtlich des mana) von diesen Prinzipien der Urteile und der Überlegungen spricht, die er »Kategorien« nennt: »Konstant in der Sprache gegenwärtig, ohne daß sie unbedingt explizit werden müßten, existieren sie gewöhnlich eher in der Gestalt von das Bewußtsein leitenden Gewohnheiten, wobei sie aber selbst nicht bewußt sind« (Marcel Mauss, »Introduction à l'analyse de quelques phénomènes religieux«, S. 28).

3 Vgl. zum Beispiel das Buch von Bernard Martino, *Le bébé est une personne*, Paris: Balland, 1985. Das Werk hat ein Vorwort von Tony Lainé und Gilbert Lauzun, den Auto-

ren einer Fernsehsendung mit demselben Titel, die großen Widerhall gefunden hatte. Das erste Kapitel (»Reise in die Mitte der Mutter«) enthält eine Beschreibung des Wahrnehmungsvermögens und der Interaktionsfähigkeiten des Fötus. Der Fötus »hört«, er ist »kommunikationsfähig«, er »erinnert sich« und er »vergißt nie etwas«, man kann »mit ihm ein Gespräch führen« mittels der »Haptomanie« (indem man den Bauch der Mutter berührt) usw.

4 In *L'évènement* (Paris: Gallimard, 2000) berichtet Annie Ernaux von einer illegalen Abtreibung in den sechziger Jahren, die im dritten Schwangerschaftsmonat stattfand: »Ich hatte einen starken Drang zu kacken. Ich lief zur Toilette auf der anderen Seite des Korridors, und ich hockte mich über die Kloschüssel der Tür gegenüber. Ich sah die Fliesen zwischen meinen Schenkeln. Ich drückte, so fest ich konnte. Das flitzte heraus wie eine Granate und platschte ins Wasser, daß es bis zur Tür spritzte. Am Ende einer roten Schnur hing ein kleiner Badender aus meiner Scheide. Ich hatte mir nicht vorgestellt, daß ich so was in mir drin hatte. Ich mußte damit in mein Zimmer zurückgehen. Ich nahm es in die Hand – es war merkwürdig schwer –, dann ging ich über den Korridor und preßte es dabei zwischen meine Schenkel« (S. 90-91).

5 Bénédicte Champenois-Rousseau, *Éthique et moralité ordinaire dans la pratique du diagnostic prénatal*, Doktorarbeit im Fachbereich»Sozioökonomie der Innovation« unter der Leitung von Madeleine Akrich, École nationale supérieur des mines, Centre de sociologie de l'innovation, Paris, 2003.

6 Nachdem die 1988 auf den Markt gebrachte Tablette (unter dem Namen RU 486) eingeführt wurde, ist es in Frankreich möglich, einen medikamentösen Schwangerschaftsabbruch zu praktizieren, der darin besteht, im Abstand von achtundvierzig Stunden eine Dosis Mifeprostone und eine Dosis Misoprostol einzunehmen, unter der Bedingung, daß es sich um eine Schwangerschaft handelt, die nicht älter ist als sieben Wochen (nach der letzten Regelblutung). Die erste Einnahme beendet die Weiterentwicklung der Schwangerschaft, die sich nach zwei Tagen, manchmal auch ein wenig später, von selbst ausstößt. Bis heute wurde diese Methode ausschließlich im Rahmen einer öffentlichen oder privaten Klinikstruktur angewandt, und es gehörte ein Krankenhausaufenthalt von wenigstens drei Stunden nach der Einnahme von Misoprostol dazu. Nebenbei gesagt, heißt das für die Frau, daß sie einen Termin zur geeigneten Zeit bekommen muß. Das ist bei weitem nicht immer der Fall, denn nur die Hälfte der Frauen, die beschließen, ihre Schwangerschaft vor der von der Methode vorgesehenen Frist abzubrechen, können dann auch diese Art von Schwangerschaftsabbruch nutzen. Seit 1993 haben ungefähr 500000 Frauen mit dieser Methode abgetrieben. Diese Methode, die oft der Abtreibung durch Absaugen vorgezogen wird, die invasiver ist, weil sie einen Aufenthalt im Operationssaal (mit Lokalanästhesie oder Vollnarkose) mit sich bringt, beschleunigt (nach den Aussagen der Ärzte) manchmal den Entschluß von Frauen, die gerne noch ein wenig nachgedacht hätten, da sie ihre ganze Aufmerksamkeit auf die Wahl der Methode richten, was auf Kosten der Entscheidung geht, ihre Schwangerschaft abzubrechen, weil sie es so eilig haben, der schmerzlichen Geschichte ein Ende zu bereiten. Tatsächlich findet in den besonders überlaufenen Abteilungen das Beratungsgespräch, das im Rahmen des Möglichen dazu dienen sollte, den psychologischen Zusammenhang des Gesuchs um einen Schwangerschaftsabbruch zu erforschen, am selben Tag statt wie die Einnahme des Medikaments zur Beendigung der Schwangerschaft.

7 Der Arzt kann bei der Ultraschallaufnahme, die der Abtreibung vorausgeht, eine andere Haltung haben, aber sie ist auf dieselbe Norm bezogen. Eine der von uns kontaktierten Personen beklagte sich darüber, daß ihr der Arzt bei der Ultraschallaufnahme, beschrieb, was er sah (das klopfende Herz usw.), was sie als eine Art »Grausamkeit«, sogar als »Sadismus« interpretierte, damit sie sich »schuldig fühlte«.

8 Vgl. vor allem Pierre Bourdieu und Luc Boltanski, »Le titre et le poste«, in: *Actes de la recherche en sciences sociales*, (2), 1975, S. 95-107; Pierre Bourdieu, *La distinction*, Paris: Minuit, 1979 (dt.: *Die feinen Unterschiede. Kritik der gesellschaftlichen Urteilskraft*, übers. von Bernd Schwibs, Frankfurt/M.: Suhrkamp, 1982); Luc Boltanski, *Les cadres. La formation d'un groupe social*, Paris: Minuit, 1982.

9 Vgl. vor allem Eleanor Rosch, »On the internal structure of perceptual and semantical categories«, in: T. E. Morre (Hg.), *Cognitive Development and the Acquisition of Language*, New York: Academic Press, 1973, S. 111-114.

10 Claude Lévi-Strauss, *Anthropologie structurale*, Paris: Plon, 1958 (»La structure des mythes«, S. 227-255); dt.: *Strukturale Anthropologie I*, übers. von Hans Naumann, Frankfurt/M.: Suhrkamp, 1969 (»Die Struktur der Mythen«, S. 226 ff.).

11 Der Vollständigkeit halber müßte die Analyse das Bild von allen Seiten her erforschen und die Gesamtheit der möglichen sich kreuzenden Kritiken berücksichtigen, indem man beispielsweise auch zeigt, wie der Fötus der projektgebundenen Übereinkunft von der schöpfergebundenen Übereinkunft aus oder wie der staatliche Fötus von der verwandtschaftsgebundenen Übereinkunft aus kritisiert werden kann usw. Wir haben aber darauf verzichtet, das vorzuführen, weil es abgesehen von der stumpfsinnigen Art der Darstellung auch kritischen Modalitäten, die heute nicht sehr geläufig sind, eine zu große Bedeutung beimessen würde.

12 In dem Werk, das Fiammetta Venner den Pro-life-Bewegungen gewidmet hat, beschreibt sie die Ideologie dieser Gruppen, indem sie sie zugleich mit dem »Traditionalismus« und einem auf die biologischen Bezüge gerichteten Diskurs verknüpft: »Der Embryo wird bei der Empfängnis als Person betrachtet, denn von der Befruchtung an besitzt er das ganze genetische Potential, das seine Entwicklung erlaubt. An diese Überlegung hält sich Jérôme Lejeune, als er vor dem Senat der Vereinigten Staaten vom Menschsein des Fötus von seiner Empfängnis an spricht [...]. Die Zygote ist vielleicht keine menschliche Person, aber da sie das Vermögen hat, eine zu werden, muß sie als solche betrachtet werden. Man kann diese Position mit der des Ethischen Komitees vergleichen, das, wenn es den Embryo anführt, von einer ›potentiellen Person‹ spricht. Dieser Status des Embryos führt dazu, daß die Anwendung der Abtreibung als kriminell betrachtet wird [...]. Die Traditionalisten behaupten, den Embryo anzutasten, komme einem Versuch der Verwandlung und einem Raub des Gotteswerks und der Negation von dessen Vollkommenheit gleich. Eine Frau, die abtreibt oder Verhütungsmittel verwendet, ›tötet‹ nicht nur ihr Kind, sondern ermordet Gott.« (Fiammetta Venner, *L'opposition à l'avortement. Du lobby au commando*, Paris: Berg, 1995, S. 68-69).

13 Der Textzusammenhang, in dem sich der barbarische Fötus entwickelt, ist oft der Kritik des *Patriarchats* gewidmet als einer der »Regel des Vaters« unterworfenen sozialen Ordnung, die sich als eine allen auferlegte Norm präsentiert, obwohl sie nur die männlichen Erwachsenen als volle Menschen anerkennt. Diese Herrschaft der Vorfahren über die Nachkommen und der Männer über die Frauen wird vorzugs-

weise über die *Filiation* ausgeübt. Bei den sexuellen Beziehungen äußert sie sich durch das Vorherrschen des *Penis* und den Anspruch der Penetration, was die Unterjochung der Frauen zur Folge hat, deren Status auf den der Mutter und Gattin reduziert wird und die dazu verdammt werden, die Zwänge einer obligatorischen Mutterschaft zu ertragen. (Zur Diskussion der Literatur über die patriarchalische Ordnung vgl. Denise Thompson, *Radical Feminism Today*, London: Sage, 2001, insbesondere S. 59-63.)

14 Die mit der Fortpflanzung und der Zeugungsgesundheit verbundenen Fragen wurden im Aktionsprogramm der Internationalen Konferenz über Bevölkerung und Entwicklung definiert, die im September 1994 in Kairo stattfand und die »allen Paaren und allen Einzelmenschen die Rechte zugesteht, frei und verantwortungsbewußt über die Anzahl ihrer Kinder, den Augenblick der Zeugung und den Abstand zwischen den Geburten zu entscheiden und über die dazu nötigen Informationen und Mittel zu verfügen«. Die 1996 von der International Parenthood Federation veröffentlichte Charta verkündet ihrerseits neben den klassischen Menschenrechten (wie das Recht auf Sicherheit und Freiheit) zwölf Rechte wie das Recht auf den eigenen Entschluß zu heiraten, eine Familie zu gründen und zu planen, das Recht, auf den Entschluß, Kinder zu bekommen, das Recht, den geeigneten Augenblick dafür selbst festzulegen. Die Einbeziehung des Rechts auf Abtreibung unter die Rechte auf Fortpflanzung ist Gegenstand intensiver Auseinandersetzungen. Es wird im allgemeinen nicht ausdrücklich in den Charten vermerkt, obschon sich einige Artikel für seine Zuerkennung interpretieren lassen. (Vgl. UN Department of Economic and Social Affairs, Population Division (Hg.), *Mit der Fortpflanzung und der Zeugungsgesundheit verbundene Rechte*, Vereinte Nationen, New York 1997)

15 Die Abtreibung, die unter dem kommunistischen Regime in Rumänien erlaubt war, wurde 1966 nach der Machtübernahme von Nicolae Ceausescu verboten, mit dem ausdrücklichen Ziel, die Bevölkerung zu vermehren, was zur Folge hatte, daß die illegitimen Abtreibungen unverhältnismäßig stark zunahmen. Vgl. Gail Kligman, *The Politics of Duplicity. Controlling Reproduction in Ceausescu's Romania*, Berkeley: University of California Press, 1998.

16 Vgl. Ann Anagnost, »A surfeit of bodies: population and the rationality in the state in post-Mao China«, in: F. D. Ginsburg, R. Rapp (Hg.), *Conceiving the New World Order. The Global Politics of Reproduction*, Berkeley: University of California Press, 1995, S. 22-41.

17 In der materialreichen Doktorarbeit von Roser Cusso über den Platz der Demographie in der Weltbank findet man zahlreiche Informationen darüber, wie in den Jahren von 1940 bis 1960 die Verbindung zwischen dem Zugang zur Entwicklung und zu demographischer Kontrolle als zugleich politisches wie wissenschaftliches Dogma konstituiert wurde (vgl. Roser Cusso, *La démographie dans le modèle de développement de la Banque mondiale: entre la recherche, le contrôle de la population et les politiques néolibérales*, Doktorarbeit an der EHESS unter der Leitung von Hervé Le Bras, Paris 2001, insbesondere S. 32-47).

18 Unter anderem sieht Pierre-André Taguieff in den Positionen, in denen die pränatale Diagnose kritisiert wird, da sie neue Formen von Eugenik einführen würde, den Ausdruck einer »ideologisierten Phobie«, welche die Eugenik mit »im wesentlichen für den Nationalsozialismus charakteristischen Ausrottungspraktiken« vermischt,

wobei dieser als »totalitäres Regime par excellence« verwendet wird. Er sieht in dieser Haltung eine »Mythologisierung« der »genetischen Manipulationen«, um »eine ebenso oberflächliche wie dogmatische antiwissenschaftliche Position hervorzubringen«. Er will tatsächlich die Ansicht aufstellen, daß »nicht jede Eugenik partikularistisch (national oder rassisch, nationalistisch oder rassistisch) ist und daß eine universale Ausrichtung der eugenischen Idee mit dem Respekt vor dem Willen des Individuums in Einklang stehen kann. Nicht jede Eugenik ist also«, so fügt er hinzu, »interventionistischen und autoritären Typs und die Eugenik ist nicht dazu da, eine Biopolitik autoritären Wesens zu konstituieren.« Während er eine autoritäre Eugenik verurteilt, findet er – in dem Artikel, den er 1989 diesem Problem gewidmet hat – »das Projekt einer Eugenik, die die individuellen Freiheiten berücksichtigt«, legitim: »für einen modernen Geist, der nicht ausdrücklich die Gesamtheit der Überzeugungen ablehnt, welche die Ideologie des Fortschritts bilden, könnte die Idee einer unbegrenzten Selbstvervollkommnung der Menschheit durch die Einwirkung auf das Umfeld oder die Intervention auf das Erbgut nicht als solche schlecht erscheinen.« (Pierre-André Taguieff, »L'eugénisme, objet de phobie idéologique«, in: *Esprit*, Nr. 156, November 1989, S. 99-115) Vgl. auch über die Diskussionen, die auf diesen Artikel folgten (vor allem die Auseinandersetzung mit dem Biologen Jacques Testard), François Roussel, »L'eugénisme. Analyse terminé, analyse interminable«, in: *Esprit*, Nr. 6, Juni 1997, S. 26-54.

19 Die vollständigste Auseinandersetzung mit der liberalen Eugenik und ihre überzeugendste Kritik findet sich in dem Werk von Jürgen Habermas: *Die Zukunft der menschlichen Natur. Auf dem Weg zu einer liberalen Eugenik?*, Frankfurt/M.: Suhrkamp, 2001. Eines der interessantesten von Habermas entwickelten Argumente behandelt das nicht reversible Wesen der Eigenschaften, die mit der sozialen Herkunft oder der Erziehung zusammenhängen. Während es nämlich immer möglich ist, daß eine Person der Wirkung ihrer sozialen Vorbestimmungen Widerstand leistet, ja sogar dagegen aufbegehrt, bilden die genetisch manipulierten Bestimmungen gewissermaßen eine Einheit mit der Person, die dazu verurteilt ist, das anzunehmen, was die vorangehende Generation für sie beschlossen hat. Im selben Moment gerät die »eugenische Freiheit der Eltern« in Konflikt mit der »ethischen Freiheit der Kinder« (vgl. insbesondere S. 105 ff.).

20 Die medizinischen Eingriffe in die Schwangerschaft betragen weniger als 2 % der gesamten Schwangerschaftsabbrüche.

21 Vgl. Jacques Milliez, *L'euthanasie du fœtus. Médecine ou eugénisme?*, Paris: Odile Jacob, 1999. Jacques Milliez (Oberarzt einer Abteilung für Gynäkologie und Geburtshilfe) stellt die Frage nach der Grenze zwischen dem medizinischen Schwangerschaftsabbruch und dem Kindsmord, zwischen der »Euthanasie eines Fötus« und der »Euthanasie eines Neugeborenen«. »Man akzeptiert also die Euthanasie des Fötus bis zum Ende der Schwangerschaft. Aber wenn man eine selbstverständlich medizinisch begründete Euthanasie einer Person Fötus akzeptiert, warum soll man dann nicht ebenso eine Euthanasie einer neugeborenen Person akzeptieren? Was unterscheidet einen Fötus von neun Monaten von einem gerade geborenen Kind? [...] Worin ist das Neugeborene eine Person und worin ist der ausgetragene Fötus keine Person? Die Affektivität, mit der ihm seine Eltern sofort begegnen, reicht nicht dazu aus, eine Person aus ihm zu machen, noch die Euthanasie abzulehnen, da unter den Um-

ständen, unter denen sich wegen einer schweren oder unheilbaren Mißbildung, versteht sich, eine Euthanasie empfiehlt, auch die Eltern selbst nicht wünschen, daß ihr Kind überlebt« (S. 158-159).

22 Die medizinische Indikation für den Abbruch ist gegeben, wenn nach dem Gesetz »eine große Wahrscheinlichkeit« besteht, »daß das zukünftige Kind von einer besonders schweren Krankheit befallen ist, die im Augenblick der Diagnose als unheilbar erkannt wird«. Fälle dieser Art haben sich vervielfacht, seit sich die pränatale Diagnostik entwickelt hat. Die Entscheidung liegt bei den Eltern, nachdem sie durch ein Gespräch mit dem Arzt über die Sachlage informiert worden sind. Wenn sie ihre Einstimmung geben, kommt eine von zwei Ärzten unterschriebene Bestätigung hinzu, von denen einer ein Sachverständiger bei Gericht sein muß. Wenn zweiundzwanzig Wochen nach der letzten Regelblutung überschritten sind, wird dem Fötus unter Ultraschallkontrolle eine tödliche Substanz injiziert, um eine lebende Geburt zu vermeiden. Die Wehen werden durch eine Gabe von Prostaglandinen eingeleitet (Bruno Carbonne, »L'interruption médicale de grossesse, comment ça se passe?«, in: *Études sur la mort*, Sondernummer, *L'euthanasie fœtale,* 1999, S. 23-31).

23 Eine Beisetzung kann organisiert werden, wenn es die Eltern wünschen. Es ist jetzt unter gewissen Bedingungen ebenso möglich, die Geburt des Kindes anzumelden und seine Existenz ins Familienstammbuch einzutragen. Zu dem Zeitpunkt, an dem der medizinische Abbruch stattfindet, haben die Eltern oft schon einen Namen für ihr Kind ausgesucht. Manche haben sich schon »vor ihr Baby hingestellt«, indem sie durch »Haptomanie« mit ihm in Verbindung traten, so wie die, welche Frédéric Authier-Roux zitiert, der als Psychoanalytiker in einer großen Entbindungsabteilung der Region Paris arbeitet (Frédéric Authier-Roux, *Ces bébés passés sous silence. A propos des interruptions médicales de grossesse,* Ramonville-Saint-Agne: Érès, 1999, S. 36).

24 Vgl. Marc Grassin, *Le nouveau-né entre la vie et la mort. Éthique et réanimation,* Paris: Desclée de Brouwer, 2001. M. Grassin stellt das Problem, dem er sein Werk gewidmet hat, so dar: »Unsere Frage lautet, wie das Abstellen der Wiederbelebung und ›das Einstellen des Lebens‹ im Rahmen der Neugeborenen-Wiederbelebung gerechtfertigt werden kann. Es beruht auf der Vorstellung, daß ein programmierter Tod unter gewissen Bedingungen nicht nur gerechtfertigt, sondern sogar unter gewissen Bedingungen als ethisch im Interesse des Patienten erklärt werden kann, und zwar im Namen der medizinischen Verantwortung. Voraussetzung dieser moralischen Rechtfertigung ist, daß diese Praktiken weiterhin als transgressiv erkannt werden. Wie die moralische Zweideutigkeit (das Erkennen der Transgression) aufrechterhalten und sogar im Inneren dieser Praktiken erlebt wird, wird weiterhin die ethische Legitimierung dieses Aktes bedingen. In diesem Sinn kann die Tatsache, das Leben abzustellen, *stricto sensu* weder gerechtfertigt noch als eine ganz einfach normale Praktik zugelassen werden. Sie setzt den Standpunkt einer Verantwortung voraus, die in ihrem Denken die menschliche, soziale, moralische und medizinische Komplexität will und auf sich nimmt, inbegriffen die Ambivalenz und das Paradox der Transgression« (S. 13). Zu einer soziologischen Analyse der Art und Weise, wie die Ärzte solche Entscheidungen treffen, vgl. Anne Paillet, »Autour de la naissance: l'autorité du médecin en question«, in: I. Baszanger, M. Bungener, A. Paillet (Hg.), *Quelle médecine voulons-nous?*, Paris: La Dispute, 2002, S. 189-209.

25 Der Europäische Gerichtshof für Menschenrechte in Straßburg kam in große Verle-

genheit – die bis zu der Weigerung ging, das Problem zu lösen, indem er sich als nicht kompetent erklärte –, als er aufgefordert wurde, den Artikel 2 der Konvention zum Schutze der Menschenrechte, der das Recht auf Leben betrifft, zu interpretieren, und zwar hinsichtlich der Fälle, die das pränatale Leben in Frage stellen, beispielsweise in den Verfolgungsfällen gegen Dritte, die Verkehrsunfälle verursachten, bei denen es zum »Verlust eines noch nicht geborenen Kindes« kam. Dieselbe Verlegenheit zeigte sich bei der Interpretation des Artikels 3, der die Folter, Körperstrafen und Verstümmelungen betrifft. So urteilte im Rechtsfall H. C. Norvège, dem Antragsteller und ›potentiellen Vater‹ eines abgetriebenen Fötus, »der freiwillige Schwangerschaftsabbruch habe dem Fötus Leiden verursacht, die nicht mit dem Artikel 3 vereinbar seien. [...] Die Kommission stellte ›keinerlei Verletzung des Artikels 3‹ fest, ›in Anbetracht der für die betreffende Abtreibung beschriebenen Modalitäten‹«. Der Antragsteller wurde also abgewiesen, aber »der Formulierung läßt sich entnehmen, daß der Embryo in den Genuß des Artikels 3 kommen kann. Was nicht möglich wäre«, sagt der Verfasser dieser Analyse, »ohne größere Konsequenzen«. Tatsächlich kann die Anführung der Modalitäten, mit denen die Abtreibung durchgeführt wurde, denken lassen, daß der Fötus sicher ein Wesen ist, für das der Artikel 3 seine Gültigkeit hat, auch wenn in diesem präzisen Fall das Gericht nicht entschied, daß der in Frage kommende Fötus Gegenstand von Maßnahmen geworden sei, »welche die Würde seiner Person – im Sinne von Artikel 3 – in Frage gestellt hätten« (vgl. Béatrice Maurer, *Le principe de respect de la dignité humaine et la Convention européenne des droits de l'homme*, Paris: La Documentation française, 1999, S. 348-370 und 380-389).

26 Als wir dieses Buch schon beinahe beendet hatten, flammte der Disput erneut auf, da die Nationalversammlung am 26. November 2003 einem Änderungsantrag (Amendement Garraud) zum Gesetzesentwurf über die organisierte Kriminalität stattgab, indem sie »ein Verbrechen des unfreiwilligen Schwangerschaftsabbruchs« schuf, wenn der Abbruch »durch Ungeschicklichkeit, Unvorsichtigkeit, Unachtsamkeit, Vernachlässigung oder mangels einer die Sicherheit oder die Vorsicht betreffenden Pflicht« verursacht wird (vgl. *Libération*, 28. November 2003). Die Schaffung dieses Verbrechens erfolgte auf zwei Beschlüsse des Kassationshofs (dt. oberster Gerichtshof) von 2001 und 2002. Als der Kassationshof im Juli 2001 den Antrag eines Paares überprüfte, dessen zukünftiges Kind, ein Fötus von sechs Monaten, bei einem von einem Rowdy verschuldeten Autounfall *in utero* ums Leben gekommen war, statuierte er zum erstenmal, daß die Anklage fahrlässiger Tötung bei einem noch ungeborenen Kind nicht angewendet werden kann. Diese Entscheidung war 2002 durch einen Urteilsspruch der Strafkammer desselben Gerichtshofs bestätigt worden. Dieser hob die Verurteilung eines Arztes und einer Hebamme auf, die wegen beruflicher Fehler angeklagt waren, die den Tod eines Fötus zur Folge gehabt hatten. Diese Entscheidungen hatten sich darauf gestützt, daß man für das Zivilrecht erst mit der Geburt zu einer Person wird, wobei man jedoch das Fehlen eines diesbezüglichen juristischen Textes beklagte (das Strafgesetzbuch spricht nur von Schäden, die einem »anderen« zugefügt werden). Der Änderungsvorschlag Garraud, der als eine Maßnahme zur Verstärkung des Rechtes der Frauen, bei der Gelegenheit als Mütter, präsentiert wurde, wurde von den Bewegungen, die auf die Verteidigung des Rechts auf Abtreibung achten, sofort als eine Kriegsmaschine interpretiert, die

darauf abzielte, die Legitimität des Schwangerschaftsabbruchs zu schwächen, indem er die Spannung zwischen einem Gesetz, das den unfreiwilligen Abbruch bestraft, und einem Gesetz, das den freiwilligen Abbruch erlaubt, besonders hervortreten läßt. Angesichts zahlreicher Proteste wurde dieser Änderungsvorschlag zurückgezogen.

27 Zu den Bemühungen der Juristen zu verhindern, daß der Widerspruch zwischen den Texten zu offensichtlich wird, und darüber, wie sie zu vermeiden suchen, »eine zu große Inkohärenz zwischen den einzelnen Handlungen der Menschen zu lassen«, vgl. Bruno Latour, *La fabrique du droit. Une ethnographie du Conseil d'État*, Paris: La Découverte, 2002, S. 283-286.

28 Vgl. Robert H. Blank, »Reproductive technology: pregnant women, the foetus and the courts«, in: J. C. Merrick, R. H. Blank (Hg.), *The Politics of Pregnancy. Policy Dilemmas in the Maternal-Fetal Relationship*, New York: Haworth Press Inc., 1993, S. 1-18.

29 Monica J. Casper, *The Making of the Unborn Patient. A Social Anatomy of Fetal Surgery*, New Brunswick: Rutgers University Press, 1998.

30 Ebd., S. 178-179.

31 Zur Analyse der juristischen Debatten, die den »Status des Embryos« betreffen, vgl. insbesondere die Arbeiten von Marie-Angèle Hermitte: M.-A. Hermitte, »L'embryo aléatoire«, in: J. Testard (Hg.), *Le magasin des enfants*, Paris: François Bourin, 1990, neue Ausg. Gallimard Folio, 1994, S. 327-367, und M.-A. Hermitte, »L'embryon humain: problèmes de qualification«, in: *Revue générale de droit médicale*, November 2000, S. 17-40. Dieser Text analysiert vor allem, wie in den Gesetzen über die Bioethik von 1994 zum erstenmal die Kategorie eines »menschlichen Wesens, das keine Person ist«, im Bürgerlichen Gesetzbuch auftaucht und nunmehr eine allgemeine Bedeutung hat.

32 Marcela Iacub und Pierre Jouannet (Hg.), *Juger la vie. Les choix médicaux en matière de procréation*, Paris: La Découverte, 2001.

33 J.-Y. Nau, in: *Le Monde* vom 9. August 2001.

34 So fragt der Philosoph Lucien Sève, indem er die »In-vitro-Fertilisation und die Embryonentransplantation«, die »Embryoforschung«, die »Gentherapie«, und das »reproduktive Klonen« an sich vorüberziehen läßt: »Was für eine Menschheit wollen wir sein? Dazu sind wir aufgefordert, eine ganz andere Verantwortung auf uns zu nehmen, als ein präexistentes politisches oder moralisches Feld zu wählen: neue universale Werte zu erfinden.« (Lucien Sève, »La condition humaine bouleversée par la biomédicine«, in: *Nouveaux Regards*, Nr. 11, Herbst 2000, S. 3-7)

35 Über diesen Gegensatz vgl. Blandine Barret-Kriegel, *Les droits de l'homme*, Paris: PUF, 1995.

36 Vgl. Claire Ambroselli und Gérard Wormser, *Du corps humain à la dignité de la personne. Genèse, débats et enjeux des lois d'éthique médicale*, Paris: CNDP, 1999.

37 Vgl. B. Edelman, *La personne en danger*, Kapitel 29: »La dignité de la personne humaine, un concept nouveau«, S. 505-514.

38 Mireille Delmas-Marty, *Pour un droit commun*, Paris: Seuil, 1994.

39 Olivier Cayla, »Le coup d'état de droit?«, in: *Le Débat*, Nr. 100, 1998, S. 108-133.

40 Olivier Cayla und Yan Thomas, *Du droit de ne pas naître. À propos de l'affaire Perruche*, Paris: Gallimard, 2002 (in dem von beiden Autoren unterzeichneten Vorwort, S. 13).

41 B. Edelman, *La personne en danger*, S. 512.

42 Ebd., S. 509.

43 O. Cayla, »Le coup d'état de droit?«.

44 Vgl. Cathérine Labrusse-Riou und Bertrand Mathieu, »La vie humaine comme préjudice?«, in: *Le Monde*, 24. November 2000.

45 O. Cayla und Y. Thomas, *Du droit de ne pas naître*, 1. Teil, »Le droit de se plaindre«, unterzeichnet von O. Cayla, S. 35.

46 Marcela Iacub, »Il faut sauver l'Arrêt Perruche«, in: *Libération*, 8. Januar 2002.

47 Die Konvention der Rechte des Kindes, von den Vereinten Nationen am 20. November 1989 eingeführt, enthält als Grundprinzip: »eingedenk dessen, daß, wie in der Erklärung der Rechte des Kindes ausgeführt ist, das Kind wegen seiner mangelnden körperlichen und geistigen Reife besonderen Schutzes und besonderer Fürsorge, insbesondere eines angemessenen rechtlichen Schutzes vor und nach der Geburt, bedarf«. Wie Alain Renaut bemerkt, »fordert dieses Dokument« implizit dazu auf, über die Rechte des noch nicht geborenen Kindes nachzudenken, also eventuell auch über die Rechte des Embryos«. In dieselbe Richtung geht die »Erwähnung, daß jedes menschliche Wesen alle Rechte und alle Freiheiten, die in der Erklärung der Menschenrechte stehen, für sich geltend machen kann, was die Konvention der Rechte des Kindes mit der Universalen Erklärung der Menschenrechte von 1948 verknüpft. Man kann tatsächlich ohne weiteres argumentieren, daß der Fötus sicherlich ein »Wesen« ist und daß dieses Wesen sicherlich »menschlich« ist, sogar wenn man, wie es die Konstruktionen der Moralphilosophie tun, die wir in Kapitel VI untersuchen werden, eine ebenso widerstandskräftige wie mögliche Grenze zwischen der Eigenschaft »menschliches Wesen« und der einer »menschlichen Person« konstruieren will. (Alain Renaut, *La libération des enfants. Contribution philosophique à une histoire de l'enfance*, Paris: Calmann-Lévy, Bayard, 2002, S. 337-340)

48 Wie die Thematik der Verkehrsnetze und der Verkehrsflüsse auf eine Infragestellung jeder taxonomischen Unterscheidung angewendet werden kann, vgl. beispielsweise die Arbeit von Donna Haraway, die in den achtziger Jahren großen Widerhall fand. (Donna Haraway, *Simians, Cyborgs, and Women. The Reinvention of Nature*, London: Free Association Books, 1991; dt.: *Die Neuerfindung der Natur. Primaten, Cyborgs und Frauen*, übers. von Dagmar Fink, Frankfurt/M.: Campus, 1995) In einer gekürzten Version dieses »Cyborg-Manifests«, das Mitte der neunziger Jahre in einer französischen Zeitschrift veröffentlicht wurde, steht zu lesen: »Die Dichotomien, die den Geist vom Körper, das Tier vom Menschen, den Organismus von der Maschine, das Öffentliche vom Privaten, die Natur von der Kultur, die Männer von den Frauen, das Primitive vom Zivilisierten trennen, sind alle ideologisch fraglich. [...] Der Cyborg ist eine Art persönliches und kollektives postmodernes Ich, auseinandergenommen und wieder zusammengesetzt. Das ist das Ich, das die Feministinnen kodieren müssen. Die Kommunikationstechnologien und die Biotechnologien sind die entscheidenden Werkzeuge, die unsere Körper noch einmal machen [...]. Die Grenze, die das Werkzeug vom Mythos, das Instrument vom Begriff, die historischen Systeme von den sozialen Relationen, historische Anatomien von möglichen Körpern, die Objekte vom eingeschlossenen Wissen trennt, ist durchlässig. Der Mythos und das Werkzeug bezeichnen sich wechselseitig. Mehr noch, die Kommunikationswissenschaften und die moderne Biologie werden von einer gemeinsamen Bewegung konstruiert – *die Übersetzung der Welt in ein Kodierproblem*, die Suche nach

einer gemeinsamen Sprache, in der jeder Widerstand gegen die Kontrolle der Instrumente verschwindet und jede Heterogenität auseinandergenommen und wieder zusammengesetzt werden, der Investition und dem Tausch unterzogen werden kann« (Donna Haraway, »Manifeste cyborg: la science, la technologie et le féminisme socialiste vers la fin du XXe siècle«, in: *Futur antérieur*, Nr. 12-13, 1992, S. 155-197).

49 Wenn man sich nun fragt, für wen die Menschenrechte gültig sein sollen, oder auch, wie man am Ende des VI. Kapitels besser sehen wird, wenn wir die philosophischen Rechtfertigungen der Abtreibung untersuchen werden, welche Art von Eigenschaften ein Wesen besitzen muß, um Anspruch auf den Eintritt in das Feld der Menschenrechte zu haben, so bedeutet dies, das Thema der Kritik an den Menschenrechten erneut anzuschneiden. Wenn diese Kritik nicht so aussehen will, als wollte sie den liberalen Rahmen in Frage stellen (der im Moment die Grundlage der »political correctness« ist), kann sie nicht die »Rechte« als Zielscheibe nehmen, weder im Namen der Tradition (Burke), noch einer von der Vorsehung gelenkten Geschichte (de Maistre), noch eines materialistischen Stoizismus (Marx). Die einzig mögliche Strategie besteht also darin, sich an das andere Beziehungsglied zu hängen, nämlich an den Menschen. Aber die ideologische Notwendigkeit, den liberalen Rahmen zu respektieren, bewirkt, daß diese Operation selbst nicht den Weg eines ausdrücklichen Antihumanismus einschlagen kann und ebensowenig den der »Dekonstruktion«. Dann bleibt nur noch der idealistische Weg, der darin besteht, diese Wesenheit (den Menschen) Gedankenexperimenten zu unterziehen, so daß man dessen Bestimmung festhalten kann, und daraufhin eine Sammlung empirischer Wesen – die vermutlich zur Gattung Mensch gehören oder auch nicht – auf die Probe zu stellen, so daß man beurteilen kann, ob sie für die Qualifizierung, das Feld der »Menschenrechte« zu betreten, geeignet sind oder nicht. Diesen Weg nehmen zum Beispiel die utilitaristischen Strömungen, insbesondere ihre »antispeziesistische« Version – deren bekanntester Vertreter gegenwärtig Peter Singer ist. (Über die Geschichte der Kritik an den Menschenrechten vgl. Bertrand Binoche, *Critiques des droits de l'homme*, Paris: PUF, 1989.)

50 Unter verschiedenen Einwänden gegen die im Gesetz Aubry vorgesehenen Änderungen kann man in diesem Artikel lesen: »Muß man die Grenze von zwölf Wochen überschreiten? […] Die technischen und die psychologischen Probleme wären für uns eine heikle Angelegenheit. Technisch gesehen wird die Absaugung eines mehr als zwölf Wochen alten Fötus schwieriger, und psychologisch würde die Abtreibung, da der Embryo schon eine menschliche Gestalt angenommen hat, einem Fötusmord gleichsehen, was eine nicht unbedeutende emotionale Belastung bedeutet.« (Dr. A. Podevin, Madame Ch. Manessiez, Dr. P. Marquis, Dr. Cortet, Dr. G. Richard, »Ne cassez pas la loi Veil«, in: *Libération*, 7. August 2000)

51 »Sie verstehen, in diesem Stadium, das mögen wir nicht. Damit wir genau wissen, daß nichts drin bleibt, machen wir das Absaugen mit Ultraschall, und da sieht man alles, was man rausholt, und sehen Sie, mit Ultraschall, da sehen wir ... und das ist hart; und in dem Stadium, das mag ich wirklich nicht, denn wenn etwas Trophoblast oder Embryo drin bleibt, dann bekommen wir Scherereien.« (Arzt, Krankenhaus, Provinz)

52 Als ein anderer Arzt eine Ultraschallaufnahme nach einem Schwangerschaftsabbruch kommentiert, macht er uns aufmerksam, nachträglich und im nachhinein kri-

tisch wegen seiner eigenen Formulierung, bei der er sich ertappt hat: »Alles ist wieder normal«, und dann: »Als ob schwanger sein nicht normal wäre.«

53 Vgl. zum Verfahren des Schwangerschaftsabbruchs zu Hause die im Schlußkapitel eingerückten Abschnitte.

54 Man findet eine viel besser ausgearbeitete Version dieses Arguments bei Marilyn Strathern: Mit dem Übergang des Fötus zum medizinischen oder dokumentarischen Bild verschwindet die Mutter oder wird als eine Umgebung, sogar eine Art Vorratskammer betrachtet. Aber Marilyn Strathern sagt, das komme daher, daß wir in unserer Gesellschaft unfähig sind, die Beziehung zwischen zwei Wesen anders als im Modus der Relation zu begreifen, als Interaktion zwischen zwei Wesen, die behandelt werden, als wären sie voneinander unabhängig, aber nicht im Modus des Inbegriffenseins oder der gegenseitigen Abhängigkeit (wir werden darauf im VII. Kapitel zurückkommen). (Vgl. Marilyn Strathern, *After Nature: English Kinship in the Late Twentieth Century*, Cambridge: Cambridge University Press, 1992, S. 47-53.)

55 Sehr zahlreiche Texte, Bücher oder Artikel sind der Dekonstruktion der Fötusphotographien gewidmet. Diese Art von Kritik scheint sich wirklich mit der Veröffentlichung des Artikels von Rosalind Pollack Petchesky entwickelt zu haben: »Fetal images: the power of visual culture in the politics of reproduction«, in: *Feminist Studies*, 13, Nr. 2, 1987. Ein Kapitel, das diesem Problem gewidmet ist, finden wir im Werk von Celeste Michelle Condit, *Decoding Abortion Rhetoric*, Urbana: University of Chicago Press, 1990 (Kapitel V: »Constructing visions of the fetus and freedom«), im Werk von Rosemarie Tong, *Feminist Approaches to bioethics*, Boulder: Westview Press, 1997, S. 150-152, wie bei Sarah Franklin, Celia Lury und Jackie Stacy, *Global Nature, Global Culture*, London: Sage, 2000, S. 30-43. In allen Texten stößt man immer wieder auf ähnliche Argumentationen. Der vollständigste Ansatz entfaltet sich in dem (mit Photographien ausgestatteten) Werk von Karen Newman, *Fetal Positions, Individualisme, Science, Visuality*, Stanford: Stanford University Press, 1996. (Wir danken Bruno Latour, daß er uns auf dieses Werk hingewiesen hat, und auch dafür, daß er Valérie Pihets und unsere gemeinsame Arbeit über die Polemiken bezüglich der Fötusdarstellungen für seine Ausstellung *Iconoclash* – Mai 2002 im Zentrum für Kunst und Medien in Karlsruhe – berücksichtigt hat.)

56 Oft auf polemische Weise propagierte die Soziologie den Wahlspruch »alles ist sozial«, womit sie im Anschluß an den Kulturalismus sagen wollte: a) jedes menschliche Verhalten, ohne Ausnahme, ist dem Sinn verpflichtet, den ihm die in Gesellschaft lebenden Menschen geben (Postulat des Symbolismus gegen zum Beispiel den Naturalismus der Biologie), und b) jedes menschliche Verhalten ist der ausdrücklichen oder nicht ausdrücklichen Bindung verpflichtet, die es mit anderen Praktiken, der Gesamtheit der Verhaltensweisen und Überzeugungen im Schoß derselben Gruppe verknüpft, welche wiederum je nach den Strömungen als durch einen Stil definierende Nähe oder als ein System bildend betrachtet wird. Ohne diese Postulate in Frage zu stellen, kann man jedoch bemerken, daß eine Eigenschaft, die allem zugeschrieben wird, kein besonders interessantes Forschungsfeld darstellt. Wenn alles sozial ist, lernen wir beinahe nichts, indem wir den Terminus »sozial« verwenden, um ein Wesen, eine Praktik usw. zu qualifizieren. Fügen wir hinzu, daß das so definierte Soziale für einen äußeren Beobachter so ist, aber nicht für die Personen innerhalb der Gesellschaft, die zumindest noch vor kurzem genau vom Einfluß die-

ses Typs von Sozialwissenschaften geprägt war, denn sie dachten wohl kaum daran, alles in ihrem Leben sei »sozial«.

57 In einem Sinn, der dem von Bruno Latour in *Politiques de la nature* entwickelten nahesteht, obwohl wir hier nur die Menschen in der »Zusammensetzung des Kollektivs« berücksichtigen.

58 Vgl. L. Boltanski, *L'amour et la justice comme compétences.*

59 Unter den verschiedenen Autoren, die es unternommen haben, den Fötus zu »dekonstruieren«, ist es ohne Zweifel die Historikerin Barbara Duden, welche die historizistischen Fundamente dieses Unterfangens am klarsten dargelegt hat. In *Der Frauenleib als öffentlicher Ort* stellt sie ihr Projekt mit folgenden Worten vor: »Dieser Essay beschränkt sich darauf, in großen Zügen glaubhaft zu machen, daß der intrauterine Fötus, von dem heute alle sprechen, von jetzt an nicht ein Geschöpf Gottes oder der ›Natur‹, sondern der modernen Gesellschaft ist. Ich möchte davon sprechen [...], daß dieser Fötus auf künstliche Weise gezeugt wurde.« Wie es bei derlei dekonstruktivistischen Unterfangen oft zu geschehen pflegt, ist es schwierig herauszufinden, von welcher normativen Position aus die Kritik geübt wird. Denn zu sagen, man kritisiere die gegenwärtigen Darstellungen des Fötus, weil sie »artifiziell« seien, könnte, wenn dieser Terminus als Synonym für ein »Produkt der Geschichte« genommen wird, bedeuten, man befinde sich auf einem Standpunkt, wo der Fötus kein Schein wäre, da die Verwendung des Wortes »artifiziell« dann sofort auf sein Pendant, den Terminus »natürlich« verweisen würde. Aber so kann es offenbar nicht sein, da gerade der Begriff der »Natürlickeit« des Fötus im Mittelpunkt der Kritik steht.

60 I. Hacking, *Entre science et réalité.*

61 Wir wollen nicht sagen, daß der *tumorale Fötus* und der *authentische Fötus* »nicht existieren«, sondern daß sie als soziale Objekte existieren, die durch die Vermittlung der Konvention von ein und demselben physischen Objekt abhängen. Nach der Definition von Searle, der diejenige von Frédéric Nef wieder aufnimmt, entsprechen anhand dieser Konventionen »das physische Objekt *simpliciter* und das physische Objekt *qua* soziales Objekt« einander. In dem Fall, der uns beschäftigt, besteht, um noch einmal mit Frédéric Nef zu sprechen, eine »Erscheinung« von zwei sozialen Objekten an ein und demselben physischen Objekt. Der Fall wäre durchaus nicht selten und würde kein besonderes Problem aufwerfen (es ist der Fall eines jeden Objekts, wie wir in *De la justification* anführen, dessen hergebrachte Identität radikal wechselt, je nach der Welt, in die es gestellt wird), wenn in der Situation, die das fötale Dasein kennzeichnet, eine der Konventionen (die, welche im Fötus einen Tumor sieht) nicht die Notwendigkeit der Vernichtung des physischen Objekts mit sich brächte, bei dem zugleich eine andere Konvention erscheint (die, welche im Fötus als zukünftiges Kind ein Wesen von unermeßlichem Wert sieht). (Vgl. zu einer Kritik des naiven Konstruktionismus und zu einer Diskussion dessen, was man als »Realismus« verstehen kann, da es sich um zwei soziale Objekte handelt, Frédéric Nef, *À propos du constructionnisme social. Contribution à une ontologie des objets sociaux*, Paris: Institut Jean Nicod, 2002.)

62 L. Boltanski und L. Thévenot, *De la justification.*

63 Vgl. insbesondere die Begründung der Prädikate des Seins bei Aristoteles bei Émile Benveniste, *Problèmes de linguistique générale*, Paris: Gallimard, 1966, Kap. VI: »Catégo-

ries de pensée et catégories de langue« (dt.: *Probleme der allgemeinen Sprachwissenschaft*, übers. von Wilhelm Bolle, München: Paul List Verlag, 1974, Kap. VI: »Kategorien des Denkens und Kategorien der Sprache«).

64 Wir stützen uns hier auf die Analyse der aristotelischen Kategorien von Pierre Aubenque, *Le problème de l'être chez Aristote*, Paris: PUF, 1997 (1. Ausgabe 1962), insbesondere S. 134-139.

65 Ebd., S. 464-465.

66 Paolo Virno, *Il ricordo del presente. Saggio sul presente storico*, Turin: Bollati Boringhieri, 1999.

67 Johann Gottfried Herder, *Abhandlung über den Ursprung der Sprache*, Stuttgart: Reclam, 2001.

68 »Je schärfer die Sinne der Tiere, je stärker und sicherer ihre Triebe und je wunderbarer ihre Kunstwerke sind, desto kleiner ist ihr Kreis, desto einzigartiger ist ihr Kunstwerk.« (J. G. Herder, *Abhandlung über den Ursprung der Sprache*, S. 21.) »*Der Mensch hat keine so einförmige und enge Sphäre*, wo nur *eine* Arbeit auf ihn wartet: eine Welt von Geschäften und Bestimmungen liegt um ihn. *Seine Sinne und Organisation sind nicht auf eins geschärft*: er hat Sinne für alles und natürlich also für jedes einzelne schwächere und stumpfere Sinne. *Seine Seelenkräfte sind über die Welt verbreitet*; keine Richtung seiner Vorstellungen geht auf Eins: mithin kein Kunsttrieb, keine Kunstfertigkeit – und, das eine gehört hier näher her, *keine Tiersprache*. [...] So bekommt eben hiermit der Mensch *mehrere Helle*. Da er auf keinen Punkt blind fällt und blind liegenbleibt, so wird er freistehend, kann sich eine Sphäre der Bespiegelung suchen, kann sich in sich bespiegeln. Nicht mehr eine unfehlbare Maschine in den Händen der Natur, wird er sich selbst Zweck und Ziel der Bearbeitung.« (Ebd., S. 26.)

VI. Die Rechtfertigung der Abtreibung

1 Über den Begriff der gewöhnlichen Moral als Grundlage der Rechtfertigung und der Kritik vgl. Michael Walzer, *Critique et sens commun*, Paris: La Découverte, 1990. Über die Beziehung zwischen Moral und Recht vgl. Monique Canto-Sperber, *L'inquiétude morale et la vie humaine*, Paris: PUF, 2001, S. 100-107 (M. Canto-Sperber benutzt als Beispiel den Fall der Abtreibung).

2 Die Frage des Zusammenspiels zwischen juristischer Rechtfertigung und moralischer Rechtfertigung steht vor allem im Mittelpunkt der Überlegungen von Paul Ricœur über die Gerechtigkeit. Ricœur sieht im Recht eine Vermittlung zwischen Moral und Politik. Vgl. Paul Ricœur, *Le juste*, Paris: Editions Esprit, 1995 und auch *Lectures I. Autour du politique*, Paris: Seuil, 1991: »Le juste entre le légal et le bon«.

3 Sonst hätte zum Beipiel nie jemand gegen die rechtlich unanfechtbaren Urteile etwas einzuwenden gehabt, die unter dem Regime von Vichy vom Obersten Gerichtshof ausgesprochen wurden, um die Fragen hinsichtlich der »jüdischen Besitztümer« zu regeln.

4 Ohne eine vollständige Bibliographie zu liefern, die mehrere Seiten beanspruchen würde, zitieren wir: J.-Y. Le Naour und C. Valenti, *Histoire de l'avortement. XIXe-XXe siècle*, insbes. Kap. VII; Françoise Picq, *Libération des femmes. Les années mouvement*, Paris: Seuil, 1993; X. Gauthier, *Naissance d'une liberté*; Janine Mossuz-Lavau, *Les lois de*

l'amour. Les politiques de la sexualité en France de 1950 à nos jours, Paris: Payot, 1991, insbesondere S. 75-133. Man kann sich auch auf Werke beziehen, die zur Zeit der Bewegung für die Liberalisierung der Abtreibung entstanden oder die eine Bilanz zu ziehen versuchten, vgl. insbesondere Bernard Pingaud, *L'avortement. Histoire d'un débat*, Paris: Flammarion, 1975; ders., *La bataille de l'avortement*, mit einem Vorwort von Marc Ferro, Paris: La Documentation française, 1986. In allen diesen Werken findet man Bibliographien in verschiedene Richtungen über bestimmte Punkte.

5 Der Unterschied ist frappierend, wenn man zum Beispiel die feministische Bewegung für die Legalisierung der Abtreibung mit der Arbeiterbewegung für die Sozialrechte vergleicht (Achtstundentag, Fünftagewoche, bezahlter Urlaub, gewerkschaftliche Vertretung usw.).

6 In Frankreich spielte das sogenannte Manifest der 343, das am 5. April 1971 in dem Magazin *Le Nouvel Observateur* veröffentlicht wurde und das dreihundertdreiundvierzig Frauen unterschrieben hatten, eine zentrale Rolle unter den Aktionen, die zur Aufhebung der Bestrafung führten: Viele der Unterzeichnenden waren sehr angesehen, und alle behaupteten öffentlich, sie hätten illegal abgetrieben (vgl. X. Gauthier, *Naissance d'une liberté*, S. 119-134). Das am 3. Februar 1973, zwei Jahre später, erschienene Manifest, in dem dreihundert Ärzte behaupten, sie würden Abtreibungen vornehmen, wird eine große symbolische Bedeutung annehmen, ebenso das Manifest, das am 7. Februar 1973 206 Persönlichkeiten der Nationalen Vereinigung für das Studium der Abtreibung (ANEA) unterschrieben und das erklärt: »Wir haben abgetrieben: hier die Gründe.« Anne-Marie Dourlen-Rollier ist eines der Gründungsmitglieder der Vereinigung, zu der auch drei Nobelpreisträger gehören: François Jacob, Jacques Monod und Alfred Kastler (J.-Y. LeNaour und C. Valenti, *Histoire de l'avortement. XIXe-XXe siècle*, S. 223 und S. 240-244).

7 Olivier Christin, *Le prix de religion*, Paris: Seuil, 1997.

8 Nach der Meinung von Xavière Gauthier kam es zu einem stillschweigenden Abkommen zwischen dem hohen katholischen Klerus und der französischen Regierung – ein Werk Giscard d'Estaings –, um eine Kampagne gegen die Abstimmung über das Gesetz Veil zu vermeiden (X. Gauthier, *Naissance d'une liberté*, S. 172-173). Eine große Anzahl von Katholiken aus sogenannten »linken Milieus« war seit den sechziger Jahren für die Abtreibung, zumindest im Sinne einer Lockerung des Gesetzes von 1920, um die verheerenden Schäden der illegalen Abtreibungen einzuschränken. Das war zum Beispiel die Stellung der Zeitschrift *L'Esprit* Anfang der siebziger Jahre.

9 *Journal officiel*, 27. November 1974, S. 7010.

10 Jacques-Antoine Gau in der Debatte der Nationalversammlung am 26. November 1974; *Journal officiel (Gesetzblatt)*, 27. November 1974, S. 7005.

11 Hannah Arendt, *Über die Revolution*, München: Piper, 1963 (2000).

12 Man weiß zum Beispiel, daß die Abtreibungsgesetze von 1920 und 1923 von seiten der Linken nicht feindlich aufgenommen wurden (vgl. J.-Y. Le Naour und C. Valenti, *Histoire de l'avortement. XIXe-XXe siècle*, S. 164).

13 Pier Paolo Pasolini zum Beispiel, der in verschiedenen Zeitungsartikeln (zusammengefaßt in *Scritti corsari*, Mailand: Garzanti, 1975; dt.: *Freibeuterschriften*, Berlin: Wagenbach, 1978) der Legalisierung der Abtreibung gegenüber eine sehr feindliche Stellung einnahm, gibt zu: Das einzige Argument, das für diese Maßnahme sprechen

könnte, ist »die Tragödie der Bevölkerungsentwicklung, die ökologisch gesehen die schwerwiegendste Bedrohung für das Überleben der Menschheit darstellt« (S. 58).

14 Zu einer kritischen Analyse vgl. Hervé Le Bras, *Les limites de la planète. Mythes de la nature et de la population*, Paris: Flammarion, 1994, und Eric B. Ross, *The Malthus Factor. Population, Poverty and Politics in Capitalist Development*, London: Z Books, 1998.

15 Unter den einflußreichsten Werken vgl. Paul Ehrlich, *The Population Bomb*, New York: Sierra Club-Ballantine Books, 1968 (dt.: *Die Bevölkerungsbombe*, München: Carl Hanser Verlag, 1982).

16 Angeregt vor allem durch die Arbeiten des Club of Rome (vgl. Meadows, Dennis L. [Mitarb.], *Die Grenzen des Wachstums. Bericht des Club of Rome zur Lage der Menschheit*, Stuttgart: Deutscher Bücherbund, 1972).

17 François-André Isambert, der mit Paul Ladrière die »Debatte in den wichtigsten Zeitschriften der französischen Presse von 1965 bis 1974« über die Abtreibung analysiert hat (*Contraception et avortement*), bemerkt einerseits, daß das demographische Element relativ selten auftaucht, zumindest im Vergleich zu dem der »Ehrfurcht vor dem Leben«, und daß es, wenn es auftaucht, um die Liberalisierung zu unterstützen, fast nur für den äußeren Gebrauch, für die übervölkerten Länder eingesetzt wird.« (F.-A. Isambert, »Une sociologie de l'avortement est-elle possible?«)

18 So werden, unter vielen anderen Beispielen, die dreihundert Ärzte, die im Februar 1973 ein Manifest unterzeichnen, in dem sie bekennen, daß sie Abtreibungen durchführen, nicht strafrechtlich verfolgt (vgl. J.-Y. Le Naour und C. Valenti, *Histoire de l'avortement. XIXe-XXe siècle*, S. 240-243).

19 Dieses Argument steht, zum Teil aus strategischen Gründen, im Mittelpunkt der Verteidigungsrede, die Simone Veil in der Nationalversammlung für ihren Gesetzesvorschlag hält: »[Die gegenwärtige Lage] ist schlecht, denn das Gesetz wird öffentlich verhöhnt, schlimmer noch, lächerlich gemacht. Nachdem die Diskrepanz zwischen den begangenen Verstößen und den gerichtlich verfolgten so groß ist, daß man nicht mehr von einer Repression sprechen kann, steht nun die Achtung des Bürgers vor dem Gesetz und somit die Autorität des Staates in Frage. Nachdem die Ärzte in ihren Praxen gegen das Gesetz handeln und es öffentlich bekanntgeben, nachdem die Staatsanwaltschaften aufgefordert sind, bevor sie einschreiten, in jedem Fall das Justizministerium zu benachrichtigen, nachdem die sozialen Abteilungen öffentlicher Institutionen den verzweifelten Frauen Informationen vermitteln, die einen Schwangerschaftsabbruch erleichtern können, nachdem zu demselben Zweck unverhohlen sogar Charterflüge ins Ausland organisiert werden, da sage ich, hier herrschen Unordnung und Anarchie, und so kann es nicht weitergehen« (Simone Veil vor der Nationalversammlung am 26. November 1974, *Journal officiel (Gesetzblatt)*, Jahrgang 1974/75, Nr. 92 A N, Mittwoch, 27. November 1974, S. 6698).

20 Im Gegensatz zu der Vereinigung *Choisir* unter der Leitung von Gisèle Halimi, die sich für ein vom Parlament gewähltes Gesetz einsetzte, waren die MLAC (Bewegung für die Liberalisierung der Abtreibung und der Empfängnisverhütung) und die MLF (Bewegung für die Befreiung der Frauen) gegen die Wahl eines Gesetzes und verlangten die vollständige Liberalisierung der Abtreibung, die nicht mehr von der Autorität des Staates, aber auch nicht von den medizinischen Institutionen abhängig sein sollte (vgl. J.-Y. Le Naour und C. Valenti, *Histoire de l'avortement. XIXe-XXe siècle*, S. 245-247).

21 Wie François-André Isambert mit großer Sachkenntnis bemerkt, ist »die Abtreibung von da an *eine Sache* des Gesetzes, das ihren Verlauf vorschreibt, wann sie stattfinden soll […]. Es ist also nicht übertrieben, wenn man sagt, in diesem Fall wird die Abtreibung eine Institution« (F.-A. Isambert, »Une sociologie de l'avortement est-elle possible?«).

22 »Ich weigere mich, die wissenschaftlichen und philosophischen Diskussionen aufzurollen, deren Anhörung in der Kommission zeigte, daß sie von einem unlösbaren Problem handelten. Kein Mensch bestreitet jetzt mehr, daß unter einem streng medizinischen Gesichtspunkt der Embryo endgültig schon alle Möglichkeiten des Menschenwesens, das er werden wird, in sich hat. Aber es ist erst noch ein Werden, das viele Risiken zu überwinden hat, bevor es vollendet ist, ein fragiles Glied in der Kette der Übertragung des Lebens.« (Simone Veil vor der Nationalversammlung am 26. November 1974, *Journal officiel*, Jahrgang 1974/75, Nr. 92 A N, Mittwoch, 27. November 1974, S. 7000)

23 Michèle Ferrand und Maryse Jaspard, *L'interruption volontaire de grossesse*, Paris: PUF, 1987, S. 32. An der Abtreibung haftet ebenso noch »etwas Verbrecherisches« trotz des *Abortion Act* von 1965 in Großbritannien« (F.-A. Isambert, »Une sociologie de l'avortement est-elle possible?«).

24 Das ohne Zweifel vor allem, um die bei der Debatte in der Nationalversammlung von Jean Foyer vorgebrachten Anklagen zu entkräften, nach denen die Legalisierung der Abtreibung gegen das Gesetz verstoße (»das vom Präsidenten der Republik ratifiziert und am 4. Mai 1974 im Gesetzblatt veröffentlicht wurde«), das die »Ratifizierung der Europäischen Konvention zum Schutze der Menschenrechte und der Grundfreiheiten« bewilligte, wo »an erster Stelle der Menschenrechte das Recht auf Leben steht«. Jean Foyer fügt noch hinzu: »Laut Artikel 55 der Verfassung hat die Konvention eine höhere Gewalt als die Gesetze. Wir müssen seitdem unter der eventuellen Zensur des Obersten Verfassungsgerichtshofs, die sechzig unter Ihnen, liebe Kollegen, nun schon erfassen können, die Verpflichtungen einhalten, die sich aus diesem internationalen Engagement ergeben.« (*Journal officiel*, 27. November 1974, S. 7010)

25 Vgl. F.-A. Isambert, »Une sociologie de l'avortement est-elle possible?«. Der Begriff der ärztlichen »Indikation« »führt weiter, was die medizinische Praxis schon hinsichtlich der therapeutischen Abtreibung festgelegt hatte […]. Der Rechtfertigung durch die Lebensgefahr für die Mutter werden nun noch die Gefährdung der körperlichen und geistigen Gesundheit der Frau und zuletzt auch die ›verzweifelte Lage‹ hinzugefügt, welche die wirtschaftlichen und familiären Bedrängnisse zusammenfaßt und im medizinisch-sozialen Einflußbereich bleibt«.

26 M. Ferrand und M. Jaspard, *L'interruption volontaire de grossesse*, S. 33-34.

27 Genau auf diese Weise wurde das Gesetz von Simone Veil, der Gesundheitsministerin der Regierung Chirac, am 26. November 1974 der Nationalversammlung vorgestellt: »Schließlich möchte ich Ihnen folgendes sagen: Im Lauf der Debatte werde ich diesen Gesetzestext im Namen der Regierung ohne Hintergedanken und mit meiner vollen Überzeugung verteidigen, aber die Wahrheit ist, daß kein Mensch eine tiefe Befriedigung empfinden kann, wenn er einen Gesetzestext zu diesem Thema – den bestmöglichen nach meiner Ansicht – verteidigt, denn kein Mensch hat je bestritten, und der Gesundheitsminister am allerwenigsten, daß die

Abtreibung ein Scheitern ist, wenn nicht sogar ein Drama.« (*Journal officiel*, 27. November 1974, S. 7002)

28 Hier und in den folgenden Zeilen des Buches ließen wir uns anregen von Gérald Sfez, *Machiavel, la politique du moindre mal*, Paris: PUF, 1999, insbesondere S. 317-323.

29 Die Staatsräson als »Recht, sich dem Recht zu entziehen« unter bestimmten »Umständen«, wenn der Druck der »Notwendigkeit« zu stark geworden ist, ist so die extreme Form des Bezugs auf eine Logik des geringeren Übels. (Vgl. Gérald Sfez, *Les doctrines de la raison d'État*, Paris: Armand Colin, 2000)

30 Vgl. L. Boltanski und È. Chiapello, *Der neue Geist des Kapitalismus*.

31 F.-A. Isambert, »Une sociologie de l'avortement est-elle possible?«.

32 Einen Kommentar zum Prozeß Abramowicz *versus* Lefkowitz findet man bei Diane Schulder und Florynce Kennedy, *Abortion Rap*, New York: Mc Graw Hill, 1971.

33 Der Prozeß von Bobigny wurde Gegenstand zahlreicher Berichte der Frauenbewegung. Vgl. insbesondere Gisèle Halimi, *La cause des femmes*, Interviews von Marie Cardinal, Paris: Grasset, 1973.

34 Im Fall Abramowicz *versus* Lefkowitz war die Polizei in eine Wohnung eingedrungen, wo ein siebzehnjähriges Mädchen gerade einer Abtreibung unterzogen wurde, und hatte die Handlung abgebrochen. Mehrere Personen wurden vor das Große Schöffengericht der Bronx zitiert, weil sie Adressen weitergegeben hatten. Im Fall des Prozesses von Bobigny ließ eine Sechzehnjährige, die von einem Kameraden »Brutalitäten« (die nicht als Vergewaltigung definiert wurden) erlitten hatte, mit der Hilfe ihrer Mutter und zwei Kolleginnen ihrer Mutter eine Abtreibung vornehmen. Das Mädchen wurde von dem, der für ihre Schwangerschaft verantwortlich war, angezeigt. Am 11. Oktober 1972 findet ihr Prozeß vor dem Jugendgericht in Bobigny statt, und sie wird freigesprochen. Am 8. November findet der Prozeß gegen ihre Mutter und ihre zwei Kolleginnen, die geholfen hatten, indem sie ihr Adressen gaben, und gegen die »Engelmacherin« statt. Die zwei Kolleginnen werden freigesprochen. Die Mutter wird zu einer Geldstrafe von 500 Francs mit Bewährung verurteilt. Die Frau, die die Abtreibung vorgenommen hat, zu einem Jahr Gefängnis und einer Geldstrafe.

35 Über die Ursprünge und die wesentlichen Züge der *Form der Affäre* als Modus einer Mobilisierung und politischen Aktion vgl. insbes. Élisabeth Claverie, »La naissance d'une forme politique: l'affaire du Chevalier de La Barre«, in: P. Roussin (Hg.), *Critique et affaires de blasphème à l'époque des Lumières*, Paris: Honoré Champion, 1998, und Luc Boltanski, »La dénonciation publique«, in: *L'amour et la justice comme compétences*, S. 255-366.

36 Im Fall des Prozesses von Bobigny zum Beispiel erscheinen vor Gericht Jacques Monod, Nobelpreisträger für Medizin, und Professor Milliez, um zugunsten der Angeklagten auszusagen. Die Aussage des letzteren spielt eine besonders wichtige Rolle, weil er als treuer Anhänger einer Religion, des Katholizismus, bekannt ist, deren Obrigkeit die Abtreibung verurteilt. Damit sich die Logik einer Affäre entwickeln kann, ist es notwendig, daß die Verteidiger des angeklagten Opfers als »unparteiisch« betrachtet werden können, das heißt als Sprecher im Namen des allgemeinen Interesses (der Menschheit in ihrer Gesamtheit) und nicht im Namen des Interesses einer besonderen Gruppe. Diese Äußerung der Unparteilichkeit ist nie beweiskräftiger, als wenn derjenige, der es unternimmt, den Angeklagten zu ent-

lasten, sich selbst hinsichtlich der Positionen und Interessen der Gruppe, zu der er gehört, in eine heikle Lage bringt.

37 Die amerikanische Erklärung der Menschenrechte von 1776, die in die Unabhängigkeitserklärung eingeschlossen und somit der Verfassung einverleibt ist, verleiht dem Staatsbürger Rechte, kraft deren er sich vor den Übergriffen des Staats und des Gesetzes schützen und gegen das Gesetz protestieren kann, selbst wenn es von der Mehrheit verabschiedet wurde.

38 Kurz gesagt, die Form der Affäre – deren Musterbeispiel die Affäre Dreyfus darstellt – besteht darin, sich auf die Verteidigung eines Opfers zu berufen, das zu Unrecht einer für »skandalös« gehaltenen Handlung angeklagt wird, um entweder die institutionellen Verfahrensweisen, die zur Belastung eines unschuldigen Opfers führen, oder den Deliktcharakter der Handlung, deretwegen das Opfer angeklagt ist, in Frage zu stellen.

39 Der Oberste Gerichtshof zählt acht Glieder und einen Vorsitzenden, die vom Präsidenten der Vereinigten Staaten mit dem Einverständnis des Senats auf Lebenszeit ernannt werden. Er urteilt über die Verfassungsmäßigkeit der vom Kongreß verabschiedeten Gesetze, ist Schiedsrichter bei Differenzen zwischen den einzelnen Bundesstaaten, zwischen einem Bundesstaat und der Union, aber auch zwischen einem Staatsbürger und einem Bundesstaat.

40 Yves Sintomer, »Droit à l'avortement, propriété de soi et droit à la vie privée«, in: *Les Temps modernes*, 625/626, September-November 2001, S. 206-239.

41 Robert Nozick, *Anarchy, State, and Utopia*, New York: Basic Books, 1974 (dt.: *Anarchie, Staat und Utopia*, München: Olzog Verlag, 2006).

42 Es gibt eine Art und Weise, den Besitz seiner selbst zu beschränken, die darin besteht zu bedenken, daß gewisse Praktiken die »Würde« der Menschheit insgesamt gefährden, sooft sie unter besonderen Umständen von einem einzelnen Menschen ausgeführt werden, selbst wenn dieser »formal« einverstanden wäre. Das haben wir im vorangehenden Kapitel angeführt, ebenso wie die heftigen Proteste, die das bei den Juristen ausgelöst hat, denen an einer Ausdehnung des liberalen Rahmens gelegen ist.

43 Y. Sintomer, »Droit à l'avortement, propriété de soi et droit à la vie privée«.

44 So zitiert diese Studie die Richter O'Connor, Kennedy und Souter in *Planned Parenthood versus Casey.*

45 Oberster Gerichtshof, *United States Reports*, Bd. 410, S. 180, zitiert von F.-A. Isambert, »Une sociologie de l'avortement est-elle possible?«.

46 Zur Geschichte der Konflikte um die Legalisierung der Abtreibung in den Vereinigten Staaten vgl. unter den sehr zahlreichen Werken insbesondere Rickie Solinger (Hg.), *Abortion War. A Half Century of Struggle, 1950-2000*, Berkeley: University of California Press, 2001; Laurence H. Tribe, *Abortion. The Clash of Absolutes*, New York: Norton, 1990; Marvin Olasky, *Abortion Rites. A Social History of Abortion in America*, Wheaton: Crossway Books, 1992; Kathy Rudy, *Beyond Pro-Life and Pro-Choice. Moral Diversity in the Abortion Debate*, Boston: Beacon Press, 1996; Rosalind Pollack Petchesky, *Abortion and Women's Choice. The State, Sexuality and Reproductive Freedom*, New York: Longman, 1984.

47 In den Vereinigten Staaten sind die militanten Bewegungen gegen die Abtreibung (die sich *rescuers* nennen) sehr umfangreich. Sie haben für ihre Protestaktionen ein

Register angewandt, das von gewaltfreien Formen wie den *sit-ins* (man schätzte Anfang der neunziger Jahre, daß etwa 400 000 Menschen an *sit-ins* teilgenommen hatten) über gewalttätige Formen (Brandstiftungen in Abtreibungskliniken, Überfälle auf Ärzte usw.), bis hin zu viel häufigeren Formen reichten, die darin bestanden, den Zutritt zu den Kliniken zu versperren (*picketing*). Derlei Aktionen werden dadurch erleichtert, daß die Abtreibungen zu 83 % in Kliniken durchgeführt werden, von denen 60 % nur diese Art von Eingriff vornehmen, so daß die Orte, wo die Abtreibungen praktiziert werden, leicht zu identifizieren und zu lokalisieren sind. Im Vergleich zu den ziemlich gewalttätigen Aktionen (138 Zwischenfälle jährlich von 1984 bis 1986) sind die, welche den Zutritt zu den Kliniken versperren, weitaus häufiger, denn zwischen 1997 und 2000 wurden ungefähr 8000 solcher Fälle registriert. 1997 wurden 54 % der Abtreibungskliniken in den USA und in Kanada mindestens einmal wöchentlich von einem solchen *picketing* heimgesucht. Nach den Sondierungen der Anthropologen der zeitgenössischen Welt und insbesondere nach den Monographien, die in Fargo (Dakota) von Faye Ginsburg und in Saint Louis von Carol Maxwell verfaßt wurden, scheinen sich die militanten Abtreibungsgegner (etwa zu 60 % Frauen), die diese Aktionen durchführen, nicht deutlich von den aktiven Anhängern der Pro-choice-Bewegung zu unterscheiden, was ihre beruflichen, ethnischen, sozio-ökonomischen und sogar religiösen Merkmale angeht. Diese Ergebnisse stehen im Widerspruch zu den Schlußfolgerungen der ersten, von Kristin Luker durchgeführten Studie dieses Typs. Diese Aktionen, inbegriffen die *sit-ins* und das *picketing*, sind illegal und werden unterdrückt, ohne daß die Verhaftungen die Täter sonderlich von weiteren Aktionen abhalten würden, wenn nicht sogar das Gegenteil der Fall ist, da die *rescuers* die Tatsache, das Gesetz herauszufordern und verhaftet zu werden, als Initiationsmerkmal der Zugehörigkeit zu diesen Bewegungen empfinden. (Vgl. C. Maxwell, *Pro-life Activists in America*, insbesondere S. 19-25 und 72-89. Vgl. ebenso, was die ältesten Monographien betrifft: Faye Ginsburg, *Contested Lives. The Abortion Debate in an American Community*, Berkeley: University of California Press, 1984, und Kristin Luker, *Abortion and the Politics of Motherhood*, Berkeley: University of California Press, 1984)

48 Vgl. Susan Okin, *Justice, Gender and the Family*, New York: Basic Books, 1989.

49 Vgl. Jan L. Cohen, »Harcèlement sexuel: les dilemmas de la législation américaine«, in: *Esprit*, März/April 2001, S. 137-155.

50 Vgl. Anne Philips, »Espaces publics, vies privées«, in: *Genre et politique*, Auswahl und Vorstellung der Texte von T.-H. Balmer-Cao, V. Mottier, L. Sgier, Paris: Gallimard, 2000, S. 397-454.

51 Es handelt sich um *Helms-Hyde human life bill*, das vorschlägt, den vierzehnten Änderungsantrag so zu revidieren, daß aus dem Fötus eine Person im Sinne der Konstitution wird. (Vgl. Patricia D. White, »The concept of person, the law, and the use of fetus in biomedecine«, in: W. B. Bondeson, H. T. Engelhardt Jr., S. F. Spicker, D. H. Winship, *Abortion and the Status of the Fetus*, Dordrecht, Boston, Lancaster: D. Reidel Publishing Company, 1984, S. 119-158.) Diejenigen, welche die Aufnahme dieses neuen Änderungsantrags in die Verfassung fordern, stützen sich auf die biologischen (und nicht auf die juristischen) Erwägungen, um die Vorstellung zu verteidigen, daß der Embryo von der Empfängnis an eine »Person« ist, weil er einen spezifischen genetischen Kode besitzt, der ein einzigartiges Wesen aus ihm macht.

52 Eine hervorragende Darlegung der verschiedenen Positionen, die zu diesem Punkt bezogen werden konnten, insbesondere in einem liberalen Rahmen, findet sich bei David Archard und Colin M. Macleod (Hg.), *The Moral and Political Status of Children*, Oxford: Oxford University Press, 2002.

53 Barbara Arneil, »Becoming versus being: a critical analysis of the child in liberal theory«, ebd., S. 70-96.

54 Im Verlauf der Debatte, die der Oberste Gerichtshof durch das Urteil Roe versus Wade abschnitt, diskutierten die Richter über die Stichhaltigkeit des vierzehnten Änderungsvorschlags zur Verfassung, der lautet, daß »keine Person ihres Lebens, ihrer Freiheit und ihres Besitzes durch einen ordentlichen, gesetzlichen Prozeß (*due process of law*) beraubt werden kann«. Die amerikanischen Juristen konnten mühelos zeigen, daß der Gesetzgeber mit dem Wort »Person« nur Wesen meint, die bereits geboren sind. Eine Studie der amerikanischen Jurisprudenz, welche die Abtreibung vor ihrer Legalisierung betrifft, zeigt ebenfalls, daß nie von einer »Person« gesprochen wird, wenn vom Fötus die Rede ist (Leonard Glantz, »Is the fetus a person? A lawyer's view«, in: W. B. Bondeson u. a. [Hg.], *Abortion and the Status of the Fetus*, S. 107-118). In diesem Sinne kann man die Vorstellung, daß der Fötus keine »Person im Sinn der Verfassung« ist, durchaus verteidigen. (Vgl. Ronald Dworkin, *Life's Dominion. An Argument about Abortion, Euthanasia, and Individual Freedom*, New York: Knopf, 1993) In der Tat ist eine »Person im Sinn der Verfassung« genau dadurch gekennzeichnet, daß sie Interessen hat und »Rechte« beanspruchen kann, die von der Erklärung der Menschenrechte, inbegriffen der Unabhängigkeitserklärung von 1776 herkommen.

55 Auf dieser Linie argumentiert zum Beispiel Ronald Dworkin (*Life's Dominion*, insbesondere S. 50-68). Dworkins Weg, eine Kompromißlösung zu finden, indem er die Position »Pro-choice« auf eine Weise rechtfertigt, daß sie auch für die »Pro-life«-Anhänger akzeptabel wird, besteht darin anzuerkennen, daß der Fötus keineswegs den Status einer Person im Sinn der Verfassung beanspruchen kann (und infolgedessen hat er keine Rechte, die er den Rechten seiner Mutter entgegenstellen könnte), aber auch anzuerkennen, daß »das menschliche Leben einen Wert in sich hat« und es daher in diesem Sinn beschützt zu werden verdient, so daß »ein frühzeitiger Tod an sich ein Übel ist, auch wenn er keine besondere Person betrifft«. Er fügt hinzu, daß sowohl die Pro-life- wie die Pro-choice-Anhänger denken, das Leben eines menschlichen Organismus habe einen Wert in sich, und sie könnten sich jenseits ihrer Gegensätze in diesem Punkt treffen. Die Vorstellung eines Wertes »in sich« (gegen die eines Wertes durch einen Nutzen), den ein Wesen hat, das keine Person ist, wird von R. Dworkin vor allem am Beipiel des Kunstwerks dargelegt.

56 Vgl. zum Beispiel Jean-Claude Larchet, *Pour une éthique de la procréation. Éléments d'anthropologie patristique*, Paris: Cerf, 1998.

57 Vgl. Paul Ladrière, »La notion de personne héritière d'une longue tradition«, in: Simone Novaes (Hg.), *Biomédecine et devenir de la personne*, Paris: Seuil, 1991, S. 27-86.

58 So sind für James Griffin, der in der oben erwähnten Debatte über das Recht der Kinder das orthodoxe liberale Denken verteidigt, »die Neugeborenen (*infants*) ebenso wie die Tiere, die menschlichen Föten, die Behinderten und die Alzheimerkranken keine für ihr Handeln verantwortlichen Akteure (*are not agents*)«. Während die menschlichen Akteure, das heißt die Wesen, die imstande sind, autonom zu handeln (*agency*), untereinander »eine Art natürlicher Gleichheit haben«, egal ob sie

»Männer oder Frauen, weiß oder schwarz« usw. sind, ist diese Gleichheit problematisch – sagt James Griffin, Locke zitierend – im Fall der Unterscheidung zwischen Erwachsenen und Neugeborenen. Er geht von da aus auf die Frage über, ob die Neugeborenen, obschon nicht autonom, Rechte haben könnten, die sich auf die Fähigkeiten stützen, daß sie Akteure *werden* können, und schließt mit einer negativen Antwort, indem er argumentiert: Wenn man eine rückwirkende Ausbreitung von Rechten (»*a backward proliferation of rights*«) – und er denkt hier offensichtlich an den Fall des Fötus – vermeiden will, muß man bedenken, daß ein Recht nur dann verletzt wird, wenn jemand anwesend ist, der es für sich geltend macht. (James Griffin, »Do children have rights?«, in: D. Archard, C.M. Macleod [Hg.], *Moral and Political Status of Children*, S. 19-29)

59 Zum Begriff eines Einverständnisses über die herausragenden Punkte vgl. Thomas C. Schelling, *The Strategy of Conflict*, New York: Oxford University Press, 1960, S. 53-81.

60 Michael Tooley, »Abortion and infanticide«, in: *Philosophy and Public Affairs*, 1972, Bd. 2, Nr. 1, S. 37-65, neu abgedruckt in: H. Kuhse, P. Singer (Hg.), *Bioethics. An Anthology*, Oxford: Blackwell, 1999, S. 21-35 und Michael Tooley, *Abortion and Infanticide*, Oxford: Clarendon Press, 1983.

61 Was Michael Tooley mit den im übrigen ziemlich verschiedenen, sogenannten »antispezistischen« Strömungen verbindet, deren Anführer Peter Singer ist. Vgl. insbesondere zu den hier besprochenen Fragen (Abtreibung und Kindsmord, aber auch Euthanasie unter Zustimmung oder von zu schwer Behinderten, die ihre Zustimmung nicht geben können) Peter Singer, *Rethinking Life and Death. The Collapse of Traditional Ethics*, New York: St. Martin's Griffin, 1994. Vgl. auch zur Diskussion über Peter Singers Positionen Daniel A. Dombrowski, *Babies and Beasts. The Argument from Marginal Cases*, Chicago: University of Illinois Press, 1997.

62 Michael Tooley übernimmt dieses Kriterium von den utilitaristischen Strömungen, denen er in vieler Hinsicht nahesteht.

63 Dasselbe Argument wurde seither in großem Umfang entwickelt. Vgl. vor allem Laura M. Purdy, *Reproducing Persons. Issues in Feminist Bioethics*, Ithaca: Cornell University Press, 1996, S. 124 ff.

64 M. Tooley gibt zu, daß diese Fähigkeiten mehr oder weniger entwickelt sein können. So erkennt er die Existenz von Beinahe-Personen an, die diese Eigenschaften in geringem Maß besitzen und die er den vollberechtigten Personen gegenüberstellt, das heißt den »normalen erwachsenen Menschen«, die im Unterschied zu den Beinahe-Personen volles Recht auf Leben haben.

65 M. Tooley bestimmt den Moment, von dem an die Neugeborenen Personen sind, wobei er sich auf psychologische und neurophysiologische Daten stützt, die die Entwicklung des Menschen betreffen. Nachdem er das Bewußtsein seiner selbst mit der Aneignung der Sprache im zweiten oder dritten Lebensjahr verbunden hat, mildert er dieses Kriterium ab und meint, eine nicht verbale Vorstellung seiner selbst könne der Mensch schon in den ersten Monaten nach der Geburt haben (was ihm gleichzeitig erlaubt, den Zutritt zum Status der Person für höhere Tiere vorzuschlagen, die nicht über eine artikulierte Sprache verfügen).

66 Es ist jedoch zu bemerken, daß M. Tooleys Schlußfolgerungen über den Kindsmord von anderen Autoren derselben Strömung angefochten werden, die, obwohl sie von denselben Voraussetzungen ausgehen wie er und im großen und ganzen dieselbe Li-

nie verfolgen wie er, sich weigern, die Geburt für nicht entscheidend zu halten, und Argumente entwickeln, die darauf abzielen, die kognitiven Fähigkeiten der Neugeborenen (wobei sie vor allem deren Fähigkeit hervorheben, mit jemand anderem kognitiv zu interagieren) in den Blick zu nehmen, so daß die Tatsache, daß sie kein Recht auf Leben hätten, nicht mehr so problematisch ist. (Vgl. insbesondere Jose Louis Bermudez, »The moral significance of birth«, in: *Ethics*, 106, Januar 1999, S. 378-403)

67 Über den Begriff Entwicklung vgl. Étienne Gilson, *D'Aristote à Darwin et retour*, Paris: Vrin, 1971.

68 Im Werk von Laura Purdy (*Reproducing Persons*), deren Stellung nicht weit von M. Tooley entfernt ist, findet sich ein etwas anderes Argument, welches das »Prinzip der Potentialität« in Frage zu stellen trachtet. L. Purdy stellt die Frage, warum es uns intuitiv plausibel erscheint, daß eine Frau bessere Gründe haben muß, einen Fötus von sieben Monaten loswerden zu wollen als dies für einen von zwei oder drei Monaten erforderlich wäre. Sie meint, diese Intuition beruhe nicht auf dem »Prinzip der Potentialität« (die Potentialität, eine Person zu werden, wäre bei einem Fötus von sieben Monaten offenkundiger als bei einem Fötus von drei Monaten), sondern auf der Tatsache, daß wir wissen, daß die Frauen vernünftige Wesen sind und nicht »launenhafte Geschöpfe« und somit fähig, in ihren Handlungen ihre früheren Investitionen zu berücksichtigen. Eine Frau, die »sieben, acht oder neun Monate in eine Schwangerschaft investiert hat«, ist weniger bereit, diese Investition zu verlieren, als eine Frau, die nur zwei Monate investiert hat. Es sind also bessere Gründe nötig, um sich für den Verzicht auf diese Investition zu entscheiden (S. 131).

69 Die Beispiele für Kindsmord, die M. Tooley angibt, betreffen immer behinderte Kinder. Nichtsdestoweniger hat seine Argumentation, die auf kognitiven Kriterien beruht, eine allgemeinere Gültigkeit.

70 Vgl. Cathérine Audard (Auswahl der Texte und Einführung), *Anthologie historique et critique de l'utilitarisme*, 3 Bde., Paris: PUF, 1999 (besonders Bd. 3, in dem die zeitgenössischen Autoren vorgestellt und diskutiert werden).

71 Vgl. Alain Leplège, *Les mesures de la qualité de la vie*, Paris: PUF, 1999.

72 Mary Anne Warren, *Moral Status. Obligations to Persons and Other Living Things*, Oxford: Oxford University Press, 1997.

73 Mary Midgley, »Duties concerning islands«, in: P. Singer (Hg.), *Ethics*, Oxford: Oxford University Press, 1994, S. 375-390.

74 M. A. Warren zitiert vor allem (*Moral Status*, S. 220-223) Paul und Anne Ehrlich, deren zahlreiche Werke seit dreißig Jahren die westlichen Behörden vor der Gefahr warnen, welche die »Bevölkerungsbombe« darstellt.

75 Ebd., S. 202-208.

76 Judith Jarvis Thomson, »A defense of abortion«, in: *Philosophie and Public Affairs*, 1971, Bd. 1, Nr. 1, S. 47-66.

77 Unter den äußerst zahlreichen Kommentaren zum Paradigma, das J. J. Thomson aufstellte, vgl. besonders die Arbeit von F. M. Kamm, die es auf andere Situationen, vor allem auf die Euthanasie ausdehnt, wobei sie sich auf die Verteidigung des »berühmten Geigers« stützt und sie von einer nicht konsequenzialistischen moralischen Position aus untersucht. (Frances M. Kamm, *Creation and Abortion. A Study in Moral and Legal Philosophy*, Oxford: Oxford University Press, 1992)

78 Holly Smith, eine andere Philosophin, bringt ein weiteres ähnliches Argument, das der fötalen Lage näher kommt. Die Geschichte handelt diesmal von einem Fötus, dessen Mutter gestorben ist und der weiterleben kann, wenn man eine Leihmutter für ihn findet. Aber keine Frau meldet sich. Dann lautet die Frage, ob irgendeine Frau eine moralische Verpflichtung hat, sich freiwillig zur Verfügung zu stellen, um die Rolle der Leihmutter zu übernehmen. Die Antwort ist, daß es nach unserem moralischen Empfinden nicht der Fall ist. Vgl. Holly M. Smith, »Intercourse and moral responsability for the fetus«, in: William B. Bondeson u. a. (Hg.), *Abortion and the Status of the Fetus*, S. 229-246.

79 Bemerkenswert ist, daß weder J.J. Thomson noch H. Smith das Symmetrieprinzip (töten und leben lassen sind äquivalent) anzuerkennen scheinen, das, wie wir gesehen haben, in der Argumentation von M. Tooley eine so bedeutende Rolle spielt. In dem von J.J. Thomson gewählten Beispiel tötet die Frau den Geiger nicht. Sie verweigert ihm die Mittel, die, das muß gesagt werden, außerordentliche Zwänge mit sich bringen, aber für ihn nötig wären, um am Leben zu bleiben. H. Smith gibt ebenso zu bedenken, daß es unpassend ist zu sagen, die abtreibende Frau »tötet den Fötus«, sondern daß man sagen muß, sie entfernt ihn von ihren eigenen Ressourcen, weil sie »nicht adäquat sind«, was »dem Fötus den Tod bringt«. Sie besteht also auf der Notwendigkeit, einen deutlichen Unterschied zwischen »töten« und »sterben lassen« aufrechtzuerhalten.

80 In einem liberalen Rahmen ist es keine vom Gesetz geforderte Verpflichtung, einer Person in Gefahr beizustehen. In der amerikanischen Jurisprudenz gab es eine Diskussion darüber und eine Analyse des Problems in moralischer Hinsicht bei Andre Tunc, »The volunteer and the good Samaritan«, in: J. Ratcliffe (Hg.), *The good Samaritain and the Law;* New York: Anchor book, Doubleday and Co., 1966, S. 43-62. Über eine Diskussion der moralischen Literatur über die Beistandspflicht, wenn eine Person in Gefahr ist, vgl. L. Boltanski, *La souffrance à distance,* vor allem S. 21-34.

81 Vgl. insbesondere H. Smith, »Intercourse and moral responsability for the fetus«, S. 234.

82 Robert C. Solomon, »Reflections and the meaning of (fetal) life«, in: W. B. Bondeson u. a. (Hg.), *Abortion and the Status of the Fetus,* S. 209-228.

83 Die beste Darstellung des Themas der Anerkennung im Sinne Hegels (der oft in der Soziologie oder in der Moralphilosophie wieder hervorgeholt wird, ohne hinreichend erklärt zu werden) findet sich bei Axel Honneth, *Kampf um Anerkennung,* Frankfurt/M.: Suhrkamp, 1992).

84 Zur Kritik der Menschenrechte bei Bentham vgl. B. Binoche, *Critiques des droits de l'homme,* S. 25-34.

85 Vgl. zum Beispiel die von Philippe Roqueplo verteidigten Positionen auf dem Kongreß des Katholischen Zentrums der französischen Ärzte (Centre catholique des médecins français (Hg.), *Avortement et respect de la vie,* Paris: Seuil, 1972, S. 93-123) und als Kommentar Paul Ladrière, »Religion, morale et politique: le débat sur l'avortement«, in: *Revue française de sociologie,* Bd. XXIII, 1982, S. 417-454.

86 Mary Boyle, *Re-thinking Abortion,* London: Routledge, 1997.

87 Ebd., S. 27-45.

88 Diese Themen findet man in Entwürfen von den siebziger Jahren an, vor allem bei Autoren wie Shulamith Firestone und Kate Millet, welche die feministischen Bewe-

gungen prägten, die um die Ereignisse im Mai 1968 entstanden. Durch Übertragung marxistischer Schemata hoben diese kritischen Analysen besonders die Reifizierung der Frauen in der patriarchalischen Familie hervor, wo sie einzig und allein als für die Funktion der Fortpflanzung zuständig definiert und als Kapital behandelt werden, das die Männer ausbeuten, um sich fortzupflanzen, und daher von der Möglichkeit abgeschnitten sind, zu einem vollen Menschsein zu gelangen. Nach einem Schema, das ebenso von der Thematik der »totalen Revolution« herkommt, sind die Männer durch die sexuelle Unterdrückung, die sie den Frauen zumuten, nicht weniger entfremdet als diese, so daß die feministische Revolution nicht nur die Frauen als unterdrückte sexuelle Klasse, sondern die gesamte Menschheit befreien wird. Schon 1970 nimmt Shulamith Firestone diese Befreiung durch einen Wechsel in der Art der Fortpflanzung voraus, wobei sie die Techniken der künstlichen Fortpflanzung ausnützt, so daß die Last der Schwangerschaft und der Erziehung auf die Gesamtheit der Gesellschaft übertragen wird. (Vgl. Ginette Castro, *Radioscopie du féminisme américain*, Paris: Presses de la FNSP, 1984)

89 Bekanntlich wurde diese Ausdehnung seit langer Zeit von Peter Singer verlangt. Vgl. zum Recht der Affen Paola Cavalieri und Peter Singer (Hg.), *The Great Ape Project*, New York: St. Martin's Griffin, 1993.

90 Diese Ausdehnungen wurden besonders von Peter Singer ausgearbeitet. Was die Euthanasie betrifft, vgl. vor allem P. Singer, *Rethinking Life und Death*, und was die Politik betrifft, Peter Singer, *A Darwinian Left, Politics, Evolution and Cooperation*, New Haven: Yale University Press, 1999. Das zuletzt genannte Werk hat vor allem zum Ziel, zu ermöglichen, daß in die politischen Programme der Linken die Anerkennung der Tatsache der natürlichen Ungleichheiten wiedereingefügt wird, was nach Singers Meinung eine Bedingung dafür ist, daß die Hilfsprogramme für die »Schwachen« und die »Armen« wirksam werden können.

91 Eine ziemlich vollständige Darlegung dieser Kritiken findet man in dem schon zitierten Werk von Frédéric Nef, *A propos du constructionnisme social*.

92 Ian Hacking bemerkt in dem schon zitierten Werk, das er der Diskussion des Konstruktionismus gewidmet hat, es wäre nicht besonders verführerisch, zeigen zu wollen, daß die Anorexie eine »soziale Konstruktion« ist, weil die von ihr befallenen jungen Frauen hinsichtlich dieser Beschwerde nicht den Weg der Befreiung eingeschlagen haben (I. Hacking, *Entre science et réalité*).

93 B. Edelman, *La personne en danger*, S. 463-473.

94 Das Projekt einer Emanzipation hinsichtlich der Beziehungen, die in einer persönlichen Abhängigkeit bestehen, steht an zentraler Stelle in der modernen Auffassung dessen, was wir in *De la justification* die »staatsbürgerliche Welt« genannt haben, und das besonders bei Rousseau. Sein ganzes Werk ist durchzogen von der Aufmerksamkeit auf das Unglück der Wesen, die vollkommen der Anerkennung durch die anderen unterworfen sind; dieses Thema ist ständig gegenwärtig sowohl in den Werken, in denen er sich mit seinem eigenen Inneren befaßt, vor allem in *Die Bekenntnisse*, als auch in den politischen Schriften, in erster Linie in *Le contract social* (vgl. Jean Starobinski, *Jean-Jacques Rousseau. La transparence et l'obstacle*, Paris: Gallimard, 1971; dt.: *Rousseau. Eine Welt von Widerständen*, übers. von Ulrich Raulff, Frankfurt/M.: Fischer, 1993).

95 Dieselben Bemerkungen gelten natürlich für die Fragen der »Weltbürgerschaft«

(zum Beispiel bei Michael Hardt und Antonio Negri, *Empire*, Cambridge, Mass.: Harvard University Press, 2000; dt.: *Empire. Die neue Weltordnung*, übers. von Thomas Atzert und Andreas Wirthensohn, Frankfurt/M.: Campus, 2002), welche die Zunahme der Zahl der Staatenlosen berücksichtigen und darauf abzielen, die von der Identifikation herkommenden Abhängigkeiten auszugleichen, die vor mehr als vierzig Jahren von Hannah Arendt in den aus der Revolution hervorgegangenen politischen Vorstellungen zwischen den Menschenrechten und den Rechten des Bürgers in einem bestimmten Staat festgestellt wurden (vgl. Hannah Arendt, *The Origins of Totalitarianism*, New York: Harcourt, 1951; dt.: *Elemente und Ursprünge totaler Herrschaft*, München: Piper, 2003).

96 Es gibt ein von Holly Smith vertretenes Gegenargument (»Intercourse and moral responsability for the fetus«, S. 34.), das besagt, eine Person kann ein Schmuckstück in eine Schachtel legen und sagen, das sei für ihr Kind, auch wenn sie noch kein Kind hat.

97 Wir erwähnen informationshalber noch ein Argument, das von den Gegnern der Liberalisierung der Abtreibung verwendet wurde und sich auf das in den USA so lebhaft empfundene Thema der Diskriminierung stützt. Es besteht darin zu sagen, daß man die Abtreibung rechtfertigt, indem man sich darauf stützt, daß der Fötus sich in der Gebärmutter einer Frau befindet, die seine Anwesenheit nicht wünscht, und infolgedesssen dort weniger als anderswo, ist gleichbedeutend mit einer Diskriminierung des Wohnsitzes, was gesetzeswidrig ist (Randy Alcorn, *Pro Life Answers to Pro Choice Arguments*, Grand Rapids: Multnomah, 1984, S. 45-46).

98 Dieselbe Position vertritt Carol Gilligan in *A Different Voice* (Cambridge, Mass.: Harvard University Press, 1982). Bekanntlich stützt sich Carol Gilligan in dieser Arbeit in großem Umfang auf Gespräche mit Frauen, die vor einer Abtreibung stehen, um das sogenannte *ethics of care* (der Ausdruck wurde häufig als »Éthique de la sollicitude« ins Französische übertragen, dt. etwa »Ethik der Fürsorge«) zu definieren. Der Begriff *ethics of care* wurde nach dem Buch von Carol Gilligan, von dem er ausging und das in den Bereich der Sozialpsychologie gehört, auf das Gebiet der politischen Philosophie übertragen. So bildete sich eine Strömung der feministischen politischen Philosophie, die das Ziel hatte, die Umrisse einer politischen Ordnung zu zeichnen, in der ein Gebrauch der – in der politischen Philosophie liberaler Inspiration zentralen – Begriffe von Autonomie, Unparteilichkeit oder Gleichgültigkeit (der Nirgends-Standpunkt) und der strikten Trennung zwischen Öffentlichem und Privatem, die auf einen Ausschluß der Frauen aus der gesetzmäßigen öffentlichen Ordnung zielt, hätte umgangen werden können. Diese Strömung der politischen Philosophie zielt umgekehrt darauf ab, die begriffliche Basis zu legen, die es gestatten würde, eine politische Ordnung auf die Abhängigkeit voneinander und auf die Forderung der Fürsorge für den anderen und vor allem für den anderen Nächsten zu gründen, indem man aber doch einen Kompromiß mit der unparteiischen Auffassung der Gerechtigkeit, die auf für alle gültigen Prinzipien beruhte (egal ob sie in der Nähe oder in der Ferne waren), und mit einer auf der Verfassung beruhenden Anerkennung der Rechte schloß. Das Problem ist, wie man sieht, die Anerkennung der Abhängigkeit (die in der traditionellen Gesellschaft die Hauptrolle spielt) mit den Forderungen der Gleichheit, der Transitivität und der Freiheit, die den Kern der Vorstellung einer demokratischen Gesellschaft bilden, unter einen Hut zu bringen.

(Vgl. insbesondere, unter der umfangreichen Literatur: Joan C. Tronto, *Moral boundaries. A Political Argument for an Ethic of Care*, New York: Routledge, 1993)

VII. Die Erfahrung der Abtreibung

1 Vgl. zur Untersuchung dieses Typs kritischer Argumente insbesondere in den Texten von Juristinnen, die feministischen Strömungen angehören (insbesondere Catharine McKinnon), R. Dworkin, *Life's Dominion*, S. 50-60.

2 Die lange Geschichte der moralischen Autonomie wird von Jerome B. Schneewind erzählt: *The Invention of Autonomy. A History of Modern Moral Philosophy*, Cambridge: Cambridge University Press, 1998.

3 Die Forderung der Loslösung von den Verwandtschaftsbanden ist in der liberalen Theorie von zentraler Bedeutung, damit sich eine soziale Verknüpfung im Hinblick auf ein allgemeines Gut bilden kann. Besonders sind in diesem Zusammenhang, wie Adam Smith in *Theorie der moralischen Gefühle* versucht, die Grundlagen einer politischen Gesellschaft zu legen, die auf der Beziehung zwischen einem leidenden Wesen und einem *unparteiischen Zuschauer* beruht, die zueinander keinerlei verwandtschaftliche Beziehung haben und die auch sonst nichts miteinander verbindet.

4 Zitiert von R. Dworkin, *Life's Dominion*, S. 54.

5 Jean Laplanche und Jean-Bertrand Pontalis, *Vocabulaire de la psychanalyse*, Paris: PUF, 1968 (Artikel »topique«) (dt.: *Wörterbuch der Psychoanalyse*, Frankfurt/M.: Suhrkamp, 1973), S. 503 ff.

6 Sébastien Laoureux verdanke ich die Einführung in die Lektüre von Michel Henry, dem er eine bedeutende Doktorarbeit gewidmet hat: Sébastien Laoureux, *L'immanence à la limite. Recherches sur la phénoménologie de Michel Henry*, Doktorarbeit an den Universitäten von Lüttich und Paris IV unter der Leitung von François Beets (Lüttich) und Jean-François Courtine (Paris), März 2003.

7 Michel Henry, »Phénoménologie de la naissance«, in: *Alter*, 1994 (2), S. 11-27. Wir werden uns hauptsächlich auf diesen Artikel stützen (der in einer Michel Henry gewidmeten Sondernummer veröffentlicht wurde); er bildet eine hervorragende Einleitung zu den Hauptthemen seines Tausende von Seiten umfassenden publizierten Werks. Eine längere Einleitung ist zu finden bei M. Henry, *Phénoménologie matérielle*, Paris: PUF, 1990.

8 »Ich bin für mich selbst oder besser ich bin ich selbst, ohne daß ich in nichts in diesem Ich-selbst-sein ich selbst bin«, oder auch »ich erlebe mich selbst, ohne die Quelle dieses Erlebnisses zu sein« (M. Henry, »Phénoménologie de la naissance«).

9 »Ich bin es, der affiziert ist, und ich bin es durch mich, in dem Sinn, daß der Inhalt, der mich affiziert, wiederum ich bin – und nicht etwas anderes: das Gefühlte, das Berührte, das Gewollte, das Begehrte, das Gedachte usw. – aber diese Autoaffektion, die meine Essenz definiert, ist nicht meine Sache. Und so affiziere ich mich absolut nicht, sondern ich bin autoaffiziert und auf diese Weise gezeugt als ein Selbst in der Autoaffektion des Lebens. Ich bezeichnet letzten Endes diesen Charakter des Autoaffiziertseins von dem singulären Selbst, das ich bin« (ebd., S. 305).

10 Ebd., S. 306. Michel Henry sucht bei Maine de Biran die Konstruktuion des Ego als »fundamentales Ich Kann«.

11 Michel Henry, *Incarnation. Une philosophie de la chair*, Paris: Seuil, 2000, S. 60.

12 Bekanntlich hatte M. Henry eine, gelinde gesagt, schwierige Beziehung zum Werk Freuds, in dem er nicht den Ursprung einer neuen Anthropologie mit dem Mittelpunkt des Unbewußten sah, sondern im Gegenteil die letzte Etappe einer Geschichte des Bewußtseins, wie es sich in der abendländischen Philosophie entwickelt hatte. Freud ist also für ihn ein »später Erbe« und die Psychoanalyse das letzte Unglück der »Philosophie des Bewußtseins«, das heißt einer Auffassung, welche die Erfahrung als die »Beziehung eines Subjekts zu einem Objekt« versteht, die auf einer »Ontologie der Darstellung« beruht. Nach Michel Henry nämlich wird das Freudsche Unbewußte definiert durch den Kontrast zum »repräsentativen Bewußtsein« als das, was diesem entgeht. Trotzdem zieht dieser Begriff, der auf reaktive Weise konstruiert ist, eine »nicht eingestandene Rückkehr zu einer Metaphysik der Darstellung« nach sich, zum Beispiel in der Auffassung des Affekts als »psychischer Repräsentant des Triebes«. Das Unbewußte, als Hinterwelt aufgefaßt, entlehnt dann dem Bewußtsein den größten Teil seiner Merkmale. Den Gegensatz zwischen Unbewußtem und Bewußtsein zu überwinden, darauf zielt genau der Begriff der Autoaffektion des Fleisches ab. (Vgl. Michel Henry, *Généalogie de la psychanalyse*, Paris: PUF, 1985. Die Zitate stammen aus der Einleitung des genannten Werks)

13 Augustin Berque, *Écoumène. Introduction à l'étude des milieux humains*, Paris: Belin, 2000, S. 20-25. Augustin Berque, der sein Werk zum Teil der japanischen Kultur (und vor allem der japanischen Landschaft) gewidmet hat, nähert chôra dem Begriff des Ortes (*basho*) bei Nischida Kitarô, der danach strebt, über die einfache Beziehung zwischen zwei Objekten hinauszugehen. Der Ort steht nicht nur in Beziehung zu dem Wesen, das er enthält: »Das Wesen wird in den Ort subsumiert, ohne den es nicht sein kann«. Diese »Logik des Ortes« ist auch eine »Logik des Prädikats«. Das Subjekt geht im Prädikat »verloren«. Augustin Berque macht es durch den folgenden Pseudo-Syllogismus verständlich: »Die Erde ist rund; die Orange ist rund; also ist die Erde die Orange«, indem die Identität des Prädikats »rund sein« die jeweiligen der Subjekte »die Erde« und »die Orange« subsumiert, bis »das Subjekt im Prädikat verlorengeht« (Augustin Berque, »Lieu et modernité chez Nischida«, in: *Anthropologie et Sociétés*, Bd. 22, Nr. 3, 1988, S. 23-34).

14 Die *chôra* gehört zum Problem des Unterschieds zwischen dem Wahrnehmbaren und dem Intelligiblen. »Der *chôrismos*, der von der *chôra* erstellt wird, gräbt die ursprüngliche *Kluft* zwischen den Formen und ihren Abbildern.« Ohne eine Vermittlung und wenn das Wahrnehmbare nur ein Abbild des Intelligiblen wäre, würde es sich mit ihm vermischen. *Chôra* tritt also auf als »eine kosmische *Differenzierungs*instanz, wo der Sinn im voraus bei der Eintragung des Intelligiblen ins Wahrnehmbare ausgearbeitet wird«, das geschieht auf »augenblickliche« Weise und ohne Appell ans Werden. Die *chôra* ist daher die »Gebärmutter des Traums« (dem die Operation des Zerkrümelns des Einen in das Vielfache gleichgesetzt wird) und auch die des »Mythos« in seiner Eigenschaft als »Quelle der symbolischen Bilder, die das Denken in den Archetypen verankern«. Sie ist einer »*camera obscura* vergleichbar, in der die Formen ihren Abdruck hinterlassen« (J.-F. Mattéi, *Platon ou le miroir du mythe*, Paris: PUF, 1996, S. 191-216).

15 Vgl. Luc Brisson, *Le même et l'autre dans la structure ontologique du Timée de Platon*, Paris: Klincksieck, 1974, S. 212.

16 Über den platonischen Ursprung des Begriffs »Gegend« bei Martin Heidegger vgl. J.-F. Mattéi, *Platon ou le miroir du mythe*, S. 199-200. Die Topologie der »Gegend« wird von Peter Sloterdijk in *Sphären I. Blasen*, Frankfurt/M.: Suhrkamp, 1998, wieder aufgenommen und weiterentwickelt.

17 »Die *chôra* ist also nicht der Raum als unbestimmte Leere: Sie erscheint eher als das räumliche Etwas, das die Konstitution des Phänomens erlaubt, indem es ihm Konsistenz gibt, wie die Gebärmutter das Stück Raum ist, das die Zeugung des Fötus erlaubt, indem sie ihm die nötige Nahrung liefert« (L. Brisson, *Le même et l'autre dans la structure ontologique du Timée de Platon*, S. 214).

18 Über die Unterscheidung zwischen *chôra* und *topos* vgl. vor allem Edward S. Casey, *The Fate of Place. A Philosophical History*, Berkeley: University of California Press, 1997, insbesondere S. 23-49.

19 Wenn ich also – um es mit einem Bild von Augustin Berque zu sagen – diesen Hügel mit dem Haus, das auf ihm steht, betrachte, hat das Haus am Hügel teil, wie der Hügel am Haus teilhat. Wenn ich nun das Haus nehme und es in die unterhalb liegende Ebene versetze (wie ein *mobil home*), ist der Hügel nicht mehr er selbst. Und dasselbe gilt für das Haus. Augustin Berque verwendet dieses Bild, um mit der Auffassung des Raumes als *topos* zu brechen, das heißt als Ort, der »von dem Ding getrennt ist, das beweglich ist, während er es nicht ist«. Im Gegenteil, sagt Berque, »die *chôra* ist ein Ort, der teilhat an dem, was sich an ihm befindet; und es ist ein dynamischer Ort, von dem aus etwas anderes geschieht, und nicht ein Ort, der das Ding in die Identität seines Seins einschließt« (A. Berque, *Écoumène*, S. 20-25).

20 Der Ort hat nicht das, was ihn als ein Objekt besetzt (was miteingeschlossen wäre, wenn man sagen würde »Der Hügel enthält ein Haus«). Ebenso ist der Ort nicht das Prädikat dessen, was ihn besetzt (was der Fall wäre, wenn man sagen würde »das Haus auf dem Hügel«).

21 J.-F. Mattéi, *Platon ou le miroir du mythe*, S. 209.

22 Platon, *Gesetze*, 789 e; zitiert nach *Sämtliche Werke*, Band 4, übers. von Hieronymus Müller und Friedrich Schleiermacher, Reinbek bei Hamburg: Rowohlt, 1994, S. 354.

23 Diese Operation – der Übergang von *chôra* zu *topos* – ist dieselbe wie die, welche mit fast unauflöslichen Banden das liberale Subjekt an das Ideal der *Mobilität* bindet.

24 In der Sprache von Paul Ricœur handelt es sich um »die präreflexive Bezichtigung des Ich«: »Auf dem Spiel steht bei der Analyse das Zumvorscheinkommen einer Hinsicht des Projekts, die wir die *präreflexive Bezichtigung des Ich* nennen könnten; es muß einen Bezug zu sich geben, der noch kein Blick auf sich ist, sondern eine bestimmte Art und Weise, sich auf sich selbst zu beziehen oder sich in bezug auf sich selbst zu verhalten, eine nicht spekulative, oder besser nicht spektakuläre Art und Weise: eine mit dem Akt selbst der Entscheidung streng gleichzeitige Implikation, die gewissermaßen ein Akt sich selbst gegenüber ist. [...] Die Sprache drückt diese doppelte und unteilbare Beziehung zu sich und zum Objekt eines Ziels durch transitive, reflexive Verben aus: ich entschließe *mich* zu..., ich stelle *mir* etwas vor, ich erinnere *mich* an..., ich freue *mich* auf... Lassen wir zunächst die Verschiedenheit der Beziehung zu sich beiseite, die in diese selbst unterschiedlichen Ausdrücke eingeschlossen ist; sie muß in Verbindung stehen mit der Verschiedenheit der intentionalen Beziehung. Es tritt schon zutage, daß dieser Bezug auf sich selbst, was er auch immer sein mag, nicht zu trennen ist vom Bezug auf das Projekt, das Vorgestellte,

das Erinnerte, das Freudige […]. Man muß als Ausgangspunkt ein weiter oben hervorgehobenes Merkmal des Projekts nehmen: entschließen, das heißt, eine *eigene* Aktion bezeichnen. Das Ich steht im Projekt als derjenige, der tun wird und der tun kann. Ich projiziere mich selbst in die auszuführende Aktion. Vor jeglicher Reflexion über das projizierende Ich ›stellt sich das Ich selbst in Frage‹, es reiht sich in den Plan der auszuführenden Aktion ein; es *engagiert sich* im wahren Sinn des Wortes« (Paul Ricœur, *Philosophie de la volonté*, Band 1, *Le volontaire et l'involontaire*, Paris: Aubier, 1988, S. 57).

25 Es sei darauf hingewiesen, daß in der Theorie der »Identität« von George H. Mead (die in gewisser Hinsicht der »Sympathie« in dem Sinn, in dem Adam Smith den Begriff in seiner *Theorie der moralischen Gefühle* entwickelt, sehr nahesteht) die Identität in eine Vielzahl von »Rollen« aufgeteilt ist (»diese Identität, die für sich selbst Objekt werden kann, ist im Grunde eine gesellschaftliche Struktur und erwächst aus der gesellschaftlichen Erfahrung«), was eine Verständigung zwischen den Personen möglich macht, insofern ihnen diese verinnerlichte Vielzahl erlaubt, sich durch die Vorstellungskraft an die Stelle eines anderen zu versetzen. Aber das stellt dann die Frage der Einheit der Identität. »Die organisierte Gemeinschaft oder gesellschaftliche Gruppe, die dem Einzelnen seine einheitliche Identität gibt, kann ›der (das) verallgemeinerte Andere‹ genannt werden« (George H. Mead, *Geist, Identität und Gesellschaft aus der Sicht des Sozialbehaviorismus*, übers. von Ulf Pacher, Frankfurt/M.: Suhrkamp, 2005, S. 182 und S. 196; die amerikanische Erstausgabe erschien 1934).

26 Den Kommentaren von Cyril Lemieux über einen ersten Entwurf dieser Erzählungen verdanke ich, daß ich die darin enthaltenen Entschuldigungen von den anderen Formen von Rechtfertigung unterschied. Sebastian McEvoy macht in seinem Kommentar zu Austin (John L. Austin, »A plea for excuses«, in: J. L. Austin, *Philosophical Papers*, Oxford: Oxford University Press, 1979, S. 175-204) auf zwei bedeutende Eigenschaften der Entschuldigungen aufmerksam: Sie sind gekennzeichnet durch ihre besonders ausgeprägte Form der *Verteidigung* als Erwiderung auf das, was ihnen implizit nicht nur als Kritik, sondern als Drohung erscheint; sie stützen sich weniger auf positiv ausgedrückte moralische Prinzipien (wie es bei den Rechtfertigungen der Fall ist) als auf nicht vom Willen des Akteurs abhängige äußere Zwänge, deren Art und Weise, die Aktion mißlingen zu lassen, vor Augen geführt wird – und zwar so gut, daß J. L. Austin befinden konnte, daß man ebenso viele verschiedene Arten des Mißlingens einer Aktion beschreiben kann, wie es Modalitäten der Entschuldigung dafür gibt (vgl. S. McEvoy, *L'invention défensive. Poétique, linguistique, droit*, Paris: Métailié, 1995).

27 *Fülle* und *Unruhe* spielen hier eine ähnliche Rolle wie *Leiden* und *Freude* in den Analysen von Michel Henry als Grenzzustände in dem Prozeß, in dem sich das Leben für sich selbst äußert. Im normalen Verlauf der Tage ist die Autoaffektion des Fleisches, die das »Selbst« zeugt, für sich selbst transparent, weil sie dem »Selbst« immanent ist, das seinerseits mit »Ich« zusammenfällt. Das »Sich-selbst-erleben« ergießt sich dann passiv in die Tatsache, sich selbst am Leben zu erleben. Aus diesem Grund hebt Michel Henry an dieser Stelle die »Extremfälle« hervor, die das Leiden und die Freude, von einer Affektivität ausgehend, als Gefühle aufgefaßt konstituieren, durch welche sich die Autoaffektion des Lebens sich selbst offenbart. Die Probe des Leidens, die nicht gesagt wird, äußert sich dann als »Wort« (wir stützen uns hier auf den Artikel

von Sébastien Laoureux, »Vers un régime de l'autoaffection? Remarques sur la possibilité de formaliser un régime de passivité«, erscheint demnächst).

28 Als Einführung zu einer der unvollkommenen Rationalität gewidmeten Studie bringt Jon Elster folgendes Beispiel: »Odysseus ist nicht vollkommen rational, denn ein rationaler Mensch hätte nicht diese List angewendet; er war aber auch nicht das passive und irrationale Spielzeug seines Willens und seiner schwankenden Wünsche, denn er war imstande, auf indirekte Weise zu erreichen, was eine rationale Person auf direkte Weise erreicht hätte.« (Jon Elster, *Le laboureur et ses enfants. Deux essais sur les limites de la rationalité*, Paris: Minuit, 1986, S. 101)

29 Zum Beispiel: »In manchen Fällen erscheint alles einleuchtend: die Hartnäckigkeit einer Frau, eines sterilen Paars, das um jeden Preis ein Kind will; rasche Entscheidung für ein Gesuch auf Schwangerschaftsabbruch. Und trotzdem... Man liest auf einer Akte ›Wunschkind‹. Die Frau sagt: ›Ich will es! Sicher will ich es!‹ Was sehen wir? Eine Frau, die sich ständig erbrechen muß, zwischen dem Wunsch zu behalten und wegzuwerfen, zwischen zwei gegensätzlichen Wünschen, zwischen dem Wunsch und der Angst« (Claude Revault d'Allonnes, *Être, faire, avoir un enfant*, Paris: Plon, 1991, S. 49).

30 Claude Revault d'Allonnes, »Le conflit ambivalentiel«, in: *Le mal joli. Accouchements et douleurs*, Paris: UGE, 1976, S. 348-352.

31 Gandhi berichtet in seiner Autobiographie, wie er als Gymnasiast unter dem Einfluß eines von den westlichen Gebräuchen faszinierten Freundes sich vornimmt, Fleisch zu essen: »Das Ziegenfleisch war zäh wie Leder, und ich bekam es nicht hinunter. Ja, mir wurde dermaßen übel, daß ich mich angewidert von dem Mahl wegschleichen mußte. Die Nacht darauf erging es mir schlimm. Ein fürchterlicher Alptraum ängstigte mich. Immer wieder, sobald ich einschlief, war es mir, als würde eine lebendige Geiß in mir blöken, und immer wieder fuhr ich empor, von Gewissensqualen gehetzt.« (Mahatma Gandhi, *His Own Story*, hrsg. von Charles Freer Andrews, New York: Macmillan Co., 1930; dt. Mahatma Gandhi, *Mein Leben*, übers. von Hans Reisiger, Frankfurt/M.: Suhrkamp, 2004, S. 21)

32 Über die Frage der Substanzen und der Spur des Vaters im Körper der Mutter vgl. F. Héritier, *Les deux sœurs et leur mère*, insbesondere S. 306-308.

33 L. Boltanski, *L'amour et la justice comme compétences*, 2. Teil, S. 135-252.

34 Auf die Möglichkeit, das Regime der *agape* und die Autoaffektion des Fleisches bei M. Henry zu vergleichen, brachte mich Sébastien Laoureux (vgl. den schon zitierten Text).

35 Eine Analyse der Liebe findet man bei Søren Kierkegaard, *Leben und Walten der Liebe*, Jena: Diederichs, 1924; 1. Ausgabe 1847.

36 Rosalie, Studentin, 25 Jahre, die dreimal abgetrieben hat (mit 18, 20 und 23 Jahren), spricht von ihren Reaktionen, als sie bei der dritten Abtreibung die Ultraschallaufnahme anschaute: »Beim letztenmal, da sah ich den Embryo. Die beiden anderen Male, da sah man nichts, aber beim letztenmal sah ich eine kleine Bohne, und das hat mich gepackt. Ich hätte gern gehabt, daß Jacques [ihr Freund] mitkommt, damit er's auch sieht, denn ich war völlig geschafft. Obwohl es nicht die Form eines Kindes hat, man sagt sich doch, da ist etwas, und ich glaube auch deshalb war ich das letztemal trauriger.«

37 Karine spricht von dem Gespräch mit der Beraterin: »Was mich gestört hat, war, daß

bei dem psychologischen Gespräch vor der Abtreibung versucht wurde, den Kern zu treffen, denn es hieß: Das ist keine Krankheit, das ist eine Abtreibung, du bist schwanger, du hast ein Kind in dir, also ich hatte überhaupt keine Lust, mir das alles anzuhören. Wie ich schon gesagt habe, vielleicht muß man das alles sagen, weil es etwas nützen kann, aber ich glaube, auch wenn die Frau, bei der ich war, aufgeschlossen war und kein bißchen Schuldgefühl aufdrängen wollte, habe ich es trotzdem so erlebt, ich habe trotzdem kein Schuldgefühl bekommen, aber ich hab es als eine Art Beschuldigung erlebt, obwohl es wahrscheinlich keine war.«

38 M. Bydlowski, *La dette de vie*, S. 21-22.

39 Monique Bydlowski macht eine ähnliche Feststellung für den allgemeineren Fall des Geburtsdatums, das oft in einer Logik interpretiert wird, »die an ein anderes Ereignis in der Vergangenheit erinnert«. Es kann sich um das Datum eines traumatischen Ereignisses handeln, wie in einem der Beispiele, die M. Bydlowski anführt, um das Datum eines totgeborenen Kindes oder um den Geburtstag eines Elternteils der Schwangeren, häufig ihrer Mutter (*La dette de vie*, S. 111-115).

40 Die Abtreibung läßt sich dann als eine Art Übergangsritus darstellen, der auf das verweist, was die Eltern im selben Alter machten, als wäre es nötig, daß man um Kinder und eine eheliche Verbindung fertigzubringen, denselben Weg zurücklegen müßte, den die gegangen sind, denen man »das Leben verdankt«. Ein Studentenpaar erklärt beim Beratungsgespräch als Antwort auf die Frage »Wie habt ihr reagiert, als ihr von der Schwangerschaft erfahren habt?«: »Wir haben sofort eine Ultraschallaufnahme gemacht, wir haben gut reagiert, ein bißchen verunsichert waren wir schon, wir haben alles sofort unseren Eltern gesagt, weil unsere Mütter im selben Alter auch eine Abtreibung hatten und dann noch gesunde Kinder bekamen […]. Das war vor uns, und sie hatten beschlossen, nicht deshalb zu heiraten, aber unsere Eltern sind immer noch zusammen.« (Krankenhaus, Provinz)

41 Über die fluktuierende Bewegung zwischen der Analyse der Interpretationen, welche die Personen von ihren Praktiken geben, und dem konstruktivistischen Vorgehen, das eine Grammatik dieser Praktiken zusammenstellen will, vgl. Jocelyn Benoist und Bruno Karsenti (Hg.), *Phénoménologie et sociologie*, Paris: PUF, 2001 (insbesondere den Beitrag von Dany Trom, »Comment décrire un objet disputé?«, S. 65-82).

Schluß

1 Meredith W. Michaels, »Fetal galaxies: some questions about what we see«, in: L. M. Morgan, M. W. Michaels, *Fetal Subjects, Feminist Positions*, Philadelphia: University of Pennsylvania Press, 1999, S. 131 (vgl. über eine allgemeine Stellungnahme zu dem Problem auch die von den beiden Herausgeberinnen unterzeichnete Einleitung).

2 Vgl. Luc Boltanski, »Nécessité et justification«, in: *Revue économique*, Bd. 53, Nr. 2, März 2002, S. 275-289.

3 Vgl. insbesondere Leon Festinger, Henry W. Riecken und Stanley Schachter, *When Prophecy Fails*, Minneapolis: University of Minnesota Press, 1956; einen allgemeinen Überblick über die amerikanische Sozialpsychologie der Jahre von 1930-1950 vermittelt der ausgezeichnete Band von Eleanor Maccoby, Theodor Newcomb und Eugene Hartley (Hg.), *Readings in Social Psychology*, New York: Holt, Rinehart and Winston,

1958 (3. Auflage). In ihm befindet sich auch ein Artikel von Festinger, der in einer Zusammenfassung die Theorie der »kognitiven Dissonanz« darstellt.

4 Im ganzen Werk Erving Goffmans und vor allem in *Wir alle spielen Theater*, München: Piper, 1983 und 2003.

5 Bekanntlich muß der Mythos für Lévi-Strauss ein logisches Modell liefern, um einen Widerspruch zu lösen, vor allem durch eine fortschreitende Vermittlung, die darin besteht, zwischen die Pole des Widerspruchs Zwischen-Kategorien einzufügen. Vgl. Claude Lévi-Strauss, *Mythologica IV. Der nackte Mensch 2*, Frankfurt/M.: Suhrkamp, 1975 (insbesondere das »Finale«, S. 733 ff.).

6 Georges Duby, *Les trois ordres ou l'imaginaire du féodalisme*, Paris: Gallimard, 1978 (dt. *Die drei Ordnungen. Das Weltbild des Feudalismus*, übers. von Grete Osterwald, Frankfurt/M.: Suhrkamp, 1981).

7 Man könnte in diesem Fall von »gutgemeinten Täuschungsmanövern« im Sinn Erving Goffmans sprechen: *Rahmenanalyse. Ein Versuch über die Organisation von Alltagserfahrungen*, Frankfurt/M.: Suhrkamp, 1980, S. 98 ff.

8 Laurent Thévenot, »Les investissements de forme«, in: *Conventions économiques. Cahiers du Centre d'études d'emploi*, Paris: PUF, 1985, S. 21-72.

9 Jean-Michel Chaumont, *La concurrence des victimes. Génocides, identité, reconnaissance*, Paris: La Découverte, 1997 (dt.: *Die Konkurrenz der Opfer. Genozid, Identität und Anerkennung*, Lüneburg: Zu Klampen, 2001).

10 Gewisse Praktiken kann man tatsächlich bedauern und versuchen, etwas zu tun, damit sie nicht mehr oder möglichst selten vorkommen, indem man Maßnahmen in die Wege leitet, die nicht unbedingt über ein gesetzliches Verbot laufen müssen. Das sieht man zum Beispiel im Fall des Tabakkonsums oder dem des Alkoholismus. Dieselbe Art von Diskussion findet in bezug auf die leichten Drogen statt.

11 Nach der periodischen Umfrage über die »Werte der Franzosen« waren es 1999 13 %, die die Abtreibung unter allen Umständen verurteilten. Dieser Prozentsatz verringerte sich von 1981 (20 %) bis 1999 um sieben Prozent. Obwohl diejenigen, die die Abtreibung verurteilen, immer noch zum großen Teil unter den Älteren zu suchen sind, verringert sich ihre Zahl in der angegebenen Zeit bei allen Altersstufen. Vgl. Pierre Bréchon (Hg.), *Les valeurs des Français. Évolutions de 1980 à 2000*, Paris: Armand Clolin, 2000, S. 49-51 und S. 157-163.

12 Zu einer Analyse des Verfalls der katholischen Kultur in ihren traditionellen Formen und vor allem ihrer Beziehung zur Sexualität und zur Fortpflanzung im heutigen Frankreich vgl. Danièle Hervieu-Léger, *Catholicisme, la fin d'un monde*, Paris: Bayard, 2003, S. 215-247.

13 Zu einer Diskussion der Zwänge, die die Herstellung neuer menschlicher Wesen im Hinblick auf eine Moral belasten, die als äußerstes Prinzip den Willen Gaias haben soll, vgl. David Heyd, *Genethics. Moral Issues in the Creation of People*, Berkeley: University of California Press, 1994, S. 203-210.

14 Dominique Bourg, *Les scénarios de l'écologie*, Paris: Hachette, 1996, S. 51-56.

15 Die Hypothese einer radikalen Verringerung der Anzahl der Menschen erscheint Françoise Héritier durchaus glaubwürdig. In einem Kommentar zu einem Artikel von Max Singer (»Vers un monde moins peuplé que les États Unis?«, in: *La Recherche*, 327, Januar 2000, S. 84-87) erklärt sie: »Ich würde mich gern den Hypothesen des amerikanischen Demographen Max Singer anschließen, der keineswegs die kata-

strophalen Hypothesen unterschreibt, die von einem übermäßigen Wachstum der Weltbevölkerung im 21. Jahrhundert aufgrund der unkontrollierten Fruchtbarkeit in den armen Ländern sprechen, sondern denkt, daß wir im Gegenteil durch die Verbreitung der empfängnisverhütenden Techniken, die sich überall entwickelnde Erziehung der Frauen, den Rückgang der Kindersterblichkeit und den Machtzuwachs des Wohlstandsbegriffs es mit einer Verminderung der Weltbevölkerung zu tun haben werden. Es wird einige Zeit dauern, aber die Entwicklung geht in die Richtung der Emanzipation der Frauen, wie auch die wirtschaftlichen Interessen weltweit in dieselbe Richtung gehen« (Interview mit Françoise Héritier, »Privilège de la féminité et domination masculine«, in: *Esprit*, März/April 2001, S. 77-95).

16 Vgl. Dominique Memmi, *Faire vivre et laisser mourir*, Paris: La Découverte, 2003, S. 190-198.

17 Vgl. Artikel 3 des ersten Titels des Gesetzes Nr. 2001-588 vom 4. Juli 2001 und die Durchführungsbestimmung Nr. 2002-796 vom 3. Mai 2002 (ein Erlaß zu seiner Vervollständigung sollte 2004 erscheinen). Die gesetzlichen Verordnungen legen folgendes fest: Außer in einem öffentlichen Krankenhaus kann ein freiwilliger Schwangerschaftsabbruch nur vorgenommen werden im Rahmen eines Übereinkommens zwischen einem Praxisarzt, der befugt ist, in öffentlichen Strukturen einen Schwangerschaftsabbruch durchzuführen, und einem öffentlichen oder privaten Krankenhaus, das einem Übereinkommen entspricht, wie es der Erlaß von 2002 vorsieht. Diese Verordnungen dürfen bei Frauen mit negativem Rhesusfaktor nicht angewendet werden. Die so im Rahmen eines Übereinkommens praktizierten Eingriffe werden ausschließlich auf medikamentösem Weg durchgeführt, entsprechend den von der ANAES als rechtsgültig erklärten Hinweisen. Der Arzt ist verpflichtet, die schriftliche Zustimmung der Frau einzuholen, deren Schwangerschaftsmonat und physischer wie psychischer Zustand einen medikamentösen Schwangerschaftsabbruch zu Hause zulassen. Eine Kontrolluntersuchung ist innerhalb zehn oder vierzehn Tagen nach dem Eingriff durchzuführen.

18 Nach diesem Übereinkommen müssen die für die Patientinnen bestimmten Anwendungsprozeduren zahlreiche Bedingungen erfüllen, die in einem (momentan durch die ANAES rechtsgültig gemachten) Protokoll niedergelegt sind; folgende gesetzliche Bedingungen sind zu berücksichtigen: die Frist für die reifliche Überlegung, die schriftliche Zustimmung der Patientin zu einem Schwangerschaftsabbruch und dazu, daß er ohne Krankenhausaufenthalt vorgenommen wird, dazu kommt eine Anzahl von Kriterien: Die Schwangerschaft darf nicht älter sein als achtundvierzig Tage seit der letzten Regelblutung, die Patientin muß imstande sein, die Anweisungen zu befolgen, sie muß über eine Wohnung mit der erforderlichen Grundausstattung (Toilette, Telefon) verfügen und eine Vertrauensperson haben, die einige Stunden bei ihr bleibt, sie darf nur eine knappe Stunde weit von dem Krankenhaus entfernt wohnen, das sie im Notfall aufnimmt. Ausgenommen sind: vorzugsweise die Minderjährigen, obwohl es in den Durchführungsbestimmungen nicht eigens angeführt wird, die Zwillingsschwangerschaften, die Frauen mit medizinischen Problemen, die zu Komplikationen führen könnten, die »psychologisch fragilen« Frauen.

19 Das ist beispielsweise die Schlußfolgerung einer vor kurzem im Rahmen einer Magisterarbeit vorgelegten Studie; sie stützt sich auf eine Reihe von Gesprächen mit

Frauen, die eine Abtreibung hinter sich haben, und stellt fest, daß das »Schuldgefühl« weiterbesteht und bei den befragten Frauen in der Gegenwart sogar zugenommen hat im Vergleich zu der Zeit vor dem Gesetz von 1975. Die Verfasserin schließt daraus, daß sich die traditionelle Vorstellung der Mutterschaft wieder verstärkt hat. (Viviane Albenga, *Le sentiment de culpabilité des femmes confrontées à l'avortement depuis sa législation en France en 1975*, Abschlußarbeit, Institut d'études politiques de Lyon, 2002 [wir danken Marie-Rose Lagrave, die uns diese Arbeit zukommen ließ]).

20 Bernard Yack, *The Longing for Total Revolution. Philosophic Sources of Social Discontent from Rousseau to Marx and Nietzsche*, Princeton: Princeton University Press, 1986.

21 Die eigentlich politische Veränderung muß unter diesen Bedingungen als das mechanische Ergebnis der totalen Revolution verstanden werden, und nicht als deren Ursprung. Das Streben nach der totalen Revolution nimmt daher einen historizistischen Charakter an. Jedes Phänomen muß, um verstanden zu werden, nicht auf eine menschliche Natur bezogen werden, sondern auf seinen historischen Kontext. Jeder historische Augenblick hat seinen besonderen »Geist«, den isoliertes individuelles Handeln nicht zu ändern vermag. Nur ein globales Handeln kann die Welt verändern. Aber die globale Veränderung ist selbst einer theoretischen Arbeit untergeordnet, um herauszufinden, was in der historischen Welt, so wie sie sich gibt, die hauptsächliche Quelle des Unmenschlichen bildet.

22 Vgl. Luc Boltanski, »The left after May 1968 and the longing for total revolution«, in: *Thesis Eleven*, Nr. 69, Mai 2002, S. 1-20.

23 Zu einer Analyse dieser Utopie und vor allem ihren Äußerungen in Filmen und Fernsehserien vgl. die Arbeit der Ethnologin und Psychiaterin Marika Moisseeff und insbesondere den Artikel, in dem sie eine offensichtlich imaginäre Ethnie – die Dentcicos – beschreibt, bei der die neuen Menschenwesen »außerhalb des Mutterleibs« hergestellt werden (vgl. Marika Moisseeff, »Une figure de l'altérité chez les Dentcico ou la maternité comme puissance maléfique«, in: J.-L. Jamard, E. Terray, M. Xanthakou (Hg.), *En substances. Textes pour Françoise Héritier*, Paris: Fayard, 2000, S. 471-489).

24 Die Möglichkeit eines sequenziellen Richtungswechsels in der Sexualität steht im Mittelpunkt der *Queer Theory* und ihren politischen Ausläufern. Die *Queer*-Positionen, die in den neunziger Jahren besonders im Werk von Judith Butler auftraten, trachten danach, den Glauben radikal in Frage zu stellen, daß die Sexualität normalen und natürlichen Charakters ist, und dadurch den Körper, das Verlangen, die Familienbeziehungen, den Gegensatz zwischen Öffentlichem und Privatem oder die Unterscheidung dessen, was in den sexuellen und was in den politischen Bereich gehört, neu zu überdenken. Die *queer*-Haltung beabsichtigt, sich damit den vorhergehenden Formen des Feminismus oder der Schwulen entgegenzustellen, vor allem in dem Sinn, als diese die Problematik der Sexualität von der des Geschlechts zu trennen neigen. Gegen die Formen sexueller Identitäten, die mit politischen Forderungen nach Identitätsanerkennung verbunden sind, deren kategoriale Stabilisierung in Archetypen als politisch nützlich erachtet wird, obwohl als »essentialistisch« kritisiert, hebt die *Queer Theory* (die sich auf den Poststrukturalismus bezieht) die *Fragmentation* und die *fließenden Übergänge* der Identitäten hervor, insbesondere der sexuellen Identitäten, wie sie sich im Schwanken zwischen den Richtungen oder der

Wahl verschiedener sexueller Objekte äußern (vgl. zu einer Diskussion der *Queer Theory* Diane Richardson, *Rethinking Sexuality*, London: Sage, 2000, S. 35-50).

25 J. Habermas, *Die Zukunft der menschlichen Natur*.

26 M. Iacub und P. Jouannet (Hg.), *Juger la vie*.

27 M. Iacub, *Penser les droits de la naissance*.

28 Vgl. L. Boltanski, *Les cadres. La formation d'un groupe social*, insbesondere die Stellen des Buchs, die das Modell der fließenden Kategorisierung von Eleanor Rosch auf die Frage der sozialen Klassen anwenden.

29 Maurice Godelier, »La sexualité est toujours autre chose qu'elle-même«, in: *Esprit*, März/April 2001, S. 96-104.

30 Wie die Anthropologin Faye Ginsburg zeigt, die die Konflikte um die Abtreibung Mitte der 80er Jahre in einer kleinen Stadt in Norddakota (Fargo) untersuchte, entwickeln die Anhängerinnen der Pro-life-Bewegung in den USA, die sich auf den Feminismus berufen – es sind sehr viele unter ihnen –, das Argument, daß ein leichter Zugang zur Abtreibung die Macht der Frauen verringert, da er den Männern zu einer von jeglicher emotionalen und finanziellen Verantwortung befreiten sexuellen Tätigkeit verhilft, was die Folgen für die Fortpflanzung betrifft, und ihnen infolgedessen auch gestattet, das Interesse der Frauen, mit denen sie Sexualverkehr haben, völlig außer acht zu lassen. Sie sehen also in der Abkoppelung der Sexualität von der Zeugung, die der freie Zugang zur Abtreibung begünstigt, eine Äußerung der männlichen Herrschaft, die sich in die Richtung eines egoistischen Individualismus bewegt, wofür zum Beispiel die Zunahme der Frauen, die ihr Kind allein aufziehen, insbesondere in den armen afroamerikanischen Milieus, ein deutliches Zeichen sein soll. Deshalb haben sie zum Ziel, erneut einen Rahmen aufzubauen, in dem der Sinn der Nähe zwischen Sexualität und Zeugung wenigstens über den kognitiven Modus wiederhergestellt wird (F. Ginsburg, *Contested Lives*, vor allem S. 214-215).

31 Über die tiefgreifenden Veränderungen im anthropologischen Bereich, die die Verbreitung des jüdischen und christlichen Universalismus im Römischen Reich begleiten, vgl. P. Brown, *The Body and Society*. Diese Veränderungen betreffen nicht nur die Frage der Sklaverei oder die der Selektion der Neugeborenen, von denen wir schon gesprochen haben, sondern auch die Beachtung des typisch weiblichen Leidens, das von der patriarchalischen römischen Ideologie verheimlicht worden war: »Es ist eine Welt [die römische], die wir unter einem entschieden männlichen Gesichtspunkt kennen. Die gebildeten Griechen und Römer waren von vielen Dingen umgeben, die sie weder sehen noch ausdrücken wollten. Das erlesene Ideal des guten ehelichen Einvernehmens wollte von den mit der Entbindung verbundenen Plagen, Schmerzen und Krankheiten nichts wissen. Die Ehe war im Sinn einer höher stehenden Satzung der Polis einverleibt. Doch in der Schlacht der Polis gegen den Tod kämpften die Frauen von zwanzig bis dreißig Jahren in der vordersten Linie. […] Man mußte auf die christlichen Traktate über die Jungfräulichkeit warten, damit der körperliche Zustand der verheirateten Frau öffentlich erwähnt wurde – die Gefahren bei der Entbindung, die Schmerzen an den Brüsten beim Stillen, die Ansteckung durch die Krankheiten der Kinder, die schreckliche Schande der Unfruchtbarkeit und die Demütigung, in der Zuneigung des Ehemanns von den Dienerinnen ersetzt zu werden« (S. 48-49).

Verzeichnis der Abkürzungen

ANAES: Agence nationale d'accreditation et d'évaluation en santé – *Nationales Informationszentrum über die Rechte der Frau*

ANEA: Association Nationale pour l'Étude de l'Avortement – *Nationale Vereinigung zum Studium der Abtreibung*

CNDP: Commission nationale du débat publique – *Nationale Kommission der öffentlichen Debatte*

CNRS: Centre nationale de la recherche scientifique – *staatlich finanziertes Zentrum für die wissenschaftliche Forschung*

DDASS: Direction départementale des affaires sanitaires et sociales – *Departementsdirektion für Gesundheit und Sozialwesen*

EHESS: École des hautes études en sciences sociales – *Sozialwissenschaftliche Hochschule*

ENS: École normale supérieure

ESF: Enquête sur les situations familiales – *Umfrage über die Lage in den Familien*

FNSP: Fondation Nationale des Sciences Politiques – *Staatliche Fondation für politische Wissenschaften*

INED: Institut national d'études démographiques – *Statistisches Landesamt für Bevölkerungsentwicklung*

INSEE: Institut national de la statistique et des études économiques – *Landesamt für Statistik und Wirtschaftsstudien*

INSERM: Institut de la santé et de la recherche médicale – *Nationales Institut für Gesundheit und medizinische Forschung*

MLAC: Mouvement pour la Libération de l'Avortement et de la Contraception – *Bewegung für die Liberalisierung der Abtreibung und der Empfängnisverhütung*

MLF: Mouvement de libération des femmes – *Bewegung für die Befreiung der Frauen*

Bibliographie

Agamben, Giorgio, *Homo sacer. Die souveräne Macht und das nackte Leben*, Frankfurt/M.: Suhrkamp, 2002.

Albenga, Viviane, *Le sentiment de culpabilité des femmes confrontées à l'avortement depuis sa légalisation en France en 1975*, Abschlußarbeit: Institut d'études politiques de Lyon, 2002.

Alcorn, Randy, *Pro Life Answers to Pro Choice Arguments*, Grand Rapids: Multnomah, 1984.

Alès, Cathérine, »A story of an unspontaneous generation«, in: S. Beckerman, P. Valentine (Hg.), *Cultures of Multiple Fathers. The Theory and Practice of Partible Paternity in Lowland South America*, Gainesville: University of Florida Press, 2002, S. 62-85.

–, »Pourquoi les Yanomami ont-ils des filles?«, in: M. Godelier, M. Panoff (Hg.), *La production du corps. Approches anthropologiques et historiques*, Amsterdam: Overseas Publishers Association, Édition des Archives Contemporaines, 1998, S. 281-315.

Alexandre-Bidon, Danièle und Didier Lett, *Les enfants au Moyen Âge, V-XV siècle*, Paris: Hachette, 1997.

Ambroselli, Claire und Gérard Wormser, *Du corps humain à la dignité de la personne. Genèse, débats et enjeux des lois d'éthique médicale*, Paris: CNDP, 1999.

Anagnost, Ann, »A surfeit of bodies: population and the rationality in the state in post-Mao China«, in: F. D. Ginsburg, R. Rapp (Hg.), *Conceiving the New World Order. The Global Politics of Reproduction*, Berkeley: University of California Press, 1995, S. 22-41.

Archard, David und Colin M. Macleod (Hg.), *The Moral and Political Status of Children*, Oxford: Oxford University Press, 2002.

Arendt, Hannah, *Vita activa oder Vom tätigen Leben*, München: Piper, 1967 (2002).

–, *Über die Revolution*, München: Piper, 1963 (2000).

–, *The Origins of Totalitarianism*, New York: Harcourt, 1951; dt.: *Elemente und Ursprünge totaler Herrschaft*, München: Piper, 2003.

Ariès, Philippe, *L'enfant et la vie familiale sous l'Ancien Régime*, Paris: Plon, 1960.

Aristoteles, *Nikomachische Ethik*, hg. und übers. von Franz Dirlmeier, Stuttgart: Reclam, 2004.

–, *Vom Werden und Vergehen*, hg. und übers. von Thomas Buchheim, Berlin: Akademie Verlag, 2005.

Arneil, Barbara, »Becoming versus being: a critical analysis of the child in liberal theory«, in: D. Archard, C. M. Macleod (Hg.), *The Moral and Political Status of Children*, Oxford: Oxford University Press, 2002, S. 70-96.

Atlan, Henri, Marc Augé, Mireille Delmas-Marty, Roger-Pol Droit und Nadine Fresco, *Le clonage humain*, Paris: Seuil, 1999.

Aubenque, Pierre, *Le problème de l'être chez Aristote*, Paris: PUF, 1997.

Audard, Catherine (Auswahl der Texte und Einführung), *Anthologie historique et critique de l'utilitarisme*, 3 Bde., Paris: PUF, 1999.

Austin, John L., »A plea for excuses«, in: J. L. Austin, *Philosophical Papers*, Oxford: Oxford University Press, 1979, S. 175-204.

–, *How to Do Things with Words*, Oxford: Oxford University Press, 1962; dt.: *Zur Theorie der Sprechakte*, Stuttgart: Reclam, 1972.

Authier-Roux, Frédéric, *Ces bébés passés sous silence. À propos des interruptions médicales de grossesse*, Ramonville-Saint-Agne: Érès, 1999.

Bachelot, Annie, »Aspects psychologiques de la grossesse non prévue«, in: N. Bajos, M. Ferrand u. a., *De la conception à l'avortement. Sociologie des grossesses non prévues*, Paris: INSERM, 2002, S. 77-114.

Bajos, Nathalie, Michèle Ferrand u. a., *De la conception à l'avortement. Sociologie des grossesses non prévues*, Paris: INSERM, 2002.

Barret-Kriegel, Blandine, *Les droits de l'homme*, Paris: PUF, 1995.

Bataille, Georges, *L'erotisme*, Paris: UGE, 1974; dt.: *Die Erotik*, übers. von Gerd Bergfleth, München: Matthes & Seitz, 1994.

Bazin, Jean, »Guerre et servitude à Ségou«, in: C. Meillassoux (Hg.), *L'esclavage en afrique précoloniale*, Paris: Maspero, 1975, S. 135-181.

Beaud, Jean-Pierre, *Le droit de vie et de mort. Archéologie de la bioéthique*, Paris: Aubier, 2001.

Beauvalet-Boutouyrie, Scarlett, *Naître à l'hôpital au XIXe siècle*, Paris: Belin, 1999.

Benoist, Jocelyn und Bruno Karsenti (Hg.), *Phénoménologie et sociologie*, Paris: PUF, 2001.

Benveniste, Émile, *Problèmes de linguistique générale*, Paris: Gallimard, 1966; dt.: *Probleme der allgemeinen Sprachwissenschaft*, übers. von Wilhelm Bolle, München: Paul List Verlag, 1974.

Berlin, B., D. E. Breedlove und P. H. Raven, »Covert categories and folk taxinomies«, in: *American Anthropologist*, 72 (2), April 1968, S. 290-299.

Bermudez, Jose Louis, »The moral significance of birth«, in: *Ethics*, 106, Januar 1999, S. 378-403.

Berque, Augustin, *Écoumène. Introduction à l'étude des milieux humains*, Paris: Belin, 2000.

–, »Lieu et modernité chez Nischida«, in: *Anthropologie et Sociétés*, Bd. 22, Nr. 3, 1988, S. 23-34.

Bessy, Christian und Francis Chateauraynaud, *Experts et faussaires*, Paris: Métailié, 1994.

Binoche, Bertrand, *Critiques des droits de l'homme*, Paris: PUF, 1989.

Blank, Robert H., »Reproductive technology: pregnant women, the fœtus and the courts«, in: J. C. Merrick, R. H. Blank (Hg.), *The Politics of Pregnancy. Policy Dilemmas in the Maternal-Fetal Relationship*, New York: Haworth Press Inc., 1993, S. 1-18.

Bloch, Maurice und S. Guggenheim, »Compadrazgo, baptism and the symbolism of a second birth«, in: *Man*, 16, 1981, S. 376-386.

Boltanski, Jean-Élie, *Nouvelles directions en phonologie*, Paris: PUF, 1999.

–, *La révolution chomskyenne et le langage*, Paris: L'Harmattan, 2002.

Boltanski, Luc, *L'amour et la justice comme compétence*, Paris: Métailié, 1990.

–, *La souffrance à distance*, Paris: Métailié, 1993.

–, *Les cadres. La formation d'un groupe social*, Paris: Minuit, 1982.

–, »Nécessité et justification«, in: *Revue économique*, Bd. 53, Nr. 2, März 2002, S. 275-289.

–, *Prime éducation et morale de classe*, Paris: Mouton, 1969.

–, »The left after May 1968 and the longing for total revolution«, in: *Thesis Eleven*, Nr. 69, Mai 2002, S. 1-20.

– und Laurent Thévenot, *De la justification*, Paris: Gallimard, 1991.

– und Ève Chiapello, *Le nouvel esprit du capitalisme*, Paris: Gallimard, 1999; dt.: *Der neue Geist des Kapitalismus*, übers. von Michael Tillmann, Konstanz: UVK, 2003 und 2006.

Boswell, John, *The Kindness of Strangers: The Abandonment of Children in Western Europe from Late Antiquity to the Renaissance*, Chicago: University of Chicago Press, 1998.

Bourdieu, Pierre, *Esquisse d'une théorie de la pratique*, Genf: Droz, 1972; dt.: *Entwurf einer Theorie der Praxis auf der ethnologischen Grundlage der Kabylischen Gesellschaft*, Frankfurt/M.: Suhrkamp, 1972.

–, *La distinction*, Paris: Minuit, 1979; dt.: *Die feinen Unterschiede. Kritik der gesellschaftlichen Urteilskraft*, übers. von Bernd Schwibs, Frankfurt/M.: Suhrkamp, 1982.

–, *La domination masculine*, Paris: Seuil, 1997; dt.: *Die männliche Herrschaft*, übers. von Jürgen Bolder, Frankfurt/M.: Suhrkamp, 2005.

– und Luc Boltanski, »Le titre et le poste«, in: *Actes de la recherche en sciences sociales*, (2), 1975, S. 95-107.

– und Alain Darbel, »La fin d'un malthusianisme?«, in: Darras, *Le partage des bénéfices*, Paris: Minuit, 1966, S. 135-155.

Bourg, Dominique, *Les scénarios de l'écologie*, Paris: Hachette, 1996.

Boyle, Mary, *Re-thinking Abortion*, London: Routledge, 1997.

Bréchon, Pierre (Hg.), *Les valeurs des Français. Évolutions de 1980 à 2000*, Paris: Armand Colin, 2000.

Brisson, Luc, *Le même et l'autre dans la structure ontologique du Timée de Platon*, Paris: Klincksieck, 1974.

Brown, Peter, *The Body and Society. Men, Women, and Sexual Renunciation in Early Christianity*, Stanford: Columbia University Press, 1988; dt.: *Die Keuschheit der Engel. Sexuelle Entsagung, Askese und Körperlichkeit im frühen Christentum*, München: dtv, 1994.

Buechler, Hans C., *The Bolivian Aymara*, New York: Holt, Rinehart & Winston, 1971.

Bydlowski, Monique, *La dette de vie. Itinéraire psychanalytique de la maternité*, Paris: PUF, 1997.

Canto-Sperber, Monique, *L'inquiétude morale et la vie humaine*, Paris: PUF, 2001.

Carbonne, Bruno, »L'interruption médicale de grossesse, comment ça se passe?«, in: *Études sur la mort*, Sondernummer: *L'euthanasie fœtale*, 1999, S. 23-31.

Carol, Anne, *Histoire de l'eugénisme en France. Les médecins et la procréation, XIXe-XXe siècle*, Paris: Seuil, 1995.

Casey, Edward S., *The Fate of Place. A Philosophical History*, Berkeley: University of California Press, 1997.

Casper, Monica J., *The Making of the Unborn Patient. A Social Anatomy of Fetal Surgery*, New Brunswick: Rutgers University Press, 1998.

Castel, Robert und Claudine Haroche, *Propriété privée, propriété sociale, propriété de soi. Entretiens sur la construction de l'individu moderne*, Paris: Fayard, 2001.

Castro, Ginette, *Radioscopie du féminisme américain*, Paris: Presses de la FNSP, 1984.

Cavalieri, Paola und Peter Singer (Hg.), *The Great Ape Project*, New York: St. Martin's Griffin, 1993.

Cayla, Olivier und Yan Thomas, *Du droit de ne pas naître. À propos de l'affaire Perruche*, Paris: Gallimard, 2002.

–, »Le coup d'état de droit?«, in: *Le Débat,* Nr. 100, 1998, S. 108-133.

Centre catholique des médecins français (Hg.), *Avortement et respect de la vie*, Paris: Seuil, 1972.

Chalvon-Demersay, Sabine, »Une société élective. Scénarios pour un monde de relations choisies«, in: *Terrain*, Nr. 27, September 1996, S. 81-100.

Champenois-Rousseau, Bénédicte, *Éthique et moralité ordinaire dans la pratique du diagnostic prénatal*, Doktorarbeit im Fachbereich »Sozioökonomie der Innovation« unter der Leitung von Madeleine Akrich, École nationale supérieur des mines, Centre de sociologie de l'innovation, Paris 2003.

Chatel, Marie-Magdaleine, *Malaise dans la procréation. Les femmes et la médecine de l'enfantement*, Paris: Albin Michel, 1993.

Chaumont, Jean-Michel, *La concurrence des victimes. Génocides, identité, reconnaissance*, Paris: La Découverte, 1997; dt.: Die *Konkurrenz der Opfer. Genozid, Identität und Anerkennung*, Lüneburg: Dietrich zu Klampen, 2001.

Chevalier, Louis, *Classes labourieuses et classes dangereuses à Paris pendant la première moitié du XIXe siècle*, Paris: Plon, 1958.

Christin, Olivier, *Le prix de religion*, Paris: Seuil, 1997.

Claverie, Élisabeth, »La naissance d'une forme politique: l'affaire du Chevalier de La Barre«, in: P. Roussin (Hg.), *Critique et affaires de blasphème à l'époque des Lumières*, Paris: Honoré Champion, 1998.

–, *Les guerres de la Vierge. Une anthropologie des apparitions*, Paris: Gallimard, 2003.

– und Pierre Lamaison, *L'impossible mariage*, Paris: Hachette, 1973.

Cohen, Jan L., »Harcèlement sexuel: les dilemmas de la législation américaine«, in: *Esprit*, März/April 2001, S. 137-155.

Cohen, Larry und Susan Roth, »Coping with Abortion«, in: *Journal of Human Stress*, Nr. 34, 1984, S. 140-144.

Condit, Celeste Michelle, *Decoding Abortion Rhetoric*, Urbana: University of Chicago Press, 1990.

Condon, Richard G., *Inuit Youth: Growth and Change in the Canadian Arctic*, New Brunswick: Rutger University Press, 1987.

Congourdeau, Marie-Hélène (Hg.), *L'enfant à naître*, Paris: Migne, 2000.

Cusso, Roser, *La démographie dans le modèle de développement de la Banque mondiale: entre la recherche, le contrôle de la population et les politiques néolibérales*, Doktorarbeit an der EHESS unter der Leitung von Hervé Le Bras, Paris 2001.

Darmon, Pierre, *Le mythe de la procréation à l'âge baroque*, Paris: Seuil, 1981.

Déchaux, Jean-Hugues, »Dynamique de la famille: entre individualisme et appartenance«, in: O. Galland, Y. Lemel (Hg.), *La nouvelle société française. Trente années de mutation*, Paris: Armand Colin, 1998, S. 60-89.

Delmas-Marty, Mireille, *Pour un droit commun*, Paris: Seuil, 1994.

Derathé, Robert, *Jean-Jacques Rousseau et la science politique de son temps*, Paris: Vrin, 1970.

Descola, Philippe, *La nature domestique. Symbolisme et praxis dans l'écologie des Achuar*, Paris: Éditions de la Maison des sciences de l'homme, 1986.

–, *Les lances du crépuscule*, Paris: Plon, 1998.

Devereux, George, *A Study of Abortion in Primitiv Society*, New York: International Universities Press, 1955.

Dombrowski, Daniel A., *Babies and Beasts. The Argument from Marginal Cases*, Chicago: University of Illinois Press, 1997.

Dourlen-Rollier, Anne-Marie, *La vérité sur l'avortement, deux enquêtes inédites*, Paris: Maloine, 1963.

Duby, Georges, *Les trois ordres ou l'imaginaire du féodalisme*, Paris: Gallimard, 1978; dt.: *Die drei Ordnungen. Das Weltbild des Feudalismus*, übers. von Grete Osterwald, Frankfurt/M.: Suhrkamp, 1981.

Ducrot, Oswald und Jean-Marie Schaeffer, *Nouveau dictionnaire encyclopédique des sciences du langage*, Paris: Seuil, 1995.

Duden, Barbara, *Der Frauenleib als öffentlicher Ort. Vom Mißbrauch des Begriffs Leben*, Hamburg: Luchterhand, 1991.

Dupont, Florence und Thierry Éloi, *L'érotisme masculin dans la Rome antique*, Paris: Belin, 2001.

Dworkin, Ronald, *Life's Dominion. An Argument about Abortion, Euthanasia, and Individual Freedom*, New York: Knopf, 1993.

Edelman, Bernard, *La personne en danger*, Paris: PUF, 1999.

Edgerton, Samuel, *Pictures and Punishment. Art and Criminal Prosecution during the Florentine Renaissance*, Ithaca: Cornell University Press, 1985.

Ehrenberg, Alain, *La fatigue d'être soi. Dépression et société*, Paris: Odile Jacob, 1998; dt.: *Das erschöpfte Selbst. Depression und Gesellschaft in der Gegenwart*, übers. von Manuela Lenzen und Martin Klaus, Frankfurt/M., New York: Campus, 2004.

Ehrlich, Paul, *The Population Bomb*, New York: Sierra Club-Ballantine Books, 1968; dt.: *Die Bevölkerungsbombe*, München: Carl Hanser Verlag, 1982.

Elster, Jon, *Le laboureur et ses enfants. Deux essais sur les limites de la rationalité*, Paris: Minuit, 1986.

Ernaux, Annie, *L'évènement*, Paris: Gallimard, 2000.

Favret-Saada, Jeanne, *Les mots, la mort, les sorts*, Paris: Gallimard, 1977.

Ferrand, Michèle und Maryse Jaspard, *L'interruption volontaire de grossesse*, Paris: PUF, 1987.

Festinger, Leon, Henry W. Riecken und Stanley Schachter, *When Prophecy Fails*, Minneapolis: University of Minnesota Press, 1956.

Fine, Agnès, »Savoirs sur le corps et procédés abortifs au XIXe siècle«, in: *Communication*, Nr. 44, 1986, S. 107-119.

Finley, Moses I., *Esclavage antique et idéologie moderne*, Paris: Minuit, 1979.

Firth, Raymond, *We, the Tikopia: a Sociological Study of Kinship in Primitive Polynesia*, London: George Allen, 1936.

Flandrin, Jean-Louis, *Familles, parenté, maison, sexualité, dans l'ancienne société*, Paris: Hachette, 1976.

–, »Repression and change in the sexual life of young people in medieval and early modern times«, in: R. Wheaton, T. K. Hareven (Hg.), *Family and sexuality in French History*, Philadelphia: University of Pennsylvania Press, 1980, S. 27-48.

Ford, Clellan Stearns, *A Comparative Study of Human Reproduction*, New Haven: Yale University Publications in Anthropology, Nr. 32, Yale: Human Relations Area Files Press, 1964.

Foucault, Michel, *Il faut défendre la société*, Paris: Gallimard, Seuil, Hautes Études, 1997, Vorlesung vom 17. März 1976; dt.: *In Verteidigung der Gesellschaft. Vorlesungen am Collège de France 1975/76*, übers. von Michaela Ott, Frankfurt/M.: Suhrkamp, 1999.

–, *Histoire de la sexualité I. La volonté du savoir*, Paris: Gallimard, 1976; dt.:

Der Wille zum Wissen. Sexualität und Wahrheit I, übers. von Ulrich Raulff und Walter Seitter, Frankfurt/M.: Suhrkamp, 1983.

–, *Les anormaux*, Paris: Gallimard, Seuil, Hautes Études, 1999, Vorlesung am Collège de France vom 19. März 1975; dt.: *Die Anormalen, Vorlesungen am Collège de France, 1974/75*, übers. von Michaela Ott, Frankfurt/M.: Suhrkamp, 2003.

Fraenkel, Béatrice, *La signature. Genèse d'un signe*, Paris: Gallimard, 1992.

Franklin, Sarah, Celia Lury und Jackie Stacy, *Global Nature, Global Culture*, London: Sage, 2000.

Fuchs, Rachel G., *Poor and Pregnant in Paris. Strategies for Survival in the Nineteenth Century*, New Brunswick: Rutgers University Press, 1992.

Gandhi, Mahatma, *His Own Story*, hg. von Charles Freer Andrews, New York: Macmillan Co., 1930; dt.: *Mein Leben*, übers. von Hans Reisiger, Frankfurt/M.: Suhrkamp, 2004.

Gauthier, Xavière, *Naissance d'une liberté. Contraception, avortement: le grand combat des femmes au XXe siècle*, Paris: Robert Laffont, 2002.

Gélis, Jacques, *L'arbre et le fruit*, Paris: Fayard, 1984.

–, *La sage-femme et le médecin*, Paris: Fayard, 1988.

Giami, Alain und Henri Leridon (Hg.), *Les enjeux de la stérilisation*, Paris: Inserm, 2000.

Gilligan, Carol, *A Different Voice*, Cambridge, Mass.: Harvard University Press, 1982.

Gilson, Étienne, *D'Aristote à Darwin et retour*, Paris: Vrin, 1971.

Ginsburg, Faye, *Contested Lives. The Abortion Debate in an American Community*, Berkeley: University of California Press, 1984.

Glantz, Leonard, »Is the fetus a person? A lawyer's view«, in: W. B. Bondeson, H. T. Engelhardt Jr., S. F. Spicker, D. H. Winship (Hg.), *Abortion and the Status of the Fetus*, Dordrecht/Boston/Lancaster: D. Reidel Publishing Company, 1984, S. 107-118.

Godelier, Maurice, *La production des grands hommes*, Paris: Fayard, 1996.

–, »La sexualité est toujours autre chose qu'elle-même«, in: *Esprit*, März/April 2001, S. 96-104.

– und Jacques Hassoun (Hg.), *Meurtre du père, sacrifice de la sexualité. Approches anthropologiques et psychanalytiques*, Straßburg: Arcanes, 1996.

Goffman, Erving, *Rahmenanalyse. Ein Versuch über die Organisation von Alltagserfahrungen*, Frankfurt/M.: Suhrkamp, 1980.

–, *Wir alle spielen Theater*, München: Piper 1983 und 2003.

Gorman, Michael, *Abortion and the Early Church. Christian, Jewish and Pagan Attitudes in the Greco-Roman World*, Princeton: Paulist Press, 1982.

Grassin, Marc, *Le nouveau-né entre la vie et la mort. Éthique et réanimation*, Paris: Desclée de Brouwer, 2001.

Griffin, James, »Do children have rights?«, in: D. Archard, C. M. Macleod (Hg.), *The Moral and Political Status of Children*, Oxford: Oxford University Press, 2002, S. 19-29.

Grimmer, Claude, *La femme et le bâtard*, mit einer Einleitung von E. Le Roy Ladurie, Paris: Presses de la Renaissance, 1983.

Guerreau-Jalabert, Anita, »*Spiritus et caritas*. Le baptême dans la société médiévale«, in: F. Héritier-Augé, E. Copet-Rougier (Hg.), *La parenté spirituelle*, Paris, Basel: Éditions des Archives contemporaines, 1995, S. 133-204.

Habermas, Jürgen, *Die Zukunft der menschlichen Natur. Auf dem Weg zu einer liberalen Eugenik?*, Frankfurt/M.: Suhrkamp, 2001.

Hacking, Ian, *Entre science et réalité: la construction sociale de quoi?*, Paris: Gallimard, 2001; engl.: *The Social Construction of What?*, Cambridge, Mass.: Harvard University Press, 1999; dt.: *Was heißt »soziale Konstruktion«? Zur Konjunktur einer Kampfvokabel in den Wissenschaften*, übers. von Joachim Schulte, Frankfurt/M.: Fischer, 1999.

Halimi, Gisèle, *La cause des femmes*, Interviews von Marie Cardinal, Paris: Grasset, 1973.

Haraway, Donna, »Manifeste cyborg: la science, la technologie et le féminisme socialiste vers la fin du XXe siècle«, in: *Futur antérieur*, Nr. 12-13, 1992, S. 155-197.

–, *Simians, Cyborgs, and Women. The Reinvention of Nature*, London: Free Association Books, 1991; dt.: *Die Neuerfindung der Natur. Primaten, Cyborgs und Frauen*, übers. von Dagmar Fink, Frankfurt/M.: Campus, 1995.

Hardt, Michael und Antonio Negri, *Empire*, Cambridge, Mass.: Harvard University Press, 2000; dt.: *Empire. Die neue Weltordnung*, übers. von Thomas Atzert und Andreas Wirthensohn, Frankfurt/M.: Campus, 2002.

Harsgor, Mikhaël, »L'essor des bâtards nobles au XVe siècle«, in: *Revue historique*, April 1975, S. 319-345.

Heinich, Nathalie, *Ce que l'art fait à la sociologie*, Paris: Minuit, 1998.

Henry, Michel, *Généalogie de la psychanalyse*, Paris: PUF, 1985.

–, *Incarnation. Une philosophie de la chair*, Paris: Seuil, 2000.

–, »Phénoménologie de la naissance«, in: *Alter*, (2), 1994, S. 11-27.

–, *Phénoménologie matérielle*, Paris: PUF, 1990.

Herder, Johann Gottfried, *Abhandlung über den Ursprung der Sprache*, Stuttgart: Reclam, 2001.

Héritier, Françoise, *Les deux sœurs et leur mère*, Paris: Odile Jacob, 1994.

–, »Privilège de la féminité et domination masculine« (Interview), in: *Esprit*, März/April 2001, S. 77-95.

Hermitte, Marie-Angèle, »L'embryo aléatoire«, in: J. Testard (Hg.), *Le magasin des enfants*, Paris: François Bourin, 1990; neue Ausg. Gallimard Folio, 1994, S. 327-367.

–, »L'embryon humain: problèmes de qualification«, in: *Revue générale de droit médicale*, November 2000, S. 17-40.

Hervieu-Léger, Danièle, *Catholicisme, la fin d'un monde*, Paris: Bayard, 2003.

Heyd, David, *Genethics. Moral Issues in the Creation of People*, Berkeley: University of California Press, 1994.

Hick, Christian, »»Arracher les armes aux mains des enfants«. La doctrine de la police medicale chez Johann Peter Franck et sa fortune littéraire en France«, in: P. Bourdelais (Hg.), *Les hygiénistes. Enjeux, modèles et pratiques, XVIIe -XXe siècle*, Paris: Belin, 2001, S. 41-59.

Hirschman, Albert, *Les passions et les intérêts*, Paris: PUF, 1980; dt.: *Leidenschaften und Interessen*, Frankfurt/M.: Suhrkamp, 1984.

Hoffer, Peter C. und N. E. H. Hull, *Murdering Mothers: Infanticide in England and New England, 1558-1803*, New York: New York University Press, 1981.

Honneth, Axel, *Kampf um Anerkennung*, Frankfurt/M.: Suhrkamp, 1992.

Horsley, Richard, »Who were the witches? The social rules of the accused in the European witch trials«, in: *Journal of Interdisciplinary History*, Bd. 9, Nr. 4, 1979, S. 689-715.

Huber, Gérard, *L'homme dupliqué. Le clonage humain: effroi et séduction*, Paris: Éditions de l'Archipel, 2000.

Iacub, Marcela, »Il faut sauver l'Arrêt Perruche«, in: *Libération*, 8. Januar 2002.

–, *Penser les droits de la naissance*, Paris: PUF, 2002.

– und Pierre Jouannet (Hg.), *Juger la vie. Les choix médicaux en matière de procréation*, Paris: La Découverte, 2001.

Isambert, François-André und Paul Ladrière, *Contraception et avortement. Dix ans de débats dans la presse 1965-1975*, Paris: CNRS, 1979.

Jolivet, Muriel, »Derrière les représentations de L'infanticide ou *Mabiki Ema*«, in: *Bulletin of the Faculty of Foreign Studies*, Sophia University, Nr. 37, 2002, S. 81-115.

Jouin, Bernard Y., *La mort et la tombe. Les cérémonies, prières et sacrifices se rapportant à ces très importantes manifestations de la vie des autochtones du Darlac*, Paris: Université de Paris, Travaux et mémoires de l'Institut d'ethnologie, Band 52, 1949.

Kamm, Frances M., *Creation and Abortion. A Study in Moral and Legal Philosophy*, Oxford: Oxford University Press, 1992.

Kan, Sergei, *Symbolic Immortality: the Tinglit Potlach of the Nineteenth Century*, Washington, D.C.: Smithonian Institution Press, 1989.

Kantorowicz, Ernst H., *The King's Two Bodies. A Study in Medieval Political Theology*, Princeton: Princeton University Press, 1957; dt.: *Die zwei Körper des Königs*, übers. von Walter Theimer, Stuttgart: Klett Cotta, 2002.

Karsten, Rafael, *Indian Tribes of the Argentine and Bolivian Chaco: Ethnological Studies*, Helsingfors: Akademische Buchhandlung, 1932.

Keck, Frédéric, »Individu et personne in *La pensée sauvage* von Lévi-Strauss« (unveröffentlichter Text).

Keown, John, *Abortions, Doctors and the Law. Some Aspects of the Legal Regulation of Abortion in England from 1803 to 1982*, Cambridge: Cambridge University Press, 1988.

Kierkegaard, Søren, *Leben und Walten der Liebe*, Jena: Diederichs, 1924.

Kligman, Gail, *The Politics of Duplicity. Controlling Reproduction in Ceausescu's Romania*, Berkeley: University of California Press, 1998.

Kripke, Saul A., *Naming and Necessity*, Cambridge, Mass.: Harvard University Press, 1972; dt.: *Name und Notwendigkeit*, übers. von Ursula Wolf, Frankfurt/M.: Suhrkamp, 1981.

Labrusse-Riou, Catherine und Bertrand Mathieu, »La vie humaine comme préjudice?«, in: *Le Monde*, 24. November 2000.

Ladrière, Paul, »La notion de personne héritière d'une longue tradition«, in: S. Novaes (Hg.), *Biomédecine et devenir de la personne*, Paris: Seuil, 1991, S. 27-86.

–, »Religion, morale et politique: le débat sur l'avortement«, in: *Revue française de sociologie*, 1982, Bd. XXIII, S. 417-454.

La Fleur, William R., *Liquid Life. Abortion and Buddhism in Japan*, Princeton: Princeton University Press, 1992.

Laoureux, Sébastien, *L'immanence à la limite. Recherches sur la phénoménologie de Michel Henry*, Doktorarbeit an den Universitäten von Lüttich und Paris IV unter der Leitung von François Beets (Lüttich) und Jean-François Courtine (Paris), März 2003.

–, »Vers un régime de l'autoaffection? Remarques sur la possibilité de formaliser un régime de passivité« (im Erscheinen).

Laplanche, Jean und Jean-Bertrand Pontalis, *Vocabulaire de la psychanalyse*, Paris: PUF, 1968; dt.: *Wörterbuch der Psychoanalyse*, Frankfurt/M.: Suhrkamp, 1973.

Larchet, Claude, *Pour une éthique de la procréation. Éléments d'anthropologie patristique*, Paris: Cerf, 1998.

Laslett, Peter, *Family Life and Illicit Love in Earlier Generations*, Cambridge: Cambridge University Press, 1977.

–, Karla Oosterveen und Richard M. Smith (Hg.), *Bastardy and its Comparative History*, London: Edward Arnold, 1980.

Latour, Bruno, *La clef de Berlin et autres leçons d'un amateur de science*, Paris: La Découverte, 1993; dt.: *Der Berliner Schlüssel. Erkundungen eines Liebhabers der Wissenschaften*, übers. von Gustav Rossler, Berlin: Akademie, 1996.

–, *La fabrique du droit. Une ethnographie du Conseil d'État*, Paris: La Découverte, 2002.

–, *Politiques de la nature*, Paris: La Découverte, 1999.

Le Bras, Hervé, *Les limites de la planète. Mythes de la nature et de la population*, Paris: Flammarion, 1994.

–, *L'invention des populations. Biologie, idéologie et politique*, Paris: Odile Jacob, 2000.

Lebrun, François, *La vie conjugale sous l'Ancien Régime*, Paris: Armand Colin, 1975.

Lefort, Claude, »L'échange et la lutte des hommes«, in: C. Lefort, *Les formes de l'histoire. Essai d'anthropologie politique*, Paris: Gallimard, 1978, S. 15-29.

Lemieux, Cyril, *Mauvaise presse*, Paris: Métailié, 2000.

Le Naour, Jean-Yves und Cathérine Valenti, *Histoire de l'avortement, XIXe-XXe siècle*, Paris: Seuil, 2003.

Leplège, Alain, *Les mesures de la qualité de la vie*, Paris: PUF, 1999.

Leridon, Henri, *Les enfants du désir. Une révolution démographique*, Paris: Hachette, 1995.

–, »Trente ans de contraception en France«, in: *Contraception. Fertilité. Sexualité*, 1998, Bd. 26, Nr. 6, S. 435-438.

Le Roy Ladurie, Emmanuel, *Le territoire de l'historien*, Paris: Gallimard, 1973.

Lett, Didier, »La naissance du Limbe: des lieux pour le fœtus et l'enfant mort sans baptême au Moyen Âge«, in: *Etudes sur la mort*, 1999, Sondernummer, *L'euthanasie fœtale*, S. 11-22.

Lévi-Strauss, Claude, *Anthropologie structurale*, Paris: Plon, 1958; dt.: *Strukturale Anthropologie I*, übers. von Hans Naumann, Frankfurt/M.: Suhrkamp, 1969.

–, »La structure des mythes«, in: C. Lévi-Strauss, *Anthropologie structurale*, Paris: Plon, 1958, S. 227-255; dt.: »Die Struktur der Mythen«, in: Claude Lévi-Strauss, *Strukturale Anthropologie I*, übers. von Hans Naumann, Frankfurt/M.: Suhrkamp, 1969, S. 226-239.

–, *La pensée sauvage*, Paris: Plon, 1962; dt.: *Das wilde Denken*, übers. von Hans Naumann, Frankfurt/M.: Suhrkamp, 1973.

–, *Mythologica IV. Der nackte Mensch 2*, Frankfurt/M.: Suhrkamp, 1975.

Lugt, Maaike van der, *Le ver, le démon et la vierge. Les théories médiévales de la génération extraordinaire (vers 1100 – vers 1350). Une étude sur les rapports entre théologie, philosophie naturelle et médecine*, Doktorarbeit an der EHESS und der Universität Utrecht, unter der Leitung von Mayke de Jong und Jean-Claude Schmitt, 1998.

Luker, Kristin, *Abortion and the Politics of Motherhood*, Berkeley: University of California Press, 1984.

Maccoby, Eleanor, Theodor Newcomb und Eugene Hartley (Hg.), *Readings in Social Psychology*, New York: Holt, Rinehart and Winston, 1958.

Malinowski, Bronislaw, *Three Essays on Social Life of Savages*, 1933.

Malthus, Thomas Robert, *Das Bevölkerungsgesetz*, München: dtv, 1977.

Martino, Bernard, *Le bébé est une personne*, Paris: Balland, 1985.

Marzano-Parisoli, Maria Michela, *Penser le corps*, Paris: PUF, 2002.

Mattéi, Jean-François, *Platon ou le miroir du mythe*, Paris: PUF, 1996.

Maurer, Béatrice, *Le principe de respect de la dignité humaine et la Convention européenne des droits de l'homme*, Paris: La Documentation française, 1999.

Mauss, Marcel, »Essai sur le don«, in: M. Mauss, *Sociologie et anthropologie*, Paris: PUF, 1960, S. 145-284; dt.: *Die Gabe. Form und Funktion des Austauschs in archaischen Gesellschaften*, übers. von Eva Moldenhauer, Frankfurt/M.: Suhrkamp, 1990.

–, »Introduction à l'analyse de quelques phénomènes religieux«, in: M. Mauss, *Les fonctions sociales du sacré, Œuvres*, Bd. I, Paris: Minuit, 1968.

Maxwell, Carol J. C., *Pro-Life Activists in America. Meaning, Motivation and Direct Action*, Cambridge: Cambridge University Press, 2002.

McEvoy, Sebastian, *L'invention défensive. Poétique, linguistique, droit*, Paris: Métailié, 1995.

McLaren, Angus, *A History of Contraception, from Antiquity to the Present Day*, Oxford: Blackwell, 1990.

–, *Reproductive Rituals: the Perception of Fertility in England from the Sixteenth Century to the Nineteenth Century*, London, New York: Methuen, 1984.

Mead, George H., *Geist, Identität und Gesellschaft aus der Sicht des Sozialbehaviorismus*, übers. von Ulf Pacher, Frankfurt/M.: Suhrkamp, 2005.

Meadows, Dennis L. (Mitarb.), *Die Grenzen des Wachstums. Bericht des Club of Rome zur Lage der Menschheit*, Stuttgart: Deutscher Bücherbund, 1972.

Meillassoux, Claude, *Anthropologie de l'esclavage*, Paris: PUF, 1986.

Memel-Fote, Harris, *L'esclavage lignager africain et l'anthropologie des droits de l'homme*, Antrittsvorlesung am Collège de France, Paris 1996.

Memmi, Dominique, *Faire vivre et laisser mourir*, Paris: La Découverte, 2003.

Métraux, Alfred, *Suicide Among the Mataco of the Grand Chaco*, Mexico City: Instituto Indigensita Americano, 1943.

Michaels, Meredith W., »Fetal galaxies: some questions about what we see«, in: L. M. Morgan, M. W. Michaels, *Fetal Subjects, Feminist Positions*, Philadelphia: University of Pennsylvania Press, 1999, S. 113-132.

Midgley, Mary, »Duties concerning islands«, in: P. Singer (Hg.), *Ethics*, Oxford: Oxford University Press, 1994, S. 375-390.

Midler, Christophe, »La révolution de la Twingo«, in: *Gérer et comprendre*, Juni 1993, S. 28-36.

Milliez, Jacques, *L'euthanasie du fœtus. Médecine ou eugénisme?*, Paris: Odile Jacob, 1999.

Moisseeff, Marika, »Une figure de l'altérité chez les Dentcico ou la maternité comme puissance maléfique«, in: J.-L. Jamard, E. Terray, M. Xanthakou (Hg.), *En substances. Textes pour Françoise Héritier*, Paris: Fayard, 2000, S. 471-489.

Mossuz-Lavau, Janine, *Les lois de l'amour. Les politiques de la sexualité en France de 1950 à nos jours*, Paris: Payot, 1991.

Nef, Frédéric, *À propos du constructionnisme social. Contribution à une ontologie des objets sociaux*, Paris: Institut Jean Nicod, 2002.

Néraudau, Jean-Pierre, *Être enfant à Rome*, Paris: Les Belles Lettres, 1984.

Newman, Karen, *Fetal Positions, Individualisme, Science, Visuality*, Stanford: Stanford University Press, 1996.

Nisbet, Robert A., *The Sociological Tradition*, New York: Basic Books, 1966.

Nizard, Joseph-Alfred, »Suicide et mal-être social«, in: *Population et société*, Nr. 334, April 1998, S. 1-4.

Noonan Jr., John T., *Contraception. A History of its Treatment by the Catholic Theologians and Canonists*, Cambridge, Mass.: Harvard University Press, 1966.

Nozick, Robert, *Anarchy, State, and Utopia*, New York: Basic Books, 1974; dt.: *Anarchie, Staat und Utopia*, München: Olzog Verlag, 2006.

Nye, Robert A., *Crime, Madness and Politics in Modern France*, Princeton: Princeton University Press, 1984.

Okin, Susan, *Justice, Gender and the Family*, New York: Basic Books, 1989.

Olasky, Marvin, *Abortion Rites. A Social History of Abortion in America*, Wheaton: Crossway Books, 1992.

Paillet, Anne, »Autour de la naissance: l'autorité du médecin en question«, in: I. Baszanger, M. Bungener, A. Paillet (Hg.), *Quelle médecine voulons-nous?*, Paris: La Dispute, 2002, S. 189-209.

Parijs, Philippe van, »La double originalité de Rawls«, in: J. Ladrière, P. van Parijs (Hg.), *Fondements d'une théorie de la justice*, Louvain-La-Neuve: Institut supérieur de philosophie, 1984, S. 1-36.

Pasolini, Pier Paolo, *Scritti corsari*, Mailand: Garzanti, 1975; dt.: *Freibeuter-schriften*, Berlin: Wagenbach, 1978.

Paulme, Denise, *L'organisation sociale des Dogon*, Paris: Domat-Montchre-stien, 1940.

Philips, Anne, »Espaces publics, vies privées«, in: *Genre et politique*, Auswahl und Vorstellung der Texte von T.-H. Balmer-Cao, V. Mottier, L. Sgier, Paris: Gallimard, 2000, S. 397-454.

Philonenko, Alexis, *La théorie kantienne de l'histoire*, Paris: Vrin, 1986.

Pichot, André, *Histoire de la notion de vie*, Paris: Gallimard, 1993.

–, *La société pure de Darwin à Hitler*, Paris: Flammarion, 2000.

Pick, Daniel, *Faces of Degeneration. A European Disorder, c. 1848-c. 1918*, Cambridge: Cambridge University Press, 1989.

Picq, Françoise, *Libération des femmes. Les années mouvement*, Paris: Seuil, 1993.

Pingaud, Bernard, *La bataille de l'avortement*, Paris: La Documentation française, 1986.

–, *L'avortement. Histoire d'un débat*, Paris: Flammarion, 1975.

Platon, *Gesetze*, in: Platon, *Sämtliche Werke*, Band 4, übers. von Hieronymus Müller und Friedrich Schleiermacher, Reinbek bei Hamburg: Rowohlt, 1994.

Polanyi, Karl, *The Great Transformation*, Boston: Beacon Press, 2001; dt.: *The Great Transformation. Politische und ökonomische Ursprünge von Gesellschaften und Wirtschaftssystemen*, übers. von Heinrich Jelinek, Frankfurt/M.: Suhrkamp, 1973.

Pollack Petchesky, Rosalind, *Abortion and Women's Choice. The State, Sexuality and Reproductive Freedom*, New York: Longman, 1984.

–, »Fetal images: the power of visual culture in the politics of reproduction«, in: *Feminist Studies*, 13, Nr. 2, 1987, S. 263-292.

Pollak, Michael, *L'expérience concentrationnaire. Essai sur le maintien de l'identité sociale*, Paris: Métailié, 1990.

Purdy, Laura M., *Reproducing Persons. Issues in Feminist Bioethics*, Ithaca: Cornell University Press, 1996.

Reagan, Leslie, *When Abortion Was a Crime. Women, Medecine and Law in the United States, 1876-1973*, Berkeley: University of California Press, 1997.

Rémy, Cathérine, »Une mise à mort industrielle ›humaine‹? L'abattoir ou l'impossible objectivation des animaux« (erscheint in der Zeitschrift *Politix*).

Renaut, Alain, *La libération des enfants. Contribution philosophique à une histoire de l'enfance*, Paris: Calmann-Lévy, Bayard, 2002.

Revault d'Allonnes, Claude, *Être, faire, avoir un enfant*, Paris: Plon, 1991.

–, »Le conflit ambivalentiel«, in: C. Revault d'Allonnes, *Le mal joli. Accouchements et douleurs*, Paris: UGE, 1976, S. 348-352.

Richardson, Diane, *Rethinking Sexuality*, London: Sage, 2000.

Richardson Hanks, Jane, *Maternity and its Ritual in Bang Chan*, Ithaca: Cornell University Press, 1963.

Ricœur, Paul, *La mémoire, l'histoire, l'oubli*, Paris: Seuil, 2000; dt.: *Gedächtnis, Geschichte, Vergessen*, übers. von Hans-Dieter Gondek, Heinz Jatho und Markus Sedlaczek, München: Fink, 2004.

–, *Lectures I. Autour du politique*, Paris: Seuil, 1991.

–, *Le juste*, Paris: Éditions Esprit, 1995.

–, »Le paradoxe de l'autorité«, in: P. Ricœur, *Le juste II*, Paris: Éditions Esprit, 2001, S. 107-123.

–, *Le temps raconté. Temps et récit III*, Paris: Seuil, 1985; dt.: *Die erzählte Zeit. Zeit und Erzählung*, Bd. 3, München: Fink, 1991.

–, *Parcours de la reconnaissance*, Paris: Stock, 2004; dt.: *Wege der Anerkennung*, Frankfurt/M.: Suhrkamp, 2006.

–, *Philosophie de la volonté*, Band 1, *Le volontaire et l'involontaire*, Paris: Aubier, 1988.

–, *Soi-même comme un autre*, Paris: Seuil, 1990; dt.: *Das Selbst als ein Anderer*, München: Fink, 2005.

Riddle, John, *Contraception and Abortion from the Ancient World to the Renaissance*, Cambridge, Mass.: Harvard University Press, 1992.

Rosch, Eleanor, »On the internal structure of perceptual and semantical categories«, in: T. E. Morre (Hg.), *Cognitive Development and the Acquisition of Language*, New York: Academic Press, 1973, S. 111-114.

–, »Classification of real-world objects: origins and representation in cognition«, in: P. N. Johnson-Laird, P. C. Watson (Hg.), *Thinking, Readings in Cognitive Science*, Cambridge: Cambridge University Press, 1977, S. 212-222.

Ross, Eric B., *The Malthus Factor. Population, Poverty and Politics in Capitalist Development*, London: Z Books, 1998.

Rossiaud, Jacques, »Prostitution, jeunesse et société dans les villes du Sud-Est au XVe siècle«, in: *Annales ESC*, Bd. 31, Nr. 2, März/April 1976, S. 289-326.

Roussel, François, »L'eugénisme. Analyse terminé, analyse interminable«, in: *Esprit*, Nr. 6, Juni 1997, S. 26-54.

Rousselle, Aline, *Porneia. De la maîtrise du corps à la privation sensorielle, IIe-IVe siècle de l'ère chrétienne*, Paris: PUF, 1983.

Rudy, Kathy, *Beyond Pro-Life and Pro-Choice. Moral Diversity in the Abortion Debate*, Boston: Beacon Press, 1996.

Schelling, Thomas C., *The Strategy of Conflict*, New York: Oxford University Press, 1960.

Scheper-Hughes, Nancy, *Death without Weeping. The Violence of Every Day Life in Brazil*, Berkeley: University of California Press, 1992.

Schmitt, Jean-Claude, *Le saint lévrier. Guinefort, guérisseur d'enfants depuis le XIIIe siècle*, Paris: Flammarion, 1979.

Schneewind, Jerome B., *The Invention of Autonomy. A History of Modern Moral Philosophy*, Cambridge: Cambridge University Press, 1998.

Schulder, Diane und Florynce Kennedy, *Abortion Rap*, New York: Mc Graw Hill, 1971.

Sciardet, Hervé, *Les marchands de l'aube. Ethnographie et théorie du commerce aux Puces de Saint Ouen*, Paris: Economica, 2003.

Sen, Amartya, *Éthique et économie*, Paris: PUF, 1991; dt.: *Ökonomie für den Menschen*, übers. von Christiana Goldmann, München: Hanser, 2000 (und dtv 2002).

Sève, Lucien, »La condition humaine bouleversée par la biomédicine«, in: *Nouveaux Regards*, Nr. 11, Herbst 2000, S. 3-7.

Sfez, Gérald, *Les doctrines de la raison d'État*, Paris: Armand Colin, 2000.

–, *Machiavel, la politique du moindre mal*, Paris: PUF, 1999.

Singer, Max, »Vers un monde moins peuplé que les États Unis?«, in: *La Recherche*, 327, Januar 2000, S. 84-87.

Singer, Peter, *Rethinking Life and Death. The Collapse of Traditional Ethics*, New York: St. Martin's Griffin, 1994.

–, *A Darwinian Left, Politics, Evolution and Cooperation*, New Haven: Yale University Press, 1999.

Singly, François de, *Les uns et les autres. Quand l'individualisme crée du lien*, Paris: Armand Colin, 2003.

Sintomer, Yves, »Droit à l'avortement, propriété de soi et droit à la vie privée«, in: *Les Temps modernes*, 615-616, September-November 2001, S. 206-239.

Sloterdijk, Peter, *Sphären I. Blasen*, Frankfurt/M.: Suhrkamp, 1998.

Smith, Adam, *Theorie der ethischen Gefühle*, Hamburg: Meiner, 2004 (Erstausgabe 1759).

Smith, Holly M., »Intercourse and moral responsability for the fetus«, in: W.B. Bondeson, H.T. Engelhardt Jr., S.F. Spicker, D.H. Winship (Hg.), *Abortion and the Status of the Fetus*, Dordrecht, Boston, Lancaster: D. Reidel Publishing Company, 1984, S. 229-246.

Solinger, Rickie (Hg.), *Abortion War. A Half Century of Struggle, 1950-2000*, Berkeley: University of California Press, 2001.

Solomon, Robert C., »Reflections and the meaning of (fetal) life«, in: W.B. Bondeson, H.T. Engelhardt Jr., S.F. Spicker, D.H. Winship (Hg.), *Abortion and the Status of the Fetus*, Dordrecht, Boston, Lancaster: D. Reidel Publishing Company, 1984, S. 209-228.

Starobinski, Jean, *Jean-Jacques Rousseau. La transparence et l'obstacle*, Paris: Gallimard, 1971; dt.: *Rousseau. Eine Welt von Widerständen*, übers. von Ulrich Raulff, Frankfurt/M.: Fischer, 1993.

Strathern, Marilyn, *After Nature: English Kinship in the Late Twentieth Century*, Cambridge: Cambridge University Press, 1992.

Sullerot, Évelyne, *Le grand remue-menage: la crise de la famille*, Paris: Fayard, 1997.

Sutter, Jean, *L'eugénique. Problèmes, méthodes, résultats*, Paris: PUF, 1950.

Taguieff, Pierre-André, »L'eugénisme, objet de phobie idéologique«, in: *Esprit*, Nr. 156, November 1989, S. 99-115.

Tardieu, Ambroise, *Étude médico-légale de l'infanticide*, Paris: J.-B. Baillière et fils, 1868.

Tattersall, Ian, *L'émergence de l'homme. Essai sur l'évolution et l'unicité humaine*, Paris: Gallimard, 1998.

Teitelbaum, Michael und Jay Winter, *The Fear of Population Decline*, San Diego: Academic Press, 1985.

Testard, Alain, »L'esclavage comme institution«, in: *L'Homme*, Nr. 145, 1998, S. 31-69.

Théry, Irène, *Couple, filiation et parenté aujourd'hui*, Paris: La Documentation française, 1998.

–, *Le démariage*, Paris: Odile Jacob, 1993.

Thévenot, Laurent, »Les investissements de forme«, in: L. Thévenot, *Conventions économiques. Cahiers du Centre d'études d'emploi*, Paris: PUF, 1985, S. 21-72.

–, »L'origine sociale des enquêtes de mobilité sociale«, in: *Annales ESC*, Nr. 6, November/Dezember 1990, S. 1275-1300.

Thomas, Yan, »*Fictio legis*. L'empire de la fiction romaine et ses limites médiévales«, in: *Droits*, Nr. 21, Juli 1995, S. 17-63.

–, »Le ventre. Corps maternel, droit paternel«, in: *Le genre humain*, Nr. 14, 1996, S. 212-235.

Thompson, Denise, *Radical Feminism Today*, London: Sage, 2001.

Thompson, Edward P., *Die Entstehung der englischen Arbeiterklasse*, Frankfurt/M.: Suhrkamp, 1987 (erste englische Ausgabe 1963).

Thomson, Judith Jarvis, »A defense of abortion«, in: *Philosophie and Public Affairs*, Bd. 1, Nr. 1, 1971, S. 47-66.

Tillier, Annick, *Des criminelles au village. Femmes infanticides en Bretagne (1825-1865)*, Rennes: Presses universitaires de Rennes, 2001.

Tong, Rosemarie, *Feminist Approaches to bioethics*, Boulder: Westview Press, 1997.

Tooley, Michael, *Abortion and Infanticide*, Oxford: Clarendon Press, 1983.

–, »Abortion and infanticide«, in: *Philosophy and Public Affairs*, Bd. 2, Nr. 1,

1972, S. 37-65; neu abgedruckt in: H. Kuhse, P. Singer (Hg.), *Bioethics. An Anthology*, Oxford: Blackwell, 1999, S. 21-35.

Toulemon, Laurent und Henri Leridon, »Maîtrise de la fécondité et appartenance sociale: contraception, grossesses accidentelles et avortements«, in: *Population*, Nr. 1, 1992, S. 1-46.

– und Henri Leridon, »Les pratiques contraceptives en France«, in: *La Revue du praticien*, 1995, 45, S. 2395-2400.

Tribe, Laurence H., *Abortion. The Clash of Absolutes*, New York: Norton, 1990.

Trom, Dany, »Comment décrire un objet disputé?«, in: J. Benoist, B. Karsenti (Hg.), *Phénoménologie et sociologie*, Paris: PUF, 2001, S. 65-82.

Tronto, Joan C., *Moral boundaries. A Political Argument for an Ethic of Care*, New York: Routledge, 1993.

Tunc, Andre, »The volunteer and the good Samaritain«, in: J. M. Ratcliffe (Hg.), *The good Samaritain and the Law*, New York: Anchor book, Doubleday and Co., 1966, S. 43-62.

Turnbull, Colin, *The Mbuti Pygmies. An Ethnographic Survey*, New York: American Museum of Natural History, 1965.

Turner, Victor, *The Ritual Process: Structure and Antistructure*, Chicago: Aldine, 1969; dt.: *Das Ritual: Struktur und Anti-Struktur*, übers. von Sylvia M. Schomburg-Scherf, Frankfurt/M.: Campus, 2005.

UN Department of Economic and Social Affairs, Population Division (Hg.), *Mit der Fortpflanzung und der Zeugungsgesundheit verbundene Rechte*, New York: Vereinte Nationen, 1997.

Venner, Fiammetta, *L'opposition à l'avortement. Du lobby au commando*, Paris: Berg, 1995.

Vernant, Jean-Pierre und Pierre Vidal-Naquet, *Travail et esclavage en Grèce ancienne*, Paris: La Découverte, 1985.

Virno, Paolo, *Il ricordo del presente. Saggio sul presente storico*, Turin: Bollati Boringhieri, 1999.

Wagner, Peter, *Soziologie der Moderne. Freiheit und Disziplin*, Frankfurt/M., New York: Campus, 2000.

Walzer, Michael, *Critique et sens commun*, Paris: La Découverte, 1990.

Warren, Mary Anne, *Moral Status. Obligations to Persons and Other Living Things*, Oxford: Oxford University Press, 1997.

Weindling, Paul, »Die preußische Medizinalverwaltung und die ›Rassen-hygiene‹. Anmerkungen zur Gesundheitspolitik der Jahre 1905-1933«, in: *Zeitschrift für Sozialreform*, 1984, S. 675-687.

–, *L'Hygiène de la Race. Eugénisme médical et Hygiène raciale en Allemagne, 1870-1933*, in: B. Massin (Hg.), *L'Hygiène de la Race*, 2 Bde., Band 1, Paris: La Découverte, 1998.

White, Patricia D., »The concept of person, the law, and the use of fetus in biomedecine«, in: W. B. Bondeson, H. T. Engelhardt Jr., S. F. Spicker, D. H. Winship, *Abortion and the Status of the Fetus*, Dordrecht, Boston, Lancaster: D. Reidel Publishing Company, 1984, S. 119-158.

Yack, Bernard, *The Longing for Total Revolution. Philosophic Sources of Social Discontent from Rousseau to Marx and Nietzsche*, Princeton: Princeton University Press, 1986.

Žižek, Slavoj, *L'intraitable*, Paris: Anthropos, 1993.

Namenregister